자기 수업 컨설팅

이상수 · 강정찬 · 이유나 · 오영범 공저

성찰적 실천가가 되기 위한 전략

학지사

머리말

우리 사회는 빠른 속도로 변화하고 있다. 특히 인공지능이나 로봇과 같은 테크놀로지의 발달과 함께 4차 산업혁명은 사회 전반의 패러다임을 바꾸어 놓고 있다. 전문가들은 가까운 미래에 지금 존재하는 직업들 중 많은 영역이 사라지고 새로운 직업이 생겨날 거라고 예측하고 있다. 이러한 사회변화는 교육 현장에도 많은 영향을 미치고 있다. 사회에 필요한 인재상과 이에 따라 가르칠 교육과정에도 변화가 나타나고 있으며, 학습자와 교육환경의 변화는 교육방법이나 매체변화 요구로 이어지고 있다. 이처럼 수업은 지속적인 변화의 과정을 필요로 한다. 하지만 이들 변화에 대한 요구만큼 수업도 변화되고 있는지에 대해서는 "그렇다."라고 답을 하기가 쉽지 않을 것이다.

수업을 변화시키기 위한 노력들은 많이 있어 왔다. 그중에서도 교사연수, 수업장학, 수업컨설팅, 수업코칭, 수업멘토링 등과 같이 수업에서 핵심적인 역할을 하고 있는 교사의 변화를 통해 수업을 변화시키려는 노력들이 많았다. 그러나 이들 모두 교사를 자발적인 변화의 주체로 보기보다는 다른 전문가들을 통해 교사를 바꾸려는 객체적 관점에서의 접근이었다. 교사들은 충분한 전문성을 가지고 있으며 자신의 수업을 개선하려는 애착을 가지고 있는 존재이다. 따라서 교사에게 주체가 되어 지속적으로 수업을 개선해 나갈 수 있는 전략적 도움을 준다면 얼마든지 수업을 개선할 수 있을 것이다. 이런 관점에서 자기수업컨설팅은 교사를 하나의 주체적 존재로 인정하고, 자신과 자신의 수업에 대해 성찰하고 지속적으로 개선해 나갈 수 있는 성찰적 실천가가 될 수 있도록 도움을 주는 전략이라 할 수 있다.

자기수업컨설팅은 '되돌아보기(zoom out)' '들여다보기(zoom in)' '새롭게 경험하기(action)'의 세 가지 순환적 과정을 통해 행동 후 성찰(reflection on-action)과 행동 중 성찰(reflection in-action)을 반복하면서 지속적으로 수업을 개선하기 위한 전략으로 교사들이 다른 전문가의 도움 없이도 자신과 자신의 수업을 개선할 수 있도록 쉽고 단순한 과정적 전략을 제공하고 있다. 이 책은 예비교사 및 현장교사들이 일상적인 수업실천 과정에서 단순히 가르치는 활동에만 초점을 두는 것이 아니라 사회변화, 학습자의 변화와 같은 수업환경의 변화에 따라 자신과 자신의 수업에서 개선이 필요한 부분을 진단하고 지속적으로 개선하는 성찰적 실천가가 될 수 있도록 도움을 줄 것이다.

이 책은 크게 제1부와 제2부로 구성되어 있다. 제1부에서는 수업과 수업하기의 본질, 수업생태계와 같이 수업과 관련하여 이해하고 있어야 할 핵심적이고 본질적인 이야기를 기술하고 있다. 그리고 자기수업컨설팅의 의미와 모형에 대해 설명함으로써 제2부에서의 실질적인 실천을 돕기 위한 기초적 지식을 제공하고 있다. 제1부의 제5장, 교수자로서 자기 자신을 되돌아보기에서는 자기수업컨설팅의 핵심적 영역인 교수자 자신에 대한 성찰전략을 기술하고 있다. 교수자 자신에 대한 성찰은 자기수업컨설팅 모형의 '되돌아보기'의 한 영역이지만 자기수업컨설팅을 실천하기 위해서는 전제가 되는 중요한 영역이라 독립된 장으로 다루고 있다.

제2부에서는 교육현장에서 핵심적인 영역이면서 교수자들이 가장 어려움을 많이 겪고 있는 수업설계, 학습 분위기, 학습몰입, 수업경영, 수업전략, 수업매체, 수업평가 등 일곱 영역에서의 자기수업컨설팅 활동에 대한 구체적인 전략과 적절한 수업분석도구 및 사례를 제공하고 있다.

이 책의 목적상 가능한 한 쉽게 작성하려고 했지만 어떤 분석도구나 전략에 있어서는 부득이 보다 심화된 연수나 다른 책의 도움을 필요로 할 수 있다. 이 책이 모든 수업문제를 해결해 줄 수는 없겠지만 예비교사나 현장교사들에게 자신과 자신의 수업에 대한 성찰의 기회와 구체적인 전략을 제공해 줌으로써 지속적이면서도 실질적인 수업개선을 통해 교수자나 학습자에게 도움을 줄 수 있기를 바란다.

대표저자 이상수

차례
CONTENTS

제1부 자기수업컨설팅의 이해

제1장

수업과 수업하기의 본질

수업 에세이

[어느 한 교사의 일기]

얼마 전 나는 한 연수에서 충격적인 이야기를 들었다.

수업은 '열심히 가르치는 것이 중요한 것이 아니라 잘 가르치는 것이 중요하다.' 고 한다.

수업의 목적은 가르치는 것이 아니라 학생들의 학습이라는 것이다.

이런 관점에 따르면 교사가 아무리 열심히 가르쳐도
수업의 양이 학생들이 먹기에는 너무 많을 수 있고
수업의 속도가 학생들의 학습속도에 맞지 않을 수도 있으며
수업의 난이도가 학생들에게 맞지 않을 수도 있어서
실제 학습이 일어나지 않을 수도 있다고 한다.

나의 수업에서 나는 학생들이 따라오지 못하는 독백을 하고 있을까?
아니면 학생들과 함께 동행을 하고 있을까?

인포맵(InfoMap)

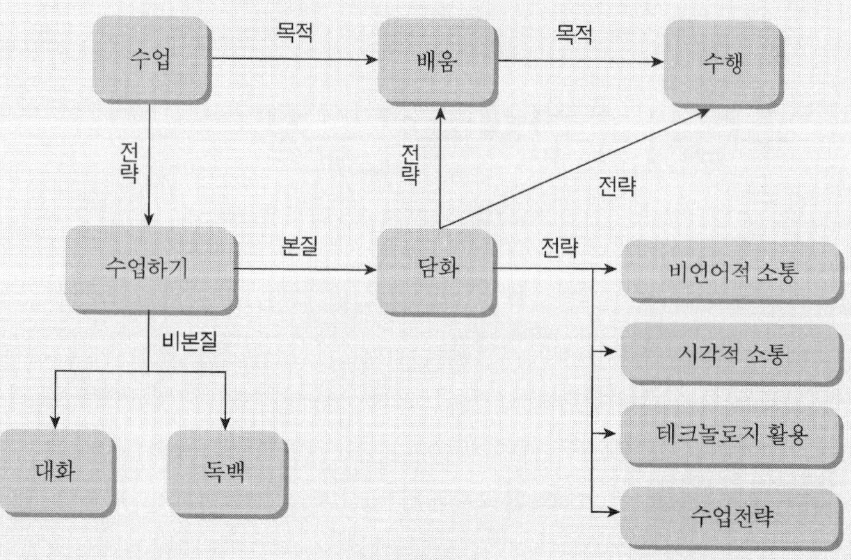

성찰목표

- '수업'의 본질에 기초하여 '수업하기'를 할 수 있다.
- 배움 중심 수업과 가르침 중심 수업을 구분할 수 있다.
- 배움 중심 수업을 위한 마인드를 가질 수 있다.

1. 수업의 본질 성찰하기

올바른 자기수업컨설팅을 실천하기 위해서 가장 먼저 수업과 수업하기의 본질에 대해 성찰해 볼 필요가 있다. 자기수업컨설팅의 목적은 교수자 자신의 수업역량 개선 및 실제 수업의 개선이라는 두 가지 목적을 가지고 있다. 따라서 컨설팅의 대상이 되는 수업에 대한 이해 없이는 올바른 자기수업컨설팅이 이루어질 수 없기 때문에 이 장에서는 수업과 수업하기의 본질에 대해 살펴볼 것이다.

1) 수업의 의미

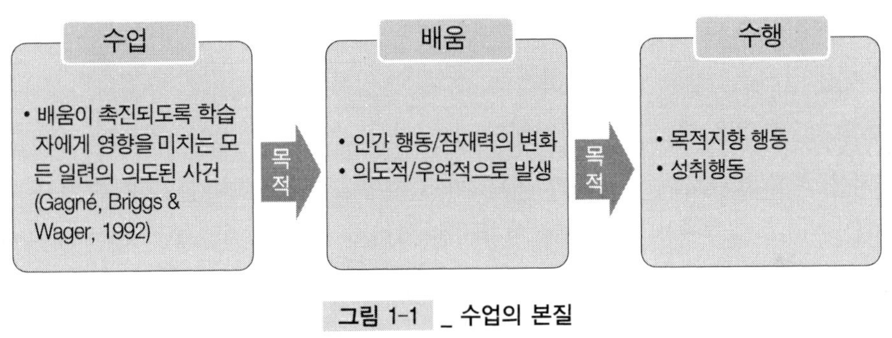

그림 1-1 _ 수업의 본질

수업의 본질은 수업에 대한 개념정의에서 찾아볼 수 있다. 수업이론의 대표적인 학자인 Gagné 등(1992)에 따르면 수업은 배움이 촉진되도록 학습자에게 영향을 미치는 모든 일련의 의도된 사건이라고 정의한다. 이 정의에 따르면 수업은 두 가지 중요한 의미를 가지고 있다.

첫째, 수업의 목적은 배움이라는 것이다. 즉, 가르치는 것의 목적은 배움이다. 하지만 교육현장에서는 가르침 자체에 목적을 두고 수업이 이루어지는 경우를 발견할 수 있다. 다음과 같은 경우가 가르침에 목적을 두는 수업의 대표적인 예이다.

- 교수자는 열심히 가르치고 있는데 많은 학생들은 졸거나 장난 혹은 딴짓을 하는 경우
- 학생들이 따라올 수 없는 속도로 수업의 진도를 나가는 경우

- 학생들이 한 차시 수업에서 먹을 수 없는 많은 양의 내용을 쏟아붓고 모든 진도를 다 다루었다는 데 만족해하는 수업
- 학생들이 이해할 수 없는 어려운 내용을 어려운 용어와 논리로 가르치는 경우
- 반대로 너무 쉬운 내용을 너무 오랜 시간을 들여 가르치는 경우

이런 경우 교수자는 열심히 가르치지만 정작 배움이 일어나지 않는 경우들이다. 수업의 목적이 배움이라면 수업은 학생들이 이해할 수 있는 내용을 가지고 이해할 수 있는 방식으로 이루어져야 한다.

둘째, 수업은 반드시 의도된 사건이라는 것이다. 의도된 사건이라는 것은 교수자가 수업을 위한 고민과 설계과정을 포함하고 있어야 한다는 것이다. 자신이 가르칠 수업 내용에 대한 분석, 학습자들의 요구에 대한 분석, 학습자들의 특성에 대한 분석, 수업 환경에 대한 분석, 교수자로서 자신에 대한 분석 등에 기초하여 수업목표를 도출하고 이를 가장 잘 실현할 수 있는 수업전략, 매체, 수업자료, 평가전략, 수업화법 전략 등을 계획하고 수업을 해야 한다는 것이다. 교수자들 중에는 경력 3년 정도가 지나면 수업준비를 하지 않아도 수업을 잘할 수 있다고 자랑을 하는 경우가 있다. 하지만 사회가 변함에 따라 요구하는 인재상과 역량이 달라지고 학습자들은 매년, 매달 변화하므로 그들에게 맞는 수업전략과 동기전략이 달라져야 되기 때문에 항상 수업설계 활동이 필요하다. 그리고 무엇보다도 지속적인 수업발전을 위해서는 자신의 수업에 대한 지속적인 성찰과 개선 노력이 필요하다.

2) 배움의 의미

배움에 대한 일반적인 정의는 인간행동의 지속적인 변화나 그러한 변화를 가져올 수 있는 잠재력의 변화이다(Driscoll, 2005). 다시말해, 어떤 새로운 지식이나 기술의 습득을 통해 이전에 할 수 없었던 문제를 해결할 수 있거나 아직 눈에 보이는 행동의 변화는 없지만 필요시 그러한 변화된 행동을 보일 수 있는 가능성, 즉 인지구조의 변화가 이루어진 것을 의미한다.

배움(learning)은 다음과 같은 몇 가지 특징을 가지고 있다.

첫째, 진행형(ing)이라는 것이다. 인간은 태어나면서부터 죽음의 순간까지 배움이 일어난다고 한다. 환경과 상호작용 속에서 끊임없이 주어진 문제들을 해결하기 위해

배움이 일어나게 된다.

둘째, 유명한 교육학자인 Dewey(1933)가 주장하는 'learning by doing'이라는 의미에서 찾을 수 있다. Dewey(1933)는 경험을 통한 배움을 강조하고 있다. 즉, 배움을 위해서는 수동적인 지식의 수용이 아니라 학습자의 능동적인 참여와 직접적인 경험이 필요하다는 것이다.

셋째, 배움은 수업과 같은 의도적인 활동에 의해 일어날 수도 있지만 개인의 삶 속에서 우연적으로 일어날 수도 있다는 것이다. 영화를 보거나 친구와 대화를 하다가도 배움이 일어날 수 있다. 최근 들어서는 초미니 학습(micro-learning)이라는 개념(Hug, 2005)이 사용되기도 한다. 초미니 학습이란 학교에서 이루어지는 특정 과목과 같은 체계화된 학문적 지식 체계를 배우는 것과는 달리 지하철 통행시간이나 친구들과의 대화 시간에 짬짬이 시간을 이용하여 인터넷 자원을 통해 90초 이하의 짧은 동영상이나 다양한 형태의 인터넷 글을 통해 학습이 이루어지는 것을 의미한다. 그만큼 바쁜 사회에서 생존하기 위해서는 수시로 다양한 형태의 자기주도적인 배움이 필요함을 말해주고 있다.

3) 수업과 배움의 관계

수업과 배움은 어떤 관계를 가지고 있는가? 수업은 배움을 목적으로 하고 있지만 수업에서 반드시 배움이 일어나는 것은 아니다. 즉, 교수자가 열심히 가르치는 활동을 해도 배움이 일어나지 않을 수 있다. 그리고 배움의 의미에서 살펴본 것처럼 배움은 꼭 교수자의 가르침에 의해서만 이루어지지 않을 수 있음을 알 수 있다. [그림 1-2]는 수업, 배움, 그리고 교육과정과의 관계를 보여 주고 있다. 5번 영역은 교육과정에 있는 내용을 교수자가 가르치고 학생들이 배운 것을 의미한다. 하지만 1번이나 4번 영역은 교수자가 교육과정에 있는 내용과 그렇지 않은 내용을 가르쳤지만 배움이 일어나지 않는 상황을 의미한다. 3, 6번 영역은 교육과정에 포함된 내용과 그렇지 않은 내용을 교수자의 가르침 없이 학습자 스스로 학습한 것을 의미한다. 물론 7번 영역과 같이 교육과정에 있는 내용을 교수자가 가르치지도 않고 배움도 없는 현상이 있을 수 있다. 중요한 것은 교수자에 의한 수업을 통해 교육과정의 내용들이 가르쳐지고 학습자들이 학습을 하는 5번 영역이 많을수록 좋겠지만 수업의 목적이 배움이라는 관점에서는 3, 6번 영역처럼 학습자 스스로 배움을 하도록 도움을 주는 것도 수업의 중요한 역할

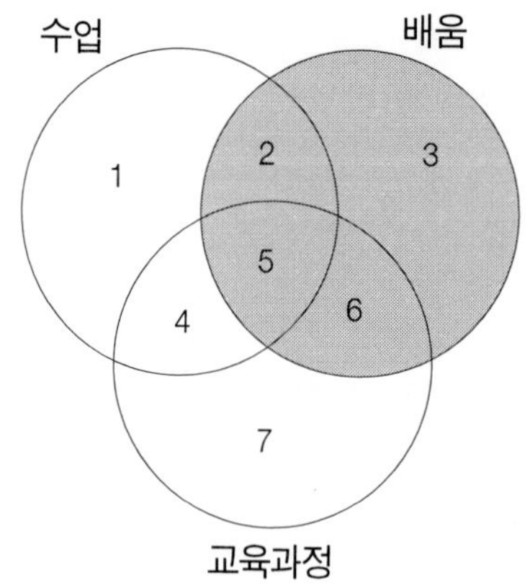

그림 1-2 _ 수업, 배움, 교육과정의 관계

이라고 할 수 있다. 이때 중요한 것은 교수자가 학습자들에게 적절한 인지적 호기심을 유발하고 필요한 학습자원을 스스로 찾아서 학습할 수 있도록 하는 자기주도적 학습 역량을 길러 주는 것이 중요하다. 많은 학자들이 학력(學力)이라는 개념을 단순한 학업 성취도의 개념을 넘어서 공부할 수 있는 능력까지 포함하고 있다는 점에서 수업이 추구해야 할 가치와 목적성을 성찰해 볼 필요가 있다.

4) 수행의 의미

수행(performance)이란 특정한 목적 달성을 위한 행동이며 동시에 그 목적을 달성한 행동을 의미한다. 즉, 목적 지향성, 노력, 그리고 성취 세 가지 의미가 모두 포함되어 있다. 앞에서 학습은 행동의 변화를 위한 잠재력의 소유까지 포함한다고 했지만 최근 들어서는 실제 특정 목적 달성을 위한 수행력을 가지고 있는가를 배움의 의미로 보는 경향성이 있다. 즉, 파란불에 길을 건너는 것을 아는 것이 중요한 것이 아니라 실제 파란불에만 길을 건너게 해야 하고, 교수자들의 경우 '좋은 교수자'가 어떤 것이라는 것을 아는 것이 중요한 것이 아니라 좋은 교수자로서 노력과 이를 성취하는 행동으로 할 수 있어야 한다는 것이다. 따라서 수업의 본질은 수행까지 이어져야 한다. 이런 의미에서 많은 유형의 수업목표들은 앉아서 듣는 수동적 수업만으로는 획득할 수 없음을 알 수 있다.

2. 수업하기의 본질 성찰하기

1) 수업하기의 유형

그림 1-3 _ 수업하기의 유형

수업의 목적인 배움을 위해서는 '수업하기'도 달라져야 한다. 그렇다면 배움을 위한 '수업하기'란 무엇인가? '수업하기'의 유형은 [그림 1-3]과 같이 세 가지로 나누어 볼 수 있다. 이 유형들은 저자들의 수많은 수업컨설팅 경험을 기초로 하여 만들어진 것이다.

첫째, 독백(monologue) 유형이다. 독백이란 학습자들과 상호작용 없이 교수자가 준비한 수업을 일방적으로 쏟아붓고 수업을 끝내는 것을 의미한다. 즉, 학습자들이 수업 내용을 이해하든 말든 따라오고 있든 말든 상관없이 자신의 수업진도를 나가는 수업을 의미한다.

둘째, 대화(conversation) 유형이다. 대화 유형에서 교수자는 학습자들에게 질문도 하고 답도 듣고 피드백을 주기도 한다. 하지만 학급의 모든 학습자들과의 상호작용이 이루어지는 것이 아니라 몇몇 학습자들과만 상호작용이 이루어지는 수업을 의미한다. 예를 들자면, 수업 중 교수자가 전체 학급을 대상으로 질문을 하고 몇몇 자발적인 학습자가 답변을 하는 경우, 그리고 모둠학습활동 후 대표 몇 명이 나와 발표를 하고 교수자가 피드백을 주는 경우가 이 경우에 해당한다. 하지만 학급의 일부 학생들이 정답을 이야기한다고 해서 모든 학급 학생들이 답을 이해하고 있다고 말할 수 있는지, 그리고 모둠의 대표 몇 명이 정답을 발표한다고 해서 전체 학급 학생들이 정답을 알고 있다고 말할 수 있는지 생각해 볼 필요가 있다.

셋째는 담화(dialogue) 유형이다. 담화는 교수자가 모든 학습자들과 개별적이고 인격적인 소통을 하는 것을 의미한다. 담화가 가진 의미는 일대일의 대화를 의미한다. 학급이라는 집단과 교수자 개인 간의 소통은 탈개인화를 가져올 수 있다. 학생들 입장에서는 자신들이 개인으로 교수자와 소통하고 있다고 느끼기보다는 한 집단으로 취급되고 있다고 느낄 수 있어서 소외감을 느끼거나 교수자와의 진정한 인간적 관계를 느끼지 못하는 문제가 발생할 수 있다. 유명한 철학자이며 교육학자인 Buber(1964)에 따르면 교육은 학습자 개인과 교수자 개인의 인격적인 만남을 통해서만 이루어지고 이러한 만남과 관계를 위해서는 일대일의 담화가 필요하다고 한다. 수업하기의 세 가지 유형을 보다 자세히 비교하면 〈표 1-1〉과 같다.

표 1-1 수업하기의 유형

구분	독백	대화	담화
수업내용	교재내용	교수자 수준에서 교재 재해석	학습자 수준에서 교재 재해석
내용 난이도	교수자 수준에서 결정	교수자 수준에서 결정	학습자 수준에서 결정
소통	일방향 소통	단순발문과 답 수준의 양방향 소통	학습자와 공유된 이해도 도달을 위한 양방향 소통
수업속도	교수자의 속도에 맞추어 진행	교수자의 속도에 맞추어 진행	학습자의 이해속도에 맞추어 진행
수업 양	교재의 모든 내용	핵심내용과 도움이 되는 내용 구분 없음	핵심내용을 중심으로 하되 시간에 따라 도움이 되는 내용 전달
수업 진단	없음	부분적 학습자 진단	전체 학급의 이해도 진단
수업의 적응성	없음	없음	전체 학급의 이해도 진단에 따른 보충 심화 설명 제공

- 수업내용에 있어서 독백과 대화는 교재내용을 그대로 가르치거나 교수자 자신의 수준에서만 재해석을 통해 가르치지만 담화는 학습자들 수준에서 재해석과 재조직화의 과정을 거치게 된다.
- 내용 난이도 차원에서도 담화는 독백이나 대화 수준과는 달리 학습자가 이해 가능한 수준으로 조정이 이루어진다. 즉, 학습자들이 먹을 수 있고 소화가 가능한 수준으로 학습내용을 재조직화되게 된다.
- 소통 차원에서 독백은 일방향 소통이, 대화는 양방향 소통이 이루어지지만 대화는 수업을 따라오는 일부 학습자들과만 양방향 소통이 이루어진다면 담화는 모든 학

습자들과 일대일의 양방향 소통이 이루어지게 된다. 담화의 구체적인 전략은 이후에 다루어질 것이다.

- 수업 속도 차원에서는 독백과 대화 모두 교수자의 수업 속도에 맞추어 진행되지만 담화는 학습자의 이해속도에 맞추어 수업이 이루어지게 된다.
- 수업의 양 차원에서 담화는 교재 대부분의 내용을 모두 다루는 독백이나 대화와는 달리 학습자들이 필수적으로 알아야 하는 핵심적인 내용과 도움이 되는 내용을 구분하여 주어진 시간에 따라 핵심적인 내용을 다루고 시간이 허락되면 도움이 되는 내용을 다루는 전략적인 접근이 이루어지게 된다.
- 수업 진단 차원에서는 진단활동이 전혀 일어나지 않는 독백이나 부분적으로 일어나는 대화와는 달리 담화는 전체 학급 구성원을 대상으로 하는 진단활동이 일어난다.
- 수업의 적응성 차원에서 독백이나 대화는 수업의 적응적 활동이 전혀 일어나지 않는 반면 담화는 전체 학습자들의 이해 정도에 따라 적응적 수업이 일어난다. 이때 적응적 수업이란, 미리 계획된 수업지도안과는 달리 수업의 역동적인 변화에 따라 수업이 변화되어 적용되는 것을 의미한다. 즉, 만일 학습자들이 특정 내용에 대한 이해가 부족할 때에는 진도를 멈추고 학습자들이 이해할 수 있도록 도움을 제공하고 다음 진도를 나가게 되는 것을 의미한다.

2) 담화하기 전략

담화하기를 설명하면 항상 나오는 질문 중 하나가 수많은 학습자들로 구성된 수업에서 과연 일대일의 담화가 가능한가? 그리고 이런 담화를 하게 되면 수업의 진도를 나갈 수 있는가? 하는 것들이다. 과연 한 명의 교수자가 수많은 학습자들과 일대일의 담화가 가능할까? 담화는 어렵지만 가능하다고 말할 수 있다. 담화를 위한 전략들은 여러 가지가 있을 수 있다.

첫째, 가장 많이 사용될 수 있는 전략은 비언어적 소통이다. 교수자들은 지속적으로 모든 학습자들과 눈 맞춤을 통해 학습자들의 표정, 눈빛, 자세, 학습행동, 수업태도 등을 관찰해야 한다. 여기서 말하는 학습행동이란 수업에 대한 집중도나 어떤 학습과제를 주었을 때 학습자들이 보여 주는 특정 행동을 의미한다. 수업내용을 이해하지 못한 학습자들은 멍 때리기, 과제 수행 실패, 다른 학습자들의 답지를 기웃거리기, 잡담 등 다양한 행동을 보여 줄 수 있다. 이런 비언어적 행동들을 관찰함으로써 수업내용에 대한 이해정도를 파악할 수 있다. 또한 학습자의 눈빛이나 표정 또는 자세를 통해서도 수업에 대한 태도나 이해정도를 파악할 수 있다. 교수자나 교재에 대한 눈의 초점이 명확하고 열심히 받아 적는 자세 등을 통해 수업 참여정도를 파악할 수 있다. 이때 중요한 것은 교수자가 모든 학습자들과 눈 맞춤을 정기적으로 하는 것이다. 시야의 사각지대가 있어서는 안 되고 수업참여도가 낮아 보이는 학습자들에 대해서는 보다 주의 깊은 관찰이 필요하다. 수업컨설팅 과정에서 많은 학생들이 졸거나 딴짓 혹은 주의분산 행동을 통해 수업이 어렵고 이해하기 힘들며 재미가 없다는 것을 끊임없이 교수자에게 비언어적 소통을 통해 전달하고 있지만 교수자는 이를 무시하고 자신의 방식대로 수업을 진행하는 것을 관찰하기도 하였다. 교수자가 학생들의 비언어적 소통에만 민감하게 반응하여도 담화를 통한 훌륭한 수업을 진행할 수 있다.

둘째, 다양한 시각적 소통 전략을 활용하는 것이다. 예를 들어, 교통신호등 전략을 들 수 있다. 학습자들이 빨간색, 노란색, 초록색 종이컵을 가지고 있다가 수학문제 풀이와 같은 개인적 풀이가 필요한 활동 과정 중 자신의 상태에 따라 적절한 종이컵을 책상 위에 올려놓게 할 수 있다. 빨간색의 경우 혼자서는 해결이 어려운 상황을 이야기하고 초록색은 혼자서 해결하고 정답을 확신하는 경우를 의미한다. 노란색의 경우 자신의 답에 확신이 없거나 풀이 과정에서 도움이 필요한 경우를 의미한다. 따라서 교수자는 한눈에 시각적으로 모든 학습자들의 이해도를 진단할 수 있게 한다. 또 다른 전략으로 수신호를 사용할 수도 있다. 교수자와 학습자들이 몇 가지 수신호를 약속하고 이를 통해 개개 학습자들의 상태를 파악하거나 소통을 하는 것이다. 예를 들어, 검지(손가락)를 구부리고 가슴에 대면 물음표 모양이 되고 이 신호는 학습자들이 교수자의 수업내용을 이해하지 못할 때 표시하게 하면, 수업 중 이런 물음표 모양의 수신호를 하는 학생들의 숫자가 많아질 경우에 수업을 잠시 멈추고 학생들의 이해하지 못한 부분을 파악하여 적응적 수업이 이루어질 수 있다. 이외에도 조그만 화이트보드를 사용하여 교수자의 질문에 따라 학습자들은 여러 가지 형태의 답을 적어 들게 하고 교수자는 학생들 개개인의 이해도를 파악할 수 있게 된다. 또한, 교수자의 창의성에 따라 다양한 시각적 소통전략을 통해 개개 학습자들과 담화할 수 있는 방법을 찾을 수 있다.

셋째, 테크놀로지를 활용한 담화 방법이다. 대표적인 예가 핑퐁(Ping-Pong), 구글 드라이브(Google Drive), 클라스팅(Classting), 카훗(Kahoot-it) 등이다. 이것들은 실시간으로 학급 구성원 개개인과 교수자 또는 학급 구성원들끼리 소통할 수 있는 도구들이다. 카훗(Kahoot-it)의 경우 스마트폰 앱으로 교수자의 질문에 개개 학습자들이 자신들의 스마트폰을 사용하여 답을 할 수 있고 이를 통해 정답자의 비율과 가장 오답이 많은 것의 비율 등을 실시간 통계를 통해 알 수 있다. 물론 사지선다, 단답형, 연결형 등 다양한 답을 유도할 수 있다. 구글 드라이브의 경우 모든 구성원들이 실시간으로 온라인 한글 프로그램을 통해 소통과 협력적 글쓰기 작업이 가능하기도 하다. 클라스팅은 개개 학습자들의 글쓰기를 실시간으로 공유할 수 있어서 개인의 반응뿐만 아니라 전체 학급의 경향성까지 파악이 가능한 소통도구이다. 테크놀로지를 통한 담화는 환경적 제한이 있겠지만 점차 교실환경이 개선된다면 보다 더 효과적이고 효율적인 담화를 위한 테크놀로지들이 개발되어 사용됨으로써 교실에서의 담화를 지원해 줄 수 있을 것이다.

넷째, 수업전략을 통한 담화 전략이다. 교수자 중심의 강의식 수업이 아닌 학습자들이 다양한 활동을 통한 학습을 하도록 하는 수업전략을 사용할 경우 다양한 담화가 가능해진다. 예를 들어, 학습자들에게 소규모 집단 중심의 활동을 통해 탐구활동을 하게 하고 교수자는 순회하면서 개개 학습자들의 학습을 점검하고 보다 심화된 학습이나 보충학습을 필요로 하는 학습자들을 중심으로 담화를 하는 방법이 있다. 이 과정에서 교수자는 모든 담화의 중심에 있기보다는 학습자들 간의 담화를 촉진할 수 있고 부족한 부분을 교수자가 보충하는 전략을 사용할 수 있다. 게임식 수업을 통해서도 담화는 가능하다. 예를 들어, 팀을 이룬 학습자들끼리 문제를 내고 답을 맞히는 팀 공격 및 방어 게임의 경우 학습자들이 문제의 난이도에 따라 답을 맞히는 정도를 파악하여 개개 학습자들의 이해도를 파악할 수 있다. 이외에도 학습포트폴리오나 오답일지와 같은 개별 성찰일지 혹은 자기주도적 학습계획서 등과 같은 개개인의 학습에 대한 기록이 가능한 전략을 사용하여 이들 개별 학습기록에 교수자가 피드백을 적어 주는 담화의 전략을 통해 보다 심화된 담화 전략을 사용할 수도 있다. 물론 이런 경우 교수자의 부담이 많이 늘어나는 문제점이 있을 수 있다.

결론적으로 교수자는 다양한 전략을 사용하여 학급 구성원 개개인들과 담화가 가능하며 이러한 담화가 수업하기의 본질을 의미한다. 이러한 담화의 과정은 학습자가 수업에서 소외되는 것을 방지해 주고 학습자와 교수자의 관계개선에도 도움을 줄 수 있다. 즉, 교수자가 자신들 개개인의 학습을 파악하고 그에 따라 적응적 수업을 하는 열정을 보여 준다면 학습자들은 당연히 그 교수자를 존중하고 신뢰하게 될 것이다.

성찰활동

나의 '수업하기' 진단해 보기

나의 수업하기를 진단해 보자. 〈표 1-1〉을 참고하여 아래 표에 자신의 수업현상을 기술하고 자신의 수업이 독백, 대화, 담화 중 어떤 유형에 속하는지 진단해 보자.

표 1-2 나의 '수업하기' 진단표

구분	내용
수업내용	
내용 난이도	
소통	
수업속도	
수업 양	
수업 진단	
수업의 적응성	

3. 배움 중심 수업 성찰하기

1) 왜 배움 중심 수업인가?

배움 중심 수업이 새로운 개념은 아니다. 수업의 목적이 배움이라는 사실에 기초한다면 배움 중심 수업은 매우 당연하고 수업의 본질적인 이야기이다. 하지만 최근 들어 '왜 배움 중심의 수업이 다시 강조되고 있는가?'에 대해서는 깊은 성찰이 필요하다. 최근 들어 배움 중심 수업에 대한 관심이 높아지는 것은 현재 수업의 모습들이 '가르침' 중심으로 이루어지고 있기 때문이다. 가르침 중심의 수업들은 수업의 본질에서 벗어날 뿐만 아니라 많은 문제점을 가지고 있다.

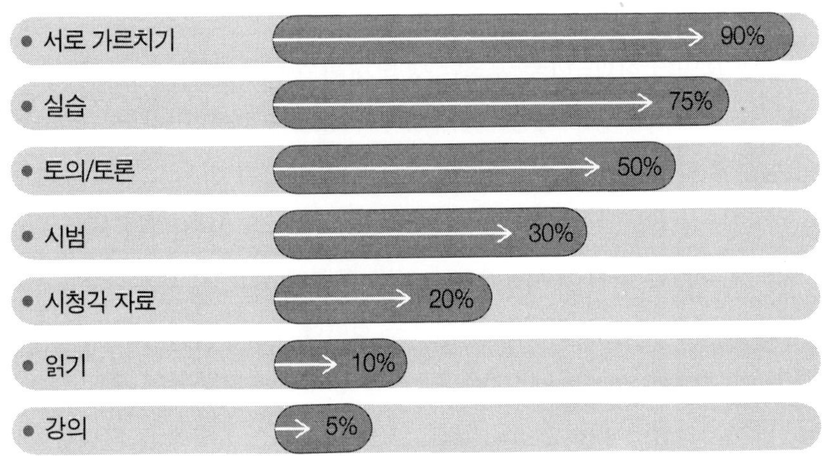

그림 1-4 _수업전략에 따른 기억률

출처: Bethel & Maine. National Training Laboratiories.

첫 번째 문제점은 교수자에 의해 가르치는 활동은 학습자에게 수동적 참여를 유도함으로써 학습내용에 대한 기억률이 낮아진다고 한다. 미국 NTL에 따르면 다양한 전략을 사용한 수업을 하고 24시간이 지난 후 학습자들의 기억률을 조사 해 본 결과 위 그림과 같은 결과가 나왔다고 한다. 강의로 수업을 한 경우 5%가 기억이 나고, 읽기자료를 통한 학습자들이 읽기 활동을 했을 경우 10%, 시청각 자료를 활용한 수업은 20%, 교수자가 직접 시범을 보여 주면 30%, 토의와 토론을 통한 수업은 50%, 학습자들이 직접 실습을 하면 75%, 그리고 다른 학습자들을 가르치는 수업을 하면 90%의 내용이 기억된다고 한다. 남을 가르치기 위해 공부를 할 경우 자신이 제대로 이해하지 못한 부분에 대해 질문이 나올지 모르기 때문에 자신이 잘 이해하지 못한 부분이 어떤 부분인지를 인지하면서 공부하고 이해하지 못한 부분은 설명이 가능하도록 이해하려는 노력이 뒤따른다고 한다. 또한 교수자의 언어와 논리보다는 동료들의 언어와 논리가 더 쉽게 이해를 돕기 때문에 듣는 학습자의 이해도까지 증가한다고 한다. 이스라엘의 유명한 '하브루타' 교육에서는 두 명의 학생들이 짝을 이루어 서로 크게 소리 내어 상대방에게 가르치게 함으로써 학습이 이루어지게 하는 전략을 사용한다. 이 경우도 앞에서 이야기한 것처럼 가르치는 자와 배우는 자 모두 학습 효율성이 높아진다고 한다. 이들 자료를 보더라도 수업의 목적인 배움을 위해서 교수자가 중심이 되어 전달식 강의를 하는 것이 좋은 수업인지 아니면 학습자들이 중심이 된 배움이 일어나도록 하는 것이 좋은 수업인지 성찰해 볼 필요가 있다.

두 번째 문제점은 강의식과 같은 교수자 중심의 가르침은 학습자들의 기억률에서 낮은 효율성을 보여 주지만, 더욱 중요한 것은 강의식 수업만으로는 학습자들에게 고차원적 사고를 촉진할 수 없다는 것이다. 앉아서 듣는 수용식 수업에서는 학습자들의 능동적인 탐구활동과 같은 사고활동을 촉진하기 힘들며 창의적 사고를 촉진할 수 없다. 아마 이런 사실들을 많이 경험해 보았을 것이다. 예를 들어, 연수에서 들을 때는 이해가 가는 것 같지만 실제 교육현장에 돌아가 수업에 적용해 보려고 하면 무엇을 어떻게 해야 할지 많은 어려움을 경험해 보았을 것이다. Finkel(2000) 교수는 『침묵으로 가르치기(Teaching with your mouth shut)』란 책을 통해 교수자들이여 제발 입을 다물고 학습자들이 스스로 생각하게 하라고 일침을 가하고 있다. 학습자들 머릿속에서 일어나야 할 사고를 교수자들이 모두 대신해 줌으로써 학습자들의 사고력 발달을 교수자들이 오히려 방해하고 있다고 한다. 물론 모든 강의식 수업이 문제가 있다는 것은 아니다. 중요한 것은 학생들에게 필요한 모든 사고의 과정과 활동조차도 교수자가 대신해 줌으로써 학생들의 배움을 방해해서는 안 된다는 것이다.

2) 배움 중심 수업이란?

앞에서 언급했듯이 배움 중심 수업은 새로운 개념이 아닌 수업의 본질에 관한 문제이다. 대표적 교육학자인 Dewey(1933)는 배움 중심 수업이란 학습자들이 개인의 실제 삶과 관련된 정보와 지식을 'learning by doing', 즉 실질적인 경험을 통해 습득하는 것으로 설명하고 있다. 경기도교육청(2014)의 배움 중심 수업 지침서에 따르면 배움 중심 수업은 학생 개개인의 차이를 존중하고 개별화된 배움의 기회가 보장되어 학습자 스스로 활동하고 협력하여 배움이 일어나는 수업으로, 단순암기의 지식이 아닌 창의력, 문제해결력, 소통능력, 자기관리능력, 리더십, 성취동기 등을 얻게 하는 것으로 설명하고 있다.

배움 중심 수업의 개념을 이해하기 위해 다음의 두 가지 오해를 해서는 안 된다.

첫째, 일본의 사토마나부(2006) 교수가 전파하고 있는 '배움의 공동체'만이 배움 중심 수업을 의미하는 것은 아니다. 물론 '배움의 공동체' 역시 배움 중심 수업을 강조하고 있지만 배움의 공동체만이 배움 중심 수업을 이야기하지는 않는다. 배움의 공동체는 공동체적 접근, 세 가지 대화적 실천의 강조, 학생들의 주체성과 교수자들의 대응 등 몇 가지 나름의 철학과 수업전략을 기초로 모든 수업에서 이들 철학과 전략이 사용되도록 하고 있다. 하지만 모든 수업상황에서 획일화된 하나의 수업철학과 수업전략만을 사용해야 한다는 것은 매우 위험한 발상일 수 있다. 수업에서 가르칠 내용, 학습자의 특성, 교수자의 특성, 환경적 제한점 등 다양한 요인에 따라 수업의 접근방법은 달라져야 한다. 기존의 프로젝트 수업, PBL 수업, 토의 · 토론 수업, 협력학습 전략 등의 다양한 전략을 사용하여서도 배움 중심의 수업을 만들어 갈 수 있다. 최근 들어 관심을 받고 있는 '거꾸로 학습(flipped learning)' 역시 배움 중심의 수업을 만들 수 있는 전략으로 활용될 수 있다. 즉, 거꾸로 학습은 교수자 중심의 전달식 수업에서 벗어나 학습자들 간 그리고 학습자와 교수자 간의 상호작용을 통한 경험중심의 수업을 강조하고 있어서 이들 기본원리를 잘 실천할 수 있도록 현장에서 실행된다면 배움 중심 수업을 만들어 갈 수 있다.

둘째, 학습자 중심 수업 또는 활동 중심의 수업이 배움 중심의 수업을 의미하지는 않는다. 학습자 중심 수업이나 활동 중심 수업을 했다고 해서 배움이 항상 일어나는 것은 아니다. [그림 1-5]처럼 Pollard(2002)는 교수자의 참여도를 Y축으로 하고 학습자의 참여도를 X축으로 하여 교수자와 학습자의 참여도에 따라 교수자 중심 수업, 자원 중심 수업, 학습자 중심 혹은 활동 중심 수업, 그리고 배움 중심 수업 등 4가지를 구분하여 설명하고 있다. 교수자 중심의 수업이란 높은 교수자의 참여는 있지만 학습자의 참여가 낮은 수업을 의미하며 이 경우 대부분 교수자가 중심이 된 구조화가 잘 된 강의 형태의 수업을 의미한다. 자원 중심의 수업이란 교수자와 학습자의 참여 모두가 낮은 수업으로 학습지나 멀티미디어 수업자료를 통해 학습이 이루어지도록 하되 학습자 역시 흥미를 잃고 열심히 참여하지 않는 수업을 의미한다. 학습자 중심 수업은 학습자의 참여는 많지만 교수자의 참여는 낮은 형태로 학습자들이 자신들의 학습에 대한 자율권을 가지고 있고 자기 동기화에 기초하여 자율적인 학습이 강조된다. 이 경우 교수자는 단지 조언자와 같은 소극적 참여를 하게 된다. 하지만 배움 중심의 수업은 교수자와 학습자의 참여가 모두 높은 수업을 의미하는 것으로 교수자와 학습자가 파트너가 되어 협력을 통한 배움을 만들어 가게 된다. 이때 배움의 과정을 강조하고 담화와 협력을 통한 학습이 이루어지게 된다. 학습자 중심의 활동이 이루어진다고 해도 그 과정에서 교수자가 학습과정에 대해 무관심하고 모든 책임과 수업활동을 학습자에게만 맡겨 둔다면 배움이 일어나지 않을 수 있다. 문제중심학습(PBL)이 초기에 도입되었을 때 많은 교수자들이 문제중심학습을 실행한 후 우리나라 사정에 맞지 않고 효과가 없다는 비판을 하는 경우가 많았다. 문제중심학습이 효과가 없었던 것은 수업모형에 문제가 있는 것이 아니라 올바른 실천이 이루어지지 않았기 때문이다. 즉, 학습자들이 스스로 문제를 규정하고 문제해결을 위한 자원을 찾고 자원에 기반한 의사결정을 하는 자기주도적 학습에 대한 준비가 되어 있지 않은 상황에서 무조건 학습자들이 중심이

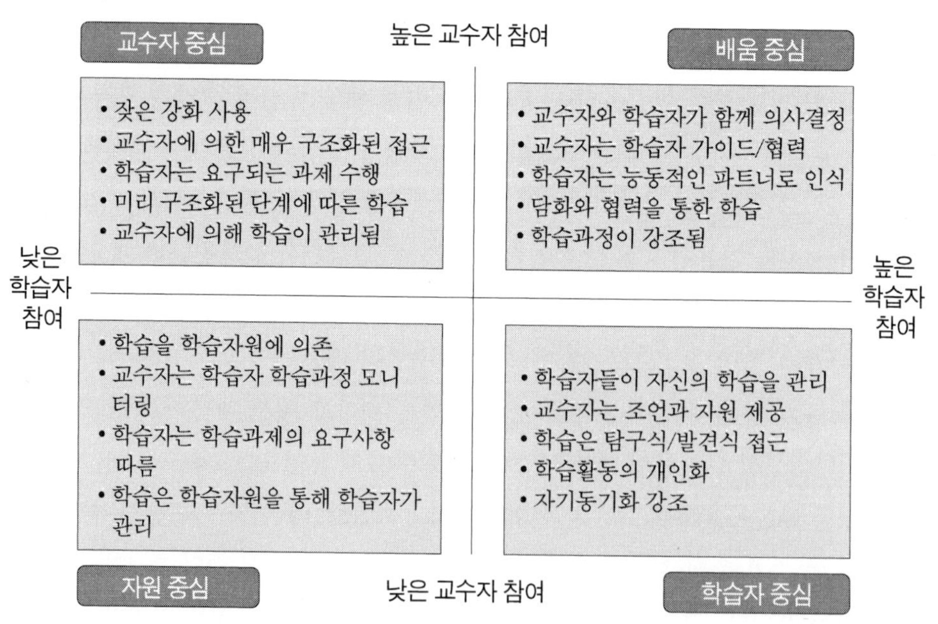

그림 1-5 _ **교수자와 학습자의 참여수준에 따른 수업유형 분류**

출처: Pollard (2002). *Reflective teaching*.

되어 문제를 해결하라고 하니 학습자들은 무엇을 어떻게 해야 할지 혼돈을 겪게 되었던 것이다. 다시 말해, 학습자들이 중심이 된 활동 중심의 수업이 있었지만 정작 의미 있는 배움이 일어나지 않은 경우들이 많았다. 배움 중심 수업이 이루어지기 위해서는 교수자와 학습자 모두의 전략적이고 적극적인 참여와 협력이 필요하다.

따라서 배움 중심 수업은 학습자들이 직접 참여하고 실천적 경험을 통해 실제 삶과 연계된 고차원적 사고력 향상과 같은 학습이 이루어지는 것으로 교수자와 개개 학습자 간 담화를 통한 협력적 학습활동이 이루어지는 것을 의미한다.

배움 중심 수업을 보다 자세히 이해하기 위해서는 배움 중심 수업이 이루어졌는지를 판단할 수 있는 준거들을 살펴볼 필요가 있다. 이들 준거들은 수업의 설계과정, 수업 실행과정, 그리고 수업의 결과를 중심으로 배움 중심의 수업이 이루어졌는지를 분석하고 진단하기 위한 근거들로 사용이 가능할 것이다.

표 1-3 배움 중심 수업 진단 준거

범주	구체적 준거
수업철학과 결과	• 학생들에게 배움(의도된/의도하지 않은)이 일어났는가? • 배움을 통해 사고력 향상이 있었는가? • 배움에 대한 기쁨이 있었는가? • 모든 학생들에게 배움이 있었는가? • 학생들이 배움을 통해 자신의 삶에 대한 성찰이 있었는가?
수업활동	• 개인화(personalized)된 배움이 있었는가? • 학생 스스로 학습문제 해결을 위한 탐구활동이 있었는가? • 배움의 결과를 자기언어와 자기생각으로 검증해 보일 수 있는 기회가 있었는가? • 학생과 학생, 학생과 교수자 간에 협력적 배움이 일어나는가? • 수업에서 교수자와 모든 학생들 간 담화를 통한 수업이 이루어졌는가?

〈표 1-3〉은 배움 중심 수업이 준수해야 할 수업철학 및 결과적 차원과 수업활동 차원의 두 가지 범주에서 각각 5가지씩 총 10가지 주요 준거들을 제시하고 있다. 수업철학과 결과 차원에서 배움 중심 수업은 모든 학습자들이 소외 없이 배움이 일어나야 하고 배움은 단순한 지식의 습득을 넘어서 사고력의 증진과 연결되어야 함을 보여 주고 있다. 그리고 수업활동에서는 담화를 통한 수업을 통해 개인화(personalized)된 접근의 필요성을 이야기하고 있고 수업에서 학습자들과 교수자가 협력을 통한 배움이 이루어져야 하며 학습자들은 탐구의 과정을 통해 학습한 것을 직접 시범보이고 검증해 보는

과정이 필요함을 보여 주고 있다.

성찰활동

배움 중심 수업 관점에서 나의 수업 진단하기

배움 중심 수업 진단 준거들에 의해 자신의 수업을 진단해 보자. 배움 중심 수업의 진단 준거들을 모두 지키기는 쉽지 않다. 하지만 잘 지켜지지 않는 준거들이 진단되면 이들 준거들을 충족하기 위해 어떤 개선전략이 필요한지 성찰해 보자.

표 1-4 배움 중심 수업 진단 준거

범주	구체적 준거	매우 그렇지 않다	그렇지 않다	보통이다	그렇다	매우 그렇다
수업철학과 결과	학생들에게 배움(의도된/의도하지 않은)이 일어났는가?	1	2	3	4	5
	배움을 통해 사고력 향상이 있었는가?	1	2	3	4	5
	배움에 대한 기쁨이 있었는가?	1	2	3	4	5
	모든 학생들에게 배움이 있었는가?	1	2	3	4	5
	학생들이 배움을 통해 자신의 삶에 대한 성찰이 있었는가?	1	2	3	4	5
수업활동	개인화된 배움이 있었는가?	1	2	3	4	5
	학생 스스로 학습문제 해결을 위한 탐구활동이 있었는가?	1	2	3	4	5
	배움의 결과를 자기언어와 자기생각으로 검증해 보일 수 있는 기회가 있었는가?	1	2	3	4	5
	학생과 학생, 학생과 교수자 간에 협력적 배움이 일어나는가?	1	2	3	4	5
	수업에서 교수자와 모든 학생들 간 담화를 통한 수업이 이루어졌는가?	1	2	3	4	5

성찰과제

- 수업의 본질은 무엇인가?
- 나의 수업은 수업의 본질인 배움이 일어나는 수업인가?
- 배움이 일어나는 수업을 위해 나의 수업은 어떻게 변화되어야 하는가?
- 수업하기의 본질은 무엇인가?
- 나의 수업은 담화가 이루어지고 있는 수업인가?
- 담화가 이루어지기 위해 나의 수업은 어떻게 변화되어야 하는가?

제2장

수업생태계의 이해

수업 에세이

[수업일지]

교사생활을 하면서 가장 좌절감을 느낄 때가 내가 수업을 하고 있는데 많은 아이들이 졸거나 딴짓을 하면서 수업에 집중하지 않을 때이다.
아이들의 이런 모습을 보면 수업을 잘못하고 있다고 느끼게 되고 좌절감이나 죄책감마저 든다.
아이들을 깨우기 위해 재미있는 동영상도 보여 주고 호기심을 유발하는 질문도 사용해 보고 수업 중간중간 게임도 해 보았지만 잠시 효과가 있을 뿐 아이들은 항상 제자리로 돌아간다.
무엇이 문제일까? 고민이 되어 수업컨설팅을 받아 보았다.
전문가의 말에 따르면 아이들이 수업에 집중하지 않는 이유는 아래와 같이 다양할 수 있다고 한다.

- 교사의 잘못(잘못된 동기유발 전략, 수업내용 난이도의 조절 실패, 아이들과의 관계 형성 등)
- 아이들의 준비부족(낮은 자기효능감, 꿈과 비전의 부재, 낮은 흥미도, 생리적 피로감 등)
- 학급이나 학교 환경문제(열악한 교실 환경, 부정적 학교 또는 학급 풍토, 왕따와 같은 부정적 정서의 만연 등)
- 가정이나 지역사회 문제(부모의 낮은 기대감, 부모의 사회경제적 조건, 가정에서의 돌봄 부재 등)

그리고 이들 문제들이 역동적이고 복합적으로 영향을 미칠 수 있다고 한다.
수업은 참 복잡한 현상이라 수업을 한다는 것이 점점 더 부담스럽기도 하지만 수업의 문제가 모두 나의 문제에서 비롯된다는 잘못된 생각에서 벗어날 수 있어서 위안이 되기도 한다.

인포맵(InfoMap)

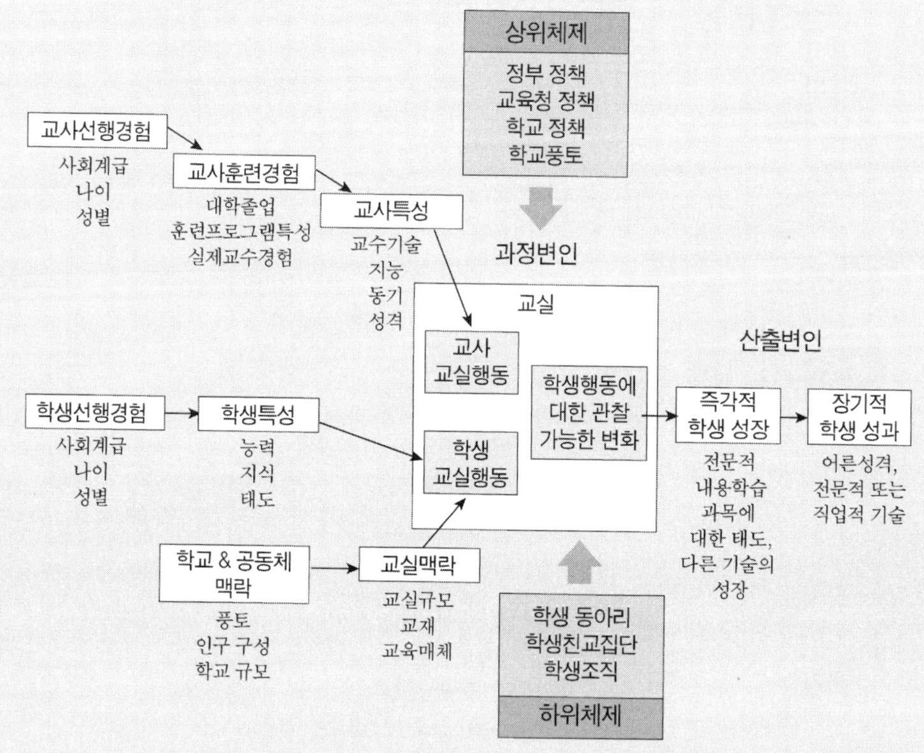

성찰목표

- 수업생태계의 의미를 설명할 수 있다.
- 수업문제를 생태학적 관점에서 진단할 수 있다.

1. 수업생태계 성찰하기

수업은 네 개의 벽에 의해 고립된 공간에서의 고립된 활동은 아니다. 수업의 문제를 분석할 때 많은 접근들이 교사나 학생에게서 문제를 찾으려고 하지만 학부모, 학교, 교육청 또는 사회의 영향에 의해 발생되는 문제도 많이 있다. 따라서 자기수업컨설팅을 통해 수업을 개선하기 위해서는 수업에 영향을 미치는 다양한 요인들에 대한 거시적 시각이 필요하고 그 대표적인 예가 생태학적 접근이다. 이 장에서는 수업을 생태학적으로 접근하는 다양한 예들을 살펴봄으로써 수업에 대한 생태학적 이해를 도울 수 있으며 이를 통해 수업문제 해결을 위한 자기수업컨설팅 접근을 할 때 어떤 주요 요인들을 고려해야 할 것인지 정보를 제공해 줄 것이다.

1) 생태계

생태계는 유기체들 간 그리고 유기체와 환경 간의 상호작용 네트워크를 의미한다. 이런 관점에서 본다면 인간생태계는 인간과 다른 사람들을 포함한 환경과의 상호작용 네트워크를 의미한다. 인간의 삶에 대한 생태학적 접근의 핵심은 한 부분의 변화는 곧 다른 부분의 변화를 야기한다는 유기체적 관점이다. 따라서 인간행동에 대한 이해 역시 개인차원의 미시적인 접근만 이루어져서는 안 되고 개인이 속한 집단과의 상호작용을 포함한 거시적 관점에서 이루어져야 한다. 생태학적 접근이란 전일적(holistic) 접근이면서 체제적 접근이라 할 수 있다. 나비효과라는 말이 이러한 생태학적 견해를 가장 쉽게 이해할 수 있게 해 준다. 인터넷에서 중국인들의 양고기 소비가 늘어나면서 일본 학생들의 교복값이 올라간다는 뉴스가 나온 적이 있다. 어떻게 중국인들의 양고기 소비가 일본 학생들의 교복값과 연결이 되는지 의문이 들 것이다. 하지만 중국인들의 양고기 소비가 늘게 되면서 중국 내 양고기만으로는 충족이 안 되니 호주에서 수입을 하게 되고 호주는 양고기 수출을 위해 식육용 양을 늘리고 양모를 위한 양의 사육을 줄임으로써 호주 양모 수입을 통해 교복을 만드는 일본의 교복값이 올라가게 되었다고 한다. 국가 간에도 한 국가의 소비패턴이 다른 국가의 소비패턴에 영향을 미치는 매우 높은 연계성을 가지고 있는 것을 보면 국가 내 개인과 개인 그리고 집단과 집단 간에는 얼마나 높은 연계성이 있는지 짐작이 갈 것이다.

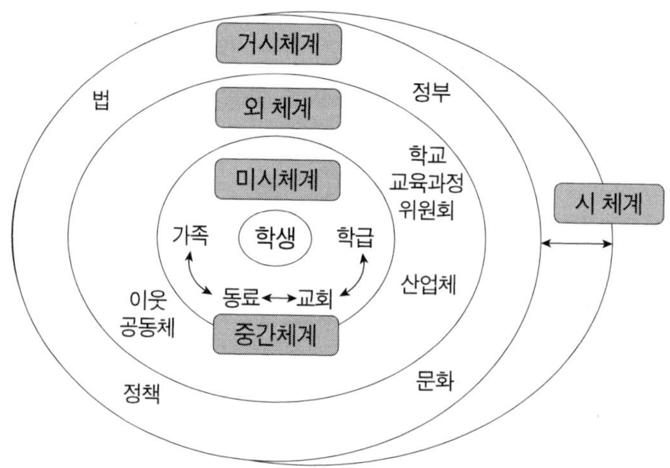

그림 2-1 _ Bronfenbrenner의 생태체계 이론

생태계 연구에 대한 대표적인 학자인 Bronfenbrenner(1977)는 개인의 발달은 개인과 그 개인이 속한 체계 간 상호작용을 통해 일어난다고 주장하였다. 그리고 그는 이들 체계를 다음과 같이 다섯 가지로 나누어 설명하고 있다.

- 미시체계(microsystem): 개인이 즉각적으로 혹은 직접적으로 상호작용이 가능한 대상으로 학생들의 경우 가족, 교실, 교수자 등이 이에 속한다.
- 중간체계(mesosystem): 개인이 속한 미시체계들 간 관계로 정의될 수 있으며 가족과 학교 간 관계, 가족과 이웃의 관계 등이 이에 속한다.
- 외 체계(exosystem): 개인에게 직접적인 영향을 주지는 않지만 간접적으로 영향을 미치는 사회 구조적인 환경요소로 부모의 직장이나 학교 교육과정 위원회 등이 이에 속한다.
- 거시체계(macrosystem): 개인이 속한 사회나 문화체제와 같이 모든 체계에 영향을 미치는 넓은 사회적 체계를 의미하며 정부, 법, 정책, 문화적 요인 등이 이에 속한다.
- 시 체계(chronosystem): 시간의 흐름에 따라 각 체계들의 역동적인 변화체계를 의미한다.

이러한 생태학적 관점에 따르면 개인의 행위에 대해 다음과 같은 기본 원칙이 적용된다(Apter & Conoley, 1984; Burns, 2011).

첫째, 개인은 체계와 분리되어 생각할 수 없다.

둘째, 모든 개인적 문제 역시 개인에게서 문제의 원인을 찾기보다는 체계와의 불일치에서 찾아야 한다.

셋째, 순기능 혹은 역기능의 판단은 개인의 지식과 기술 그리고 환경적 요구 간 조화 또는 부조화의 결과로 보아야 한다.

넷째, 모든 문제해결 접근의 효과성을 위해서는 체계적이고 거시적인 관점에서 접근해야 한다.

이들 생태학적 관점이 교육학적 관점에 주는 중요한 시사점은 매우 크다. 즉, 교육의 문제를 학생이나 교사, 각 개체가 문제가 있어서 발생한다고 생각하기보다는 이들 각 개체 간 부조화 또는 이들 개체와 다른 체계와의 부조화에 의해 발생한다고 보아야 한다는 것이다. 예를 들어, 자살하는 청소년 문제는 그 청소년이 가진 심리적 혹은 내적 문제로 보고 문제의 원인을 청소년들에게서 찾기보다는 이들이 견딜 수 없는 어떤 사회적 환경을 우리 사회가 만들었는지를 되돌아보아야 한다.

따라서 교육문제나 수업문제를 분석할 때는 수업과 관련된 중간체계, 외 체계, 거시체계, 시 체계까지 고려하여 분석이 이루어져야 한다. 이런 관점에서 보면 수업을 분석할 때 너무 많은 것들을 고려하고 분석해야 한다고 오해할 수 있다. 하지만 모든 관련된 생태계 요인들을 분석하기보다는 특정 수업문제에 영향을 미쳐서 부조화를 발생하게 하는 주요 요인들을 선정하여 이를 분석해야 한다. 무엇보다도 중요한 것은 너무 미시적 관점에서 수업문제를 특정 개체의 문제로 제한하여 분석하고 접근하기보다는 관련된 다양한 문제들에서 원인을 찾을 수 있는 거시적 관점과 미시적 관점의 조화로운 시각을 가져야 하며 따라서 눈에 보이는 단순한 원인, 즉 증상만을 해결하려는 접근보다는 그 증상의 원인이 되는 실제 병명을 찾아 해결할 수 있는 접근이 필요하다.

2) 수업생태계

수업 역시 생태학적 관점에서 접근이 필요하다. 수업은 그 어느 현상보다도 더 많은 요인들에 의해 영향을 받으면서 역동적인 상호작용들을 가지고 있기 때문에 수업문제를 해결하기 위해서는 생태학적 관점에서 이해할 필요가 있다. Meyers, Meyers, Graybill, Proctor와 Huddleston(2012)은 학교 수업 역시 생태학적 관점에서 이해할 필요가 있으며 한 개인은 그 개인이 속한 환경과의 상호작용 속에서 발달이 일어나며 발달을 방해하는 요인들을 해결하기 위해서는 문제가 발생한 개인에 대한 처방과 함께 그가 속한 전체 체계의 변화를 통해서 가능하다는 입장을 주장하고 있다. 수업에 대한 생태학적 입장을 따르게 되면 수업에서 가장 중요한 문제인 학습문제를 단순한 교수자의 역량 부족으로 이해하지 않고 교수자의 태도나 기대와 같은 교수자 요인과 학습자의 자기효능감과 태도 및 학습기술과 같은 학습자 요인, 학교풍토와 같은 학교요인 그리고 보다 거시적인 지역사회의 특성과 정부나 지역교육청의 정책 등 다양한 요인을 고려한 거시적 이해가 필요하게 된다. 생태학적 관점에서의 학교문제를 해결하려는 접근들은 학습자들의 행동, 태도, 그리고 학습을 변화시키기 위해서는 학습자가 속하고 상호작용하는 교실, 교수자, 가족, 부모, 학교, 이웃들의 변화가 필요하다는 관점(Meyers et al., 2012)을 제시하고 있다.

3) 건강한 수업생태계

수업을 생태학적 관점에서 접근하는 경우 수업문제의 원인을 보다 정확하게 진단하기 위해 생태학적 관점을 적용하는 경우도 있지만 건강한 생태계처럼 건강한 수업의 모습을 찾기 위해 생태학적 접근을 하는 경우도 있다. 이상수 등(2014)은 Costanza(2012)의 건강한 생태계 이론에 기초하여 건강한 학교생태계 요인을 제시한다. 이들 이론은 수업생태계에도 그대로 적용이 가능하며 이를 자세히 기술하면 다음

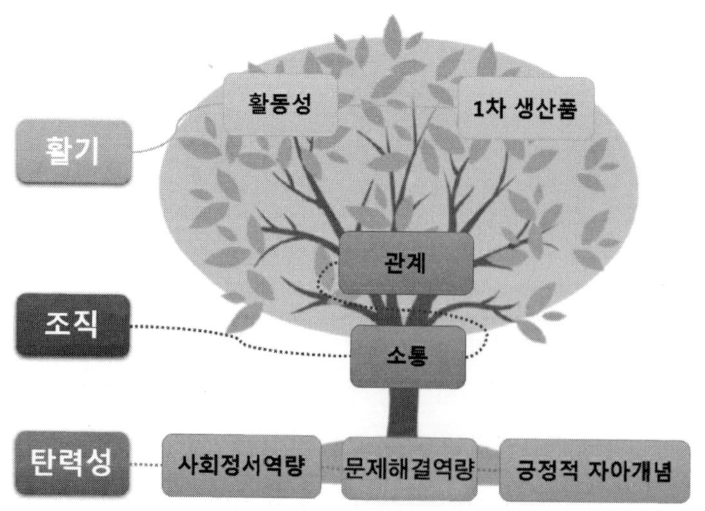

그림 2-2 _ 건강한 학교생태계 진단 요인들의 구조

과 같다.

건강한 수업생태계가 되기 위해서는 〈표 2-1〉처럼 세 가지 범주의 일곱 가지 요인에 대한 진단이 필요하다.

표 2-1 건강한 생태계 구성요인

영역	구성요인	지표
탄력성	사회정서역량	사회성, 정서역량, 스트레스 관리역량
	문제해결역량	비전수립, 창의적 문제해결
	긍정적 자아개념	자기 효능감, 자기 존중감, 개방성
조직	소통	미시/중간체계 소통
	관계	미시/중간체계 관계
활기	활동성	학교생활열정, 자기계발 열정
	1차 생산품	만족도, 성취감, 신뢰, 안전감, 협력의식

첫째, 탄력성 요인이다. 탄력성이란 식물의 뿌리와 같이 삶의 근간이 되는 중요한 요인으로 개체가 외부 스트레스 자극을 얼마나 잘 이겨 낼 수 있는지를 의미한다. 수업에서도 학습자나 교수자는 다양한 스트레스를 경험하게 될 것이다. 학습자나 교수자가 탄력성 역량을 가지고 있다는 것은 수업과 관련하여 경험할 수 있는 다양한 유형의 스트레스 요인들을 스스로 이겨 낼 수 있는 전략들을 가지고 있음을 말하며 궁극적으로는 정신적 건강과 수업의 효과성에 긍정적 영향을 미치게 될 것이다. 탄력성 요인은 다음과 같이 세 가지 주요 역량을 포함하고 있다.

- 사회정서역량: 자신의 감정을 정확히 인식할 수 있고 이를 통제할 수 있으며, 타인의 감정에 공감할 수 있고 타인과 사회적으로 잘 지낼 수 있는 능력
- 문제해결역량: 환경의 변화를 통해 새로운 문제가 발생하더라도 이를 효과적으로 해결해 나갈 수 있는 능력
- 긍정적 자아개념: 어떤 상황에서도 자신이 잘해 나갈 수 있다는 자신에 대한 전반적인 긍정적 인식과 믿음

둘째, 조직 요인이다. 조직 요인은 식물의 기둥이나 줄기에 비유할 수 있으며 이는

식물이 영양분을 주고받기 위해 필요로 하는 중요한 부위이다. 수업생태계에서 조직 요인은 수업 구성원들이 얼마나 긍정적인 상호작용이 이루어지는가를 의미한다. 조직 요인은 다음과 같이 소통과 관계의 두 가지 요인을 포함하고 있다. 즉, 수업 구성원들끼리 얼마나 양질의 소통이 이루어지고 있고 이들 소통을 통해 얼마나 긍정적인 관계가 형성되는가를 의미한다. 소통이 많아도 부정적 소통은 오히려 문제가 될 수 있다. 아무리 소통이 많아도 부정적 소통은 부정적 관계를 형성하게 된다.

- 소통: 수업구성원인 학습자, 교수자, 학부모, 그리고 학교행정가 등과 소통이 얼마나 많은지 그리고 양방향 소통이 이루어지는가를 의미함.
- 관계: 수업구성원들 간에 얼마나 긍정적인 관계가 형성되어 있는가를 의미함.

셋째, 활기 요인이다. 활기란 식물의 잎사귀와 열매에 비유할 수 있으며 수업구성원들이 얼마나 효과적인 결과물을 만들어 내는가를 의미한다. 활기 요인은 다음과 같이 활동성과 1차 생산품의 두 가지 요인을 포함하고 있다.

- 활동성: 각 개체들이 얼마나 활발하게 활동하는지를 말하며 구성원들이 자기계발과 수업에서 얼마나 열정을 가지고 참여하는지를 의미함.
- 1차 생산품: 수업구성원들이 수업활동을 통해 얻게 되는 가장 기초적인 결과물들로 만족도, 성취감, 신뢰, 안전감, 협력의식 등

수업생태계의 건강성은 효과적인 수업이 이루어지기 위해 기초적으로 갖추고 있어야 할 요인들로 자기수업컨설팅을 위해 자신의 수업이 얼마나 건강한지를 진단해 볼 필요가 있다.

성찰활동

내 수업의 건강성 진단해 보기

다음 표를 이용하여 여러분의 수업에 대한 건강성을 진단해 볼 수 있다. 아래 진단자는 교수자나 학습자 모두를 대상으로 실시할 수 있고, 혹은 두 집단을 나누어 진단을 해 볼 수 있다. 예를 들어, 학교생활열정 지표의 경우 교수자 또는 학습자를 구분하여 두 개의 답을 해 보거나 두 집단을 모두 함께 고려하여 판단을 할 수 있다. 이 진단지를 활용해 자신의 수업이 얼마나 건강한지를 성찰해 보는 도구로 활용해 보기 바란다.

표 2-2 나의 수업생태계 건강성 진단해 보기

영역	구성요인	지표	건강성 진단				
			매우 나쁨	나쁨	보통	좋음	매우 좋음
탄력성	사회정서역량	사회적 역량	1	2	3	4	5
		정서역량	1	2	3	4	5
		스트레스 관리역량	1	2	3	4	5
	문제해결역량	비전수립	1	2	3	4	5
		창의적 문제해결	1	2	3	4	5
	긍정적 자아개념	자기효능감	1	2	3	4	5
		자기존중감	1	2	3	4	5
		개방성	1	2	3	4	5
조직	소통	학습자와 학습자 간	1	2	3	4	5
		학습자와 교수자 간	1	2	3	4	5
		교수자와 교수자 간	1	2	3	4	5
		교수자와 학부모 간	1	2	3	4	5
	관계	학습자와 학습자 간	1	2	3	4	5
		학습자와 교수자 간	1	2	3	4	5
		교수자와 교수자 간	1	2	3	4	5
		교수자와 학부모 간	1	2	3	4	5
활기	활동성	학교생활열정	1	2	3	4	5
		자기계발 열정	1	2	3	4	5
	1차 생산품	수업 만족도	1	2	3	4	5
		성취감	1	2	3	4	5
		신뢰	1	2	3	4	5
		안전감	1	2	3	4	5
		협력의식	1	2	3	4	5

2. 수업생태학적 접근들 성찰하기

수업에 대한 생태학적 관점의 이해를 돕기 위해 다양한 사례들을 살펴볼 필요가 있다. 이들 접근들은 수업 전반에 대한 생태학적 이해를 돕거나 특정 수업결과물에 영향을 미치는 다양한 요인들을 생태학적 관점에서 제시하고 있다.

1) 수업에 대한 생태학적 이해

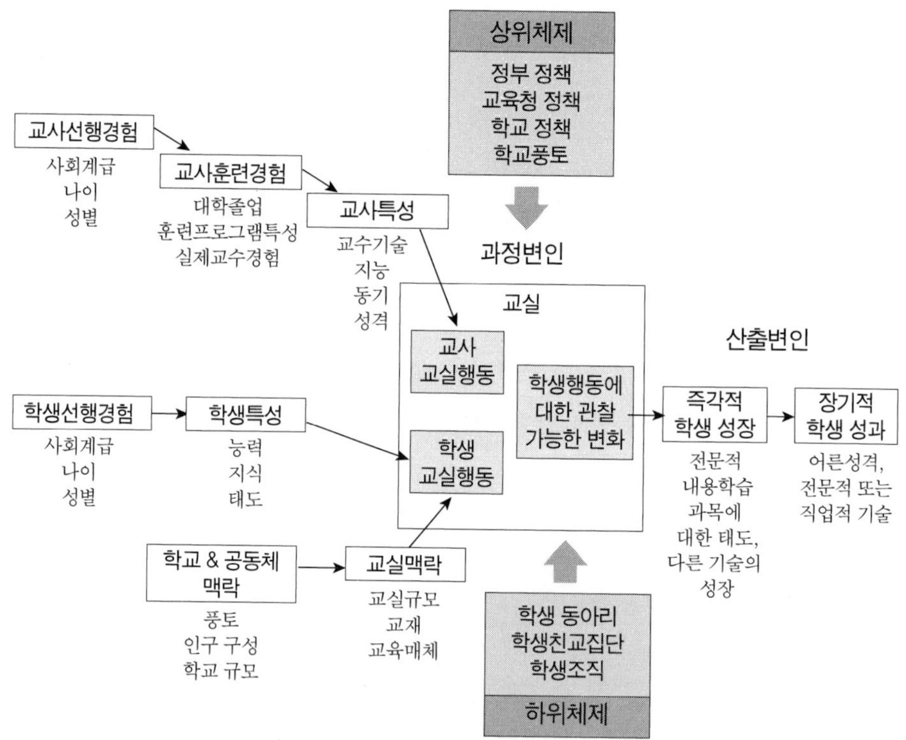

그림 2-3 _ Duncan and Biddle의 수업 연구모형

출처: Duncan, M. J., & Biddle, B. J. (1974). *The study of teaching.*

Duncan과 Biddle(1974)은 생태학적 관점에서 수업이 가지고 있는 역동성을 전조변인, 맥락변인, 과정변인, 그리고 산출변인으로 나누어 설명하고 있다.

첫째, 과정변인은 교실에서 이루어지는 수업활동을 의미한다. 과정변인은 교수자의 교실행동과 학생의 교실행동 간의 역동적 상호작용에 의해 학생들의 관찰 가능한 변화라는 생산품을 만들어 내게 된다. 하지만 이러한 수업은 단순한 교수자와 학생들의 상호작용에 의해서만 결정되는 것이 아닌 다른 전조변인과 맥락변인에 의해 영향을 받게 된다.

둘째, 산출변인은 수업의 결과를 의미하며 학생들의 즉각적인 성장과 장기적인 변화를 모두 포함하고 있다. 학습자들의 장기적인 변화를 위해서는 관련된 전조변인 및 맥락변인 그리고 수업의 과정변인이 모두 영향을 미치게 된다.

셋째, 전조변인은 교수자의 교실행동에 영향을 미치는 요인들로 교수자가 어떤 환경에서 태어나고 자랐는지, 어떤 교수자 양성기관에서 어떤 교육을 받았는지, 그리고 그 결과 어떤 동기와 열정 그리고 수업기술을 가지고 수업에 들어오는지 등을 의미한다. 즉, 현재 교수자의 행동은 이미 이전 요인들에 의해 영향을 받는다는 것이다.

넷째, 맥락변인은 학습자들 요인과 환경요인들을 포함한다. 학습자들의 경우도 어떤 가정환경에서 자라고 지식이나 동기와 같은 어떤 특성을 가지고 수업에 들어오는지 등이 수업행동에 영향을 미치게 된다. 또한 학교나 지역사회의 규모나 풍토 그리고 교실이 갖는 규모와 풍토 등의 요인들이 수업에 영향을 미치게 된다. 특히 우리나라의 경우 사교육의 영향이 크기 때문에 학생들의 양육환경, 즉 부모의 사회경제적 지위가 수업의 산출물인 학업성취에 매우 큰 영향을 주고 있어서 맥락변인이 수업의 결과에 매우 중요한 영향요인이 된다.

Duncan과 Biddle(1974)의 모형에서는 기술되지 않았지만 더 보충한다면 상위체제와 하위체제의 영향을 첨가할 수 있다. 상위체제란 수업을 포함하는 더 큰 체제를 의미하는 것으로 학교, 지역교육청, 교육부 등이 이에 속한다고 할 수 있다. 즉, 학교장이나 교육감이 어떤 정책을 가지고 있는가에 따라 수업은 영향을 받게 되고, 특히 우리나라의 경우는 정부의 교육정책에 따라 수업이 많은 영향을 받게 된다. 예를 들어, 수학능력시험에 특정과목의 포함 여부에 따라 그 과목 수업에 대한 학생들의 참여 태도가 달라진다. 하위체제란 수업에 포함되어 있는 소규모 체제들을 의미하며, 예를 들어 학급 내 학습자들 동아리 모임, 분단 모임, 친교모임 등이 이에 속한다. 학급 내 소집단끼리 친밀한 관계가 형성되어 있으면 수업에 긍정적인 영향을 미치게 된다. 따라서 상위체제와 하위체제 역시 수업에 영향을 미치는 요인들로 고려해야 한다.

Duncan과 Biddle(1974)의 모형은 수업에 영향을 미치는 다양한 요인들을 거시적으로 볼 수 있는 생태학적 관점을 제공해 준다. 중학교 영어수업에 대한 수업컨설팅 경험 사례를 들어 성찰해 보자. A 학군과 같이 부유한 환경의 학교에서는 영어교사의 수업활동이 학생들의 영어 성적에 많은 영향을 미치지 않는 것을 관찰할 수 있었다. 그 이유는 대부분의 학생들이 사교육을 통해 이미 영어교육을 받고 학교에 오기 때문에 학교에서의 영어수업이 학생들 성적에 제한적인 영향을 미치고 있는 것이었다. 하지만 D 학군과 같이 가정 형편이 좋지 못한 학교에서는 사교육을 받을 수 있는 기회가 없어서 교사의 열정에 따라 학생들의 영어 성적은 큰 변화를 보여 주고 있었다. 이런 관점에서 본다면 교수자의 열정적 수업활동이 어떤 생태학적 환경에서는 성적에 영향을 미치는 매우 효과적인 요인이 될 수 있지만 어떤 생태학적 환경에서는 제한적 영향을 미치는 요인이 되기도 한다. 자기수업컨설팅을 효과적으로 실행하기 위해서는 이러한 생태학적 맥락에 대한 이해에 기초하여 수업문제를 진단하고 해결해야 효과적인 수업문제의 해결이 이루어질 수 있다.

2) 학습자 문제행동에 대한 생태학적 이해

생태학적 관점에서 학습자들의 문제행동을 보는 시각은 문제의 원인이 문제행동을 하는 개인에게 있는 것이 아니라 학습자와 수업환경 간의 부조화에 의해 발생한다는 것이다. 따라서 효과적으로 학습자의 문제행동을 예방하거나 해결하기 위해서는 학습자와 부조화를 보여 주는 다양한 환경적 혹은 맥락적 요인들을 찾아내는 일이 우선되어야 한다.

생태학적 관점에서의 학습자의 문제행동은 개인적 특징과 함께 체계(미시, 중간, 외, 거시, 시간) 내 그리고 체계 간 상호작용이나 관계에서 비롯되는 것으로 간주한다(Hong & Eamon, 2012). 아래 표는 Bronfenbrenner(1977)의 생태학적 이론에 따라 대표적인 학습자의 문제행동인 학교폭력에 대한 각 체계별 위험 혹은 보호 요인을 제시한 Hong과 Eamon(2012) 그리고 Hong과 Espelage(2012)의 연구를 정리한 것이다.

표 2-3 생태학적 관점에서 살펴본 학교폭력에 영향을 미치는 체계별 요인

배경변인	〈개인 요인〉 • 건강 상태 • 사회기술 • 성 • 연령	〈가족 요인〉 • 가정의 경제적 여건 • 부모의 배우자 관계 • 부모 학력

배경변인	• 언어/문화 장벽 • 인종/민족 • 언어적/비언어적 의사소통 해석능력 • 지능 • 학업/발달 장애 • 학업성취	
미시체계	〈가정 요인〉 • 부모 관여 • 부모 지지 • 부모와의 애착 • 부모-자녀관계 • 부부 갈등/폭력 • 부정적인 부모 상호작용 • 부정적인 어른의 영향 • 학교 활동/사건에 대한 부모-청소년 대화 〈또래 요인〉 • 또래 관계 • 또래 지지 • 또래수용 • 또래에 의한 언어적, 신체적, 관계적 희생 • 또래집단 풍토 • 친구만들기의 용이성 • 희생자에 대한 또래 태도	〈학교 요인〉 • 교수자 태도와 참여 • 교수자와 관리자의 전문성 계발 활동 • 교수자와 학교 관계자로부터의 사회적 지지 • 따돌림에 대한 교수자 인식/반응 • 따돌림에 대한 교직원들의 관여/훈련 정도 • 친구만들기의 용이성 • 학교 규칙 강화(질서/무질서) • 학교 내 사회적 지지 그룹 • 학교 분위기 • 학교 애착(소속감) • 학교급 • 학교 환경/안전 • 학생 수 • 학생에 대한 교수자 돌봄 • 학생중심 수업
중간체계	• 가정-학교 간 상호관계 • 학부모 참여 • 부모가 학교회의에 참여하는 횟수 • 부모가 교수자나 상담가와 대화하는 횟수 • 부모가 학교행사에 참여하는 횟수 • 부모가 자원 봉사하는 횟수	
외체계	• 공동체 환경 • 거주지역 • 이웃 안전성 • 이웃 환경 • 지역 거주자 학력 • 지역의 빈부	• 대중매체 • 미디어 폭력
거시체계	• 관련법과 정책 • 문화규범과 신념 • 종교	
시 체계	• 시기에 따른 부모-아동 상호작용 • 가족 구조의 변화	

이상에서 살펴보면 학습자의 문제행동은 한 체계가 아닌 여러 다양한 체계 간 상호작용의 결과라는 것을 알 수 있다. 이런 관점에서 본다면 학습자의 문제행동을 해결하기 위한 문제의 정확한 원인이 되는 요인들을 찾아내기 위해서는 반드시 생태학적 관점이 필요함을 알 수 있다.

3) 수업몰입에 대한 생태학적 이해

몰입이란 대단히 즐거운 심리 상태로, 어떤 일을 할 때 그 일에 완전히 빠져 있는 느낌을 말한다(Csikszentmihalyi, 1975). 수업몰입은 교사의 수업몰입과 학습자의 수업몰입이 있다. 수업몰입은 수업에서 교사 또는 학습자들이 수업활동 자체를 즐기면서 가르치는 행위나 학습활동에 빠져드는 행동을 의미한다. 학습자의 수업몰입에 영향을 미치는 요인들은 다양하며 이 또한 생태학적 관점에서 이해해야 한다. 단순히 교수자의 수업전략이 효과적이라고 해서 모든 학습자들이 몰입을 경험하지는 않는다.

표 2-4 학습자의 수업몰입에 영향을 주는 요인

범주	촉진 요인	방해 요인
생리 · 환경적 요인	• 건강함 • 좋은 영양 • 적절한 수면 • 적절한 옷 • 적절한 집 환경	• 병 • 배고픔 • 피로감 • 부적절한 옷 • 좋지 못한 집 환경
개인적 요인	• 노력에 대한 귀인 • 성공에 대한 자기신념 • 학습과정에 대한 인식 • 성취감 • 의미 있는 타자로부터의 격려 • 풍부한 경험과 언어	• 외부 환경에 대한 귀인 • 실패에 대한 두려움 • 학습과정에 대한 인식부재 • 학습된 무기력증 • 관심이나 격려의 부재 • 제한된 경험과 언어
사회적 지원	• 적극적 가족의 지원과 높은 기대 • 동료집단의 지원과 긍정적 경쟁 • 사회적 지원체제, 확대된 가족범위, 역할 모델, 적절한 경험 제공	• 결핍 가정과 낮은 기대 • 동료의 반감과 조롱 • 제한된 사회적 지원, 부정적 역할 모델, 많은 분산적 환경
과제의 질과 도전감	• 적절한 인지적 과제 • 정서적 충족되는 과제 • 개인적으로 의미 있게 지각된 과제	• 너무 쉽거나 어려운 과제 • 정서적으로 불안한 과제 • 개인적으로 의미 없게 지각되는 과제

	• 능동적인 참여 전략 • 흥미 있는 주제와 과목	• 수동적 참여 전략 • 지겨운 과제나 과목

출처: Pollard, A. (2002). *Reflective teaching: Effective and evidence-informed professional practice.*

Pollard(2002)는 수업몰입에 영향을 주는 생태학적 요인들을 생리·환경적 요인, 개인적 요인, 사회적 지원, 그리고 과제의 질과 도전감 등의 네 가지 범주로 나누어 촉진요인과 방해요인을 설명하고 있다.

첫째, 생리·환경적 요인이란 학습자 개인이 가지고 있는 생리적 특성과 생리적 특성에 영향을 줄 수 있는 환경을 의미한다. 예를 들어, 건강, 영양정도, 수면 등은 몰입에 영향을 주는 생리적 특성을 의미하고 가정환경이나 교실환경 등은 환경요인에 속한다.

둘째, 개인적 요인이란 개인이 가지고 있는 특성으로 귀인, 자신의 능력에 대한 긍정적 신념(자기효능감), 성취감 등이 이에 속한다.

셋째, 사회적 지원은 외부 다른 사람들로부터 제공되는 도움을 이야기하며, 예를 들어 부모의 기대, 긍정적인 경쟁체제, 적절한 역할모델의 제공 등이 이에 속한다.

넷째, 과제의 질과 도전감은 주어지는 과제 자체가 얼마나 흥미 있고 개인에게 의미가 있으며 난이도가 적절한지 그리고 정서적으로도 충족이 되는 과제인지 등을 의미한다.

이러한 관점에서 본다면 학습자들이 수업에 몰입하지 않는 경우 단순히 수업에서 학습동기 유발 전략만을 개선하려는 노력보다는 이전 시간 영향으로 학습자들 전체가 피로해 있는 상태인지? 지역사회의 가정적 환경이 학생들에게 꿈과 성취감을 심어 주지 못하는지? 학급 분위기가 부정적 분위기를 갖고 있는지? 학습과제의 난이도가 너무 쉽거나 어려운지? 등 생태학적 관점에서 정확한 원인을 찾아 해결할 필요가 있다. 따라서 자기수업컨설팅을 통해 이러한 문제의 원인에 대한 정확한 성찰활동이 필요하며 이를 위해서는 생태학적 관점에서 수업을 이해할 필요가 있다.

4) 학업성취도에 대한 생태학적 이해

학습자들의 학업성취도에 영향을 미치는 요인들에 대한 종합적 이해, 즉 생태학적 이해를 돕기 위한 연구들은 많이 있다. Marzano(2000)는 학습자들의 학업성취도에 영향을 미치는 요인들을 학교 수준, 교수자 수준, 그리고 학습자 수준의 세 가지로 나누고 각 수준별로 주요 요인들을 다음 표와 같이 기술하고 있다. 그에 따르면 학습자 수준이 80%로 학업성취도에 가장 많은 영향을 미치는 요인이며, 그다음으로 교수자(13.34%), 그리고 학교(6.66%) 순으로 영향을 미친다고 연구를 통해 밝히고 있다. 따라서 모든 수업의 효과성 문제를 교수자로부터 찾아 교수자의 개선이 수업의 개선이라고 생각하는 일방적 사고는 변화가 필요하다. 물론 이러한 이유로 교수자가 수업에 대한 책임감에서 벗어나려고 해서도 안 될 것이다. 학업성취도에 영향을 미치는 학습자 수준의 주요 요인으로는 가정환경, 사전지식, 태도, 흥미가 포함되어 있으며 교수자 수준에서는 수업역량, 교육과정 설계, 학급 경영 등이 있다. 학교 수준은 학습기회, 학습시간, 모니터링 체제, 성취를 위한 압박, 학부모 참여 등의 요인들이 중요하다.

표 2-5 학업성취도에 영향을 미치는 요인들

수준	주요 요인
학습자 (80%)	• 가정환경 • 사전지식 • 태도 • 흥미
교수자 (13.34%)	• 수업역량 • 교육과정 설계 • 학급 경영
학교 (6.66%)	• 학습기회 • 학습시간 • 모니터링 체제 • 성취를 위한 압박 • 학부모 참여 • 학교 풍토 • 리더십 • 협력의식

이외에도 학업성취도에 영향을 미치는 요인들에 대한 연구들을 보면 다음 표와 같이 정리할 수 있다.

표 2-6 학업성취도에 영향을 미치는 요인들

Blase & Blase(2004)	Wang, Haertel, & Walbery(1993)
• 학생들 특성 • 수업활동 • 가정과 지역사회 맥락 • 교육과정과 수업 디자인 • 학교 인구학적 요인, 문화, 풍토, 정책, 실행 • 교육청이나 정부 정책	• 학습경영: 효과적인 루틴, 규칙, 지원 • 수업: 명확하고 조직화된 수업 • 수업 양: TOT(Time on Task) • 평가: 잦은 진단과 평가 • 수업경영: 발문전략과 학습자 참여 전략 • 학습자와 교수자의 사회적 상호작용 • 학습자와 교수자의 학문적 상호작용: 학습자들의 잦은 언어/작문을 통한 반응 유도 • 수업풍토: 공유된 흥미, 가치와 협력적 목표

각 학자들 별로 연구 방법에 따라 다양한 다른 요인들이 학업성취도에 영향을 미치는 주요 요인들로 기술되고 있다. 이들 연구들에서 공통적으로 중요한 것은 학업성취도에 영향을 미치는 요인들이 단순한 몇 가지 요인들로 정리되기보다는 학습자들 특성, 교수자들의 역량과 특성, 학교환경 요인, 학부모 요인, 교육청이나 정부 정책 그리고 이들 간의 상호작용 등 다양한 생태학적 관점에서 이해할 필요성을 제공하고 있다.

수업에 대한 다양한 생태학적 이해들을 종합해 보면 수업은 단순한 현상이 아닌 다양한 요인들과 이들 요인들 간의 상호작용에 의해 나타나는 복합적이고 네트워크화된 현상임을 이해할 수 있다. 따라서 수업문제의 원인들 역시 이들 요인들의 복합적인 상호작용에 의해 나타날 수 있고 수업문제를 해결하기 위한 접근 역시 복합적이고 생태학적인 접근이 필요함을 알 수 있다. 생태학적 관점에서 수업문제를 해결하기 위해서는 학습자들의 행동과 태도를 포함하여 학습자들이 속한 수업맥락에 근거하여 해결책을 개발하여 실행해야 하며, 학습자들과 상호작용하는 체계, 즉 교실, 교수자, 가족, 부모, 학교, 이웃 등을 함께 변화시키기 위한 노력을 해야 함을 알 수 있다.

성찰활동

나의 수업생태계 맵 그려 보기

지금까지 제시한 수업에 대한 생태학적 요인들을 기술한 이론들을 참고하여 자신의 현재 수업을 생태학적 관점에서 이해하기 위한 수업생태계 맵을 그려 보자. 나의 수업생태계 맵을 그릴 때 정확한 모든 요인들을 찾아 그리기보다는 현재 나의 수업에 대한 생태학적 이해를 돕기 위한 것이기 때문에 자신이 알고 있는 범위 내에서 자신이 판단하기에 중요한 요인들만 찾아 자유롭게 그려 보자.

성찰과제

- 나의 수업에 영향을 미치는 중요한 생태학적 요인들은 무엇인가?
- 나의 수업에 영향을 미치는 중요한 생태학적 요인들의 장점은 극대화하고 단점을 극복하기 위한 전략은 무엇인가?

제3장

자기수업컨설팅의 이해

수업 에세이

[수업일지]

오늘도
나는 하나의 일상으로
수업을 하고 있다.

수업은 습관이 되어
매일매일
같은 패턴이 반복된다.

나는 가르치고
몇몇 아이들은 열심히 따라오고
조는 아이들은 졸고 있다.

매일 같은 일상이 습관이 되었고
나는 같은 자리를 맴돌고 있다.

일상에서 벗어나
나의 수업을 새롭게 보고
새로운 수업을 할 수 있는 방법은 없을까?

인포맵(InfoMap)

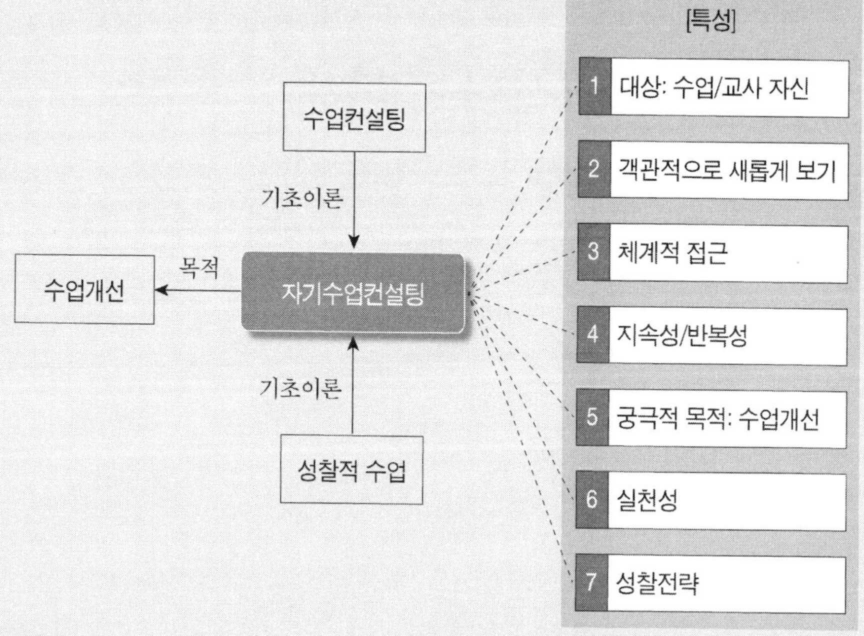

성찰목표

- 다양한 수업개선 전략들로부터 수업컨설팅을 구분해 낼 수 있다.
- 자기수업컨설팅의 핵심적 의미를 설명할 수 있다.

1. 수업컨설팅의 의미 성찰하기

자기수업컨설팅의 의미를 이해하기 위해서는 기초가 되는 수업컨설팅의 의미를 먼저 이해할 필요가 있다. 최근 들어 수업개선을 위한 다양한 전략들이 소개되고 있지만 각 개념들이 서로 혼돈되면서 수업컨설팅의 의미도 다양하게 해석되고 있어서 수업컨설팅의 정확한 의미를 다른 개념들과 구분하여 이해하는 것이 자기수업컨설팅의 올바른 이해를 위해 선행되어야 한다.

1) 수업개선을 위한 기존의 접근들

수업을 개선하기 위한 다양한 전략들이 국내에 소개되고 있다. 예를 들어, 수업컨설팅, 수업코칭, 수업 멘토링, 수업장학, 수업비평, 그리고 배움의 공동체 등이 그 대표적인 예들이다. 이들 개념들은 원래의 그 의미에서 벗어나 의미를 확장하면서 서로 겹치거나 혼돈되어 사용되는 경우가 많다. 따라서 이들 개념들의 원론적 의미를 먼저 이해할 필요가 있다. 이를 위해 이들 접근들의 주체가 되는 장학사, 멘토, 코치, 컨설턴트들의 역할에 대해 살펴보면 다음과 같다. Blase와 Blase(2006)는 이들 주체들의 역할을 다음과 같이 비교 · 설명하고 있다.

- 장학사는 교수자 업무에 대한 관리 감독의 역할을 하는 사람으로서 오류가 있다면 교수자의 수업을 수정해 줄 수 있는 권한을 가진 사람이다.
- 멘토는 교수자에게 조언을 제공해 주는 사람으로 비교적 경험이 더 풍부한 동료나 교감 또는 교장이 그 역할을 할 수 있다. 이때 장학사와는 달리 업무 차원의 도움을 넘어서 교수자로서 직업적 적응과 같은 정서적 영역에서의 도움도 제공하게 된다. 따라서 학교적응과 전문가적 성장에 모두 도움을 제공해 준다.
- 코치는 자신이 가지고 있는 전문성에 기초한 도움을 제공해 준다. 멘토와는 달리 주로 인지적 영역에 대한 조언을 중심으로 제공하고 수업전략의 적절성 판단과 특정 수업역량 성취를 위한 구체적인 도움을 제공하는 역할을 하게 된다.
- 컨설턴트는 교수자의 요구 충족을 위한 서비스 제공에 목적을 두고 있다. 수업 전반에 관한 전문적인 조언을 제공하고 교수자에게 기존 관점과는 다른 관점에서 수

업을 보고 접근할 수 있도록 도움을 제공해 준다. 하지만 궁극적으로 교수자가 최종 판단을 할 수 있도록 도움을 제공한다.

이런 관점에서 본다면 장학사와 코치는 교수자의 수업역량 개선에 초점이 있다는 점에서 공통점이 있지만 장학사는 어느 정도 위계적 관계에 있다는 점에서 차이점이 있다. 반면, 코치, 멘토, 그리고 컨설턴트는 교수자와 동등한 관계를 유지한다는 차원에서 차이점을 가지고 있다. 코치와 멘토의 차이점은 멘토는 수업역량뿐만 아니라 학교생활적응과 같은 정서적 도움을 제공한다는 측면에서 코치와 조금은 다른 접근을 하게 된다. 코치와 컨설턴트의 경우 Blase와 Blase(2006)에 따르면 이들 모두 교수자의 수업개선을 위한 도움을 제공한다는 관점에서는 공통점을 가지고 있지만, 코치의 경우 수업에서 교수자와 코치의 의견이 상반될 경우 수업에서 옳고 그름의 판단은 코치의 몫이 된다. 하지만 컨설팅의 경우 교수자의 사고에 도전을 제시할 수 있지만 결국 모든 최종판단을 교수자에게 위임하게 된다고 한다. 즉, 컨설턴트는 서비스의 관점에서 접근해야 함을 주장하고 있다.

이러한 접근을 보다 자세히 비교 설명한 것은 〈표 3-1〉과 같다.

표 3-1 수업개선을 위한 전략들의 비교

유형 요소	배움 공동체	수업비평	수업장학	수업코칭	수업 컨설팅
수업문제 원인	전달식 수업 방식	개방	교수자의 수업기술 부족	교수자의 자기수업 성찰 부재	개방
수업분석 대상	배움의 과정	수업현상	교수자의 수업기술	교수자의 수업역량	교수자, 학생, 학습내용, 학습 환경 간 상호작용
주체	학습자	비평가	장학사	코치/교수자	교수자
수업개선 전략	배움 공동체 전략	구체적 전략의 부재	수업기술 전략	코칭/성찰전략	수업 과학적 전략
목적	학생의 배움	수업현상의 이해와 비평적 글쓰기	교수자의 수업기술 개선	수업개선	클라이언트 (학생/학부모) 충족

첫째, 배움 공동체는 일본의 사토마나부(2014)가 제시한 이론으로, 교수자의 가르침 중심 수업에서 벗어나 학습자들이 중심이 되어 직접 경험에 의한 학습이 이루어지는 것에 강조점을 두고 있다. 배움 공동체는 초기에 국내 진보 교육감들이 주요 수업혁신의 전략으로 소개하기도 하였다. 하지만 배움 공동체는 배움 공동체만의 철학과 전략을 모든 수업에 적용하도록 요구하고 있다. 즉, 교수자의 요구나 학습자의 요구에 따라 수업을 개선하기 위한 전략을 제공하기보다는 수업전체의 철학과 방향을 제시하는 개혁적 접근법에 해당한다. 하지만 우리나라 교육환경에 맞지 않거나 너무 일방적인 철학과 전략을 주장한다는 관점에서 또 다른 수업의 획일화를 요구하고 있다는 측면에서 비판이 있기도 한다.

둘째, 수업비평은 예술이나 문학비평과 같이 수업에 대한 전문성을 가진 비평가가 수업 전반적인 현상에 대해 전문가적인 관점을 제공하고 그 결과로 수업비평 글쓰기를 강조하고 있다(이혁규, 2010). 따라서 다른 교수자들의 수업비평 글을 읽고 수업을 보는 시각을 넓히고 자신의 수업개선을 위한 자원으로 활용하도록 하고 있다. 수업비평의 경우 수업에 대한 깊이 있는 전문성이 있어야만 수업비평을 할 수 있고, 수업현상에 대한 이해의 시각을 넓히는 데에는 도움이 되지만 수업을 개선하기 위한 구체적인 전략들에 대해서는 체계화된 접근을 제공해 주지 못한다는 한계를 가지고 있어 수업을 분석하고 이해하기 위한 효과적인 질적 방법론으로 이해되고 있다.

셋째, 수업장학은 교수자의 수업역량 개선에 초점이 있다. 하지만 수업문제의 원인을 교수자의 수업역량 부재로 보고, 수업을 분석할 때 교수자의 수업역량을 중심으로 분석하고 수업개선 노력 역시 교수자의 수업역량 개선에 초점을 두고 있다. 앞 장의 수업생태계 관점에서 기술했듯이 수업문제의 원인은 교수자의 수업역량 외에 다양한 원인들에 의해 발생할 수 있다. 따라서 수업장학적 접근은 너무 미시적이며 근시안적인 접근방법이라는 비판이 있다.

넷째, 수업코칭은 수업문제의 원인을 교수자의 자기수업 성찰의 부재로 보고 코치와 교수자가 협력하여 교수자의 수업역량 개선을 위해 함께 노력하는 과정을 의미한다(이재덕, 2008). 하지만 수업코칭 역시 교수자의 수업역량 개선에 초점이 있어 수업문제와 그 해결의 주된 주체로 교수자를 중심에 두고 있다. 수업코칭은 장학과는 달리 교수자와 코치가 동등한 협력 관계라는 점에서는 차이가 있지만 모든 수업문제의 원인과 해결책에서 교수자에 초점을 둔다는 점에서 같은 문제점을 가질 수 있다.

다섯째, 수업컨설팅은 교수자가 가진 수업문제를 해결해 주기 위한 서비스로 해석되고 있으며, 수업문제의 원인과 해결책에서 오픈되어 있다. 특히 수행공학에 기초한 수업컨설팅을 주장하는 이상수, 강정찬, 이유나, 오영범(2012)은 수업은 교수자, 학습자, 학습내용, 그리고 학습 환경의 역동적인 상호작용에 의해 결과가 결정되기 때문에 수업분석 역시 이들 역동적 상호작용을 분석할 필요가 있다고 주장하고 있다. 따라서 수업문제의 원인이 학습자가 될 수도 있고 교육과정이나 학습 환경이 될 수도 있다는 것이다. 무엇보다도 수업컨설팅은 클라이언트가 되는 학습자의 학습개선이라는 산출물을 중심으로 수업에 대한 체제적 관점에서 체계적 접근을 강조하고 있다는 점에서 다른 접근들과는 달리 보다 거시적이고 종합적인 접근이 이루어지고 있다.

2) 수업컨설팅의 의미

수업컨설팅에 대한 정의는 다양하다. 수행공학 관점에서 수업컨설팅을 정의한 이상수 등(2012)에 따르면 수업컨설팅은 수업을 체제적(systemic) 관점에서 보고 체계적(systematic)으로 접근함으로써 학습 개선을 목적으로 수업의 결합적 오류를 찾아 해결하는 접근법이라고 한다. 이런 관점에서 수업컨설팅은 다음과 같은 원리들을 내포하고 있다.

첫째, 체제적 관점이란 수업을 거시적 관점, 유기적 관점, 그리고 전체적 관점에서 보아야 함을 강조하는 것이다. 즉, 수업에 대한 생태학적 관점에서 살펴보았듯이 수업은 다양한 요인들의 역동적인 상호작용을 포함하고 있다. 예를 들어, 수업을 구성하는 학습자의 경우 그 학습자가 속한 가정환경과 양육환경의 영향에 의한 특정한 성향과 능력을 가지고 수업에 들어오게 된다. 교수자의 경우도 성장환경과 교원양성 기관에서의 양성 교육환경의 영향을 받아 그에 따른 수업역량과 특성을 가지고 수업에 들어오게 된다. 또한 수업은 교장의 정책, 교육청의 정책 그리고 교육부의 정책과 같은 상위체제에 의해 영향을 받을 수 있다. 학부모의 영향을 받을 수 있고 학교풍토에 의해 영향을 받기도 한다. 따라서 교수자라는 한 가지 요인의 개선을 통해 수업개선이 이루어질 수 있다고 믿지는 않는다.

둘째, 체계적 접근이란 과학적인 접근법을 의미한다. 문제의 규정, 분석, 원인 진단과 개선안 선택과 실행의 과정에서 반드시 과학적인 절차를 따르도록 한다. 특히 수행공학 이론과 전략에 기초한 수업컨설팅을 주장하는 입장은 인간수행에 대한 다양한 과학적 연구결과에 기초한 수업컨설팅 전략이 사용되도록 강조하고 있다.

셋째, 수업컨설팅은 컨설팅이라는 의미에 기초하여 철저한 서비스적 접근을 해야 한다. 다시 말해, 장학적 접근과는 달리 수업의 문제점과 개선안 선정의 과정에서 모든 의사결정은 교수자, 즉 컨설티가 결정하도록 해야 한다. 특히 수업컨설팅이 추구해야 할 이상적인 수업의 모습은 수업컨설턴트가 제시하는 것이 아니라 교수자의 생각에서 도출하여야 한다.

넷째, 수업컨설팅은 데이터에 기반한 의사결정이 이루어져야 하며 증거에 기반한 개입안의 선정이 이루어져야 한다. 수업컨설턴트는 모든 의사결정을 위해서는 반드시 수업분석의 결과에 기초하여 이루어져야 한다. 이를 위해 수업컨설팅에서는 수업분석 전략이 매우 정교화되어 있으며 다양한 수업분석도구들을 제공하고 있다. 예를 들어, 수업에서 학습자들의 수업참여도가 낮다는 것을 이야기하기 위해서는 컨설턴트의 직관적인 관찰에 의해 결정하는 것이 아니라 과업집중도 분석이나 참여동기 분석과 같은 수업분석도구의 결과 자료에 기초하여 이야기하여야 한다. 따라서 개입안의 선정 역시 이들 증거들을 종합한 결과에 기초하게 된다.

다섯째, 수업컨설팅은 실용적 접근을 강조한다. 수업문제 해결을 위한 수업개선 전략을 실행할 것인지의 최종적 결정은 결국 교수자가 하게 된다. 외부 전문가가 아무리 좋은 해결안을 제시한다고 해도 교수자가 동의하지 않으면 외부 전문가가 떠난 후 수업은 변화가 없을 것이다. 따라서 수업컨설팅에서는 최고의 해결책이 아닌 최선의 해결책을 선정하게 되며, 여기서 최선의 해결책이란 해당 교수자가 실천 가능한 해결책을 의미한다. 이를 위해 수업컨설턴트는 수업컨설팅 과정에서 교수자와 긴밀한 논의를 통해 실제 수업환경에서 실천 가능한 해결책을 함께 선정하고 실행하게 된다.

현재 수업컨설팅은 '컨설팅 장학'이라는 용어와 혼용되어 사용되면서 실천 방법이나 전략에서 실제 장학과 구분이 안 되고 실행되는 경우가 많다. 수업컨설팅은 기본 가정이나 철학 그리고 실천 전략에서 수업장학과는 확연히 구분이 되는데도 불구하고 학교 현장에서는 혼용되어 사용됨으로써 수업컨설팅의 의미가 잘못 인식되는 경우가 많다. 따라서 수업컨설팅에 대한 올바른 이해와 실천이 필요하다.

성찰활동

수업컨설팅 구분해 내기

주변의 수업개선 활동들의 사례를 찾아서 그 사례들이 수업비평, 수업코칭, 수업장학, 그리고 수업컨설팅 중 어떤 유형에 속하는지 구분해 보자. 그리고 수업컨설팅의 원리를 충족하는 수업컨설팅 사례를 찾아보자.

2. 자기수업컨설팅의 의미 성찰하기

자기수업컨설팅의 올바른 실천을 위해서는 자기수업컨설팅의 의미와 기본원리에 대한 정확한 이해가 필요하다. 따라서 자기수업컨설팅의 필요성과 의미 그리고 자기수업컨설팅의 핵심적 실천전략인 성찰전략에 대해 간략하게 살펴볼 것이다.

1) 자기수업컨설팅의 필요성

자기수업컨설팅이 필요한 이유는 다음과 같은 두 가지 관점에서 이야기할 수 있다. 첫 번째 이유는 당위적 이유로 모든 교수자들은 자신의 수업을 끊임없이 성찰하고 개선할 의무가 있다. 평생교육이라는 용어에서 알 수 있듯이 사회는 지속적으로 변화하고 학습자 역시 그 특성이 계속 변화한다. 따라서 4년 동안 대학에서 받은 교육만으로 변화하는 사회와 학습자의 요구를 충족할 수 있는 교육을 할 수 없게 된다. Borich(2011)는 미국 교수자들이 핵심적으로 가지고 있어야 할 역량 10가지를 제시하고 있으며 그중 한 가지가 성찰적 실천가(reflective practitioner)이다. 성찰적 실천가란 지속적인 수업개선을 위해 자신의 수업현상을 성찰하고 이를 개선하기 위한 노력을

그림 3-1 _ 교수자의 발전단계

끊임없이 수행하는 전문성을 가진 교수자를 의미한다.

Pollard(2002)는 교수자의 발전단계를 그림처럼 5단계로 나누어 설명하고 있다.

첫 번째 단계는 초기 이상주의자로서 처음 교수자가 될 때는 현실적인 상황에 기초한 접근보다는 꿈과 이상을 가지고 수업에 접근하는 교수자를 의미한다.

두 번째 단계는 생존자로서 교수자는 새로운 환경에서 새로운 업무와 인간관계를 유지하는 과정에서 교육현장에 적응하기 급급한 단계를 의미한다. 이 단계는 새로운 환경에 적응하기 바쁘기 때문에 자신이 가지고 있는 수업문제가 무엇인지조차 파악하기 힘든 단계를 의미한다.

세 번째 단계는 난관자로서 새로운 환경에 적응을 하게 되면 그때부터 수업을 포함한 업무와 인간관계 등에서 다양한 문제들을 인식하고 이를 어떻게 해결해야 하는지 해결책을 찾지 못해 의문점들만 가지고 있는 단계를 의미한다.

네 번째 단계는 정체자로서 그동안 직면했던 다양한 문제들 중 어떤 문제는 해결을 하고 어떤 문제들은 해결하지 못한 채 포기한 상태에서 그저 일상적인 교수자 생활을 하는 단계를 의미한다. 이때는 변화를 추구하기보다는 현재 상태를 그대로 유지하려는 경향성이 나타나게 된다. 심한 경우에는 소진현상, 즉 모든 것을 귀찮아하고 새로운 노력을 포기한 상태가 되기도 한다.

다섯 번째 단계는 마지막 단계로 성찰적 실천가의 단계이다. 이 단계의 교수자는 정체자의 단계에서 벗어나 자신의 수업철학을 가지고 지속적으로 성찰과 실천의 과정을 통해 수업문제들을 해결하고 수업을 지속적으로 개선할 수 있는 역량을 갖게 된다.

Calderhead와 Gates(1993)는 교수자가 성찰적 실천가가 될 필요성을 다음과 같이 기술하고 있다.

- 교수자로 하여금 수업에 대한 분석적 접근을 통해 자신의 수업활동에 대해 분석 · 토론 · 평가하고 이를 통해 수업의 변화를 이끎.
- 교수자로 하여금 수업의 사회적 · 정책적 맥락을 이해하게 하고 수업이 사회적 · 정책적 맥락에 의해 영향을 받는다는 것을 인지하도록 함.
- 좋은 수업에 대한 자신의 신념에 대한 비판적 검증을 포함하여 수업에서의 도덕적 · 윤리적 시사점을 깨닫게 함.
- 교수자 자신의 전문적 성장에 대한 책임감을 갖게 하고 어느 정도의 전문적 자율성을 획득하도록 함.

- 교수자로 하여금 교육적 실천 과정에서 자신만의 이론을 만들 수 있게 하고 수업의 기초가 되는 원리들을 이해하고 개발할 수 있게 함.
- 교수자들에게 권한위임을 통해 교육의 미래에 긍정적 영향을 줄 수 있도록 하고 교육적 의사결정과정에서 보다 능동적인 역할을 하도록 함.

이런 의미에서 본다면 교수자는 성찰적 실천가가 되어야 하며 자기수업컨설팅은 성찰적 실천가가 되기 위한 방법론적 지식과 기술을 제공하고 있다.

자기수업컨설팅이 필요한 두 번째 이유는 현실적인 이유이다. 앞에서 제시한 다양한 수업개선 전략들에 대해 교수자들은 부정적 반응을 보이기도 한다. 교수자들은 자신들을 전문가로 인식하고 있는데 외부 다른 전문가의 도움을 받아야 한다는 점에서 부정적 인식을 보여 주고 있다. 또한 가장 큰 문제는 교수자들이 자신의 수업을 남에게 공개한다는 것 자체를 부담스러워 한다는 것이다. 그 이유는 수업공개를 수업개선을 위한 접근으로 보기보다는 수업에 대한 평가로 인식하여 자신의 수업능력이 평가받는다고 인식하고 있다는 것이다. 이러한 문제는 현재의 수업컨설팅 접근이 교수자의 수업능력을 철저히 분석하고 평가하여 잘못된 영역들을 찾아 개선할 수 있는 전략 제언에 초점을 둔 수업장학적 접근이 이루어지고 있기 때문이다. 자기수업컨설팅이 필요한 또 다른 이유는 다른 수업개선 전략들은 외부 전문가들의 도움을 받아야 하기 때문에 교수자들이 원하는 시기에 원하는 장소에서 원하는 맞춤형 도움을 받기 어렵다는 것이다. 즉, 적시 적소에서 도움을 받기 위해서는 항시 외부 전문가들이 준비하고 기다려야 하는데 그럴 수 있는 환경이 마련되어 있지 않다. 따라서 이러한 현실적 문제를 해결하고 교수자들의 수업개선을 실질적으로 도와주기 위해서는 자기수업컨설팅이 필요하다. 자기수업컨설팅을 통해 교수자들은 필요한 시기에 필요한 장소에서 자신의 수업을 객관적 관점에서 분석하고 개선해 나갈 수 있을 것이다.

2) 자기수업컨설팅의 의미

자기수업컨설팅은 다음과 같이 정의할 수 있다.

> 자기수업컨설팅이란 교수자 자신과 자신의 수업을 보다 객관적인 관점에서 새롭게 들여다보고 체계적인 접근을 통해 지속적으로 학습자들의 배움을 개선해 가는 실천적 성찰

과정이다(이상수, 2016, p. 26).

자기수업컨설팅의 정의에는 다음과 같은 일곱 가지 중요한 원리가 포함되어 있다(이상수, 2016).

첫째, 자기수업컨설팅의 대상은 교수자 자신과 자신의 수업이 된다. 물론 수업이라는 의미 안에는 수업을 구성하는 4가지 주요 요소인 가르치는 사람(교수자), 배우는 사람(학습자), 내용(교육과정), 수업환경이 포함되어 있고 이들 간의 역동적인 상호작용 또한 포함된다. 하지만 교수자 자신을 수업컨설팅의 대상으로 다시 한 번 강조한 것은 자기수업컨설팅에서 교수자는 '주체'이면서 '객체'가 되는 특성을 가지고 있기 때문이다. 즉, 교수자 스스로가 자신에게 도움을 주기 위한 활동을 실시해야 한다.

둘째, 자기수업컨설팅에서는 교수자에게 객관적 관점에서 자신과 수업을 새롭게 들여다볼 수 있는 역량을 요구한다. 자신의 수업 특히 자기 자신을 객관화하여 보는 것은 매우 힘든 작업이다. 하지만 자기수업컨설팅에서는 주체가 되는 교수자가 자신을 객관적 관점에서 진단하고 자신의 강점과 약점을 정확히 파악하여 약점을 지속적으로 보완하면서 강점은 더 극대화하는 전략이 필요하기 때문에 객관적으로 새롭게 들여다보기가 가능해야 한다.

셋째, 자기수업컨설팅은 수업컨설팅처럼 체계적인 접근 방법을 사용한다. 자신과 수업에 대한 해석은 주관적 접근이 이루어져서는 안 된다. 앞에서 강조한 객관적 접근이 이루어지기 위해서는 반드시 자료와 근거에 기반한 해석과 의사결정이 이루어져야 한다. 따라서 효과적인 자기수업컨설팅을 위해서 교수자들은 보다 체계적인 수업분석 역량이 필요하다. 교수자들은 수업분석도구의 관점에서 자기수업을 객관적으로 보고 분석할 수 있는 것만으로도 수업개선의 시발점이 될 수 있을 것이다.

넷째, 자기수업컨설팅은 일회성이 아닌 지속적이면서 반복적인 활동을 의미한다. 수업개선을 위해서는 끊임없는 노력을 필요로 한다. 사회가 변화하고 학습자들이 변화하기 때문에 수업에 대한 요구는 지속적으로 변화하게 된다. 따라서 교수자가 수업개선의 노력을 멈추는 순간부터 그 수업은 정체가 될 뿐만 아니라 변화의 흐름에서 뒤처지게 된다. 이런 의미에서 자기수업컨설팅은 지속적이고 순환적인 특성을 가지고 있다.

다섯째, 자기수업컨설팅의 궁극적인 목적은 수업개선을 통한 학습자들의 배움 개선에 있다. 수업개선에 초점을 두다 보면 내용보다는 형식에 초점을 둔 수업의 외형적 변화에 초점을 둔 접근이 이루어질 가능성이 있다. 현재 우수수업에 대한 평가를 보면 잘 짜인 수업 시나리오에 따라 새로운 수업전략이 얼마나 잘 보여 주는지에 초점을 둔 평가가 이루어지는 경우가 많다. 즉, 화려한 수업활동은 있지만 정작 학습자들의 배움은 없는 수업들이 우수수업으로 선정되는 경우를 볼 수 있다. 따라서 자기수업컨설팅에서는 이러한 오류를 줄이기 위해 학습자들의 배움 개선을 목적으로 한다고 명시하고 있다. 따라서 수업을 볼 때도 교수자인 내가 무엇을 어떻게 하고 있는가가 중요한 것이 아니라 학생들에게 어떤 배움이 일어나고 있는지를 들여다보아야 한다.

여섯째, 자기수업컨설팅은 실천성을 강조하고 있다. 자기수업컨설팅은 수업에 대한 관념적 이해나 평가가 중요한 것이 아니라 배움의 개선이라는 실천이 이루어져야 한다. 따라서 교수자는 자신의 수업을 개선하기 위한 전략을 고민하는 시간도 중요하지만 그 전략을 실제 실천하는 것이 더 중요하다. 거창한 새로운 개선전략을 개발하려고 한다면 시간도 많이 걸리고 업무에 쫓기다가 이를 실천하지 못하고 포기하는 경우가 많다. 따라서 작은 개선전략이라도 바로 실천해 보고 그 효과를 검증하고 문제점을 찾아 다시 개선이 이루어지도록 하는 것이 핵심적 가치로 강조된다.

일곱째, 자기수업컨설팅의 실천전략으로 성찰전략을 강조하고 있다. 자기수업컨설팅은 외부의 도움보다는 스스로 자기수업을 개선해야 한다. 스스로 자신과 자신의 수업을 개선하는 것은 매우 어려운 작업이다. 이를 위해서는 일상적이고 반복적인 생활패턴에서 벗어나 현 수업의 현상, 문제점, 원인, 개선점 등에 대한 깊이 있는 고민과 사고가 필요로 하며 이러한 전략적 접근을 가능하게 하는 것이 성찰이다. 따라서 성찰전략은 자기수업컨설팅의 핵심적 요인이 된다.

지금까지 자기수업컨설팅의 의미를 성찰해 보았다. 자기수업컨설팅은 다른 전략들과 함께 사용될 때 매우 큰 시너지 효과를 산출할 수 있다. 예를 들어, 자기수업컨설팅이 연수와 함께 진행될 경우 연수를 통해 배운 내용을 실제 수업에서 실천해 보고 분석하여 수업을 개선할 수 있는 구체적인 방법론으로 활용될 수 있다. 또한 여러 교수자들과 함께 '자기수업컨설팅 네트워크'를 구축한다면 서로 성찰을 통해 학습한 살아 있는 지식들을 공유할 수 있고 수업에 대해 내가 알지 못한 새로운 시각들과 접근방법들을 배울 수 있다. 필요시에는 외부 수업컨설턴트의 도움을 받아 통찰의 폭을 넓히고 다시 자기수업컨설팅 과정을 거치면서 지속적인 실천과 수업 개선을 이루어 낼 수도 있다. 궁극적으로 자기수업컨설팅은 교수자 스스로 자신의 수업을 개선해 나갈 수 있는 구체적인 방법론을 제공한다는 점에서 큰 의미를 가지고 있다.

3) 성찰에 대한 성찰

자기수업컨설팅의 의미에서 살펴보았듯이 성찰은 자기수업컨설팅의 핵심적 전략이기 때문에 성찰전략에 대해 조금 더 깊이 있게 이해할 필요가 있다. 성찰에 대한 유명한 학자인 Dewey(1933)는 일상적인 활동과 성찰활동을 구분하여 설명하고 있다. 즉, 일상적인 생활패턴에서 벗어나기 위해서는 성찰활동이 필수적이라는 것이다. Boyd와 Fales(1983)는 사람이 같은 경험을 반복적으로 하는지 또는 경험으로부터 학습을 하고 이를 통해 보다 능숙한 사람이 되는지를 구분하는 핵심적인 요인이 바로 성찰이라고 강조하고 있다. 모든 변화는 문제의 인식으로부터 시작한다. 따라서 성찰은 그 전까지 인지하지 못했던 영역을 인지함으로써 문제의식을 갖도록 한다. 성찰은 이런 의미에서 변화의 시작점일 뿐만 아니라 통찰의 과정을 통해 문제개선을 위한 실천까지 포함하고 있다.

성찰에 대한 가장 대표적인 정의는 Dewey(1933)가 제공하고 있으며 그에 따르면 성찰은 신념이나 지식에 대한 능동적, 지속적, 그리고 주의 깊은 사고활동으로 의심이나 의혹에서 시작하여 이를 해결하기 위한 자료의 탐색이나 탐구활동을 포함하는 것이다. 이런 관점에서 본다면 성찰은 미래 지향적이다. 그 이유는 과거의 경험으로부터 학습을 하고 학습결과를 미래의 새로운 환경에서 새로운 문제의 해결에 적용하려는 의지를 포함하고 있기 때문이다. Reynold(1995)는 인간의 능력이 개선되는 과정에서 성찰이 필수적임을 보여 주고 있다. 그에 따르면 개인의 역량이 다음과 같은 단계를 거쳐 개발된다고 한다.

- 무의식적 무능: 자신이 무엇을 모르고 무엇을 할 줄 모르는지를 인지하지 못하는 단계
- 의식적 무능: 발달이 필요하다는 요구를 인지하고 무엇인가를 시작하려는 단계
- 의식적 능숙함: 새로운 기술과 지식을 사용하는 과정에서 자신을 관찰하고 모니터링을 하는 단계
- 무의식적 능숙함: 기술들이 자연스럽게 사용되는 상태로 새로운 능력이 습득된 단계

즉, 개인의 역량이 발달하는 과정에서 무의식적 무능에서 단계를 거쳐 최종적으로

무의식적 능숙함으로 발달을 하며 그 과정에서 의식적 무능으로 가기 위해서는 무의식의 의식화가 필요하고 이를 위해서는 성찰이 필요하다는 것이다.

학자마다 성찰을 몇 가지 유형으로 나누어 설명하고 있다. 가장 대표적인 학자인 Schön(1987)은 행동 후 성찰(reflection on-action)과 행동 중 성찰(reflection in-action)의 두 가지 성찰을 구분하여 설명하고 있다. 행동 후 성찰(ROA)은 수업이 끝난 후 중요한 사건을 중심으로 반성적 사고가 일어나는 것을 의미한다. 하지만 행동 중 성찰(RIA)은 수업을 하는 과정에서 실시간으로 중요한 사건들을 인지하고 분석함으로써 의사결정을 해 가는 과정으로 이해할 수 있다. 행동 중 성찰(RIA)은 특정 수업사건이 만들어 내는 변화의 추이를 실시간으로 인지하고 이해할 수 있도록 한다. 따라서 수업에서 전문가가 되기 위해서 교수자는 행동 중 성찰(RIA)과 행동 후 성찰(ROA)의 과정을 반복하면서 수업에서의 중요한 사건과 학습자들의 학습과의 상호작용을 이해하고 이러한 성찰의 결과로 수업을 개선할 수 있어야 한다.

또한 Brookfield(1995)는 일반적인 성찰보다 더 깊이 있는 고차원적 성찰의 유형으로 비판적 성찰(critical reflection)을 제시하고 있다. 일반적 성찰이 현상에 대한 깊이 있는 사고라면 비판적 성찰은 그 현상의 기초가 되는 기본 가정들에 대한 깊이 있는 검증을 의미한다. 따라서 교육현장에서 비판적 성찰은 학생, 교수자, 수업 등에 대한 도덕 및 윤리적 기본 가정들을 포함하여 본질적 가정과 원리들에 대한 검증을 의미하는 것으로 이들 검증 결과들이 곧 교수자의 수업철학과 수업의 방향성을 결정한다는 측면에서 매우 중요한 의미를 갖는다. Brookfield(1995)에 따르면 비판적 성찰을 위해서 교수자들은 아래의 요인들에 대해 성찰을 해야 한다고 주장하고 있다.

- 학습자들이 어떻게 학습하고 행동하는지에 대한 교수자 자신의 신념
- 학습자들의 잠재력에 대한 교수자들의 기대감
- 수업목표를 달성하기 위해 교수자들이 사용하는 수업전략의 근거가 되는 이론들
- 미래 교육을 위해 변화가 필요한 수업요소들에 대한 견해들

성찰이 일상을 벗어난 변화를 위한 전략이라면 교수자들은 수업활동에서 성찰을 통한 지속적인 변화를 위한 노력을 해야 한다. Dewey(1933)는 성찰이 성공적으로 이루어지기 위해서는, 첫째, 오픈 마인드 또는 능동적인 태도, 둘째, 진정성(whole-heartedness), 셋째, 책임감이 충족되어야 한다고 한다. 교수자는 책임감과 진정성을 가

지고 변화에 대한 개방적 태도를 가지고 있어야만 성찰이 성공적일 수 있다는 것이다.

York-Barr, Sommers, Ghere와 Montie(2006)의 모형에 따르면 좋은 교수자가 되기 위해서는 성찰적 실천가가 반드시 되어야 하며 성찰적 실천가가 되기 위해서는 다음과 같은 4가지 성찰적 질문들을 항상 해야 한다고 한다.

- 무엇이 발생하고 있는가(what happened): 이 질문은 교수자와 학생들이 어떤 일들을 하고 있는가라는 사실을 왜곡되지 않는 관점에서 그대로 살펴보는 것을 의미한다.
- 왜(why): 이 질문은 교수자가 교실에서 발생하는 일의 원인에 대한 것들이다.
- 따라서(so what): 이 질문은 발생한 일들과 그 원인에 대한 성찰에 근거하여 교수자 자신이 무엇을 배웠고 따라서 어떻게 자신의 생각, 행동, 상호작용을 바꾸어 나갈 것인지를 성찰해 보는 것이다.
- 이제는(now what): 이 질문은 앞으로 유사한 상황에서 어떻게 행동해야 하며 어떻게 행동하기를 바라는지에 대해 성찰해 보는 것이다.

성찰의 과정이나 단계에 대한 다양한 의견들이 있지만 Quinn(2000)은 모든 성찰의 모형들에서 공통적이면서 기초적으로 반드시 포함된 3가지 과정을 추출하여 다음과 같이 제시하고 있다.

첫째, 반성(retrospection): 상황이나 경험에 대해 되돌아보기

둘째, 자기평가(self-evaluation): 이론적 관점에 기초하여 경험과 연계된 자신의 행동과 감정을 비판적으로 분석하고 평가하기

셋째, 방향 재설정(reorientation): 자기평가의 결과를 활용하여 미래 유사한 상황과 경험에 변화를 가져오기

이처럼 성찰은 기존의 현상이나 경험을 되돌아보고 자신과 상황과의 관계를 분석하여 문제의 원인을 찾아 해결하기 위한 실천을 통해 미래를 변화시키는 접근방법이라고 할 수 있다. 그리고 이러한 성찰전략은 자기수업컨설팅을 위한 핵심적인 전략에 해당한다.

성찰활동

자기수업컨설팅이 필요한 이유 찾아보기

자기수업컨설팅의 의미와 원리에 기초하여 자기수업컨설팅이 필요한 이유를 자신의 관점에서 자신의 용어로 기술해 보자.

1.

2.

3.

4.

5.

성찰과제

- 5가지의 교수자 발전단계 중 나는 어디에 속하는가?
- 수업컨설팅이 다른 수업개선 전략들이 차별화되는 요인들은 무엇인가?
- 자기수업컨설팅이 나에게 필요한 이유는 무엇인가?

제4장

자기수업컨설팅의 모형

수업 에세이

[수업일지]

내 수업을 바꾸고 싶다.

학생들이 졸지 않는 수업
모든 학생들이 내 수업을 이해하는 수업
학생들이 재미있어 하는 수업
학생들과의 관계가 좋은 수업
수업분위기가 좋은 수업을 만들고 싶다.

그런데

어떻게 시작해야 할지?
무엇을 어떻게 해야 할지?
내가 바른 방법으로 하고 있는지?

누가 좀 도와주세요.

인포맵(InfoMap)

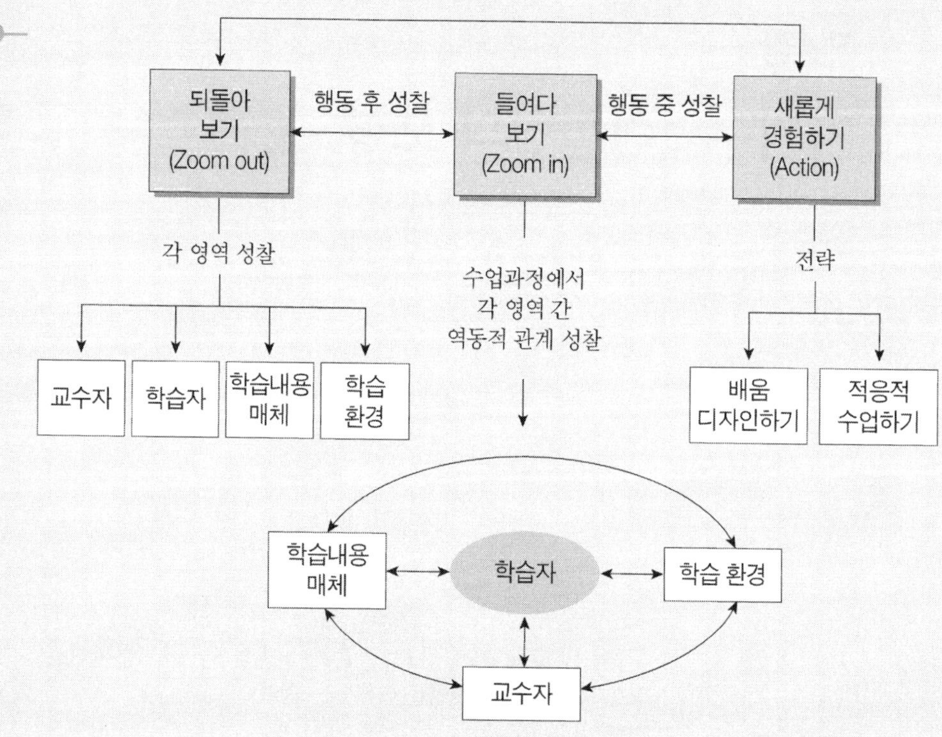

성찰목표

- 자기수업컨설팅 모형의 핵심적인 절차를 설명할 수 있다.
- 자기수업컨설팅 모형에 따라 자기수업컨설팅을 진행할 수 있다.

1. 자기수업컨설팅 모형 개관하기

제2부에서는 각 주제별로 자기수업컨설팅 모형에 따른 활동들이 반복적으로 기술되어 있다. 각 주제에 따라 자기수업컨설팅 활동을 실시하기 위해서는 전체 자기수업컨설팅 모형에 대한 거시적 이해가 필요하다. 자기수업컨설팅 모형은 아래 그림과 같다.

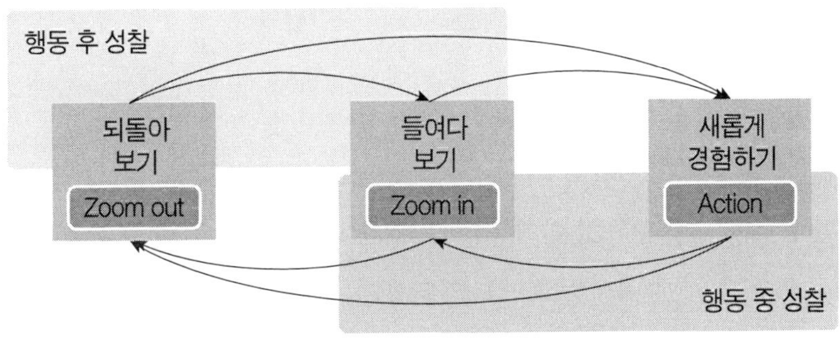

그림 4-1 _ 자기수업컨설팅 모형

출처: 이상수(2016). 지속적 수업개선을 위한 자기수업컨설팅 모형 탐색.

자기수업컨설팅은 크게 1) 되돌아보기, 2) 들여다보기, 3) 새롭게 경험하기의 세 가지 활동으로 구성되어 있다. 자기수업컨설팅의 경우 수업컨설팅 전문가가 아닌 일반 교사들이 스스로 자신의 수업을 성찰하고 개선하도록 도움을 주는 활동이 이루어진다. 따라서 가능한 쉬우면서도 단순한 형태를 갖추어야 한다는 특징을 가지고 있다. 이에 다음과 같은 세 가지 활동으로 단순화된 모형을 사용하고 있다.

1) 되돌아보기(zoom out) 활동

(1) 되돌아보기 활동의 주요 목적 살펴보기

되돌아보기 활동이란 교수자가 잠시 자신의 수업에서 한 발자국 뒤로 물러나서 지금까지 해 오던 자신의 수업을 거시적이고 객관적인 관점에서 성찰하는 활동을 의미한다. 되돌아보기 활동의 주요 목적은 지금까지 자신이 하고 있는 수업현상의 큰 그림을 이해하는 것이다. 교수자들이 수업개선을 위한 노력을 할 때 가장 많이 저지르는 실수 중 하나는 자신의 수업에 너무 깊숙이 들어가 있어서 작은 나무들은 잘 보지만 자신의 수업현상이 갖는 큰 숲을 보지 못하는 것이다. 이런 경우 교수자들은 자신의 수업이 갖는 너무 미세한 문제, 즉 문제의 '증상(symptom)'에만 초점을 두고 문제가 가지고 있는 근본적 '병(disease)'을 찾지 못함으로써 문제를 해결하지 못하고 같은 문제가 지속되는 경우가 많다. 따라서 수업개선을 위한 노력으로 증상치료만 이루어져서 잠시 효과가 있는 것 같지만 새로운 증상들이 다시 나타나게 된다.

되돌아보기의 또 다른 주요 목적은 자기수업컨설팅 과제를 규정하는 것이다. 자기수업컨설팅 과제를 규정한다는 것은 앞으로 지속될 수업컨설팅을 통해 어떤 수업문제를 해결할 것인지 구체적인 목표를 세우는 것을 의미한다.

(2) 되돌아보기 활동 알아보기

되돌아보기 활동에서 자신의 수업현상을 되돌아보기 위해서는 〈표 4-1〉과 같이 수업을 구성하는 중요한 네 가지 영역들인 교수자로서 자기 자신, 학습자, 학습내용과 매체, 그리고 학습 환경에 대해 되돌아보는 활동이 필요하다. 자기수업컨설팅의 의미에 대한 기술에서 자기수업컨설팅은 지속적이고 반복적으로 일어난다고 하였다. 따라서 되돌아보기 활동 역시 반복적으로 이루어질 수 있다. 초기 자기수업컨설팅을 시작할 때에는 이들 네 가지 영역에 대한 성찰활동이 모두 이루어지는 것이 좋지만 차후 반복되는 과정에서는 자기수업컨설팅 과제와 관련해서 필요하고 중요한 영역만 선정하여 부분적으로도 이루어질 수 있다.

표 4-1 되돌아보기 영역과 내용

영역	구체적인 내용
교수자로서 자기 자신	• 수업철학 • 교수자로서 기초역량 • 교수자로서 자기 자신에 대한 종합적 이해
학습자	• 인지적 특성 • 사회 · 정서적 특성 • 신체적 특성
학습내용과 매체	• 교육과정 재해석 • 학습내용으로 재조직화 • 학습내용과 매체와의 연계성
학습 환경	• 물리적 환경 • 심리적 환경

첫째, 교수자로서 자기 자신을 되돌아보는 것은 매우 중요하다. 이 활동을 통해 교수자로서 자신이 어떤 장점과 단점을 가지고 있는지 살펴봄으로써 어떤 점들은 지속적으로 발전시키고 어떤 점들은 개선해야 하는지를 찾아낼 수 있게 된다.

- 수업철학 성찰: 먼저 자신이 가지고 있는 수업철학을 진단하고 필요시에는 이를 개선하는 작업이 필요하다. 수업철학은 수업의 전반적인 방향성을 결정하게 해 준다. 어떤 교수자들은 아예 수업철학을 가지고 있지 않을 수도 있다. 이런 경우 교육에 대한 자신의 관점, 학생들에 대한 자신의 관점, 교수자로서의 사명감, 수업에서 반드시 지켜져야 할 원리와 원칙 등이 없기 때문에 수업의 실행과 학생들을 대하는 태도에서 일관성을 발견하기 힘들고 교수자가 학습자들에게 일관성 없는 모습을 보일 수 있다. 따라서 교수자는 자신의 수업철학을 다시 한 번 진단하고 필요시에는 이를 개선하거나 새롭게 수립할 필요가 있다.
- 자신의 기초역량 성찰: 그다음으로는 교수자에게 필요한 기초역량을 스스로 진단해 볼 필요가 있다. 미국에서는 교사들이 반드시 갖추어야 할 역량으로 다음과 같은 10가지 기초역량을 제시하고 있다(Miller, 1992). 즉, 교과내용, 학습자들의 학습과 발달, 학습자들의 학습양식의 차이, 수업전략, 개인과 집단의 동기, 의사소통 기술, 수업설계, 평가, 성찰적 실천가, 관계형성 기술 등의 10가지 역량들이 가장 기초가 되는 역량이라고 한다. 이들 역량들은 보편적으로 모든 교수자의 역량 진단에 활용 가능하다. 따라서 교수자 자신이 어떤 영역에서 어느 정도의 역량을 가지고 있는지 진단하고 필요시에는 부족한 역량을 향상시키기 위한 노력을 할 필요가 있다.
- 자신의 종합적 성찰: 자신의 수업철학과 기초역량에 대한 진단이 완료된 후 이를 종합적으로 정리하여 자신이 가진 장점과 단점을 파악하고 이를 통해 전체 교수자로서 자신에 대한 큰 그림을 완성하면 교수자로서 자기 자신의 이해 활동은 끝나게 된다. 교수자 자신에 대한 진단과 성찰은 전체 자기수업컨설팅 활동에서 매우 중요한 의미를 갖기 때문에 제5장에서 독립적으로 자세히 다루었다.

둘째, 학습자를 이해하는 것은 다른 무엇보다도 중요한 활동이다. 수업의 목적이 학습자들의 학습이기 때문에 수업의 모든 문제들은 학습자의 학습을 방해요인으로 해석할 수 있다. 따라서 학습자의 학습을 방해하는 요인을 찾아내기 위해서는 학습자에 대한 철저한 이해가 필요하다.

- 학습자 인지적 특성 성찰: 학습자에 대한 성찰의 첫 번째 주제는 인지적 특성이다. 교수자 자신이 가르치는 연령대 학습자들의 일반적인 인지발달 단계 특성과 실제 자신이 가르치는 학습자들의 인지발달 수준은 어떠한지를 포함하여, 다중지능 관점에서의 지능 수준, 교과내용에 대한 기초적인 선수학습 요인들, 어휘력 등 다양한 요인들에 대한 진단과 이해도 중요하지만 무엇보다도 중요한 것은 현재 수업에서 다루고 있는 교과내용에 대해 학습자들이 가지고 있는 인지구조나 이해도는 어떤지 등에 대한 성찰이 필요하다. 교과내용에 대한 학습자들의 인지구조란 학습할 내용과 관련하여 학습자들이 이전 경험을 통해 구축한 개념들과 그 개념들 간의 연관성이 어떤 구조로 학습자들의 머릿속에 구축되어 있는지를 의미한다. 즉, 어떤 새로운 교과내용을 학습하기 위한 학습준비도가 어느 정도인지를 파악하는 것이다. 학습자의 인지적 특성에 대한 이해 없이 수업이 이루어지면 학생들의 이해 수준을 벗어나 너무 어렵거나 쉬운 내용을 다룰 수 있고 또한 학습자가 이해할 수 없는 방법으로 수업이 진행될 수 있는 문제점이 있다.
- 학습자 사회 · 정서적 특성 성찰: 학습자 이해에서 최근 들어 가장 강조되고 있는 것 중 하나가 사회정서역량이다. 사회정서역량이란 학습자가 얼마만큼 자신의 감정을 정확히 인식하고 통제할 수 있는가를 포함하여 타인의 감정을 공감하고 이들과 얼마나 잘 어울리고 협력하여 과제를 수행할 수 있는지의 사회적 친화력을 포함하고 있다. 학습자의 사회 · 정서적 특성에는 사회정서역량뿐만 아니라 학습자들이 학교, 교수자, 교과, 수업, 동료 등에 대해 어떤 태도나 참여 동기를 가지고 있는지도 포함하고 있다. 아무리 인지적 능력이 뛰어나다고 해도 자신의 감정을 통제할 수 없으면 쉽게 부정적 감정에 휩싸여 공부를 하지 않을 수 있고 공부를 한다고 해도 효율적인 공부를 할 수 없게 된다. 따라서 학습자들의 사회 · 정서적 특성을 이해하는 것은 매우 중요한 영역이다.
- 학습자의 신체적 특성 성찰: 학습자들은 유아기, 아동기, 청소년 그리고 성인기 등의 신체적 발달단계에 따라 인지적 혹은 사회 · 정서적 능력의 발달에서 많은 차이가 있다. 특히 청소년기의 대표적인 신체적 특징은 정서를 조절하는 뇌 호르몬의 발달이 완성되어 있지 않기 때문에 성인들과 비교하여 감정을 조절하는 능력이 매우 떨어지게 된다. 따라서 청소년기 학습자들의 행동은 이들의 감정조절 능력을

고려하여 이해하고 접근해야 한다. 호르몬의 발달이 극에 달하고 질풍노도의 시기인 학습자들이 하루 종일 교실에 가만히 앉아서 움직임 없이 수업에 집중하는 것 자체가 그들에게는 매우 힘든 일이 된다는 것을 이해해야 한다.

따라서 학습자들의 인지적, 사회·정서적, 신체적 특성에 대한 되돌아보기를 통해 학습자들이 가지고 있는 특성들을 종합적으로 이해하고 수업에서 차별화된 접근을 할 필요가 있다. 이때 중요한 것은 전체 학습자들의 일반적인 특성들을 진단하고 이해하는 것도 중요하지만 현재 내가 가르치고 있는 학습자들의 특성은 어떠한지 그리고 학습자들 중에서도 개개 학습자들이 가지고 있는 특성은 어떠한지를 파악하여 필요시에는 학습자별로 개별화(individualized) 혹은 개인화(personalized)된 접근을 할 필요가 있다.

셋째, 학습내용과 매체에 대한 되돌아보기 활동이 필요하다. 학습내용은 가르칠 교과목을 의미하는 것으로 교과목에 대한 철저한 이해 없이는 학습자가 먹을 수 있는 학습내용으로 재구성해 낼 수 없어서 결국 수업의 실패를 가져오게 된다. 또한 매체는 아무리 학습자가 먹을 수 있는 학습내용으로 교과내용이 재구성되었다고 해도 이를 학습자에게 전달하기 위한 잘못된 그릇을 사용하게 되면 학습내용을 효과적으로 담을 수 없어서 그 내용물의 중요 속성이 바뀌거나 효과적으로 학습자에게 전달될 수 없게 된다.

- 교육과정의 재해석: 교육과정의 재해석은 크게 두 가지 활동이 필요하다. 첫째는 가르치는 교육과정이 왜 어떤 목적으로 선정이 되었고 교육과정을 통해 궁극적으로 학습자들에게 어떤 역량을 길러 주기 원하는지를 파악해 보는 것이다. 둘째 만일 초·중등 교사의 경우 정부에서 제공하는 교육과정의 일방적인 지침을 그대로 따르기보다 교사 자신의 수업철학에 근거하여 교육과정을 재해석해야 할 뿐만 아니라 학습자들의 요구를 반영하여 교육과정을 재해석하는 작업이 필요하다. 만일 대학 교수의 경우 제공되는 교육과정이 없기 때문에 학생들의 요구나 그 분야의 사회적 인재상에 대한 요구에 기초하여 교육과정을 스스로 구축하는 작업이 필요하다. 따라서 교수자가 교육과정에 대한 올바른 이해를 하고 있고 또한 자신의 수업철학과 학습자나 사회의 요구에 맞게 재해석하거나 또는 새로운 구축이 잘 이루어지고 있는지를 성찰하는 활동이 필요하다.

- 학습내용으로 재조직화: 학습내용으로 재조직화는 교육과정을 그대로 학습자에게 전달하기보다는 학습자들이 먹을 수 있는 학습내용으로 재구조화되었는지를 살펴보는 것이다. 학습자가 젖 혹은 이유식을 먹을 수 있는 수준에 있다면 교수자가 가르칠 수업내용을 잘 먹고 소화를 해서 학습자들이 먹을 수 있는 젖이나 이유식 수준으로 다시 재구조화하여 제공해야 하며 이들 활동이 잘 이루어지고 있는지 성찰하는 활동이 필요하다. 학습자들이 이해 가능한 학습내용으로 재조직화하기 위한 여러 가지 전략들이 있다. 예를 들어, 도표나 그림과 같이 다양한 시각화 전략을 사용할 수 있고 실제 삶에서의 사례와 같은 사례 창출 또는 스토리 형태로 제시하는 스토리텔링 등 다양한 전략들이 있다.
- 학습내용과 매체와의 연계성 성찰: 학습내용과 매체와의 연계성 성찰은 학습내용이 올바른 그릇 혹은 효율적인 그릇에 담겨 전달되고 있는지를 성찰해 보는 것을 의미한다. 그릇의 효율성을 판단하기 위해서는 학습할 내용과 학습자의 특성을 모두 고려해야 한다. 예를 들어, 태권도와 같은 행동적 표상을 필요로 하는 내용은 실제 태권도 사범이 직접 시범을 보여 주거나 동영상과 같은 행동적 표상을 담을 수 있는 매체가 사용되어야 하지 텍스트나 언어적 표현만으로 내용을 전달하는 것은 학습자에게 너무 많은 인지적 부하를 요구하게 된다. 또한 길을 가르쳐 줄 때 어떤 학습자는 약도를 보면 쉽게 길을 찾아가지만 말로 설명하면 쉽게 길을 찾지 못하는 경우가 있고 어떤 학습자는 그 반대인 경우가 있다. 이런 경우는 학습자가 선호하는 인지양식에 따라 학습내용을 담을 다른 매체가 필요함을 보여 준다. 따라서 이들 다양한 요인들을 고려하여 학습내용과 이를 담을 적절한 수업매체가 사용되고 있는지 성찰할 필요가 있다.

넷째, 학습 환경에 대한 되돌아보기 활동이 필요하다. 학습 환경 역시 학습자들의 학습에 많은 영향을 미친다. 따라서 어떤 요인들이 긍정적 혹은 부정적인 영향을 미치는지 이해하는 것은 수업의 효과성과 효율성을 담보하기 위해 매우 중요하다. 학습 환경은 크게 물리적 환경과 심리적 환경으로 나누어 설명할 수 있다.

- 물리적 환경 성찰: 물리적 환경은 공간, 가구나 책상의 배치, 학습자들의 배치, 학습자와 칠판과의 거리, 교수자와 학습자들 간의 물리적 거리, 교사의 시선이 집중되는 공간과 시선의 사각지대, 교실의 쾌적함 등 다양한 요인들을 이야기하며 이

들은 학습에 영향을 미치게 된다. 따라서 교수자는 자신의 학급에서 어떤 물리적 특징들이 학습자들의 학습에 긍정적 혹은 부정적 영향을 미치는지 파악하고 있어야 한다. 심지어 장난이 심한 학습자들을 근접한 공간에 함께 두는 것만으로 수업분위기가 엉망이 될 수 있어서 이러한 물리적 환경에 대한 이해와 통제가 수업의 효과성에 중요한 영향을 미칠 수 있다.

- 심리적 환경 성찰: 심리적 환경에 대한 성찰은 전체 수업풍토를 포함하여 개개 학습자들이 느끼는 수업에서의 심리적 상태에 영향을 미치는 요인들을 파악하는 활동을 의미한다. 모든 학습자들이 동일하게 느끼는 수업풍토가 있다. 어떤 수업풍토는 학습을 촉진하기도 하지만 학습을 방해하기도 한다. 또한 개개 학습자들은 수업, 동료, 교사, 수업내용 등에 대해 자신만의 심리적 해석을 할 수 있다. 어떤 학습자는 수업에서 항상 불안함을 느낄 수 있지만 어떤 학습자는 수업을 안전한 곳으로 인지할 수 있다. 따라서 전체 수업분위기를 포함하여 어떤 수업 사건들이 어떤 학습자들에게 어떤 심리적 해석을 가져오는지 파악함으로써 수업 맥락에 따라 적절한 심리적 환경을 만들기 위한 차별화된 노력을 할 필요가 있다.

(3) 되돌아보기 활동 종합하기

되돌아보기 활동은 줌아웃을 통해 보다 객관적이고 종합적인 시각에서 수업전반에 대해 큰 그림을 그려 보는 활동이다. 되돌아보기 활동은 앞에서 기술한 수업의 네 가지 구성요소와 각 요소별 구체적인 성찰요인들 모두를 체계적으로 성찰해 볼 수 있지만 그렇게 실행하기 위해서는 너무 많은 시간과 노력이 필요할 수 있다. 따라서 필요할 때마다 중요하게 생각되는 요인들만 골라서 되돌아보기를 해 볼 수 있다. 예를 들어, 특정 수업문제를 중심으로 중요한 영향 요인 몇 가지만 선정하여 되돌아보기를 해 볼 수 있다.

되돌아보기 활동을 종합하면서 마지막으로 실시해야 할 중요한 활동은 자기수업컨설팅 과제를 규정하는 것이다. 자기수업컨설팅 과제란 자기수업컨설팅 활동을 통해 초점을 두고 해결해야 할 과업을 의미한다. 자기수업컨설팅을 처음 실시할 때에는 자신의 수업 전반에 대해 되돌아보기를 할 수 있지만 보다 효과적인 자기수업컨설팅을 위해서는 한두 가지의 자기수업컨설팅 과제를 선정하여 초점을 두고 집중적으로 성찰하고 과제가 해결되면 또 다른 과제를 선정하여 성찰할 필요가 있다.

수업컨설팅에서 말하는 과제는 부정적 수업현상을 의미하는 것은 아니다. 수업컨설팅에서 컨설팅 과제는 교수자 자신이 생각하는 이상적인 수업현상과 현재의 실제 수업현상 간 격차를 의미한다. 따라서 상대적으로는 아무런 부정적 수업현상이 없다고 해도 자신이 현재의 수업현상에 불만족하고 보다 나은 수업현상을 바라게 된다면 이들 간에 격차가 생기게 되고 이들 격차는 컨설팅 과제로 규정되게 된다. 따라서 수업컨설팅에서 컨설팅 과제를 가지고 있다는 것은 수업이 잘못되고 있다는 것을 의미하는 것이 아니라 수업을 개선하고자 하는 의지를 가지고 있는 것으로 해석해야 한다.

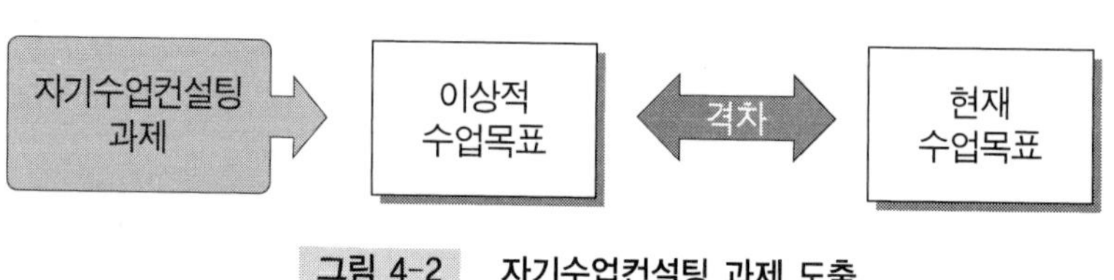

그림 4-2 _ 자기수업컨설팅 과제 도출

자기수업컨설팅 과제는 다음과 같은 방법으로 규정할 수 있다. 첫째, 교수자가 생각하는 수업에서의 이상적인 목표를 규정하는 것이다. 예를 들어, 자신이 이번 자기수업컨설팅에서 학습자들의 수업참여도에 초점을 두고 싶다면 자신이 생각하는 이상적인 수업참여도를 설정하면 된다. 둘째, 이상적인 수업목표 대비 현재 달성된 수업목표를 의미한다. 셋째, 자기수업컨설팅 과제는 이들 이상적인 수업목표와 현재 달성된 수업목표 간의 격차(gap)를 의미하게 된다. 예를 들어, 자신의 수업에서 학생들의 수업참여도가 80%가 되기를 원하고 있고(이상적인 수업목표) 현재의 수업참여도가 60% 정도(현재 달성된 수업목표)라면 자기수업컨설팅 과제는 20% 정도 수업참여도를 높이는 것이

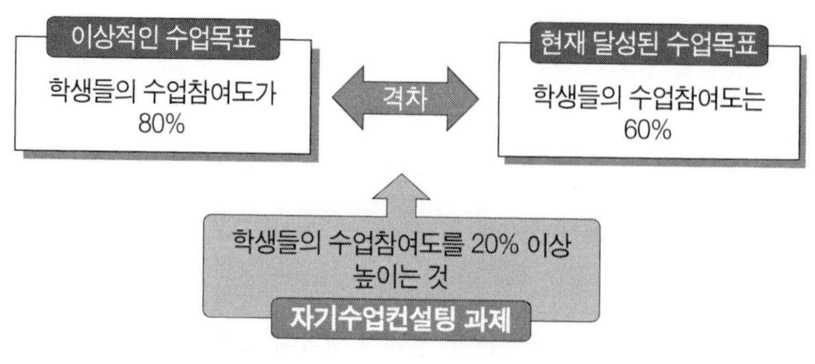

그림 4-3 _ 자기수업컨설팅 과제 도출의 예

다. 따라서 앞으로의 자기수업컨설팅은 20% 정도 학생들의 수업참여도를 높이기 위해 어떻게 수업을 개선해야 하는지에 초점을 맞추게 된다.

〈표 4-2〉는 자기수업컨설팅의 되돌아보기 활동을 실시하기 전에 계획을 세우기 위한 표이다. 먼저 되돌아보기 활동영역의 4가지 영역과 영역별 하위내용 중 어떤 것들을 중심으로 되돌아보기를 할 것인지 선정할 필요가 있다. 처음 실시할 때에는 모든 영역의 모든 내용을 한 번쯤 해 볼 필요가 있지만 반복될 경우에는 너무 많은 내용을 선정하기보다는 수업컨설팅 과제와 연관된 내용을 중심으로 최소한의 내용을 선정하는 것이 중도에 포기하지 않게 하는 전략이 될 수 있다. 되돌아보기 내용이 선정되면 다음으로는 구체적으로 어떻게 되돌아보기를 할 것인지 그 구체적인 전략을 개략적으로 세워 보는 작업이 필요하다. 구체적인 전략은 제2부의 각 주제별 되돌아보기에서 자세히 기술해 두었으니 이를 참고하기 바란다.

표 4-2 되돌아보기 계획하기

영역	하위영역	선정	되돌아보기 전략
교수자로서 자기 자신	수업철학		
	교수자로서 기초역량		
	교수자로서 자기 자신에 대한 종합적 이해		
학습자	인지적 특성		
	사회 · 정서적 특성		
	신체적 특성		
학습내용과 매체	교육과정 재해석		
	학습내용으로 재조직화		
	학습내용과 매체와의 연계성		
학습 환경	물리적 환경		
	심리적 환경		

성찰활동

되돌아보기 계획해 보기

〈표 4-2〉를 사용하여 네 가지 영역마다 가장 중요하다고 생각되는 하위영역을 한 가지씩 선정하여 되돌아보기 활동을 해 보자.

2) 들여다보기(zoom in) 활동

(1) 들여다보기 활동의 주요 목적 살펴보기

'들여다보기' 활동의 주요 목적은 실제 자신의 수업을 미시적인 관점에서 분석함으로써 수업문제의 원인이 무엇인지 그리고 해결방법은 무엇인지를 찾아보는 것이다. 들여다보기는 자기수업컨설팅 과제를 중심으로 해결해야 할 수업문제가 정확히 무엇인지 보다 정밀하게 재규정하고 그 수업문제가 왜 발생하고 있는지 실제 수업맥락에서 영향을 미치는 요인들과 그 원인들을 분석해 보고 해결책까지 찾아보는 활동을 하게 된다.

(2) 들여다보기 주요 활동 알아보기

들여다보기의 첫 번째 주요활동은 자기수업컨설팅 과제와 관련한 수업문제가 어떤 원인에 의해 발생하는지를 찾는 작업이다. 이때도 '되돌아보기'에서 다루고 있는 수업을 구성하는 네 가지 요소, 즉 학습자, 교수자, 학습내용과 매체, 그리고 학습 환경을 중심으로 이루어지게 된다. 하지만 단순한 이들 네 가지 각각 요소들을 독립적으로 살펴보기보다는 이들 요소들 간의 관계성에 초점을 둔 분석이 이루어진다는 점이 되돌아보기와는 다르다. 이들 관계성을 분석하기 위해서는 교수자의 직관적 관찰에 의존할 수 있지만 보다 체계적인 분석을 위해서는 다양한 분석도구들을 사용하게 된다. 이들 분석도구들은 개인적 성찰도구들과 수업분석도구들 모두를 포함하고 있다. 예를 들어, 수업양식 분석도구, 학습동기 분석도구, 수업일관성 분석도구, 학습양식 분석도구 등 필요에 따라 선별적으로 분석도구를 활용하게 된다. 자세한 분석도구들에 대한 설명은 제2부에서 각 주제별로 이루어질 것이다.

들여다보기에서는 다음 그림처럼 학습자를 중앙에 두고 학습자와 교수자 간, 학습

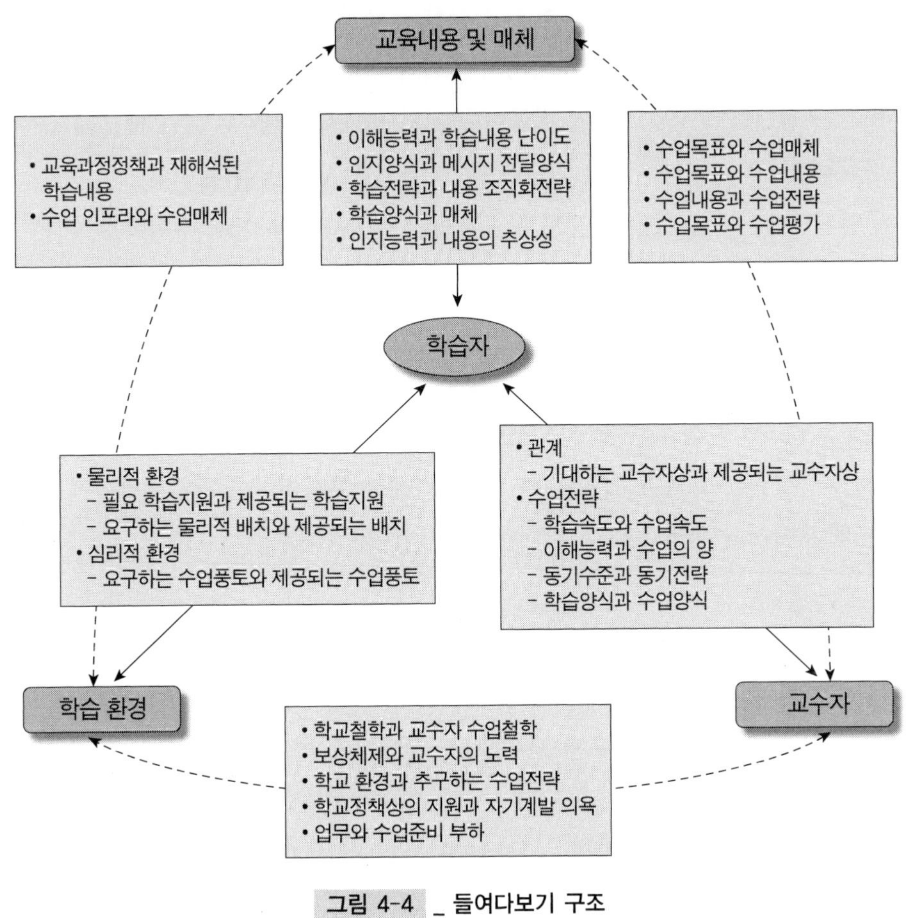

그림 4-4 _ **들여다보기 구조**

자와 교육내용 및 매체 간, 학습자와 학습 환경 간, 교수자와 교육내용 및 매체 간, 교수자와 학습 환경 간, 교육내용 및 매체와 학습 환경 간의 모든 관계성에서 잘못된 결합이 어디서 이루어지고 있는지를 분석한다.

첫째, 학습자와 교수자 간 잘못된 결합 분석하기는 학습자의 학습을 방해하는 교수자와의 관계성을 분석하는 것이다. 이 활동에서는 크게 두 가지, 즉 이들 두 집단 간의 관계와 수업전략 차원에서의 잘못된 결합을 분석하게 된다.

• 관계의 경우 핵심적인 것은 학습자들이 기대하는 교수자상과 실제 제공되는 교수자상 간의 잘못된 결합을 분석하는 것이다. 만일 이 관계에서 잘못된 결합이 나타나는 경우 학습자와 교수자 간의 부정적 관계가 형성되게 되고 모든 수업활동에 부정적인 영향을 미치게 된다. 만일 초등학교의 경우 매일 같은 교사와 생활과 학

습활동이 이루어지기 때문에 아주 심각한 문제가 발생할 수 있다. 주로 학습자들에 대한 잘못된 해석이나 교수자의 수업철학이 학습자들의 요구에 맞지 않는 경우 또는 수업전략에서의 잘못된 결합이 관계의 문제를 낳을 수 있기 때문에 실제 수업상황에서 다양한 들여다보기를 통해 그 원인을 찾아야 한다.

- 수업전략에서의 잘못된 결합은 학습자들의 학습속도와 실제 수업속도, 이해능력과 수업의 양, 동기수준과 사용되는 동기전략, 학습양식과 수업양식 등의 잘못된 결합을 의미한다. 예를 들어, 어떤 학습자의 경우 수업에 대한 자신감이 너무 높아서 수업에 열심히 참여하지 않는데 일반적으로 모든 동기요소들을 높이는 전략을 사용함으로써 자신감을 높이는 전략을 수업에서 활용하고 있다면 오히려 학습동기를 더 낮추는 효과가 있게 된다. 보다 자세한 분석전략과 개선전략들에 대해서는 제2부에서 구체적으로 다루게 될 것이다.

둘째, 학습자와 학습내용 및 매체 간 잘못된 결합 분석하기에서는 교육내용과 매체가 학습자들의 학습을 방해하는 요인들에는 어떤 것들이 있는지를 분석하게 된다. 학습자들의 이해능력과 학습내용의 난이도, 인지양식과 메시지 전달양식, 학습전략과 내용조직화 전략, 학습양식과 사용되는 매체, 인지능력과 내용의 추상성 등에서 잘못된 결합이 구체적인 분석의 예가 될 수 있다. 만일 시각적 학습자들의 경우 그림이나 동영상 혹은 도표나 사진 등의 학습 자료를 통해 더 효과적인 학습을 할 수 있는데 수업에서는 텍스트 중심의 학습지나 교재만 사용되고 있다면 학습자들의 더 효율적인 학습을 방해하는 요인이 될 수 있을 것이다.

셋째, 학습자와 학습 환경 간 잘못된 결합 분석하기에서는 크게 물리적 환경과 심리적 환경을 나누어 분석할 수 있다. 물리적 환경의 경우에는 학습자들이 필요로 하는 학습자원과 제공되는 학습자원의 불일치, 학습자들이 요구하는 물리적 배치와 제공되는 배치 간의 불일치가 있는지를 분석하게 된다. 예를 들어, 눈이 안 좋은 학생들은 키가 커도 앞자리에 앉기를 바랄 수 있지만 실제 뒷좌석에 배치되어 있다면 학습의 효율성은 떨어지게 된 것이다. 심리적 환경의 경우는 요구하는 수업분위기나 풍토와 제공되는 수업분위기와 풍토가 일치하는지를 분석할 수 있다. 학습자들은 좀 더 허용적이고 안정적인 수업분위기를 원하는데 수업에서는 너무 엄격하고 불안한 수업분위기를 제공한다면 학습의 효율성은 떨어질 수 있다.

넷째, 교수자와 학습 환경과의 잘못된 결합 분석하기에서는 교수자의 노력과 주어지는 인센티브나 학교의 수업철학과 교수자의 수업철학 등 전체 학교환경과 교수자 간의 불일치로 인해 수업에 영향을 미치는 요인을 분석하게 된다. 수업은 네 개의 벽으로 막힌 독립된 공간이 아닌 학교환경의 영향을 많이 받기 때문에 외부 환경의 영향도 함께 분석할 필요가 있음을 의미한다.

이외에도 교사와 학습내용 및 매체 간 잘못된 결합 분석하기와 학습내용 및 매체와 학습 환경 간 잘못된 결합 분석하기 등이 있다.

들여다보기 활동의 두 번째 주요 활동은 자기수업컨설팅 과제의 근본원인 분석에 기초하여 해결안을 찾는 작업이다. 실제 수업과정에서 문제의 원인을 발견하였다면 이를 해결하기 위한 방법도 함께 찾아야 한다. 자기수업컨설팅에서 해결안을 찾는 과정은 교수자의 전문적 성찰에 의존하게 된다. 실제 수업현상에 대한 들여다보기 과정에서 문제의 원인을 지속적으로 성찰하고 그 해결 방안에 대한 아이디어가 떠오를 때까지 성찰활동은 지속된다. 이때 중요한 것은 수업문제에 대한 '최고'의 해결책을 찾으려 하기보다는 현재 당장 실천 가능한 '최선'의 해결책을 찾는 것이다. 자기수업컨설팅은 순환적이면서 지속성 있는 수업개선에 초점이 있다. 따라서 자기수업컨설팅 과제를 해결할 수 있는 전략에 대한 아이디어가 떠오르면 이를 다음 단계인 새롭게 경험하기를 통해 실천해 보고 그 효과성을 들여다보기를 통해 성찰하고, 필요하면 다시 개선된 전략을 실천해 보고 효과성을 성찰하는 반복적이고 지속적인 활동이 이루어진다. 최고의 해결안을 찾기 위해 너무 많은 시간과 노력을 투자하게 되면 자기수업컨설팅 과정이 어려워지고 또한 쉽게 좌절할 수 있다. 하지만 만일 문제가 심각하고 교수자 자신 스스로 해결하기 힘든 과제인 경우에는 외부 전문가의 도움을 받는 수업컨설팅으로 연결되어야 한다. 해결안을 찾는 과정에서 어려움이 있다면 먼저 교수자 스스로 해결안에 대한 자료찾기, 연구, 연수, 동료교수자의 도움 등을 활용할 수 있지만 이를 통해서도 찾기 힘들 때에는 외부전문가의 도움을 받아야 한다.

(3) 들여다보기 활동 종합하기

자기수업컨설팅 과제의 원인분석과정에서 중요한 것은 학습자와 교수자, 학습자와 교육내용 및 매체, 학습자와 학습 환경 등 각 관계성들이 모두 독립적인 것이 아니라는 것이다. 이들 모든 관계들은 서로 연결되어 하나의 수업현상을 만들어 내고 있다. 예를 들어, 학습 환경과 교수자 간의 잘못된 결합에서 교수자의 노력과 보상체계 간의 잘못된 결합에 의해 교수자의 의욕이 떨어지게 되면 수업준비를 하지 않아 교수자와 교육내용 간의 잘못된 결합, 즉 수업내용에 맞지 않는 수업전략의 선정이 이루어질 수 있고, 그 결과 학습자와 교육내용 간의 잘못된 결합인 이해 능력에 맞지 않는 학습내용의 난이도가 나타날 수 있다. 그리고 또한 그 결과로 학습자와 교수자 간의 잘못된 결합인 기대하는 교수자상과 제공되는 교수자상의 잘못된 결합으로 나타나 학습자들은 교수자를 능력도 없고 노력도 하지 않는 교수자로 인식할 수 있다. 이처럼 모든 요인들은 서로 연결되어 하나의 수업현상을 만들어 내기 때문에 각 미시적 요인들에 대한 들여다보기는 종합적인 수업현상 들여다보기 활동으로 정리될 필요가 있다. 그 결과 자기 자신만의 수업에서 잘못된 결합 찾기 그림을 아래와 같이 그릴 필요가 있다. 이때 중요한 것은 앞에서 기술한 모든 요인들을 모두 분석하여 기술하는 것이 아니라 자기수업컨설팅 과제와 관련 있는 핵심적인 요인들을 중심으로 분석하는 것이다. 필요 없는 부가적인 것도 모두 분석하게 되면 너무 많은 시간이 소비되기 때문에 자기수업컨설팅 과정을 힘들어하고 포기할 수 있고 또한 너무 복잡한 관계를 찾아냄으로써 해결과제를 찾는 작업이 어려워질 수 있다. 종합하기의 두 번째 활동은 찾아낸 수업문제의 원인과 함께 해결안을 확정짓는 것이다. 그리고 구체적으로 이를 어떻게 수업에 적용할 것인가는 다음 단계인 새롭게 경험하기에서 이루어진다.

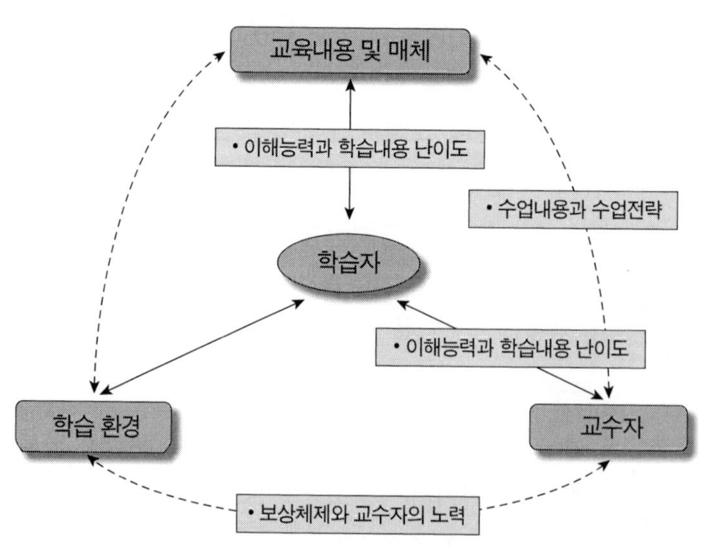

그림 4-5 _ 들여다보기의 종합적 해석 예

성찰활동

들여다보기 예측해 보기

[그림 4-5]의 예를 활용하여, 자신의 수업을 들여다보기를 한다면 가장 문제가 될 수 있는 잘못된 결합부분을 예측하여 그림을 그려 보고 왜 그런 예측을 했는지 이유를 적어 보자.

3) 새롭게 경험하기(action) 활동

(1) 새롭게 경험하기 활동의 주요 목적 살펴보기

'새롭게 경험하기' 활동의 주요 목적은 '되돌아보기'와 '들여다보기'의 과정을 거쳐 수업에 대한 분석과 이해를 기초로 하여 수업을 개선하기 위한 새로운 전략을 만들고 이를 수업에 적용해 봄으로써 실제 수업을 개선하는 것이다. 이때 중요한 것은 실제 수업을 진행하는 과정에서 새로운 수업개선 전략들이 효과가 있는지 지속적으로 성찰하면서 적응적 수업을 하는 것이다. 즉, 새로운 수업전략을 디자인해서 수업에 적용하되 수업맥락의 변화 요인들에 따라 수업과정에서 그 전략들을 수정해 가면서 적용함으로써 수업개선을 위한 성찰을 지속적으로 하는 것이 중요하다.

(2) 새롭게 경험하기 주요 활동 알아보기

이 과정은 크게 '배움 디자인하기'와 '적응적 수업하기' 두 개의 과정으로 이루어진다.

첫째, 배움 디자인하기에서는 '되돌아보기'와 '들여다보기' 활동에서의 성찰을 통해 문제 원인과 해결방안에 대한 분석을 한 자료를 기초로 하여 실제 수업을 어떻게 새롭게 개선할 것인지 계획을 세우는 작업을 의미한다. 보통 교수학습지도안의 작성과 유사하지만 상황에 따라 실제 교수학습지도안을 작성할 수 있고 보다 빠른 적용을 위해서는 수업개선 아이디어를 찾아 어떻게 기존의 수업을 바꿀지 단순한 계획을 세우는 작업으로 끝날 수 있다. 자기수업컨설팅의 과정이 너무 복잡하고 어렵게 되면 쉽게 성공하기 어렵기 때문에 성찰활동을 통해 빠르게 고민하고 바로 실천해 볼 수 있도록 하는 것이 중요하다.

배움 디자인하기에서 핵심은 학습자들의 배움이 일어나도록 하는 것이다. 이를 위해서는 교수자가 교과내용을 어떻게 가르칠 것인지, 어떤 수업활동을 할 것인지를 먼저 생각해서는 안 되고 학습목표를 달성하기 위해 학습자들에게 어떤 학습경험이 어떤 과정을 거쳐 발생하는지를 생각하고 이를 지원하기 위해 어떤 수업활동과 전략이 필요한지 생각해야 한다. 아래 그림은 초·중등 학교에서 사용되는 교수학습지도안을 통해 가르침 중심과 배움 중심 접근의 차이점을 설명한 것이다. 가르침 중심 교수학습지도안은 교수자의 활동 다음에 학생 활동이 기술되게 되어 있고 교수자의 활동은 매우 자세히 설명을 하지만 학생활동은 간단하게 반응을 중심으로 기술하고 있다. 학생들은 교수자의 가르침에 수동적으로 반응하는 존재가 아니며 능동적인 사고와 배움을 하는 존재이다. 따라서 배움 중심 교수학습지도안에서는 가장 먼저 주어진 수업목표를 달성하기 위해 학생들이 어떤 사고의 과정을 거치게 되고, 어떤 사고활동이 얼마나 깊이 있게 일어나야 하는지 자세히 기술하게 된다. 그러고 난 후 교수자가 이들 학생들 사고의 흐름을 촉진하기 위해 어떤 수업활동을 지원해야 하는지 기술하게 된다. 따라서 배움 중심 교수학습지도안은 학습자의 학습과정을 보다 자세히 그리고 구체적으로 기술하는 것에 초점이 있다.

배움 디자인은 가능한 한 빠르고 단순하게 이루어져야 한다. 그리고 너무 많은 변화를 디자인해서는 안 되고 한 가지씩만 디자인해서 실천하고 실천하는 과정에서 적응적인 재디자인이 이루어져야 한다. 작은 것들의 변화가 모여서 큰 변화가 일어나며 너무 거창한 변화를 추구하다 보면 시작하기 어려워지고 두려움만 갖게 하는 문제점을 가지게 된다.

둘째, 적응적으로 수업하기는 새롭게 디자인된 수업전략을 실제 수업에 적용해 보는 활동을 의미한다. 이때 중요한 것은 새로운 수업전략이 실제 수업문제를 해결할 수

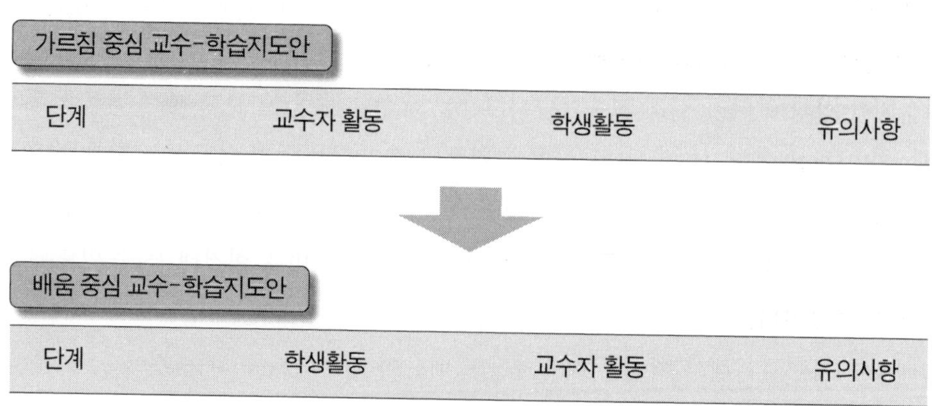

그림 4-6 _ 가르침 중심에서 배움 중심 교수학습지도안으로의 변화

있는지를 검증하는 것이다. 하지만 수업은 매우 다양한 요인들에 의해 역동적으로 영향을 받기 때문에 '배움 다자인하기'에서 의도한 대로 수업하기가 쉽지 않고 그 결과도 예상대로 나타나지 않을 수 있다. 따라서 수업과정에서 필요에 따라 현장의 판단에 따라 디자인된 수업전략을 실시간으로 바꾸어 적용하는 적응적 융통성을 발휘할 필요가 있다. 그리고 어떤 요인들이 왜 원하는 효과를 가져오거나 그렇지 않은지 실시간으로 성찰(행동 중 성찰)할 필요가 있다.

(3) 새롭게 경험하기 활동 종합하기

새롭게 경험하기는 한 차시의 수업으로 끝나는 것이 아니라 몇 차시 수업에서 반복적으로 일어날 수 있다. 따라서 수업을 실제 해 본 결과 새로운 전략들이 어떤 효과가 있고 문제점이 있는지 그리고 어떻게 개선되어야 하는지 등에 대한 성찰을 기록하고, 이를 종합하는 활동이 필요하다. 이를 위해서 수업에 대한 성찰일지를 작성하는 것이 좋다. 수업이 끝나자마자 다음과 같은 성찰일지를 작성해 볼 수 있다. 형식에는 구애받지 않고 스스로 성찰일지 양식을 만들어 사용할 수도 있다.

성찰활동

수업일시: 20○○년 ○○월 ○○일

□ 새롭게 적용한 수업전략:

□ 새로운 수업전략의 긍정적/부정적 영향

긍정적 영향	부정적 영향

☐ 새롭게 적용한 수업전략:

☐ 새로운 수업전략의 긍정적/부정적 영향

2. 활동 간 관계성 살펴보기

자기수업컨설팅은 대표적인 자기성찰 활동이다. 자기수업컨설팅은 Schön(1987)이 주장하는 행동 중 성찰(reflection in-action)과 행동 후 성찰(reflection on-action)로 구성되어 있다. 행동 후 성찰(ROA)은 회고적 성찰을 의미한다. 즉, 어떤 행동이 끝난 후 잠시 쉬면서 지금까지의 행동들이나 현상에 대해 평가, 분석, 종합적 사고를 통해 문제해결을 해 나가는 것을 의미한다. 행동 후 성찰은 따라서 중요한 사건, 요인, 이들 간의 상호작용과 그 영향 등에 대해 회고적 분석이 이루어진다. 반면에 행동 중 성찰(RIA)은 수업활동을 실행하는 과정에서 실시간으로 중요한 순간과 그 영향요인들을 판단하여 의사결정을 하고, 이를 실천하는 과정을 의미한다.

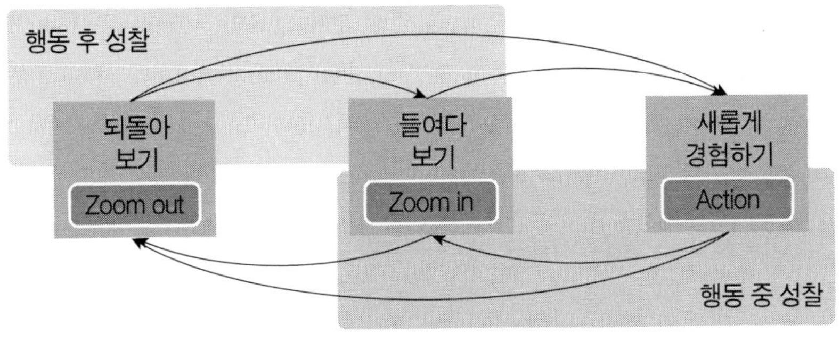

그림 4-7 _ 자기수업컨설팅 모형

1) 행동 후 성찰 이해하기

'되돌아보기'와 '들여다보기' 활동은 서로 독립적인 활동이기보다는 상호 연결되어 있는 행동 후 성찰에 해당한다. 예를 들어, '되돌아보기' 활동에서 교수자가 가르치는 학습자들에 대해 분석을 해 보고 다시 '들여다보기' 활동을 통해 실제 수업과정에서 교수자가 학습자들을 제대로 분석하고 있는지 살아 있는 자료를 수집하여 다시 '되돌아보기' 활동에서 학습자들에 대한 진단을 정리하고 종합하는 활동을 할 수 있다. 이 과정은 zoom in과 zoom out 과정의 반복이라고도 할 수 있다. 즉, '되돌아보기(zoom out)' 과정을 통해 전체 수업의 현상을 이해하고 '들여다보기(zoom in)' 과정을 통해 전체 수업의 내용을 보다 정밀하게 미시적으로 확인한 후 다시 '되돌아보기(zoom out)' 과정을 통해 수업이라는 전체 숲의 큰 그림을 다시 조정하는 작업이 함께 진행될 수 있다. 따라서 이들 두 과정은 서로 밀접하게 연결되어 있으며 또한 서로 보완적 관계를 가지고 있는 것이다.

2) 행동 중 성찰 이해하기

'들여다보기'와 '새롭게 경험하기' 또한 서로 밀접한 관련을 가지고 있다. 이들은 행동 중 성찰하기의 특성을 가지고 있다. 예를 들어, '들여다보기' 과정에서 학습자들의 학습동기 문제가 수업내용의 난이도 문제로 인한 것이 발견되면 바로 '새롭게 경험하기'로 보다 쉽게 수업내용의 재조직화를 통해 수업을 실행해 보고, 그 결과 '들여다보기'를 통해 학습자들의 학습동기가 어떻게 변화하는지 분석해 볼 수 있다. 만일 효과가 없다면 다시 '들여다보기'를 통해 난이도의 재조정이 필요한지 아니면 다른 문제로 인해 복합적인 학습동기 저하가 이루어지고 있는지를 분석하고, 다시 '새롭게 경험하기'를 통해 새로운 전략의 디자인과 실천을 해 볼 수 있다.

3) 행동 후 성찰과 행동 중 성찰 연계하기

행동 후 성찰과 행동 중 성찰 역시 서로 긴밀한 관계성을 가지고 있다. 자기수업컨설팅의 각 활동들은 모두 독립된 활동이나 정해진 순서가 있는 것은 아니다. 예를 들어, '되돌아보기' '들여다보기' '새롭게 경험하기'가 모두 순서대로 일어나는 것은 아니다. Dewey(1933)의 성찰이론에 따르면 성찰의 시작은 혼돈으로부터 시작된다고 한다. 지금까지 하던 방식대로 했을 때 기존과는 다르게 문제가 발생하고 혼돈이 생길 때 왜 그런지 그 이유와 해결책에 대한 성찰이 시작된다고 한다.

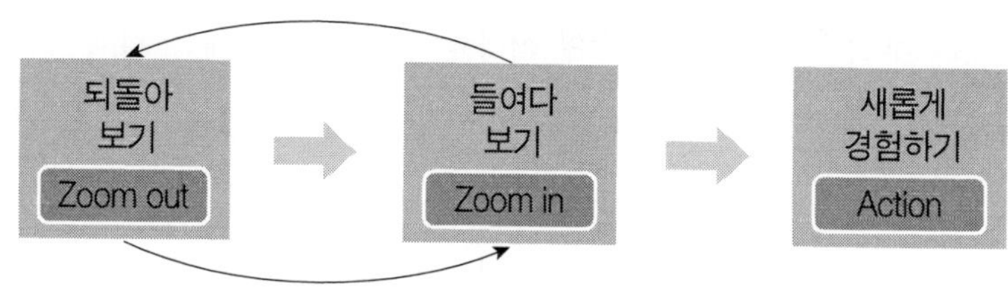

그림 4-8 _ 자기수업컨설팅 유형 1

따라서 '들여다보기'의 실제 수업과정에서 고민이 시작되고 어떤 특정 문제가 왜 발생하는지 그리고 그 문제가 무엇인지부터 고민하다가 '되돌아보기'를 통해 자신의 수업현상에 대해 전체적으로 살펴본 후 '새롭게 경험하기'로 바로 새로운 실천을 해 볼 수 있다.

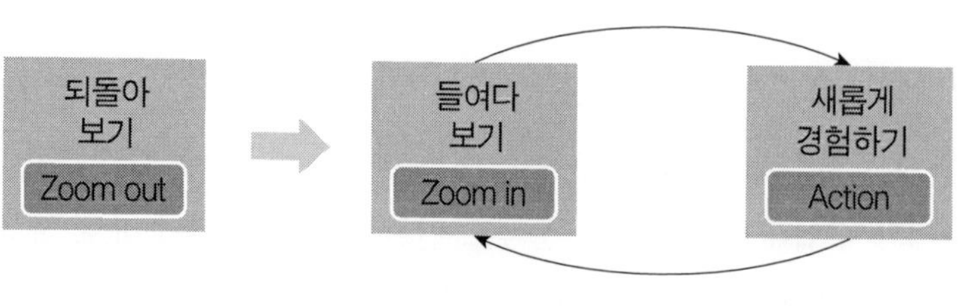

그림 4-9 _ 자기수업컨설팅 유형 2

때로는 초보 교수자들이 자신의 수업문제가 무엇인지조차 모르는 경우 '되돌아보기'를 통해 자신의 수업과 교수자로서 자신의 모든 역량들을 진단해 보고 '들여다보기'를 통해 자신의 부족한 역량을 좀 더 자세히 관찰하고 분석한 후 '되돌아보기'를 통해 자신과 자신의 수업현상에 대한 큰 그림을 완성하고 '새롭게 경험하기'를 통해 새로운 수업개선 전략을 하나씩 실천해 볼 수 있다. 그리고 '들여다보기'를 통해 수업의 변화를 다시 분석해 보고 '새롭게 경험하기'를 통해 새로운 전략들을 계속 시도해 볼 수 있다.

이처럼 자기수업컨설팅 활동들은 모두 순환적 특성이 있으며 어떤 단계에서도 시작과 종료가 될 수 있는 연계성을 가지고 있다. 따라서 교수자 자신의 상황에 따라 자신에게 맞는 모형을 스스로 만들어서 실천할 수 있다.

성찰과제

- 나의 자기수업컨설팅 과제는 무엇인가?
- 나는 자기수업컨설팅 모형을 내 수업에 어떻게 적용할 것인가?
- 자기수업컨설팅을 실천하는 데 가장 큰 장애요인은 무엇인가?

제5장

교수자로서 자기 자신을 되돌아보기

수업 에세이

[수업일지]

가르친다는 것은 무엇일까?

교사가 되고 싶어 열심히 공부하여 교사가 되었는데
내가 정말 좋은 교사인지?
능력 있는 교사인지?
훌륭한 교사인지?
계속 의문이 든다.

교사로서 나를 객관적으로 진단해 보고
좋은 교사가 되기 위해
무엇을 어떻게 노력해야 하는지
알 수 있는 방법은 없을까?

인포맵(InfoMap)

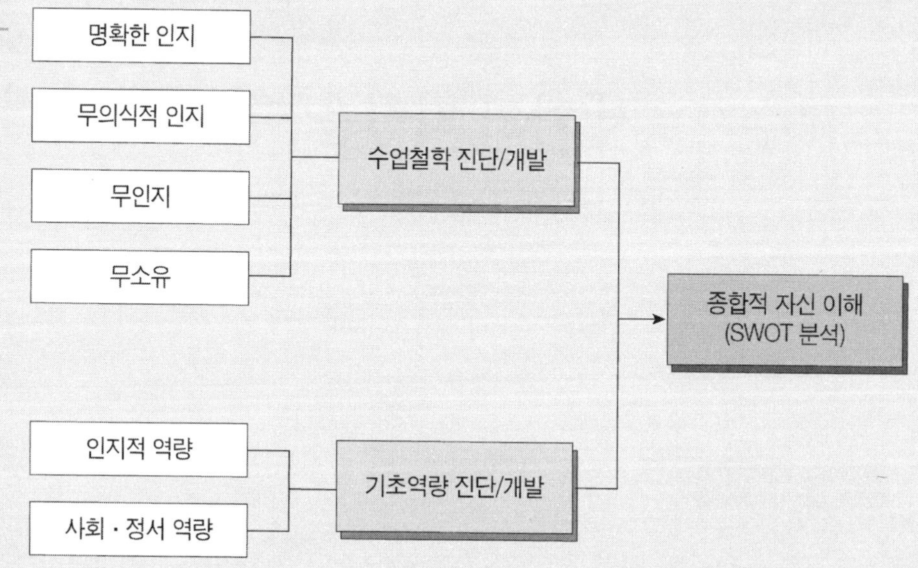

성찰목표

- 자신의 수업철학을 진단 · 개발할 수 있다.
- 자신의 기초역량을 진단할 수 있다.
- 교수자로서 자신의 강 · 약점을 알고 자기개선을 할 수 있다.

1. 수업철학 진단 또는 개발하기

이 장은 제1부의 마지막 장으로서 교수자로서 자신을 되돌아보는 활동을 위한 것이다. 자기수업컨설팅 모형은 크게 되돌아보기, 들여다보기, 새롭게 경험하기의 세 가지 활동이 필요하다. 이를 위하여 제1부에서는 자기수업컨설팅을 이해하기 위한 기초적 지식들을 중심으로 다루고 있고 제2부에서는 특정 주제별로 이들 세 가지 활동을 중심으로 구체적인 전략들이 기술되어 있다. 하지만 제2부의 자기수업컨설팅 활동에서는 각각 주제에 초점을 둔 자기수업컨설팅 활동이 이루어지기 때문에 교수자로서 자기 자신의 전반적인 성찰을 다루지는 못하고 있다. 따라서 제1부 마지막 장인 이번 장에서는 되돌아보기 활동의 네 가지 성찰영역 중 교수자로서 자기 자신 성찰하기 부분만 선정하여 교수자 자신에 대한 전반적인 성찰전략을 기술하였다.

1) 수업철학의 의미

수업철학이란 수업에 대해서 교수자 자신이 가지고 있는 개인적인 신념이나 가치체제를 의미한다. 수업철학은 교수자가 수업을 설계하고 실천하는 과정에서 방향성을 제공해 줄 뿐만 아니라 학생들을 보는 관점을 포함하고 있어 학생들을 대하는 태도에 영향을 미치게 된다. 이런 의미에서 수업철학은 수업에 큰 영향을 미치는 매우 중요한 요인이다.

어떤 교수자들은 자신의 수업철학을 명확히 인지하고 이를 실천하기 위해 실제 수업의 설계와 실행에 수업철학을 반영하는가 하면 어떤 교수자는 자신의 수업철학을 명확히 정리하거나 인지하지 못하고 무의식중에 수업에 반영하기도 한다.

수업철학이 필요한 이유는 여러 가지가 있다. Brookfield(2006)는 수업철학의 목적을 다음과 같이 두 가지 관점에서 기술하고 있다.

첫째, 개인적 목적이다. 즉, 수업철학은 교수자 개인이 수업에서 무엇을 왜 하는지에 대한 명확한 그림을 제공해 준다. 둘째, 교육학적 목적이다. 교수자라는 직업은 학생들의 삶에 큰 영향을 주는 존재이다. 따라서 교수자는 교수자로서 자신이 학생들과 그들의 학습에 어떤 영향을 주는지 명확하게 인지하고 있어야 한다. 수업철학을 가지고 있지 않거나 잘못된 철학을 가지고 있으면 학습자들의 학습뿐만 아니라 인생 전반에 부정적인 영향을 미칠 수 있다. 교수자는 이러한 의미에서 자신의 수업철학을 명확히 인지하고 있어야 하며 지속적인 성찰과정을 통해 사회의 변화나 학습자들의 요구 변화에 따라 자신의 수업철학을 개선해 나갈 필요도 있다.

수업철학을 수립하는 과정에서 교수자는 자기 자신이 어떤 가치관, 장점, 또는 단점을 가지고 있는지 평가하고 검증하는 과정을 가지게 된다는 측면에서 의미를 가진다. 명확한 수업철학은 수업에서 안정적이고 지속적이며 장기적인 가이드를 제공하기 때문에 수업에서 교수자가 가치를 두는 목표에 초점을 둔 수업활동이 이루어지게 한다. 명확한 수업철학을 가진 교수자는 자신의 수업활동이 목적 지향적이고 지속적인 성찰을 하고 있음을 보여 주는 증거가 될 뿐만 아니라 자신의 수업방향성에 대해 학생들 혹은 학부모들과 소통하는 수단이 될 수 있다. 또한 명확한 수업철학은 수업에서 일관성을 유지할 수 있게 하고 목표 성취를 위한 밀도 있는 노력을 가져올 수 있게 한다는 점에서 중요한 의미를 갖는다.

2) 수업철학의 진단 또는 개발

(1) 수업철학 개발의 차별화된 접근

교수자들에 따라서 어떤 교수자는 명확한 수업철학을 가지고 있고 이를 정확히 인지하고 있으며 구체적으로 실천하는 경우가 있는 반면, 수업철학이 있지만 이를 정확히 인지하지 못하고 무의식중에 실천하고 있는 경우도 있다. 또한 수업철학을 가지고 있지만 이를 실천하기 위한 노력을 하지 않는 경우도 있으며 아예 수업철학 없이 방향성 없는 수업을 실천하는 경우도 있다.

따라서 수업철학의 개발은 이런 다양한 경우에 따라 서로 다른 접근이 필요하다. 만일 자신이 수업철학을 가지고 있지만 이를 명확히 인지하지 못하는 경우는 이를 인지시키는 활동이 필요하고, 수업철학을 가지고 있지만 이를 실천하려고 노력하지 않는 경우는 노력을 하지 않는 이유가 업무로 인한 소진현상에 의한 것인지 교수자로서 사명감이 떨어진 경우인지 등의 원인에 따라 노력할 수 있도록 도움을 주는 활동이 필요하다. 만일 아예 수업철학이 없는 경우는 새롭게 개발할 수 있도록 도움을 주어야 한다.

표 5-1 수업철학 유무, 인지여부, 실천여부에 따른 개선전략

유무	명확한 인지 여부	실천여부	개선전략
소유	명확한 인지	노력	지속적 성찰을 유도
		무노력	노력하지 않는 원인을 찾아 개선할 수 있도록 도움
	무의식적 인지	노력	명확한 인지를 유도
		무노력	명확한 인지와 노력을 위한 도움
	무인지	무노력	명확한 인지부터 유도하고 노력을 도움
무소유	무인지	무노력	새로운 개발

(2) 수업철학 개발을 위한 사전활동

자신의 수업철학을 개발하기 위해서는 먼저 다음과 같은 세 가지 요인들에 대한 사전 탐색활동이 필요하다.

- 자신이 가진 가치체계에 대한 탐구
- 자신이 가르치는 학생들의 요구에 대한 탐색
- 객관적으로 논의되는 '좋은 수업'에 대한 탐색

첫째, 자신이 가진 가치체계를 탐색하기 위한 방법은 다양하다. 제일 좋은 방법은 성찰일지를 적어 보는 것이다. 매일 자신의 수업활동을 객관적 관점에서 관찰하고 자신이 어떤 것에 높은 가치를 두고 있는지 적어 보는 내적 성찰의 과정을 해 볼 수 있다. 또는 개인적으로 어떤 수업이 좋은 수업인지 중요한 특징 3가지만 써 보는 활동을 통해 평소 자신이 생각하는 좋은 수업 혹은 수업에서 가치를 두어야 하는 것들을 적어 보는 것이다. 또한 학생들에 대해 자신이 가진 관점을 발견하기 위해서는 다음과 같은 활동을 해 볼 수 있다.

- 자신이 가장 선호하는 학생들의 명단 적어 보기
- 호감을 가진 학생들을 가장 먼저 떠오르는 순서대로 쓰기
- 비호감을 가진 학생들의 명단을 가장 먼저 떠오르는 순서대로 쓰기
- 명단을 가지고 그 학생들이 가진 특성과 호감·비호감의 이유를 쓰기

이런 활동은 교수자 자신이 무의식중에 가지고 있는 학생들에 대한 자신의 인식을 알아볼 수 있게 한다. 이러한 자신의 가치체계에 대한 성찰과정을 반복하다 보면 공통적으로 나타나는 현상들이 있고 이를 통해 자신이 가진 가치체계들을 발견할 수 있다.

둘째, 자신이 가르치는 학습자들의 요구에 대한 탐색활동이 필요하다.

가장 쉬운 방법은 학생들에게 빈 종이를 주고 어떤 수업이 '좋은 수업'인지와 어떤 수업이 '싫어하는 수업'인지 각각 우선순위에 따라 세 가지씩 써 보도록 하는 것이다. 이때 익명으로 쓰도록 해야 자유로운 기술이 가능하다. 학생들이 공통적으로 기술한 내용이 있다면 이를 자신의 수업철학 개발에 활용할 필요가 있다. 다른 방법으로는 학습자들의 특성에 대한 연구결과나 보고서 등을 참조하여 현재 가르치고 있는 연령대의 학습자들이 가지고 있는 원초적 요구, 정서적 요구, 사회적 요구 등에 대해 탐색할 필요가 있다. 때로는 학습자들을 수업과정에서 직접 관찰하거나 인터뷰할 수 있고 다른 동료 교수자들의 의견을 들을 수 있다. 이를 통해 학습자의 요구에 대한 종합적인 정리를 할 필요가 있다.

수업철학이라 해서 교수자 자신의 개인적인 가치체계만을 포함해서는 안 되고 수요자인 학습자들의 요구 또는 학부모의 요구를 반영한 수업철학의 개발이 이루어져야 의미 있는 수업철학이 될 수 있고 실제 실천 과정에서 학생들의 긍정적 참여를 가져올 수 있다.

셋째, 객관적으로 논의되는 좋은 수업에 대한 연구들을 살펴볼 필요가 있다. 최근에 논의되고 있는 좋은 수업에 대한 연구들을 검토하는 작업은 수업이 어떤 비전을 가져야 하는지에 대한 정보를 제공해 줄 수 있다. 예를 들어, Meyer가 쓰고 손승남과 정창호(2004)가 번역한 『좋은 수업이란 무엇인가?』라는 책에는 좋은 수업이 갖는 10가지 특징이 기술되어 있다.

첫째, 수업의 명료한 구조화이다. 수업의 명료한 구조화를 위해서는 수업의 목표, 내용, 방법 간의 일관성이 있어야 하며 학습과제나 규칙 그리고 교수자와 학생의 역할이 명료해야 한다.

둘째, 학생들의 높은 학습 몰두 시간(time on task) 비율이다. 학습 몰두 시간은 의도된 목표의 달성을 위해서 학생들이 실제 학습에 사용한 시간을 의미한다.

셋째, 학습 촉진적인 분위기이다. 학습 촉진적 분위기는 상호존중, 규칙의 준수, 책임의 공유, 교수자의 공정한 태도, 그리고 교수자와 학생들의 상호 배려가 이루어지는 분위기를 의미한다.

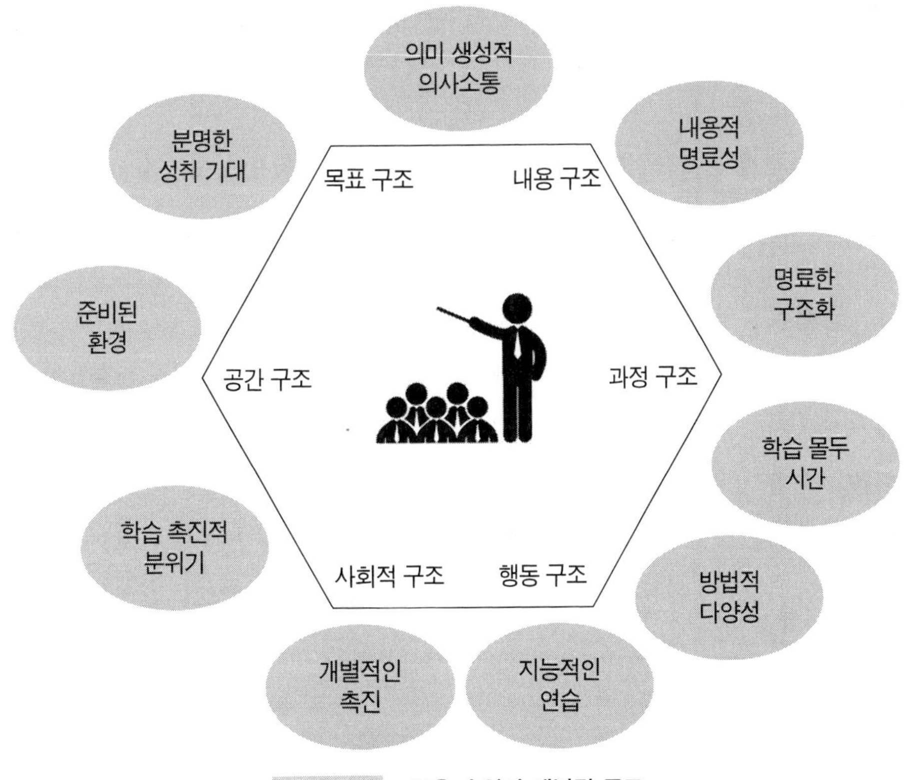

그림 5-1 _ 좋은 수업의 개념적 구조

출처: Meyer, H. (2004). Was ist guter unterricht? 손승남, 정창호 공역. 좋은 수업이란 무엇인가?.

넷째, 내용적 명료성이다. 내용적 명료성이란 수업과제의 설정이 설득력 있으며, 주제의 전개 과정이나 수업결과의 정리가 명료하고 확실하게 이루어지는 것을 의미한다.

다섯째, 의미 생성적 의사소통이다. 의미 생성적 의사소통이란 교수-학습과정에서 교수자와 학생이 개인적이고 개별적인 담화가 이루어지는 것을 의미한다.

여섯째, 방법적 다양성이다. 방법적 다양성은 수업에서 다양한 연출기법들이 사용되고, 다양한 경험적 학습과 수업형식들에서 유연성을 보여 주는 것을 의미한다.

일곱째, 개별적 촉진이다. 개별적 촉진은 학생 개개인의 요구와 능력에 맞는 수업이 진행되는 것을 의미한다.

여덟째, 지능적 연습이다. 지능적 연습이란 학생들에게 충분한 연습기회가 주어지고 학습상황에 맞는 연습과제가 주어지며 학생 스스로 학습전략을 가지고 연습활동을 하게 하는 것을 의미한다.

아홉째, 분명한 성취 기대이다. 분명한 성취 기대는 교육과정과 학생들의 성취능력에 맞는 학습활동을 학생들에게 제시하고 학생들이 이를 명확히 인지하는 것을 의미한다.

열째, 준비된 환경이다. 준비된 환경이란 질서가 있고 필요한 설비들과 학습도구들이 갖추어져 있는 효과적인 공간 활용을 의미한다.

(3) 수업철학의 개발

사전활동이 끝난 후 이들 정보들을 종합하여 만일 자신에게 이미 수업철학이 있으면 이를 정리하면 되고 수업철학이 없는 경우에는 자신의 수업철학을 개발하여야 한다. Banathy(1991)는 조직차원에서 비전체제를 개발할 때 다음과 같은 꿈, 비전, 목표의 단계로 개발할 필요가 있다고 한다. 수업철학은 결국 수업에 대한 비전체제를 개발하는 것을 의미한다. 따라서 수업철학 개발을 위해 Banathy(1991)의 비전체제 개발 전략을 사용할 수 있다.

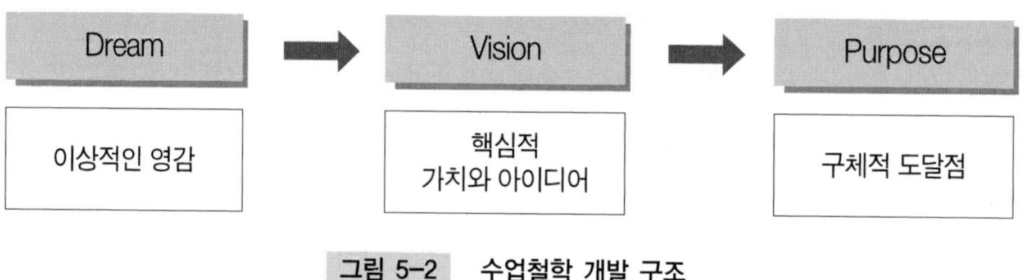

그림 5-2 _ 수업철학 개발 구조

첫째, 먼저 꿈(Dream)은 이상적인 영감을 의미한다. 수업을 통해 성취하고자 하는 이상적인 영감을 적어 보는 것이다. 예를 들어, 행복한 수업, 즉 교수자들이나 학습자들이 행복한 수업을 만들겠다는 꿈을 설정해 볼 수 있다.

둘째, 비전(Vision)은 꿈을 구성하는 핵심적인 가치나 아이디어를 의미한다. 예를 들어, 만일 행복한 수업이 꿈이라면 행복한 수업을 구성하는 핵심적인 가치와 아이디어를 기술해야 한다. 행복한 수업을 구성하는 핵심적인 가치와 아이디어는 개개인의 신념에 따라 달라질 수 있으며 그 숫자 또한 달라질 수 있다. 예를 들어, '행복해질 수 있는 역량'을 행복한 수업을 위한 핵심적 가치로 제시할 수 있다.

셋째, 구체적인 도달점을 비전으로부터 구체화해야 한다. 비전은 핵심적인 가치와

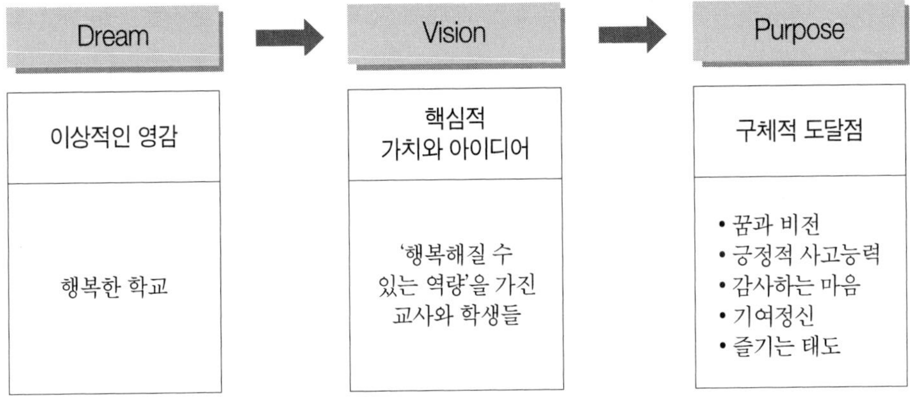

그림 5-3 _ 수업철학 구조 예제

아이디어 수준이라 추상적 수준에 있기 때문에 수업철학으로서 구체적인 방향성을 제공하기 위해서는 보다 구체적인 도달점 형태의 목표로 발전될 필요가 있다. 예를 들어, '행복해질 수 있는 역량'이 무엇인지 보다 구체적인 도달점으로 꿈과 비전 소유, 긍정적 사고능력, 감사하는 마음 소유, 기여정신, 즐기는 태도 등을 선정할 수 있다. 이런 구체적인 도달점은 수업을 설계하는 과정이나 교과내용을 가르치는 과정에서 구체적인 방향성을 제공해 줄 수 있다.

다음에 제시한 그림은 앞에서 기술한 수업철학 개발을 위한 사전활동인 자신이 가진 가치체계에 대한 탐구, 자신이 가르치는 학생들의 요구에 대한 탐색, 객관적으로 논의되는 '좋은 수업'에 대한 탐색을 한 자료들에 기초하여 꿈, 비전, 목표의 단계에 따라 수업철학을 개발하는 과정을 그림으로 나타낸 것이다. 빈 공간에 자신의 수업에

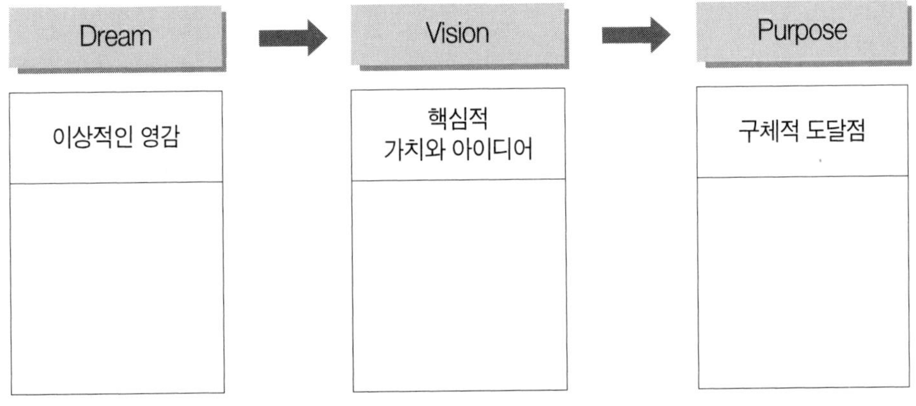

그림 5-4 _ 수업철학 구조 실습

대한 꿈, 비전, 목표를 기술해 봄으로써 자신의 수업철학을 개발하거나 점검해 보기를 바란다.

3) 수업철학 진술문 만들기

앞에서 꿈, 비전, 목표의 과정을 통해 수업철학의 큰 그림이 그려졌다면 이를 수업철학 진술문으로 기술할 필요가 있다. 수업철학 진술문이란 교수와 학습에 대한 자신의 신념에 대한 자기성찰적 진술을 의미한다.

수업철학 진술문이란 다음의 내용을 포함하는 서술문을 의미한다(UCAT, 2018).

- 교수와 학습에 대한 당신만의 개념이나 의미
- 당신이 어떻게 가르칠 것인가에 대한 기술
- 왜 그런 방식으로 가르칠 것인가에 대한 정당화

Chism(1998)은 수업철학 진술문에 포함되어야 할 내용으로 다음과 같이 5가지 중요한 요인을 들고 있다.

첫째, 학습에 대한 개념화이다. 즉, 교수자 스스로 자신에게 나에게 학습은 무엇을 의미하는가?를 질문해 볼 필요가 있다. 이에 대한 답변은 자신의 경험에 기초하여야 한다.

둘째, 교수에 대한 개념화이다. 즉, 교수자 자신에게 교수란 무엇을 의미하고 교수자로서 어떻게 교수과정을 촉진할 것인가에 대한 질문을 해 볼 필요가 있다. 이는 첫 번째 요인과 연결되면 교수자가 어떻게 학습과정을 촉진할 것인가에 대한 신념을 기술할 필요가 있다. 여기에는 어떻게 학생들에게 지적 도전감을 주고 학문적으로 어떻게 지원을 하고 학습자들의 학습양식에 어떻게 다른 반응을 하고 좌절을 느끼는 학생들을 어떻게 도와주고 다른 능력을 가진 학습자들을 어떻게 다룰 것인지 등에 대한 기술이 필요하다.

셋째, 학생들을 위한 목표이다. 이는 수업의 결과로 학생들이 어떤 지식과 기술 또는 인성을 갖기를 교수자가 바라는지를 기술하는 것이다. 이곳에서는 교수자가 설정한 목표, 목표들의 선정 근거, 어떻게 이런 목표들을 달성하게 할 것인지 등에 대한 기술이 필요하다. 목표는 단순한 내용을 이야기하는 것이 아니라 비판적 사고, 글쓰기

능력, 문제해결 능력, 창의적 능력, 인성, 정의적 능력 등을 포함하고 있다.

넷째, 철학의 실행에 관한 것이다. 중요한 것은 교수자의 수업철학이 어떻게 실제 수업에서 실천될 것인지에 대한 구체적인 기술이 필요하다. 이를 위해 교수자가 어떻게 교수자의 수업철학을 교실에서 운영할 것인지? 나의 개인적 특성이나 학생들의 특성이 어떻게 운영에 반영될 것인지? 등에 대한 질문과 답을 하여야 한다. 이를 위해 교수자 자신에 대한 성찰, 교과목에 대한 성찰, 수업경영에 대한 성찰, 교수-학습과정에 대한 성찰, 수업과 수업 외에서 어떻게 학생들과 상호작용할 것인지에 대한 성찰이 필요하다.

다섯째, 전문가적 성장을 위한 계획이 포함되어야 한다. 교수자에게는 전문가로서의 지속적인 성장이 중요하며 이를 위한 명확한 목표와 이를 달성하기 위한 전략이 필요하다. 이를 위해서 교수자는 교수자로서 전문가적 성장을 위한 목표는 무엇인가? 이들 목표를 어떻게 성취할 것인가?에 대한 질문을 해야 한다. 이를 위해 지금까지 어떻게 전문가적 성장을 해 왔는지, 무엇이 도전이 되는지, 이를 극복하기 위한 방법은 무엇이었는지 등에 대해 성찰이 필요하다.

요약한다면 Chism(1998)은 다음과 같은 주요 질문들에 대한 답을 수업철학 진술문에 담도록 하고 있다.

- 사람들은 어떻게 학습하는가?
- 나는 어떻게 학습을 촉진할 것인가?
- 학생들에 대한 나의 목표는 무엇인가?
- 왜 현재의 방식으로 가르치고 있는가?
- 학급에서 교수-학습에 대한 이런 생각들을 실천하기 위해 무엇을 해야 하는가?
- 이런 접근들이 효과적인가?
- 나의 학생들은 이러한 목표들을 성취하고 있는가?
- 이들 접근들이 성공하고 있다는 것을 어떻게 알 수 있는가?
- 교수자로서 성장하기 위한 나의 미래 목표는 무엇인가?

수업철학 진술문의 예를 제공한다면 다음과 같다.

수업철학 진술문

나는 모든 학생들은 호기심을 가지고 있으며 자신들에게 관련이 있는 적절한 수준의 질문을 제시한다면 모든 학생들이 열정을 가지고 수업에 참여한다고 생각한다. 따라서 수업의 질은 학생들의 수준에 의해 결정되는 것이 아니라 교수자가 얼마나 학생들의 수준을 이해하고 그에 적절한 준비를 하는가에 달려 있다고 생각한다. 내가 생각하는 수업은 학생들이 가진 꿈을 실현할 수 있도록 하기 위한 교수자와 학생들 간 인격적 만남의 과정이라고 생각한다.

과학교수자로서 나는 학생들에게 과학적 탐구심을 길러 주는 데 목적을 가지고 있다. 과학적 탐구심이란 학생들이 현상에 대해 질문을 만들고, 이러한 질문에 대한 답을 찾기 위해 연구를 하며, 증거들에 기반하여 현상에 대한 해석을 만들어 가는 과정을 의미한다. 나는 또한 학생들이 과학에 대한 열정을 가지고 심도 있는 이해력을 개발하기 바란다.

나는 나의 수업목표인 학생들의 과학적 탐구심을 길러 주기 위해서 나의 신념에 맞는 다양한 교육학적 방법들을 사용하고 있다. 예를 들어, 첫째, 나의 수업에 들어오는 학생들은 항상 생각의 습관을 기를 수 있도록 성찰일지를 써 오도록 한다. 항상 성찰질문들을 제공하여 수업내용과 관련한 자신들이 이미 알고 있는 사전지식은 무엇이며 무엇을 더 배워야 하는지 생각해 보도록 한다. 둘째, 나는 학생들의 사고력을 키우기 위해 다양한 학습과 경험방법을 사용한다. 예를 들어, 나는 많은 수업을 과학적 실험형태로 진행한다. 학생들이 미리 가설을 세워 보고 자신들의 가설을 검증하기 위한 실험방법을 설정할 수 있는 자율권을 제공한다. 셋째, 수업 과정에서 나는 학생들끼리 가설설정, 자료 수집 방법, 결과들에서 서로 어떻게 다른지 학습과정과 결과를 공유할 수 있도록 한다. 이를 위하여 집단 토론, 짝 토론, 직소, 피시 볼, 그리고 두 원 토론 등을 사용한다. 나는 학생들이 나와의 토론보다는 자기들끼리의 토론을 할 수 있도록 격려하고 분위기를 만들어 준다. 넷째, 나는 수업이 끝난 후 학생들이 수업에서 무엇을 학습하였고 수업에서 배운 내용이 우리의 삶에 어떤 연관이 있는지 사고해 볼 수 있도록 개별적인 성찰일지를 작성하도록 한다. 그리고 모든 개인들의 성찰일지에 피드백을 제공해 주려고 노력한다. 이러한 과정을 통해 개개 학습자들과 소통하는 기회를 갖고 개별 학습자들의 이해정도를 파악하여 다음 수업에 반영하도록 노력하고 있다. 지금까지 이런 방식들의 수업은 학생들에게 과학적 탐구심을 길러 주고 있으며 수업에 능동적인 참여를 유도하고 있다고 생각한다.

하지만 나는 여전히 효과적인 과학교수자가 어떤 모습이며 어떤 노력을 해야 하는지에 대해 끊임없이 학습을 하고 있다. 이를 위해 나의 수업진행 과정과 결과에 대해 계속 평가와 성찰을 하고 있다. 예를 들어, 다른 과학교수자들과 동호회를 만들어 일주일에 1회 이상 수업개선을 위한 모임을 갖고 있고 학생들에게도 나의 수업에 대한 평가와 피드백을 수시로 받아 이를 수업개선을 위한 자료로 활용하고 있다. 또한 다양한 실행연구를 통해 어떤 수업전략들이 어떤 상황에서 어떤 학습자들에게 효과가 있고 어떤 부정적 영향을 주는지 지속적으로 연구를 실시하고 있다. 나는 학생들이 변해도 학생들의 변화에 맞추어 항상 진화하는 과학교수자가 되고자 한다.

성찰활동

수업철학 진술문 만들기

수업철학 개발전략과 수업철학 진술문 예제 등을 활용하여 자신만의 수업철학 진술문을 만들어 보자.

2. 기초역량 진단하기

교수자로서 자기 자신의 성찰을 위해 수업철학에 대한 진단이나 개발이 있은 후에는 교수자 자신에 대한 기초역량의 진단이 필요하다. 기초역량은 인지적 영역과 비인지적 영역으로 나누어 진단할 수 있다. 먼저 인지적 영역은 Miller(1992)가 주장한 효과적인 교수자가 되기 위해서 최소한으로 갖추고 있어야 할 10가지 역량을 제시하였고 이 역량들은 어떤 학교 급에 있든지 모두 적용 가능하기 때문에 이를 이용하여 자신의 인지적 기초역량을 진단해 볼 필요가 있다.

표 5-2 교수자의 인지적 기초역량

기초역량	척도
① 교수자는 가르치는 학문에 대한 핵심적 개념, 탐구도구, 학문적 구조 등을 이해하고 학생들이 의미 있는 학습을 할 수 있는 학습경험을 만들어 낼 수 있어야 함.	1 2 3 4 5
② 교수자는 학생들이 어떻게 발달하고 학습하는지에 대한 이해를 기초로 학생들의 지적, 사회적, 그리고 인격적 발달을 위한 학습기회를 제공할 수 있어야 함.	1 2 3 4 5
③ 교수자는 학생들이 학습에서 어떻게 다른 접근을 하는지 이해하고 이에 기초하여 다양한 학습자에게 적응적인 수업기회를 제공할 수 있어야 함.	1 2 3 4 5
④ 교수자는 다양한 수업전략을 이해하고 학생들의 비판적 사고와 문제해결 능력을 길러 주기 위해 이를 사용할 수 있어야 함.	1 2 3 4 5
⑤ 교수자는 개인과 집단의 동기를 이해하고 긍정적인 사회적 상호작용을 촉진하고 능동적인 참여를 유도하는 학습 환경을 만들 수 있어야 함.	1 2 3 4 5
⑥ 효과적인 언어적 · 비언어적, 매체적 소통 기술을 가지고 학급에서의 능동적인 탐구를 촉진할 수 있어야 함.	1 2 3 4 5

⑦ 교수자는 교과내용, 학생, 교육과정 목표 등의 지식에 기초하여 효과적인 수업설계를 할 수 있어야 함.	1 2 3 4 5
⑧ 학습자의 성장을 평가하기 위한 형식적 또는 비형식적 평가 전략을 사용할 수 있어야 함.	1 2 3 4 5
⑨ 자신의 수업활동에 대해 끊임없이 평가하고 전문적 성장을 위해 성찰적 실천가의 역할을 할 수 있어야 함.	1 2 3 4 5
⑩ 동료교사, 학부모, 학습공동체의 관계자들과 함께 학생들의 학습과 복지를 위해 노력할 수 있는 관계를 촉진할 수 있어야 함.	1 2 3 4 5

이 역량 진단표는 '매우 그렇다'의 5점에서 '매우 그렇지 않다'의 1점까지 리커트 척도로 재구성한 것으로 자신의 기초역량을 점수화하여 진단해 볼 수 있도록 수정한 것이다. 가능한 한 솔직히 자신에 대한 성찰의 과정을 통해 진단표를 작성한 후 3점을 중간 점수로 하여 판단하되 4점 이상의 점수가 나온 것은 스스로 자신이 있다고 생각되는 역량이며 3점 이하의 점수가 나온 역량들은 스스로 부족하다고 생각하는 영역들이다. 이 진단지는 자신이 자신의 역량에 대해 어떻게 지각하는지를 기초로 판단하는 것이므로 절대적 점수를 의미하지는 않는다. 교수자 스스로가 자신의 역량에 대해 가장 잘 알고 있다는 가정에 기초한 것이다. 따라서 교수자는 역량 진단 자료에 기초하여 부족한 부분들은 연수나 멘토링 혹은 수업컨설팅 등의 전략을 사용하여 향상시키기 위한 노력을 할 필요성이 있다.

성찰활동

자신의 인지적 기초역량 진단해 보기

〈표 5-2〉를 활용하여 자신의 인지적 기초역량을 진단하고 자신이 가진 강점과 약점을 파악한 후 약점을 개선하기 위한 방법으로 어떤 것들이 있는지 성찰해 보자.

비인지적 역량에 대한 진단이다. 비인지적 역량에는 자아개념, 열정, 사명감, 동기, 태도, 습관 등을 포함하여 사회·정서 역량 등 다양한 영역이 있다. 최근 들어 교수자에게 필요한 가장 중요한 비인지적 역량으로 사회·정서 역량이 강조되고 있다. 사회·정서 역량이란 자신과 타인의 감정을 정확히 인지할 수 있고 공감능력이 있으며 감정 통제 능력이 있고 타인과 잘 관계를 맺고 유지할 수 있는 능력을 의미한다(Elias et al., 1997). 이런 관점에서 학생들의 상태에 대해 공감해 줄 수 있고 학생, 동료교수자, 학교 관리자 혹은 학부모와 긍정적 관계를 유지할 수 있는 능력이 수업 성공에 중요한 영향을 미치기 때문에 교수자의 사회 · 정서 역량은 매우 중요한 의미를 갖는다.

예를 들어, 학생들 간에 싸움이 발생한 후 많은 교수자들은 싸움의 이유를 듣고 잘못을 한 학생을 찾아 훈육하려고 한다. 이때 학생들은 이미 감정이 복받쳐 있기 때문에 교수자의 훈육은 들리지 않거나 잔소리로만 들리게 된다. 반면, 사회 · 정서 역량이 높은 교수자는 싸움의 이유와 상관없이 학생들의 감정을 읽어 주는 작업, 즉 공감하는 작업이 먼저 이루어진다. "아 그렇구나! 친구가 너를 무시한 것으로 생각해서 화가 많이 났겠구나!"와 같은 공감이 먼저 이루어지면 학생들은 감정이 수그러지고 그 다음 교수자의 훈육에 긍정적인 반응을 하게 된다.

사회 · 정서 역량은 대체로 자기감정 인식, 타인 감정 공감, 자기감정 통제, 타인과의 좋은 관계 유지, 타인과의 협력적 문제해결과 같은 5가지 영역의 역량을 필요로 한다. 사회 · 정서 역량의 경우 많은 문항들을 기초로 한 자기보고식 진단지가 있지만 이를 간소화하여 교수자들이 쉽게 진단해 볼 수 있게 한 것이 다음 표와 같다.

표 5-3 교수자의 사회 · 정서 역량 진단지

구분	구체적 내용	수준				
자기감정 인식 능력	자신의 감정을 정확히 규정할 수 있다.	1	2	3	4	5
	자신의 감정의 원인을 규정할 수 있다.	1	2	3	4	5
타인감정 공감 능력	타인의 감정을 정확히 규정할 수 있다.	1	2	3	4	5
	타인의 감정에 민감하게 반응할 수 있다.	1	2	3	4	5
	타인의 감정을 공감할 수 있다.	1	2	3	4	5
	타인의 감정의 원인을 규정할 수 있다.	1	2	3	4	5
자기감정 통제 능력	충동적 감정을 통제할 수 있다.	1	2	3	4	5
	부정적 감정을 통제하고 긍정적 감정을 강화할 수 있다.	1	2	3	4	5
	부정적 감정을 극복할 수 있는 전략을 가지고 있다.	1	2	3	4	5

타인과 좋은 관계 유지 기술	경청할 수 있는 능력을 가지고 있다.	1	2	3	4	5
	자신과 타인의 감정 간 조화를 만들어 낼 수 있다.	1	2	3	4	5
	자신의 감정을 효과적으로 표현할 수 있다.	1	2	3	4	5
	타인을 존중하고 이해할 수 있다.	1	2	3	4	5
타인과 협력을 통한 문제해결 기술	팀의 일원으로 일할 수 있다.	1	2	3	4	5
	효과적으로 타인과 협력할 수 있다.	1	2	3	4	5
	사회적 단서에 민감하다.	1	2	3	4	5
	합의된 의사결정을 이끌어 낼 수 있다.	1	2	3	4	5

위 진단지를 끝낸 후에는 각 범주별 평균을 내어 아래에 있는 그림에 표시하고 꺾은선 그래프를 만들면 쉽게 범주별로 자신의 역량의 차이를 비교해 볼 수 있다. 따라서 자신의 부족한 영역과 장점 영역을 진단한 후 부족한 부분은 다양한 전략을 통해 개선하기 위한 노력을 할 필요가 있다.

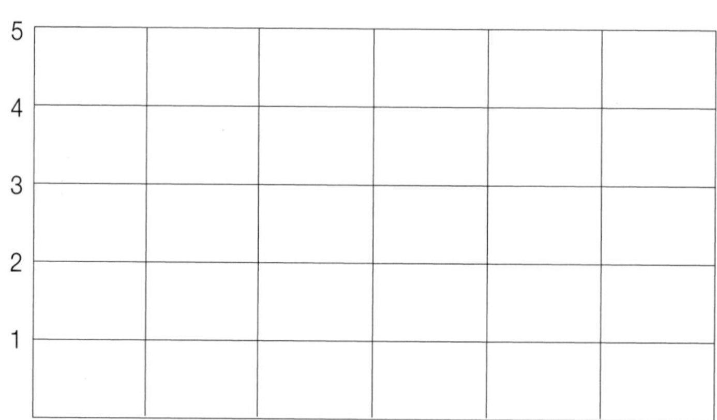

그림 5-5 _ 사회 · 정서 역량 꺾은선 그래프

성찰활동

자신의 사회 · 정서 역량 진단해 보기

〈표 5-3〉을 활용하여 자신의 사회 · 정서 역량을 진단하고 자신이 가진 강점과 약점을 파악한 후 약점을 개선하기 위한 방법으로 어떤 것들이 있는지 성찰해 보자.

교수자로서 '나' 자신에 대해 종합적으로 이해하기

지금까지 수업철학, 인지적 및 비인지적 영역에 대한 진단이 끝나면 이들을 종합하여 교수자 '나' 자신에 대한 종합적인 이해를 할 필요가 있다. 이를 위한 도구로 SWOT 분석을 할 수 있다. SWOT 분석이란 크게 내부 역량과 외부 환경으로 나누어지며 내부 역량은 강점(Strength)과 약점(Weakness)으로 구분이 이루어질 수 있다. 즉, 지금까지 분석한 자료들에 기초하여 교수자로서 자신이 가진 강점과 약점을 중요한 순서로 나열하면 된다. 외부 환경은 좋은 교수자가 되는 데 도움이 되는 기회(Opportunity)가 되는 요인들과 방해가 되는 위협(Threat) 요인들을 나열하면 된다. 예를 들어, 학교가 교

	강점 (Strength)	약점 (Weakness)
내부 역량		
	기회 (Opportunity)	위협 (Threat)
외부 환경		

그림 5-6 _ SWOT 분석도구

수자의 자기개선을 위한 다양한 연수나 수업컨설팅을 통해 지원을 해 준다면 이러한 학교환경이 자기발전을 위한 기회요소가 될 것이다. 반면에 업무가 많거나 회식 등이 많다면 자기발전에 위협요소로 작용을 하게 될 것이다. SWOT 분석은 지금까지의 자신에 대한 분석을 종합적으로 볼 수 있게 한다는 관점에서 유용한 도구가 될 것이다.

성찰활동

자신에 대한 SWOT 분석해 보기

[그림 5-6]을 활용하여 자신에 대한 SWOT 분석을 실시해 보고 자신의 약점을 보완하고 강점을 더 강하게 하기 위한 전략을 성찰해 보자.

성찰과제

- 나의 수업철학 진술문에서 개선할 사항이 있는가?
- 나의 인지적 역량 중 가장 개선이 필요한 부분은 무엇이고 이를 어떻게 개선할 것인가?
- 나의 사회 · 정서 역량 중 가장 개선이 필요한 부분은 무엇이고 이를 어떻게 개선할 것인가?
- 나의 전체적인 수업역량을 높이기 위한 가장 시급한 노력은 무엇인가?

제2부 자기수업컨설팅의 실제

제6장

수업설계 향상을 위한 자기수업컨설팅

수업 에세이

[수업일지]

나는 매일 같이 수업을 하고
매일 같이 수업을 설계하고 있다.

그런데 수업을 설계한다는 것은 정말 어렵다.
고려해야 할 사항들도 너무 많고
너무 많은 변화들이 있어
어떻게 수업을 해야 좋은 수업이 되고
재미있고 의미 있는 수업을 만들 수 있는지
답을 찾기 어렵다.

내가 올바로 수업을 설계하고 있는지?
좋은 수업을 만들고 있는지?
진단도 해 보고 실제 개선해 볼 수 있는 방법은 없을까?

인포맵(InfoMap)

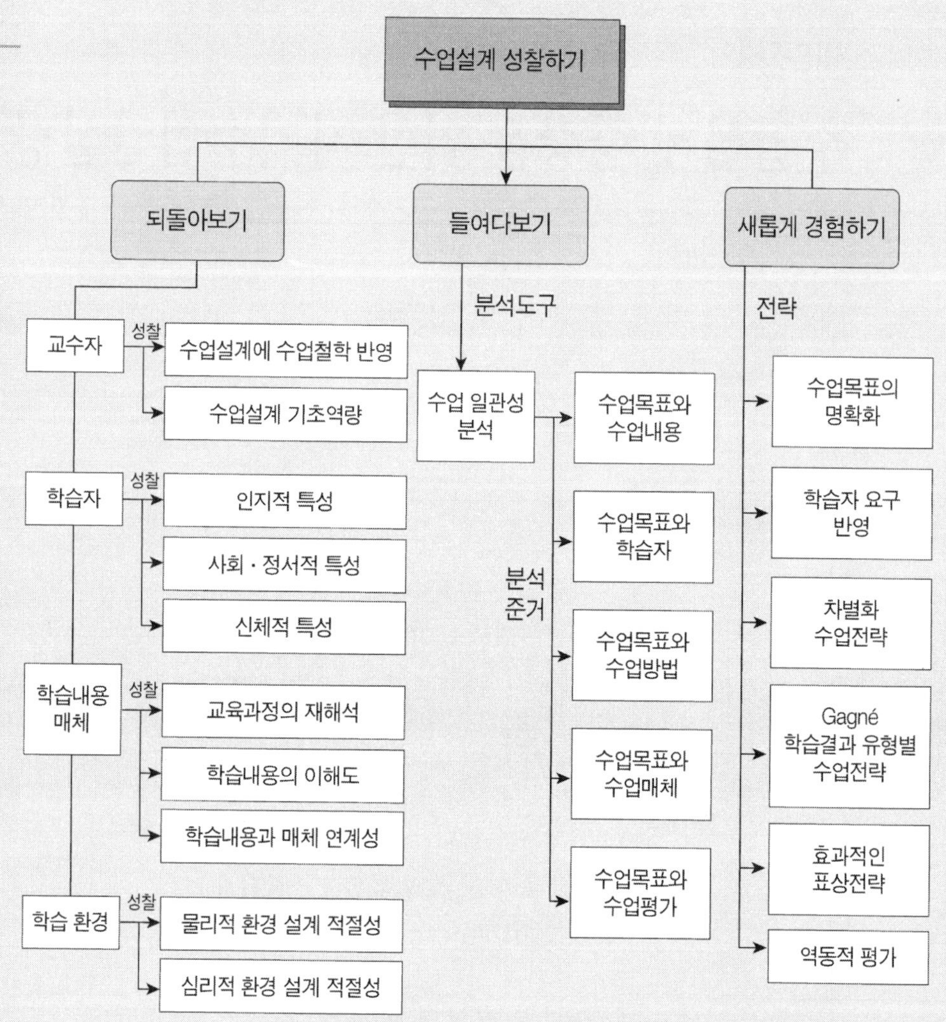

성찰목표

- 일관성 있는 수업설계를 할 수 있다.
- 자신의 수업설계 문제점을 찾아 개선하는 자기수업컨설팅을 할 수 있다.

1. 수업 되돌아보기

수업을 실시하기 위해서는 반드시 수업설계 활동이 필요하다. 수업설계 활동은 어떤 내용을 누구에게 어떤 방식으로 가르치고 어떻게 평가할 것인가와 같은 수업을 계획하고 실행하는 과정과 실행 후 그 결과를 기초로 하여 수업을 개선하는 모든 과정을 의미한다. 따라서 수업설계 활동의 효과성이 곧 수업의 효과성과 직결되기 때문에 교수자는 모든 수업마다 수업설계 활동에 대한 성찰, 즉 자기수업컨설팅 활동이 필요하다.

1) 수업설계의 의미와 전략 성찰하기

(1) 설계와 수업설계의 의미

설계는 주어진 환경 속에서 주어진 목적을 달성하기 위한 최적의 방법을 탐구하는 전문적 활동(Banathy, 1996)으로 정의할 수 있다. 변영계와 이상수(2003)에 따르면 설계는 다음과 같은 다섯 가지 특성을 가지고 있다고 한다.

첫째, 설계는 목적 실현의 수단이다. 목적이 있다는 것은 현재의 상황에 만족해하기보다는 보다 이상적인 상황이 있다는 것을 의미한다. 따라서 이상적인 상황을 얻기 위해 현재의 상황을 변화시켜야 하며 설계는 이러한 변화를 이끌어 내는 전략들을 창안하는 활동이라고 할 수 있다.

둘째, 설계는 체계적이고 과학적인 방법을 사용한다. 설계의 정의에서 알 수 있듯이 주어진 목적 달성을 위한 최적의 방법을 찾기 위해서는 가장 효과적이고 효율적인 방법을 찾는 작업이 필요하다. 이런 관점에서 설계는 주어진 현실과 환경 그리고 자원에 대한 분석결과에 기초하여 해결방안을 추구하는 과학적인 접근 방법을 사용한다.

셋째, 설계는 높은 수준의 전문적 지식을 요구한다. 계획은 아무나 할 수 있지만 설계는 전문적 지식을 요구하게 된다. 앞에서 이야기한 최적의 방법을 찾기 위한 과학적 접근을 위해서라도 관련된 다양한 학문에 대한 폭넓은 지식을 갖추고 있어야 한다.

넷째, 설계활동은 매우 창조적인 탐구활동이다. 목적을 달성하기 위한 다양한 방법들이 있을 수 있다. 현재 상황을 이상적인 상황으로 바꾸기 위해서는 기존의 방식이나 접근이 아닌 차별화된 새로운 접근이 필요하다.

다섯째, 설계란 의사소통의 도구가 된다. 건물 설계도인 청사진을 만들면 토목공학자, 전기공학자, 인테리어 전문가 등 다양한 사람들이 건물 청사진만 보고 목적으로 하는 건물을 만들게 된다. 청사진이 잘못되면, 즉 소통이 잘못되면 건물을 함께 완성할 수 없게 된다. 잘 만들어진 설계안을 다른 어떤 사람이 사용해도 동일한 결과물을 만들어 낼 수 있어야 한다.

따라서 설계는 목적 달성을 위해 과학적이면서도 예술적 창의성을 필요로 하는 전문적인 활동이라고 할 수 있다.

이러한 설계의 의미는 수업설계의 정의에도 적용이 된다. 수업설계에 대한 정의들은 많다. 대표적으로 Dick, Carey와 Carey(2009)는 수업설계를 수업을 계획하기 위해 수업이론과 다른 경험적 연구결과들을 체계적으로 적용하는 과정이라고 정의하고 있고, 변영계와 이상수(2003)는 수업설계는 효율적이고 효과적인 수업을 실현하기 위해 수업, 학습, 체제이론과 같은 전문적인 지식을 창조적이고 체계적으로 적용해 가는 과정으로 정의하고 있다. 따라서 수업설계는 단지 대상이 수업일 뿐이며 앞에서 설명한 설계가 가지고 있는 다섯 가지 특징을 그대로 가지고 있다고 볼 수 있다.

(2) 수업설계의 필요성

수업을 설계하지 않는다는 것은 아무 계획 없이 수업이 이루어진다는 것을 의미하며, 따라서 수업이 목적으로 하는 것을 달성할 수 없게 될 것이다. 수업설계가 필요한 이유를 좀 더 자세히 설명한다면 다음과 같다(변영계, 이상수, 2003).

첫째, 수업설계는 수업을 구성하는 수업목표, 수업내용, 수업방법, 수업매체 및 수업평가 등의 유기적인 통합을 통해 수업의 효과를 극대화할 수 있다. 즉, 수업목적을 달성하기 위한 적절한 수업내용이 선정되어야 하며 수업내용에 맞는 수업전략과 매체가 선정되어야 수업목표가 달성될 수 있을 것이다. 수업설계 활동은 이 요소들 간의 일관성 있는 계획과 실천할 수 있는 전략을 제공해 준다.

둘째, 수업설계는 교수자의 입장이 아닌 학습자의 입장에서 학습자에게 적절한 최적의 수업을 계획할 수 있게 해 줌으로써 수업목표인 학습의 효과를 높여 줄 수 있다. 수업설계의 핵심적인 활동은 학습자에 대한 분석이다. 학습자들의 능력과 선호하는 학습방식, 그리고 태도나 동기와 같은 정서적 측면까지 분석하여 학습자들의 학습을 최대화할 수 있는 전략을 찾게 된다.

셋째, 수업설계는 수업과정 중에 일어날 수 있는 오류나 잘못을 사전에 찾아내고 이를 교정할 수 있는 기회를 준다. 수업설계는 하나의 시뮬레이션 과정이라고 할 수 있다. 사전에 수업목표를 달성하기 위해 주어진 환경과 학습자에 대한 분석 자료를 기초로 하여 최적의 수업현상을 계획하게 된다. 수업설계는 발생 가능한 수업문제점들을 예견하고 예방하는 활동이라고도 할 수 있다.

넷째, 수업설계는 수업에 대한 의사소통의 수단이 됨으로써 수업개선을 위해 사용될 수 있다. 수업설계안은 실제 수업이 어떻게 일어날 것인지에 대한 청사진을 제공해준다. 이러한 청사진은 수업을 개선하기 위한 다양한 전략들인 수업코칭, 수업멘토링, 수업장학, 수업컨설팅 등의 수단으로 사용되기도 한다. 따라서 교수자들의 수업개선을 위한 전략으로 수업설계가 사용되기도 한다.

(3) 수업설계모형 성찰하기

수업설계모형에는 여러 가지가 있다. 가장 대표적이면서 간편한 모형으로 ADDIE모형을 들 수 있다. ADDIE모형은 분석(Analysis), 설계(Design), 개발(Development), 실행(Implementation), 평가(Evaluation)의 영문 앞 글자만을 따서 명명한 모형을 의미한다. 이 모형은 수업설계 영역에 널리 알려져 있지만 누가 처음 개발했는지에 대해서는 아직도 논의되고 있다. 이 모형의 특징은 순환적이라는 것이다. 즉, 분석, 설계, 개발, 실행, 평가의 단계가 위계적이기보다는 각 단계들이 동시에 일어날 수도 있고 앞 단계와 뒤 단계 간의 이동이 자유롭게 이루어질 수 있다. 각각 단계별로 중요한 핵심적인 활동들과 유의점들만 간단히 점검하면 다음과 같다.

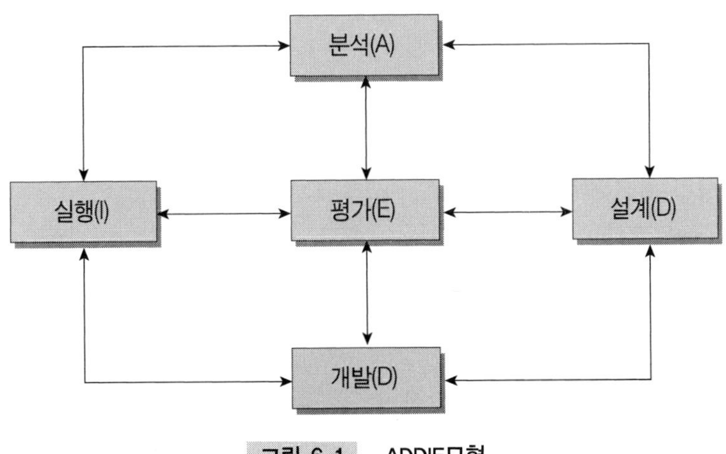

그림 6-1 _ ADDIE모형

① 분석

분석단계에서 핵심적으로 이루어지는 것들은 요구분석, 학습자분석, 학습과제분석, 학습 환경분석 네 가지가 이루어진다.

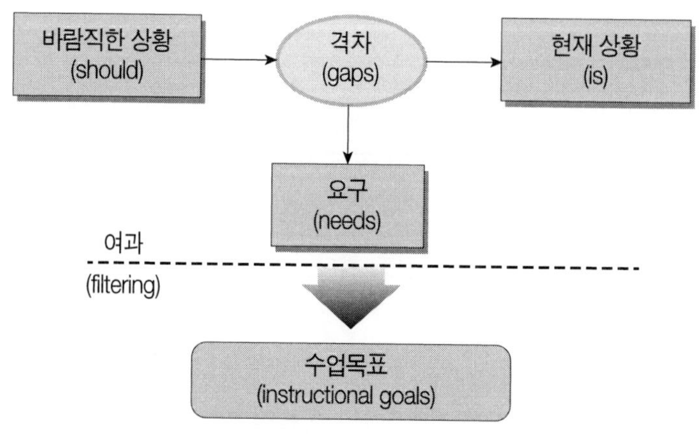

그림 6-2 _ 요구분석 과정

요구분석이란 수업에서 학습자들에게 요구되는 '바람직한 상황(should)'이 무엇인지 그리고 현재 학습자 상황은 즉 '현재 상황(is)'은 어떠한지를 분석하여 이들 간의 '격차(gaps)'를 분석해 냄으로써 수업목표를 도출해 내는 과정을 의미한다. 요구분석에서 중요한 것은 '바람직한 상황'을 어떻게 설정하느냐에 따라 수업에서 가르칠 핵심적인 가치와 내용이 달라질 수 있다는 것이다. 초·중등 학교에서는 정부에서 제공하는 교육과정에 많이 의존하게 되는데 교수자가 교육과정의 수업목표를 그대로 사용하기보다는 사회적 변화나 자신의 수업철학 그리고 현재 학습자들의 상황이나 수준을 고려하여 수업목표를 재설정할 수 있어야 한다는 것이다. 교육과정의 경우 그 개편 시기가 사회의 빠른 변화를 수용하지 못하기 때문에 시기 적절한 내용을 포함하지 못할 수 있고 힘 있는 몇몇 세력에 의해 의사결정이 이루어질 수 있어서 비판적 사고를 가지고 성찰할 필요가 있다.

학습자분석은 학습자들이 가지고 있는 인지적, 사회·정서적, 그리고 신체적 특성들을 분석하는 작업을 의미한다. 예를 들어, 학습자가 수업내용과 관련하여 어떤 선수학습능력을 가지고 있고 학습동기는 어떠하며 수업에서 고려해야 할 신체적 발달의 특성은 어떤 것들이 있는지를 분석해 내는 것을 의미한다. 이러한 학습자분석결과는 수업설계 과정에서 수업내용의 난이도와 조직화, 수업에서 사용되는 예제의 종류, 용어, 수업모형, 수업속도, 수업의 양 등 많은 수업전략들에 영향을 미치게 된다.

학습과제분석은 가르칠 수업내용이 어떤 위계성과 계열성을 가지고 있는지를 분석하는 작업이다. 학습과제분석은 학습내용분석과는 차이가 있다. 학습내용분석은 아래 그림과 같이 주로 내용의 구성이 어떻게 되었는지 주제 분석이 주로 이루어진다. 대부분 학교현장에서 이루어지는 교과내용분석이 이에 속한다.

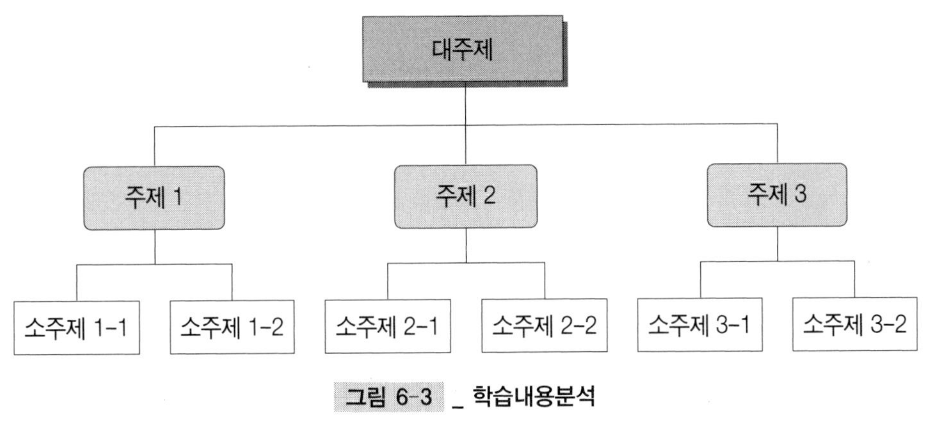

그림 6-3 _ 학습내용분석

하지만 학습과제분석은 [그림 6-4]처럼 학습자가 수업목표를 달성했을 때 보여 줄 수 있는 수행과정을 절차적, 범주적, 위계적 형태로 분석하는 것을 의미한다. 다음 그림은 검색엔진을 통해 필요한 자료를 검색할 수 있게 하는 학습내용에 대한 학습과제분석을 한 예이다. 학습과제분석을 하는 이유는 주어진 수업목표를 달성하기 위해 학습자들에게 어떤 사고의 과정이 필요하고 어떤 사고활동이 중요하며 어떤 사고활동이 다른 활동의 선수학습능력으로 작용하는지를 분석할 수 있어 수업전략 수립에 도움이 된다. 학습과제분석을 통한 수업내용의 위계성과 계열성에 대한 분석결과는 학습자 분석결과와 함께 사용되어 어떤 내용을 수업에 포함 또는 제외(수업의 출발점행동 진단)하고 무엇을 먼저 가르쳐야 하는지(선수학습관계)를 결정하게 해 준다. 더욱더 중요한 것은 학습자들이 어떤 특정 내용을 이해하지 못할 때 어떤 선수학습요소들을 몰라 그 내용을 이해하지 못하는지를 진단할 수 있는 자료를 제공해 준다는 것이다.

학습환경분석은 수업의 물리적 및 심리적 환경을 분석하는 것이다. 어떤 요인들이 학습을 방해하거나 촉진하는지를 분석하여 학습을 방해하는 요인은 제거하고 촉진하는 요인은 더 활성화될 수 있도록 해야 한다. 이런 의미에서 학습환경분석은 중요한

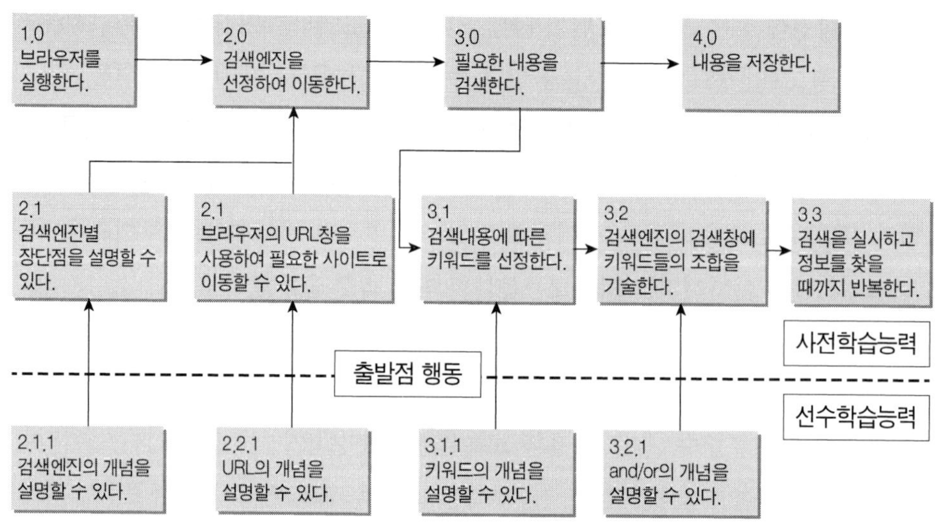

그림 6-4 _ **학습과제분석 예**

의미를 가지고 있다. 특히 다양한 매체를 활용해야 할 경우 매체 활용을 위한 물리적 환경이 준비되었는지를 분석해야 한다. 이외에도 쉽게 간과할 수 있는 문제로 학습 분위기를 망치는 학생들이 있다면 이들 학생들의 경우 교실의 어떤 곳에 배치하고 어떤 동료 학습자들과 함께 또는 분리하여 배치하여야 하는지 등에 대한 정보의 분석도 중요하다.

② 설계

설계는 앞에서 실시된 분석자료들을 기초로 하여 내용전달 전략, 수업화법, 평가전략, 수업매체 등 전체적인 수업전략을 계획하는 단계를 의미한다. 설계활동은 교사의 역량에 따라 매우 다양하게 이루어질 수 있다. 이때 중요한 것은 새로운 수업기법이나 매체를 사용하는 것이 아니라 수업목표를 달성할 수 있는 수업내용, 수업방법, 수업매체, 그리고 수업평가 전략들이 사용되고 있는지 그리고 이 요인들 간에 유기적인 일관성을 유지하고 있는지가 중요하다. 수업일관성에 대한 구체적인 이야기는 들여다보기에서 자세히 다룰 것이다.

③ 개발

개발은 수업에 필요한 수업자원들을 실제 만드는 과정이다. 수업자원들에는 여러 가지가 포함된다. 수업에 필요한 동영상, 사진, 그림 또는 실물들과 같은 수업매체를 준비할 수도 있다. 대학이나 기업체와 같은 교육기관에서는 교재가 주어지는 것이 아니기 때문에 교재를 개발하는 것이 중요한 과업이 되기도 한다. 때로는 수업에 필요한 사례들을 만들거나 학습지를 만들 수도 있다. 이때 교수자가 직접 필요한 수업자원을 개발할 수도 있고 기존에 개발된 자료들을 그대로 혹은 수업에 맞게 수정하여 사용할 수도 있다.

④ 실행

많은 교수자가 수업설계를 사전에 수업을 준비하는 작업으로 이해하고 있다. 하지만 실제 수업설계는 수업의 준비에서 실행과 평가까지를 포함한다. 수업은 매우 역동적이기 때문에 수업과정에서도 적응적 수업이 이루어져야 한다. 학생들은 지속적으로 성장하고 있고 미리 예측한 학생들의 특성들도 변화할 수 있다. 수업은 매우 맥락적이고 역동적이기 때문에 사전에 준비한 형태로 수업을 하기보다는 수업과정에서 학습자와 환경의 변화에 따라 적응적으로 변화할 수 있어야 한다. 따라서 수업을 실행하는 과정에서도 적응적 수업설계 활동이 이루어지고 실행활동도 수업설계의 한 활동이 되게 된다.

⑤ 평가

평가는 두 가지 영역에서 실시되어야 한다. 첫째, 수업목표가 달성되었는지를 평가하는 것이다. 이는 총괄평가라고도 하며 학습자들이 수업목표인 도달점 행동에 도달했는지를 평가하는 것이다. 둘째, 형성평가로서 수업개선을 위한 정보를 수집하는 활동이다. 즉, 수업목표 달성이 효과적이지 않았다면 수업내용의 난이도가 문제인지 또는 학습동기 전략이 문제인지 등 그 원인을 찾는 활동이 필요하다. 이를 통해 다음 수업을 개선하기 위한 자료로 활용하여야 한다. 수업설계에서 평가는 학습자만을 평가하는 것이 아니라 수업설계 전체 과정에 대한 평가를 포함한다. 즉, 수업이 효과적이거나 그렇지 않을 때 분석과정에 오류가 있었는지, 설계과정이나 개발과정, 혹은 실행과정에 문제가 있었는지를 평가함으로써 다음 수업설계 과정 개선을 위한 피드백 자료로 활용하게 된다.

2) 나의 수업설계 되돌아보기

되돌아보기의 목적은 자신과 자신의 수업에 대해 한 발자국 떨어져서 보다 객관적인 관점에서 큰 그림을 그려 보는 것이다. 나의 수업설계에 대한 되돌아보기는 내가 수업설계를 위한 충분한 역량이 있는지 그리고 실제 수업에서 수업설계가 잘 이루어지고 있는지를 성찰해 보는 것을 의미한다. 수업설계에 대한 되돌아보기는 아래 표와 같이 수업의 네 가지 구성요소에서 수업설계에서 중요한 내용들을 중심으로 그 영역을 선정하여 성찰하면 된다.

표 6-1 되돌아보기 기획하기

영역	구체적인 내용	되돌아보기 전략 예
교수자로서 자기 자신	수업철학	• 자기성찰일지: 수업철학이 수업설계에 잘 반영되고 있는지 성찰
	교수자로서 기초역량	• 기초역량 진단지: 수업설계에 필요한 기초역량을 가지고 있는지 성찰
	교수자로서 자기 자신에 대한 종합적 이해	• SWOT 분석: 수업설계 역량
학습자	인지적 특성	• 설문이나 인터뷰 • 다양한 진단도구(학습양식, 학습동기, 자기주도적 학습능력, 학습기술, 선수학습능력, 자기효능감, 긍정적 자아개념, 학교나 학습에 대한 태도, 귀인속성, 소통능력, 열정, 회복탄력성)를 통한 분석 • 관찰
	사회 · 정서적 특성	
	신체적 특성	
학습내용과 매체	교육과정 재해석	• 학습과제 분석
	학습내용으로 재조직화	• 다양한 학습자 이해도 평가(형성, 진단, 총괄평가) • 담화와 관찰
	학습내용과 매체와의 연계성	• 매체선정 분석
학습 환경	물리적 환경	• 성찰일지: 수업전략과 물리적 환경과의 일관성
	심리적 환경	• 성찰일지: 학습자 특성 분석에 따른 시사점과 심리적 환경과의 연계성

(1) 교수자로서 자기 자신 되돌아보기

① 수업철학 성찰하기

앞에서 요구분석 상황에서 어떻게 교수자의 철학이 수업설계에 반영되는지를 설명하였다. 수업설계의 요구분석 중 '바람직한 상황(Should)', 즉 수업을 통해 성취하고자 하는 이상적인 수업결과를 도출하는 과정에서 교수자의 수업철학이 반영되어야 한다. 예를 들어, 만일 영어를 가르치는 교수자가 영어교육의 중요한 목표로 단순한 문법적 지식을 떠나 다양한 문화에 대한 개방적 태도를 가지고 글로벌 사회에 적응할 수 있는 능력을 길러 주는 것을 수업철학으로 가지고 있다고 가정을 해 보자. 그렇다면 교수자는 교육과정을 해석하여 수업목표를 도출하는 과정, 즉 '바람직한 상황'에 대한 분석과정에서 수업내용과 관련하여 다문화적 환경에서 문화적 차이를 다양하게 경험하고 개방적 태도를 갖게 하는 수업목표들이 수립되고 실천되어야 한다. 예를 들어, 문장구조에 대한 문법교육을 할 때 한글과 영어의 문장구조에서 어순 차이가 나는 까닭과 그런 차이가 어떤 문화적 배경에 기초하는지를 학습자들이 깊이 고민해 볼 수 있는 기회를 줄 수 있을 것이다.

따라서 수업철학 성찰하기에서는 자신의 수업철학이 무엇이며 어떻게 수업설계 과정에 반영되는지를 성찰해야 한다. 이를 위한 첫 번째 방법으로 실제 수업에서 자신의

표 6-2 수업철학 반영 수업설계 활동에 대한 성찰일지 예시

구분	수업전략	성찰
자기주도적 학습자 육성	수업과정에서 지속적으로 자기주도성 강조	말로만 자기주도적으로 공부해야 한다고 설득하는 것으로는 부족하고 수업과정에서 자기주도적인 학습이 이루어지도록 실질적인 도움을 주는 전략이 부족함. 학습계약과 같은 실제 전략을 수업에 적용해 볼 필요가 있음.
재미있는 수업	학생들에게 다양한 동영상과 같은 재미있는 자료 활용	동영상을 볼 때만 잠시 집중하고 재미있어 하지만 수업내용을 가르칠 때에는 집중도가 떨어지는 현상을 보임. 수업내용에 대한 호기심이나 재미를 느낄 수 있도록 하는 효과적인 전략을 수업설계에 포함할 필요가 있음.
수업철학 요소 3	……	…….

수업철학이 반영된 수업이 이루어지고 있는지를 분석해 보면 된다. 이를 위해서는 자기성찰일지를 사용할 수 있다. 〈표 6-2〉의 자기성찰일지를 작성하는 방법은 다음과 같다. 첫째, '구분'란에 수업철학에 포함된 요소들을 나누어 기술하면 된다. 앞의 예를 활용한다면 다양한 문화에 대한 개방적 태도와 글로벌 사회 적응이라는 두 가지 요소가 추출될 수 있다. '수업전략'란에는 각 수업철학 요소들이 어떤 수업활동으로 설계되었는지를 기술하게 된다. 이때는 가능한 한 수업현상 그대로 사실만을 기술하고 해석을 첨가해서는 안 된다. '성찰' 란에는 수업활동이 수업철학 요소를 잘 반영했는지 또는 그렇지 않은지에 대한 해석을 쓰고 개선하기 위한 전략에 대해 기술을 하면 된다.

둘째, 수업결과로 학습자들이 자신의 수업철학이 지향하는 그런 학습자의 모습으로 변화되고 있는지를 분석해 보면 된다. 이를 위해서는 관찰전략을 사용할 수 있다. 수업과정이나 수업 후 학습자들의 행동이나 토론 내용을 분석하여 학습자들이 원하는 방향으로 변화되고 있는지 관찰하는 것이다.

② 기초역량 성찰하기

수업설계는 매우 복잡하고 전문적이면서 창의적인 활동이다. 따라서 수업설계를 위한 기초역량 역시 매우 광범위하고 전문성을 요구하고 있다. 교수자 자신이 효과적인 수업설계를 위한 기초역량을 가지고 있는지를 진단하기 위해서는 〈표 6-3〉과 같은 진단지를 이용해 볼 수 있다. 아래의 진단지는 Richey, Klein과 Tracey(2011)가 쓴 『수업설계지식기반』이라는 책에 기초하여 필요한 부분들을 선별하여 만든 것이다.

표 6-3 수업설계역량 진단도구

구분	내용	척도				
윤리적 태도	• 학습자 중심 접근 • 수업 윤리성 준수 • 사명감	①	②	③	④	⑤
관련지식	• 학습이론, 수업이론, 동기이론, 체제이론, 수행공학, 의사소통이론, 교육평가이론 등	①	②	③	④	⑤
분석능력	• 요구분석 • 학습자분석 • 학습과제분석 • 학습 환경분석	①	②	③	④	⑤

창의적 문제해결 능력	• 문제규정, 원인분석, 창의적 사고전략, 해결안 개발, 실행, 성찰을 통한 개선	①	②	③	④	⑤
거시적 수업전략	• 교수자주도수업전략 • 개별화수업전략 • 발견학습 전략 • 문제기반학습 전략 • 매체기반학습 전략 • 협력/협동 학습 전략	①	②	③	④	⑤
미시적 수업전략	• 강화전략 • 스캐폴딩전략 • 피드백전략 • 발문전략 • 동기유발전략 • 행동수정전략 • 소통전략	①	②	③	④	⑤
매체개발 및 활용전략	• 학습지, 동영상, 사진, 그림, 실물, 온라인 자료, SNS 등 개발 및 활용 전략	①	②	③	④	⑤
평가전략	• 평가전략(총괄, 형성, 진단평가) • 평가도구 개발 및 활용 전략	①	②	③	④	⑤

이 진단지는 수업설계자가 갖추고 있어야 할 태도, 지식 그리고 기술들을 진단할 수 있게 한 것이다.

첫째, 윤리적 태도 범주는 수업을 수요자인 학습자 중심으로 실시할 수 있으며 학습권 존중과 평등한 처우 등 수업의 전반적인 윤리성을 준수할 수 있는 태도를 갖추고 있는가를 진단하는 것이다.

둘째, 관련지식 범주는 수업설계의 개념에 다루었듯이 수업설계는 관련된 다양한 지식, 즉 학습이론, 수업이론, 동기이론, 체제이론, 수행공학, 의사소통이론, 교육평가이론 등을 활용한 전문성에 기초하고 있어야 하며 이를 진단하는 것이다.

셋째, 분석능력으로 수업설계를 위해 필요로 하는 네 가지 분석역량을 갖추고 있는지를 진단하는 것이다.

넷째, 창의적 문제해결능력으로 설계 개념에서 이야기했듯이 수업설계는 매우 창의적 활동이기 때문에 효과적인 수업목표 달성을 위한 창의적인 수업을 만들 수 있는지를 진단하는 것이다.

다섯째, 거시적 수업전략으로 수업을 큰 틀에서 설계할 때 선정할 수 있는 수업모형들에 관한 지식과 이를 활용할 수 있는 능력을 진단하는 것이다.

여섯째, 미시적 수업전략은 거시적 수업전략 안에서 다양하게 사용될 수 있는 중요한 수업전략들로 이를 설계하고 활용할 수 있는지를 진단하는 것이다.

일곱째, 수업내용을 담기 위한 다양한 매체들에 대한 지식과 기술을 가지고 있으며 이를 얼마나 잘 활용할 수 있는지를 진단하는 것이다.

여덟째, 평가전략은 학습자들의 학업성취도 평가를 포함하여 수업설계 자체를 성찰하기 위한 평가전략을 가지고 있는지를 진단하는 것이다. 이들 범주별로 1에서 5, 즉 '매우 그렇지 않다'에서 '매우 그렇다'까지의 척도에 따라 자신의 역량을 진단하고 그 결과에 따라 어떤 부분에서 부족하고 어떤 부분에서는 충분한 역량이 있는지 성찰해 보면 된다.

각 범주별로 구체적인 요인들이 있는데 이들 각각을 모두 구체적으로 진단하기보다는 범주별로 전체적인 진단을 해 보는 것이 도움이 된다. 하지만 각 범주별 구체적인 요인별로 자신의 장단점을 파악할 필요가 있을 때는 범주 내 요인별로 다시 1-5의 척도를 만들어서 진단할 수 있다.

교수자로서 자기 자신에 대한 각각의 진단이 끝나면 제5장에서 기술한 SWOT 분석도구를 활용하여 전체적으로 자신에게 어떤 장점과 단점이 있는지 그리고 이를 개선하기 위한 방안은 무엇인지를 성찰해 볼 필요가 있다.

(2) 학습자에 대한 성찰

수업설계 관점에서 학습자 요소에 대한 성찰은 수업설계를 위해 내가 가르치는 학습자들은 어떤 특성을 가지고 있는지를 성찰하는 것을 의미한다. 앞에서 수업설계모형에 대한 설명에서 학습자분석에 대한 설명을 하였듯이 학습자의 인지적, 사회·정서적, 신체적 특성의 파악이 필요하다. 특히 수업설계 차원에서는 학습자들이 가지고 있는 학습양식, 학습동기, 자기주도적 학습능력, 학습기술, 선수학습능력, 자기효능감, 긍정적 자아개념, 학교나 학습에 대한 태도, 귀인속성, 소통능력, 열정, 회복탄력성 등에 대한 정보가 중요하다. 학습자에 대한 되돌아보기는 단순히 수업에서의 경험을 기초로 내가 가르치는 학생들의 특성이 정확히 분석되었는지를 성찰할 수도 있지만 보다 정확한 이해를 위해서는 이들 요인별로 학습자를 진단하는 진단도구들을 사용하여 진단해 볼 수도 있다. 예를 들어, 학습동기분석도구, 학습기술 검사 도구, 자기효능감

검사 도구 등을 사용하여 학습자들의 상황을 보다 정확하게 분석할 수 있다. 만일 검사 도구를 통한 분석이 어려울 경우에는 학습자들에 대한 관찰이나 인터뷰를 통해 학습자들에 대한 일반적인 특성을 분석해 볼 수 있다.

(3) 학습내용과 매체에 대한 성찰

수업설계 관점에서 학습내용과 매체에 대한 되돌아보기는 수업목표에 맞는 학습내용이 선정되었는지 그리고 학습내용에 맞는 매체가 선정되었는지를 성찰해 보는 것이 목적이다. 수업목표에 맞는 학습내용이 선정되었는지를 성찰하기 위해서는 학습과제분석이 정확하게 되었는지를 성찰하면 된다. 교육과정상의 학습내용이 수업내용으로 재구성되기 위해서는 학습과제분석이 중요하다. 앞에서 학습과제분석에서 설명하였듯이 학습과제분석은 수업목표를 달성하기 위하여 학습자들에게 반드시 필요한 사고의 과정과 중요한 사고활동이 무엇인지를 분석할 수 있게 해 준다. 따라서 교육과정상의 내용을 학습과제분석을 통해 학습에 필요한 내용들이 무엇인지 정확히 도출해 냈는지 성찰할 필요가 있다. 따라서 학습과제분석을 점검하고 성찰하는 활동이 필요하다.

두 번째로 중요한 것은 도출된 학습내용들이 학습자가 이해 가능한 형태로 설계되었는가를 성찰하는 것이다. 이를 성찰하기 위해서는 형성평가, 진단평가 및 총괄평가 자료를 활용할 수 있다. 즉, 몇 % 정도 학습자들이 학습목표를 달성하였는지 그리고 어떤 내용을 학습자들이 가장 많이 틀렸는지 등을 점검한다면 학습내용 설계의 문제점을 찾을 수 있을 것이다. 하지만 학습결과는 학습내용의 난이도에도 영향을 미치지만 수업활동이 어떻게 진행되었는지 그리고 학습자들의 동기유발과 참여를 얼마만큼 유도하였는지에도 영향을 미치게 된다. 따라서 가장 정확한 방법은 수업과정에서 학습자들과의 담화나 관찰 혹은 발문을 통해 점검하는 것이다.

마지막으로 매체에 대한 성찰은 학습내용에 맞는 매체가 선정되어 활용되고 있는지를 성찰해 보는 것이다. 이를 위해서는 현재 자신의 수업에서 어떤 매체들이 주로 사용되고 있고 이 매체가 수업내용을 잘 표상하고 있는지 그리고 그 매체가 학습자들에게 효과적인지를 성찰하면 된다. 〈표 6-4〉는 학습내용에 대한 설계가 잘 되었는지를 성찰해 볼 수 있는 성찰일지의 예이다.

표 6-4 학습내용에 대한 성찰일지 예시

수업목표	수업내용과 활동	효과성
'그러나' '그리고'의 접속사를 이용하여 문장을 만들 수 있다.	그러나와 그리고의 접속사 개념에 대한 교사 설명	지난 시간 가르쳤던 두 가지 접속사에 대해 간단히 검토한 것이 학생들의 기억을 되살리게 할 것이라는 점에서 효과적임.
	골든벨 활동을 통해 문장 속 접속사의 활용이 바른지를 판단하는 학습	문장 속 접속사가 바르게 사용되었는지를 게임형태로 판단을 했지만 실제 문장을 써 보는 활동이 없어서 이들 접속사를 이용해 문장을 쓰는 능력을 길러 주지는 못한 점에서 효과성이 떨어짐.
	수업내용 ……	……

(4) 학습 환경에 대한 성찰

앞에서 학습 환경은 심리적 환경과 물리적 환경이 있다고 하였다. 물리적 환경에 대한 성찰은 설계된 수업전략이 실행될 수 있는 물리적 환경이 구축되어 있는지를 성찰하는 것이다. 예를 들어, 스마트 수업을 위해서 적절한 인터넷 환경과 개인별 태블릿 PC가 갖추어져 있는지를 성찰해 보아야 하고 모둠학습을 위해서는 모둠별 방해받지 않고 학습활동을 할 수 있는 충분한 공간이 확보될 수 있는지 등을 살펴볼 필요가 있다. 물리적 환경에 대한 성찰은 '자유기술성찰일지' 등을 사용하여 자유롭게 자신의 생각을 기술하면 된다.

심리적 환경에 대한 성찰은 학습자 분석결과에 기초하여 학습자들에게 필요한 심리적 환경을 수업에서 제공하고 있는지 성찰하면 된다. 예를 들어, 자아개념이나 자기효능감 또는 학습동기가 낮은 학습자들의 경우 수업에서의 심리적 환경은 매우 안정적이어야 한다. 이들은 대부분 자신이 없고 능동적으로 수업에 참여하지 않으려고 한다. 발표나 발문에 대한 답변 이후 부정적 피드백을 받으면 수업에서 불안감을 쉽게 느끼게 되고 이후 답변이나 발표를 하지 않으려 할 수 있다. 따라서 항상 긍정적 피드백과 칭찬이나 격려 등을 통한 안정적 심리환경을 만들어 주어야 한다. 심리적 환경에 대한 부분은 〈표 6-5〉와 같은 성찰일지를 활용할 수 있다. '학습자 특성' 란에는 학습자 분석결과를 기술하면 되고 수업에 대한 시사점은 심리적 환경 차원에서 수업에서 무엇이 필요한지를 기술하면 된다. 그리고 '성찰' 란에서는 시사점에 근거하여 원하는 수업이 설계되고 실행되었는지, 만일 제대로 실행되지 않았다면 무엇이 문제이고 어떤 개선이 필요한지를 기술하면 된다.

표 6-5 심리적 환경에 대한 성찰일지 예시

학습자 특성	수업에 대한 시사점	실제 수업에서의 심리적 환경에 대한 성찰
자기효능감이 떨어져서 수학에 대한 자신감이 떨어져 있고 수업에서 불안감이 높은 편임.	수업내용의 난이도를 가능한 한 쉽게 만들고 수업 중 학생들이 문제를 풀지 못해도 처벌보다는 격려를 통해 수업에서의 안정감을 증진할 필요가 있음.	훈육을 통해 우리 학급이라는 동료 의식을 높여 주려는 노력을 하고 있으나 학생들 간 경쟁심과 실수에 대한 비난여론이 높아 수업 중 발표를 꺼려 하는 불안한 수업분위기가 조성되어 있음.
학생들 간 경쟁이 너무 심해서 우리 학급이라는 소속감이나 협력의식이 부족	경쟁보다는 서로의 학습을 도와서 함께 성장할 수 있는 학급 분위기 조성이 필요함.	실제 학생들 간 동료애를 높이기 위한 독립된 프로그램을 실행하거나 교과에 통합한 공동체 의식 증진 전략의 실행이 필요함.
특성 ……	……	……

3) 되돌아보기 종합하기: 자기수업컨설팅 과제 규정하기

되돌아보기를 하다 보면 자신의 수업에 대한 전체적인 그림이 그려지고 자기수업컨설팅에서 가장 초점을 두고 해결해야 할 과제가 나타나게 된다. 자기수업컨설팅에서는 여러 가지 문제를 함께 해결하려 노력하기보다는 가장 중요한 한 가지 문제만을 선정하여 이를 중심적으로 깊이 있게 성찰하는 활동이 필요하다. 그리고 자기수업컨설팅은 일회적이 아닌 지속적인 과정이기 때문에 다른 문제들은 한 가지 문제가 해결된 다음에 해결할 수 있다.

수업설계 영역에서 자기수업컨설팅 과제들은 매우 다양할 수 있으며 자신의 수업상황에 따라 다양하게 규정될 수 있다. 수업설계 영역에서 자기수업컨설팅 과제 규정의 예를 한 가지 든다면 다음과 같다. 즉 학습내용 설계에서 난이도를 70% 정도 학습자들이 이해할 수 있도록 설계하고자 수업목표를 설정하였고 실제 60% 정도 학습자들만 이해를 하고 있다면 10% 정도 학습자들에 대한 이해도를 돕기 위한 학습내용 설계 전략이 개선되어야 한다. 따라서 이를 중심으로 자기수업컨설팅이 진행될 수 있다.

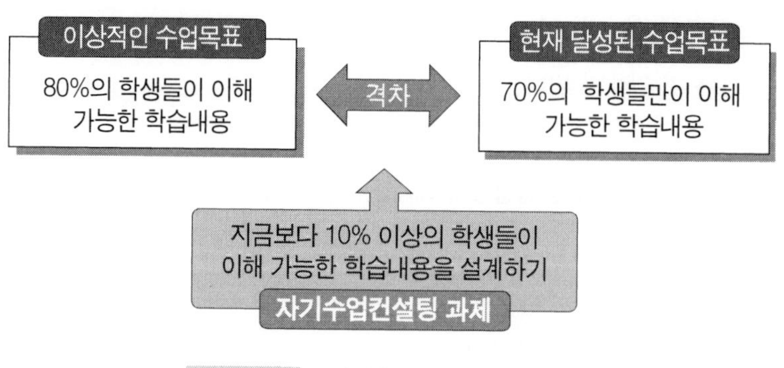

그림 6-5 _ 자기수업컨설팅 과제 규정

2. 수업 들여다보기

수업설계 영역에서 들여다보기 활동은 크게 두 가지 목적을 가지고 있다. 첫째는 실제 수업과정에서 이루어지는 수업에 대한 정밀한 분석을 통해 수업설계 자체가 타당하게 이루어졌는지를 들여다보는 것이다. 두 번째는 의도한 수업설계가 제대로 실행되고 있는지를 들여다보는 것이다. 실제 수업이 타당하게 설계되고 실행되는지를 분석할 수 있는 수업분석도구에는 수업일관성 분석이 있다. 따라서 수업설계 영역에서 들여다보기는 수업일관성 분석을 사용하여 설명할 것이다.

1) 수업일관성 분석 성찰하기

수업일관성이란 수업을 구성하는 주요 요소들인 수업목표, 수업내용, 학습자, 수업방법, 수업매체, 수업평가 간의 유기적인 통합이 잘 되도록 수업을 설계하고 실행하여 수업목표가 효과적으로 달성되도록 하는 것을 의미한다(이상수, 강정찬, 이유나, 오영범, 2012; Finley, Marble, Copeland, Ferguson, & Alderete, 2000). 이런 이론적 근거들에 기초하여 수업일관성 분석이란 설정된 수업목표를 기준으로 하여 수업목표를 달성하기 위해서 적절한 수업내용이 선정되었는지, 학습자에게 맞는 수업목표가 규정되고 수업내용이 조직 및 구성되었는지, 수업목표를 달성하는 데 효과적인 수업방법이 선정되고 활용되고 있는지, 수업내용을 전달하는 데 효과적인 수업매체가 선정되고 활용되는지, 그리고 수업목표를 달성하는 정도를 정확하게 파악할 수 있는 수업평가가 이루어지고 있는지 등을 분석하는 것이다(이상수 외, 2012).

수업일관성 분석 범주와 각 범주별 분석 준거들은 다음 표와 같다.

표 6-6 수업일관성 분석 범주 및 준거

분석범주	일관성 여부 판단을 위한 준거
수업목표와 수업내용	• 수업내용이 수업목표 달성을 위해 필요한 정보나 지식을 제공하고 있는가? • 수업내용이 수업목표를 달성하는 데 충분히 유의미한 학습경험을 제공하고 있는가? • 수업내용이 적절한 위계성과 계열성을 가지고 있는가?
수업목표와 학습자	• 수업목표가 학생들의 요구를 반영하고 있는가? • 수업이 학생들에게 이해 가능한 것인가? • 수업목표의 분량이 학생들의 학습능력에 부합하는가? • 학생들의 이해발달 과정에 따라 적응적인 수업이 이루어지는가?
수업목표와 수업방법	• 수업목표가 달성 가능한 수업방법을 사용하고 있는가? • 수업방법이 수업목표 달성을 위한 효과적인 전략인가?
수업목표와 수업매체	• 수업목표 달성을 위한 효과적인 매체가 사용되고 있는가? • 수업매체가 수업내용을 효과적으로 표상하고 있는가?
수업목표와 수업평가	• 수업평가가 수업목표 달성 정도를 평가하고 있는가? • 수업평가가 수업목표 달성을 효과적으로 평가하고 있는가?

(1) 수업목표와 수업내용 간의 일관성

수업목표와 수업내용 간 일관성이란 수업목표를 달성할 수 있는 수업내용이 제공되고 있는지를 판단하는 것이다. 수업목표와 수업내용 간 일관성은 단순히 관련된 주제를 수업시간에 다루고 있는지가 중요한 것이 아니라 제공되는 수업내용을 통해 수업목표가 달성될 수 있는지를 판단하는 것이 중요하다. 수업목표와 수업내용 간 일관성을 이해하기 위해서는 과업집중시간(Time on Task: TOT)의 개념을 이해할 필요가 있다(이상수 외, 2012; 이용숙, 2007).

학교의 공식 수업시간은 학교 급별로 다른데, 이를 '가용시간'이라고 할 수 있다. 그리고 '실제 수업시간'은 가용시간에서 교수자가 늦게 들어오거나 학생들을 정리하는 데 쓰는 시간 등을 제외한 실제 수업이 일어난 시간을 의미한다. 그리고 '전체 학습기회 시간'이란 실제 수업시간에서 수업목표와 직접적인 관련이 없는 활동을 제외한 시간을 의미한다. 예를 들어, 학교장의 말을 전달하거나 교수자가 첫사랑 이야기를 해주는 것과 같은 시간을 제외한 것이다. '개인별 학습기회 시간'이란 교수자가 실제 학

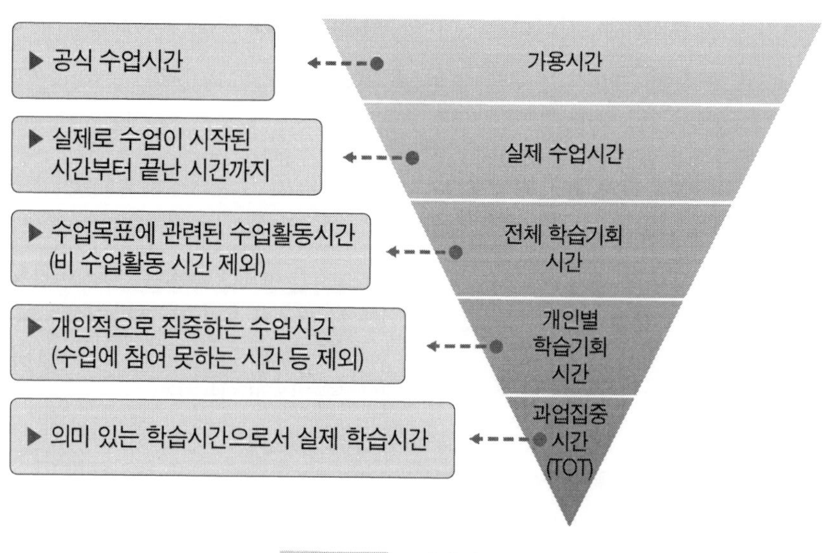

그림 6-6 _ 과업집중시간

습목표와 관련하여 직접적인 관련이 있는 학습내용을 다루었지만 학습자들이 딴짓, 공상, 장난과 같은 활동을 통해 학습이 이루어지지 않은 시간을 제외한 시간을 의미한다. 따라서 '과업집중시간'이란 교수자가 수업목표와 관련하여 직접적인 학습경험을 제공하고 학습자들도 집중하여 수업이 이루어진 시간을 의미한다. 실제 과업집중시간을 분석하여 보면 생각보다 매우 낮은 과업집중시간이 이루어지고 있음을 알 수 있다.

수업목표와 수업내용 간의 일관성은 앞에서 제시한 과업집중시간을 높이기 위해 반드시 필요하며 다음과 같은 세 가지 준거에 의해 분석이 가능하다.

첫째, 수업목표 달성을 위해 필요한 정보나 지식이 제공되고 있는가이다. 수업내용에 불필요한 정보나 지식들까지 포함되어 있다면, 수업시간을 효율적으로 활용하지 못하게 되고 이는 곧 수업목표를 달성하기 위한 수업내용이 충분히 다루어지지 않고 허비가 되고 있음을 알 수 있다. 또한 불필요한 정보나 지식들이 다루어진다면 학습자들이 초점을 잃을 수 있고 결국 학습에 방해가 된다.

둘째, 충분한 유의미한 학습경험이 제공되는가이다. 여기서 의미하는 충분한 유의미한 학습경험이란 학습을 위한 유의미한 경험이 제공되고 그 경험이 충분한 시간 동안 학습자들에게 제공되는지를 의미한다. Fisher(2009)에 의하면, 실제로 수업 중에는 수업목표와 관련된 학습경험보다 수업목표와 관련 없는 출석체크나 특정 학생의 잘못된 행동에 대한 지적, 매체 조작 등의 시간 소비 등과 같이 불필요한 경험이 더 많이 일어나고 있다고 지적하고 있다.

셋째, 수업내용의 계열성과 위계성에 대한 분석이다. 어떤 학습내용이든 학습자가 학습해야 할 여러 가지 학습요소들로 쪼갤 수 있고, 이 쪼개진 학습요소는 상, 하, 혹은 전, 후로 위계화 및 계열화를 시킬 수 있다. 다시 말하면, 어떤 학습내용을 이해하기 위해서는 반드시 알고 있어야 할 선수학습능력이 있고(위계성), 그리고 어떤 학습내용은 절차상 다른 내용보다 먼저 가르쳐야 할 내용이 있다(계열성). 따라서 이러한 위계성과 계열성이 지켜지면서 수업내용이 제공되는지도 분석할 필요가 있다.

(2) 수업목표와 학습자 간의 일관성

수업목표와 학습자 간 일관성이란 학습자들이 수업목표를 달성할 수 있도록 수업이 학습자에게 맞게 진행되는지를 분석하는 것이다. 수업목표와 학습자 간 일관성의 분석 준거들은 다음과 같다.

첫째, 학습자의 요구반영을 들 수 있다. 수업목표를 달성하기 위해서는 무엇보다 학습자가 스스로 그 학습에 대한 학습동기 또는 성취동기를 가지고 있어야만 효과적일 수 있다. 학습자들의 학습동기를 유발하고 능동적인 참여를 유도하기 위해서는 학습자들이 필요로 하는 내용이 수업목표에 반영되어야 한다. 또한 앞에서 이야기했듯이 교수자는 수업목표를 도출하는 과정에서 학습자들의 요구를 반영하여야 한다.

둘째, 이해 가능한 난이도이다. 수업목표를 달성하기 위해서 반드시 학습자들에게 이해 가능한 수업난이도가 유지되어야 한다. Piaget(1990)는 인지발달 과정에서 새로운 지식을 학습하기 위해서는 적절한 인지갈등이 필요하다고 강조하였다. 이때 중요한 것은 효과적인 인지갈등을 일으키는 것인데, 갈등요소들 자체가 학생들이 이미 가지고 있는 인지구조와 비교하여 너무 차이가 나면 학습자들이 포기를 하고 너무 쉬우면 흥미를 잃어버릴 수 있으므로 인지갈등이 학습자들에게 적절한 수준에서 이루어져야 한다.

셋째, 적응적 수업이 이루어지는가이다. 앞 차시에서 수업하기의 본질로 담화하기를 설명하였다. 담화하기란 학습자들의 변화를 다양한 소통의 방식을 사용하여 진단하고 학습자의 이해도의 변화에 따라 수업이 변화해 가는 것을 의미한다. 학습이 성공적이기 위해서는 수업 중 어떤 형태이든 담화를 통해 학생들에게 어떤 오류나 곤란이 발생했는지를 확인하고 그에 따라 즉각적인 교정적 피드백이 이루어지는 적응적 수업이 이루어져야 한다. 즉, 학습자들의 변화에 민감한 수업이 이루어져야 한다. 적응적 수업의 또 다른 의미는 학습속도에 맞는 수업속도가 이루어지는가이다. 학습이 이루어지기 위해서는 과제의 난이도나 추상성 정도에 따라 또는 학습자의 능력에 따라 학습속도의 조절이 허용되어야 하며 이를 위해서는 적응적 수업이 이루어져야 한다 (Gagné, Wager, Goals, & Keller, 2005).

넷째, 학습능력에 부합되는 수업분량이다. 제시된 학습내용의 수준과 양에 따라 학습자들의 인지부담이 커질 수도 있고 작아질 수도 있는데, 학습내용의 양이 학습자 수준과 비교하여 많으면 수업은 인지부하를 가져오게 되어 학습이 비효율적일 수 있다. 수업분량은 수업속도와도 연결되어 있어 수업속도가 빠르면 수업분량도 많아져 학생들의 학습을 방해하게 된다.

(3) 수업목표와 수업방법 간의 일관성

수업목표와 수업방법 간의 일관성은 적절한 수업전략이 사용되는지를 분석하는 것이다. 수업목표와 수업방법 간의 일관성을 이해하기 위해서는 Gagné 등(2005)이 제안한 5가지 학습결과 유형에 적합한 수업방법 선정에 관한 이론을 이해하는 것이 중요하다. Gagné 이론의 핵심은 뇌도 근육과 마찬가지로 5가지 학습결과 유형으로 나눌 수 있으며 복근을 키우기 위해서는 복근운동을 해야 하는 것처럼 각각의 학습결과 유형에 맞는 수업전략이 필요하다는 것이다.

표 6-7 학습결과 유형에 따른 수업방법 예시

학습결과 유형	사고활동	수업방법
언어정보	• 암기화하기 • 기술하기	• 정교화, 조직화, 기억술, 맥락화 전략
지적 기능	• 개념화하기 • 원리 창출하기 • 문제해결하기	• 개념학습(수용/발견) • 사례중심 수업 • 시범 수업 • 문제해결 수업
인지전략	• 전략사용하기 • 전략창출하기	• 시범 수업 • 체험 수업 • 성찰일지
태도	• 일정한 패턴으로 행동하기	• 모델링 • 역할극

태도	• 일정한 패턴으로 행동하기	• 스토리텔링 • 가치명료화게임
운동 기능	• 근육을 활용하여 문제해결하기	• 시범 수업 • 지속적 훈련 • 정신적 시연 • 즉각적 피드백

첫째, 언어정보는 각종 사물의 이름, 역사적인 사건이나 연대, 어떤 현상의 사실 등을 암기하고 기술할 수 있는 능력을 의미한다. 쉽게 말하면 언어정보를 학습한 후의 능력은 '이것은 ~이다'처럼 암기를 통한 진술을 하는 것이다. 언어정보는 암기를 하거나 기술하는 능력이 중요한 핵심활동으로서 이를 위해서 정교화 및 조직화 전략이나 기억술 전략 등이 효과적인 수업전략이 될 수 있다.

둘째, 지적 기능에는 변별, 개념, 법칙, 문제해결학습 등이 있다. 변별학습은 개념을 알기 전에 그 차이점을 구분할 수 있는 능력을 의미한다. 개념학습은 구체적 개념학습과 정의된 개념학습으로 구분하는데, 구체적 개념학습은 책상, 나무, 구름, 화살표, 삼각형 등의 눈에 보이는 속성에 기초하여 사물들을 구분할 수 있는 것을 의미하며 정의된 개념학습은 희망, 민주주의, 독재, 사랑 등 외형적 특성이 아닌 추상적인 특성에 의해 정의된 용어 등을 구분할 수 있는 능력을 획득한 것을 의미한다. 법칙학습은 순서적 원리나 인과적 관계를 발견하고 읽기, 쓰기, 수학의 계산 등을 할 수 있는 능력을 말한다. 문제해결학습은 두 가지 이상의 법칙이나 원리를 활용해서 복잡한 문제를 해결할 수 있는 능력을 획득하는 것을 의미한다. 예를 들면, 수업컨설팅과 같이 수업분석 법칙과 수업문제 규정 법칙, 그리고 원인분석 원리와 같은 다양한 법칙과 원리를 적용해야 문제를 해결할 수 있는 것을 의미한다. 이들 개념, 법칙, 문제해결학습은 학습자들이 중심이 되어 실제 개념을 구분해 보고, 법칙을 적용해 볼 수 있으며 문제를 해결하는 학습경험을 직접 해 볼 때 가장 효과적이라고 한다.

셋째, 인지전략은 학습자들이 자신의 주의를 집중시키거나, 사고하는 방식, 기억해 내는 방법 등을 선택하고 수정함으로써 통제하는 과정이라고 할 수 있다. 쉽게 설명한다면 노트필기전략, 암기전략, 시험불안조절 전략과 같은 학습전략을 학습하는 것을 의미한다. 인지전략은 학습자 스스로 경험을 통해 직접 창조해 가는 것이 가장 좋고 그렇지 않을 때에는 교수자가 시범을 통해 직접 가르칠 수도 있다.

넷째, 태도는 여러 가지 선택 상황에서 일관성 있게 한 가지만을 선택하고 실행할 수 있는 능력을 획득하는 것을 의미한다. 태도는 사람, 사물, 사건 등 다양한 대상에 대한 선택적 행동을 의미한다. 예를 들어, 아무도 보지 않는 상황에서도 초록불에만 길을 건너고 빨간불에는 길을 건너지 않는다면 교통신호를 잘 준수한 태도가 길러진 것이라 할 수 있다. 이러한 태도교육은 강의식 수업으로는 가르칠 수 없으며 가치명료화 게임, 역할극, 모델링, 스토리텔링 등의 전략이 효과적이다.

다섯째, 운동 기능은 신체의 근육을 활용하여 무엇을 할 수 있는 능력을 의미한다. 예를 들어, 자전거를 넘어지지 않고 타는 법을 배우거나 테니스공을 상대편 코트에 넘기기 그리고 1분에 150타의 타자 치기 등이 이에 해당한다. 가장 효과적인 운동기능 교육은 직접 전문가가 시범을 보이고 학습자들에게 연습기회를 준 후 즉각적인 피드백을 주는 것이 좋다.

이러한 Gagné 등(2005)의 이론에 기초하여 수업내용과 수업방법 간의 일관성을 분석하기 위해서 다음과 같은 두 가지 준거들을 사용할 수 있다.

첫째, 수업내용에 적합한 수업방법이 사용되고 있는가이다. Gagné 등(2005)의 주장에 따라 다섯 가지 학습결과 유형에 따른 적절한 수업방법의 적용 여부를 판단하는 것이다. 즉, 언어정보, 지적 기능, 인지전략, 태도, 운동 기능의 다섯 가지 학습결과 유형에 따라 수업방법이나 수업전략이 달라지고 있느냐는 것이다.

둘째, 사용된 수업전략의 효과성이다. 비록 수업내용에 적합한 수업방법이 사용되었다고 해도 그 전략이 실제 수업에서 효과적으로 적용되었는가는 또 다른 문제이다. 예를 들어, 동일한 토의토론 방식이 사용되었지만 어떻게 토의토론 문제를 제시하고 어떻게 학습동기를 유발하였으며 어떻게 비계활동을 했는지 등에 따라 그 효과성은 달라질 수 있다.

(4) 수업목표와 수업매체 간의 일관성

수업매체란 수업내용을 전달하는 도구에 해당한다. 따라서 수업목표와 수업매체 간의 일관성이란 수업목표에 맞는 적절한 수업매체가 사용되고 있는지를 분석하는 것이다. 이를 위해서는 〈표 6-8〉과 같이 Gagné 등(2005)이 주장하는 학습결과 유형과 그에 따른 매체의 선택전략에 대한 이해가 필요하다.

표 6-8 학습결과 유형에 따른 수업매체 예시

학습결과 유형	제외되어야 할 매체	매체 선택	대표적인 예
언어정보	• 실물이나 시뮬레이터	• 언어적 메시지와 정교화된 내용전달이 가능한 매체 • 난독자를 위한 시청각 자료	• 인쇄물 • 사진 • 오디오 자료 • 멀티미디어 프레젠테이션
지적 기능	• 상호작용 피드백 기능이 없는 매체 • 난독자(nonreader)를 대상으로 한 인쇄물	• 학습자의 반응에 대한 피드백 제공을 위한 매체 • 난독자를 위한 시청각 자료	• 컴퓨터 보조 수업(CAI) • 웹 기반 수업 • 교수자 • 멀티미디어 프레젠테이션 등
인지전략	• 지적 기능과 같음	• 지적 기능과 동일한 매체	• 지적 기능과 동일
태도	• 언어정보와 같음	• 실제적 인간 모델과 메시지를 제시할 수 있는 매체	• 영화 • 토론방 • 실연 연극 등
운동 기능	• 학습자의 실습과 피드백 기능이 없는 매체	• 직접적 실습과 교정적 피드백을 줄 수 있는 매체	• 동영상 • 멀티미디어 • 실물(운동도구) 등

Gagné 등(2005)은 언어정보의 경우 인쇄물이든 멀티미디어 자료든 인지적 부하를 줄일 수 있도록 내용을 잘 조직화하여 학습자에게 전달할 수 있는 매체의 사용이 좋다고 한다. 지적 기능의 경우는 학습자가 직접 개념이나 법칙 그리고 다양한 문제들을 접하고 풀어 볼 수 있는 경험을 제공하는 매체가 효과적이며 이를 위해서 교수자, 컴퓨터, 인터넷 등 복잡한 기능을 가진 매체가 효과적이다. 인지전략은 지적 기능과 같은 매체가 효과적이다. 태도의 경우는 앞에서 제시한 태도교육을 위한 수업전략을 지원할 수 있는 매체가 효과적이다. 모델링의 경우 영화나 동영상을 그리고 역할극은 실연 연극 방법을 그리고 가치명료화 게임의 경우는 토론방과 같은 매체들이 활용될 수 있다. 마지막으로 운동 기능은 운동 기능의 구체적인 정보를 줄 수 있는 동영상이나 멀티미디어가 효과적이라고 한다.

수업목표와 수업매체 간의 일관성 분석을 위해서는 다음과 같은 두 가지 준거가 사용된다.

첫째, 효과적인 수업내용의 전달에 맞는 매체선정이 이루어지는가이다. 앞에서 설명하였듯이 Gagné 등(2005)의 이론에 기초하여 다섯 가지 학습결과 유형에 따라 적절하고 효과적인 수업매체를 선정하고 활용하고 있는지를 진단하는 것이다.

둘째, 수업내용의 효과적인 표상이 이루어지는가이다. Bruner(1960)는 수업내용의 표상방식을 추상적 표상, 시각적 표상, 행동적 표상 세 가지로 나누어 설명한다. 추상적 표상이란 언어나 숫자와 같은 추상적 심볼을 이용하여 표상하는 것을 의미하고 시각적 표상이란 동영상이나 그림과 같은 시각적 자료를 이용해 표상하는 것이다. 그리고 행동적 표상이란 수업내용을 직접 만져 보고 경험해 볼 수 있는 체험적 형태로 표상하는 것을 의미한다. 따라서 학습자의 발달상황에 따라 어린 학습자이거나 어려운 내용은 행동적 표상을 사용하고 내용이 쉽거나 성인들의 경우는 추상적 표상으로도 가르칠 수 있다.

(5) 수업목표와 수업평가 간의 일관성

수업목표와 수업평가 간 일관성은 수업목표의 달성정도를 정확히 진단할 수 있는 수업평가 방법이 사용되고 있는지를 분석하는 것이다. 수업목표와 수업평가 간 일관성은 Dick, Carey와 Carey(2009)가 제시한 행동의 유형에 따른 관련된 평가문항의 유형을 이해하는 것이 도움이 된다. Dick 등(2009)은 수업목표를 진술할 때 사용되는 행동용어에 따라 이를 평가하기 위한 방법이 달라져야 한다고 한다. 예를 들어 태도에 대한 평가는 다른 방법은 불가능하고 행동관찰만이 가능하며, '개발하다'는 서술형이나 창작품 또는 행동관찰을 통해 평가가 가능하다고 한다.

표 6-9 수업목표 행동용어에 따른 평가유형

목표의 행동용어	서술형	단답형	완성형	선다형	연결형	창작품	행동관찰
진술하다		✓	✓				
규정하다		✓	✓	✓	✓		
토론하다	✓						✓
정의하다		✓	✓	✓	✓		
선정하다		✓		✓	✓		
변별하다		✓		✓	✓		
해결하다	✓	✓		✓	✓	✓	✓
개발하다	✓					✓	✓
찾아내다		✓		✓	✓		

구성하다	✓					✓	✓
생성하다	✓					✓	✓
조작하다							✓
선택하다 (태도)							✓

출처: Dick et al. (2009). *The Systematic Design of Instruction* (7th ed.).

수업목표와 수업매체 간 일관성 분석을 위해서 다음과 같이 두 가지 준거가 사용된다.

첫째, 수업목표에 부합되는 평가방법 및 도구 선정이 이루어졌는가이다. 수업목표는 수업의 전체 과정을 통해 도달해야 할 최종 도착점을 의미하며 수업평가는 평가의 유형에 따라 다르긴 하지만 궁극적으로는 그 최종 도착점에 도달하였는지를 분석하는 것이다. 따라서 수업목표와 평가는 직접적인 관계가 있다. 이러한 입장에서 Dick 등(2009)이 수업목표에서 사용하는 행동적 용어에 따라 효과적인 평가문항의 유형을 매트릭스 형태로 제시한 〈표 6-9〉를 활용할 수 있다.

둘째, 수업목표달성에 효과적인 평가가 실행되었는가이다. 아무리 올바른 평가도구가 선정되었다 하더라도 실행과정에서 잘못된 방법으로 실행된다면 그 효과성을 장담할 수 없게 된다. 따라서 수업목표에 대한 평가를 실시할 때 수업목표와 관련된 올바른 행동의 증거들을 수집하는 활동이 이루어져야 한다. 예를 들어, 평가대상자들인 학생들이 충분하게 수업목표와 관련 있는 그대로의 행동을 발현시킬 수 있는 상황을 조성하는 일이 무엇보다 중요하다.

2) 수업일관성 분석을 통한 수업설계 들여다보기

수업일관성 분석은 질적 분석방법을 사용한다. 앞에서 기술한 준거들을 중심으로 질적 분석 내용을 기술하고 종합적인 판단을 하게 된다. 수업일관성 분석도구는 〈표 6-10〉과 같으며, 분석방법은 다음과 같다. 수업일관성을 분석하기 위해 두 가지 자료를 사용할 수 있다. 첫째는 교수학습지도안이다. 교수학습지도안은 수업을 위한 설계안을 의미한다. 따라서 수업설계가 제대로 이루어졌는지를 수업일관성 분석도구를 사용하여 분석할 수 있다. 하지만 교수학습지도안은 실제 수업과 달라질 수 있으며 제한적 정보를 가지고 있기 때문에 완전한 분석을 하기 어렵다. 가장 좋은 방법은 둘째 방법인 직접적인 수업관찰을 통해 가능하다. 문제는 자기수업컨설팅의 경우 자신의 수업을 직접 관찰하는 것이 불가능하기 때문에 수업을 녹화하여 분석해야 한다. 수업을 녹화할 때에는 교실 뒤에서 수업 전체와 교수자를 녹화하는 카메라와 교실 앞에 학생들을 녹화하는 카메라 두 대를 사용하는 것이 좋다. 학생들을 촬영하는 이유는 교수자의 수업활동과 학생들의 상호작용을 분석할 수 있기 때문이다. 수업을 녹화하여 분석할 경우 교수학습지도안과 실제 수업을 함께 분석하는 것이 효과적이다. 그 이유는 교수학습지도안의 설계대로 수업이 이루어졌는지를 분석할 수 있어서 실제 수업이 갖는 역동성과 맥락성을 이해하는 데 도움이 되기 때문이다.

일관성 분석표를 작성하는 방법은 다음과 같다. 〈표 6-10〉의 실제 일관성 분석표의 사례를 참고로 하면 먼저 각 범주별로 구체적인 분석준거를 잘 이해하고 이를 기초로 하여 '일치여부'란에 ○, △, ×를 표시하면 된다. 준거들과 실제 수업이 일치할 경우 ○를, 일치하지 않을 경우에는 X를 표시하면 된다. 판단이 불가능하거나 판단하기에 불충분한 자료가 있을 경우 또는 일치(○)와 불일치(×) 정도가 반반으로 중간 정도일 때 △로 표시하고 그 근거를 설명하면 된다. '근거설명'란에는 수업에서 직접 관찰한 사실들을 중심으로 기술하면 된다. 이때 중요한 것은 수업에서 관찰한 사실과 자신의 견해를 구분하여 기술하여야 한다. 그 이유는 분석 자체가 객관적인지 판단하기 위해 사실과 사실에 대한 견해를 구분하기 위한 것이다. 또 하나 중요한 것은 근거를 설명할 때 가능한 한 구체적으로 작성해야 한다는 점이다.

분석도구 표를 완성한 후에 '종합'란에는 각 다섯 가지 범주별로 관찰된 주요 사실들을 요약하여 기록하고, 각 요소별 장점, 문제점, 그리고 개선점을 기술해야 한다. 장점을 기술할 때에는 단순히 효과적이라는 기술만 해서는 안 되며 왜 효과적인지 그 이유를 구체적으로 기술할 필요가 있다. 개선점에 대한 기술은 분석준거 중에서 활용된 전략이 미흡하거나 보완되어야 할 경우, 또는 잘못된 전략이 사용되었을 때 이를 구체적으로 기술해 주고 그 이유와 개선해야 할 방향을 함께 기술해 주어야 한다. 수업컨설팅에서 전문적인 컨설턴트는 '……이 부족함' '……이 안 되고 있음'과 같은 부정적 형태로 기술하기보다는 '……이 개선된다면 더욱 효과적일 것으로 판단됨' 혹은 '……이 제공된다면 더욱 완벽한 수업이 될 것으로 판단됨' 등의 긍정적 형태로 기술하는 것이 좋다. 하지만 자기수업컨설팅에서는 자신의 수업에 대한 스스로의 성찰이 이루어지는 활동이기 때문에 부정적 용어를 직접적으로 사용하는 것도 무방하다.

중학교 한 수업에 대한 수업일관성 분석의 사례를 제시하면 다음과 같다.

☞ 중학교 국어과 수업사례

중학교 국어과 수업의 수업목표는 '시어의 특징을 알고 노랫말을 쓸 수 있다.'였다.
수업은 동요를 통한 시어의 특징 찾기, 대중가요 노랫말의 특징 찾기 활동, 그리고 〈해뜰 날〉 노래를 개사하는 활동으로 진행되었다.
수업일관성 분석결과를 요약하여 제시하면 다음과 같다.

표 6-10 수업일관성 분석사례

분석범주	일관성 여부 판단을 위한 준거	일치 여부	근거설명
수업목표와 수업내용 구성 간	• 수업내용이 수업목표 달성을 위해 필요한 정보나 지식을 제공하고 있는가? • 수업내용이 수업목표를 달성하는 데 충분한 유의미한 학습경험을 제공하고 있는가? • 수업내용이 적절한 위계성과 계열성을 가지고 있는가?	×	• 동요를 통한 시어 찾기 활동은 일치함. 하지만 시어의 특징을 찾는 데 너무 많은 시간이 투자되고 정작 노랫말을 쓰는 활동이 부족함. 따라서 수업내용이 수업목표 달성을 위한 충분한 유의미한 경험을 제공하지 못함.
수업목표와 학습자 간	• 수업목표가 학생들의 요구를 반영하고 있는가? • 수업이 학생들에게 이해 가능한 것인가? • 수업목표의 분량이 학생들의 학습능력에 부합하는가? • 학생들의 이해발달 과정에 따라 적응적인 수업이 이루어지는가?	×	• 학습자 수준을 고려할 때 수업활동이 너무 많고 수업의 양이 너무 많음. • 〈해뜰 날〉의 경우, 교수자는 잘 알고 있는 대중가요일지 모르지만 학습자들은 잘 모르는 내용이라 학습자 요구와 부합도가 떨어짐.
수업목표와 수업방법 간	• 수업목표가 달성 가능한 수업방법을 사용하고 있는가? • 수업방법이 수업목표 달성을 위한 효과적인 전략인가?	×	• 수업목표 달성을 위해서는 개개인의 노랫말 쓰기 활동이 필요함에도 모둠 중심의 〈해뜰 날〉 노래 개사활동이 진행되어 개인별로 노랫말 쓰기 활동 기회가 없었으며 모둠 중 일부 학생들에 의해 주도가 됨으로써 진정한 모둠활동이 이루어지지 않음.
수업목표와 수업매체 간	• 수업목표 달성을 위한 효과적인 매체가 사용되고 있는가? • 수업매체가 수업내용을 효과적으로 표상하고 있는가?	○	• 학습지가 주로 사용되어 노랫말 쓰기 활동에 적절함.

수업목표와 수업평가 간	• 수업평가가 수업목표 달성 정도를 평가하고 있는가? • 수업평가가 수업목표 달성을 효과적으로 평가하고 있는가?	×	• 평가활동은 수업 종료 시 시어의 특징을 묻는 사지선다 문제가 2가지 제시됨. • 이러한 풀이활동은 형식적인 활동이며 실제 학습자들이 시어의 특징을 살린 노랫말 쓰기를 할 수 있는 능력을 평가하는 활동은 이루어지지 않음. • 수업과정에서 형성평가 형태로 이루어졌어야 함.

[종합분석]

• 수업목표와 수업매체를 제외한 모든 영역에서 일관성이 부재한 것으로 분석됨.
• 수업목표와 수업내용 간 일관성을 증진하기 위해서는 동요를 통한 시어의 특징을 찾는 활동을 한 후 학습자들이 실제 시어의 특징을 살려 노랫말을 써 보는 활동을 하고 이를 충분히 성찰해 볼 수 있는 기회를 주는 것이 필요함.
• 수업목표와 학습자 간 일관성을 증진하기 위해서는 수업의 분량을 줄이고 현재 학습자들에게 익숙한 노래가사나 다른 동요를 사용하여 이를 개사해 보도록 하면 효과적일 것임.
• 수업목표와 수업방법 간 일관성 증진을 위해서는 노랫말을 직접 쓰거나 개사하는 작업을 개인이 먼저 하도록 하고 이후 모둠을 만들어 개인이 쓴 노랫말이나 개사 내용에 피드백을 주고 이를 다시 친구들이 돌아가며 개사하는 작업을 한 후 전체 학급에서 공유한다면 개인적 글쓰기, 그리고 친구의 것을 개사하는 작업을 통한 글쓰기, 모둠 내 토의토론을 통한 피드백 공유, 전체 학급에서의 피드백 공유를 통해 충분한 글쓰기 활동이 이루어질 수 있을 것으로 판단됨.
• 수업목표와 수업평가 간 일관성 증진을 위해서는 수업방법 간 일관성 증진에서 기술한 것처럼 개인별 글쓰기 관찰, 모둠 내 성찰활동 관찰, 전체 학급 공유 관찰 등을 통해 형성평가로 이루어지는 것이 효과적임.

3) 수업설계 들여다보기 활동 종합하기

들여다보기 활동이 끝나면 종합정리 활동으로 학습자, 수업내용과 매체, 교수자, 수업환경 간 잘못된 결합을 정리하면 된다. 이상의 결과들을 정리하여 수업적 결합의 오류 그림을 그리면 다음과 같이 정리할 수 있다. 즉, 〈해뜰날〉이란 노래가 학습자들에게 친숙하지 않고 너무 많은 활동들이 있어 시어의 특징을 살려 노랫말을 쓰는 수업목표와 관련한 활동을 충분히 못함으로써 학습내용과 학습자 간 잘못된 결합이 발견되었다. 또한 교수자는 수업내용을 설계함에 있어서 수업목표와 수업내용, 수업목표와 학습자, 수업내용과 수업방법, 그리고 수업목표와 수업평가 간 잘못된 결합들이 발견되었다. 이를 통해 학습자들에게 필요한 학습전략과 교수자의 수업전략 간의 잘못된 결합이 발견되었다. 이들 결합의 오류들을 중심으로 왜 이런 현상이 발생하고 이를 개

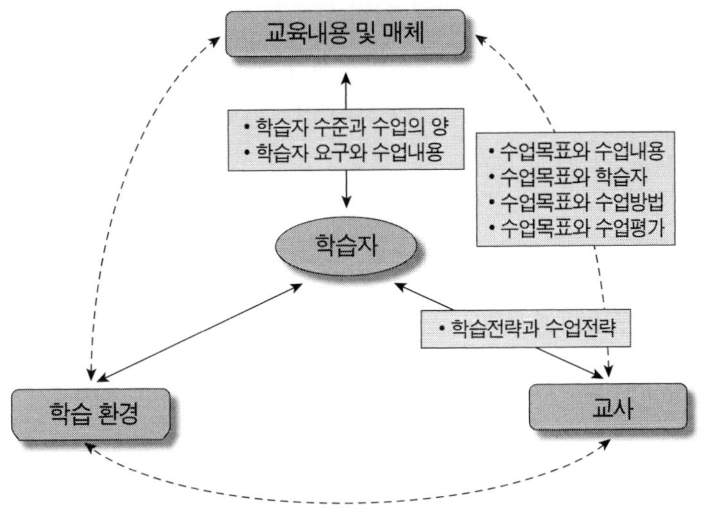

그림 6-7 _ 들여다보기에 기초한 잘못된 결합 요인들

선하기 위한 전략들은 어떤 것들이 있는지 지속적인 성찰활동이 필요하다. 그리고 문제해결을 위한 개입 안을 선정하여 새롭게 경험하기를 준비하여야 한다.

3. 수업 새롭게 경험하기

수업설계에서의 새롭게 경험하기 역시 배움 디자인 활동과 적응적 수업활동 두 가지로 나누어진다. 이를 위해 첫째, 배움 디자인하기에서는 수업일관성 증진을 위해 필요로 하는 전략들을 성찰해 볼 것이다. 둘째, 수업일관성 증진을 위해 실제 수업에서 어떻게 적응적 수업을 할 것인지 성찰해 볼 것이다. 수업일관성에 영향을 미치는 수업의 역동성에는 어떤 것들이 있는지 그리고 이들을 고려하여 어떻게 적응적 수업을 할 것인지에 대해 살펴보고자 한다.

1) 수업일관성 증진을 위한 배움 디자인

수업은 매우 역동적이며 다양한 요인들에 의해 영향을 받는다. 따라서 수업일관성이 떨어지는 원인들도 또한 매우 다양하다. 들여다보기 활동을 통해 교수자는 자신의 수업에서 어떤 요인들의 영향에 의해 어떤 범주들에서 일관성이 떨어지는지 분석이 이루어졌을 것이다. 따라서 새롭게 경험하기에서는 자신의 수업분석결과에 따라 적절한 수업일관성 증진을 위한 전략을 선정하여 실천하고 성찰을 통해 지속적으로 문제를 개선해 나가는 노력이 필요하다. 이곳에서는 각 범주별로 수업일관성 증진을 위한 전략을 소개할 것이다.

(1) 수업목표와 수업내용 일관성 증진 전략

수업목표와 수업내용 간 일관성 증진은 수업내용이 수업목표 달성을 위해 필요한 정보나 지식제공, 충분한 유의미 학습경험을 제공, 적절한 계열성과 위계성 설계를 통해 가능하다. 수업목표와 수업내용 간 일관성이 떨어지는 경우는 대부분 교수자들이 수업목표를 정확히 설정하지 못함으로써 적절하지 못한 수업내용을 선정한 데서 기인한다. 특히 초등학교의 경우 학습자들의 특성을 고려하여 학습자들에게는 어려운 수업목표 형태가 아닌 학습과제나 학습활동 형태로 제시하도록 함으로써 이런 문제들이 많이 발생한다. 예를 들어, 초등학교 수업에서 학습과제나 학습활동 형태로 수업목표가 제시됨에 따라 실제 수업에서는 활동에만 초점을 두고 활동은 이루어지지만 의도한 수업목표가 달성되지 못한 경우가 많다. 따라서 초등학교 학생들에게는 학습활동이나 학습과제 형태로 수업목표가 제시된다고 하더라도 교사는 교수학습지도안에서 반드시 명확한 수업목표를 진술하고 이를 또한 명확히 인지하고 있어야 한다.

수업목표란 '수업이 끝난 후 학습자들이 무엇을 할 수 있게 되는지에 대한 도달점 행동'을 의미한다. 교수자들이 도달점 행동에 대해 명확한 인지를 하고 있으면 그 도달점 행동에 이르기 위해 학습자들이 어떤 순서와 절차에 의해 어떤 경험들을 해야 하는지를 명확히 알게 된다. 하지만 반대로 이를 명확히 인지하지 못하면 활동이나 가르침에 초점은 있지만 정작 학습자들은 원하는 능력이나 기술 혹은 태도를 습득하지 못하고 수업이 끝나는 경우가 많다.

이런 이유에서 수업목표를 명확히 진술하는 방법을 알고 있어야 하며, 이를 위해 수업목표 진술전략을 살펴볼 것이다. 수업목표를 진술하는 방법은 다양하고, 어떤 것이 바르고 어떤 것이 잘못되었다고 말할 수 있는 절대적인 준거는 없다. 특히 객관주의 관점과 구성주의 관점에 따라 수업목표를 진술하는 방식은 확연히 달라진다. 구성주의의 경우에는 수업의 방향성만 제시하거나 학습자의 학습을 촉진할 수 있는 학습 환경에 대한 진술만으로 충분할 수 있다. 하지만 현재 초 · 중등학교의 경우 표준화된 성취기준 중심의 교육과정이 편성되어 있어서 교육과정에 따른 명확한 수업목표의 진술과 제시가 필요하다. 대학에서도 최근 국가직무능력표준(National Competency Standards: NCS)에 따라 교육과정을 운영해야 하기 때문에 명확한 수업목표의 인지와 진술은 매우 중요한 의미를 가지고 있다.

수업목표와 수업내용 일관성 증진에 대한 이해를 위해 Mager(1997)의 수업목표 진술전략을 살펴볼 것이다. 그는 수업목표 진술을 위해서는 조건, 준거, 성취행동 세 가지 요인들이 반드시 포함되어야 한다고 한다.

① 조건이란 수업목표에 해당하는 성취행위가 나타날 때 필요한 맥락이나 도구들을 의미한다.

예를 들어, 어떤 도구들이 주어지는지, 어떤 상황이나 맥락에서 성취행동이 일어나야 하는지를 기술하는 것이다. 아래 두 번째 예를 보면 왜 조건이 중요한지 알 수 있다. 실제 폭탄을 제거해야 하는 상황은 극심한 공포상황에서 이루어진다. 일반적인 환경에서는 폭탄 제거를 위한 능력이 뛰어나지만 극심한 공포상황이 되면 다른 성취행동을 보여 줄 수 있다. 따라서 어떤 맥락이나 상황에서 어떤 성취행동을 보일지 명확히 기술해 주는 것이 필요하며 이에 따라 교육상황도 유사한 상황이나 맥락을 제공해 주어야 한다. 예를 들어, 앞의 예의 경우에서처럼 폭탄이 터질 경우 큰 소리나 전기 충격이 가해지는 유사한 상황을 제공하고 교육이 이루어지기도 한다.

예) <u>일제 강점기의 시대적 설명이 포함된 글이 주어지면</u> 3 · 1절이 발생한 원인을 최소한
(조건)

3개 이상 찾아낼 수 있다.

예) <u>폭탄이 터질 수 있는 극심한 공포상황에서도</u> 주어진 폭탄을 무사히 해체할 수 있다.
(조건)

② 수업목표는 수업의 성과로서의 최종적인 성취행위가 분명히 진술되어야 한다.

성취행위란 눈으로 관찰 가능한, 즉 어떤 형태로든 수업목표가 성취되었는지를 평가할 수 있는 용어로 진술되어야 한다. 예를 들어서, '안다'와 '이해한다'와 같은 애매한 표현이 사용되어서는 안 된다.

예) 평균 표준 편차 같은 통계값을 정확하게 <u>계산할 수 있다</u>.
(최종 성취행위)

③ 수업목표에는 수락준거가 포함되어야 한다.

준거란 수업목표가 달성되었는지를 판단할 수 있는 기준을 의미한다. 많은 수업목표 진술에서 이런 기준을 제시하지 못함으로써 수업목표가 달성되었는지를 판단하기 힘든 경우가 있다.

예) 100m를 <u>14초 이내</u>에 달릴 수 있다.
(수락준거)

수업목표를 Mager(1997) 방식에 따라 기술하게 되면 다음과 같은 관점에서 수업일관성 증진에 도움이 된다.

첫째, 최종 성취행동을 구체화함으로써 수업에서 어떤 학습경험이 제공될 것인지에 대한 정보를 제공해 준다. 다음의 예를 살펴보자.

예) 지방법에 있는 음식산업 공중위생 기준을 알 수 있다.

위 예의 경우 음식산업 공중위생 기준을 '안다'라는 말이 무엇을 의미하는지, 즉 학습자들이 무엇을 할 수 있게 되기를 바라는지 판단하기 어렵다. 단지 기준을 설명할 수 있기를 바라는지, 암기하기를 바라는지, 지방법에 따라 음식산업의 공중위생이 지켜지고 있는지를 판단할 수 있기를 바라는지 수업자의 의도를 파악하기 힘들어진다. 따라서 수업에서도 법 기준을 알려 주고 설명하면 끝나는지, 암기하도록 해야 하는지, 각종 사례를 주고 판단할 수 있는 학습경험을 제공해야 하는지 알 수가 없다.

둘째, 수업목표 기술이 명확한지는 단순히 행동적 용어를 사용한다고 확보되는 것은 아니고 교수자가 의도하는 것들을 매우 구체적으로 기술하는 것이 중요하다. 성취행동에 대한 구체적 기술은 수업내용의 선정에 도움을 줌으로써 수업목표와 수업내용 간 일관성을 증진해 준다.

예) 은행원이 무엇을 하는지 설명할 수 있다.

예) 명확한 수업목표를 기술할 수 있다.

위 수업목표 중 '은행원이 무엇을 하는지 설명할 수 있다.'로 기술하게 되면 학습자들에게 요구되는 핵심적인 학습내용이 무엇인지 구체적인 정보를 제공해 주지 못하기 때문에 보다 구체적으로 기술할 필요가 있다. 즉, '은행원의 의무와 책임에 대해 설명할 수 있다.'와 같이 은행원이 무엇을 하는지에 대한 구체성 있는 진술이 이루어져야 한다. 두 번째 예도 마찬가지이다. 명확한 수업목표 진술이 무엇을 이야기하는지 구체적인 내용이 기술되어야 한다. 즉, '수업목표를 조건, 준거, 행동용어의 세 가지 요인에 따라 기술할 수 있다.'와 같이 기술되어야 한다.

셋째, 학습활동이 어떤 수준까지 진행되어야 하는지에 대한 정보를 줌으로써 충분한 학습경험 기회를 설계하는 데 도움을 준다. 다음의 예를 살펴보자.

예) 인터뷰를 효과적으로 할 수 있다.

위 예의 경우 '효과적'이라는 말이 구체적이지 않아 어떤 수준까지 학습경험을 해야 하는지에 대한 정보를 제공해 주지 않는다. 따라서 목표 도달정도를 파악할 수 있는 구체적인 '조건'에 대한 정보가 포함되어야 한다. 위의 예를 바꾸어 보면 다음과 같이 준거를 구체화할 수 있다.

예) 인터뷰 폼과 인터뷰 대상이 주어졌을 때 인터뷰를 수행할 수 있다. 인터뷰 대상자는 토론, 질문에 대해 만족해하고, 다음 인터뷰에 기꺼이 응하려고 해야 하며, 인터뷰 내용의 정확성을 인정해야 한다.

위 예는 인터뷰가 효과적이었는지에 대한 준거로 피대상자의 만족감, 인터뷰에 대한 긍정적 태도, 정확성 인정 등의 세 가지 주요 요인들을 제시하고 있다. 이들 구체적인 준거들은 학습경험의 선정에서 준거가 충족될 수 있도록 구체적인 경험과 충분한 시간의 경험이 주어지도록 설계될 수 있는 지침을 제공함으로써 수업일관성 증진에 도움이 된다.

넷째, 수업이 어떤 맥락이나 조건에서 이루어져야 하는지에 대한 정보를 제공해 줌으로써 수업일관성 증진에 도움이 된다. 다음의 예를 살펴보자.

예) 지도상의 원하는 목적에 도달할 수 있다.

위 예의 경우 구체적인 조건들이 빠져 있다. 지도상의 원하는 목적지에 찾아가는 데 있어 교수자는 학습자들에게 어떤 능력을 개발하게 하고자 하는지 의도를 파악하기 힘들다. 예를 들어, 지도와 나침반을 줄 경우에는 나침반을 사용하는 능력과 지도를 읽는 능력을 요구할 것이다. 하지만 나침반을 주지 않을 경우에는 자연에서 방향을 찾는 능력을 필요로 할 것이다. 때로는 GPS 도구를 제공하여 GPS 도구를 활용하는 능력을 요구할 수도 있다. 또한 걸어서 갈 수도 있고 차량을 이용할 수도 있다. 따라서 어떤 도구들을 사용하여 어떤 환경에서 목표행동이 이루어져야 하는지, 즉 학습조건에 대한 정보를 수업목표에 구체적으로 포함하는 작업은 수업에서 학습자들에게 유의미한 학습경험을 설계할 수 있게 함으로써 수업일관성 증진에 도움이 될 수 있다.

(2) 수업목표와 학습자 일관성 증진 전략

수업목표와 학습자 간 일관성 증진은 학습자들의 요구반영, 수업내용 난이도 조절, 수업분량의 조절, 적응적 수업전략 활용을 통해 가능하다. 수업의 궁극적인 목적은 학습자들이 필요로 하는 것을 학습하게 하는 것이다. 따라서 학습자의 요구와 특성에 맞지 않는 수업은 그 효과성이 떨어지게 된다. 따라서 학습자와 수업 간 일관성 유지는 매우 중요한 요인이며 이를 위해서는 학습자의 요구와 특성에 대한 철저한 이해와 이에 따른 맞춤형 수업이 필요하다. 맞춤형 수업을 위해 이해해야 할 학습자의 요구와 특성들이 많이 있지만 다음과 같은 두 가지 전략을 소개하고자 한다.

① 학습자 요구 반영 전략

학습자의 요구를 수업에 반영하는 것은 매우 중요한 의미를 가지고 있다. 먼저 학습자의 요구가 반영되면 자신들이 배우고자 하는 것을 배울 수 있어서 학생들의 능동적인 참여가 예상될 수 있다. 그리고 무엇보다도 자신들의 의견이 수업에 반영될 수 있기 때문에 수업에서 소통이 활성화되고 교수자와 관계가 개선되며 이에 따라 수업분위기가 개선되고 수업에서의 상호작용이 활발하게 이루어짐으로써 학습이 개선될 수 있다.

학습자의 요구를 진단하고 반영하기 위한 방법은 여러 가지가 있다. 예를 들어, 학생들과의 인터뷰, 설문, 집단 토론, 다양한 기존 연구자료 활용 등이 있다. 가장 쉽고 의미 있는 방법은 학생들에게 빈 종이를 나누어 주고 수업에서 지속적으로 발전시켰으면 하는 것 세 가지와 이것만은 꼭 개선했으면 하는 것 세 가지를 자유롭게 적게 하는 것이다. 이 경우 학습자들이 자신의 이름을 밝히지 않는 익명성이 보장되어야 자유로운 글을 쓸 수 있다. 많은 학생들이 공통적으로 이야기하는 수업에서의 개선사항은 반드시 개선하는 것이 좋으며 이러한 활동만으로도 수업에서 다양한 변화가 있을 수 있다. 가장 중요한 것은 일상적인 생활 속에서 학생들과 많은 대화를 하는 것이며 이들 대화를 통해 학생들의 요구와 특성을 파악하고 이를 수업에 반영하는 것이 중요하다.

② 난이도 조절 전략: 차별화 수업전략

수업목표와 학습자 간 일관성 문제에서 가장 심각한 문제는 수업내용의 난이도 문제이다. 이를 해결하기 위해서는 한 학급에 다양하게 존재하는 학습자 간 능력 차이를 극복할 수 있는 수업전략이 필요하다.

첫째, 가장 쉬운 방법은 교수자가 몇 가지 난이도 조절 가능한 과제를 가져와서 학급단위 혹은 모둠단위에서 자신들의 능력에 맞는 과제를 선정할 수 있는 기회를 주는 것이다. 예를 들어, 난이도가 다른 학습지를 가져와서 개인 혹은 모둠 단위에서 학습지를 선택하여 자신들에게 맞는 수준의 과제를 수행하는 것이다.

둘째, 학습전략을 사용한 차별화전략이다. 예를 들어, 게임식 수업이나 협동학습 전략을 사용하여 높은 수준의 학습자와 낮은 수준의 학습자가 서로 협력하여 상호교수법이 이루어지도록 하는 것이다. 다양한 능력 차이를 가진 학습자들에게 강의식 수업은 적절하지 못한 접근방법이다. 특정 집단에게 맞게 강의 내용의 난이도를 맞추게 되면 다른 집단의 학습자들에게는 너무 쉽거나 어려운 내용이 될 수 있다. 따라서 능력이 높은 학습자들과 낮은 학습자를 함께 한 모둠으로 만드는 이질집단 모둠을 만들어서 능력이 높은 학습자들이 낮은 학습자를 돕게 한다면 능력 차이에 따른 수업문제를 해결할 수 있다. 물론 능력이 높은 학습자들의 불만이 있을 수 있지만 모둠 내 상호의존성을 높여 주거나 학급의 공동체 의식 함양 또는 다른 사람을 가르침으로써 얻는 이점 등의 인식 등을 통해 이런 문제들은 해결이 가능하다. 예를 들어, 모둠성취분담모형(STAD)의 경우 다른 학습자의 성취도 향상이 자신의 점수 향상으로 이어지는 상호의존성의 향상을 통해 능동적인 협력을 이끌어 낼 수 있다. 또한 인성교육 차원에서 학급 내 공동체 의식을 높여 주고 서로 돕고 협력하는 문화를 만듦으로써 동료의 활동을 증진할 수도 있다. 하브루타 이론에 따르면 다른 학습자를 가르치는 과정에서 자신의 생각이 정교화되고 기억도 향상될 뿐만 아니라 논리적 말하기 능력도 높아진다고 한다. 따라서 이러한 이점을 잘 설명하고 활용한다면 동료들을 활용한 협력학습을 효과적으로 진행할 수 있다.

셋째, 공간을 활용한 수준별 수업하기 전략을 사용할 수 있다. 이 전략은 학습센터(learning center)로도 알려져 있다. [그림 6-8]을 보면 교실의 네 모퉁이를 교수자와 상호작용 센터, 컴퓨터 학습센터, 모둠학습센터, 개별학습센터로 나누고 학습자를 수준별로 이질 혹은 동질집단으로 나누어 각 센터에 갈 때마다 다른 과제를 수행하게 할 수 있다. 예를 들어, 컴퓨터 학습센터에서는 개별적으로 문제를 풀거나(낮은 수준 학습자)

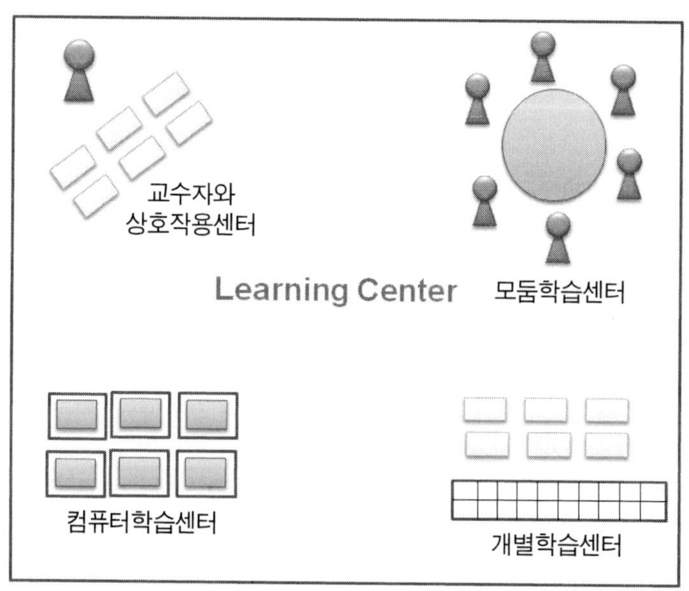

그림 6-8 _ 학습센터 운영 교실

또는 인터넷으로 배운 내용을 삶의 현장에 적용한 사례 찾기 활동(높은 수준 학습자)을 할 수 있다. 개별학습센터로 이동하면 주어진 책자와 학습지로 개별학습(심화 혹은 보충)을 한 후 모둠학습센터로 이동을 하면 학생들끼리 서로 모르는 부분을 가르쳐 주는 상호교수법을 활용하고, 교수자와의 상호작용 센터로 오면 교수자는 각 센터에서 지금까지 학습한 결과를 점검하고 필요시 특정 학습자에서 개별 도움을 주고 다음 센터에서 어떤 학습을 할지 개별적으로 차별화된 과제를 줄 수 있다. 이 전략은 꼭 넓은 학급공간이 없다고 해도 사용이 가능하며 각 센터는 교수자의 창의성에 따라 달리 만들어질 수 있고 또한 다른 활동을 할 수 있다.

(3) 수업목표와 수업방법 일관성 증진 전략

수업목표와 수업방법 일관성 증진 전략은 Gagné 등(2005)이 주장하는 5가지 학습결과 유형에 맞는 수업전략의 선정이 잘 이루어지도록 하면 된다. 다음 〈표 6-11〉은 각 범주별로 요구되는 역량과 그에 해당하는 수업전략들을 기술한 것이다. 수업전략은 맥락에 따라 다양한 방법으로 수업에서 진행될 수 있다. 중요한 것은 수업목표가 각 학습결과 유형 중 어디에 해당하는지 정확히 판단하고 그에 따라 정확한 수업전략을 사용하는 것이다.

표 6-11 학습결과 유형에 따른 수업전략

범주		요구되는 역량	수업전략
언어정보		말로 설명할 수 있다.	• 구체적인 내용을 암기하거나 이해한 후 말하는 활동
지적 기능	변별	변별할 수 있다.	• 두 가지 이상의 것을 구분하는 활동
	개념	개념을 구분할 수 있다.	• 개념에 맞는 사례를 찾는 활동
	법칙	법칙을 적용할 수 있다.	• 법칙을 사례에 적용해 보기 • 법칙에 맞는 사례를 찾아보기 • 법칙 관련 문제를 풀기
	문제해결하기	문제를 해결할 수 있다.	• 다양한 문제를 해결해 보기
인지전략		학습전략을 사용할 수 있다.	• 새로운 학습전략을 만들어 보기 • 학습전략을 사용하여 학습해 보기
태도		일관성 있는 선택을 한다.	• 특정 맥락에서 일관성 있는 행동을 해 보기 • 특정 가치체계에 대한 토의토론 • 특정 맥락에서 선택해 보기
운동 기능		정확한 행동을 할 수 있다.	• 실제 필요한 행동을 직접 해 보기

(4) 수업내용과 수업매체 일관성 증진 전략

수업내용과 수업매체 간 일관성을 증진하기 위해서는 수업내용에 부합하는 수업매체를 선정하여 활용하는 전략과 수업매체가 수업내용을 효과적으로 표상할 수 있도록 하는 전략이 사용될 수 있다. 수업내용에 맞는 수업매체의 선정은 들여다보기에서 자세히 다루었기 때문에 여기서는 효과적인 표상전략에 대해 살펴볼 것이다. Bruner(1960)에 따르면 수업내용은 다음과 같은 세 가지 방법으로 표상이 가능하다고 한다.

- 상징-추상적 표상은 언어나 숫자 또는 기호와 같은 매우 추상적인 방법으로 내용을 표상하는 것을 의미한다. 상징-추상적 표상의 경우에는 언어나 시각적 기호 형태의 매체가 사용될 수 있다. 상징-추상적 표상을 사용하는 매체는 개발이나 활용에 있어서 매우 비용 효과적이고 편리하다는 특성이 있다. 하지만 학습자가 충분히 언어나 시각적 기호를 잘 알고 있고 이를 통해 추상적 사고를 할 수 있는 능력이 발달한 학습자에게 적절하다는 제한점을 가지고 있다. 즉, 나이가 어린 학습자들에게 매우 제한적으로 사용될 수 있다.

- 영상적 표상은 그림이나 사진 또는 동영상과 같은 시청각적 자료로 표상이 이루어지는 것을 의미한다. 영상적 표상은 하나의 그림에 매우 다양하고 상세한 정보를 담을 수 있고 추상적 내용을 시각화시켜 표상해 줌으로써 사용자의 인지적 부하를 줄여 줄 수 있는 장점이 있다. 그리고 모든 연령대의 학습자들에게 효과가 있고 특히 주의집중을 높이는 효과를 가지고 있다. 하지만 매체를 개발하는 데 많은 시간과 비용이 드는 단점이 있다.
- 행동적 표상은 직접 활동을 통한 경험형태로 내용표상이 이루어지는 것이다. 따라서 행동적 표상을 통해 학습이 이루어지면 직접 경험을 통한 학습이 이루어지기 때문에 학습의 효과성이나 내용에 대한 파지나 전이의 가능성이 높아지게 된다. 하지만 동일한 내용을 학습할 경우 다른 두 가지 표상에 비해 시간이 많이 소요된다는 단점이 있다.

이들 세 가지 표상은 수업내용에 따라 달라지기도 하지만 학습자에 따라 달라질 수 있다. 만일 내용이 어려울수록 그리고 학습자의 나이가 어릴수록 추상-상징적 표상보다는 영상적 표상이, 그리고 영상적 표상보다는 행동적 표상이 더 효과적이다. 수업내용이 절차적 지식을 포함할 경우에는 영상적 표상이 절차에 대한 세부적 정보를 효과적으로 표상해 줄 수 있어서 효과적이다. 운동 기능의 경우에는 행동적 표상이 가장 효과적이다. 하지만 동일한 내용을 이들 세 가지 형태로 모두 표상할 수 있으며 이들 세 가지 표상을 모두 함께 사용하면 학습에 가장 효과적이다. 예를 들어, '온도'에 대한 개념을 가르칠 때, 상징적 표상을 통해 그 개념을 말로 설명하고, 영상적 표상 형태로 디지털 온도계로 다양한 온도를 측정해 보는 동영상을 보여 준 후, 학습자들이 직접 여러 온도의 물들을 직접 만져 보고 온도를 측정해 보는 방식을 통해 온도라는 개념을 세 가지 표상 방법을 통해 학습할 수 있다.

(5) 수업목표와 수업평가 일관성 증진 전략

수업목표와 수업평가 간 일관성을 증진하기 위해서는 수업목표에 맞는 평가전략을 선정하여야 하고 선정된 평가전략을 효과적으로 설계하고 운영하여야 한다. 수업목표와 수업평가 간 일관성을 높이기 위해서는 첫째, 수업목표 유형에 따라 적절한 수업평가 전략을 선정해야 한다. McMillan(2007)은 학습목표별 최적한 평가방법을 〈표 6-12〉와 같이 제시하고 있다. 표 안의 숫자는 평가전략의 적절성을 의미하는 것으로 점수가 높을수록 더 적절한 평가전략임을 의미한다. 다음 표에 따르면 지식이나 단순 이해의 경우에는 선택형이나 단순 구성형이 적절하고 추론이나 심층이해의 경우에는 서술형이 가장 적절한 것으로 나타나 있다. 기능에 대한 평가는 수행평가와 교수자 관찰이, 산출물에 대한 평가는 수행평가가, 정의적 특성의 경우에는 학생의 자기평가가 가장 적절한 것으로 나타나 있다. 하지만 항상 이렇게 가장 이상적인 평가방법만을 사용할 수 없으며 주어진 시간이나 평가자 수 그리고 학생 수와 같은 제한점들을 고려하여 가능한 한 연관성이 높은 평가전략을 사용하는 것이 좋다.

표 6-12 학습목표별 평가유형

목표	선택형/ 단순 구성형	서술형	수행평가	구술시험	교수자 관찰	학생 자기평가
지식, 단순이해	5	4	3	4	3	3
추론, 심층이해	2	5	4	4	2	3
기능	1	3	5	2	5	3
산출물	1	1	5	2	4	4
정의적 특성	1	2	4	4	4	5

* 각 칸의 숫자가 높을수록 최적.

두 번째로 수업목표에 따라 적절한 평가전략을 사용하는 것이 중요하다. 교육평가는 그 기능에 따라 크게 3가지, 즉 진단평가, 형성평가, 총괄평가로 나누어진다.

- 진단평가: 교육활동이 시작되기 전에 학생들의 상태, 즉 관련 선행 지식이나 기능, 선수학습 능력, 학습결손, 학습장애 등을 점검하는 활동을 의미한다. 대체로 출발점 행동 진단이라는 용어로 사용되기도 한다. 진단평가의 목적은 실제 수업활동을 하기 위해 학생들이 충분한 준비가 되어 있는지를 점검하는 것이다.
- 형성평가: 형성(形成)이란 말 자체가 완성해 가는 과정을 의미하는 것으로 교육활동이 진행되는 과정에서 목표로 하는 도달점을 달성하기 위해 개선이나 수정 보완이 필요한 부분들을 찾는 활동과 실제 개선하는 활동 모두를 포함한다.
- 총괄평가: 어떤 활동이 종료된 다음에 그 활동에 대한 최종적인 결론을 도출하는

기능을 의미한다. 따라서 총괄평가는 교육활동이 끝난 후 참여한 개인이나 집단 등에 대한 다양한 정보를 수집하고 정리하여 등급을 매기거나 합격이나 불합격을 판단함으로써 수업이나 교육프로그램 자체의 성과나 효율성 등에 대해 종합적이면서도 최종적인 결론을 도출하는 것을 의미한다.

종전에는 주로 진단평가와 총괄평가가 강조되었지만 최근 들어서는 결과보다는 과정중심 평가가 강조되고 있으며 다음과 같은 몇 가지 주요 흐름이 나타나고 있다.

- 객관주의적 지필 검사에 의한 평가보다는 구성주의적 수행평가를 중시한다.
- 평가의 잠재적 교육과정 측면(의도하지 않았지만 나타난 결과)을 중시한다.
- 평가를 통한 학습자의 서열 구분보다는 교수-학습지도에 대한 교정적 정보 제공을 중시한다.
- 상대평가보다는 절대평가를 지향한다.
- 지필 검사에 있어서 다양한 평가문항(선다형 및 서답형)을 활용한다.
- 학습의 결과보다는 과정에 관심을 갖는다.
- 다양한 유형의 평가방법을 활용한다.
- 지식의 통합적 평가, 즉 융 · 복합적 문제해결력 평가를 지향한다.

2) 수업일관성 증진을 위한 적응적 수업전략

수업은 매우 역동적 특성이 있기 때문에 수업을 실행하는 과정에서도 수업환경과 학습자 상태의 변화에 따라 변화해야 한다. 실제 수업에서 수업일관성에 영향을 주는 맥락적 변화 요인들을 파악하여 이들의 변화를 지속적으로 모니터링하고 이들 변화에 따라 수업을 적응적으로 변화시켜야 한다. 수업일관성 증진을 위한 적응적 수업을 위해 가장 중요하게 고려해야 할 요인은 학습자들의 근접발달영역이다. 근접발달영역이란 학습자 혼자서 발달 가능한 실제적 발달 수준과 학습자가 자신보다 더 나은 능력을 가진 타인의 도움을 받아 발달 가능한 잠재적 발달 수준 간의 차이를 이야기하는 것으로 효과적인 교육이 이루어지기 위해서 모든 학습활동은 근접발달영역에서 이루어지도록 해야 한다(Berk & Winsler, 1995). 하지만 근접발달영역은 고정되어 있는 것이 아니라 [그림 6-9]처럼 학습자의 학습이 이루어질 때마다 변화하게 된다. 따라서 수업과정에서 학습자의 변화하는 근접발달영역에 따라 변화된 도움을 주어야 한다.

근접발달영역에 대한 지속적인 모니터링을 위해서는 역동적 평가가 사용되어야 한다. 대표적인 역동적 평가전략은 수업의 본질 차시에서 이야기했던 담화 전략을 예로 들 수 있다. 몇 가지 대표적인 담화 전략을 소개하면 다음과 같다.

- 예/아니요 응답카드: 한쪽에는 '예', 다른 한쪽에는 '아니요'를 쓴 카드를 만들어서 학습자들이 교수자가 질문이나 설명을 한 후 이해하거나 답을 알고 있는지를 묻는 질문에 학습자들이 카드를 이용해 답변하는 방식을 의미한다. 이때 색을 함께 사용한다면 색만을 보고도 빠른 시간 안에 학습자들의 이해도를 교수자가 쉽게 한눈에 알아볼 수 있게 된다.
- 수화 이용하기: 엄지손가락을 위, 수평, 아래로 표시함으로써 학습자들이 자신의 이해도를 답변하는 형태를 의미한다. 엄지손가락을 위로 하면 '대부분 이해했다'이며, 수평으로 표시하면 '애매하다' 그리고 아래로 표시하면 '모르겠다'를 의미하게 된다. 수화를 할 때 다른 학생들이 보지 않게 가슴에 대고 표시하도록 하면 학습자들이 다른 학생들의 눈치를 보지 않고 사실대로 표시를 할 수 있어서 실제 전체 학급의 이해도를 판단할 수 있게 된다.
- 화이트보드: A4용지를 코팅하여 화이트보드로 사용하고 보드펜을 이용하여 마치 개인용 화이트보드처럼 교수자에 대한 질문에 화이트보드에 답을 적어 들게 하는 전략이다. 이를 통해 각 개인들의 이해도를 진단할 수 있으며 교수자의 발문 전략

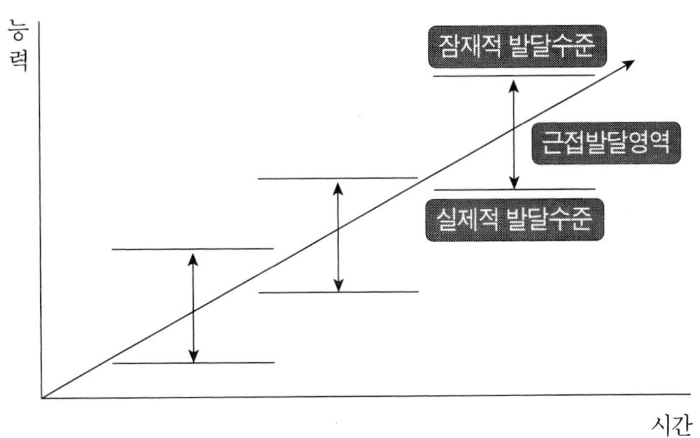

그림 6-9 _ 근접발달영역의 변화

에 따라 이 전략의 효과성은 달라지게 된다.

• 발문 활용하기: 역동적 평가를 위한 교수자의 발문전략으로 다음과 같이 학습자의 어떤 능력을 진단하고자 하는지에 따라 차별화된 발문전략의 사용이 가능하다.

학습내용에 따른 발문전략

• (지식) 정보를 알고 있는지를 확인하기 위한 질문하기
  - 개념이나 용어를 정의, 명명, 열거하도록 하기
• (이해) 학습내용을 이해하고 있는지를 확인하기 위한 질문하기
  - 학습내용에 대한 설명이나 요약을 하도록 하기
  - 학습내용에 대해 해석하거나 관련 사례를 언급해 보도록 하기
• (적용) 학습내용을 적용하여 해결할 수 있는 질문하기
  - 내용 및 원리를 이용하여 새로운 문제 또는 사례를 고안해 보도록 하기
  - 적절한 사례나 문제를 제시하여 이를 해결하도록 하기
• (분석) 정보 간의 관계를 알고 있는지를 확인하기 위한 질문하기
  - 학습내용이나 정보가 어떻게 응용되는지 분석하도록 하기
  - 정보들이 서로 어떻게 관련되고 차이점은 무엇인지에 대해 분석 요구하기
• (통합) 부분 내용들이 하나의 주제 · 유형으로 통합될 수 있는 질문하기
  - 학습내용에 근거하여 일관된 주제를 말해 보도록 하기
  - 학습내용의 중요 개념에 대해 도식화하여 설명하도록 하기
• (평가) 내용에 대해 평가 또는 비판해 볼 수 있는 질문
  - 학습내용에 대해 비교 · 대조할 수 있는 기준을 설명하도록 하기

수업일관성 증진을 위한 적응적 수업하기에서 교수자는 지속적인 성찰이 필요하다. 성찰은 자유기술성찰일지를 사용할 수 있고 자신이 추구하는 특정 목적이 있다면 그 목적에 맞는 성찰일지를 만들어 사용할 수 있다. 가장 좋은 방법은 수업일관성 분석도구를 성찰일지로 바꾸어 각 범주별 판단 준거에 따라 자신의 수업을 성찰해 보고 개선점들을 자유롭게 적어 보는 활동이 도움이 될 것이다.

성찰과제

- 수업설계 영역에서 가장 시급하게 해결해야 할 자기수업컨설팅 과제는 무엇인가?
- 나의 수업설계에서 각 영역별 일관성이 높게 유지되고 있는가?
- 수업설계 영역의 자기수업컨설팅 과제의 원인과 해결을 위한 전략은 무엇인가?
- 일관성이 높은 수업설계를 유지하기 위해 나는 어떤 노력을 해야 하는가?

제7장

학습 촉진적 분위기 조성을 위한 자기수업컨설팅

수업 에세이

[어느 교사의 일기에서…]

아이들이 날 싫어하는 것 같다.
내가 어떤 질문을 던져도 아무런 반응이 없다.

아이들이 서로를 싫어하는 것 같다.
왜 그렇게 서로에게 비난을 하는지…
왜 그렇게 서로에게 공격적인지…
왜 그렇게 서로 이기려고 하는지…

아이들이 수업을 싫어하는 것 같다.
아무도 웃지 않는다.

아이들도 나도 행복해지고 싶다.
서로를 존중하면서, 배려하면서… 그리고 웃음이 있는…
그런 수업은 어떻게 해야 하는 것일까?

인포맵(InfoMap)

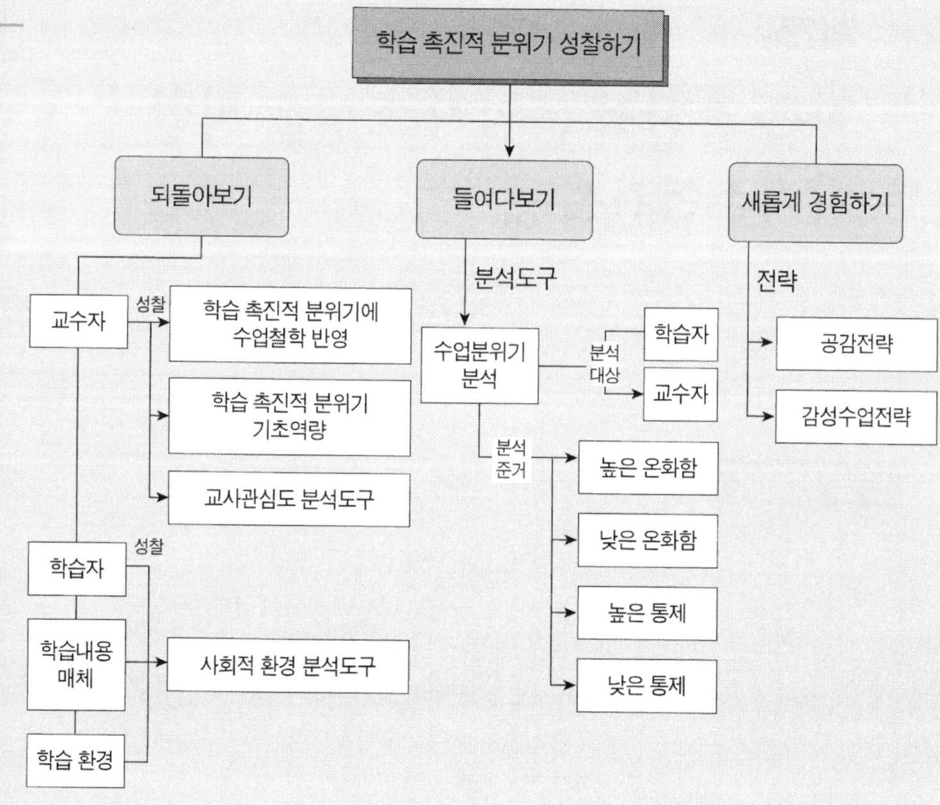

성찰목표

- 자신의 수업에서 학습 촉진적 분위기를 조성했는지 되돌아볼 수 있다.
- 자신의 수업에 대한 학습분위기를 분석할 수 있다.
- 학습 촉진적 분위기 향상을 위한 배움 디자인 및 적응적 수업을 할 수 있다.

1. 수업 되돌아보기

교수자는 학습자의 학습을 촉진시켜 배움이 일어날 수 있도록 매력적인 수업분위기를 조성할 수 있어야 한다. 따라서 이 장에서는 효과적인 학습 촉진적 분위기를 조성하기 위해 필요로 하는 기초적인 지식으로서 학습 촉진적 분위기의 의미와 특징 등을 다루며, 학습 촉진적 분위기에 대해서 되돌아볼 수 있는 자기성찰방법인 교사관심도 및 사회적 환경도구를 알아볼 것이다. 이러한 분석도구를 활용하여 스스로 자신의 수업에서 학습 촉진적 분위기를 조성했는지에 대해 성찰해 보면서 학습 촉진적 분위기 관점에서 수업에서 발생하는 문제를 규정해 보고, 무엇을 개선할 것인지를 되돌아볼 것이다.

1) 학습 촉진적 분위기의 의미 및 요소 성찰하기

(1) 학습 촉진적 분위기의 의미

학습 촉진적 분위기를 이해하기 위해서는 교실행동에 영향을 주는 3가지 차원인 학교(학급)의 역할과 기대감, 개인의 성격과 기질, 그리고 학급풍토를 살펴볼 필요가 있다(Borich, 2011).

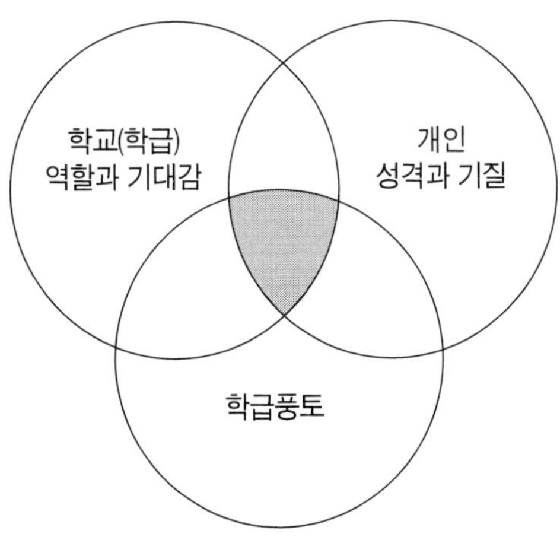

그림 7-1 _ 교실행동의 3가지 차원

제시된 [그림 7-1]과 같이, 첫째, 교실행동에 영향을 주는 학교나 학급의 역할과 기대감을 살펴보면 역할은 학교나 학급 내에서 의무, 책임감, 그리고 특권에 의해서 결정된다. 일반적으로 교실 내에서 교사와 학생들은 그 위치에서의 역할을 기대하게 된다. 예를 들어, 학생들의 역할기대는 좋은 성적을 받기, 교실의 규칙을 잘 지키기, 다른 친구들과 친하게 지내기 등이 있을 수 있고 교사의 역할기대는 교육과정에 입각해서 효과적으로 수업을 계획하기, 학급을 효율적으로 관리하고 학생들의 성취도를 높이기 위해 노력하기 등이 있을 수 있다. 둘째, 교실행동에 영향을 주는 요소로 개인의 성격과 기질을 들 수 있다. 이 요소의 경우는 특히 개인의 과거 경험이나 삶에 의해서 결정되는데, 학생들이나 교사들의 가치와 믿음이 바로 그것이라 할 수 있다. 예를 들어, 교실 내에서 다양한 문화적 차이를 인정하는 가치를 가지고 있다면 교사뿐만 아니라 모든 학생들이 서로 간에 흥미, 능력, 언어 등을 존중해 줄 수 있는 분위기를 조성할 수 있다. 셋째, 학급풍토에 영향을 주는 중요한 요소 중, 하나가 바로 교사이다. 이는 교사가 학생들의 기질과 성격을 파악하여 교실 전체를 관리하는 능력이라 할 수 있다. 이럴 경우에는 특별한 규칙이나 절차 없이도 학생들 스스로 서로 간에 학습을 하고자 하는 분위기를 만들어 간다. 즉, 교실 내에 학급풍토가 적절하게 조성된다면 모든 학생들이 높은 기대감을 가지고 모든 수업활동을 수행하고, 학습에 전념할 수 있다.

이렇듯 학습 촉진적 분위기라는 것은 효과적인 학습목표를 달성하기 위해서 물리적 학습 공간 구성과 더불어 교사와 학생, 학생과 학생 간의 심리적 및 사회적 요소를 고려하여 학습 가능한 환경을 조성하는 것을 의미한다.

앞서 언급한 3가지 요소 중 '학급풍토', 즉 '교사의 노력에 의해서 조성되고 유지될 수 있는 학습 환경' 측면에 초점을 두고 학습 촉진적 분위기를 특징짓는 요소를 살펴보도록 한다.

(2) 학습 촉진적 분위기를 특징짓는 요소

'분위기'라는 것은 교사와 학생, 학생과 학생 간의 인간적 관계에서 형성되는 성향을 표현하는 것이다. 여기서 다루고자 하는 것은 어떤 분위기가 학습에 가장 도움이 되는지에 대한 것이다(Meyer, 2004).

학습을 촉진하기 위한 분위기는 다음과 같은 것들을 통해서 특징지어진다.

- 상호존중: 서로에 대한 예의바름으로서, 멸시가 없는 상황을 의미함.

- 규칙의 준수: 교사와 학생들 간에 이루어진 학습 관계에 대한 신뢰성을 보여 줌. 즉, 교사는 규칙이 합의되고 준수되는가에 대해서 주요한 책임을 지다가 점진적으로 그 책임을 학생들에게 위임하는 과정이 중요함.
- 책임의 공유: 교실 내에서의 학습의 본질적인 요소는 자신의 학습과정과 동료 학생의 학습과정에 대한 책임을 서로 안고 가는 것임.
- 공정성: 개별 학생과 전체 학생에 대한 교사의 공정한 태도로서, 학생들에게 기만, 편애, 또는 무성의가 보여서는 안 됨.
- 배려: 학생의 학습 자세와 준비 태도를 확보하는 데 반드시 필요함. 배려는 교사가 수업을 이끌어 나갈 때 발휘되는 폭넓은 고려와 학생들 간에 서로 도우려는 자세라 볼 수 있음. 교사에게 사랑받고 있다는 느낌을 받게 하는 것이 중요함.

- 교사는 학생들을 존중한다.
- 어떤 학생도 낮은 성취 능력 때문에 차별받지 않는다.
- 학생은 학습하는 과정에서 서로 배려하고 서로 도와준다.
- 개별 학생들은 서로 간에 공격적인 태도가 보이지 않는다.
- 학생들이 서로 비난하지 않는다.
- 언어적인 폭력이나 욕설을 내뱉지 않는다.
- 개별 학생에 대한 편애나 차별이 없다.
- 소집단들 간에 경쟁이나 권력다툼이 별로 없다.
- 동료 학생에 대한 은밀한 따돌림이 없다.
- 학급 내의 '역할'로 수정들이 명료하게 정해져 있다.
- 학생들 스스로 합의된 규칙을 지키라고 서로 격려하고 주의를 준다.
- 웃음이 종종 터져 나온다.

그림 7-2 _ **학습 촉진적 분위기를 판단하는 지표**

이와 같은 요소로 [그림 7-2] 지표들이 구성되며, 이에 대해서 교사는 자신의 수업을 되돌아보면서 성찰할 수 있다. 제시된 지표과 같이 학습 환경이 적절하게 조성된다면 모든 학생에게 수행 기대치와 학습에 대한 열정을 높일 수 있을 것이다.

(3) 학습 촉진적 분위기에 따른 긍정적 효과들

학습 촉진을 위해서는 일단 긍정적인 수업분위기가 필요하며, 그러한 학습분위기는 다음과 같은 영역들에 대해 매우 강한 긍정적 영향을 미친다(Meyer, 2004).

- 성취 준비도와 성취 태도: 긍정적인 학습 환경은 학생들을 수업에서 더 강도 높게 협력하는 데로 이끈다. 그때 학생들은 두려움을 더 적게 보여 주며 학교생활에서 오는 스트레스와 불쾌감에 덜 시달리고 대체로 스스로 더 건강하다고 느낀다.
- 학교와 수업에 대한 태도: 긍정적인 수업분위기가 지배적이면 학생들은 학교에 더 만족하며 수업에서 더 많은 즐거움을 느낀다.
- 사회적 태도: 긍정적인 수업분위기에서는 수업 방해가 잘 일어나지 않는다. 학생들의 공격적인 태도와 폭력이 감소한다. 공격적인 학생들도 자신을 더 잘 통제하게 된다.
- 흥미의 발전: 학생들이 학교 환경을 긍정적으로 체험하면 교과에 대한 흥미도 더 잘 형성되게 된다. 부정적인 분위기에서 이것은 정반대로 나타난다. 특히, 여학생들은 흥미의 형성에서 칭찬 또는 격려의 영향을 남학생들보다 더 많이 받는다.

학습 분위기가 긍정적으로 느껴지면 학생들은 자신의 능력과 흥미를 더 잘 발전시키며 더 나은 인지적, 방법적, 사회적 학업성취에 도달하게 된다. 물론, 상급 학년에 속하거나 높은 자주성을 가진 우수한 학생들은 냉랭한 분위기에서도 학습 성과를 올릴 수 있다. 하지만 더 어리고 부진한 학생들일수록 긍정적인 분위기를 필요로 한다.

학습 촉진적 분위기가 학생들을 더 영리하게 만드는 것은 아닐지 모르지만 좋은 수업을 위한 하나의 역할을 할 수 있음을 기억해야 한다.

2) 나의 학습 촉진적 분위기 되돌아보기

되돌아보기의 목적은 자신과 자신의 수업에 대해 한 발자국 떨어져서 보다 객관적인 관점에서 큰 그림을 그려 보는 것이다. 학습 촉진적 분위기에 대한 되돌아보기는 교사로서 자신이 학습 촉진적 분위기를 조성하기 위한 충분한 역량이 있는지 그리고 실제 학습 촉진적 분위기를 조성하고 있는지를 성찰해 보는 것을 의미한다. 학습 촉진적 분위기에 대한 되돌아보기는 〈표 7-1〉에 제시된 수업의 네 가지 구성요소를 중심으로 학습 촉진적 분위기에 대한 되돌아보기 영역을 선정하여 성찰해 볼 수 있다.

표 7-1 되돌아보기 계획하기

영역	구체적인 내용	되돌아보기 전략
교사로서 자기 자신	• 수업철학	• 자기성찰일지: 수업철학이 학습 촉진적 분위기 조성을 할 때 잘 반영되고 있는지를 성찰
	• 교사로서 기초역량	• 기초역량 진단지: 학습 촉진적 분위기 조성에 필요한 기초역량을 가지고 있는지 성찰 • 교사관심도 분석도구: 교사로서 자신이 관심을 가지고 있는 영역(자아중심, 직무중심, 학생중심)에 대해서 성찰
	• 교사로서 자기 자신에 대한 종합적 이해	• SWOT 분석: 학습 촉진적 분위기 조성 역량
학습자	• 인지적 특성 • 사회 · 정서적 특성 • 신체적 특성	• 사회적 환경 분석도구: 교수자 이외의 학습자들 간의 대인관계, 학습자와 교수자와의 관계, 협력 정도, 학습내용 난이도 등의 학습자, 학습내용과 매체, 학습 환경 등의 세 가지 영역을 중심으로 학습 촉진적 분위기에 대해 성찰
학습내용과 매체	• 교육과정 재해석 • 학습내용으로 재조직화 • 학습내용과 매체와의 연계성	
학습 환경	• 물리적 환경 • 심리적 환경	

(1) 교사로서 자기 자신을 성찰하기

① 수업철학 성찰하기

학습 촉진적 분위기에 영향을 주는 요소로서 학교나 학급에서의 기대감과 역할, 개인의 기질과 성향, 그리고 학급풍토라고 설명하였다. 이때 개인의 기질과 성향이 바로 교사의 가치와 믿음에서 오며 그것이 수업철학에서 비롯된 것으로 볼 수 있다.

예를 들어, 교사가 경쟁적인 학습 환경보다는 협력적인 학습 환경을 통해서 학습능력을 길러 주는 것을 수업철학으로 가지고 있다고 가정한다면, 교사는 학생들 간에 서로 존중하고 배려하고, 서로의 활동에 상호책임을 공유할 수 있도록 분위기를 조성할 것이다.

따라서 수업철학 성찰하기에서는 자신의 수업철학이 무엇이며 어떻게 학습 촉진적 분위기를 조성하는 과정에 반영되는지를 성찰해야 한다.

이를 위한 첫 번째 방법으로 과거에 수행했던 수업에서 자신의 수업철학이 반영된 수업이 이루어지고 있는지를 분석해 본다. 이를 위해서는 자기성찰일지를 활용할 수 있다. 자기성찰일지를 활용하여 학습 촉진적 분위기 관점으로 살펴본 사례는 〈표 7-2〉와 같다.

표 7-2 수업철학을 반영한 학습 촉진적 분위기 조성 활동에 대한 성찰일지 예시

수업철학 요소	수업활동	성찰
상호존중	• 수업을 시작하기 전에 학생들이 서로 무시하지 않도록 서로 '부탁하는 방법'과 '비난하지 않는 방법' '비폭력대화 방법'을 먼저 훈련하는 활동을 수행한다. • 교사는 '학생들은 나의 동료다.'라는 가치를 가지고 수업에서 반드시 '존댓말'을 사용한다.	• 수업 전에 학생들이 서로 무시하지 않도록 '부탁하는 방법' '비난하지 않는 방법' '비폭력대화 방법'을 하는 데 수업진도로 인해서 수행하지 못하거나 미흡함. • 학생들을 존중하기 위한 마음가짐으로 '존댓말'은 반드시 사용하고 있음.
규칙의 준수	• 수업활동의 모든 규칙은 학생들 스스로 만들어 지키고, 그것을 위반할 때 어떻게 해야 하는지에 대해서도 학생들 스스로 결정하도록 한다. • 수업활동의 모든 규칙에서 교사도 예외가 없으므로 학생들이 정한 규칙에 교사도 포함토록 한다.	• 학생들 스스로 합의된 규칙을 지키게끔 수업규칙은 학생들 스스로 결정하도록 권한을 위임하였으나 실제로 내 의견이 상당히 반영되고 있음.
공정성	• 개별학생에 대한 편애나 차별이 없도록 성적에 대한 언급을 하지 않는다. • 수업 중 활동이나 과제에 대한 피드백을 할 때, 개개 학생들에게 구체적으로 맞춤형으로 제공한다.	• 학생들에 대한 사랑이나 시간에 대한 투자가 비슷하도록 평소에 애쓰나 아직도 부족하다고 판단됨.

② 기초역량 성찰하기

학습 촉진적 분위기 조성은 교사와 학생, 학생과 학생 간의 관계에서 비롯되므로 교사가 갖추어야 할 역량이 매우 복합적일 수 있다. 가장 핵심적인 역량은 Meyer(2004)가 제안한 내용을 중심으로 진단해 볼 수 있다.

표 7-3 학습 촉진적 분위기 조성 역량 진단도구

기초역량	하위 내용	척도				
		매우 낮음	←		→	매우 높음
윤리적 태도	학생들에 대한 존중, 공정성, 배려	①	②	③	④	⑤
관련지식	폭력예방방법	①	②	③	④	⑤
	비폭력대화이론	①	②	③	④	⑤
	사회정서학습이론	①	②	③	④	⑤
	학습심리이론	①	②	③	④	⑤
	의사소통이론	①	②	③	④	⑤
사회정서역량	공감능력	①	②	③	④	⑤
	스트레스 관리능력	①	②	③	④	⑤
거시적 수업전략	협력/협동학습전략	①	②	③	④	⑤
	감성수업(정서활용수업)전략	①	②	③	④	⑤
	학생관리 전략	①	②	③	④	⑤
	수업경영 전략	①	②	③	④	⑤
	공동체 조성 전략	①	②	③	④	⑤
	개별화수업전략	①	②	③	④	⑤
미시적 수업전략	소통전략(유머 등)	①	②	③	④	⑤
	강화전략	①	②	③	④	⑤
	감정코칭 전략	①	②	③	④	⑤
	스캐폴딩 전략	①	②	③	④	⑤

진단지 〈부록 1〉의 [7-1]을 작성할 때는 교사 스스로 학습 촉진적 분위기에 대한 이해와 그것에 대한 조성전략을 충분히 갖추고 있는지, 그리고 학습 촉진적 분위기 조성 전략을 적용하였을 때 어떤 효과가 나타났는지, 학습자들의 반응행동은 어떠했는지를 회상하면서 표시한다.

제시된 진단지는 학습 촉진적 분위기 조성을 위해 교사가 갖추고 있어야 할 최소한의 태도, 지식, 그리고 기술들을 진단할 수 있게 한 것이다. 첫째, 윤리적 태도 범주는 학생들에 대한 존중, 공정성, 배려 등 수업의 전반적인 윤리성을 준수할 수 있는 태도를 갖추고 있는가를 진단하는 것이다. 둘째, 관련지식 범주는 학습 촉진적 분위기에서 특징짓는 요소와 지표들을 통해서 알 수 있듯이 폭력예방방법, 비폭력대화이론, 사회정서학습이론, 학습심리이론, 의사소통이론 등을 활용한 전문성에 기초하고 있어야 하며 이를 진단하는 것이다. 셋째, 사회정서역량으로 학생들을 존중하고, 배려하면서 그들의 심리적인 안정을 추구하기 위해서 공감능력이 필요할 뿐만 아니라 교사 스스로 스트레스 관리 능력을 가지고 스스로 심리적인 안정이 필요하기 때문에 이에 대해서 진단하는 것이다. 넷째, 거시적 수업전략으로 학습 촉진적 분위기를 조성하기 위해서는 수업의 큰 틀에서 설계할 때 선정할 수 있는 수업모형들에 관한 지식과 이를 활용할 수 있는 능력을 진단하는 것이다. 다섯째, 미시적 수업전략은 거시적 수업전략 안에서 다양하게 사용될 수 있는 중요한 수업전략들로 이를 설계하고 활용할 수 있는지를 진단하는 것이다. 이들 범주별로 1점에서 5점 척도, 즉 '매우 낮음'에서 '매우 높음'까지의 척도에 따라 자신의 역량을 진단하고 그 결과에 따라 어떤 부분에서 부족하고 어떤 부분에서는 충분한 역량이 있는지 성찰해 보면 된다. 각 범주별로 구체적인 요인들이 있는데 이들 각각을 모두 구체적으로 진단하기보다는 범주별로 전체적인 진단을 해 보는 것이 도움이 된다.

이를 바탕으로 기초역량과 더불어 학습 촉진적 분위기 조성에 영향을 미칠 수 있는 교사의 관심에 대해서 진단해 본다. 그리하면 교사의 주요 관심사, 즉 자신, 교수과업, 학생들에 대한 학습영향의 관심정도에 따라 효과적인 학습 분위기를 조성하는 데 큰 차이가 나타나는 것을 알 수 있다.

③ 교사관심도 분석도구를 활용하여 성찰하기

㉠ 교사관심도에 대한 이해

교사관심도란 '교사가 책임과 의무를 갖는 업무 중에서 중요하다고 생각하거나 걱정하는 문제 또는 상황'을 의미하며, 그 관심 영역은 크게 자기(교사), 직무(수업), 영향(학생)으로 구분할 수 있다(Borich, 2011).

이러한 세 가지 관심영역은 자기(교사)에서 직무(수업), 그리고 영향(학생)에 대한 관심으로 자연스럽게 변화해 가는 과정일 수도 있지만, 새로운 학년이나 과목을 갑자기 가르쳐야 하는 경우에 이전의 관심 단계(예: 학생에 대한 관심으로부터 직무에 대한 관심)로 돌아갈 수도 있다. 혹은 교사가 새롭고 낯선 학교에서 가르치게 되는 경우에 직무 관심으로부터 자신의 관심으로 이동할 수도 있다. 그러므로 교사관심은 항상 발전적으로 결정되는 것이 아니라 상황 의존적이다. 뿐만 아니라, 관심의 세 영역은 서로 배타적인 것이 아니라 한 영역에서 깊은 관심을 가질 수도 있고, 세 가지 영역이 각각 강

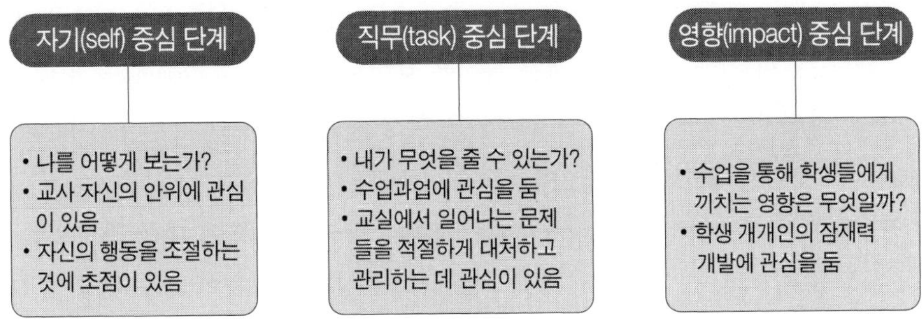

그림 7-3 _ 교사관심의 세 가지 단계

하지 않은 관심으로 나타날 수도 있다.

- 자기관심: 자기관심(self concerns)은 수업을 이해함에 있어 '자기 자신'에 대해 관심을 두는 것으로 교사로서의 자신의 위치, 적합성의 고민에 대한 관심을 의미한다. 주로, 자기관심은 초임교사들에게 주로 나타나는 특징으로 볼 수 있지만 앞서 언급한 대로 새로운 학교에서 수업을 하게 되는 경우에나 새로운 학년을 맡게 될 경우에도 나타날 수 있다. 자기관심의 구체적인 내용을 보면, 교직생활에 대한 적응, 생존 및 위기상황 극복, 교사로서의 이미지 관리, 교사자질의 적합성, 교실통제능력, 학부모와 교장 · 교감 선생님의 기대부응, 학생 및 동료교사로부터의 평가 등에 높은 관심을 보인다. 그렇기에 이 시기에 있는 교사들은 교수활동과 학습 환경에 대한 지식이 제한적이고 수업방법은 교과 중심적이고 전문적인 통찰력은 미흡하며, 자신감이 결여되어 있어 새로운 교수법에 대한 시도 자체를 기피하기도 하며(Burden, 1982), 학습을 촉진할 수 있는 분위기 조성에 대한 관심이 상대적으로 부족할 수 있다.
- 직무관심: 직무관심(task concerns)은 '수업 이행 자체'에 초점이 있는 것으로, 직무와 관련된 관심이다. 이는 수업을 비롯한 직무 과제를 만족스럽게 수행하고자 하는 관심으로, 수업이나 직무수행에 있어서 숙달과 효율성에 높은 관심을 보여 준다. 그래서 직무관심도가 높은 교사들은 전문성 성장을 위한 기회의 부족, 학생에 대한 평가, 학습자료 제작, 수업지도안 작성, 여러 가지 교수방법, 학급당 과밀한 학생 수와 같이 효율적 직무수행에 방해가 되는 문제들에 관심이 높게 나타난다(Fuller, 1969). 따라서 자신의 교수기술과 능력을 향상시키기 위한 노력으로 새로

운 교수자료, 수업방법, 수업전략 등을 탐색하며, 이를 위해 워크숍이나 학회 참여, 대학원으로의 진학 등을 시도하는 특징을 보여 준다(Burke, Christensen, & Fessler, 1984). 하지만 직무관심을 갖는 교사들은 학생 중심적이기보다는 교사 자신의 교수 행위에 더 큰 관심을 가지는 특징이 있다(Fuller & Brown, 1975).

- 영향관심: 영향관심(impact concerns)은 '학생의 학습과 성장'에 대한 관심으로, 이는 교사로서 가장 성숙한 관심에 속한다. 영향관심은 학생들의 학습 향상 및 학업성취, 학생들의 사회적 · 정서적 욕구에 대한 이해, 학습동기 유발, 학생의 잠재력 극대화 등과 관련하여 깊은 관심을 가진다. 따라서 영향관심이 높은 교사들은 수업을 통해 학생들에게 긍정적인 영향을 미치고자 하며, 효과적인 수업을 통해 교사로서의 능력을 발휘하고자 한다. 학생에 대한 관심이 높아지면서 타인에 의한 교사 자신의 개인적 성취나 평가보다는 학생들의 성취나 평가에 관심을 갖게 되며 학생들의 능력을 이해하고 적절한 목표를 설정해 주며, 성취 정도를 평가해 주고, 학생들의 성취 정도에 따라 자기 자신을 평가한다. 즉, 자기관심보다 영향관심이 더 많아질수록 교사가 나타내는 특징들은 타인에 의한 평가와 개인적인 이익보다는 자기평가와 학생의 이익에 초점을 둔다(Fuller, 1969; Fuller & Brown, 1975). 영향관심이 높은 교사들은 수업활동과 환경에 대해 자기관심이나 직무관심을 갖는 교사들보다 더 많은 이해를 하며, 복잡한 수업 상황과 환경에 대해 전문적인 통찰력도 지니게 되고, 학생 중심적인 수업, 자신감, 안정감, 그리고 새로운 교수법을 시도하려는 것이 특징으로 나타난다(Burden, 1982).

㉡ 교사관심도 분석도구 분석방법

Borich(2011)가 개발한 교사관심도 분석도구를 활용하여 교사 스스로 자신을 진단해 본다(〈부록 1〉[7-2]).

〈부록 1〉의 [7-2]를 살펴보면, 〈표 7-4〉와 같이 각 영역당 15개 문항이 연속선상에 있는 것이 아니라 무작위로 섞여 있다. 그리고 문항 수는 각 영역당 15개 문항으로, 5점 리커트 척도로 최고점수는 75점, 최저점수는 15점이 된다.

표 7-4 문항구성

관심영역	문항 수	문항번호	최고 점수	최저 점수
자기관심	15	2, 4, 8, 9, 13, 14, 18, 20, 24, 26, 28, 30, 32, 35, 44	75	15
직무관심	15	1, 3, 6, 7, 10, 11, 12, 16, 21, 25, 27, 31, 33, 40, 42	75	15
영향관심	15	5, 15, 17, 19, 22, 23, 29, 34, 36, 37, 38, 39, 41, 43, 45	75	15

일반적으로 교사관심도 분석도구를 활용하여 수업을 성찰할 경우에는 크게 두 가지 접근에서 분석해 볼 수 있다. 한 가지는 과거와 현재 경험상, 내가 관심을 가진 부분에 분석하고자 할 때와 나머지 한 가지는 어떤 특정한 일정 기간 동안에 세 개 영역에서 어떠한 변화가 일어나는가를 파악하고 싶을 때 활용할 수 있다.

첫째, 과거와 현재 경험상, 내가 관심을 가진 부분에 분석하고자 할 때, 결과해석은 점수가 높을수록 관심도가 높다고 분석한다. 해석은 다음과 같이 할 수 있다. 한 영역에서 점수가 높게 나타나면 교사는 그 관심의 단계로 판단할 수 있다. 또는 세 가지 영역의 점수가 높게 또는 낮게 비슷하게 나온다면 전반적으로 깊거나 또는 얕은 관심을 가지고 있다고 할 수 있다. 세 개 영역의 평균치는 각 영역의 항목에 대한 응답 점수를 합산한 후 응답한 항목의 수로 나누면 얻을 수 있다. 각 영역의 합산점수를 분석할 때, 매우 높은 점수는 75에서 65이며, 매우 낮은 점수는 15에서 25에 해당된다.

둘째, 어떤 특정한 일정 기간 동안에 세 개 영역에서 어떠한 변화가 일어나는가를 파악하고자 할 때는 한 학기 수업을 시작할 때와 종료할 때, 또는 새로운 학교에서 처음 수업을 할 때와 마지막 수업을 할 때, 새로운 과목을 담당하게 될 때의 처음과 끝 등으로 기간을 정해 놓고 시작과 끝에 각각 관심도를 체크하여 분석해 보는 것이다. 이럴 경우에 분석은 다음과 같다. 예를 들어, 〈표 7-5〉와 같이 각 관심영역의 시작과 끝 항목의 항목점수를 더하여 그 변화정도를 기록해 보는 것이다.

표 7-5 관심도 변화 분석표 예시

관심영역	시작	끝	변화
자기관심	60	45	-15
직무관심	45	60	+15
영향관심	15	30	+15

〈표 7-5〉의 예시 자료는 자신의 관심으로부터 직무관심으로, 또한 자신의 관심으로부터 영향의 관심으로 변화하고 있는 것을 보여 주고 있다. 이렇게 관심도 변화를 분석하여 교사 스스로가 학습 촉진적 분위기에 어느 정도 노력을 하고 있는지를 진단할 수 있다.

ⓒ 교사관심도 결과에 의한 학습 촉진적 분위기 성찰하기

교사는 스스로 자신이 한 수업의 과거와 현재 경험상, 내가 관심을 가진 부분에 대해서 분석하여 진단해 본다.

표 7-6 교사관심도 분석결과에 따른 성찰 예시

관심영역	문항 수	최고 점수	최저 점수	과거 점수	현재 점수	변화 점수	성찰
자기관심	15	75	15	70	40	-30	• 과거에 나는 내가 어떻게 보일까에 관심이 많았고, 어떻게 일을 잘 처리할 수 있을지에 대해서 관심이 많았는데, 요즘에는 학생들을 위해서 내가 무엇을 해야 하는지에 대해서 관심이 많음. • 학생들이 필요하고, 요구하는 것을 많이 생각하는 편임.
직무관심	15	75	15	80	70	-10	
영향관심	15	75	15	50	80	+30	

교사로서 자기 자신에 대한 각각의 진단이 끝나면 이전 장에서 기술한 SWOT 분석도구를 활용하여 전체적으로 자신에게 어떤 장점과 단점이 있는지 그리고 이를 개선하기 위한 방안은 무엇인지를 성찰해 볼 필요가 있다. 교사로서 자신의 학습 촉진적 분위기 전략에 대한 각각의 진단이 끝나면 SWOT 분석도구를 활용하여 전체적으로 수업경영 영역에서 자신에게 S(Strength, 강점), W(Weakness, 약점), O(Opportunity, 기회), T(Threat, 위협)의 네 가지 분석 측면, 그리고 이를 개선하기 위한 방안은 무엇인지를 종합적으로 성찰해 본다.

주로 내가 속한 학교나 학급의 내부 환경을 분석하여 강점과 약점을 발견하고, 외부 환경을 분석하여 기회와 위협을 찾아내어, 이를 토대로 강점은 살리고 약점은 줄이며, 기회는 활용하고 위협은 억제하는 전략을 수립하게 된다. 여기서 내부 역량 요인 중

강점은 내가 소유하고 있는 장점으로 역량이나 경쟁우위 등으로 생각하여 기록하면 되고, 약점은 내게 부족한 점으로 뒤처진 것, 개발이나 노력이 필요한 것을 의미한다. 그리고 기회는 외부환경의 기회로서 학습 촉진적 분위기의 효과성, 효율성을 높일 수 있는 요소를 기록하면 되고, 위협은 그 반대로 학습 촉진적 분위기에서 효과성, 효율성 등의 악화를 가져오는 나쁜 요소들을 말한다.

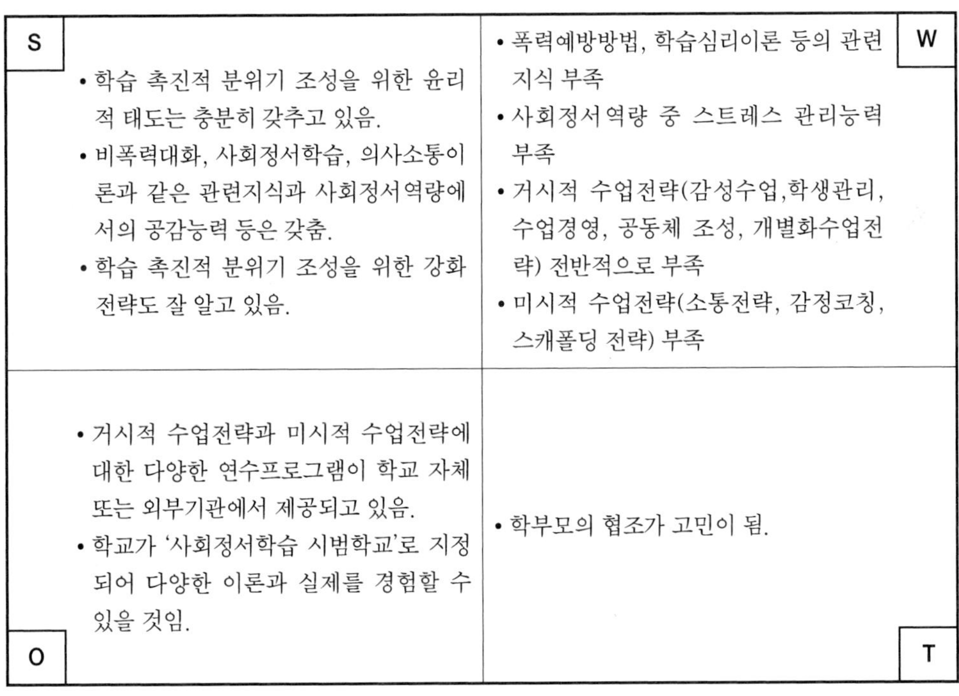

그림 7-4 _ 학습 촉진적 분위기에 대한 교사 자신에 대한 SWOT분석 예시

(2) 학습자, 학습내용과 매체, 그리고 학습 환경 되돌아보기

학습 촉진적 분위기에 대해서 성찰할 때, 학습자, 학습내용과 매체, 그리고 학습 환경에 대해서 각각 심도 있게 성찰할 수도 있지만 앞서 제시한 되돌아보기 기획하기에서 사회적 환경 분석도구를 활용한다면 통합적으로 진단할 수 있다.

① 사회적 환경 분석도구 이해하기

㉠ 사회적 환경에 대한 이해

학습 촉진적 분위기를 조성하기 위해서는 교실 내에 우세한 사회적인 환경(Learning

environment Inventory: LEI, Fraser & Walberg, 1991)을 측정하는 것이 중요하다(〈부록 1〉의 [7-3] 참조). 교사관심사를 분석하는 것과 달리 사회적 환경을 분석하는 접근법은 학생들 간의 대인관계, 학생과 교사 관계, 협력 정도 등과 같은 교실의 사회적인 면에 대해서 진단해 본다.

본 도구를 활용하여 과거에 이루어진 수업에서 교사 스스로 어떠한 사회적 환경을 조성해 왔는지에 대한 경험을 분석해 보는 것이다.

사회적 환경에 해당되는 영역은 다음과 같다.

- 응집성: 학생들이 서로 간에 친하게 지내고 서로 도움을 주고, 서로 간에 아는 정도를 의미한다. 응집성의 경우, 지나치게 높거나 낮으면 오히려 학습 촉진적 분위기에 방해가 될 수 있다. 교실 내에서 지나치게 응집성이 높으면 소속원과 비소속원을 분리시켜 놓고 어떤 학생은 학습과정에 참여하고자 하는 동기와 의지를 저하시킬 수도 있다. 반면에 응집성이 지나치게 낮을 경우 집단의 규범에 충실하지 않게 될 것이며, 각 개인의 관심과 욕구에만 집중하게 될 것이다.
- 다양성: 학생들의 관심의 차이와 그것에 따른 제공하는 정도를 의미한다. 다양성의 경우, 지나치게 높거나 낮으면 응집성과 같이 오히려 학습 촉진적 분위기에 방해가 될 수 있다. 지나치게 다양성이 높게 되면 학생들 간에 문화, 관련된 기대역할에서 공유하는 것이 너무 적기 때문에 가르치는 데 어려움이 따르고, 다양성이 너무 적으면 교사는 학생들이 모두 같다고 믿게 되며, 개인 학생의 필요를 간과하게 된다.
- 형식성: 공식적인 규칙에 의한 수업행동으로서, 교사와 학생 모두, 학습 성취를 위해 유연한 접근이 필요하다. 형식성도 역시 지나치게 된다면 학생들이 상당히 불편함을 느낄 수 있으므로 주기적으로 규칙을 변화하는 것도 하나의 방법이다.
- 속도: 수업활동의 적절한 성취 속도로서, 학생의 수업목표에 대한 수행 정도는 학생이 다른 학생과 같은 속도로 배우고 있다고 느낄 때 최대로 달성될 수 있다. 너무 빠른 속도는 성취 수준이 낮은 학생들에게는 수업의 목표에 대한 수행 약속을 지키지 못하게 할 것이며, 너무 느린 속도는 높은 수준의 학생들의 학습 노력을 저해한다.
- 물리적 환경: 온도, 조명, 공간, 배치, 교구, 교재 등의 활용을 의미하며, 이러한 교실의 물리적 환경은 집단의 조직이나 구성원의 관계에 영향을 미친다. 일반적으로

교실이 실제 생활을 반영하면 할수록 학습의 기회가 더 많다고 한다. 예를 들면, 수업활동에 필요한 자료를 구하기 어려운 학생은 학습활동하는 것을 즐기지도 못하고 완성하지도 못할 것이며, 자신의 학습에 통제력을 가지고 있지 못하다고 느낄 것이다.

- 마찰: 학생들 간에 긴장과 다툼 정도로서, 마찰이 강하면 강할수록 교실 관리에 더 많은 시간을 쓰게 되고, 오히려 교실은 배움이 있는 학습공간이 아닌 통제가 있는 공간으로 변질된다.
- 목적 지향: 명확하게 수업의 목표가 제시되는 정도를 의미한다. 학생들은 목표 지향적인 수업의 경우 목표가 명시화되지 않은 수업보다 상당히 빠르게 수업목표에 도달할 수 있다.
- 편애: 교사가 학생들을 대하는 태도로서, 교사가 몇몇 학생들만 더 좋아하는 정도를 의미한다. 즉, 어떤 학생과 교사가 다른 학생에게 피해를 끼치면서 몇몇 학생에게는 이롭게 행동하는 것을 뜻한다. 이에 지나치게 편애가 심한 수업의 경우, 피해받는 학생들의 자아개념이 낮아지고 수업목표 성취에 방해가 되기도 한다.
- 파벌: 학생들 간에 배타성을 의미한다. 즉, 수업 내의 파벌은 학급 구성원 간에 적대심을 야기하게 된다. 파벌이 심한 경우에는 학생들이 교사의 수업활동이나 자신의 학습에 충실해지기보다는 자신이 속한 집단에 충실하여 특히 수업 중 모둠학습을 하는 경우에 몇몇 학생들은 산만해지거나 과업에 집중하지 못하는 경우가 발생한다.
- 만족도: 학생에게 부과된 과제나 활동을 완수하면서 얻는 성취감 정도를 의미한다. 만약 학생들이 지속적으로 낮은 만족감을 받는다면 더 큰 절망감으로 수업에 대한 흥미를 잃고 학습 성취 의욕을 상실하게 된다.
- 혼란: 수업이 혼란스러워 수업활동 시간이 줄어들어 학습할 기회가 없는 정도를 의미한다. 극단적인 혼란은 수업 관리 문제를 야기하고 수업목표를 달성하는 데 필요한 시간이 늘어나게 된다. 학생들은 엄하지 않은 선생님과 지켜지지 않는 규칙에 대해서 불평을 하기도 한다. 즉, 수업규칙에 대해서 명확하게 지켜 주는 선생님의 수업에서 학습하고자 하는 분위기가 조성된다고 할 수 있다.
- 난이도: 학생의 학습능력 수준을 고려하는 정도를 의미한다. 난이도가 지나치게 높으면 어떤 학생은 포기하거나 학습활동으로부터 이탈하게 된다. 반면에 난이도가 지나치게 낮으면 지루하게 느낄 수 있다.

- 무관심: 수업활동이 학생 자신의 실제 생활과의 관련성을 찾지 못해 수행 능력이 떨어지는 정도를 의미한다. 즉, 무관심 정도가 높으면 학습자가 자신의 학습에 주인의식을 갖지 못하게 된다.
- 민주성: 온화함의 정도에 따라 권위성과 민주성 연속선상에 있는 위치 정도로서, 학생들이 수업활동에 대한 의사결정을 동등하게 공유하는 정도를 의미한다. 온화하고 민주적인 환경과 마찬가지로 교사가 온화하게 학생을 잘 보살펴 준다면, 권위적인 환경에서도 학습하고자 하는 분위기가 조성될 수 있다.
- 경쟁: 학생들 간에 서로 경쟁을 강조하는 정도로서, 과도한 또는 적은 경쟁이 아닌 경쟁과 협동이 반복되는 순환이 최선임을 알아야 한다. 즉, 집단규범과 공유를 중요시 생각하는 학생들의 경우에는 개인적이고 경쟁적인 수업을 상당히 불편해할 수도 있다. 이에 유연하게 경쟁과 협동이 이루어질 필요가 있다.

이와 같이 사회적 환경 분석을 위한 총 15개의 영역은 응집성, 다양성, 형식성, 속도, 물리적 환경, 마찰, 목적 지향, 편애, 파벌, 만족도, 혼란, 난이도, 무관심, 민주성, 경쟁 등이 있다.

이러한 15개의 영역 중에서 응집성, 다양성, 형식성, 속도, 난이도, 경쟁 등의 여섯 가지 영역은 반드시 높은 점수가 학습 촉진적 분위기를 조성하는 데 더 바람직한 것을 의미하지는 않는다. 이 영역에서의 점수는 지나치게 높거나 지나치게 낮게 나타나지 않도록 하는 것이 학습을 촉진하는 분위기를 조성하는 데 의미가 있다고 볼 수 있다(〈부록 1〉의 [7-3]참조).

㉡ 사회적 환경 분석도구 분석방법

〈부록 1〉의 [7-3]과 같이 사회적 환경 분석도구는 교사의 자기인식 설문지 형태로서, 진실된 교사의 답변을 토대로 수업을 되돌아볼 수 있다.

본 분석도구의 분석방법은 다음과 같다. 첫째, 각 문항을 체크하여 해당 영역에 해당된 점수를 합산하고 그 영역에 해당된 항목 수를 나누어 평균점수를 구한다.

표 7-7 사회적 환경 분석을 위한 설문내용

영역	문항 수	문항번호	최고점수	최저점수
응집성	3	1, 16, 31	12	3

다양성	3	2, 17, 32	12	3
형식성	3	3, 18, 33	12	3
속도	3	4, 19, 34	12	3
물리적 환경	3	5, 20, 35	12	3
마찰	3	6, 21, 36	12	3
목적 지향	3	7, 22, 37	12	3
편애	3	8, 23, 38	12	3
파벌	3	9, 24, 39	12	3
만족도	3	10, 25, 40	12	3
혼란	3	11, 26, 41	12	3
난이도	3	12, 27, 42	12	3
무관심	3	13, 28, 43	12	3
민주성	3	14, 29, 44	12	3
경쟁	3	15, 30, 45	12	3

둘째, 영역별로 평균점수에 대해서 분석해 보아야 한다. 우선, 응집성, 다양성, 형식성, 속도, 난이도, 경쟁의 점수가 지나치게 높거나 낮은 것은 아닌지를 분석해 본다. 지나치게 높다는 것은 평균점수가 3.5~4.0일 때, 지나치게 낮다는 것은 평균점수가 1.0~1.5를 나타낸다. 그리고 나머지 영역인 물리적 환경, 마찰, 목적 지향, 편애, 파벌, 만족도, 혼란, 무관심, 민주성의 평균점수가 어느 정도 인지를 살펴본다. 이때 물리적 환경, 목적 지향, 만족도, 민주성의 평균점수는 높으면 높을수록 학습 촉진적 분위기를 조성하고 있다고 해석할 수 있으며, 편애, 파벌, 혼란, 무관심의 평균점수는 낮으면 낮을수록 학습 촉진적 분위기를 조성하고 있다고 해석할 수 있다.

㉢ 사회적 환경 분석결과에 의한 학습 촉진적 분위기 성찰하기

교사 스스로 사회적 환경 분석도구를 활용하여 그 결과에 대해서 과거와 현재 경험상, 내가 수업에서 느꼈던 부분에 대해서 분석하여 진단해 본다. 어떤 영역에 대해서 개선의 노력이 필요할지에 대해서 진단 부분에 '개선필요'라고 작성한다. 단, 지나치게 높거나 낮은 경우에는 자동으로 진단부분에 표시가 되지만, 그 외 부분에 있어서도 자신이 스스로 진단하여 학습 촉진적 분위기에 대해서 자신의 수업을 성찰해 본다.

표 7-8 사회적 환경 분석결과에 따른 성찰일지 예시

영역	문항 수	최고 점수	최저 점수	획득 점수	평균 점수	성찰
응집성	3	12	3	6	2	• 다양성, 형식성이 다소 높은 편에 속하므로, 적절하도록 유지할 수 있는 고민이 필요함. • 목적 지향, 만족도, 민주성이 다소 높게 나타날 수 있도록 전략이 필요할 것으로 판단됨. • 물리적 환경과 혼란, 편애, 무관심에서 있어서는 적절한 평균점수를 보여 주고 있음. 그 부분에 있어서는 과거수업 방식대로 유지할 필요가 있다고 판단됨.
다양성	3	12	3	12	4	
형식성	3	12	3	12	4	
속도	3	12	3	6	2	
물리적 환경	3	12	3	12	4	
마찰	3	12	3	9	3	
목적 지향	3	12	3	9	3	
편애	3	12	3	3	1	
파벌	3	12	3	9	3	
만족도	3	12	3	10	3.3	
혼란	3	12	3	5	1.6	
난이도	3	12	3	6	2	
무관심	3	12	3	6	2	
민주성	3	12	3	10	3.3	
경쟁	3	12	3	9	3	

〈표 7-8〉의 사회적 환경 분석결과 예시와 같이 교사 스스로, 각 영역에 대해서 획득점수와 평균점수를 분석해 본 후에 구체적으로 성찰해 본다. 특히 지나치게 높거나 낮으면 안 되는 영역인 응집성, 다양성, 형식성, 속도, 난이도, 경쟁을 살펴보고, 나머지 영역인 물리적 환경, 목적 지향, 만족도, 민주성의 평균점수는 높으면 높을수록 학습 촉진적 분위기를 조성하고 있다고 해석하며 편애, 파벌, 혼란, 무관심, 마찰의 평균점수는 낮으면 낮을수록 학습 촉진적 분위기를 조성하고 있다고 본다.

3) 되돌아보기 종합하기: 자기수업컨설팅 과제 규정하기

되돌아보기를 하다 보면 자신의 수업에 대한 전체적인 그림이 그려지고 자기수업컨설팅에서 가장 초점을 두고 해결해야 할 수업문제가 나타나게 된다. 자기수업컨설팅에서는 여러 가지 문제를 함께 해결하려 노력하기보다는 가장 중요한 한 가지 문제만을 선정하여 이를 중심적으로 깊이 있게 성찰하는 활동이 필요하다. 그리고 자기수업컨설팅은 일회적이 아닌 지속적인 과정이기 때문에 다른 문제들은 한 가지 문제가 해결된 후 성찰을 하면 된다.

학습 촉진적 분위기 조성을 위한 자기수업컨설팅 과제는 매우 다양할 수 있으며 자신의 수업상황에 따라 다른 수업문제들이 규정되게 될 것이다. 학습 촉진적 분위기 조성을 위한 자기수업컨설팅 과제 규정의 한 가지 예를 든다면 다음과 같다. 즉, 학생들이 능동적으로 95% 이상 참여하는 수업분위기를 조성하고자 하는 것을 수업목표로 설정하였으나 실제 50% 정도 학습자들만 능동적으로 참여하는 분위기였다면, 45% 이상의 학생들이 능동적으로 참여할 수 있는 수업분위기로 조성할 수 있도록 전략이 개선되어야 한다. 따라서 이를 중심으로 자기수업컨설팅이 진행될 수 있다.

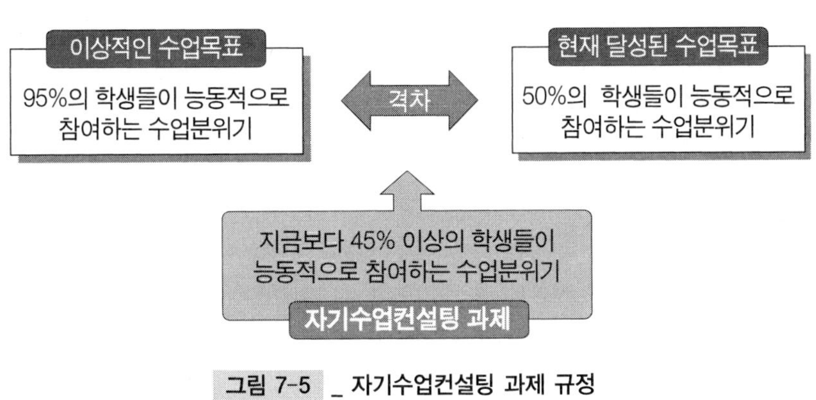

그림 7-5 _ 자기수업컨설팅 과제 규정

2. 수업 들여다보기

학습 촉진적 분위기의 들여다보기에서는 학습 촉진적 분위기 조성에 대해서 현재 자신의 수업을 구체적으로 분석해 보는 활동이 이루어진다. 이를 위해 '수업분위기' 분석도구에 대한 기초적인 지식과 활용방법을 다룰 것이다. 수업분위기 분석도구는 학습자와 교수자, 두 대상으로부터 각각 분석결과가 도출되고, 그 결과를 바탕으로 학습 촉진적 분위기에 대해서 어떠한 점을 개선해야 할지에 대해서 객관적인 분석이 이루어질 수 있다.

1) 수업분위기 분석 성찰하기

교실 행동에 영향을 미치는 중요한 영역 중의 하나로서 교수자의 언어적 그리고 비언어적 행동을 들 수 있으며, 이러한 언어적 · 비언어적 행동들은 특히 수업분위기를 조성하는 데 결정적인 영향을 미치게 된다. 수업분위기 분석은 수업을 진행하는 교수자의 언어적 · 비언어적인 다양한 행동에 따라 학습자가 수업에서 느끼는 감정을 파악하여 그 변화를 도출하여 바람직한 학습 촉진적 분위기 조성을 위한 교수자의 행동전략 수립을 제안하는 데 그 목적이 있다(이상수, 강정찬, 이유나, 오영범, 2012).

Borich(2003, 2011)가 개발한 수업분위기 분석도구로서 본 도구는 교수자의 행동과 학습자들의 행동 간 상호작용을 관찰하되 주로 교수자의 수업분위기 형성 행동을 중심으로 분석한다.

[그림 7-6]과 같이 온화함과 통제라는 두 가지 축을 중심으로 높은 온화함, 낮은 온화함, 높은 통제, 낮은 통제의 조합에 의한 네 가지 영역으로 분류가 된다(Soar & Soar, 1983). 자세히 살펴보면, 온화함과 통제가 동시에 일어날 수도 있고, 한 영역에서의 행동이 다른 영역의 행동을 배제하지 않는다는 것을 보여 주고 있다. 다시 말하면, 바람직한 수업분위기를 조성하기 위하여 교사는 온화하기 위해서 통제를 포기하거나, 통

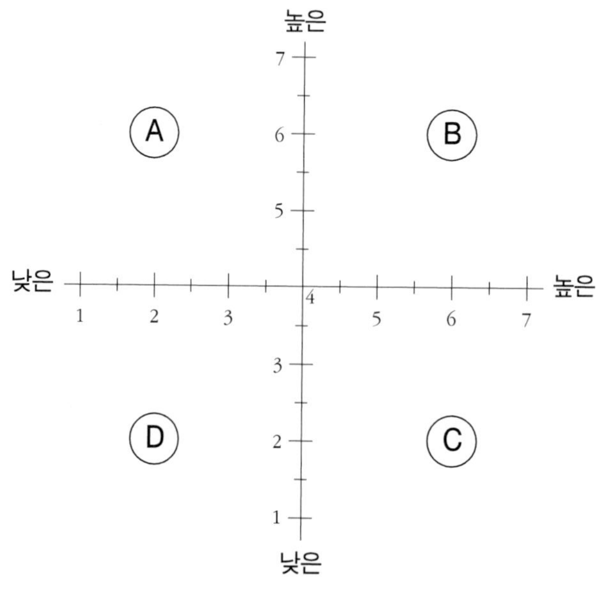

그림 7-6 _ 두 축으로 나타낸 교사의 온화함과 통제

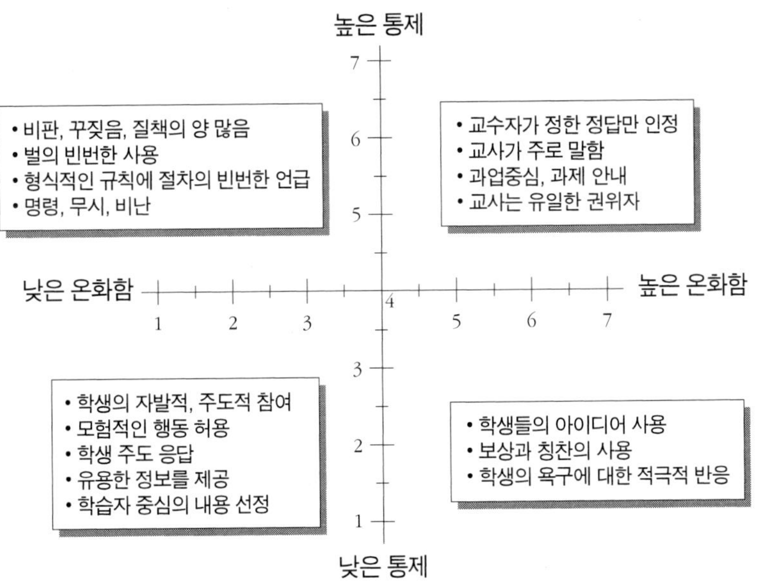

그림 7-7 _ 통제와 온화함의 영역별 특징

제하기 위해서 온화함을 포기할 필요가 없는 것이다.

높은 통제, 낮은 통제, 높은 온화함, 낮은 온화함의 양극단의 각각의 교사의 행동에 대한 설명은 [그림 7-7]과 같다. 이러한 극단의 특징을 토대로 교사의 온화함과 통제에 따라서 수업분위기를 분석하는 데 있어서 네 가지 주요한 조합은 [그림 7-8]과 같다.

첫째, 사분면 Ⓐ 영역은 높은 통제-낮은 온화함 영역이다. 교사는 냉정하고 통제적인 것으로 특징된다. 이 영역에 해당하는 교사는 학생 행동의 모든 면을 통제하기 위하여 학생을 비판하거나 창피를 줄 수도 있다. 학생들에게 거의 칭찬과 상을 제공하지 않는다. 특히 교사는 극히 업무적이고 항상 과업 중심이며, 교사가 거의 주도하는 수업으로, 학생들과의 상호작용이 거의 없는 편이다. 높은 수준의 과제를 요구하는 데 칭찬, 보상, 강화보다는 벌, 굴욕감을 오히려 사용하는 편이다.

둘째, 사분면 Ⓑ 영역은 높은 통제-높은 온화함 영역이다. 교사는 매우 온화하면서도 매우 통제적인 것으로 특징된다. 하지만 높은 정도의 온화함과 통제가 동시에 이루어질 수 있다. 이 영역의 교사는 학생들의 바람직한 행동과 그에 따른 보상체제가 명확하여 결과적으로 수업분위기는 숨막힐 수 있으며 학생은 스스로 행동하거나 활동을 추구하는 경우가 드물다. 즉, 교사가 상을 받을 만한다고 밝힌 행동만 가치가 있다고 보고 있어 그 외 자발적인 행동 자체가 없는 상황인 것이다. 결국 교사가 세운 빈틈

Ⓐ: 높은 통제-낮은 온화함 (냉정하고 통제하려는 교사)	Ⓑ: 높은 통제-높은 온화함 (온화하면서 매우 통제적인 교사)
• 높은 수준의 과제 중심 • 벌과 굴욕감의 빈번한 사용 • 칭찬, 상, 강화 부족 • 대부분이 교사 주도의 수업 • 교사가 말하는 시간이 극히 많음.	• 바람직한 행동과 그에 따른 보상체제가 명확하여 이러한 규칙에 따른 학습자 통제 • 자발적인 학생 응답 억제: 교사가 말하는 시간이 극히 많음. • 높은 수준의 과업중심 • 칭찬과 보상을 수단으로 학습자들을 통제하려는 경향이 강함.
Ⓓ: 낮은 통제-낮은 온화함 (냉정하고 허용적인 교사)	**Ⓒ: 낮은 통제-높은 온화함 (온화, 허용적인 관대한 교사)**
• 잦은 비난과 비판, 꾸짖음. • 교실 규칙이 없음. • 학생들이 종종 소리를 지름. • 교사의 말은 비행을 줄이는 데 초점을 둠. • 과업 중심 부족 • 교실 관리와 질책을 위한 수업시간 지연 • 과업보다 잘못된 행동의 통제에 초점	• 칭찬과 보상체제의 빈번한 사용 • 비공식적인 교실규칙 • 학습자들의 주도적 수업이 위주 • 교사는 중재자의 역할

그림 7-8 _ 수업분위기 4가지 영역의 특징

없이 운영되는 칭찬-보상 시스템으로 인해 학생이 독립적인 행동을 추구할 여유가 없는 학습 분위기가 된 것이다. Ⓑ 영역에서 덜 극단적으로 더 바람직한 부분은 보상과 결과 사이의 균형을 지키는 수업분위기로서 Ⓒ 영역에 해당될 수 있다. Ⓐ 영역과 Ⓑ 영역을 비교해 보면, 차이점은 Ⓐ 영역은 바람직한 행동은 잘 정의되어 있지만, 칭찬이 아닌 규칙-벌 체계를 강조하는 반면에 Ⓑ 영역의 교수자는 칭찬과 보상을 수단으로 학습자들을 통제하려는 경향을 보여 준다. 그리고 공통점은 과업 중심적이며 교수자 중심적인 수업이 이루어진다.

셋째, 사분면 Ⓒ 영역은 낮은 통제-높은 온화함 영역이다. 교사는 매우 온화하면서도 허용적이며 관대한 특징을 가지고 있다. 교사는 학생을 칭찬하고 보상을 자주 활용한다. 뿐만 아니라 학생의 행동에 한계를 선택하는 데 완전한 자유를 제공하는데, 때때로 혼돈이나 혼란의 상황에 처하는 경우도 있다. 이에 덜 극단적인 예는 칭찬과 보상은 명백히 하지만, 학생의 자발적 참여(예: 큰 소리로 말하기)와 모험적인 행동은 특정한 시기(예: 모둠 토론, 문제해결 활동)나 특정한 내용(예: 사회시간에는 하지만 수학시간에는 하지 않음)에 제한되어 있는 수업분위기이다. 이 시간 동안 교사는 교실 행동을 통제하는 것이 아니라, 지도하고 안내하면서 중재자 또는 참여자의 역할을 하게 된다. 또한 이 분면에 해당되는 수업에서는 학생은 언제 어떻게 말하는가에 대해서 상당한 자유를 가지고 있으며, 학생에 대한 교사의 온화하고 훈육하는 태도는 대부분 상호 간에 동의한 일련의 교실 규칙에 의해서 비언어적으로 전달된다.

넷째 사분면 Ⓓ 영역은 낮은 통제-낮은 온화함 영역이다. 이 영역은 냉담하고 허용적인 수업분위기가 나타난다. 이 영역의 교사는 대부분의 수업시간을 학생을 꾸짖고, 비판이나 비난하는 데 보내지만 비판되는 행동을 제한하거나 통제하는 교실(수업) 규칙은 거의 없다. 이러한 수업에서는 교실(수업)규칙이 거의 없기에 몇몇 특정한 학생이 이 점을 이용해서 소란을 피우며, 결과적으로 교사로 하여금 꾸중과 비판을 하게끔 한다. 즉, 수업은 과업에 초점이 주어지기보다는 잘못된 행동을 통제하는 분위기가 나타난다.

2) 수업분위기 분석을 통한 학습 촉진적 분위기 들여다보기

수업분위기 분석은 양적 분석방법을 사용한다. 이는 앞서 기술한 온화함과 통제의 두 축으로 구성된 수업분위기 유형 준거들을 중심으로 한 평정 척도와 계산 체계를 통해서 종합적인 판단을 하게 된다. 수업분위기 분석은 크게 두 가지를 활용하는데, 통제와 온화함을 토대로 수업분위기를 분석하는 도구를 학생용과 교사용으로 구분지어 다룬다. 수업을 진행하는 교수자의 언어적 · 비언어적인 다양한 행동에 따라 학습자가 수업에서 느끼는 감정을 분석하고 그 변화를 도출하여 바람직한 학습 촉진적 분위기 조성을 위한 교수자의 행동전략을 개선하기 위해서는 일단, 학생들이 수업에서 느끼는 수업분위기와 교사가 판단하는 수업분위기 간의 비교가 무엇보다 중요하다.

(1) 학생을 대상으로 한 수업분위기 분석하기

〈부록 2〉의 [7-1]을 통해 도출해 낸 평균값을 이용하여 나타낸 각각의 평가 항목은 그 행동이 얼마나 자주 일어나는가에 따라 '높음' '낮음'이라는 단어로 표시되며, 아래 빈칸에 제시된 숫자로 평가한다. 각 척도의 평균값은 관찰하고 있는 수업분위기를 가장 잘 나타내는 사분면을 결정하기 위하여 앞서 제시한 [그림 7-6]의 축에 표시된다. 즉, 각 학생들에게 수업분위기 분석도구를 조사한 후에, 온화함과 통제 영역을 각각 표시한 척도를 합하고 나서 평균값을 구하고, [그림 7-6]과 같이 표시한 후에 〈표 7-11〉과 같이 언어적 기술로 해석하면 된다.

〈표 7-9〉와 〈표 7-10〉은 학생들이 반응한 온화함과 통제 영역에 대한 각각의 평균값을 보여 주고 있다(〈부록 2〉의 [7-1] 참조).

표 7-9 수업분위기 온화함에 대한 학생들의 평균 예시

온화함	칭찬보상	비판정도	생각이용	규칙방법	요청반응	처벌사용	합계	평균
학생1	2	1	1	4	4	3	15	2.5
학생2	7	1	2	3	2	1	16	2.7
학생3	6	2	7	2	7	1	25	4.2
학생4	6	2	7	2	7	2	26	4.3
학생5	6	1	7	3	7	2	26	4.3
학생6	6	1	7	1	7	2	24	4.0
학생7	6	1	7	1	7	2	24	4.0
학생8	6	1	7	1	6	2	23	3.8
학생9	5	1	6	2	6	1	21	3.5
학생10	5	2	6	2	6	1	22	3.7
학생11	7	2	6	1	7	1	24	4.0
학생12	7	2	6	1	7	1	24	4.0
학생13	7	1	7	1	7	1	24	4.0
학생14	7	1	7	1	7	1	24	4.0
학생15	6	1	7	1	7	1	23	3.8
학생16	6	2	7	1	7	1	24	4.0
학생17	6	2	7	1	7	1	24	4.0
학생18	6	3	7	1	7	1	25	4.2
학생19	6	2	7	1	7	1	24	4.0
학생20	5	2	7	1	7	1	23	3.8
합계	118	31	125	31	129	27	461	76.8
온화함 평균	5.9	1.55	6.25	1.55	6.45	1.35	23.05	3.8

표 7-10 수업분위기 통제에 대한 학생들의 평균 예시

통제	자발성	교사발언	위험감수행동	과업안내	자발반응	교사권위	합계	평균
학생1	6	6	7	7	6	5	37	6.2
학생2	2	6	1	7	2	7	25	4.2
학생3	2	6	1	7	2	7	25	4.2
학생4	2	7	1	7	3	7	27	4.5
학생5	3	7	1	7	2	7	27	4.5
학생6	2	7	1	7	1	7	25	4.2
학생7	3	7	2	7	1	7	27	4.5
학생8	3	7	2	6	2	7	27	4.5
학생9	1	7	2	7	3	7	27	4.5
학생10	1	7	2	3	3	7	23	3.8
학생11	2	7	2	6	3	7	27	4.5
학생12	3	6	3	7	1	7	27	4.5
학생13	2	7	3	5	2	6	25	4.2
학생14	3	7	2	6	2	6	26	4.3
학생15	2	7	2	6	2	6	25	4.2
학생16	2	7	2	6	2	6	25	4.2
학생17	2	6	2	6	3	6	25	4.2
학생18	3	7	2	6	2	6	26	4.3
학생19	2	7	2	6	2	6	25	4.2
학생20	1	6	2	6	2	6	23	3.8
합계	47	134	42	125	46	130	524	87.3
통제 평균	2.35	6.7	2.1	6.25	2.3	6.5	26.2	4.4

통제 및 온화함의 평균값은 사분면의 적절한 곳에 점으로 표시한다. 예를 들면, 온화함의 평균값 3.8과 통제의 평균값 4.4는 사분면 Ⓐ에 해당되며, [그림 7-9]와 같이 표시된다.

제시된 [그림 7-9]와 같이 각 척도에 계산된 평균값에 상응하는 언어적 기술이 각기 다른 사분면을 기술하면 된다.

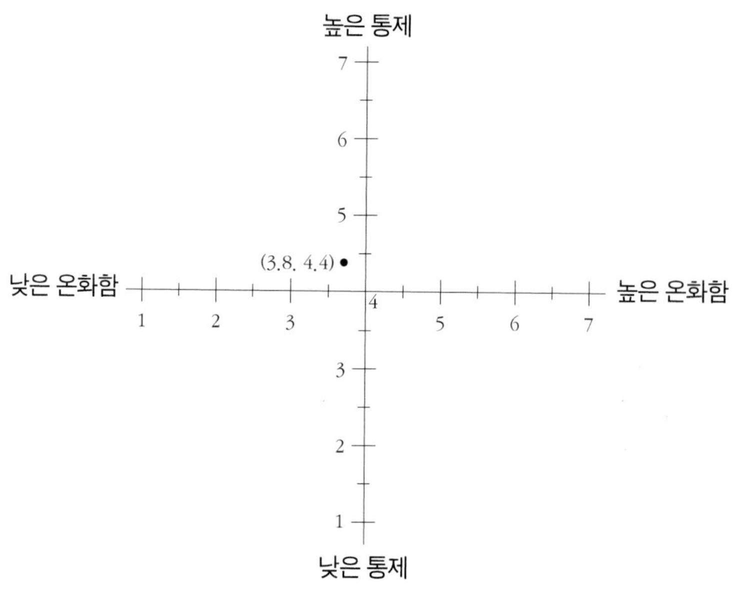

그림 7-9 _ 두 축으로 나타낸 교사의 온화함과 통제

표 7-11 언어적 해석

평균 척도	온화함 영역	통제 영역
1	온화함이 전무	통제 전무
2	아주 적은 양의 온화함	아주 적은 양의 통제
3	적은 양의 온화함	적은 양의 통제
4	중립	중립
5	꽤 많은 양의 온화함	꽤 많은 양의 통제
6	상당히 많은 양의 온화함	상당히 많은 양의 통제
7	높은 수준의 온화함	높은 수준의 통제

제시된 예시에서 살펴보면, 온화함의 척도에서 3.8로 평가되고, 통제의 척도에서 4.4로 평가된 수업은 "중간 정도의 온화함과 중간 정도의 통제"로 기술될 수 있다. 다른 예를 들어 보면, 온화함과 통제에서 각각 6.3과 1.8로 평가된 교실은 "상당히 온화하고 아주 적은 양의 통제가 있다."고 기술될 수 있다.

학생을 대상으로 한 수업분위기 분석은 온화함과 통제 정도가 어느 수준인지를 파악하는 데 사용할 수가 있다. 즉, 학생들이 인식하고 있는 수업분위기에 대한 결과는 교사 스스로 자신의 수업분위기를 이해할 수 있는 하나의 도구이다.

(2) 교사 스스로 자신의 수업분위기 분석하기

교사 스스로 수업분위기를 분석하기 위한 도구로서 앞서 제공한 학생용 수업분위기 분석을 활용할 수도 있지만, 자기보고식 설문형태라는 한계가 있다. 자기보고식 설문의 경우에는 교사가 스스로 인식한 것과 달리 실제 수업실행에서는 다르게 나타날 수도 있기 때문이다. 자신의 수업을 보다 객관적이고 과학적으로 분석하기 위해서는 직접적인 수업관찰을 통해 분석하는 것이 효과적일 것이다. 이에 평소에 자신의 수업을 녹화하여 분석해 본다. 수업을 녹화할 때는 교사와 학생들이 모두 나올 수 있도록 두 대를 사용하는 것이 교사와 학생의 각각의 행위와 반응을 정확히 관찰할 수 있어 효과적이나, 수업분위기 분석의 경우에는 학생들과 교사를 전체적으로 볼 수 있도록 녹화해서 활용하는 것도 충분할 수 있다.

본 수업분위기 분석도구를 활용할 때의 두 가지 유의사항은 다음과 같다.

첫째, 본 수업분위기 분석도구를 활용하면 실제 수업 시간의 흐름에 따라 변화하는 특성을 파악할 수 있다. 즉, 교사가 수업시간에 했던 행동을 통해서 학습 촉진적 분위기를 조성했는지, 그렇지 못했는지를 시간의 흐름에 따라 분석할 수 있다. 하지만 상황에 따라서 어떤 수업은 수업분위기 결과가 시간의 흐름에 따라 변화하지 않고 거의 한 영역에만 머물러 있는 경우도 있다. 이러한 경우는 결과가 잘못된 것이 아니라, 교사가 편향된 수업분위기를 지속적으로 유지하고 있다고 분석할 수 있다. 둘째, 본 수업분위기 분석을 보다 신뢰할 수 있으려면, 한 차시 수업을 가지고 파악하기보다는 오전에 하는 수업, 점심을 먹고 난 이후에 하는 수업, 새로운 학교에서의 수업을 할 때나, 새로운 학년이나 과목을 담당할 때 등과 같은 상황에 따라 분석해 보는 것이 효과적이다. 수업분위기 분석의 경우에는 상황의존적인 측면이 있으므로 여러 상황 속에서 수업분위기 분석을 활용하여 어떠한 수업분위기로 수업을 조성하는지 그 패턴을 정확하게 파악하는 것이 의미 있을 것이다.

〈표 7-12〉에 제시된 수업분위기 분석한 예시를 중심으로 분석방법과 분석결과에 대한 해석에 대해서 알아보자(〈부록 2〉의 [7-2] 참조).

표 7-12 교사가 스스로 진단한 수업분위기 관찰 예시

10분 간격				수업분위기를 관리하는 교사의 행동
1	2	3	4	높은 온화함

✓	✓	✓		1. 학습자의 행동에 대하여 칭찬이나 보상을 준다.
✓			✓	2. 수업 중 학습자의 아이디어를 활용한다.
✓		✓	✓	3. 학습자의 욕구 표현에 대해 응답한다.
✓		✓	✓	4. 긍정을 표현하는 제스처를 취한다.
✓	✓	✓		5. 학습자가 정확한 답을 찾도록 힌트를 제공한다.
✓			✓	6. 학습자가 틀린 답을 한 경우에도 격려를 아끼지 않는다.
✓			✓	7. 학습자의 응답을 긍정적으로 받아들이는 편이다.
1	2	3	4	낮은 온화함
	✓	✓	✓	8. 비판하고, 책망하고, 꾸짖는다.
✓	✓	✓	✓	9. 학습자의 응답을 방해하거나 말을 끊는다.
	✓	✓	✓	10. 학습자가 잘못을 하면 전체적으로 학습자 모두에게 주의를 준다.
✓	✓		✓	11. 학습자의 말하고자 하는 욕구를 무시한다.
	✓	✓	✓	12. 학습자를 향해 인상을 찌푸리거나 노려본다.
	✓	✓	✓	13. 학습자에게 명령을 내리는 편이다.
		✓	✓	14. 학습자의 잘못된 응답에 대해서 틀렸다고 비판한다.
1	2	3	4	높은 통제
✓	✓	✓	✓	15. 오직 하나의 답만을 정답으로 인정한다.
		✓	✓	16. 교수자 자신에게만 집중하도록 한다.
✓	✓	✓	✓	17. 학습자에게 교수자가 생각하는 답만을 말할 것으로 기대한다.
	✓	✓	✓	18. 학습자의 추측을 통한 답이 아닌 정답을 알기를 기대한다.
		✓	✓	19. 전체 학습범위를 모두 학습해야 답할 수 있는 내용을 질문한다.
		✓	✓	20. 학습자의 학습결과는 교수자가 규정한 기준에 의해서만 평가한다.
		✓	✓	21. 학습내용에 밀접하게 관련된 답만을 인정한다.
1	2	3	4	낮은 통제
✓	✓	✓		22. 학습자에게 문제가 되는 내용/질문을 중심으로 학습하도록 한다.
✓	✓			23. 학습자 스스로 학습내용을 선정하고 분석하도록 한다.
✓	✓			24. 학습자 스스로 관심 있는 내용을 개별적으로 공부하도록 한다.
✓			✓	25. 유용한 정보를 광범위하게 제공한다.
✓	✓			26. 학습자의 관심이나 흥미가 되는 내용을 중심으로 수업한다.
	✓			27. 교수자는 학습자와 함께 평가내용이나 방법에 대해 서로 논의한다.
	✓	✓		28. 학습자를 적극적으로 학습활동에 참여시키려고 한다.

수업분위기 분석도구는 교수자의 행동영역을 높은 수준의 온화함, 낮은 수준의 온화함, 높은 수준의 통제, 낮은 수준의 통제로 범주화하고 각 영역마다 7가지의 세부적 행동전략들을 기술하였다. 이러한 관찰 결과인 〈표 7-12〉를 이용하여 [그림 7-10]과 같이 사분면에 결과 값을 표시하여 분석하게 된다.

먼저, 〈표 7-12〉와 같이 관찰한 결과를 기록하는 방법부터 파악해 보면, 첫째, 높은 온화함과 낮은 온화함, 그리고 높은 통제와 낮은 통제와 관련된 행동은 총 한 차시의 수업시간의 관찰이 필요하다. 한 차시의 수업시간을 4등분 또는 5등분할 수 있다. 예를 들어, 1차시 수업을 4등분한다면, 초등학교 수업의 경우는 40분이므로, 10분 간격으로, 중등 수업의 경우는 각각 45분, 50분이므로, 11분에서 12분 간격으로 등분할 수 있다. 이렇게 여러 번의 시간 간격으로 구분해서 기록하는 것은 수업분위기에 대해서 처음에서 끝까지의 변화를 분석할 수 있는 기회를 가진다는 이점이 있다. 둘째, 시간간격을 구분한 뒤에, 4개의 영역(높은 온화함, 낮은 온화함, 높은 통제, 낮은 통제)의 각각 7개 항목을 시간에 따라 동시에 기록한다. 이때, 주의할 점은 동일한 문항의 교사행동이 지정된 시간 동안에 여러 번 반복해서 일어나더라도 단 한 번만 기록해야 한다는 것이다. 셋째, 각 지정된 시간 동안에 관찰한 4개의 영역(높은 온화함, 낮은 온화함, 높은 통제, 낮은 통제)의 각 영역 내에서 항목별로 체크한 수를 합산한다. 앞서 언급한 대로, 지정된 시간 동안에 여러 번 일어나더라도 한 번만 기록하므로, 높은(낮은) 온화함, 혹은 높은(낮은) 통제에서 받을 수 있는 최대 합산은 7이며, 최저 합산은 0이 되게 된다. 예를 들어, 높은 온화함에 체크한 수 합산이 7이었다면 모든 문항들을 체크했다는 것을 의미한다. 넷째, 먼저 〈표 7-13〉에 제시한 계산 과정표를 이용해 본다. ㉠ 높은 온화함 영역의 체크한 합산값에서 낮은 온화함 영역의 체크한 합산값을 뺀다. ㉡ 높은 통제 영역에 체크한 합산값에서 낮은 통제 영역에 체크한 합산값을 뺀다. ㉢ 합산값의 차이에 상응하는 값을 결정하기 위하여 〈표 7-14〉의 변환점수표를 이용한다. 예를 들어, 첫 10분 동안의 수업분위기를 분석해 보자. 높은 온화함 합산값이 7이고, 낮은 온화함 합산값이 2이며, 높은 통제 합산값이 2이고, 낮은 통제 합산값이 5라고 하면 〈표 7-13〉과 같이 값이 나와서 [그림 7-10]과 같이 표시된다.

표 7-13 수업분위기 좌표를 그리기 위한 계산 과정

	1(10분)	2(20분)	3(30분)	4(40분)
높은 온화함 합산값 – 낮은 온화함 합산값	7-2	2-6	4-6	5-7

온화함 정도	5	-4	-2	-2
높은 통제 합산값 - 낮은 통제 합산값	2-5	3-6	7-2	7-1
통제 정도	-3	-3	5	6
원점수	5, -3	-4. -3	-2, 5	-2, 6
변환점수 (좌표표시 점수)	6.0, 2.5	2.5, 2.5	3.0, 6.0	3.0, 6.5

표 7-14 표지시스템의 수치를 7점 척도로 변환한 점수표

높은 점수-낮은 점수	7	6	5	4	3	2	1	0	-1	-2	-3	-4	-5	-6	-7
변환점수 (좌표축 표시 점수)	7.0	6.5	6.0	5.5	5.5	5.0	4.5	4.0	3.5	3.0	2.5	2.5	2.0	1.5	1.0

〈표 7-13〉과 같이 한 차시의 40분 수업을 4등분으로 구분하였다면, 매 10분마다 총 4개의 점수가 나와 4개의 좌표점이 나오게 된다. [그림 7-10]과 같이 이들 4개의 좌표점들로 수업 중 시간의 경과에 따른 수업분위기의 변화를 읽을 수 있다.

다섯째, [그림 7-10]과 사분면에 좌표를 표시했다면 '종합분석'을 해 본다. 앞서 언급했던 수업분위기 영역의 특징을 상기하면서 교사 자신의 행동을 파악해 보고, 또한 시

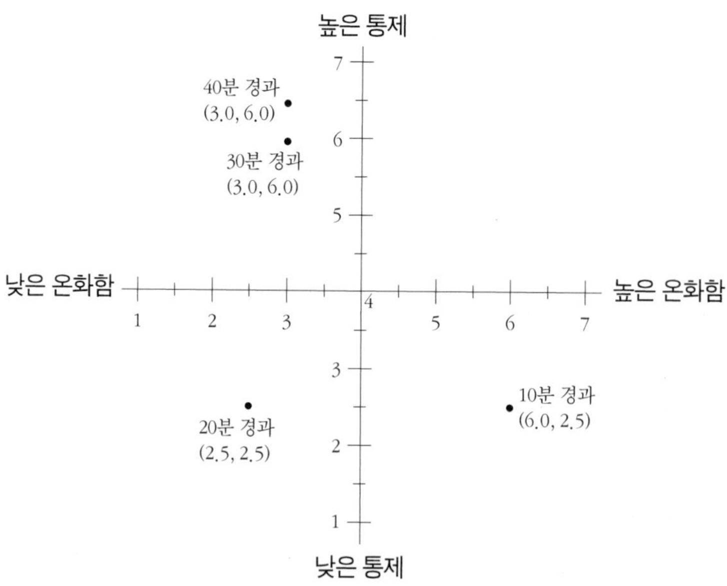

그림 7-10 _ 〈표 7-12〉 예시에 대한 시간경과에 따른 수업분위기 결과

간경과에 따라서 수업분위기가 변화하게 된 상황에 대해서도 영상을 보면서 파악해 본다. 수업분위기 영역과 시간의 흐름에 따른 변화에 대한 분석과 더불어 더 효과적인 수업분위기를 조성하기 위해서 무엇보다도 개선해야 할 교사 행동에 대해서 고민해 보고 그 개선점을 기술하는 것이 중요하다.

3) 학습 촉진적 분위기 들여다보기 활동 종합하기

학습 촉진적 분위기 조성에 대한 들여다보기 활동을 종합하기 위해서 수업분위기 분석 예시(교사용 수업분위기 분석결과와 학생용 수업분위기 분석결과)를 통해서 실제 어떻게 분석하여 그것을 어떻게 성찰해야 할지에 대해서 알아보자.

우선, 학생들을 대상으로 조사했던 수업분위기 분석결과와 교사 스스로 조사했던 수업분위기 분석결과를 서로 비교해 본다. 이때 학생들이 인지한 결과와 일치한다면 교사 자신이 분석한 수업분위기 분석결과를 토대로 문제점과 그 원인을 파악하여 개선점을 고민해 본다. 하지만 학생들의 결과와 교사 자신이 분석했던 결과가 서로 불일치한다면 학생들 또는 교사 자신이 다시 재분석을 실시하여 정확하게 분석해야 할 것이다.

어느 초등학교 교사의 수업분위기를 학생들은 '상당히 많은 통제와 그다지 높지도 낮지도 않은 온화함'이라고 인식하였다. 이에 대해서 실제로 이 초등학교 교사는 수업분위기를 분석해 보았더니 학생들이 인식한 결과와 일치하였다.

표 7-15 수업분위기 관찰지(예시)

10분 간격				수업분위기를 관리하는 교사의 행동
1	2	3	4	높은 온화함
✓	✓		✓	1. 학습자의 행동에 대하여 칭찬이나 보상을 준다.
				2. 수업 중 학습자의 아이디어를 활용한다.
			✓	3. 학습자의 욕구 표현에 대해 응답한다.
✓	✓			4. 긍정을 표현하는 제스처를 취한다.
✓		✓		5. 학습자가 정확한 답을 찾도록 힌트를 제공한다.
	✓		✓	6. 학습자가 틀린 답을 한 경우에도 격려를 아끼지 않는다.

	✓	✓		7. 학습자의 응답을 긍정적으로 받아들이는 편이다.
1	2	3	4	낮은 온화함
	✓	✓		8. 비판하고, 책망하고, 꾸짖는다.
	✓			9. 학습자의 응답을 방해하거나 말을 끊는다.
			✓	10. 학습자가 잘못을 하면 전체적으로 학습자 모두에게 주의를 준다.
	✓	✓		11. 학습자의 말하고자 하는 욕구를 무시한다.
			✓	12. 학습자를 향해 인상을 찌푸리거나 노려본다.
✓	✓	✓		13. 학습자에게 명령을 내리는 편이다.
			✓	14. 학습자의 잘못된 응답에 대해서 틀렸다고 비판한다.
1	2	3	4	높은 통제
✓			✓	15. 오직 하나의 답만을 정답으로 인정한다.
	✓		✓	16. 교수자 자신에게만 집중하도록 한다.
✓	✓	✓		17. 학습자에게 교수자가 생각하는 답만을 말할 것으로 기대한다.
			✓	18. 학습자의 추측을 통한 답이 아닌 정답을 알기를 기대한다.
			✓	19. 전체 학습범위를 모두 학습해야 답할 수 있는 내용을 질문한다.
	✓	✓	✓	20. 학습자의 학습결과는 교수자가 규정한 기준에 의해서만 평가한다.
	✓		✓	21. 학습내용에 밀접하게 관련된 답만을 인정한다.
1	2	3	4	낮은 통제
				22. 학습자에게 문제가 되는 내용/질문을 중심으로 학습하도록 한다.
				23. 학습자 스스로 학습내용을 선정하고 분석하도록 한다.
				24. 학습자 스스로 관심 있는 내용을 개별적으로 공부하도록 한다.
				25. 유용한 정보를 광범위하게 제공한다.
				26. 학습자의 관심이나 흥미가 되는 내용을 중심으로 수업한다.
				27. 교수자는 학습자와 함께 평가내용이나 방법에 대해 서로 논의한다.
✓	✓	✓	✓	28. 학습자를 적극적으로 학습활동에 참여시키려고 한다.

〈표 7-15〉에 제시된 수업분위기 관찰지를 토대로 〈표 7-16〉과 같이 계산할 수 있다. 〈표 7-16〉은 좌표를 표시하기 위한 중간과정이므로 교사가 어느 정도 익혔다면 계산과정표 작성은 생략해도 무방하다.

표 7-16 수업분위기 좌표를 그리기 위한 계산 과정

구분	1(10분)	2(20분)	3(30분)	4(40분)
높은 온화함 합산값 – 낮은 온화함 합산값	3-1	4-4	2-3	3-3
온화함 정도	2	0	-1	0
높은 통제 합산값 – 낮은 통제 합산값	2-1	4-1	2-1	6-1
통제 정도	1	3	1	5
원점수	(2, 1)	(0, 3)	(-1, 1)	(0, 5)
변환점수 (좌표표시 점수)	(5.0, 4.5)	(4.0, 5.5)	(3.5, 4.5)	(4.0, 6.0)

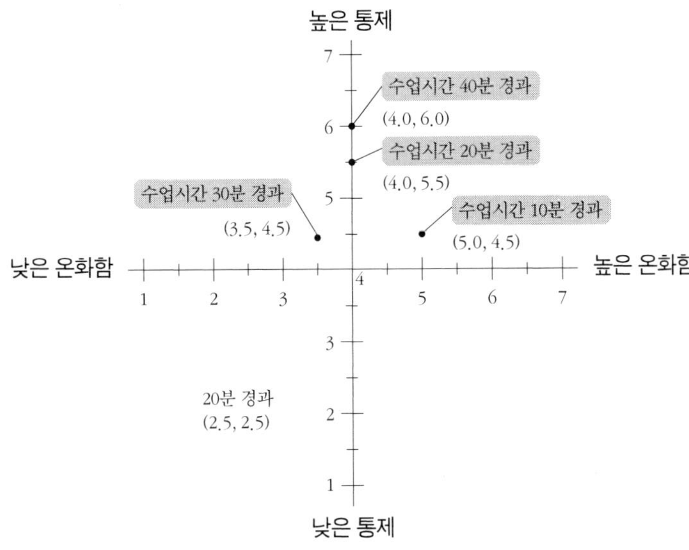

그림 7-11 _ 수업분위기 좌표 결과

[종합분석]

- 전체적으로 수업시간 전반적으로 Ⓐ와 Ⓑ 영역을 중심으로 변화를 보이고 있으며 통제력은 높은 수준을 유지하되 온화함은 평균점 4점을 중심으로 약간씩의 변화를 보임. 따라서 수업과정에서 교사는 학생들을 통제하되 칭찬과 보상을 이용한 통제와 비판과 꾸짖음을 모두 사용하고 있는 것으로 판단됨.
- 구체적으로 살펴보면, 학생들로 하여금 스스로 학습내용을 선정하거나 분석하거나 유용한 정보를 제공하거나 평가내용과 방법에 대해 논의하는 등의 전략은 활용

되지 않아 상당히 교사 주도에 의해 수업이 이루어지는 경향성을 보임. 즉, 퀴즈나 질문에 대한 답에 있어서 정답을 기대하는 등의 경향성이 보이고, 수업분위기 측면에서 교사가 이끌어 가는 패턴을 분석해 본 결과, 언어적 행위에서 "~해 보도록 한다." "~해 보세요." "~해라."라는 등의 명령조가 상당히 많았음. 즉, 학생들에게 활동을 하도록 교사가 지시사항을 할 때 그러한 패턴을 보여 줌.

- 전체적인 수업을 보면, 교사가 중심이 되어 모든 활동을 구조화하고 정해진 답을 기대하는 경향이 있기 때문에 낮은 통제가 거의 나타나지 않은 것으로 파악됨. 따라서 수업의 다양성을 위해서 수업 중 학생들 스스로 질문이나 아이디어 제시를 통해 수업에 적극적인 참여를 유도하는 전략이 활용된다면 매우 효과적인 수업이 될 것임. 예를 들어, 학습주제에 대해서 평소에 학생들이 갖고 있는 생각 등을 이끌어 내는 활동이라든가 교사가 다양한 자료를 주어 그 내용을 파악해서 학생들의 느낀 점을 발표해 보게 하는 등의 활동으로 보완된다면 보다 효과적인 수업분위기로 나타날 것이라 판단됨.
- 온화한 수업전략을 더 많이 사용한다면 더욱 효과적인 수업이 될 것으로 판단됨. 이를 위해 교사가 학생의 반응에 "그래, 방금 한 말은 좋은 사례이군." 등의 긍정적인 대답이나 고개를 끄덕이는 등의 긍정적 몸짓과 같은 칭찬이나 보상 등을 더 자주 사용한다면 더욱 효과적인 수업이 될 것으로 판단됨.

위의 예시처럼 들여다보기 활동이 끝나면 종합정리 활동으로 학습자, 학습내용 및 매체, 학습 환경 간의 잘못된 결합을 정리해야 한다.

예시를 통해 잘못된 결합을 정리해 보면 다음과 같이 분석할 수 있다. 학생들은 높은 통제가 있는 수업분위기라고 인식한 상황에서 종합분석 내용을 살펴보면, 초등학교 교사는 실제로 수업에서 높은 통제가 주를 이루는 수업분위기 유형임을 파악할 수 있다.

학습 촉진적 분위기를 조성하는 데 수업분위기 유형이 높은 통제를 유지할 수밖에 없는 원인을 살펴보면, 학습자와 교사 간에 관계적 측면에서 학생들이 원하는 교사상(칭찬과 보상, 자율권이나 자주성 보장, 요청반응)과 실제 제공되는 교사상(꾸짖음과 벌, 교사권위, 규칙 강요)의 불일치, 수업전략 측면에서 학생중심수업(학생들의 생각 사용)과 교사주도수업(권위, 과업안내) 간의 충돌, 학습자와 학습 환경 간에 물리적 환경에서 필요한 학습자원(다양한 자료 제공)과 제공되는 학습자원(제한된 자료)의 차이, 심리적 환경

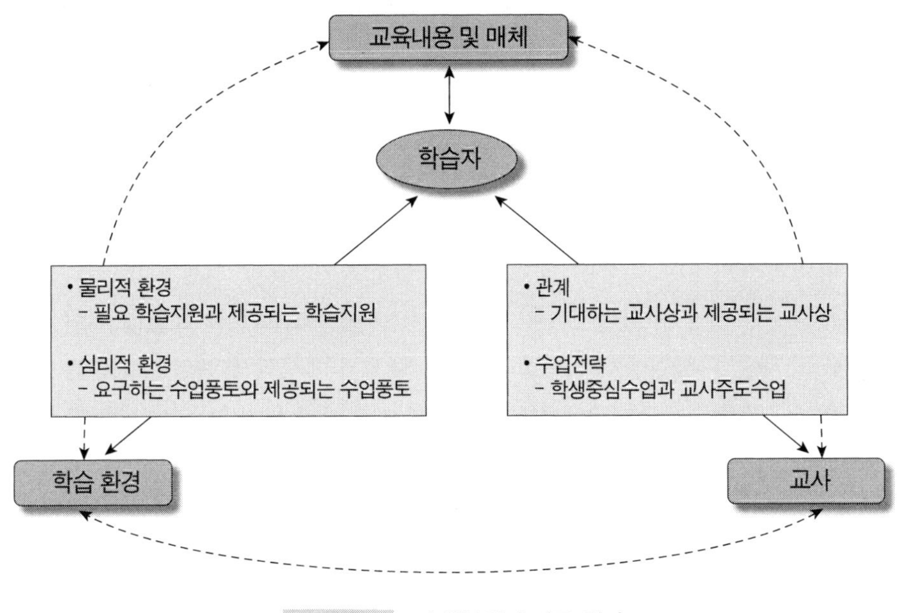

그림 7-12 _ 수업분위기 좌표 결과

에서 요구되는 수업풍토(다양한 생각 발표와 공유, 자발적인 반응)와 제공되는 수업풍토(교사권위, 규칙중요) 간의 불일치가 일어나서 이러한 수업분위기가 나타날 수 있다고 파악할 수 있다.

위의 종합분석결과들을 정리하여 수업적 결합의 오류 그림을 [그림 7-12]와 같이 그리면 다음과 같이 정리할 수 있다. 이들 결합의 오류들을 중심으로 왜 이런 현상이 발생하고 이를 개선하기 위한 전략들은 어떤 것들이 있는지 지속적인 성찰활동이 필요하다.

3. 수업 새롭게 경험하기

지금까지 수업 되돌아보기와 들여다보기 활동을 통해서 학습 촉진적 분위기에 대한 기초적인 지식과 자기성찰로 과거의 수업과 현재의 수업을 진단 · 분석해 보았다. 그렇다면 이제 실제 학습 촉진적 분위기 향상을 위한 배움 디자인으로 새롭게 수업에 적용해 보기 위한 구체적 전략을 알아보고, 수업에 적용하는 과정에서 실시간으로 적응적으로 적용해 보는 전략도 함께 다루어 본다. 그리고 새롭게 적용한 배움 디자인을 성찰해 보는 과정도 다루면서 지속적 발전 가능한 학습 촉진적 분위기 조성 전략도 함께 고민해 본다.

1) 학습 촉진적 분위기 증진을 위한 배움 디자인

학습 촉진적 분위기에 영향을 주는 요인은 교사의 행동뿐만 아니라 수업풍토, 학교나 교실 내의 역할과 기대감 등이 있다. 이와 같이 다양한 요인들 중에서 교사 행동에 초점을 두고, 배움 디자인을 제시하고자 한다. 앞에서 제시한 들여다보기 활동을 통해 교사는 자신의 수업에서 어떠한 행동으로 인해서 긍정적으로 학습을 촉진할 수 없는 분위기였는지에 대한 분석이 이루어졌을 것이다. 새롭게 경험하기에서는 자신의 수업 분석결과에 따라 효과적인 학습 촉진적 분위기 증진을 위한 전략을 선정하여 실천하고 성찰을 통해 지속적으로 문제를 개선해 나가는 노력이 필요하다. 따라서 배움 디자인을 위해서 교사의 행동 중 학습 촉진적 분위기에 영향을 주는 '감성'에 초점을 두고 증진 전략을 소개한다.

되돌아보기에서 살펴보았던 '학급 촉진적 분위기'를 특징짓는 요소에는 상호존중, 규칙의 준수, 책임의 공유, 공정성, 배려 등 다섯 가지가 있다. 이러한 요소들의 지표들을 살펴보면, 언어적인 폭력을 사용하지 않는 수업, 공격적인 태도가 없는 분위기, 서로 배려하고 도와주는 분위기, 따돌림이 없는 분위기, 학생과 교사가 서로 존중하는 분위기, 학생들을 차별하지 않는 분위기, 지나치게 경쟁이나 파벌이 없는 분위기, 학급 내 역할 충실히 실행하는 분위기, 학급규칙을 지키는 분위기 등이 여기에 속한다.

이러한 분위기는 하루아침에 갑작스럽게 이루어지기는 힘들 것이다. 교사는 스스로 뚜렷한 가치와 믿음을 가지고 다소 시간이 걸리더라도 지속적인 훈련이 필요하다. 이 점을 항상 기억하고 감성에 초점을 둔 공감전략과 감성수업전략을 다루어 본다.

(1) 학습 촉진적 분위기 조성을 위한 공감전략

학습을 촉진시키기 위한 분위기 조성을 위해서는 교사와 학생 간, 학생과 학생 간의 감정적 교류에 의한 건강한 관계형성이 중요하다. 다시 말하면, 상호존중, 배려, 도와주는 분위기, 파벌이나 따돌림이 없는 분위기 등은 긍정적인 관계 형성에 의해서 발현

될 수 있다.

긍정적인 관계 형성의 전략 중 하나로 공감을 활용해 보자. 학습을 촉진하는 분위기를 형성시키기 위한 공감전략은 다음과 같다.

- 학생들의 마음, 감정을 알아주기 위해서 '왜'라는 질문이 아닌 '무엇'과 '어떻게'로 접근하라!

어떤 학생이 화가 나거나 반항을 하거나 우울, 짜증이 난 감정을 드러냈을 경우 대부분 교사들은 대화 A와 같이 왜 그러한지에 대해서 집요하게 파악하려고 한다.

교사: 예진아. 왜 엎드려서 수업준비도 안 하고, 아무것도 하지 않니? 왜 그래?
예진: 짜증 나 죽겠어요.
교사: 왜 짜증이 나는데? 왜 짜증이 났는지 말해 줄래?
예진: 모르겠어요. 더 이상 묻지 말아 주세요. 더 짜증 나려고 해요.
교사: 너 선생님한테 왜 말하지 못하는 거니? 선생님이 너를 이해하려고 하는데, 너만 수업 중에 엎드려 있잖아.
예진: … (엎드리지는 않지만 뚱해 있는 상황)
교사: 그래서 계속 뚱해 있을 거니? 너 때문에 수업분위기가 좋지 않잖아.

그림 7-13 _ 대화 A

'왜'를 강조했던 대화 A가 아닌 '무엇'과 '어떻게'를 강조하는 대화 B를 살펴보자.

교사: (먼저 감정을 읽어 주며) 예진이 뭔가 힘든 일이나 속상한 일이 있나 보구나.
예진: 짜증 나 죽겠어요.
교사: 그~래. 예진이가 많이 짜증 나 보이네. 교실에서 무슨 일이 있어 이렇게 짜증이 났을까?
예진: 이전 수업들에서 선생님들이 숙제를 너무 많이 내 주셨어요.
교사: 그렇구나. 이전 수업에서 선생님들이 숙제를 많이 내 주셨구나.
예진: 숙제가 많으니까 정말 하기 싫어요.
교사: 숙제가 많아서 하기 싫구나.
예진: 네.
교사: 어떤 숙제를 내 주셨는지 선생님한테 말해 줄 수 있겠니?
예진: 국어 작문 과제 한 가지, 수학 풀이과제 5장, 영어 단어암기 500개예요.
교사: 그래, 선생님이 생각해도 오늘은 다른 날보다 숙제가 많은 것 같네. 그런데 예진아. 선생님들께서 무엇 때문에 이렇게 숙제를 많이 내 주셨을까?

예진: 다음 주에 중간고사를 봐서 공부하라고 일부러 모든 선생님들이 많이 내 주신 거예요.
교사: 그렇구나. 그러고 보니 다음 주에 중간고사가 있구나. 그래서 선생님들이 일부러 숙제를 많이 내 주신 것 같구나.
예진: 네.
교사: 예진이는 공부하는 것 많이 힘드니?
예진: 공부하는 것은 싫지 않지만 숙제는 하기 싫어요.
교사: 어떤 면에서 숙제를 하기가 싫은지 선생님에게 말해 줄 수 있겠니?
예진: 글씨를 많이 쓰면 손도 아프고, 똑같은 걸 반복하니까 지루하고 재미없어요.

그림 7-14 _ 대화 B

대화 A와 B의 차이를 보면, '왜'라는 질문에 예진이는 쉽게 대답을 하지 못하고, 감정을 이성으로 설명해야 하니까 모르겠다는 답이 나오면서 감정적으로 더 짜증이 났던 것이다. 성인들에게는 너무나도 사소한 차이이지만, 아이들에게는 아주 다른 느낌으로 받아들여진다. '왜'라는 질문은 대학교수나 연구원에게 하면 지적호기심이나 관심을 더 파고들 수 있게 유도하므로 좋은 질문일 수 있지만, 감정적인 상황에서는 신뢰감이나 유대감을 형성하려는 의도와 전혀 반대의 결과를 가져올 수 있다. 단, 이러한 감정적인 교류를 할 때는 학생들 모두들에게 공개된 상태에서 하기보다는 다른 학생들이 활동을 하는 과정에서 해당 학생과의 관계에서만 최대한 이루어질 수 있도록 상황을 고려해 주어야 한다(Bradberry & Greeves, 2009).

- **학생들의 감정에 민감하게 반응하여 감정을 표현하도록 도와주되, 올바른 방향의 행동을 제안하도록 하라!**

교사 스스로 상호존중, 배려, 따돌림 없는 분위기가 형성되려면 학생들과 관계를 망치는 대화를 해서는 안 될 것이다. 많은 교사들이 자신도 모르게 학생들에게 언어적 폭력을 휘두르기도 하고 부정적인 감정을 무시하거나 나쁜 감정을 억압하기도 하며, 어떤 감정에는 방임하기도 한다.

교사 자신도 모르게 사용하는 언어적 폭력의 예로 '너는 맨날 그 모양이니?'(비난하는 대화) '네가 정신이 있니?'(경멸하는 대화) '너한테 물어본 거 아니거든.'(멀어지는 대화) '다 너 잘되라고 그러는 거야.'(방어하는 대화) 등이 있다. 이러한 언어적 폭력은 학생들의 마음에 깊은 상처를 남기고 교사로부터 등을 돌리게 만들기도 하며, 결국 이러한 교사에 대한 부정적인 태도가 학습의욕 저하의 분위기를 형성하고, 또한 학습을 촉진할 수 없는 상황에 놓이게 한다.

학생들의 감정에 다양한 형태로 반응하는 경향이 있는데, 몇 가지 유형을 제시해 보면 다음과 같다(존 가트맨, 최성애, 조벽, 2011).

표 7-17 학생들의 감정에 대한 반응유형별 교사형태

축소전환형 교사	억압형 교사
• '별것 아니야.'와 같은 반응을 보이는 축소전환형 교사로서 학생들의 감정을 이해하는 것보다는 빨리 그 상황을 벗어나게 하고 다른 데로 관심을 돌리는 데 급급함.	• '그럼 못써.'와 같은 반응을 보이는 억압형 교사로서 학생의 불편한 감정을 나쁜, 부정적 감정으로 인식하여 엄하게 야단침.
• '뭐든 괜찮아.'와 같은 반응을 보이는 방임형 교사로서 축소전환형이나 억업형과 달리 학생들의 감정을 인정하며, 좋거나 나쁜 감정으로 구분하지도 않고 어떤 감정이든 허용함.	• 교사 스스로 학습 촉진적 분위기를 형성시키기 위해서는 항상 '함께 찾아보자.'와 같은 반응, 여기서 교사의 역할은 모든 감정은 수용하되, 행동에는 분명한 한계를 그어야 함.
방임형 교사	감성코치형 교사

첫째, '별것 아니야.'와 같은 반응을 보이는 축소전환형 교사로서 학생들의 감정을 이해하는 것보다는 빨리 그 상황을 벗어나게 하고 다른 데로 관심을 돌리는 데 급급한 모습을 보인다. 예를 들어, 어떤 학생이 다른 학생의 역할과 갈등하여 싸우고 우는 상황에서 '우리 ○○ 착하지. 울지 않고 씩씩하게 행동해야지, 울지 않으면 선생님이 맛난 사탕 줄게.' 등으로 반응을 하는 형태이다. 또 다른 예로 학생들의 감정을 무시하다 못해 놀리기까지 하는 경우가 있다. '우리 ○○ 얼레리꼴레리 우리 ○○는 울보래요.' 하고 놀리면서 학생에게 간지럼을 태워 억지로 울음을 그치고 웃게 만들려고 애쓰기도 한다. 이러한 반응을 보이는 교사들의 특징은 감정은 나쁘고 좋은 감정으로 구분하여, 부정적 감정을 보이면 불편해서 학생의 관심을 빨리 다른 곳으로 돌리거나 학생의 감정은 비합리적이어서 중요하지 않다고 생각하기도 한다. 또한 학생들의 감정은 그냥 나둬도 시간이 지나면 저절로 사라진다고 생각하기도 한다.

둘째, '그럼 못써.'와 같은 반응을 보이는 억압형 교사로서 학생의 불편한 감정을 나쁜, 부정적 감정으로 인식할 때 엄하게 야단치는 행위를 보인다. 다시 말하면, 아이의 감정보다는 행동에 초점을 맞춰서 반응을 보인다. 예를 들면, 아이가 울면 무엇 때문에 우는지, 어떻게 울게 되었는지를 읽어 주기보다는 '너 뚝 그쳐.' '너 계속 울면 부모님 모셔 온다.'라고 협박하기도 한다. 이러한 반응을 보이는 교사들은 축소전환형 교사처럼 감정을 좋거나 나쁜 감정으로 구분하여 나쁜 감정은 반드시 억제해야 하는 것으로 믿으며, 이러한 감정억제는 협박하거나 매를 들어서라도 없애 주어야 한다고 생각한다.

셋째, '뭐든 괜찮아.'와 같은 반응을 보이는 방임형 교사로서 축소전환형이나 억압형 교사와 달리 학생들의 감정을 인정하지만, 좋거나 나쁜 감정으로 구분하지도 않고 어떤 감정이든 허용한다. 얼핏 보면 학생들과 관계형성이 좋아 신뢰, 상호존중이 되는 교사인 듯처럼 여겨질 수 있다. 그런데 방임형 교사는 학생의 감정을 다 인정하고 공감해 주지만 딱 거기까지이다. 아이의 감정상태에 따른 행동의 올바른 방향으로 이끌어 주거나 그 한계를 제시해 주지 못한다. 예를 들어, 친구와 놀다가 싸우고 주먹다짐이 있는 상황에서 씩씩거리는 학생에게 '그래, 화낼 만하구나. 화가 나면 때릴 수도 있는 거야. 잘했어. 괜찮아.' 하고 이야기하게 된다고 하자. 물론 감정을 공감해 주었으나, 감정으로 인한 행동까지 다 괜찮다고 한다면 학급규칙을 지켜야 할 때, 상호존중과 배려 등이 필요로 할 때, 그 행동의 한계를 올바르게 인식하지 못하고 감정조절이 되지 않은 상황에서 자기중심적인 행동을 하게 된다. 이러한 행위들이 수업에서 발생하게 되면, 학생들 간에 대인관계도 어려워지고 굉장히 불안하고 미숙한 행동들로 학습을 할 수 없는 분위기가 형성될 수 있다. 다시 말해, 자기감정밖에 몰라 남의 감정을 헤아리거나 배려할 줄 모르고 당연히 또래 친구들과의 관계를 풀어 가는 데도 서툴며 심하면 집단따돌림을 당할 수도 있다. 이러한 반응을 보이는 교사들의 특징은 감정을 분출하면 모든 것이 해결된다고 믿거나 학생의 감정을 처리하고 문제를 해결하는 데 관심을 두기보다는 부정적 감정을 공감해 주고 위로해 주면 되는 것이라 생각한다.

넷째, 이에 교사 스스로 학습촉진적 분위기를 형성시키기 위해서는 항상 '함께 찾아보자.'와 같은 반응을 보이는 감성코치형 교사가 되어야 한다. 여기서 교사의 역할은 모든 감정은 수용하되, 행동에는 분명한 한계를 그어야 한다는 점이다. 예를 들어, 수업에서 크게 두 가지 원칙을 세워 두는 것이다. 수업상황에서는 ① 다른 친구의 학습을 방해하는 행동, ② 자신의 학습을 스스로 방해하는 행동은 안 된다고 한계를 긋는 것이다. 이 둘의 한계를 넘지 않는 한도에서 여러 가능성과 선택을 열어 두도록 한다. 예를 들어, '자꾸 친구들과 싸우게 되면, 모둠의 다른 친구들에게 학습활동이 매끄럽지 못한 상황이 되어, 학습을 방해하게 된단다(한계규정). 모둠구성원으로 서로 협력해서 학습을 해야 하는데, 어떻게 하면 너가 다른 친구들과 덜 싸우게 될까?(선택)' 이 상황에서 교사의 부드럽고 단호한 태도는 학생이 오히려 마음의 안정을 얻고, 좀 더 바람직한 방법을 찾게 도와줄 수 있다. 이러한 반응을 보이는 교사들의 특징은 아이의 감정은 다 받아 주되 행동에는 제한을 두며, 편하고 불편한 감정으로서 삶의 자연스러운 일부로 받아들인다. 그리고 감정을 표현할 때 인내심을 갖고 기다려 주면서 존중해 준다. 뿐만 아니라 학생과의 정서적 교감을 통해 학습 촉진적 분위기를 형성시킨다.

(2) 학습 촉진적 분위기 조성을 위한 감성수업전략

학습을 촉진해 주는 분위기를 조성한다는 것은 학생들이 학습을 하고자 하는 마음을 자연스럽게 유도하는 것이라고 할 수 있다. 이를 위해서는 특정 교과에서만 이행하는 감성수업이 아닌, 모든 교과에서 이루어질 수 있는 감성수업으로 디자인할 필요가 있다(강정찬, 오영범, 이상수, 2015; Darwin, Nelson, & Gary, 2011; Elias et al., 1997; Merrell & Gueldner, 2011).

① 타인의 감정을 존중하는 것을 학급 최고의 가치로 확립하라!

학생 스스로 부정적 자아개념을 갖게 되면 학교생활에 적응하는 데 쉽지 않고, 이는 결국 타인의 감정까지 인식하는 데 어려움을 주게 된다. 즉, 자신조차도 돌볼 여유가 없는 상황에서 타인을 배려하고 감정까지 존중하는 것은 쉽지 않다. 따라서 '모든 수업활동에서 타인의 감정을 존중해 주고 보살펴 주려는 행동에 대해서 칭찬 등의 강화활동'이 이루어지도록 한다. 예를 들어, 모둠활동이 끝나고 순회 지도를 할 때, 인지적 활동에 대한 점검에만 초점을 두는 것이 아니라, 모둠 구성원들 간에 서로의 감정을 존중하고 보살펴 주는 데 초점을 둔 모둠을 다른 구성원들에게 반드시 공개적으로 칭찬하도록 한다.

② 학습과정에서 학생들의 생각뿐만 아니라 '감정'도 함께 공유하라!

초·중등 교실에서의 수업장면을 관찰해 보면, 어떤 학습과제나 학습활동에 대한 결과를 발표하거나 의견을 개진할 때 대부분 그 과제에 대한 결과와 자신의 생각을 중심으로 발표한다. 즉, 대부분 인지적 결과를 표현하는 데 초점을 두고, 그와 관련된 감정은 간과하는 경향이 있다. 유치원 수업을 살펴보면, 미술이나 음악과 같은 예술경험 이외에도 수학이나 과학적인 활동과 더불어 그 어떠한 활동경험에서도 반드시 유아들에게 그 경험에 대한 생각과 함께 느낀 점과 같은 감정을 표현하게 한다. 이는 학습활동에 대한 정서적 경험을 유아들과 함께 공유하게 하여 타인의 감정도 인식하면서 자신의 감정을 인식할 수 있는 기회를 제공하는 것이다. 이를 통해서 상호존중과 배려가 있는 분위기가 자연스럽게 형성될 수 있다. 예를 들어, 어떤 이슈거리나 상황, 사건에 대해 얼마나 학생들 간에 어떤 다른 생각과 감정을 가지는지를 실제 구두로 들어 보는 기회를 갖게 하는 것이다. 수업에서는 전략적 측면에서 토론 수업이나 역할극 수업, 협력적 활동 등에서 타인의 감정을 느껴 볼 수 있도록 기회를 제공해 볼 수 있다.

③ 수업주제와 부합되도록 연관된 감성 훈련을 실시하라!

모든 교과에서 감성수업이 이루어질 수 있는 효과적인 전략도 있겠으나 수업주제와 보다 부합된다면 그 효과는 극대화될 것이다. 이에 몇 개의 교과에 따른 훈련을 다음과 같이 안내해 본다.

읽기와 쓰기 수업이라면, 읽기 재료인 시나 수필 등을 학습할 때 특정 표현에 대해 저자의 감정 상태를 추론해 보기, 감정의 원인 추론해 보기, 그 감정을 해결하기 위한 방법 추론해 보기, 그 시나 수필을 읽고 특정 친구를 정하고 그 친구의 감정 상태를 추측해 보기, 글을 쓸 때 자신의 감성적 상태를 다양한 형태로 표현하여 글을 써 보기 등이 있을 수 있다. 또는 역사나 사회과 수업이라면, 역사적 사실들이나 사회적 사실들을 접한 후 그 시대 사람들의 감정과 자신의 감정을 인지함으로써 공감능력을 향상시키거나 나와 역사적 인물의 동일시를 통해 나라면 어떤 생각, 감정이 들고 어떻게 행동할 것인지를 다른 친구들의 사례와 비교해 보고, 왜 다른 친구들은 다른 감정이 드는지 등을 공유해 보고, 문제해결을 위한 방안도 친구들과 함께 공유해 보는 활동을 해 본다. 이러한 활동을 지속적으로 해 보면, 서로의 감정을 공유, 공감하면서 지나친 파벌로 인한 공격적인 행위 등이 약해져서 학습을 촉진하는 데 긍정적인 분위기로 형성할 수 있을 것이다.

④ 긍정의 용어를 사용하게 하라!

학생들의 긍정적 사고와 감성 촉진을 위해서 교사들은 긍정의 용어를 자주 사용해야 한다. 이러한 긍정의 용어가 학생들에게 언어적 폭력이 없고, 서로 존중 및 배려해 주는 분위기를 형성하고 증진시킬 수 있다. 예를 들어, 한 주마다 학급차원에서 몇 가지 긍정용어를 선정하여 칠판 주변에 붙여 두고 의도적으로 그런 용어를 자주 사용하도록 지도해 본다. 예를 들어, '사랑합니다' '따뜻합니다' '행복합니다' 등의 용어가 긍정용어에 해당된다.

⑤ 감성적 보상을 자주 사용하라!

학급에서의 학생들 역할을 충실히 수행하거나 학급규칙을 준수했을 때, 이에 대한 감성적 보상을 준다면 학습을 하는 데 긍정적인 분위기를 형성할 수 있다. 예를 들어, 서로 기분이 좋아지는 칭찬방법이나 보상방법을 찾아 학급차원에서 공유하게 하고, 서로에게 이들 전략을 사용하여 친구를 보상해 주거나, 수업 중 교사 스스로도 보상을 사용할 필요가 있을 때 이를 활용해 본다.

⑥ 수업 중, 최소한 한 번 이상 스트레스 감소 전략을 사용하라!

학생들은 학교생활 중에서 가장 많이 소비하는 시간이 수업이며, 수업을 통해 학습 목표를 달성하기 위한 엄청난 학습 양을 소화하고 있다. 뿐만 아니라 여러 가지 학급, 학교에서 기대하는 역할도 충실히 해야 한다. 마땅히 해야 할 행동이자 의무이나, 학생들에게 있어 학습의 효율성을 높이기 위해 휴식이 필요하다. 신체적 휴식도 중요하지만, 무엇보다도 정신적 휴식이 필요하다. 이러한 정신적 휴식이 결국 학습을 스스로 할 수 있도록 분위기를 형성하는 데 중요한 요인이 될 수 있다. 정신적 휴식을 다른 의미로, 스트레스 감소활동이라고 할 수 있다. 스트레스 감소 전략을 사용하기 위해서는 학생들에게 설문이나 인터뷰를 통해 스트레스를 날려 버릴 수 있는 전략을 조사하여 수업 중에 활용하면 된다. 예를 들어, '잠시 눈을 감고 푸른 초원을 달리는 상상' '맛있는 것을 먹는 상상' '억지로 웃어 보기' '좋아하는 가수의 노래를 듣기' 등등이 있다. 이런 활동을 수업 중에 가끔 활용해 볼 수 있다. 그리고 학생들이 수업에 잘 따라오면 이들 스트레스 감소 전략을 보상으로 전체 학급에 제공하여 함께 해 볼 수 있다. 이러한 활동이 수업활동의 일부로 활용된다면 학습하고자 하는 분위기를 조성할 수 있다.

교사는 수업분위기를 좌우하는 영향력을 갖고 있으며, 특히 교사는 자신의 인격을 통해서 그리고 학생과 수업 내용에 대한 그의 태도를 통해서 수업분위기를 만들어 낸다. 하지만 교사가 모든 것을 장악하고 있는 것은 아니다. 학생들이 협력하지 않으면 학습 촉진적 분위기 조성을 위한 일은 대단히 어려워진다. 앞서 언급한 다양한 감성전략은 학생들과 함께 꾸준히 수업 중에 이루어질 필요가 있다.

2) 학습 촉진적 분위기 증진을 위한 적응적 수업하기

수업은 매우 역동적 특성이 있어서 수업을 실행하는 과정에서도 수업환경과 학습자 상태의 변화에 따라 수업이 변화하게 된다. 따라서 실제 수업에서 학습 촉진적 분위기도 상당히 상황의존적일 수밖에 없다. 앞서 언급한 배움 디자인에서의 전략들을 평상시에 실행하고 있으나, 수업이 이루어진 상황에 따라서 학습을 촉진하는 분위기가 효과적으로 형성되기 어려울 때가 있을 것이다. 따라서 이러한 상황변화를 지속적으로 모니터링하고 이들 변화에 따라 수업을 적응적으로 변화시켜야 한다. 학습 촉진적 분위기 증진을 위해서 수업 중에 바로 활용 가능하고 도입할 수 있는 구체적인 전략을 몇 가지 제시해 본다(강정찬 외, 2015; Darwin & Gary, 2011; Elias et al., 1997; Merrell & Gueldner, 2011).

① 교사도 자신의 감정을 학생들 앞에서 자주 표현하라!

일반적으로 교육현장에서는 교사가 감정을 숨기는 문화 속에서 생활한다. 학생들의 감정만 공유하기보다는 학습을 촉진하기 위해서 교사 스스로도 자신들의 감정을 솔직히 표현함으로써 학생들과의 감정을 공유하는 문화가 형성될 필요가 있다.

단, 감정을 솔직히 표현한다고 할 때, 학생들의 행동에 대한 비난이 아닌 그 행동으로 인해서 발생한 교사 자신의 불편한 감정을 있는 그대로 감정용어를 사용해 본다.

예를 들어, 학생들이 학습을 방해하는 분위기를 조성할 때, '선생님은 너희들이 이렇게 서로 존중하지 않거나 싸우거나 배려하지 않으니 많이 속상하구나(또는 슬프구나.)' 등으로 감정적 용어를 활용하여 학생들의 행동을 비난하지 않고 교사 자신의 감정을 드러내는 것이 오히려 긍정적인 학습 분위기로 조성할 수 있는 실시간 활용 전략이 될 수 있다. 이러한 교사의 감정 표현으로 학생 스스로 학습을 방해하지 않는 부정적 행위들을 절제하고, 깨우칠 수 있기 때문이다.

② teachable moment를 활용하라!

수업과정에서 학생들 간의 갈등, 감정 격돌, 화내기 등의 상황으로 인해 학습을 하는데 어려운 분위기가 형성될 때, 이 기회를 포착하여 잠시 수업을 멈추고 실제 상황과 맥락에 기초하여 학생들 간에 존중, 감정공유, 공감, 배려 등이 일어날 수 있는 학습의 기회로 삼아야 한다.

예를 들면, 서로 다투고 화가 난 경우, 상대의 감정과 자신의 감정을 정확히 인식(타인과 자신의 감정 인식)하고 그 원인을 이해함으로써 화를 통제할 수 있는 전략(감정통제, 합리적 의사결정)을 학습하도록 하고 다른 학생들은 이를 관찰함으로써 대리학습이 가능하도록 해 본다.

학습 촉진적 분위기 증진을 위한 적응적 수업하기는 앞서 배움 디자인을 통해 계획한 학습 촉진적 분위기 조성 전략을 실제 수업에 적용해 보는 활동을 말한다. 이때 중요한 것은 새로운 학습 촉진적 분위기 전략이 실제 나의 수업문제를 해결할 수 있는지를 확인하고 검증하는 활동이다. 만약 의도한 대로 수업을 하는 것이 쉽지 않고 그 결과도 예상한 대로 이루어지지 않을 수도 있다. 그리고 수업과정에서 필요에 따라 수업을 하는 가운데 나의 판단에 따라 디자인된 학습 촉진적 분위기 조성 전략을 실시간으로 바꾸어 적용하는 등(앞서 다루었던 교사 자신의 감정 표현하기와 teachable moment 활용하기) 적응적으로 융통성을 발휘할 수도 있다. 이러한 과정을 반복하다 보면 자연스럽게 더 나은 수업을 할 수 있는 것이다.

이처럼 학습 촉진적 분위기 조성을 위해서는 배움 디자인과 적응적 수업하기 과정을 통한 새롭게 경험하기를 한 차시의 수업으로 끝내는 것이 아니라 몇 차시 수업에서 반복적으로 적용해 볼 수 있다. 수업을 실제 해 본 결과 새롭게 적용한 학습 촉진적 분위기 조성 전략들이 어떤 효과가 있고 문제점이 있는지 그리고 어떻게 개선되어야 하는지 등에 대한 성찰을 기록하고 이를 종합하는 활동이 필요하다. 이에 앞 장에서 활용한 수업에 대한 성찰일지를 활용하여, 수업을 마치고 다음과 같은 성찰일지를 작성해 볼 수 있다.

성찰일지

수업일시: 20○○년 ○○월 ○○일, 4교시

□ 새롭게 적용한 학습 촉진적 분위기 조성 전략
- 감정을 알아 주기 위해 '왜'라는 질문이 아닌 '무엇'과 '어떻게'로 접근하여 질문하기
- 타인의 감정을 존중하는 것을 학급의 최고의 가치로 재설정하기
- 긍정의 용어를 사용하기
- 감성적 보상 활용하기

□ 새로운 학습 촉진적 분위기 전략의 긍정적/ 부정적 영향

긍정적 영향	부정적 영향
• 학생들 간에 상호존중, 배려하려는 모습을 보임. • 서로 규칙을 지키려고 노력함.	• 다소 장난스럽게 감정용어를 사용하려고 함. • 아직 다소 어색해서 표현하지 못한 몇몇 학생들이 있음.

□ 개선방향
- 학습과정에서 학생들의 생각과 감정을 공유할 수 있는 활동을 활용하기

□ 고민 사항
- 감성적 보상물을 다양하게 고민하기

성찰과제

- 학습 촉진적 분위기 영역에서 가장 시급하게 해결해야 할 자기수업컨설팅 과제는 무엇인가?
- 학습 촉진적 분위기를 조성하기 위해 내가 가져야 할 역량은 무엇일까?
- 나의 수업에서 학습 촉진적 분위기로서의 지표인 상호존중, 규칙의 준수, 배려, 공정성 중 어떤 부분이 부족한 것일까?
- 나는 수업분위기의 두 축인 온화함과 통제에 해당된 언어적 및 비언어적 행위를 어떻게 하고 있을까?
- 내 수업에서 학생들은 어떤 수업분위기를 원할까?

제8장

학습몰입 향상을 위한 자기수업컨설팅

수업 에세이

[학급일지]

오늘 수업을 다시 한 번 떠올려 본다. 대체로 아이들이 수업의 주요 내용을 이해하지 못하는 느낌이었다. 내용을 이해하지 못하여 불안했는지 아이들의 표정은 대체로 어두웠다. 그 이유가 무엇일까? 생각에 잠겨 본다. 내가 아이들의 배경지식을 제대로 파악하지 못했나? 아이들이 공부를 하려는 의욕이 부족해서 일까? 그것도 아니면 아이들의 이해에 영향을 미치는 다른 외적인 요인들이 있을까?

대학 때부터 배웠던 수업에 영향을 미치는 다양한 요인들에 대해 생각해 본다. 나는 이미 수업에 영향을 미치는 수많은 요인들이 있음을 이론의 습득과 교육적 실천의 경험을 통해 터득하고 있었다. 수업의 구체적인 장면들도 생각해 본다. 그런데 한 아이의 말이 계속 머릿속에 맴돈다. 나의 설명이 너무 어렵다는 것이었다. 그리고 아이들의 표정 변화도 생각해 본다. 수업을 위해 처음 교실 문을 열었을 때, 분명 아이들의 표정들은 대체로 밝았다. 그런데 내가 수업을 시작하고 시간이 지날수록 아이들의 표정이 점점 어두워졌다는 것을 확인할 수 있었다. 고개를 갸웃거리는 아이들도 있었다. '정말 내가 어렵게 가르친 것일까?'

여러 가지 고민 끝에 교무실 옆 자리의 수석 선생님께 여쭤 보기로 하였다. 오늘 수업 장면에 대한 이야기를 나의 생각과 함께 말씀드렸다. 수석 선생님은 마치 원인을 알겠다는 듯이 미소 지으며 자신의 책꽂이에 있는 책을 한 권 꺼내서 나에게 펼쳐 보였다. '몰입'에 대해 연구하고 있는 '칙센트미하일'이라는 학자의 말을 인용하면서 나에게 설명해 주었다. 바로 교사가 가르치는 내용의 난이도는 높은데, 학생들의 이해 수준이 낮으면 '불안(anxiety)'이 유발된다는 내용이었다.

나는 순간 멍한 기분이 들었다. 내가 아직도 아이들의 수준을 제대로 파악하지도 못하였다는 성찰과 함께 내 수준에서만 가르쳤다는 생각이 떠올랐다. 이제 좀 더 아이들의 수준을 파악하여 수업을 해야겠다.

인포맵(InfoMap)

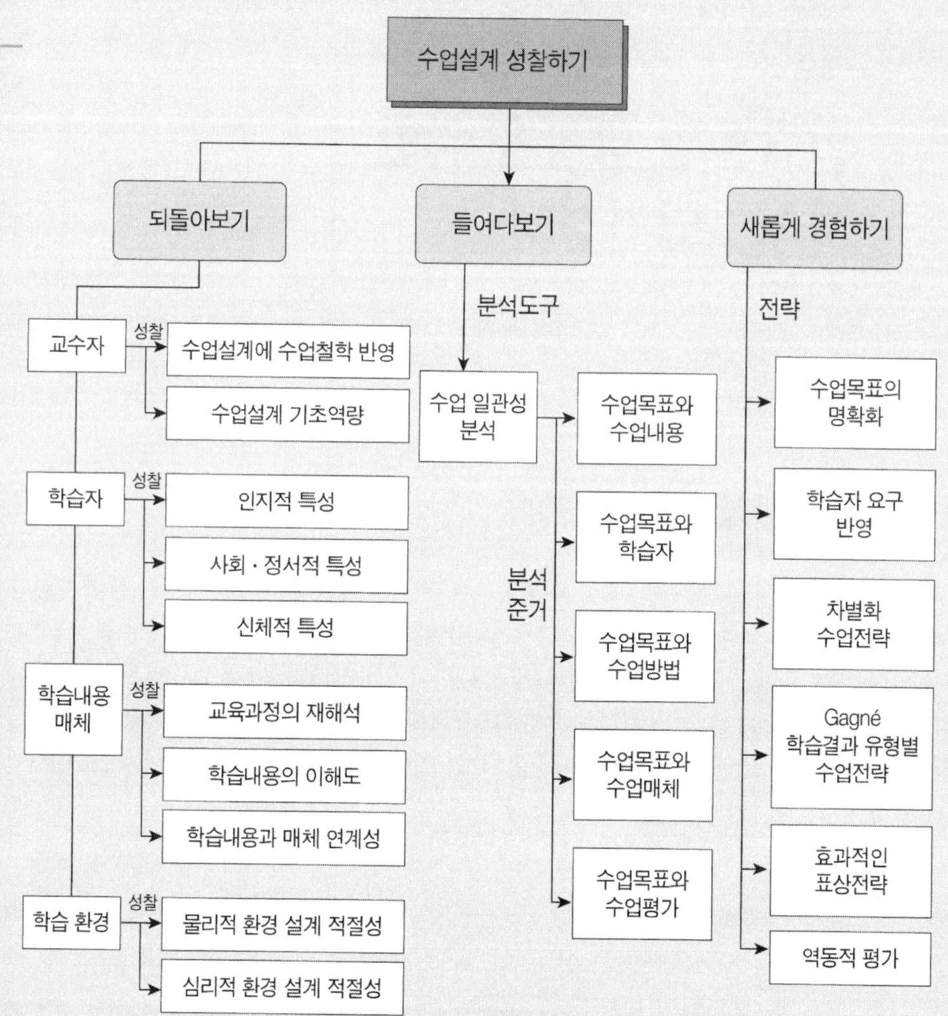

성찰목표

- 자신의 학습몰입 전략에 대해 되돌아볼 수 있다.
- 자신의 과업집중도 향상 전략을 분석할 수 있다.
- 자신의 학습동기 전략을 분석할 수 있다.
- 학습몰입 향상을 위한 배움 디자인 및 적응적 수업을 할 수 있다.

1. 수업 되돌아보기

수업에서의 몰입은 긍정적인 학습 결과로 직결되는 중요한 요인이다. 학습자가 학습 수행 과정에서 몰입한다는 것은 많은 의미를 담고 있다. 학습 과제가 학습자의 수준, 관심, 흥미에 최적화되어 있을 뿐만 아니라 학습동기가 일정 시간 동안 지속되고 있음을 의미한다. 교수자는 학습자의 몰입을 이끌어 낼 수 있는 다양한 방법과 전략을 투입할 필요가 있다.

1) 학습몰입의 개념

(1) 몰입의 개념

몰입이란 대단히 즐거운 심리 상태로써 어떤 일을 할 때 그 일에 완전히 빠져 있는 느낌을 말한다(Csikszentmihalyi, 1975). Csikszentmihalyi(1975)는 많은 사람들이 이러한 몰입 경험을 '물 흐르듯 자연스러운 행동 상태' 또는 '물결에 실려 떠내려가는 느낌'이라고 표현한 것에 착안하여 '플로(flow)'라는 용어를 사용하였다. 우리는 가끔씩 외적 보상이 없더라도 일 자체를 즐기는 경우가 있다. 축구 자체가 좋아서 동호회 모임이 있는 주말이면 누가 가라고 하지 않아도 자연스럽게 참여하여 축구 경기를 즐기는 아빠, 온 가족 건강을 위해 맛있는 저녁을 즐거운 마음으로 준비하는 엄마, 컴퓨터 게임에 빠져 해야 할 숙제도 잊은 채 시간 가는 줄 모르는 아들에게서 우리는 몰입을 엿볼 수 있다. 이러한 몰입이 학습 상황에서 일어나게 되면 학습몰입이 된다. 즉, 학습몰입에 빠진 학습자는 학습 자체를 즐기면서 외부의 다른 요인들의 개입에도 흔들림 없이 과제 수행의 성취감과 만족감을 추구한다.

그렇기 때문에 학습몰입은 교육학에서 중요한 연구 영역으로 자리잡고 있으며 몰입의 개념과 구성요소, 특징, 그리고 효과성 등을 규명하기 위해 다양한 연구들이 진행되었고, 현재도 진행되고 있다. 그러면 먼저 다양한 학자들이 언급하고 있는 몰입의 개념을 정리하면 〈표 8-1〉과 같다.

표 8-1 몰입에 대한 다양한 학자들의 정의

학자	몰입의 개념
Csikszentmihalyi(1975)	자기목적적 활동에 온 힘을 쏟은 행동을 하게 될 때 사람들이 느끼는 총체적인 감정 상태
Privette & Bundrick(1991)	내재적으로 즐거운 경험을 말하는 것으로, 최상의 즐거움이나 최고의 수행과 비슷하며, 이 두 가지 중 어느 하나로 단정짓기보다는 두 가지 중 어느 한 가지 경험을 의미할 수도 있고, 둘 다를 포함하기도 함
Csikszentmihalyi & LeFevre(1989)	몰입 경험은 사람들이 도전감과 기술력이 높을 때 즐거우며 새로운 기술을 익힐 때 자신의 능력을 최대한 발휘하여 자기존중감(self-esteem)이 높아지는 최적 경험(optimal experience) 상태
Csikszentmihalyi & Rathunde(1993)	사람들이 활동 그 자체 이외에는 시간의 흐름이나 몸의 피로 등 모든 것을 잊어버릴 정도로 어떤 것에 완전히 몰두할 때 경험하는 상태

결국, 몰입이란 자신의 학습과제에 완전히 몰두하여 최적의 기능을 수행하는 심리 상태로 시간 감각조차 잃어버리고 주변 상황에 대해 전혀 의식하지 못하고 그 일에 완전히 흡수되는 상태를 의미한다. 학습자들이 몰입 상태일 때, 의식이나 지각을 한곳에 집중하고, 자의식을 잊게 되며, 명확한 목표와 피드백에만 반응하며, 주위 환경에 대한 통제감을 경험하게 된다.

(2) 몰입의 구성요소

Csikszentmihalyi(1975)는 몰입의 9가지 구성요소로 도전과 능력과의 균형, 행동과 의식의 통합, 명확한 목표, 구체적인 피드백, 과제에 대한 집중, 통제감, 자의식의 상실, 시간 감각의 왜곡, 자기목적적 경험을 제시하였다.

① 도전과 능력과의 균형

몰입은 상황에 대한 도전과 그 도전에 적절한 개인의 능력 사이의 균형을 지각하는 것을 말한다. 몰입을 수반하는 활동은 반드시 신체적인 의미에서의 활동일 필요는 없으며 그에 필요한 능력도 반드시 신체적 기술일 필요는 없다. 예를 들어, 독서 활동, 수학자의 능력, 음악가의 기술 등을 들 수 있다. 개인의 지각된 도전감이 자신의 능력과 일치할 때 몰입이 일어나며 그 즐거움은 권태와 불안의 경계 사이에서 도전이 그 사람의 기능과 균형을 이룰 때 나타난다. 예를 들어, 테니스를 처음 배우기 시작하는 사람이 국가 대표 선수와 시합을 한다면 그에게는 즐거움보다는 불안감이 클 것이다. 반대로 초보자와 시합을 하는 국가 대표 선수는 별 재미를 느끼지 못할 것이다. Csikszentmihalyi에 따르면, '몰입'이라는 것은 기술과 도전이라는 두 차원의 균형이 맞을 때 경험할 수 있다.

② 행동과 의식의 통합

행위와 의식의 통합은 몰입 상태에서 자신들의 활동이 자발적이면서 동시에 자동적으로 진행되는 것을 기술하는 것이다. 몰입 상태에서는 자신이 수행하는 활동에 완전히 하나가 되어 다른 것을 생각할 충분한 의식이 남아 있지 않다(Csikszentmihalyi, 1990). 즉, 사람들이 거기에 빠져들어 행동이 자연스러워지고 자신도 모르게 행동하게 되는 상태이다. 의식과 행동이 통합되려면, 활동이 실행 가능한 것이어야 하는데, 이때 몰입은 과제를 실행할 수 있는 능력이 있을 때 발생한다. 특히 과정이 있고 단계가 있으며 규칙이 있는 것일수록 몰입하기가 용이하다.

③ 명확한 목표

명확한 목표는 사전에 목표를 설정함으로써 정확히 무엇을 해야 할지 아는 것을 의미한다(Csikszentmihalyi, 1990). 명확한 목표는 자신이 무엇을 하고 있는지에 대해 정확한 파악을 가능하게 하고, 자신이 의도하지 않은 상황이 발생하였을 때에는 행동을 수정하여 자신이 세운 목표에 다다를 수 있도록 도와준다. 분명한 목표를 미리 세우고 그 목표를 달성하기 위해 단계적으로 노력하는 과정을 통해 몰입을 경험할 수 있다. 예를 들어, 단체 줄넘기 20번 넘기에 도전하는 학생들이 있다면 모든 팀원들이 20개라는 목표를 달성하기 위해 노력하는 과정에서 몰입을 경험할 가능성이 높아진다.

④ 구체적인 피드백

구체적인 피드백은 수행 중의 활동에 대한 정확하고 신속한 피드백을 의미한다. 즉, 자신의 활동에 대해 스스로가 제대로 수행하고 있는지, 그 활동이 조화롭게 진행되고 있는지에 대해 순간순간 깨닫고 지적하는 것을 의미한다. 또한 구체적인 피드백은 분석이나 어떤 의견을 요구하는 것이 아닌 정확하고 신속한 피드백이 지속적인 행동과 연관됨을 의미한다(Csikszentmihalyi, 1990). 이러한 수행에 대한 구체적인 피드백은 자신의 목표에 대해 지속할 수 있는 정보를 제공한다. 위의 단체 줄넘기의 경우를 생각해 보면 팀원들은 여러 명이 조화를 이루면서 줄넘기를 할 수 있는 최적의 조건을 찾게 되는데, 수차례의 시행착오를 경험하면서 어떻게 하면 잘 걸리지 않는지 혹은 키가 작고 가벼운 사람은 어디에 위치해야 하는지 등과 같은 피드백 활동을 통해 최적의 조건을 찾게 된다.

⑤ 과제에 대한 집중

과제에 대한 집중은 완벽하게 과제에 집중하여 불필요한 정보가 마음에 스며들지 못하도록 하는 상태이다(Csikszentmihalyi, 1990). 즉, 몰입 상태에 있는 사람은 자신이 수행하고 있는 과제에만 전적으로 집중한다. 현재의 과제에 집중하기 위해, 잠재적으로 개입되는 자극에는 주의를 두지 않는다. 그리고 현재 과제에 집중하게 되면, 관련 없는 정보를 처리할 여유가 없으며, 현재 과제에 대한 정보, 매우 선택적인 정보만을 인식할 수 있다. 몰입 경험을 할 때의 집중은 명확한 목적과 즉각적인 피드백과 함께 의식에 질서를 제공하여 즐거운 마음 상태를 제공한다(Csikszentmihalyi, 1990).

⑥ 통제감

통제감은 몰입하는 동안 실질적으로 통제하려고 노력하지 않아도 수행자가 통제감각을 가지는 것을 의미한다(Csikszentmihalyi, 1990). 다시 말해서 몰입 상태에서는 자신의 상태 내에서 통제감을 가진다. 실제로 통제를 한다기보다는 통제를 할 수 있다는 가능성을 가진다. 몰입은 외부의 압력이나 강제에 의한 상황이 아닌 자발적인 상황이므로 개인은 자신이 처한 상황에 대해 통제감을 가진다. 따라서 곤란한 상황이 처해지거나 예기치 못한 일이 발생했을 경우에도 일이 잘못되고 있다는 느낌이나 두려움을 느끼기보다는 모든 것을 할 수 있다고 느끼고 그 상황에 대해 스스로 통제를 해 나간다.

⑦ 자의식의 상실

Csikszentmihalyi(1975)는 몰입상태에 있는 사람은 자신의 행동은 의식하지만 의식한다는 사실 자체를 의식하지 않는다고 말한다. 자의식의 상실이란 자아의 상실이란 뜻이 아니라 단지 자아에 대한 인식이 없어진다는 의미이다. 몰입 상태에서는 자신이 수행하고 있는 활동 자체에 몰두하기 때문에 자신의 모습이 어떠한지, 다른 사람에게 자신이 어떻게 보이는지 등 자신에 대한 생각, 자의식에 신경 쓸 여유가 없다. 따라서 몰입 상태에서는 자의식이 없어진다. 자아에 대한 관심은 그 사람이 활동과 하나가 될 때 몰입하는 동안 사라진다.

⑧ 시간 감각의 왜곡

시간 감각의 왜곡은 시간의 인식이 평상시처럼 되지 않거나 시간에 대한 지각이 사라지는 것을 의미한다(Csikszentmihalyi, 1990). 몰입 상태에서는 평소 자신이 지각하는 것과 다르게, 시간을 빠르게 혹은 느리게 왜곡해서 지각한다. 몰입 상태에서 지나간 시간을 돌이켜보았을 때 흘러간 시간은 평상시의 시간보다 빠르게 흘러갔거나 자신이 몰입해 있는 순간 시간이 정지된 것처럼 느끼기도 한다. 이러한 설명은 몰입 경험이 지속되는 동안 느껴지는 시간은 시계에 의해서 측정되는 시간 개념과는 전혀 관계가 없다는 것이다. 몰입 활동은 일반적인 시간 개념에 의존하지 않으며 자신만의 페이스를 가진다.

⑨ 자기목적적 경험

자기목적적 경험은 행위 그 자체 말고는 어떤 외부적인 보상이나 목표도 필요로 하지 않는 내재적으로 보상받는 경험이다. Csikszentmihalyi는 이 특징을 몰입에서의 최종 결과로 기술한다(Csikszentmihalyi, 1990). 만약 어떤 활동이 미래의 보상이나 이익을 기대하지 않고, 활동 그 자체를 위해서 행해진다면 그 활동은 자기목적적이다. 그 일 자체가 좋아서 할 때 그 일을 경험하는 것 자체가 목적이 될 때를 우리는 자기목적

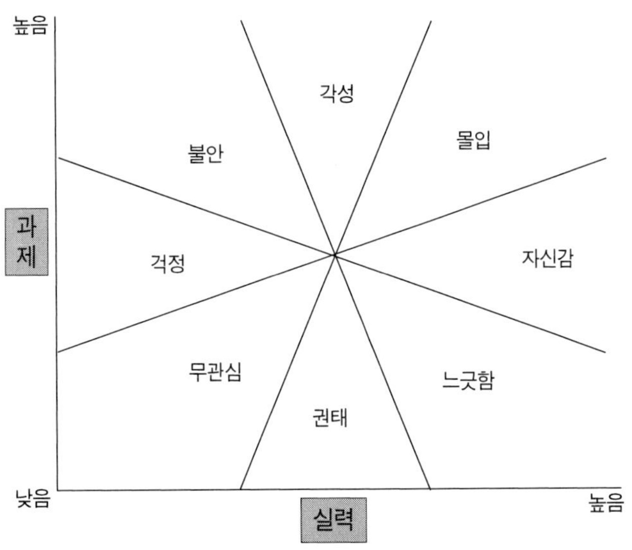

그림 8-1 _ **과제와 실력의 함수 관계에 따른 경험의 질**

출처: Csikszentmihalyi (1997).

적이라고 한다. 가령 그저 놀이 자체가 좋아서 두는 체스는 나에게 자기목적적 경험이 되겠지만 만일 내가 돈을 걸고 체스를 두거나 그 세계에서 순위에 오르기 위해 체스를 둔다면 똑같이 두는 체스라도 자기 외부의 목적을 실현하려는 행위가 되어 외재적 목적성을 강하게 띨 수밖에 없다. 외부의 다른 목적을 달성하려는 의도보다는 일 자체가 좋아서 하는 사람이 자기목적성을 가지고 있다고 말할 수 있다.

(3) 몰입의 특징과 효과성

몰입은 삶이 고조되는 순간에 물 흐르듯 행동이 자연스럽게 이루어지는 느낌을 표현하는 말이다. 그것은 운동 선수가 말하는 '물아일체의 상태', 신비주의자가 말하는 '무아경', 화가와 음악가가 말하는 '미적 황홀경'과 다르지 않다. 운동선수, 신비주의자, 예술가는 각각 다른 활동을 하면서 몰입 상태에 도달하지만, 그들이 그 순간의 경험을 묘사하는 방식은 놀랍게도 비슷하다는 사실이다.

몰입은 쉽지는 않지만 그렇다고 아주 버겁지도 않은 과제를 극복하는 데 한 사람이 자신의 실력을 온통 쏟아부을 때 나타나는 현상이다. [그림 8-1]에서 제시된 것처럼, 행동력과 기회 사이의 조화가 이루어질 때 우리는 바람직한 경험을 하게 된다. 과제가 너무 어려우면 사람은 불안과 두려움에 젖다가 제풀에 포기하고 만다. 과제와 실력 수준이 둘 다 낮으면 아무리 경험을 해도 미적지근할 뿐이다. 그러나 힘겨운 과제가 수준 높은 실력과 결합하면 일상생활에서는 맛보기 어려운 심도 있는 참여와 몰입이 이루어진다.

[그림 8-1]에서 보는 것처럼, 과제의 수준이 적당히 높으면서 이것을 해결할 수 있는 자신의 실력이 보통 이상일 때 몰입이 발생한다. 과제의 수준은 보통이면서 실력은 높을 때는 자신감이 유발되고, 과제 수준이 아주 높으면서 실력이 중간 정도이면 자신의 실력을 좀 더 키워야 한다는 각성이 일어난다. 그런데 과제의 수준은 높은데 자신의 실력이 낮게 되면 불안이 유발한다. 또한 과제의 수준은 낮은데 자신의 실력이 높으면 느긋함과 여유가 생긴다. 이러한 경우는 우리의 교실에서도 종종 발생한다. 예를 들어, 학습자가 수학시간에 선행학습으로 이미 알고 있는 내용을 공부하게 된다면 학습자는 느긋함을 가지면서 흥미와 관심도가 떨어질 수 있다. 따라서 수업을 설계할 때 교사는 학생들의 수준을 파악하여 그들의 수준에 적합한 과제를 제시하여 몰입의 상태로 이끌 필요가 있다.

학습에서의 몰입에 관한 연구는 다각도로 진행되고 있으며, 그 교육적 효과성도 다양하게 규명되고 있다. 그 가운데, 학습몰입도가 높은 학생은 긍정적인 학업성취도로 이어진다는 연구와 자기주도적 학습을 통해 학습몰입도를 증진시킬 수 있다는 연구 결과는 학교 교육과 수업에 많은 시사점을 제공한다. 즉, 학습자들의 몰입도를 증진하는 주요 방법으로 자기주도적 학습 능력을 향상시킬 수 있으며, 이를 통해 학업성취도를 향상시킬 수 있음을 의미한다. 석임복(2008)은 학습 몰입의 성격 분석 연구를 통해 내재적 동기를 가진 학생들의 학습몰입도가 가장 높았고, 학습몰입도가 높은 학생의 학업성취도가 가장 높다는 결론을 제시하였다. 이외에도 다양한 결과를 제시하였는데, 학습동기보다 학습몰입이 학업성취도에 좀 더 많은 영향을 미친다는 점, 학습자들은 자신의 능력보다 조금 낮은 도전에서 몰입 상태를 경험한다는 점, 그리고 초등학생들은 수업시간에 체육, 수학, 과학 순으로 몰입을 가장 많이 경험하며 도덕, 실과, 국어 순으로 몰입을 적게 한다고 보고하고 있다. 유은주(2010)는 학습몰입에 대한 유의미한 예측변인으로 자기주도적 학습능력 변인을 보고하였으며, 더불어 학습동기만 있다고 해서 몰입을 경험할 수 있는 것이 아니라 학습을 계획, 실행, 평가하는 자기주도적 학습능력을 통해 몰입 경험이 가능함을 강조하였다.

(4) 학습동기와 몰입

학습동기와 몰입 간의 관계를 조명한 연구들에서는 대체로 동기가 높을수록 학습에 몰입할 가능성이 높아진다는 결과를 보이고 있다. 특히, 동기를 외재적 동기와 내재적 동기로 구분할 때 내재적 동기가 학습몰입에 유의미한 영향을 미치는 것으로 보고하고 있다. 보다 자세한 내용은 아래와 같다.

박성익과 김연경(2006)은 온라인 학습에서 학습몰입요인, 몰입수준, 학업성취 간의 관련성 연구를 통해 학습몰입요인들 중에서 학습동기와 관련된 요인으로는 내재적 동기가 학습몰입에 유의미한 영향을 미치는 것으로 보고하였다. 유지원(2011)은 몰입과 동기적 요인, 심리적 중재요인, 사회적 요인 간의 구조적 관계 연구에서 학습몰입에 동기가 유의미한 영향을 미치는 것으로 나타났다. 이은주(2001)는 대학생들을 대상으로 실시한 연구에서 내재적 동기 및 자율적 외재동기가 높을수록 몰입을 많이 경험하며, 타율적 외재적 동기 및 무동기에서 높은 수준을 나타내었을 경우 몰입을 적게 경험하는 것으로 나타났다.

결국, 교사는 수업에서 학생들의 몰입을 이끌어 내기 위해서는 다양한 유형의 수업 전략이 필요하다. 예를 들어, 교사는 학생들의 학습동기를 유발하고 지속적으로 유지시키는 전략을 투입하거나 학습들의 과업 집중을 이끌어 낼 수 있는 전략과 방법을 적용함으로써 몰입력을 증진시킬 수 있다.

2) 나의 학습몰입 되돌아보기

되돌아보기의 목적은 자신과 자신의 수업에 대해 한 발자국 떨어져서 보다 객관적인 관점에서 큰 그림을 그려 보는 것이다. 나의 학습몰입에 대한 되돌아보기는 내가 학습몰입을 위한 충분한 역량이 있는지 그리고 실제 학습몰입이 잘 이루어지고 있는지를 성찰해 보는 것을 의미한다. 학습몰입에 대한 되돌아보기는 아래 표와 같이 수업의 네 가지 구성요소를 중심으로 학습몰입에서 중요한 내용들을 중심으로 되돌아볼 필요가 있는 영역을 선정하여 성찰하면 된다.

표 8-2 되돌아보기 기획하기

영역	구체적인 내용	되돌아보기 전략
교사로서 자기 자신	수업철학	• 자기성찰일지: 수업철학이 학습몰입에 잘 반영되고 있는지 성찰
	교사로서 기초역량	• 자기성찰일지: 나의 수업에서 학생들을 몰입으로 유도할 수 있는 나의 역량은 무엇인지 성찰
	교사로서 자기 자신에 대한 종합적 이해	• SWOT 분석: 학습몰입 역량
학습자	인지적 특성	• 설문이나 인터뷰 • 다양한 진단도구(학습양식, 학습동기, 자기주도적 학습능력, 학습기술, 선수학습능력, 자기효능감, 긍정적 자아개념, 학교나 학습에 대한 태도, 귀인속성, 소통능력, 열정, 회복탄력성)
	사회 · 정서적 특성	
	신체적 특성	
학습내용과 매체	교육과정 재해석	
	학습내용으로 재조직화	• 학습내용이 학생들의 선호도 및 수준에 적합한 내용인지 혹은 재조직해서 전달되고 있는지에 대한 성찰
	학습내용과 매체와의 연계성	• 나의 수업에서 활용되는 매체들이 아이들의 관심과 흥미를 끌어낼 수 있는지에 대한 성찰
학습 환경	물리적 환경	• 성찰일지: 학습자들의 학습몰입을 유도할 수 있는 물리적 환경 조성
	심리적 환경	• 성찰일지: 학습자들의 학습몰입을 촉진할 수 있도록 심리적 특성을 고려하고 있는지에 대한 성찰

(1) 교사로서 자기 자신 돌아보기

① 수업철학 성찰하기

수업철학 성찰하기에서는 자신의 수업철학이 무엇이며 어떻게 학습몰입 과정에 반영되는지를 성찰해야 한다. 이를 위한 첫 번째 방법으로 실제 수업에서 자신의 수업철학이 반영된 수업이 이루어지고 있는지를 분석해 보면 된다. 이를 위해서는 자기성찰일지를 사용할 수 있다. 아래의 자기성찰일지를 작성하는 방법은 다음과 같다. 첫째, '구분'란에 수업철학에 포함된 요소들을 나누어 기술하면 된다. 예를 들어, 오늘날의 교육적 트렌드인 '협력'이라는 키워드를 바탕으로 협력적 학급공동체를 형성하는 교사의 철학을 수업에 구현하고자 한다면, 학생들이 수업을 통해 효과적으로 협력하는 태도를 형성하기 위해 어떠한 몰입전략을 전개하였는지를 되돌아보고 성찰할 수 있다. 이때는 가능한 한 수업현상 그대로 사실만을 기술하고 해석을 첨가해서는 안 된다. '성찰'란에는 수업활동이 수업철학 요소를 잘 반영했는지 또는 그렇지 않은지에 대한 해석을 쓰고 개선하기 위한 전략에 대해 기술하면 된다. 구체적인 예는 〈표 8-3〉과 같다(〈부록 1〉 참조).

표 8-3 수업철학 반영 학습몰입 활동에 대한 성찰일지

구분	학습몰입	성찰
학습자들 간의 협력 촉진하기	학생들을 소집단으로 편성하여 협력학습을 시도하였는데, B그룹에서는 효과적인 협력을 바탕으로 원활한 학습으로 이어지고 있었다. 반면, A그룹에서는 학생들 사이에 갈등이 생겨나더니 급기야 학습 자체를 포기하는 상황이 발생하였다.	원인을 진단한 결과, A그룹에서는 학생들의 구성면에서 학업성취도 편차가 상당히 큰 학생들로 이루어졌다. 구체적으로 분석한 결과, 학업성취도 정도가 상위 수준의 학생 2명, 하위 수준의 학생 2명으로 이루어져 있었다. 상위 수준의 학생들은 하위 수준의 친구들이 잘 이해하지 못해 답답함으로 호소하였다. 이를 바탕으로 너무 편차가 큰 이질적인 집단 구성보다는 비고츠키가 언급하고 있는 근접 발달 영역을 고려한 집단 구성을 해야겠다.

학습자들의 학습동기 촉진하기	최근에 수업 집중도가 떨어지는 학생들을 보면서 내 자신을 되돌아보았다. 어떻게 하면 재미있게 공부하면서 효과적인 학습으로 이끄는 수업을 실행할 수 있을까? 고민 끝에 학습동기를 높일 수 있는 수업을 하고자 마음먹었다. 이를 위해, 교육과정 분석을 바탕으로 학생들의 요구, 흥미, 관심 등을 반영하여 학습동기를 유발하는 수업을 실행하였다. 그러나 학생들은 도입부에서만 잠깐 동기유발되는 모습을 보였으나, 전개, 정리로 이어지면서 지속되지 못하였다.	오늘 수업에서 학생들은 수업의 도입부에서만 잠시 동기화되었을 뿐 전개, 정리 단계로 나아갈수록 이전과 같이 지루한 모습을 보였다. 왜 이러한 현상이 생기는 걸까? 어떻게 하면 유발된 학습동기가 수업시간 동안 지속되는 효과를 가져올 수 있을까? 다음에는 학생들의 학습동기가 수업 전반에 걸쳐 지속될 수 있는 수업을 설계하여 실행해 봐야겠다.

두 번째로 가장 좋은 방법은 자신의 수업결과로 학습자들이 자신의 수업철학이 지향하는 학습자의 모습으로 변화되고 있는지를 분석해 보면 된다. 이를 위해서는 관찰전략을 사용할 수 있다. 수업과정이나 수업 후 학습자들의 행동이나 토론 내용을 분석하여 학습자들이 원하는 방향으로 변화되고 있는지 관찰하는 것이다.

② 기초역량 성찰하기

교사 자신이 수업 중에 활용하는 몰입의 기초역량을 살펴보기 위해 앞서 제시한 Csikszentmihalyi(1975)의 몰입의 9가지 구성요소를 활용할 수 있다. 즉, 수업 중에 학생들의 몰입을 이끌어 내기 위해 사용하는 몰입전략은 무엇인지를 살펴보고 그것이 효과적이었는지를 성찰하는 과정을 통해 몰입에 대한 나의 기초역량을 파악할 수 있다. 앞에서 익힌 몰입의 구성요소의 의미를 생각하면서 나의 몰입전략을 되돌아볼 수 있는데, 구체적인 예는 〈표 8-4〉와 같다.

표 8-4 수업 중 활용하는 나의 몰입전략

몰입의 구성요소	나의 몰입전략
도전과 능력과의 균형	현재 학습자들이 가지고 있는 지식이나 기술 수준보다 한 단계 높은 난이도의 과제를 부여함으로써 지적 호기심을 유발하여 몰입을 이끌어 냄.
행동과 의식의 통합	동력의 원리를 알아보는 과학 수업에서 학습자들의 관심, 흥미를 반영하여 모형 동력 자동차를 만들어 보는 활동을 단계적으로 접근함으로써 몰입을 촉진함.

명확한 목표	교육과정에서 제시하고 있는 핵심성취기준을 중심으로 학습자들의 실제 삶의 맥락 속으로 전이될 수 있는 목표로 재설정하여 제시함.
구체적인 피드백	학습자들이 학습의 과정에서 제기되는 어려움 혹은 질문에 즉각적으로 대응하면서 정오확인 피드백, 교정적 피드백, 정보 제시적 피드백 등의 다양한 피드백 전략을 투입함.
과제에 대한 집중	학습자들의 과제 집중도를 높이기 위해 적절한 과제 난이도를 분석하여 조작, 실습, 활동 중심의 수업을 전개함.
통제감	학습자들이 최근에 자신들의 일상과 관련된 현안을 토대로 토의에 자발적으로 참여할 수 있도록 몰입을 이끌어 냄.
자의식의 상실	모형 동력 자동차 만들기가 재미있었던 승찬이는 쉬는 시간에도 몰입하는 모습을 보임. 주변의 친구들이 떠들고 장난치는 소란 속에서도 자동차 만들기에 몰입하는 모습을 보임.
시간 감각의 왜곡	시간의 흐름을 인식하지 않고 활동 그 자체에 빠져 시간 가는 줄 모르는 상태의 몰입을 촉진할 수 있는 몰입전략을 투입함.
자기 목적적 경험	외적 보상을 통한 학습 참여 혹은 성취결과와 연결짓지 않더라도 학습하는 과정과 결과 그 자체에 내재적으로 보상받을 수 있는 전략을 투입함.

(2) 학습내용과 매체에 대한 성찰

학습몰입 관점에서 학습내용과 매체에 대한 되돌아보기는 학습내용 재조직화와 학습내용과 매체와의 연계성으로 구분하여 살펴볼 수 있다. 즉, 내가 가르치고 있는 학

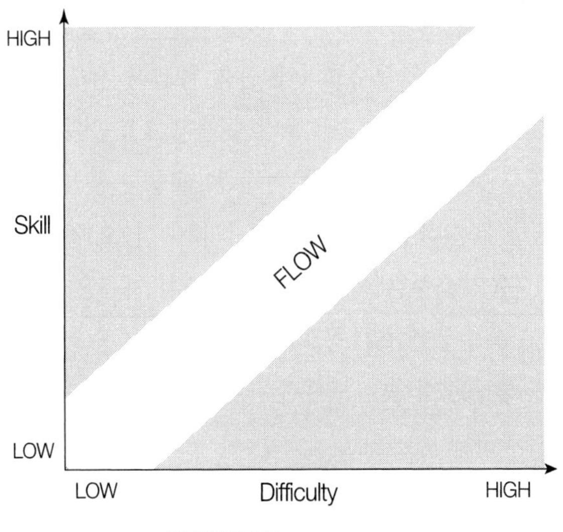

그림 8-2 _ 몰입의 조건

습자들의 수준에 적합한 수준으로 학습내용을 재조직하였는지와 반 학생들이 선호하는 매체를 활용하여 몰입으로 연계하고 있는지를 성찰해 보는 것이 목적이다.

첫째, 교사는 수업에서 학생들의 수준에 적합한 방식으로 내용을 재조직하는가를 성찰할 필요가 있다. [그림 8-2]에서 보는 것처럼, 몰입이 일어나기 위해서는 학생들에게 제공되고 있는 내용의 난이도와 이것을 해낼 수 있는 적절한 수준의 지식이나 기술이 일치해야 된다. 만약, 학습자들의 지식이나 기술적 수준은 높은 데 반해 제공되는 내용의 난이도가 낮으면 학생들은 지루하게 되어 몰입이 일어나지 않는다. 반대로 학생들의 지식이나 기술적 수준은 낮은데 제공되는 내용의 난이도가 높으면 불안한 심리 상태로 인해 몰입이 일어나지 않게 된다. 따라서 수업 상황에서 학습자들로 하여금 최적의 몰입을 이끌어 내기 위해서는 학생들의 수준을 먼저 파악한 후, 학생들의 수준에 적합한 내용으로 재조직하여 제공할 필요가 있다.

둘째, 학습자들의 선호도, 학습양식, 수준 등을 고려하여 매체를 활용함으로써 학습몰입을 이끌어 내고 있는지를 성찰할 필요가 있다. Dale의 경험의 원추에서 보는 것처럼, 매체는 구체성과 추상성을 중심으로 구분되고 있다. 경험의 원추가 수업에서 주는 시사점은 학습자의 수준이 낮거나 어릴수록 보다 구체적인 매체를 활용하고, 학습자의 수준이 높을수록 보다 추상적인 매체를 활용할 수 있음을 의미한다. 따라서 교사들은 학생들의 수준을 먼저 고려하여 그에 적합한 매체를 활용함으로써 몰입을 이끌어 내는 전략으로 연계할 수 있다.

(3) 학습 환경에 대한 성찰

물리적 환경에 대한 성찰은 학습자들의 몰입을 촉진하기에 적합한 물리적 환경이 구축되어 있는지를 성찰하는 것이다. 즉, 물리적 환경이 학습자들의 몰입과 연계하기에 최적화되어 있는지를 살펴보는 것이다. 적절한 조명, 통풍, 온도 등뿐만 아니라 학습자들의 좌석배치 등을 고려하여 최적의 환경을 갖추어 줄 필요가 있다. 즉, 물리적 환경에 대한 성찰은 '자유기술성찰일지' 등을 사용하여 자유롭게 자신의 생각을 기술하면 된다.

심리적 환경에 대한 성찰은 학습자 분석결과에 기초하여 학습자들에게 필요한 심리적 환경을 수업에서 제공하고 있는지 성찰하면 된다. 예를 들어, 자아개념이나 자기효능감 또는 학습동기가 낮은 학습자들의 경우 수업에서의 심리적 환경은 매우 안정적이어야 한다. 이들은 대부분 자신이 없고 능동적으로 수업에 참여하지 않으려고 한다.

따라서 발표나 발문에 대한 답변 이후 부정적 피드백을 받으면 수업에서 불안감을 쉽게 느끼게 되고 이후 답변이나 발표를 하지 않으려 할 수 있다. 따라서 항상 긍정적 피드백과 칭찬이나 격려 등을 통한 안정적 심리환경을 만들어 주어야 한다. 심리적 환경에 대한 다음과 같은 성찰일지를 활용할 수 있다. 학습 환경의 심리적 환경 측면에서 고려해야 할 내용이 무엇인지를 수업에 대한 시사점에 기록한다. 그리고 '성찰' 란에서는 시사점에 근거하여 원하는 수업이 설계되고 실행되었는지 만일 제대로 실행되지 않았다면 무엇이 문제이고 어떤 개선이 필요한지를 기술하면 된다. 구체적인 예는 〈표 8-5〉와 같다.

표 8-5 학습 환경(물리적, 심리적 환경)에 대한 성찰일지

학습 환경	수업에 대한 시사점	성찰
물리적 환경	• 책상 배치 • 교실의 밝기 • 청결 상태	모둠별로 소집단 토의를 마무리하고 수업을 정리하고 학생들의 분산된 주의를 집중시키기 위해 여러 가지 전략을 투입해 보았으나 자기들끼리 서로 이야기하는 학생들이 많이 보였음. 다음부터는 토의를 위한 좌석 배치에서 벗어나 일제식으로 전환한 후 정리를 해야겠다는 생각을 함.
심리적 환경	• 개인적 심리 상태	평소 밝은 표정으로 수업에 적극적으로 참여하던 승연이는 오늘따라 침울하여 수업을 마치고 물어보았더니 쉬는 시간에 친구와 다투었다고 함. 친구와의 갈등으로 인해 마음이 무거워 수업에 임하는 모습이 예전과는 많이 달랐음. 이를 위해 사전에 학생들의 개별 심리 및 정서 상태를 점검하여 접근할 필요가 있음.

3) 되돌아보기 종합하기: 자기수업컨설팅 과제 규정하기

되돌아보기를 하다 보면 자신의 수업에 대한 전체적인 그림이 그려지고 자기수업컨설팅에서 가장 초점을 두고 해결해야 할 수업문제가 나타나게 된다. 자기수업컨설팅에서는 여러 가지 문제를 함께 해결하려 노력하기보다는 가장 중요한 한 가지 문제만을 선정하여 이를 중심적으로 깊이 있게 성찰하는 활동이 필요하다. 그리고 자기수업컨설팅은 일회적이 아닌 지속적인 과정이기 때문에 문제해결 과정에서 촉진되는 성찰로 이어져야 한다.

학습몰입 영역에서 수업문제들은 매우 다양할 수 있으며 자신의 수업상황에 따라

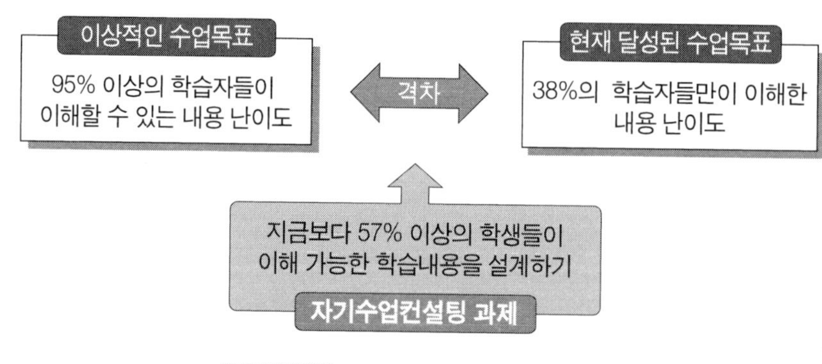

그림 8-3 _ 자기수업컨설팅 과제 규정

다른 수업문제들이 규정되게 될 것이다. 학습자들의 학습몰입에 영향을 미치는 요인들은 교사요인, 학습자요인, 가정 환경적 요인, 환경적 요인 등 다양하다고 할 수 있다. 예를 들어, 학습자들의 수준은 낮은데, 교사가 제시하는 학습내용의 수준이 높게 되면 학습몰입이 일어나지 않는다. 또한, 학생들과 교사 간의 적절한 신뢰가 형성되지 않거나 학습자들이 선호하는 스타일의 교사가 아니면 이것 또한 학습몰입에 영향을 미치게 된다. 여기서는 학습몰입을 위한 내용 난이도의 관점에서 수업문제 규정 한 가지 예를 들면 다음과 같다. 즉, 한 교사의 현재 학습몰입 상태의 분석결과, 단 38%의 학습자들만이 교사가 제시하는 내용을 이해할 수 있다면 대부분의 학생들이 잘 이해하지 못하고 있음을 의미한다. 따라서 학습 내용의 난이도를 현재의 학습자들이 이해할 수 있는 수준으로 재조직함으로써 모든 학생들이 이해할 수 있는 수준으로 개선되어야 한다. 이를 중심으로 자기수업컨설팅이 진행될 수 있다.

2. 수업 들여다보기

학교의 교실은 학생들의 배움이 일어나는 공간이다. 즉, 특별한 교육적 의도를 가진 교사의 수업을 통해 다양한 형태의 상호작용이 전개된다. 과업집중도는 학생들이 위치한 좌석배치를 기준으로 과업에 집중하는 정도를 분석하는 도구이다. 물론, 학생들의 과업을 이끌어 내는 요인들은 다양하지만, 여기서는 과업집중도 분석을 통해 학생들의 과업 집중 정도를 파악하고 더욱 촉진할 수 있는 실제적인 방법과 전략에 대해 알아보고자 한다.

1) 과업집중도 분석 성찰하기

(1) 교실 공간에서 좌석배치의 중요성

사회의 각 제도들은 나름의 존재목적을 반영하는 독특한 공간배치와 공간사용 구조를 가지고 있다. 그리고 학교라는 제도적 기관의 한 부분인 교실공간은 교사와 학생들에게 암묵적인 영향을 미치면서 특정한 메시지를 전달한다(Edwards & Furlong, 1978; Woods, 1983).

학교 교실의 좌석배치는 주로 정면을 향하여 열을 맞춘 전통적 좌석배치(classic box classroom)와 4~6명으로 구성된 소집단 형태(모둠), 그리고 이들을 조합한 절충형태가 주로 활용되고 있다(오영범, 이동성, 2010). 전통적인 좌석배치는 효과적인 교수와 학습을 위한 교사중심의 수업에 적합하며, 학생들이 지식, 법칙, 그리고 개념을 습득하는 데 효과적이다(Borich, 2008). 또한 다인수 학급을 책임지는 교사가 학기 초에 학생들의 산만함을 최소화하고, 수업을 효과적으로 관리하며, 학생들의 학습 집중력을 유지하는 데 효과적이고 효율적인 방법이다. 반면, 새로운 패러다임의 좌석배치는 주로 학습자들 간의 토의 및 토론, 협력학습 등을 촉진하기 위한 학생 중심의 공간 배치로, 유연하고 적응적 학습에 초점을 두고 있다. 교과학습 목표를 달성하는 것 외에도 대인관계 형성, 의사소통 능력 향상 등 사회적 기술을 향상하는 데도 적합하다. Stebbins(1973)의 지적처럼, 전통적인 좌석배치가 교사와 학생들의 교수학습에 언제나 부정적인 영향을 미치는 것이 아니기 때문에 교사의 수업 의도와 목적에 맞게 적절한 방법을 취사선택하여 활용하는 능력이 중요하다.

(2) 과업집중도 분석의 개념과 목적

① 과업집중도의 개념

과업집중방법은 1960년대 스탠퍼드 대학교의 Frank McGraw가 개발하였다. 그는 원격조정이 가능한 35mm 카메라를 이용한 수업관찰체제를 고안해 냈다. 교실의 전방 코너에 설치된 카메라가 광각렌즈를 사용하여 매 90초마다 전 학급의 사진을 찍는다. 관찰자는 주어진 시간 동안 찍은 수업사진을 제공받아 다양한 결과를 얻게 된다. 이처럼 교실에서의 수업 장면을 사진으로 인화함으로써 학생을 이해하는 유용한 자료로 활용하였지만, 경비가 비싸고 시간이 많이 소요되었기 때문에 대안적 방법을 사용하게 되었다. 이에 대한 대안적 방법으로 지필분석법이 개발되었는데, 이것을 과업집중 분석법이라고 한다(변영계, 김경현, 2005).

과업집중방법은 학생이 교사가 제시하는 과업에 주의를 많이 집중하면 할수록 더 많이 배울 것이라는 것을 전제로 한다. 그러나 과업집중행동과 학습과의 상관관계가 완전하지는 않다. 예를 들어, 어떤 학생들은 교사의 강의에 귀를 기울이고 학습에 주의를 기울이지만 수업이 끝난 후 수업내용을 완전히 이해하지 못할 수도 있고, 어떤 학생은 부과된 학습을 열심히 하지만 잘못된 방법으로 문제를 이해하여 학습에 실패할 수도 있다. 대개의 경우 학생이 과업에 집중하고 있으면 학습이 원활히 일어나고 있다고 볼 수 있기 때문에 학생의 과업집중행위와 학습 사이에는 높은 상관관계가 있다고 할 수 있다.

② 과업집중도의 목적

과업집중도는 학습자들이 수업시간에 과업에 집중하는 경향성을 파악하는 것으로 단위 학습 시간 동안 개별 학습자들이 주어진 학습 과제나 학습활동에 얼마나 집중하는지를 파악하기 위한 것이 목적이다(Acheson & Gall, 1987). 과업집중도 분석은 교실에서 학습자들의 좌석배치를 중심으로 파악하기 때문에 좌석표에 의한 관찰기록(Seating Chart Observation Records: SCORE)이라 한다(변영계, 김경현, 2005). 과업집중도는 수업시간의 변화에 따른 학습자들의 과업집중도 패턴을 파악하는 것이 목적이기 때문에 전체 학급뿐만 아니라 개별 학습자의 과업집중도를 알 수 있다(오영범, 이동성, 2010).

2) 과업집중도 분석을 통한 학습몰입 들여다보기

과업집중도 분석방법은 현재 교실에서 학습자들이 위치를 점하고 있는 좌석배치에 따라 학습몰입 정도를 진단할 수 있는 하나의 방법이다. 여기서 하나의 방법이라는 것은 학습자들의 학습몰입에 영향을 줄 수 있는 요인들은 무수히 많다는 것을 의미한다. 평소에는 학습몰입 정도가 좋았던 한 학생이 심한 감기에 걸려 신체적 컨디션이 좋지 않을 때 몰입 정도가 떨어질 수 있고, 친구로부터 괴롭힘을 지속적으로 받고 있는 한 학생은 심리적 불안으로 인해 몰입 정도가 떨어질 수 있기 때문이다. 또한 가정에서 아빠와의 긍정적인 관계를 형성하지 못한 여학생은 남교사 자체에 대한 거부로 인해 몰입으로 이어지지 못할 수도 있으며, 한 학생의 학습동기가 낮은 것도 낮은 몰입으로 이어질 수 있다. 이처럼, 학습자의 몰입에 미칠 수 있는 요인들은 무수히 많다. 그렇기 때문에 과업집중도는 교실 좌석배치라는 한 요인에만 중점을 두고 학습자들의 몰입 상태를 진단할 수 있는 하나의 방법임을 명심해야 한다. 과중집중도 분석표를 작성하는 방법은 다음과 같다.

- 교실 내 학습자의 좌석 형태와 같은 좌석표를 만든다. 만약 위와 같은 좌석표가 준비되어 있지 않으면 A4용지를 활용하여 관찰 위치에서 바라본 교실의 좌석배치도를 직접 그려서 활용해도 무관하다. 즉, 대략의 교실 좌석배치도를 직접 그려서 활용할 수 있다. 좌석표에 성별과 각 학습자의 특성을 나타내 주는 식별 표시를 하는 것도 분석결과에 도움이 될 수 있다. 그리고 관찰한 과업 행동과 부적절한 행동의 각 형태를 나타내는 범례를 만드는데, 일반적으로 쓰이는 범례(ABCDEF)를 사용하도록 한다. 과업집중도에 활용되는 범례는 누구나 쉽게 기억할 수 있기 때문에 가급적이면 숙지하는 것이 보다 신뢰로운 관찰에 도움이 된다.

표 8-6 과업집중도 분석 범주

A. 과업 중(개별)	B. 과업 중(교사와)
C. 자리 이탈	D. 잡담
E. 공상	F. 장난

- 모든 학습자를 관찰할 수 있는 적절한 위치에 자리를 잡는다. 이때 관찰자의 위치는 교수자와 학습자의 상호작용에 가장 적은 영향을 주는 교실의 가장 뒤쪽이 좋다. 그리고 보다 신뢰로운 관찰과 분석을 위해 전면에는 캠코더를 활용하여 수업의 장면을 촬영하는 것도 도움이 된다. 즉, 관찰자가 뒤에서 보기에 애매한 점을 촬영된 수업장면을 다시 돌려봄으로써 보다 구체화할 수 있다.
- 학습자가 과업에 집중하고 있는지, 다시 말해 교수자의 설명에 집중하거나 모둠 혹은 개인 과제 활동에 집중하고 있는지를 알기 위하여 각 학습자의 행동을 체계적으로 관찰하여야 한다. 관찰된 행동을 지시해 주는 문자 범례(ABCDEF)에 의거하여 5분 단위로 체크한다. 이때 좌석표의 적당한 곳에 관찰 시각을 표시함으로써 수업의 전체적인 흐름과 맥락을 파악하는 것이 좋다. 여기서 관찰자는 모든 학생들을 개개인별로 드러난 관찰범주를 체크할 필요가 없기 때문에 효과적으로 관찰

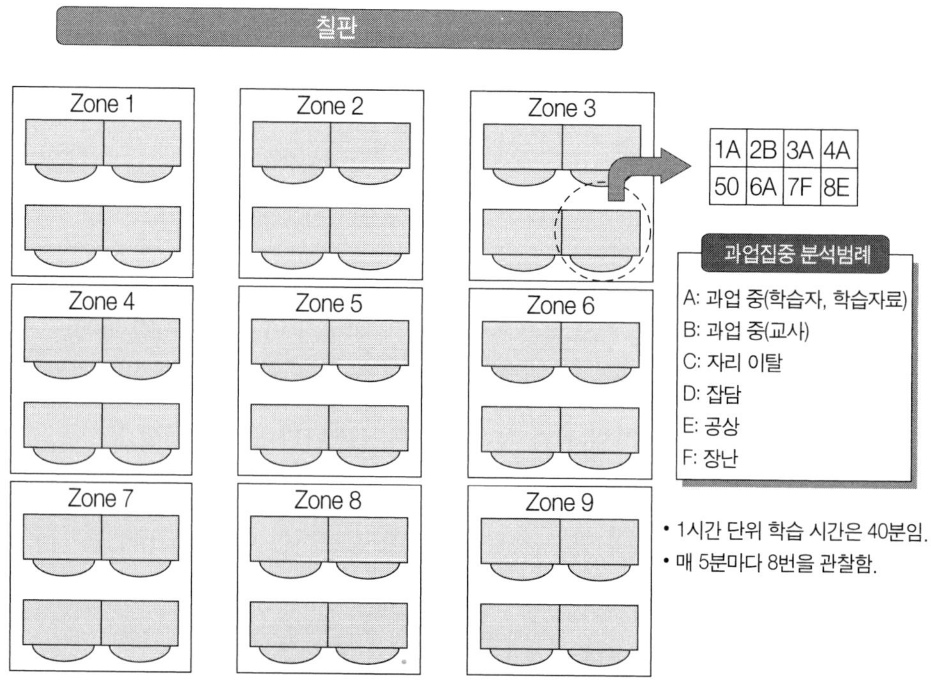

그림 8-4 _ 과업집중도 분석 좌석표

할 수 있다. 즉, 교사가 학습활동 방법에 대해 안내를 하고 있다면 이때 학습자들이 보여야 하는 범주는 교사와 상호작용하는 B에 해당한다. 관찰자는 B의 모습을

시각 / 범주	10:55	11:00	11:05	11:10	11:15	11:20	11:25	11:30	합계	총비율 %
A					31	32			63	23.1
B	33	32	30	32			33	34	194	741.3
C										
D		2	2		1	1			6	2.3
E			1				1		2	0.7
F	1		1	2	2	1			7	2.6
관찰에 이용된 범주		A : 과업 중(혼자), 개별 학습활동 C : 자리 이탈 E : 공상				B : 과업 중(교사와) D : 잡담 F : 장난				

그림 8-5 _ 과업집중도 비율분석표

보이지 않는 학생들만 체크함으로써 효과적으로 관찰할 수 있다. 또한 교사의 안내가 끝나고 학생들끼리 소집단 토의 활동을 한다면 과업집중도 분석 범주에 입각해서 볼 때, 학습자 간 상호작용을 하는 A라는 범주에 해당한다. 이때도 모든 학생들을 하나하나 체크할 필요 없이 소집단 토의 활동에 참여하지 않고 장난치고 잡담하는 학생들 위주로 체크하면 된다.

- 분석표를 완성한 후에 각 범례, 즉 과업 중(교수자), 과업 중(개인/모둠), 자리 이탈, 잡담, 공상, 장난 등의 범주에 따라 시간의 흐름별 추이와 이 범례별 총비율(%) 등을 분석하여 해석하게 한다.
- 분석표의 자료를 기초로 하여 '종합분석란'에 총평을 하면 분석이 끝나게 된다. '종합분석란'에는 과업활동 중 집중도를 보였던 비율과 그때 활용된 전략, 과업분산을 초래했던 사건이나 활동, 전략을 중심으로 기술하면 된다.

보다 신뢰로운 과업집중도 분석을 위해 아래와 같은 점에 고려해야 한다.

- 관찰자가 뒤에서 보기에는 한 학생이 수업에 집중하지 않고 멍하게 있는 장면이었는데, 실제 그 학생은 선생님께서 설명해 주는 내용에 대한 것을 곱씹어 생각하는 내적 인지 활동을 할 수도 있다. 이처럼 애매한 부분을 정확하게 파악하기 위해 전면에 학생들의 활동 모습과 표정 등을 구체적으로 관찰할 수 있도록 캠코더 등을 활용하여 촬영하면 보다 신뢰로운 분석을 하는 데 도움이 된다. 더불어, 수업을 진행한 교사와 특정 학생에 대해 질문을 하거나 그 학생과의 면담을 통해 수업 내용에 대해 확인해 봄으로써 정확한 범주를 도출해 낼 수 있다.
- 과업집중도 분석은 수업동영상을 통한 분석보다는 현장에서 직접 관찰을 통해 접근하는 것이 좋다. 수업동영상은 제한된 화면으로 인해 모든 학생들을 관찰하는 데 적합하지 않다. 따라서 직접 교실 관찰을 통해 현장에서 분석하는 것이 보다 효과적이다.
- 분석의 신뢰를 위해 2인이 같이 수업을 관찰하여 상호 보완하는 것도 도움이 된다. 한 명의 학생에 대한 관찰 범주도 각각 다르게 볼 수 있기 때문에 서로 조율하면서 비교·분석하는 것도 도움이 된다.

과업집중도 분석 예시를 제시하면 다음과 같다.

✓ 학교 급: 고등학교 ✓ 과목: 수학

✓ 수업목표:

1. Σ의 뜻과 성질을 이해한다. 2. Σ를 활용할 수 있다.

[과업집중 좌석기록표]

※ 시간은 시작시간부터 5분 간격으로 체크함. 즉, 한 칸이 5분을 의미함.

과업집중영역 – A: 과업 중(개별학습활동/모둠활동), B: 과업 중(교사와),
과업분산영역 – C: 자리 이탈, D: 잡담, E: 공상, F: 장난, G: 수업목표와 관련없는 개인활동

교탁

4					5				
B	B	B	B	E	B	B	B	B	B
E	A	A	A	B	B	A	A	A	B
6					*7				
E	B	E	E	B	E	E	E	E	E
E	A	A	A	B	E	E	E	E	E
*8					9				
E	B	E	E	E	B	B	B	B	B
E	E	E	E	B	B	A	A	A	B

*12									
E	B	E	E	E					
E	E	D	D	E					
*13					14				
B	B	E	E	E	E	E	B	B	B
E	E	E	A	B	B	A	D	D	B

1									
B	B	B	B	B					
B	A	A	A	B					
*2					*3				
B	E	E	E	E	B	E	E	E	E
E	E	E	E	E	E	E	E	E	B

10					*11				
B	B	B	B	B	B	B	E	B	E
B	A	A	A	B	E	E	B	E	B

15					*16				
B	E	E	B	B	E	E	E	E	E
B	A	A	A	B	E	E	E	E	E

* 자리위치 중, 명암 처리된 자리는 학생이 없는 자리를 의미하며, 숫자를 순서대로 표시하지 않는 것은 특별한 의미가 없음.

[과업집중 비율분석표]

범주	시각	14:35 (5)	14:40 (10)	14:45 (15)	14:50 (20)	14:55 (25)	15:00 (30)	15:05 (35)	15:10 (40)	15:15 (45)	15:20 (50)	합계	% 비율	% 총비율
과업집중	A	0	0	0	0	0	0	8	8	8	0	24	15.0	51.9
	B	10	10	6	8	7	6	0	0	0	12	59	36.9	
과업분산	C	0	0	0	0	0	0	0	0	0	0	0	0	48.1
	D	0	0	0	0	0	0	0	2	2	0	4	2.5	
	E	6	6	10	8	9	10	8	6	6	4	73	45.6	
	F	0	0	0	0	0	0	0	0	0	0	0	0	
	합계	6	6	10	8	9	10	8	8	8	4	77	48.1	100

[종합분석]

- 일반적으로 70% 이상이 나타나면 학습자들이 전반적으로 과업집중도가 있다고 할 수 있는데, 본 수업에서는 교사와의 과업집중도가 51.9%로 다소 낮은 과업집중도를 보이는 것으로 나타남.
- 교실 좌석배치에 따른 과업분산 경향성을 살펴보면 다음과 같음.

과업에 다소 집중하지 못한 학습자들이 교탁을 중심으로 앞쪽에 위치한 7, 8, 9번 학습자, 오른쪽에 위치한 12, 13번 학습자, 왼쪽 뒤쪽에 위치한 2, 3번, 뒤쪽 가운데 11번, 뒤쪽 왼편에 위치한 16번 학습자들로 관찰됨. 첫째, 14번 학습자는 12번 학습자로 인해 종종 잡담과 같은 분산이 이루어졌고, 둘째, 2번은 수업 초중반까지는 교사의 설명을 들은 것처럼 시선이 앞쪽에 있으나 손장난이나 멍을 때리는 행위(학습자는 교사가 추가공식을 작성하라고 안내해 줄 때 전혀 작성하지 않음)가 관찰되었다가 수업후반인 35분부터는 조는 행위를 함. 셋째, 3번 학습자의 경우는 앞에 있는 교사를 보는 것처럼 보이나 역시 2번 학습자와 같이 멍을 때리거나 딴짓을 하는 등의 행위가 자주 관찰됨. 하지만 마지막 수업종료 시점인 50분에 교사와 함께 문제를 풀이할 때는 답을 정확하게 풀이함. 따라서 수업의 집중과 무관하게 사전학습능력이 어느 정도 있는 학습자로 판단됨. 넷째, 7번 학습자는 교사의 지적과 관심에도 불구하고 지속적으로 조는 행위를 보여 줌. 본 수업에서는 교실 뒤쪽에 위치한 2번과 교실의 오른쪽 뒤편에 위치한 16번 학습자를 제외하고는 좌석배치에 따라서 과업분산이 일어나지는 않는다고 판단됨. 즉, 과업집중도가 낮은 이유가 교사가 학습자들과의 시선맞춤을 적게 한다거나 동선 조절이 미흡(학습자들과의 물리적 거리 조절)하거나 또는 집중시키기 위한 간단한 통제전략(조는 학습자 호명하기, 스킨십하기, 목소리를 키워서 설명하기 등)이 부족하거나 하는 등의 미시적 전략이 미흡한 것은 아니라고 판단됨. 보다 학습자들의 과업을 집중시키기 위해서는 수업전략적 측면에서 구체적으로 변화가 필요함. 예를 들어, 수학문제를 풀기 위한 단순 개별문제풀이보다는 학습자들이 역동적으로 참여할 수 있는 협동학습전략(STAD)과 이러한 협동학습전략을 독려할 수 있는 보상전략(강화물 활용)을 통합적으로 활용해 볼 수 있을 것임.

• 시간별로 살펴보면, 교사가 중심되어 설명했던 시간대(수업시작~30분까지)와 학습자들이 개별적으로 풀이해 보는 시간대(35~45분까지) 각각 학습자들(앞에서 언급한 특정 학습자들에 의해서)이 과업에 분산이 일어나는 것으로 파악됨. 즉, 본 수업에서 추구하는 학습목표를 달성시키기 위한 수업전략으로 근본적인 변화가 필요하다고 판단됨. 따라서 앞서 언급했듯이 학습자들의 적극적 참여를 유도할 수 있는 접근으로 변화한다면 보다 유의미한 학습경험을 통한 과업집중도를 높일 수 있을 것이라고 판단됨. 예를 들어, 학습자들의 사고열기와 같은 주의집중 전략, 개인차를 고려한 수업전략(scaffolding 전략, 학습자이해도 점검전략), 협동학습 및 보상전략을 고민해 볼 필요가 있음.

3) 교수몰입 및 학습몰입 분석을 통한 학습몰입 들여다보기

(1) 교수자의 교수몰입

김아영 외(2008)는 교수몰입 척도 개발 및 타당화 연구를 통해 Csikszentmihalyi의 몰입개념에 기초하여, 교사들이 수업 시간 중에 경험하는 교수몰입의 구인을 탐색하여 이를 측정할 수 있는 척도를 개발하고 타당성을 검증하였다.

교수자 대상 교수몰입 측정 도구는 총 36문항으로 구성되어 있으며 각 문항은 리커트 6점 척도로 이루어져 있다. 설문 응답 결과, 평균 5점 이상이면 수업에서의 몰입 정도가 높고, 2점 이하이면 몰입 정도가 낮다고 할 수 있다. 이를 활용하여 교사들을 대상으로 교수몰입 정도를 측정할 수 있다. 교수자용 교수몰입 자기진단 체크리스트 도구는 부록에서 활용할 수 있다.

표 8-7 교수자용 교수몰입 자기진단 체크리스트 도구

구분	문항 번호	비고
도전과 능력과의 균형	1~4	1: 전혀 아니다 2: 아니다 3: 약간 아니다 4: 약간 그렇다 5: 그렇다 6: 매우 그렇다
행동과 의식의 통합	5~8	
명확한 목표	9~12	
구체적인 피드백	13~16	
과제에 대한 집중	17~20	
통제감	21~24	
자의식의 상실	25~28	
시간 감각의 왜곡	29~32	
자기 목적적 경험	33~36	

교수자 교수몰입 척도를 바탕으로 해당되는 문항에 점수를 체크한 후, 각 영역별 합계 및 평균 점수뿐만 아니라 전체의 합계 및 평균 점수를 산출할 수 있다. 이를 바탕으로 교사는 자신의 수업에서의 교수몰입 정도를 자가진단하고 교수몰입을 향상하는 자료로 활용할 수 있다.

표 8-8 교수자용 교수몰입 자기진단 체크리스트 점수 산출표

구성요소	문항					
도전과 능력 부합	1	2	3	4	합계	평균
행동과 의식 통합	5	6	7	8	합계	평균
명확한 목표	9	10	11	12	합계	평균
구체적인 피드백	13	14	15	16	합계	평균
과제에 대한 집중	17	18	19	20	합계	평균
통제감	21	22	23	24	합계	평균

자의식의 상실	25	26	27	28	합계	평균
시간 감각의 왜곡	29	30	31	32	합계	평균
자기 목적적 경험	33	34	35	36	합계	평균
총						

(2) 학습자의 학습몰입

Csikszentmihalyi(1975)가 제시한 몰입의 구성요소인 도전과 능력과의 균형, 행동과 의식의 통합, 명확한 목표, 구체적인 피드백, 과제에 대한 집중, 통제감, 자의식의 상실, 시간 감각의 왜곡, 자기 목적적 경험을 중심으로 이하얀(2010)은 학습자들의 학습몰입 정도를 측정할 수 있는 척도를 개발하고 타당화하였다. 학습자 대상 학습몰입 측정 도구는 총 30문항으로 구성되어 있으며 각 문항은 리커트 6점 척도로 이루어져 있다. 설문 응답 결과, 평균 5점 이상이면 학습에서의 몰입 정도가 높고, 2점 이하이면 몰입 정도가 낮다고 할 수 있다. 이를 활용하여 개별 혹은 학급의 학습자들을 대상으로 학습몰입 정도를 측정할 수 있다. 학습자용 학습몰입 자기진단 체크리스트 도구는 부록에서 활용할 수 있다. 교수몰입 척도는 총 36개의 문항으로 각 문항은 6점 척도로 이루어져 있다. Csikszentmihalyi가 언급하는 9개의 몰입 요소로 구분되어 있으며 각 요소에 해당하는 문항을 살펴보면 다음과 같다.

표 8-9 학습자용 학습몰입 자기진단 체크리스트 도구

구분	문항 번호	비고
도전과 능력과의 균형	1~3	1: 전혀 아니다 2: 아니다 3: 약간 아니다 4: 약간 그렇다 5: 그렇다 6: 매우 그렇다
행동과 의식의 통합	4~6	
명확한 목표	7~9	
구체적인 피드백	10~13	
과제에 대한 집중	14~16	
통제감	17~19	
자의식의 상실	20~22	

시간 감각의 왜곡	23~25
자기 목적적 경험	26~30

학습자 학습몰입 척도를 바탕으로 해당되는 문항에 점수를 체크한 후, 각 영역별 합계 및 평균 점수뿐만 아니라 전체의 합계 및 평균 점수를 산출할 수 있다. 이를 바탕으로 교사는 자신의 수업에서의 학생들의 학습몰입 정도를 진단하고 학습몰입을 향상하는 자료로 활용할 수 있다.

표 8-10 학습자용 학습몰입 자기진단 체크리스트 도구

구성요소	문항						
도전과 능력 부합	1	2	3			합계	평균
행동과 의식 통합	4	5	6			합계	평균
명확한 목표	7	8	9			합계	평균
구체적인 피드백	10	11	12	13		합계	평균
과제에 대한 집중	14	15	16			합계	평균
통제감	17	18	19			합계	평균
자의식의 상실	20	21	22			합계	평균
시간 감각의 왜곡	23	24	25			합계	평균
자기 목적적 경험	26	27	28	29	30	합계	평균
총							

여기서는 학습자들의 학습몰입을 바탕으로 접근하고자 한다. 즉, 교사가 진행하는

수업에서 학습자들은 어느 정도 몰입을 하고 있는지를 파악하여 학습몰입도를 높일 수 있는 전략과 방법을 투입할 수 있다. 학습몰입 도구와 함께 교수몰입 도구를 활용하면 더욱 신뢰롭고 타당한 분석방법이 될 수 있기 때문에, 직접 활용하고자 할 경우에는 상황과 맥락에 따라 융통성 있게 사용할 수 있다.

(3) 학습몰입 분석방법

앞서 학습몰입 분석도구와 함께 간단한 분석방법을 살펴보았지만, 실제적인 예를 통해 더욱 심층적인 이해를 도모하고자 한다.

- 먼저 학습몰입 도구가 어떠한 범주로 어떻게 구성되어 있는지를 파악하면 분석에 더욱 용이하다. 학습몰입 도구는 Csikszentmihalyi가 언급하고 있는 9가지 몰입요소인 도전과 능력 부합, 행동과 의식 통합, 명확한 목표, 구체적인 피드백, 과제에 대한 집중, 통제감, 자의식의 상실, 시간 감각의 왜곡, 자기 목적적 경험으로 범주화되어 있다. 이때 자신이 가르치고 있는 학생들의 발달단계 및 수준을 고려하여 문항을 적절하게 수정 및 보완하여 사용할 수도 있다.
- 학습몰입 도구를 학생들에게 나누어 주고 문항을 잘 읽도록 하고 해당되는 부분에 체크할 수 있도록 한다.

문항	척도					
	전혀 아니다	아니다	약간 아니다	약간 그렇다	그렇다	매우 그렇다
1. 나의 능력은 새로운 내용을 완전히 이해하기에 충분하다.	①	②	③	④	⑤✓	⑥
2. 새로운 내용을 공부하는 것이 어렵지만 내 실력이라면 충분히 해낼 수 있다고 믿는다.	①	②	③	④✓	⑤	⑥
3. 나는 새로운 학습 내용에 도전할 만한 능력을 가지고 있다.	①	②	③	④✓	⑤	⑥
4. 나는 공부할 때 특별히 생각하지 않아도 저절로 진행된다.	①	②	③	④	⑤✓	⑥
5. 공부하는 과정이 물 흐르는 것같이 자연스럽다.	①	②	③✓	④	⑤	⑥
6. 나는 공부하는 과정이 자동적으로 일어나는 것처럼 느껴진다.	①	②✓	③	④	⑤	⑥

7. 공부를 시작하기 전에 공부할 양을 미리 정한다.	①	②✓	③	④	⑤	⑥
8. 나는 공부할 때 목표를 분명히 세워 둔다.	①	②✓	③	④	⑤	⑥
9. 나는 공부할 때 내가 해야 할 일이 무엇인지 정확히 알고 있다.	①	②	③✓	④	⑤	⑥
10. 나는 내가 제대로 공부하고 있다고 느낀다.	①	②	③	④✓	⑤	⑥
11. 공부하는 동안 내가 얼마나 잘하고 있는지 알고 있다.	①	②	③	④✓	⑤	⑥
12. 나는 공부하는 동안 얼마나 잘하고 있는지 정확하게 안다.	①	②	③	④	⑤✓	⑥
13. 나는 내가 공부하고 있는 것을 보면 얼마나 잘하고 있는지 말할 수 있다.	①	②	③	④	⑤✓	⑥
14. 나는 공부할 때 완전히 빠져들곤 한다.	①	②	③	④✓	⑤	⑥
15. 공부를 할 때는 다른 생각을 전혀 하지 않는다.	①	②	③	④	⑤	⑥✓
16. 나는 공부할 때 완전히 집중한다.	①	②	③	④	⑤✓	⑥
17. 나는 공부할 때 나 자신을 완전히 장악하고 있다는 느낌이 든다.	①	②	③	④	⑤✓	⑥
18. 나는 공부할 때 내가 하고자 하는 대로 할 수 있다.	①	②	③	④✓	⑤	⑥
19. 나는 공부를 할 때 모든 절차가 내 자신의 휘하에 있다고 느낀다.	①	②	③✓	④	⑤	⑥
20. 나 자신을 잊어버릴 정도로 공부에 몰두하곤 한다.	①	②	③✓	④	⑤	⑥
21. 공부할 때 너무 집중해서 다른 사람이 말을 해도 못 알아듣곤 한다.	①	②	③✓	④	⑤	⑥
22. 나는 공부할 때 내 주변에서 무슨 일이 일어나는지 잘 모른다.	①	②	③✓	④	⑤	⑥
23. 공부에 집중할 때는 시간이 흐르는 속도가 평소와 다르게 느껴진다.	①	②	③	④✓	⑤	⑥
24. 공부하는 동안에는 시간 가는 줄 모른다.	①	②	③	④	⑤✓	⑥
25. 공부하는 동안은 시간이 매우 빠르게 흐른다.	①	②	③	④✓	⑤	⑥
26. 나는 결과에 상관없이 공부하는 것 자체를 즐긴다.	①	②	③✓	④	⑤	⑥
27. 나는 공부를 하는 동안 행복하다고 느낀다.	①	②	③✓	④	⑤	⑥
28. 공부를 하는 과정 자체가 재미있다.	①	②✓	③	④	⑤	⑥
29. 나는 공부하는 시간이 즐겁다.	①	②	③	④✓	⑤	⑥
30. 공부는 나에게 신나는 일이다.	①	②	③	④	⑤✓	⑥

• 학습자가 학습몰입 도구에 반응을 다 작성하였다면 각 범주별 합계와 평균 점수, 총점과 전체 평균을 다음과 같이 계산한다.

구성요소	문항						
도전과 능력 부합	1	2	3			합계	평균
	5	4	4			13	4.33
행동과 의식 통합	4	5	6			합계	평균
	5	3	2			10	3.33
명확한 목표	7	8	9			합계	평균
	2	2	3			7	2.33
구체적인 피드백	10	11	12	13		합계	평균
	4	4	5	5		18	4.50
과제에 대한 집중	14	15	16			합계	평균
	4	6	5			15	5.00
통제감	17	18	19			합계	평균
	5	4	3			12	4.00
자의식의 상실	20	21	22			합계	평균
	3	3	3			9	3.00
시간 감각의 왜곡	23	24	25			합계	평균
	4	5	4			13	4.33
자기 목적적 경험	26	27	28	29	30	합계	평균
	3	3	2	4	5	17	3.40
총						111	3.70

• 분석 후에는 학습몰입 측면의 효과성, 개선점 등을 중심으로 기술한다.

[종합분석 작성방법]

① 관찰된 사실을 요약·정리한다.

② 효과적인 학습몰입 전략을 기술한다.

③ 학습몰입 전략 중 수정보완이 필요한 사항을 근거를 들어 제시하면 할 수 있다. 이때 활용 가능한 다른 자료들을 종합적으로 분석하여 접근하면 더욱 신뢰도가

높은 분석을 이끌어 낼 수 있다.

[분석 시 유의사항]

학습몰입 분석도구의 범주를 숙지하는 것이 좋다.

수업 중, 교사가 전개하는 학습몰입 전략이 학습자들에게 얼마나 큰 효과성을 발휘하고 있는지 혹은 문제점은 무엇인지도 파악해야 한다.

[종합분석]

- 학습몰입 분석결과 과제에 대한 집중이 5.00으로 가장 높게 나타났고, 명확한 목표가 2.33으로 가장 낮게 나타났다. 따라서 학습자가 학습목표를 분명하게 인지하고 있는지를 확인할 필요가 있다. 더불어, 교수자는 학습자들이 달성해야 할 학습목표를 정확하게 알려 주고 있는지도 확인할 필요가 있다. 또한 명확하게 설정된 학습목표가 과제 수행으로 이어질 수 있는 연계 방안이 필요하다.
- 자의식의 상실 점수가 3.00으로 나타나 다른 범주의 점수에 비해 상대적으로 낮은 것으로 드러났다. 따라서 자의식에 영향을 주는 구체적인 요인이 어떠한 것들이 있는지를 분석하여 수업에서 학습자의 자의식이 높아질 수 있는 수업설계 전략을 활용하거나 환경을 구축할 필요가 있다.
- 학습몰입 평균은 3.70으로 학습몰입 정도가 보통인 것으로 드러났다. 따라서 학습자의 학습몰입이 더욱 향상될 수 있도록 학습몰입을 향상시킬 수 있는 방법과 전략을 투입할 필요가 있다.

4) 학습몰입 들여다보기 활동 종합하기

학습몰입 측면에서 들여다보기 활동을 종합하는 것이 필요하다. 왜냐하면 학습자와 교사, 학습자와 교육내용 및 매체, 학습자와 학습 환경 등 각 관계성들이 모두 독립적인 것이 아니라 서로 연결되어 하나의 수업현상을 만들어 내기 때문이다. 수업에 영향 미치는 네 가지 영역인 학습자, 교사, 교육내용 및 매체, 학습 환경 간의 학습몰입 측면에서 잘못된 결합을 정리하면 [그림 8-6]과 같다.

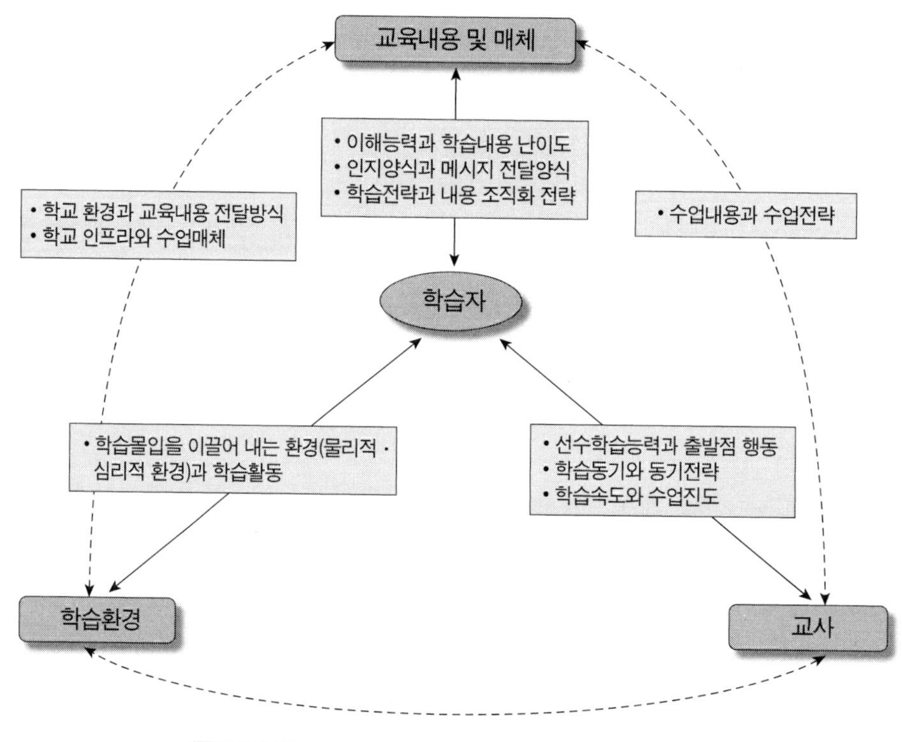

그림 8-6 _ 들여다보기에 기초한 잘못된 결합 요인들

들여다보기의 분석결과를 종합하여 위의 그림에서 현재 나의 수업에서 학습몰입 측면에서 발생하고 있는 잘못된 결합을 살펴볼 수 있다. 나의 수업에서 발생하는 수업현상들 중에서 학습몰입 측면에서 문제가 발생하고, 그 원인이 수업관련 영역들 간의 잘못된 결합에서 발생하고 있다는 사실을 종합적 해석에서 찾으면 된다. 학습몰입의 문제는 종합적 해석에서 알 수 있듯이 한 가지 원인일 수도 있고 여러 가지 원인일 수도 있다.

3. 수업 새롭게 경험하기

수업 상황에서 학습자들의 몰입도를 높이기 위한 다양한 전략과 방법들이 존재한다. 학습자들의 물리적 환경뿐만 아니라 심리적 환경을 개선하는 전략, 학습자의 입체적 분석에 근거한 수업 설계 및 운영 등과 같은 수업개선 노력을 통해 학습자들의 학습몰입도를 증진할 수 있다. 여기서는 과업집중도 향상을 통해 몰입을 증진시키는 환경적 측면, 실제 수업에서 교수자의 의도적인 노력을 통해 접근할 수 있는 수업적 측면에서 살펴보고자 한다.

1) 학습몰입 증진을 위한 배움 디자인

수업은 매우 역동적이며 다양한 요인들에 의해 영향을 받는다. 따라서 학습자들의 학습몰입이 떨어지는 요인들도 또한 매우 다양하다. 들여다보기 활동을 통해 교사는 자신의 수업에서 어떤 요인들로 인한 영향, 어떤 범주들에서 학습몰입이 떨어지는지 분석이 이루어졌을 것이다. 따라서 새롭게 경험하기에서는 자신의 수업분석결과에 따라 적절한 학습몰입 증진을 위한 전략을 선정하여 실천하고 성찰을 통해 지속적으로 문제를 개선해 나가는 노력이 필요하다. 이곳에서는 학습자들의 과업집중도와 학습동기를 향상시킬 수 있는 실질적인 전략들에 대해 살펴볼 것이다.

(1) 환경적 측면의 학습몰입 향상 전략

교실의 학습자들을 대상으로 과업집중도를 높이기 위해서는 교실의 전 영역을 액션존(action zone)으로 만들 수 있는 실천적 전략들을 모색해야 한다(오영범, 이동성, 2010; Adams & Biddle, 1970; Weinstein & Mignano, 1993). 이를 위한 구체적인 실천 전략으로 ① 교사의 동선 확장하기, ② 원거리 학생들에게 눈 맞춤(eye contact)하기, ③ 원거리 학생들에게 의도적인 발화기회 부여하기, ④ 정기적인 좌석 변경 등을 통해 구체화할 수 있다. 이 중에서 교사의 동선 확장하기와 정기적인 좌석 변경을 중심으로 살펴보고자 한다.

① 교사의 동선 확장하기

교실 수업 상황에서 교사들은 주로 교탁을 중심으로 수업을 진행하는 경향이 있다. 판서가 용이한 칠판과 컴퓨터, 빔프로젝트, 실물화상기 등과 같은 매체를 조작하기 편리한 위치이기 때문에 주로 교탁을 중심으로 교사들의 동선이 제한되는 경우가 있다. 교사가 교탁을 중심으로 전면에만 위치하게 되면 상대적으로 거리가 먼 학생들은 교사의 관심으로부터 멀어질 수 있다. 단순히 교사와의 거리가 멀기 때문에 학생이 관심을 받을 수 없다는 선부른 결론을 내릴 수는 없다. 하지만 교사가 수업 중에 동선을 확장하면서 상대적으로 거리감이 있는 학생들에게도 다가가 눈 맞춤을 하고 의도적인 질문을 하는 것은 작은 관심의 표현이며 배려하는 모습이라고 할 수 있다. 한때, EBS 특별 대기획 〈우리 선생님이 달라졌어요〉에서는 수업개선을 위한 열정으로 과감히 도전한 교사들의 변화되는 모습을 보여 준 적이 있다. 그 가운데 중학교에서 국어를 가르치던 한 선생님은 수업컨설팅 전문가로부터 제한적인 동선의 문제를 지적받았다.

최근에는 전국적으로 배움중심수업이 하나의 트렌드처럼 퍼져 있다. 배움중심수업이 기존의 학습자 중심 수업과는 차별적인 특징을 가지고 있음을 앞서 살펴보았다. 즉, 교수자의 낮은 참여와 학습자의 높은 참여로 이루어진 수업이 학습자 중심 수업이라면, 배움중심수업은 학습자와 교수자가 동시에 높은 참여를 보이면서 함께 만들어 가는 수업이라고 할 수 있다. 이처럼, 모두가 동시에 적극적으로 참여하면서 활동할 때, 성장이 있는 수업으로 나아갈 수 있다.

② 정기적인 좌석 변경

교실의 좌석배치에 따라 학생들의 과업집중도가 달라짐을 이미 연구들을 통해 확인하였다(오영범, 이동성, 2010; Weinstein & Mignano, 1993). 따라서 정기적인 좌석 변경을 통해서 수업의 분위기를 쇄신하고 새롭게 학습 분위기를 조성할 수 있는 교사의 전략이 필요하다. 또한 학생들도 자신들이 어디에 누구와 앉을 것인지에 대해 많은 관심을 보인다. 좌석 변경 시, 어떤 친구와 함께 앉는지 혹은 어떤 친구들과 한 그룹이 되는지에 대해 많은 관심을 드러내면서 서로 친한 친구끼리 짝이 되면 만족스러워하지만, 자신과 별로 친하지 않은 친구와 짝이 되면 싫어하는 감정을 보이기도 한다. 이처럼 좌석배치는 친구들 간의 친밀도 정도를 반영하고 과업 집중에 영향을 주기도 한다. 아주 친한 친구와 짝이 되었을 경우에는 수업과 관련 없는 그들 간에 특별히 공유하고 있는 것에 대한 관심 때문에 과업 집중에 방해가 되기도 한다. 반대로, 아주 친하지 않거나 다소 적대적 관계에 있는 친구와 짝이 되었을 경우에는 활동 자체를 하지 않으려는 태도 때문에 같은 그룹의 친구들에게 부정적인 영향을 줄 수도 있다. 따라서 친구들 간의 친밀도와 함께 지적 및 정의적 수준 등을 고려하여 좌석을 변경할 필요가 있다. 대개의 경우 인지적 수준이 높은 학습자와 다소 낮은 학습자와 짝이 되는 경우가 있다. 이것은 동료학습의 효과 혹은 Bandura(1977)가 언급하고 있는 자기효능감을 향상시키기 위한 유효한 전략이 될 수 있기 때문이다. 따라서 교사는 자신이 담당하고 있는 학급의 좌석을 변경할 시에는 이와 같은 점들을 고려할 필요가 있다.

(2) 수업 측면의 학습몰입 향상 전략

① 학습자들의 주의집중 이끌어 내기

이것은 교사가 학생들의 분산된 활동이나 관심을 하나로 모음으로써 교사가 계획한 수업을 진행하기 위해 학생들의 분산된 주의를 하나로 집중시키는 전략을 말한다. 이러한 주의집중 전략에는 감각적 주의집중, 인지적 주의집중, 변화성(다양성) 전략이 있다.

한 학급에는 다수의 학생들이 존재한다. 이들은 개인별 특징이 다양한 학생들로 구성되어 있다. 교사들은 이들을 효과적으로 관리하고 통제하기 위해 적절한 형태의 주의집중 전략을 구현할 수 있다. 이를 통해, 교사들은 다양한 학생들로 구성된 한 학급을 하나의 집단으로 간주하고 이들을 한 방향으로 이끌어 가려는 전략을 펼친다(김영천, 2005). 학습자들의 오감을 자극하여 이끌어 내기 때문에 감각적 주의집중 전략을 활용하여 구체화하고 있으며 많은 교사들이 사용하고 있는 전략으로는 '집중약속'이 있다. 집중약속은 교사의 신호에 따라 학생들의 즉각적인 반응을 유도함으로써 분산된 주의를 하나로 모음과 동시에 소란한 분위기를 잠재우는 기능을 한다. 초등학교의 경우, 이러한 집중약속은 교사가 먼저 선창을 하면 학생들은 약속된 언어적 반응으로 합창하면서 신체적 반응을 수반하는 경우가 많다. 또한 중·고등학생들의 경우에는 그들의 관심과 흥미를 유발하면서 주의를 환기시킬 수 있는 주의집중 전략이 필요하다. 예를 들어, 영어 시간에 학생들에게 인기 있는 걸그룹의 노래 가사 속에 등장하는 표현을 활용하는 것도 유용한 방법이 될 수 있다.

인지적 주의집중 전략은 한마디로 학생들의 지적 호기심을 유발하는 것이다. 이를 위해, 기존에 알고 있는 상식으로는 문제해결이 불가능한 상황을 제시하거나 가치 갈등을 유발할 수 있는 상황을 제공함으로써 학생들의 지적 호기심을 유발할 수 있다. 예를 들어, '쓰다'라는 하나의 단어가 여러 가지 의미를 가지고 있음을 알려 주기 위해 교사는 마임 형태로 주의집중을 유발할 수 있다. 교사는 맛이 쓰다, 글씨를 쓰다, 모자를 쓰다라는 다양한 의미를 마임 형태로 제시하면서 공통적으로 표현하는 '쓰다'를 학생들에게 찾도록 유도하는 것이다.

변화성(다양성)은 매체, 학습집단 조직, 교사의 말투와 어조, 학습 자료 등의 변화를 통해 주의집중을 지속적으로 유지하는 전략을 말한다. 예를 들어, 교사의 목소리도 톤의 변화 없이 지루하게 이어 가기보다는 다양한 톤과 억양으로 접근함으로써 학생들의 주의집중을 이끌어 낼 수 있다. 또한 매체 활용 측면에서도 실물, 동영상, 그림이나 사진, 애니메이션 등의 다양한 매체를 활용함으로써 지속적으로 변화를 가미하게 되면 주의집중을 유발하고 유지할 수 있다.

② 학습내용을 학습자들과 관련시키기

이것은 수업에서 교사들이 학습자들로 하여금 수업에 대한 친밀성을 갖고 목표의식을 갖도록 하기 위해 명확한 학습목표를 제시하고 이것을 달성하기 위해 학습자들의 인격적 대우나 기본적 요구를 반영한 안정된 학습 환경을 제공함으로써 관련성을 높이는 전략을 말한다.

먼저 교사들은 학습자들이 달성해야 할 학습목표를 명확하고 분명하게 제시할 필요가 있다. 학습목표는 한 시간의 수업이 끝났을 때, 학습자들이 새롭게 습득할 지식, 기술, 혹은 태도가 무엇인지를 안내함으로써 수업에 대한 기대감과 필요성을 일깨우는 기능을 하는 것으로 Keller(1993, 2010)의 관련성 전략 중에서 목적 지향성에 해당한다. 목적 지향성은 결과 측면의 관련성을 강조하는 것으로 학습자들의 현재와 미래에 영향을 미칠 구체적 가치를 말한다(이상수, 강정찬, 이유나, 오영범, 2012). 학습목표는 수업의 도입부에서 아주 짧은 시간 동안 제시되지만, 교사들은 특별한 전략을 가지고 3단계 구조로 체계적으로 접근할 때 효과성을 발휘한다. 3단계 학습목표 제시 전략은 학습자들로 하여금 학습목표를 스스로 탐색하게 하는 '학습목표 탐색 단계', 학습자들이 탐색한 것을 교사와 함께 확인하는 '학습목표 확인 단계', 그리고 교사가 한 번 더 강조함으로써 명확히 인지할 수 있도록 하는 '학습목표 인지 단계'로 구분할 수 있다.

유명한 축구 선수가 꿈인 축구부 학생이 영어 수업 시간에 집중하지 않고 잠만 청하고 있다고 가정해 보자. 이때 교사는 그 학생을 위해 잉글랜드 프리미어 리그에서 성공 신화를 이룬 박지성을 예를 들며 수업 내용을 직접적으로 관련지을 수 있다. 즉, 프리미어 리그에 진출해서 그때 영어를 배우기보다 지금부터 차근차근 준비하면 유창하게 영어 인터뷰도 할 수 있음을 언급하게 되면 관련성 전략에 해당한다.

③ 학습자에게 자신감 부여하기

이것은 교사가 학습목표 달성에 필요한 학습활동을 학습자들에게 체계적으로 안내하여 학습자 중심의 다양한 활동을 부여하고 유의미한 학습 경험을 충분히 제공하는 가운데 성공 기회를 누릴 수 있는 여건을 조성함으로써 자신감을 높이는 전략을 말한다. 학습목표 제시 후에는 이것을 달성하기 위한 구체적인 학습활동 순서를 안내한다.

학습활동 안내는 교사가 학습목표를 달성하기 위해 내용과 방법을 어떻게 조직했는지를 학습자들에게 안내한다. 한 초등학교에서 제시하고 있는 학습활동 안내의 예시를 살펴보면 다음과 같다.

표 8-11 학습활동 안내의 예

〈공부할 순서- 사례 2〉
활동 1: 쑥쑥! 차근차근 알아봐요. 반박하는 근거 찾기
활동 2: 척척! 뜻 모아 해결해요. 상대방의 주장을 반박하는 방법 토의하기
활동 3: 톡톡! 즐겁게 말해 봐요. 우리도 토론자!(씨앗주제, 열매주제)

〈공부할 순서- 사례 1〉
생각 열기: 토론장면 들여다보기
생각 엮기: 어떻게 반박하지? 방법 알기
생각 펼치기: 토론으로 연습해 보자!

예를 들어, 활동 2의 '척척! 뜻 모아 해결해요. 상대방의 주장을 반박하는 방법 토의하기'에서는 상대방의 주장을 반박하는 방법에 대한 내용을 소집단 토의학습으로 진행한다는 학습방법에 대한 안내가 포함되어 있다. 반면, 사례 2처럼 활동명이 방법이 되는 경우도 있다. 공부할 순서 사례 2의 '생각 엮기'는 다양한 생각을 가진 동료들과 의견을 교환하는 소집단 토의학습을 암시하며 '어떻게 반박하지? 방법 알기'는 생각 엮기에서 학습할 주요 학습 내용에 해당한다. 그런데 공개수업 장면에서는 이처럼 한 덩어리로 되어 있는 학습내용은 3가지 활동 형태로 분절(small chunk)하여 제공함으로써 학습자들의 인지 기억력을 촉진한다.

이것은 간섭이론에 근거하고 있는 초두효과(primacy effect)와 최신효과(recency effect)에 바탕을 둔 것으로 처음에 들어온 정보와 마지막에 들어온 정보가 인간 기억에 오랫동안 남아 있는 원리를 수업에 적용한 것이다(한국교육심리학회, 2000). 또한 3가지 학습활동 안내를 통해 어떤 내용을 어떠한 방법으로 학습할지에 대해 안내함으로써 수업의 전체적인 흐름과 맥락을 파악하게 하고 본격적인 학습활동에 대한 기대감과 수행에 대한 자신감을 부여하기 때문에 Keller의 자신감 전략 중에서 성공학습 요건 활용에 해당된다. 3가지 활동은 대체로 쉬운 내용에서 어려운 내용으로 제시함으로써 활동 1, 2가 활동 3을 위한 기반이 될 수 있도록 계열화된다. 이처럼 처음 제시되는 활동

1에서는 가장 기초적이고 기본이 되는 내용을 제시하고 활동 2, 3에서는 과제난이도를 점전적으로 높임으로써 학습자들의 도전의식과 성취감을 자극한다. 이것은 성공기회를 제공하여 자신감을 높이는 전략에 해당한다.

④ 학습자에게 만족감 부여하기

이것은 수업이 진행되는 과정에서 교수자가 학습자들에게 다양한 형태의 내·외적 보상을 제공함으로써 올바른 수업 태도를 강화하고 수업에 대한 만족도를 높이는 전략을 말한다. 수업에 대한 만족감은 다음 수업에 대한 새로운 기대감을 촉발하기 때문에 계속동기(continuing motivation)의 관점에서 아주 중요한 동기전략이다.

교사들은 외적 보상을 통해 바람직한 행동을 강화하는 행동주의 원리로 학습자들의 만족감을 촉진하는 경우가 많다. 스티커, 쿠폰, 사탕, 칭찬 등과 같은 강화물을 활용하여 학습자들의 적극적인 수업 참여를 유도하거나 교수자가 기대하는 행동의 결과에 대한 보상으로 제공한다. 강화물은 대체로 현재 학습자들의 관심 사항을 반영하는 것이 사용되며, 실제로 학습자들의 적극성을 이끌어 내는 유용한 매개물로 작용한다. 그런데 이러한 외적 보상물을 제공할 때는 가급적 즉각적으로 이루어져야 한다. 다음의 예시처럼 제공되지 않을 때, 학습자는 실망하여 다음 시간에 대한 기대감으로 이어지지 못할 수도 있다.

표 8-12 외적 보상과 피드백의 예

이교사: 여러분이 지난 시간에 배운 내용에 대해 문제를 내겠어요. 선생님이 답을 맞히는 사람에게는 선물을 준비했으니까 잘 듣고 맞혀 보세요.

학생들은 선물을 준다는 선생님의 말에 기대감에 찬 눈빛으로 선생님만 노려본 채 문제를 기다린다.

이교사: 우리가 몸을 움직일 때, 순간적으로 힘을 내는 것을 무엇이라고 하였나요?

질문이 마무리되기도 전에 학생들은 자신에게 기회를 달라며 오른손을 번쩍 든다. 어떤 학생들은 엉덩이를 덜썩거리며 일어나는 시늉까지 해 보이며 강한 의사를 표시한다.

이교사: 어! 승찬이가 말해 볼까?

선택받은 승찬이의 즐거워하는 모습과는 대조적으로 선택받지 못한 대다수의 아이들은 아쉬워하며 힘없이 손을 내린다.

오승찬: (힘찬 목소리로) 순발력!
이교사: 딩동댕! 승찬이 잘했어! 앉아요.

그런데 바로 선물을 받을 수 있을 거라고 생각했던 승찬이는 앉으라는 선생님의 말에 의아해하면서 천천히 자리에 앉는다. 그리고 선생님은 계속 수업을 진행한다. 승찬이는 계속 선생님만 바라보고 있다. 마치 간절히 원했던 선물은 언제 받을 수 있는지에 대한 생각만이 머릿속에 머물고 있는 듯했다. 결국, 승찬이는 선물을 받지 못했다. 선생님은 선물을 준비하지 않았던 것이다.

외적 보상이 학습자들의 참여를 이끌어 낼 수 있는 유용한 수단이 될 수 있으나, 그 자체가 목적이 될 수는 없다. 또한 즉각적인 피드백과 함께 외적 보상이 제공될 때 그 효과성을 높일 수 있다. 그러나 일정한 시간이 지나면 특정 유형의 강화물은 더 이상 새로운 자극제가 될 수 없으며, 좀 더 강한 자극이 수반될 때 그 효력이 작용한다. 결국, 자신의 행동을 외적 보상으로 조건화함으로써 자신의 가시적인 이득만을 추구하는 학습자를 양산할 우려가 있다.

이러한 단점을 보완할 수 있는 것이 내적 동기(intrinsic motivation)를 통해 만족감을 높이는 전략이다. 내적 동기는 학습자들이 활동하는 그 자체의 만족을 위해 흥미와 즐거움을 유발하는 동기를 말한다(Deci, 1975). Harter 등(1992)은 내적 동기를 유발하는 요인으로 유능감을 언급하고 있는데, 이러한 유능감은 학습자들이 직접 수행했던 과거의 성공경험에 의해 유발된다고 강조하였다. 즉, 교사들은 학습자들의 내적 동기를 촉진하기 위해 수업에서 새롭게 습득한 지식이나 기술을 실제로 적용해 볼 수 있는 기회를 제공하거나 꾸준한 노력과 연습을 통해 점진적으로 자신이 성장하고 발달하고 있음을 인식할 수 있도록 도움을 제공하는 환경을 조성할 필요가 있다.

표 8-13 수업장면에서 내적 동기의 예

평소 체육 활동에 자신이 없는 단비가 줄넘기 활동을 하지 않고 있었다. 왜 줄넘기를 하지 않냐고 묻자, 단비는 “못해요.”라고 말한다. 지난번 체조 활동도 못한다고 하길래, “단비는 노력도 안 해보고 못한다고 말하네. 한번 도전해 보자.”라고 격려한 후, 나의 도움으로 결국 해낼 수 있었다. 그런데 이번에도 줄넘기를 못하겠다고 하는 것이다. 단비가 아주 쉬운 것부터 도전해서 성취감을 맛볼 수 있도록 옆에서 도움을 주었다. 단비는 단계적으로 이어지는 도전 속에서 결국 줄넘기 10번을 뛰어넘는 데 성공했다. 스스로도 줄넘기 10번을 뛰어넘은 것에 만족감을 느끼며 뿌듯해하고 있었다. 다음에 단비는 더 노력해서 20번 넘기에 도전할 것을 약속하였다.

학습자들의 과제에 대한 성공 경험은 만족감을 높이고, 이것은 보다 어려운 과제에 도전할 수 있다는 강한 자신감을 부여함으로써 지속적으로 노력하게 만드는 요인이 된다. 그런데 학습자들이 보다 어려운 과제에 대한 도전 여부를 결정짓게 만드는 중요한 교사 변인으로 '언어적 칭찬'이 중요성을 발휘한다. 칭찬은 효과적으로 활용하면 긍정적인 효과를 이끌어 낼 수 있으나 잘못 사용하게 될 경우 오히려 역효과를 일으킬 수 있다(EBS 〈학교란 무엇인가〉 제작팀, 2011; Mueller & Dweck, 1998).

칭찬에 대한 연구들은 학습자들의 '능력'에 대한 칭찬보다는 '노력'에 대한 칭찬을 할 것을 강조하고 있다. '참 똑똑하구나!' '머리가 참 좋구나'와 같은 능력에 대한 칭찬은 실수나 실패를 두려워하고 자신의 능력을 입증하기 위한 부담감으로 인해 보다 어려운 과제에 도전하지 않으려는 심리를 유발할 수 있음을 경고한다. 반면, 학습자들이 실제로 '노력'한 부분을 강조하여 칭찬하면 더욱 어려운 문제나 과제를 수행하는 자신감을 유발한다. 따라서 교사들은 학습자들이 성공적으로 과제를 수행하였을 때, 능력에 대한 칭찬보다는 노력에 대한 칭찬으로 만족감을 높이는 전략을 구현할 필요가 있다. 즉, 열심히 노력하여 만족스런 결과를 이끌어 낼 수 있었음을 구체적으로 언급함으로써 학습동기를 부여하는 전략이 필요하다.

성찰과제

- 학습몰입 전략에서 가장 시급하게 해결해야 할 자기수업컨설팅 과제는 무엇인가?
- 나의 수업에서 학습몰입을 위해 가장 우선적으로 고려해야 할 점은 무엇인가?
- 학습몰입 영역의 자기수업컨설팅 과제의 원인과 해결을 위한 전략은 무엇인가?
- 수업시간에 학습자들의 학습몰입을 더욱 높이기 위해 어떠한 노력을 수행하고 싶은가?

제9장

수업경영 향상을 위한 자기수업컨설팅

수업 에세이

[학급일지]

오늘도 정말 쉽지 않은 하루였다.

수업 중에 갑자기 휴대전화 소리가 울렸다. 그것도 가장 중요한 개념을 설명하고 있는 순간이었다. 영철이 휴대전화 소리인 것이다. 영철이는 태연하게 휴대전화를 호주머니에서 꺼내 소리를 껐다. 나는 휴대전화를 가져오라고 하고 아침에 휴대전화를 반납하는 곳에 두지 않았고 휴대전화가 수업시간에 울렸기 때문에 학칙에 따라 1주일 동안 선생님이 보관한다고 말하였다.

이때부터 시작된 영철이와의 말다툼…… 잘하고 있던 수업은 끊겨 버렸고, 학생들은 점점 더 혼란스러워지면서 이제는 떠들기까지 한다. 선생님과 영철이 사이의 일이니 알아서 해결하라는 것처럼 옆에 친구와 이야기하고 장난치고 놀고 있다.

어떻게 친구가 잘못하여 꾸중을 듣고 있는데, 관심 없다는 듯 떠들 수 있는가? 이해가 되지 않아서 전체 학생들에게 큰 소리로 조용히 하라고 했고 단체 벌을 줄 수 있다고 엄포를 놓았다.

일단 나는 영철이의 휴대전화를 압수하여 교무실로 왔다. 그런데 일은 더 커지게 됐다. 금방 영철이는 교무실에 찾아와서 나에게 휴대전화를 돌려 달라고 하였다. 다른 선생님들은 이런 경우 혼내시고 돌려준다고 한다. 이렇게 선생님들 사이에서도 일관성 있게 규칙이 지켜지지 않고 있으니 이것도 큰 문제이다.

그래서 나는 더 큰 소리로 혼내고 말았다. 교무실에서 여러 선생님 앞에서 혼이 난 영철이는 '선생님이 알아서 하라.'고 하면서 일어나 가 버렸다. 이제 어떻게 이 문제를 해결해야 할까? 그리고 다음에 이러한 일이 생기면 어떻게 대처해야 할까? 고민으로 마음이 너무 무겁다.

인포맵(InfoMap)

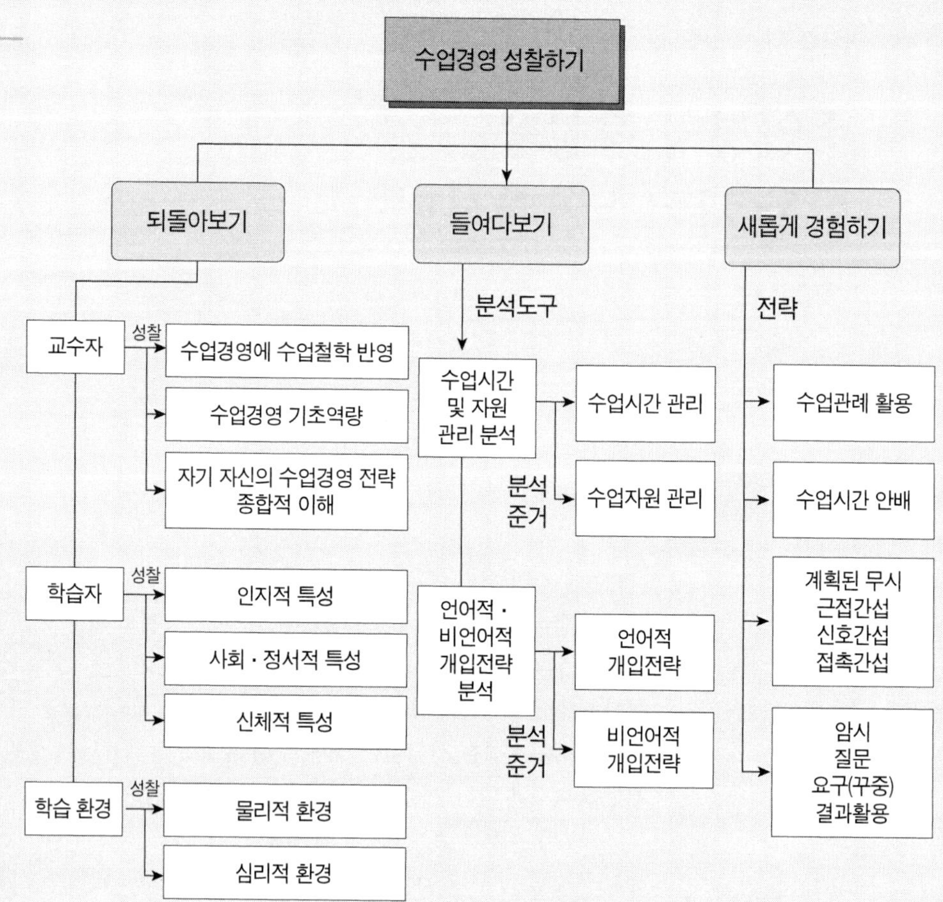

성찰목표

- 자신의 수업경영전략에 대해 되돌아볼 수 있다.
- 자신의 수업시간 및 자원 관리 전략을 분석할 수 있다.
- 자신의 언어적 · 비언어적 개입전략을 분석할 수 있다.
- 수업경영 향상을 위한 배움 디자인 및 적응적 수업을 할 수 있다.

1. 수업 되돌아보기

교수자는 수업 중 학습자의 학습을 촉진시키고 학습목표를 보다 효과적으로 달성할 수 있도록 학습 환경을 적절하게 관리 등 지원해 주고 있는지, 졸기, 잡담, 장난치기 등과 같은 부적절한 행동에 대해 바르게 대처하는지 등 효과적인 수업경영에 대해 성찰해 볼 필요가 있다. 이 장에서는 효과적인 수업경영을 위한 수업경영의 이해, 수업경영 전략으로 수업시간 및 자원 관리 전략, 언어적 · 비언어적 개입전략으로 나누어 개략적인 설명과 함께 대표적인 전략을 살펴볼 것이다. 그리고 수업경영에 대한 되돌아보기를 위해 사용할 수 있는 자기성찰 방법 및 도구를 알아보고, 이를 활용하여 자신의 수업경영에 대해 성찰해 보고 수업에서 발생하는 문제점이 무엇인지, 무엇을 개선해야 할 것인지 등을 되돌아볼 것이다.

1) 수업경영의 개념 및 전략 성찰하기

(1) 수업경영의 개념

① 수업경영의 의미

수업경영(teaching management)은 수업시간에 학습자의 학습이 효과적으로 이루어질 수 있도록 학습과정이나 절차, 학습 환경 등을 적절하게 관리하고 조절하는 것을 의미한다. 구체적으로 수업 중에 발생하는 학생들의 적절한 행동이나 부적절한 행동인 문제행동 등에 대한 교사의 대처 전략을 포함하여 학습조직 및 통제에 관한 교사의 행동 및 반응전략을 말한다(강정찬, 2017; 박병량, 2003; 주철안 외, 2013; Borich, 2011). 수업경영을 수업교실의 의미를 강조하여 교실경영(classroom management)이라고 사용하기도 하는데 교실에서 발생하는 학습경험이 긍정적인 방향으로 발생하여 학습목표를 효과적으로 달성할 수 있도록 하는 계획된 교사의 모든 활동이라 할 수 있다(강정찬, 2017). 예를 들어, 교사가 수업을 바르게 경영하고 관리하기 위해 학습규칙을 설정하여 전달하고, 부적절한 행동에 대해 반응하면서 학습활동을 관리하여 보상과 강화를 제공하는 등 목표달성을 위한 효율적이고 생산적인 환경을 유지하기 위한 다양한 기술 및 전략들이 포함된다(Borich, 2011; Levin & Nolan, 2008).

바람직한 수업경영을 위한 전략은 크게 두 부분으로 나눌 수 있는데, 주어진 수업시간과 자원을 효율적으로 관리하는 전략과 효과적으로 수업목표를 달성하기 위한 언어적 · 비언어적인 개입전략이다(강정찬, 2017). 첫째, 수업시간과 자원을 효율적으로 관리하는 전략으로 수업목표에 부합되게 학급의 책상이나 학습 자료들을 배열하고, 수업 단계별(도입, 전개, 정리) 시간안배를 잘하여 수업에서 일상적으로 이루어져야 할 교사와 학습자의 행동인 수업관례인 수업규칙(학습규칙)을 선정하여 전달하는 전략이 여기에 해당된다(변영계, 김경현, 2005; 이상수, 강정찬, 이유나 , 오영범, 2012; 조벽, 2002; Borich, 2011).

둘째, 효과적인 목표달성을 위한 언어적 · 비언어적 개입전략이 있다. 언어적 개입전략은 꾸중과 같은 일반적인 전략과 함께 문제행동에 대해 언어적인 통제와 관리인 언어적 개입이 있다. 비언어적 개입전략으로 교실 공간, 움직임(손동작) 변화 등을 적절하게 활용하여 학습자의 행동에 효과적으로 대응하면서 졸거나 딴짓을 하는 부적절한 행동에 대한 대처전략인 비언어적 개입전략을 활용할 수 있다(강정찬, 이은화, 2015; 박병량, 2003, 이상수외, 2012; 주철안 외, 2013).

그런데 이러한 수업경영을 위한 전략을 바르게 적용하기 위해서는 자신이 담당하고 있는 수업교실의 특성을 분명하게 파악하는 것에서 출발해야 한다. 왜냐하면 교사는 자신이 맡은 수업교실의 특성을 정확하게 파악하여 적절한 역할을 수행해야 하기 때문이다. 일반적으로 수업교실의 특성에 대한 여러 연구결과들이 있는데 공통된 특성을 정리하여 제시하면 다음과 같다(박병량, 2003; 이상수 외, 2012; 주철안 외, 2013).

첫째, 수업교실은 다양하고 예측 불가능한 특성을 갖고 있다. 한 학급을 구성하고 있는 학습자들은 동일한 특성을 지니고 동일하게 행동하지 않는다. 이들의 행동은 각자의 개성을 바탕으로 예측하기 힘들고 다양한 형태로 표출된다. 따라서 교사 또한 학습자들에 따라 적절하게 반응하고 적응적으로 대응할 필요가 있다. 때로는 교사가 기대하고 예상한 것과 전혀 다른 반응이나 행동이 발생할 수 있는데, 이럴 때 순발력을 발휘하여 유연하게 대처하는 것이 필요하다. 무엇보다 교사가 예측하지 못한 상황에 어떻게 대처하느냐에 따라 다음 수업상황에서 학생과의 관계에 긍정적인 영향을 미칠 수도 있고, 아니면 부정적인 영향을 미칠 수도 있다. 예를 들어, 학생들이 수업시간에 학습활동에 집중하지 않거나 부적절한 행동을 할 때마다 벌점을 부과하고, 벌점을 모아서 방과후에 남겨서 벌 청소를 시키거나 봉사활동을 하는 것으로 규칙을 정하였다면, 표면적으로 보기에는 효과적인 수업경영 전략처럼 보이지만 실제는 기대했던 것과 다르게 잘못된 결과를 얻을 수 있다. 선생님 앞에서는 열심히 수업에 집중하는 것처럼 보인다. 하지만 다른 선생님의 수업이나 선생님이 계시지 않을 때 오히려 더욱 떠들고 집중하지 않을 수 있다. 또한 수업시간에 선생님의 질문에 적극적으로 답변하고, 서로 도와주고 협동하기보다 규칙을 지키는 것에 집중하거나 자신의 학습에만 치중하는 폐쇄적인 학습 분위기를 만들 수 있다. 이는 엄격하고 지나친 수업규칙의 설정 및 적용이 오히려 교사와 학습자 간의 관계를 단절시키고 부정적인 결과를 만들 수 있는 것이다.

둘째, 수업교실의 특성은 동시성과 즉시성을 갖고 있다. 수업시간에 교실은 교사와 학생의 가르침과 배움의 활동이 동시에 이루어진다. 교사의 가르침은 즉시성을 갖고 하나의 방향으로 진행되지만, 학습자의 학습은 여러 가지 방향으로 이루어진다. 왜냐하면 학습자의 특성과 수준이 다양하기 때문이다. 구체적으로 이해 수준, 적성, 능력, 경험 등이 다르기 때문에 각자의 의미, 경험, 인지구조로 학습하게 된다. 다시 말해, 학습자는 다양한 학습결과를 산출하고 있는 것이다. 이는 한 교실에서 동시에 다양한 학습자들을 가르치고 개별 학습자의 다양한 학습결과에 적절하게 즉시적으로 대처해야 한다는 말이다. 결국 교사는 한 교실에서 많은 일을 한꺼번에 해야 하는 일이 종종 일어난다. 전체 학생을 대상으로 설명하기도 하고 한 학생을 대상으로 개별 피드백을 주기도 하고, 직접 부진한 학습자를 도와서 함께 학습활동을 수행하기도 하는 등 정말 많은 일을 한꺼번에 처리하게 된다.

셋째, 수업교실은 공적이고 역사적인 특성을 갖고 있다. 앞서 언급한 것처럼 수업교실에 영향을 미치는 변인은 다양하다. 이 중에서 인적 변인인 교사, 학습자, 관리자, 학부모 변인의 영향을 받는다. 교사의 성별, 출신학교, 수업기술 등과 학습자의 적성, 능력, 동기 등 다양한 영향을 받는다. 관리자인 교감, 교장의 지도성, 성향 등과 함께 학부모의 사회·경제적 지위, 가정환경 등도 교사와 학습자에게 각각 영향을 미치게 된다. 이처럼 수업교실은 여러 변인을 고려하여 함께 만들어 가는 공적인 공간이다. 그리고 함께 만들어 가는 여러 수업들과 수업에서 발생하는 다양한 사건들은 한 학기 또는 1년이라는 역사 속에 시간경과와 함께 저장되고 축적되는 역사적인 공간인 것이다. 그렇다면 학생에게 교실에서 일어나는 모든 일들은 사소해 보이지만 의미 있고 소중한 일들이고, 교사는 학습자 개인의 역사를 훌륭하게 써 갈 수 있도록 도와주는 동역자인 것이다.

이상과 같이 수업교실은 한마디로 다양하고 역동적이다. 이와 같은 수업교실의 특성을 바르게 이해하고 학습자의 학습이 긍정적인 방향으로 이루어질 수 있도록 효과적인 수업경영을 하기 위해서 보다 체계적이고 치밀한 수업경영 전략을 계획하고 바르게 실행할 필요가 있다.

② 효과적인 수업경영을 위한 교수행동

여러 학자들은 효과적으로 수업경영이 이루어지는 교사의 교수행동에는 공통된 특징이 있다고 한다. 우수한 수업경영을 하는 교사의 교수행동은 수업을 진행하는 과정에서 수업 단절을 최소화하고 학생들과 긍정적인 관계를 유지하면서 수업 참여를 향상시키도록 행동한다. 이를 위해 다음과 같은 교사의 행동이 계획적으로 이루어질 때 더욱 효과적인 우수한 수업경영이 이루어질 수 있다(김은주, 2004; 박병량, 2003; Borich, 2011; Bluestein, 2003).

먼저, 교사들은 학년 시작 전과 초기 몇 주 동안 학급을 계획하고 조직하는 데 상당한 시간을 투입한다. 1년간 새로운 교육활동을 성공적으로 시작하기 위해 학년 초 수업경영계획으로 교실 환경의 배치 및 확인, 학생들의 특성 및 특별관리 학생 파악, 수업자료나 출석부와 같은 행정사항 등을 미리 점검하고 준비해 두는 것이 좋다. 교사들 사이에는 이러한 말이 있다. '1년 농사는 첫날, 첫 주에 달려 있다.' '처음에 학생들을 확 잡아야 한다.' '쓸데없이 웃지 말고 표정관리를 해야 한다.' 라는 말들이다. 약간 웃기게 들리지만 이 모두 학년 초, 학기 초에 수업경영계획을 보다 치밀하게 세워서 접근해야 하고 특별히 수업준비나 수업규칙 설정이 무엇보다 중요함을 의미한다. 이러한 수업준비나 수업 중, 수업 마무리에 지켜야 할 행동, 수업규칙, 학습훈련 등을 수업관례로 포괄적으로 표현할 수 있다.

구체적으로 교과의 학습내용을 가르치는 것과 함께 수업관례도 직접 가르쳐야 한다. 이러한 수업관례는 교사와 학습자가 함께 협의하여 준비하고 학습하도록 하며, 수용 가능한 행동에 대한 명확한 지침을 주고, 학년이나 학기 초 몇 주간은 학생이 이러한 지침을 잘 따르고 있는지를 점검해야 한다. 교사가 지켜야 할 규칙과 일과로 수업이 시작되면 교실에 들어가기, 신체적 체벌을 하지 않기, 출석부에 학생들의 출석상황 기록하기 등을 숙지하고 바르게 지키도록 한다. 학생들이 지켜야 할 규칙으로 수업시간에 모든 준비물 준비하기, 종이 울리면 즉시 자리에 앉고 수업 준비하기 등과 같은 규칙을 정하여 체계적으로 가르칠 필요가 있다.

또한 교사의 말과 행동이 학생에게 일관성이 느껴지도록 해야 한다. 일관성을 갖고 학생의 규칙 위반의 결과를 알려 주고, 위반 시 정해진 약속대로 시행한다. 이러한 규칙에 대해 학생들과 학기 초에 충분한 협의를 거치고 수용하기로 결정되었다면 위반 시 발생하는 결과나 처벌을 일관되게 시행하도록 해야 한다. 학생들의 교사에 대한 반항이나 갈등은 교사의 일관성 없는 행동으로 인해 발생하는 경우가 종종 있다. 동일한 잘못에 대해 어떤 경우에는 용서해 주고, 어떤 경우에는 처벌하거나 같은 문제에 대하여 때에 따라 다르게 말한다면 학생들은 무엇이 바람직한 행동인지 혼란스러울 뿐 아니라 교사의 말과 권위에 신뢰성을 잃게 될 것이다. 따라서 수업경영을 잘하는 교사는 학년 초 몇 주 동안에 수업을 단절시키거나 수업시간에 발생하는 문제행동이나 부적절한 행동을 최소화하기 위한 환경을 조성하는 데 많은 시간을 투입하고, 일관성 있게 행동하기 위해 노력해야 한다.

수업관례를 잘 계획하여 전달하고 지도하는 것도 중요하지만, 학기 초 몇 주간 수업시간에 학생의 흥미와 관심을 높이기 위하여 다양한 수업전략을 고안하여 적용하는 것이 더욱 중요하다. 학생들이 수업을 기다리고, 교사는 학생에 대한 기대를 명확히 하며 능숙하게 설명하고 핵심 아이디어를 요약, 연습시키는 등 학습자로 하여금 수업에 몰입할 수 있도록 해야 한다. 학생들이 수업시간에 교사와 신뢰관계를 형성하기 위해서는 정해진 규칙에 따라 움직이는 것이 필요하며, 무엇보다 선생님의 수업을 즐거워하고 기다릴 수 있도록 잘 가르치는 것이 교사와 학생 간의 신뢰관계를 형성하는 데 가장 중요한 부분임을 잊지 말아야 한다.

그렇다면 우수하게 수업경영을 하고 있는 교사행동과 서투르게 수업경영을 하고 있는 교사행동이 어떻게 다른지 비교하면 다음과 같다(Borich, 2011).

당연히 교사들이 바라는 수업경영은 우수한 수업경영의 교사행동이다. 앞에서 제시한 우수한 수업경영의 교사행동의 핵심용어들을 정리하면, 학급배열, 수업관례, 수업규칙, 보상과 결과 제공, 비언어적 수업전략 등이다. 수업경영을 효과적으로 하기 위해서 교사는 수업과 관련된 적절한 학급배열이나 조직을 편성하고 학생들과 협의하여 수업관례나 학급규칙을 공유하고, 이에 따라 적절한 보상과 결과를 제공하면서 언어적 · 비언어적 전략을 바르게 활용하면서 긍정적인 수업순간을 유지하도록 해야 한다. 결국, 효과적인 수업경영 전략은 수업교실의 적절한 물리적인 환경을 조성하는 전략으로, 수업시간 및 자원을 관리하는 전략과 바람직한 심리적 환경을 조성하기 위한 언어적 · 비언어적 개입전략이 필요하다. 이에 수업경영 전략을 크게 두 부분으로 구분하여 수업시간 및 자원 관리 전략과 언어적 · 비언어적 개입전략으로 나누고 각각의 세부 실천전략을 설명할 것이다.

표 9-1 수업경영 시 교사행동

우수한 수업경영의 교사행동	서투른 수업경영의 교사행동
수업목표달성을 촉진시키는 학급배열인 적절한 학급조직(책상배치, 학습자료, 준비물 배치 등)을 편성하여 활용한다.	수업목표와 상관없이 동일한 학급배열인 학급조직(책상배치, 학습자료, 준비물 배치 등)을 구성한다.
수업관례(수업 시작, 집단 활동, 과제, 수업활동 등 일상적으로 일어나는 수업일과에 대한 규칙)가 사전에 개발되어 있고 학생에게 전달하며 수시로 확인한다.	가장 일상적으로 빈번하게 일어나는 일을 학생에게 효과적으로 지도하는 절차가 개발되어 있지 않고 잘 전달되지 않고 있다.
학급규칙(자리이탈, 잡담, 과제 미제출, 지각 등)의 설정 및 위반 시에 받게 되는 결과 및 처벌에 대한 협의와 전달이 분명하게 이루어지고 있다.	학생에게 기대하는 행동을 구술이나 시각적으로 전달하지 못하고 있다.
적절한 행동과 부적절한 행동에 따르는 보상, 강화 및 결과에 대한 체계적 설정과 실행이 이루어고 있다.	적절한 행동을 조장하기 위한 보상, 강화 및 결과의 적절한 체계를 개발하지 못하고 있다.
수업순간을 유지하기 위하여 비언어적 전략이 잘 활용되고 있다.	수업의 흐름을 끊고 수업결손을 늘리는 방식으로 잘못된 행동에 반응한다.

출처: Borich, G. D. (2011). *Observation Skills for Effective Teaching* (6th ed.).

(2) 수업경영의 전략

① 수업시간 및 자원 관리 전략

일상적인 수업은 도입, 전개, 정리로 나누어 진행한다. 수업시간 관리는 한 차시 내에 이루어진 수업의 활동에 대한 시간의 안배를 통해 수업을 관리하는 것으로 이해할 수 있다. 교사의 수업활동 시간에 대한 안배 및 관리뿐만 아니라 실제 학생의 학습시간을 고려하여 수업을 관리하는 것을 의미한다. 대부분 시간을 안배할 때, 총 수업시간 40~50분 중 도입 5~10분, 전개 25~35분, 정리 5~10분으로 수업시간을 전체적으로 계획하고 관리하게 된다. 그리고 각각의 단계 내에서도 학습활동에 따라 구체적으로 시간을 나누어 사용한다. 이러한 수업시간의 구분 및 시간 안배는 일반적으로 수업시간을 교사의 입장으로 바라보고 구분한 것이다. 그런데 수업시간을 학습자의 학습시간의 의미로 바라보면, 조금 다른 시간 관리가 이루어져야 한다. 특히 시간 관리를 효율적으로 한다는 의미는 학생이 학습할 수 있도록 교사가 효과적인 전략과 적절한 내용으로 학습자의 '과업집중시간'을 최대한 확보해 주면서 수업시간을 관리한다는 것이다(강정찬, 2017; 변영계, 김경현, 2005; 이상수 외, 2012).

이러한 과업집중의 관점에서 수업관례도 이해할 필요가 있다. 수업관례(instructional routines)는 하루 내내 학습자를 안내하는 특정시간, 개념 또는 장소를 중심으로 조직한 일련의 규칙이나 활동들을 말하며, 학습관례(classroom routine)라고도 한다. 일반적으로 학교 현장에서는 수업규칙이나 학습훈련이라는 용어를 사용하기도 하며, 잘 교육된 수업관례는 학습자를 학습에 집중시키고, 스스로 학습통제나 관리의 수월함을 더해 줄 수 있다. 학습자가 학습과제를 생각하고 과제에 전념하여 주의가 분산되지 않고 과제를 수행하는 데 할애한 시간을 과업집중시간이라고 부른다면, 과업집중시간을 충분하게 확보하기 위해서는 수업관례를 정리하여 학습자에게 잘 전달하여 지도하면 불필요하게 낭비되는 시간을 최소화하고, 이렇게 확보된 시간을 수업목표와 관련된 학습활동에 충분하게 사용할 수 있도록 할 수 있다. 예를 들어, 교사와 학습자 간의 원활한 발문과 답변을 위해 수신호 규칙을 정하여 의사소통 및 상호작용을 원활하게 유도한다든지, 칠판이나 게시판에 활동(실험) 시 유의사항을 기록해 두고 늘 참고할 수 있도록 하여 스스로 학습을 조절·관리할 수 있도록 하는 것이 여기에 해당된다.

이러한 수업관례들은 도입, 전개, 정리로 나누어서 여러 가지로 개발하여 학생들에게 제시할 수 있다. 예시 차원에서 몇 가지만 제시하면(Borich, 2011; Emmer & Evertson, 2009), 도입단계에서 사용할 수 있는 수업관례로 출석 부르기, 지각 및 결석생 처리하기, 전개활동에 필요한 자료 배포하기 등을 활용할 수 있다. 전개단계에 사용할 수 있는 수업관례로 내용제시 및 활동 중 학생주의집중, 활동 중 도움 요구하기, 내용제시 및 활동 중 질문과 답변하기, 작업(과제)이 완성되었을 때 행동하기, 활동 중 학생 이동하기, 활동 중 자료 가져오기 등을 활용할 수 있다. 끝으로, 정리단계에 사용할 수 있는 수업관례로 전개활동 후에 학습자료 치우기, 청소 및 정리하기, 해산하기 등을 들 수 있다. 이외에도 과업요구 관례, 집단 활동 관례, 중지관례, 교실 및 학교 활용 관례, 과제 실행 및 점검 관례, 피드백 관례 등 다양하게 설정하여 적용할 수 있는데 구체적인 세부 전략과 설명은 다음 절인 '2. 수업 들여다보기'에서 자세하게 다루도록 하겠다.

수업경영을 잘하기 위해서는 수업시간을 관리하는 것 이외에 수업시간에 주어진 자원을 잘 관리할 수 있는 전략이 있어야 한다. 결론부터 말하면 수업자원 관리 전략은 수업시간에 달성해야 할 수업목표에 따라 학급배열인 책상(자리)배치, 자원(매체, 자료 등)의 준비 및 배치 등이 달라져야 한다는 것이다. 즉, 다루어야 할 수업내용에 따라 효과적인 수업방법(강의법, 토의 · 토론학습, 협동학습 등)이 다르고, 이러한 수업방법에 적합한 책상배치, 학습 자료나 준비물 배치 등과 같은 물리적 환경이 달라져야 한다. 이와 더불어 학습과제나 활동을 개별적으로 주고 학습할 수 있도록 지원할 것인지, 모둠별로 할 것인지와 같은 사회적, 조직적 맥락에 의해 만들어지는 사회 · 심리적 환경을 적절하게 조성해 주어야 하는 것이다(조벽, 2002; Borich, 2011).

이처럼 수업자원 관리를 위한 학급배열의 변화는 단순히 물리적 환경을 변화시키는 것을 넘어서 학습자의 행동유도 환경을 다르게 조성해 주는 효과가 있다. 만약 다양한 의견을 개진하면서 상호 협력하여 주어진 학습문제를 해결하기 위해 협동학습을 계획하였고, 협동학습에 적합한 학급배열로 모둠 학습 집단을 위한 책상배치, 자료준비 등의 주변 환경 조성을 하였다면 학생과의 의사소통(담화), 자발적 반응, 역할 분담 등에서 더욱 높은 효과를 거둘 수 있으며, 교실 분위기를 수업목표에서 의도하는 협력적인 학습 분위기로 만들어 낼 수 있다. 그리고 새로운 내용이나 개념의 제시를 많이 해야 할 경우나 교과내용에서 이론과 실제 사이의 상호관계를 설명해야 할 때는 강의식 수업방법이 적합하다. 이러한 강의식 수업에서는 전체 학습 집단을 위한 책상배치와 함께 내용 전달에 효과적인 칠판 및 스크린 등의 물리적 환경이 준비되어야 한다. 또한, 이러한 학급배열은 교사와의 의사소통인 질문과 답변이 원활하게 이루어지고, 학습한 내용을 연습, 응용할 수 있도록 하는 데 더욱 높은 효과를 거둘 수 있도록 하며 개별적이고 자기주도적인 학습 분위기를 만들어 낼 수 있다.

② 언어적 · 비언어적 개입전략

수업 중에 발생하는 학생들의 부적절한 행동에 어떻게 대처하느냐에 따라 교사와 학생 간의 관계 형성에 영향을 미치게 되고, 이러한 학생과의 관계는 수업에 결정적인 영향을 미치게 된다. 특히, 학생의 부적절한 행동에 대한 잘못된 대처는 부정적인 관계형성을, 적절한 대처는 긍정적인 관계형성을 만드는데, 학생들이 수업에 적극적으로 참여하고 수업을 방해하는 부적절한 행동을 사전에 방지하기 위해서 교사는 효과적인 언어적 · 비언어적 개입전략을 활용하여 수업을 경영할 필요가 있다. 여기서 부적절한 행동은 수업목표 달성에 미흡한 수행과 학생의 부정적인 행동인 문제행동으로 나눌 수 있다. 이에 학생들의 행동에 대한 교사의 반응 행동인 수업경영 전략을 정리하여 제시하면 다음과 같다.

표 9-2 학생 행동에 따른 교사의 언어적 · 비언어적 개입전략

학생 행동	구분	교사 행동(수업경영 전략)
• 미흡하거나 부적절한 행동 - 졸기, 멍하게 있기, 낙서, 휴대전화하기 - 잡담하기, 장난치기 - 대꾸하기, 반항하기 등	언어적 개입전략	• 암시 전략 • 질문 전략 • 요구(꾸중) 전략 • 결과 활용(처벌)
	비언어적 개입전략	• 계획된 무시 • 신호간섭 • 근접간섭 • 접촉간섭

먼저 효과적인 수업목표 달성을 위한 언어적 개입전략을 사용할 수 있는데, 개요수준에서 간략하게 살펴보면 다음과 같다(강정찬, 2017; 박병량, 2003; 주철안 외, 2013). 언어적 개입은 수업시간에 발생하는 학생의 문제행동에 대한 대처 전략으로 암시, 질문, 요구(꾸중) 순으로 단계적으로 적용하게 된다. 암시는 문제행동을 직접 바로 언급하지 않고 우회적으로 돌려서 언급하여 학생 스스로 깨닫도록 유도하는 개입전략으로 학생 이름을 부르는 것이나 유머 등이 여기에 해당되며, 질문은 구체적으로 잘못 행동의 부정적인 영향이나 결과에 대해 질문하여 생각해 볼 수 있는 기회를 제공하는 것이다. 요구는 학생의 구체적으로 잘못된 행동을 꾸짖되 잘못된 행동의 교정을 목적으로 하여 자신의 잘못에 대해 객관적으로 판단할 수 있는 기회를 제공하도록 한다. 다양한 방법이 있는데 I 메시지, 직접적 호소, 긍정적 어법, 학급 규칙 사전 설정 및 전달, 명확한 행동 수정 지시 등 구체적으로 학생의 잘못을 꾸중하고 지적하는 행동이다.

언어적 개입전략도 효과적인 수업목표 달성을 위해서 필수적인 전략이지만, 때로는 비언어적 개입전략이 더욱 중요할 때가 많다. 학습자의 부정적인 행동에 대한 비언어적 개입전략 활용은 수업의 흐름을 직접적으로 끊지 않고 수업에 학습자를 집중시킬 수 있다는 측면에서 매우 효과적이다. 이에 개요수준에서 간략하게 살펴보면 다음과 같다(박병량, 2003, 주철안 외, 2013). 수업 중 부정적인 문제행동에 대한 대처전략으로 계획된 무시하기, 신호간섭, 근접간섭, 접촉간섭의 순으로 대처할 수 있다. 계획된 무시는 관심 끌기, 엉뚱한 질문하기 등과 같은 행동 시 계획적으로 반응하지 않고 무시하는 것이며, 신호간섭은 손가락으로 가리키는 행동 등과 같은 신호를 주는 개입이다.

근접간섭은 학습자 가까이로 다가가는 것이며, 접촉간섭은 손을 어깨 올리는 것과 같은 행동을 말한다. 이상에서 제시한 언어적·비언어적 개입전략의 구체적인 세부 전략과 설명은 다음 절인 '2. 수업 들여다보기'에서 자세하게 다루도록 하겠다.

2) 나의 수업경영 되돌아보기

지금까지 제시한 수업경영 전략은 수업시간 및 자원 관리 전략과 효과적인 수업목표달성을 위한 언어적·비언어적 개입전략으로 나누어 개요 수준에서 살펴보았다. 이렇게 자신의 수업경영에 대한 되돌아보기는 평소 수업시간에 어떠한 수업경영 전략을 사용하고, 실제 어느 정도 효과가 있는지, 수업경영 전략의 장·단점은 무엇인지 등 스스로 자신의 전략들을 성찰해 보는 것을 의미한다. 이에 다음 표와 같이 수업의 네 가지 구성요소를 중심으로 수업경영에서 중요하게 되돌아볼 필요가 있는 영역을 선정하여 성찰하면 된다.

표 9-3 되돌아보기 계획하기

영역	구체적인 내용	되돌아보기 전략
교사로서 자기 자신	수업철학	자기성찰일지: 수업철학이 수업경영에 잘 반영되고 있는지 성찰
	교사로서 기초역량	수업경영 전략(수업시간 및 자원 관리 전략, 언어적·비언어적 개입전략) 진단지
	교사로서 자기 자신에 대한 종합적 이해	SWOT 분석: 수업경영 역량
학습자	인지적 특성	학습자의 이해를 돕는 관련 서적, 연구보고서 등 읽기
	사회·정서적 특성	
	신체적 특성	
학습내용과 매체	교육과정 재해석	-
	학습내용으로 재조직화	-
	학습내용과 매체와의 연계성	-
학습 환경	물리적 환경	수업경영 전략(수업자원 관리 전략) 성찰일지
	심리적 환경	수업경영 전략(수업자원 관리 전략) 성찰일지

(1) 교사로서 자기 자신에 대한 성찰하기

① 수업철학 성찰하기

수업철학 성찰하기는 '수업철학' 관점에서 자신의 수업철학이 잘 반영된 수업관례나 규칙 등이 설정되어 있는지, 학생들이 이러한 수업관례나 규칙을 잘 인지하고 따르고 있는지, 그리고 자신의 수업철학에 바탕을 둔 학급배열이 이루어져 있는지, 수업시간에 사용하는 언어적 · 비언어적 개입전략을 성찰하게 된다. 이를 위해 '자기성찰일지'를 사용할 수 있다. 자기성찰일지를 작성하는 방법은 앞 차시에서 이루어진 수업 되돌아보기 활동과 동일하게 첫 번째 칸에 수업철학에 포함된 요소들을 나누어 기술하고, 다음으로 '수업경영 전략' '성찰'을 차례대로 기록하면 되는데, 이는 〈표 9-4〉와 같다.

예를 들어, 상대방의 말에 존중하는 자세로 경청하기, 학습활동에서 협력하여 과업 달성하기 등과 같은 수업철학 요소에 중점을 두고 기록한다면, '수업경영 전략'란에는 각 수업철학 요소들이 수업경영 전략인 수업시간 및 자원 관리 전략, 언어적 · 비언

표 9-4 수업철학 반영 수업경영 전략에 대한 성찰일지

수업철학 요소	수업경영 전략	성찰
상대방의 말에 존중하는 자세로 경청하기	'수질오염'이라는 문제를 두고 해결 방안을 찾는 토의 · 토론 활동을 하고 있는데, 내(교사)가 사회를 보고 전체 학생들과 함께 진행하고 있음. 토의 · 토론 활동 중에 고르게 대부분의 학생들이 이야기하지 않고 몇몇 학생들에게 집중되어 있으며, 친구들의 이야기를 듣지 않는 학생들도 상당수 발견되고 있음.	모둠 안에서 각자의 역할분담을 실시하고 다양한 주제를 가지고 토의 · 토론 훈련을 실시할 필요가 있으며, 나의 구두신호(모둠활동)에 따라 자연스럽게 모둠형태로 전환할 수 있도록 수업관례를 구성할 필요가 있음. 토의 · 토론 활동 중 상대방 친구의 발표에 집중하지 않는 학생들에게 집중하기보다 집중을 잘하는 학생들에게 칭찬과 보상을 하는 전략을 실행하고자 함.
학습활동에서 협력하여 과업 달성하기	환경신문을 만드는데, 모둠에서 서로 협동하여 제작하도록 하였음. 그런데 잘하는 학생들 위주로 활동하고 부진한 학생은 무임승차하는 경향을 보임. 일부 모둠에서는 서로 의견이 충돌하여 싸움 직전까지 가는 학생들도 보임. 갈등이 있는 모둠에게 벌점을 부여하고 있음.	모둠활동을 할 때마다 발생하는 일부 학생들에게 모든 활동이 집중되는 부익부 빈익빈 현상을 없앨 수 있도록 모둠장을 돌아가면서 실시하고, 협동구조가 발생할 수 있도록 과제를 잘 조직하여 전달하고자 함. 모둠에서 발생하는 갈등요인을 제거하기 위해서 모둠 규칙을 확인하고 점검하는 수업관례를 세워 실행하고자 함.

어적 개입전략으로 어떻게 실행되었는지를 기술하게 된다. 이때는 가능한 한 수업현상 그대로 사실을 비교적 자세하고 구체적으로 기술하고 해석을 기록하지 않는다. '성찰'란에는 수업경영 전략이 수업철학 요소를 잘 반영했는지 또는 그렇지 않은지, 교사의 수업경영 전략 실행 시 행동과 학생의 반응이나 행동결과에 대한 해석을 쓰고 개선하기 위한 전략에 대해 기술하면 된다. 이에 구체적인 사례를 〈표 9-4〉에 제시하였으며, 이러한 성찰 활동이 더욱 개선된 수업경영 활동으로 이어질 수 있게 만들어 줄 것이다.

② 기초역량 성찰하기

'수업경영 전략' 관점에서 세부 전략별(수업시간관리 전략, 수업자원관리 전략, 언어적 · 비언어적 개입전략)로 나누어서 교사 자신의 기초역량을 어느 정도 갖추고 있는지, 이러한 역량을 어떻게 활용하고 있는지를 스스로 진단하기 위해 '수업경영 전략 진단지'를 작성해 볼 수 있다. 다음 '수업경영 전략 진단지'는 앞서 제시한 Borich(2011)가 제안한 '우수한 수업경영을 위한 교사 행동'을 바탕으로 개발한 것으로 이 진단도구를 활용하여 구체적인 수업경영과 관련된 기초역량에 대해 되돌아보게 된다(강정찬, 2017).

표 9-5 수업경영 전략 진단도구

구분	내용	척도				
시간 관리 전략	수업관례(수업 시작, 집단 활동, 과제, 수업활동 등 일상적으로 일어나는 수업일과에 대한 규칙)가 사전에 개발되어 있고 학생에게 전달하며 수시로 확인한다.	①	②	③	④	⑤
	학급규칙(자리이탈, 잡담, 과제 미제출, 지각 등)의 설정 및 위반 시에 받게 되는 결과 및 처벌에 대한 협의와 전달이 분명하게 이루어지고 있다.	①	②	③	④	⑤
자원 관리 전략	수업목표달성을 촉진시키는 학급배열인 적절한 학급조직(책상배치, 학습자료, 준비물 배치 등)을 편성하여 활용한다.	①	②	③	④	⑤
언어적 개입 전략	부적절한 행동에 따르는 결과로 언어적 개입전략[암시, 질문, 요구(꾸중), 결과 활용(처벌)]의 계획과 실행이 이루어지고 있다.	①	②	③	④	⑤

비언어적 개입 전략	수업순간을 유지하기 위하여 비언어적 개입전략(계획된 무시, 신호간섭, 근접간섭, 접촉간섭)의 계획과 실행이 이루어지고 있다.	①	②	③	④	⑤

수업경영 전략 진단도구는 교수자가 갖추고 있어야 할 수업경영 전략들과 그 실행 여부를 간단하게 진단할 수 있게 한다. 자신의 수업경영 전략을 크게 5가지 영역으로 나누어 되돌아보고, 각각의 수업경영 전략에 대해 5점 척도로 표시한다. 진단 근거로 자신의 수업경영 전략을 이해하고 적용할 수 있는 역량을 갖추고 있는지, 그리고 수업경영 전략을 적용하였을 때 어떤 효과가 나타나는지, 학생들의 반응행동은 어떠한지를 되돌아보고 그 결과를 바탕으로 표시하면 된다.

③ 종합적 이해

교사로서 자신의 수업경영 전략에 대한 각각의 진단이 끝나면 'SWOT 분석도구'를 활용하여 전체적으로 수업경영 영역에서 자신에게 S(Strength, 강점), W(Weakness, 약점), O(Opportunity, 기회), T(Threat, 위협)의 네 가지 분석 측면, 그리고 이를 개선하기 위한 방안은 무엇인지를 종합적으로 성찰해 보게 된다. 주로 자신이 속한 학교나 학급의 내부 환경을 분석하여 강점과 약점을 발견하고, 외부 환경을 분석하여 기회와 위협을 찾아내고, 이를 토대로 강점은 살리고 약점은 줄이며, 기회는 활용하고 위협은 억제하는 전략을 수립하게 된다. 여기서 내부 역량 요인 중 강점은 자신이 소유하고 있는 장점으로 수업경영 역량이나 경쟁우위 등으로 생각하여 기록하면 되고, 약점은 자신에게 부족한 점으로 뒤처진 것, 개발이나 노력이 필요한 것을 의미한다. 그리고 기회는 외부 환경의 기회로서 수업경영의 효과성, 효율성을 높일 수 있는 요소를 기록하면 되고, 위협은 그 반대로 수업경영에서 효과성, 효율성 등의 악화를 가져오는 나쁜 요소들을 말한다.

(2) 학습자에 대한 성찰하기

효과적인 수업경영을 위해 자신이 가르치는 학생들의 일반적인 특성을 더 알아보고, 보다 더 깊이 있는 이해를 위해 관련 서적이나 연구보고서 등을 읽어 보면서 자기 성찰을 할 수 있다. 예를 들어, 아동이나 청소년들의 규칙, 조직, 권력 등에 대한 일반적인 태도, 공동체 의식, 협력 능력 등과 관련된 책이나 보고서 등을 찾아서 읽어 볼 수 있다.

(3) 학습 환경에 대한 성찰하기

학습 환경에 대한 성찰은 크게 두 가지, 즉 물리적 환경과 심리적 환경에 대한 성찰로 이루어지며, 수업경영 전략 중 자원관리 전략과 관련된 것을 성찰하게 된다. 다음 〈표 9-6〉에서 알 수 있듯이 '학습 환경'란에는 물리적 환경이나 심리적 환경이라고 쓰고 '수업에 대한 시사점'은 물리적 환경, 심리적 환경 차원에서 수업경영에서 무엇이 필요한지를 기술하게 된다. 그리고 '성찰'란에는 시사점에 근거하여 원하는 수업경영 전략이 설계되고 실행되었는지, 만일 제대로 실행되지 않았다면 무엇이 문제이고 어떻게 개선이 필요한지를 기술하면 된다.

먼저 물리적 환경에 대한 성찰은 수업경영 전략이 실행될 수 있는 물리적 환경이 준비되어 있는지를 성찰하는 것이다. 예를 들어, 협동 학습을 실행한다면 적절한 책상배치, 인터넷 검색 환경 등이 갖추어져 있는지를 성찰해 보아야 하고, 모둠학습을 위해서는 모둠별로 방해받지 않고 학습활동을 할 수 있는 충분한 공간이 확보되어 있는지 등을 살펴볼 필요가 있다. 다음은 심리적 환경에 대한 성찰로 학습자 분석결과에 기초하여 학습자들에게 필요한 심리적 환경을 수업에서 제공하고 있는지 성찰하면 된다. 학생들의 협력의식, 상호의존성이 어느 정도 수준인지를 파악하여야 하며, 만약에 협력의식이나 상호의존성이 낮다면 수업 외 활동으로 학생들에게 학습공동체 훈련이나 상호의존성을 키울 수 있는 활동을 실시할 필요가 있다. 평소 수업시간에 온정적 분위기, 허용적 분위기, 협력적 분위기를 형성하기 위해서 교사의 칭찬이나 격려, 피드백을 적절하게 계획하여 제공하여야 한다. 이러한 심리적 환경 조성에 대한 되돌아보기를 위해 '자유기술 성찰일지'를 활용할 수 있다.

표 9-6 학습 환경(물리적 · 심리적 환경)에 대한 성찰일지

학습 환경	수업에 대한 시사점	성찰
물리적 환경	책상배치, 인터넷 검색 환경	나의 책상배치는 강의식 수업에 어울리는 전통적인 배치이고 인터넷 검색 환경은 조성되어 있지 못함. 모둠별로 인터넷을 검색할 수 있도록 노트북이나 태블릿 PC 등을 준비해 주어야 할 것 같음.
심리적 환경	협력의식, 상호의존성	모둠원들 간의 협력의식이 부족한 것 같음. 서로 의견이 충돌할 때 다투거나 갈등하는 경우를 자주 볼 수 있음. 모둠별로 제공하는 과제를 협력적 구조로 잘 조직하고 서로 역할분담을 명확하게 해 줄 필요가 있을 것 같음.

3) 되돌아보기 종합하기: 자기수업컨설팅 과제 규정하기

앞의 장들에서와 동일하게 수업경영 측면에서도 되돌아보기 종합하기에서 자신의 수업문제를 규정하게 된다. 수업경영 영역에서 발생하는 수업문제들도 매우 다양할 수 있으며 자신의 수업상황에 따라 수업경영의 다른 수업문제들을 규정할 수 있다. 수업경영 영역에서 수업문제 규정의 예를 한 가지 들면, 학습자의 수업참여를 90% 정도로 목표하고 학습자들의 적극적인 수업참여 및 활동이 이루어질 수 있도록 언어적 · 비언어적 개입전략을 설계하여 실행하였지만, 실제는 학급의 65% 정도 학습자들만 참여하고 있다면 25% 정도의 학습자들에 대한 참여를 높이기 위한 언어적 · 비언어적 개입전략이 설계 · 실행되도록 수업이 개선되어야 한다. 따라서 학습자 참여 유도라는 수업문제를 중심으로 자기수업컨설팅을 진행하게 된다.

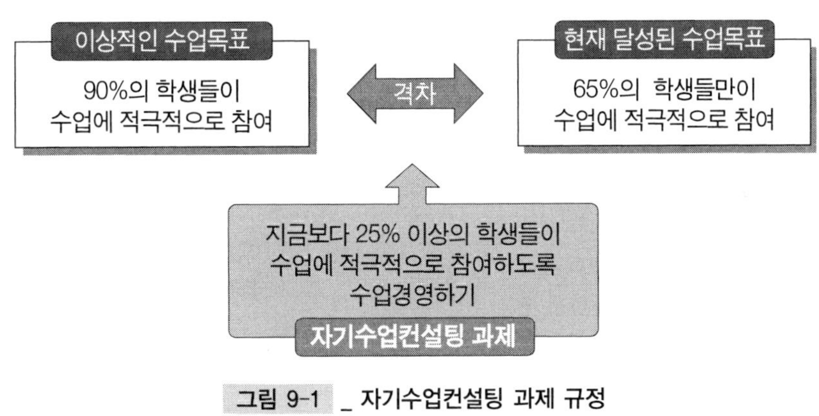

그림 9-1 _ 자기수업컨설팅 과제 규정

2. 수업 들여다보기

수업경영 영역에서 들여다보기는 크게 두 영역으로 수업시간 및 자원 관리 분석과 언어적 · 비언어적 개입전략 분석으로 나눌 수 있다. 먼저, 수업시간 및 자원 관리 분석을 위해 수업시간 관리 분석의 의미와 기초지식, 수업자원 관리 분석의 의미와 기초지식으로 나누어 구체적인 설명과 함께 분석전략에 대해 살펴볼 것이다. 그리고 현재 자신이 수업시간에 활용하고 있는 수업시간 관리전략을 분석하는 방법을 살펴보고, 자원 관리로 수업목표에 따라 학급배열을 어떻게 달리하고 있는지를 분석해 볼 것이다.

다음으로 언어적 · 비언어적 개입전략 분석을 위해 언어적 개입전략 분석의 의미와 기초지식, 비언어적 개입전략 분석의 의미와 기초지식으로 나누어, 구체적인 설명과 함께 분석전략에 대해 살펴볼 것이다. 또한, 현재 자신이 수업시간에 활용하고 있는 언어적 · 비언어적 개입전략을 들여다보면서 언어적 · 비언어적 개입전략의 단계적 적용 여부, 그 효과성 등을 분석해 볼 것이다.

1) 수업시간 및 자원 관리 분석 성찰하기

(1) 수업시간 관리 분석의 의미와 기초지식

일반적으로 수업시간은 수업을 위해 교수자와 학습자에게 주어진 시간을 의미한다. 엄밀하게 말하면 교수자에게 주어진 수업시간보다 수업 중 학습자의 학습시간이 더욱 중요하다. 이처럼 학습시간의 의미에서 수업시간을 바라보면 수업시간의 개념은 다양하게 정의될 수 있다(이상수 외, 2012; 이용숙, 2009; 조벽, 2002). 이러한 학습시간의 관점에서 수업시간의 개념적 의미는 '제6장 수업설계 향상을 위한 자기수업컨설팅의 수업 들여다보기'([그림 6-6] Time on Task 참조)에서 다루었는데, 간단하게 다시 상기하여 보면, 다음과 같다.

첫째, '가용시간'은 공식적인 수업시간으로 수업을 위해 교사와 학습자에게 주어진 시간을 의미한다. 초등학교는 40분, 중학교는 45분, 고등학교는 50분이 공식적으로 주어지는 수업시간이다.

둘째, '실제 수업시간'은 실제로 교사가 수업을 시작한 시간부터 끝낸 시간까지로 만약에 수업이 늦게 시작되어 수업을 하지 못한 시간, 수업이 일찍 끝나서 수업을 하지 못한 시간은 제외된다. 공식적인 가용시간보다 더욱 많이 실행한 수업시간도 생겨날 수 있다. 실제 수업시간은 수업활동 시간과 불필요한 시간인 비수업활동 시간이 함께 포함된 시간이다.

셋째, '전체 학습기회 시간'인데 수업목표와 관련된 수업활동 시간으로 앞서 제시된 비수업활동(수업이 방해받는 시간, 교사가 수업과 전혀 관계없고, 도움도 안 되는 딴 이야기를 한 시간 등)이 제외된 시간이다. 실제 학습자가 수업목표와 관련된 학습활동이나 교사가 학생에게 경험할 수 있도록 제공하는 시간을 의미한다.

넷째, '개인별 학습기회 시간'은 전체학습자가 아니라 개별학습자에게 수업목표와 관련된 학습활동을 할 수 있도록 제공되는 시간이다. 개별적으로 과제가 주어지지 않는 시간, 준비물이 없어서 참여하지 못한 시간, 심부름이나 통제, 대회참가 등의 이유로 수업에 참여하지 못한 시간, 화장실, 물 마시기 등에 보낸 시간 등은 제외된다.

다섯째, '과업집중시간(Time On Task: TOT)'은 앞서 불필요하게 소비된 모든 시간을 제외하고 학생 개별적으로 실제 과업에 집중 또는 몰입하는 시간으로서 학생들에게는 실제 의미 있는 학습시간을 말한다. 과업 집중을 방해한 부적절한 행동인 졸음, 장난, 잡담 등의 시간은 제외된다(Prater, 1992).

앞에서 제시된 여러 가지의 수업시간은 수업시간 관리를 분석할 때 분석준거로 활용되며, 수업시간 안배 및 관리 측면에서 분석관점을 제시하면 다음과 같다.

첫째, 시간 관리를 효율적으로 한다는 의미는 학생이 학습할 수 있도록 교사가 효과적인 전략과 내용으로 과업집중시간을 최대한 확보하면서 수업을 관리한다는 의미로 해석할 수 있다. 이에 수업목표와 관련하여 학습자에게 의미 있는 학습시간을 충분하게 확보해 주고 과업집중시간을 최대한 활용할 수 있도록 수업시간을 관리하고 지원해 주고 있는지를 분석하게 된다.

둘째, 전체 가용시간을 실제 수업시간으로 활용하되 비수업활동시간을 최대한 줄여서 수업목표와 관련된 수업활동시간으로 확보하여 학습자에게 전체 학습기회시간을 충분하게 제공하고 있는지를 분석하게 된다. 즉, 가용시간과 실제 수업시간 간의 비율, 수업활동과 비수업활동 간의 비율, 도입 · 전개 · 정리별 적절한 수업시간 안배를 분석할 수 있다.

다음으로 수업시간 관리 분석과 관련된 것이 수업관례이다. 수업관례는 수업시간에 발생하는 수업과 관련된 일상적인 일련의 절차나 과정, 공식적 · 비공식적인 규칙을 의미한다. 예를 들어, 교사가 수업시작하기 전에 출석을 부르는 동안 학생들이 하기를 바라는 행동은 스스로 숙제나 과제를 점검하거나 조용히 교재를 읽는 것이다. 시험지나 완성된 과제를 제출하거나 배포하고자 할 때는 각 줄의 맨 뒤에 있는 학생이 거두어서 지정해 놓은 바구니에 두거나 시험지나 활동지를 조장인 친구가 조원들에게 개별적으로 배포해 주는 것이다. 이와 같은 일상적인 절차와 과정에 대한 규칙을 정하여 훈련시킴으로써 불필요한 시간 낭비를 막고 이렇게 아껴진 시간을 학습활동에 최대한 투입할 수 있도록 하는 것이다(Borich, 2011).

이에 대표적인 수업관례로 도입, 전개, 정리별로 나누어 제시하면 〈표 9-7〉과 같다(Borich, 2011). 실제 이러한 수업관례를 얼마나 효과적으로 구성하여 수업시간에 활용하고 불필요한 비수업활동시간을 최대한 줄이며, 수업목표와 관련된 수업활동 시간으로 전환하여 주고 있는지, 그리고 수업관례가 효율적으로 관리되어 실행되고 있는지 등을 분석하게 된다.

표 9-7 수업관례별 관련 주제

수업관례	관련 주제
도입단계: 수업시작 관례	1. 출석 부르기, 결석생 확인 2. 지각생 처리 3. 자료 배포하기
전개단계: 수업활동 관례	1. 학생주의집중 신호 2. 도움 획득 방법 3. 학생 간 대화 4. 과업(작업)이 완료되었을 때 행동 5. 학생 이동 방법 6. 자료 가져오기
정리단계: 수업종료 관례	1. 준비물과 설비 치우기 2. 청소 3. 종례

(2) 수업자원 관리 분석의 의미와 기초지식

학급배열은 특별한 학습 환경에서 목표로 하는 수행을 어떻게 고양시킬 것인가에 대한 고민이다. 여기서 특별한 학습 환경은 행동유도환경(behavioral setting)을 의미하는 것으로 수업목표를 효과적으로 달성하고 목표와 관련된 행동을 적극적으로 충분하게 수행할 수 있도록 적절한 매체나 자료, 책상배열, 준비물 등의 물리적 환경과 개별과제나 집단과제를 제시하여 책임감, 상호의존성 등과 같은 심리적 환경을 조성해 주는 것을 말한다. 그런데 좋은 학급배열을 조성해 주려면 다음과 같은 사항을 고려해야 한다(주철안 외, 2013; Borich, 2011). 첫째, 학급배열은 특정 학습내용이 잘 이해되고 기억할 수 있고, 학습자의 주의집중에 더욱 효과적이면서 학습동기 및 유지에 긍정적으로 작용하도록 해야 한다. 둘째, 학생의 요구, 수업목표에 따라 행동유도환경을 다양하고 유연하게 가져가야 한다. 수업목표에서 구체적으로 요구하는 학생의 수행을 분석하고 수행목표에 부합되게 행동유도환경을 조정하고 변화시켜 주어야 한다. 셋째, 심리적 환경으로 경쟁적, 개인적, 협력적, 혼합적인 환경을 조성하기에 적합한 학급배열을 결정해야 한다.

이처럼 수업자원 관리는 학급배열의 관점에서 물리적 환경과 심리적 환경으로 크게 구분하여 분석하게 된다. 먼저, 물리적 환경으로 학급의 교실 공간이 수업목표를 달성하는 데 필요한 자원, 자료나 매체, 책상배열 등을 제공해 줄 수 있도록 구비되어 있는지를 분석하면 된다. 그리고 심리적 환경으로 학급의 구성원들이 수업목표 달성을 위한 학습활동 중에서 어떤 관계 속에서 상호작용, 의사소통의 형태가 필요한지에 따라 적절한 개인적, 협력적인 환경으로 학습조직 등을 조성해 주고 있는지를 분석하게 된다. 그런데 수업에서 실제 이 두 가지 환경은 서로 분리되어 독립적인 것인 아니라 서로 영향을 미치며 통합되어진다. 예를 들어, 프로젝트 학습을 통해서 공동 발명품 만들기라는 수업목표를 달성해야 한다면 물리적 환경으로 협동학습이나 토의 · 토론이 빈번하게 일어나야 하므로 책상배열을 모둠형태로 할 것이며, 학습조직은 조를 편성하여 역할분담을 통해 개별 책무성, 상호의존성을 갖도록 소집단 형태 및 환경을 구성하게 되는 것이다.

2) 수업시간 및 자원 관리 분석을 통한 수업경영 들여다보기

(1) 수업시간 관리 분석하기

수업시간 관리 분석은 분석도구로 '분석지'를 활용하면 된다(〈부록 2〉의 [9-1] 참조). 구체적인 분석방법을 설명하면, 먼저 분석지에 수업시간을 1분 단위로 쪼개어 내용과 전략으로 나누어 분석하는데, 수업시간에 가르치는 내용과 내용 전달을 위해 사용되고 있는 전략을 기록한다. 그리고 직접 수업을 관찰하면서 기록하기가 힘들기 때문에 삼각대를 이용하여 미리 수업을 촬영하고 촬영된 동영상을 멈추기 및 되돌려 보기 기능을 이용하여 반복적으로 관찰하여 기록한다(강정찬, 2017).

분석도구(분석지)의 자세한 분석방법을 설명하면, 분석지의 '내용'란에는 수업내용, 수업관례 내용, 비수업내용을 기록한다. 수업내용은 수업목표에 따라 다루어지고 있는 수업내용이고, 수업관례 내용은 수업관례와 관련된 내용 전달 및 확인이며, 비수업내용은 불필요한 내용, 매체조작 등을 의미한다. 그리고 분석지의 '전략'란에는 교수 · 학습활동 전략(비수업내용 제외)을 기록한다. 예를 들어, 설명전략으로 구두설명, 매체활용 설명 등을 기록할 수 있고, 발문전략, 모니터링 또는 피드백 전략 등을 기록하면 된다.

다음은 교수 · 학습활동(수업활동/수업관례 활동/비수업활동)으로 구분하여 기록하게 되는데, 수업활동은 동기유발(주의집중), 선수(사전)학습재생, 학습내용 제시, 학습안내, 수행유도 및 피드백, 수행평가, 파지 및 전이 촉진의 일반적인 9가지 수업구성 요소 중에서 선택하여 기록하면 된다. 수업관례 활동으로 수업시작관례, 수업활동관례, 집단활동관례, 수업종료관례 등을 선택하여 기술한다. 비수업활동은 매체조작 및 준비 오류, 불필요한 잡담이나 농담 등 수업목표와 관련 없는 교수 · 학습활동을 관찰하여 기록하면 된다.

지금까지는 수업관찰을 통해서 발생하는 수업현상을 분석준거에 따라 기록하는 것이며, 이러한 기록한 결과를 바탕으로 수업시간 안배의 비율(%)을 통계적으로 처리하는 활동이다. 크게 3가지 영역에서 수업시간 비율을 산출하게 되는데, 가용 수업시간(총 공식적 수업시간)과 실제 수업시간의 비율, 도입, 전개, 정리 수업시간의 비율, 그리고 수업활동, 수업관례 활동, 비수업활동에 대한 수업시간 비율을 기록한다.

이상과 같이 발생하고 있는 수업현상에 대한 관찰 사실 기록과 함께 수업시간 안배에 대한 비율을 정리하여 기록하고 나면 '종합분석'을 작성하게 되는데, 종합분석을 작성하는 방법은 가용 수업시간과 실제 수업시간 간의 차이가 있다면 그것을 기록하고, 그 이유를 기술한다. 또한, 핵심적인 수업시간 안배로 도입, 전개, 정리 수업시간 간의 비율을 기록하고, 비교를 통해서 수업시간 관리의 적절성을 분석한다. 이어서 수업활동, 수업관례 활동, 비수업활동 간의 비율 차이를 기술하고, 수업목표와 관련하여 적절한 수업활동 간의 비율을 해석하고, 수업목표달성을 위한 내용과 전략, 각각의 효율성에 대해 분석하여 기술하게 된다.

수업시간 관리 분석 시 유의사항은 자신의 수업을 삼각대를 이용하여 비디오 촬영을 하면 촬영한 수업동영상의 타임 바를 통해 쉽게 분석할 수 있도록 하고, 종합분석에서는 부정적 진술이 아닌 긍정적 진술로 작성해야 한다. 수업시간 관리 분석도구는 과업집중도 분석도구와 통합적으로 분석이 가능하며, 시간에 따른 학생들의 과업집중 경향성도 함께 파악할 수 있다.

이상에서 설명한 분석방법 및 유의사항을 바탕으로 수업시간 관리 분석의 예시를 제시하면 〈표 9-8〉과 같다. 어느 한 중학교 국어과 수업의 수업목표는 '통일성과 응집성을 판단하여 글을 고쳐 쓸 수 있다.'와 '통일성과 응집성을 고려하여 글을 쓸 수 있다.'였다. 수업은 통일성과 응집성의 개념을 확인한 후 통일성과 응집성이 부족한 교과서의 글을 제시하고, 학생들과 함께 전자칠판과 교과서를 이용하여 고쳐 쓰는 활동이 이루어졌다. 그리고 각 분단별 한 줄씩 같은 조가 되어 협력적 글쓰기 활동으로 통일성과 응집성이 있는 글을 써 보는 활동으로 진행되었다.

표 9-8 수업시간 관리 분석 예시

시간		수업 내용	수업 전략	교수학습활동 (수업/수업관례/비수업활동)	활용시간 (비율)
5	1	인사 및 안내말씀		수업관례	1분(2%)
	2	1분 글짓기 안내 및 글짓기 발표시키기 (중간시험에 일어났으면 하는 일)	학생들의 글짓기 개별 및 발표 활동 (보상 및 피드백 활동)	수업활동: 동기유발 활동	5분 (11%)
	3				
	4				
	5				
10	6				
	7	통일성 및 응집성 개념 재생	발문 및 설명 (삼각형 퍼즐, 판서)	수업활동: 선수학습 재생	4분 (8%)
	8		삼각형 퍼즐 맞추기(개별)		
	9		발문 및 설명 (삼각형 퍼즐, 판서)		
	10				
15	11	수업목표 제시	설명(구두)	수업활동: 수업목표 제시	1분 (2%)
	12	학습내용 제시 (교과서 내용: 황토집)	남녀별로 교재 읽기	수업활동: 학습내용 제시 및 학습안내/ 수행유도 '통일성' 관련 활동 (글을 고쳐 쓰기)	13분 (28%)
	13		발문 및 설명		
	14		(구두, 전자칠판)		
	15		학생들 개별발표		
20	16	통일성 원리를 활용한 글의 주제 정하기	학생 개별활동 (교재에 밑줄 긋기)		
	17		발문 및 설명 (구두, 전자칠판)		
	18		발문 및 설명(구두)		
	19	통일성을 고려하여 글을 고쳐 쓰기	문제지 읽고 학생들 모두 각자 작성하기		
	20				
25	21		발문 및 설명 (구두, 전자칠판)		
	22	인터넷 사이트 제시 (블로그 소개)	발문 및 설명 (구두, 전자칠판) 전체 답변	수업활동: 학습내용 제시 및 학습안내 '통일성' 관련 활동 (황토집의 장단점에 대한 글쓰기 과제 제시, 수업관례)	
	23				
	24	과제제시: 황토집의 단점 찾기	다음 주 과제제시: 개별적으로 글을 작성하기		

25	25	응집성 관련 활동 (접속어 및 지시어)	발문 및 설명 (구두, 전자칠판)	수업활동: 학습내용 제시 및 학습안내 및 수행유도 '응집성' 관련 활동 (글을 고쳐 쓰기)	7분 (15%)
	26		개별적으로 직접 작성하기		
	27				
30	28				
	29				
	30		개별적으로 나와서 발표하기		
	31		발표한 내용 피드백 활동		
35	32	주제 정하기 통일성, 응집성을 맞춰서 글쓰기	설명(구두)	수업활동: 수행유도 '통일성 및 응집성에 맞춘 글쓰기'	8분 (17%)
	33				
	34	통일성 및 응집성에 맞춘 글쓰기	모둠활동 (주제별로 협력적 글쓰기)		
	35				
	36				
	37				
40	38				
	39				
	40	본 차시 내용 정리	워크시트 활동지 정리 및 피드백(발문)	수업활동: 파지 '요약 · 정리' 활동	6분 (13%)
	41				
	42				
45	43				
	44				
	45				
50	46	차시예고	설명(구두)	수업활동: 전이 '차시예고'	2분 (4%)
	47				

[종합분석]

• 총 수업시간은 47분이었음. 시간 관리에서의 '내용' 영역에서는 동기유발, 선수학습재생(전시학습상기), 학습내용 제시 및 학습안내 제공, 수행 유도 및 피드백 활동, 정리활동 등으로 이루어졌으며, '전략' 영역에서는 설명(구두, 질문, 교재활용, 학습지, 삼각형 조각물, 워크시트, 전자칠판 등)과 개별활동 및 협력활동, 그리고 교사의 모니터링 활동으로 이루어진 것으로 파악됨.

- 총 수업시간 중, 내용부분에서 수업활동 시간은 46분으로 98%를, 수업관례는 2분으로 4%로 나타남. 거의 모든 수업시간을 수업활동 시간으로 배분한 것으로 판단됨. 하지만 구체적으로 살펴보면, 주의집중을 위한 1분, 글짓기 시간은 5분(11%), 통일성과 관련된 활동은 13분(28%), 응집성과 관련된 활동은 7분(15%)을 차지하고 있어 어떤 활동에 편중되어 소비되는 경향이 나타남. 이에 통일성과 응집성을 고려하여 글을 쓰는 활동시간이 상대적으로 낮은 비중을 차지하였음. 즉, 실제로 글을 쓸 수 있는 능력을 길러 주기 위한 학습 경험을 더 풍부하게 할 수 있도록 시간이 확보된다면 더욱 효과적인 수업이 될 것이라 판단됨. 따라서 수업활동 내에서도 학습내용에 따라 학생들의 학습기회의 시간에 대해서 적절한 시간안배가 필요할 것임.
- 수업활동을 위한 전략을 살펴보면, 질의응답, 구두로 설명, 개별 활동 및 협력활동, 그리고 순회지도 활동이 이루어졌음. 발표를 통한 보상전략(칭찬스티커)은 이루어졌으며 개별활동이나 협력활동의 결과에 대한 교정적 피드백이 이루어진다면 더욱 효과적인 수업이 될 것이라 판단됨.

(2) 수업자원 관리 분석하기

수업시간 관리 분석을 위한 분석도구로, '분석지'를 활용한다(〈부록 2〉의 [9-2] 참조). 구체적인 분석방법을 설명하면, 수업자원 관리 분석은 책상 및 의자, 테이블, 수업자료나 매체, 준비물 배치 등 학급배열을 그려서 분석하게 된다. 먼저 분석지 왼쪽에 있는 배치해야 할 항목을 참고하여 학급배열을 스케치한다. 그리고 분석지 아랫부분에 있는 빈칸 중 적절한 것을 체크하여 교실의 전체적인 심리적 환경으로 사회적, 조직적 맥락을 요약하여 기록한다(강정찬, 2017; Borich, 2011).

수업자원 관리 분석은 종합분석 작성이 중요하고, 수업목표와 관련된 학습활동이나 행동을 유도하기 위한 환경으로 물리적 환경과 심리적 환경을 구분하여 기술한다. 물리적 환경은 책상 및 의자배치, 학습을 위한 매체나 자료, 준비물 등에 관해 관찰된 사실을 기술하고 그 적절성, 효과성 등을 분석하여 기록하면 된다. 또한 심리적 환경은 학급의 사회적, 조직적 맥락으로 경쟁적, 개인적, 협력적, 혼합적인 환경을 조성하기 위한 전략이나 노력 등을 기술한다. 이러한 관찰 결과 기록을 바탕으로 전체적인 학급배열의 강점, 약점 및 보완해야 할 점을 분석하여 기술하게 된다.

수업자원 관리 분석 시 유의사항은 배치해야 할 항목 이외에 학급배열에 해당하는 것은 왼쪽에 항목을 추가하고 스케치할 수 있다. 그리고 절충적 학급배열이나 특정한 학급배열을 나타내기 위하여 다중 점검 표시를 해도 좋고 기타를 체크하고 자유롭게 기술할 수 있다. 또한 교사의 수업목표달성을 지원하기 위한 활동이 어떠한지 구체적으로 물리적, 심리적 환경을 전체적으로 메모해 놓아도 된다.

이상에서 설명한 분석방법 및 유의사항을 바탕으로 수업자원 관리 분석의 예시를 제시하면 〈표 9-9〉와 같다.

표 9-9 수업자원 관리 분석의 예시

✓ 학습대상: 중학교 3학년
✓ 교과목: 국어과
✓ 학습목표: 통일성과 응집성을 판단하여 글을 고쳐 쓸 수 있다.
통일성과 응집성을 고려하여 글을 쓸 수 있다.

배치해야 할 항목들
- 교사의 책상
- 학생의 책상/의자
- 칠판/스크린/전자칠판
- 영상매체(OHP, 빔프로젝트)
- 참고도서/책꽂이
- 학습센터(학습준비물)
- 작업책상
- 게시판
- 칸막이 등

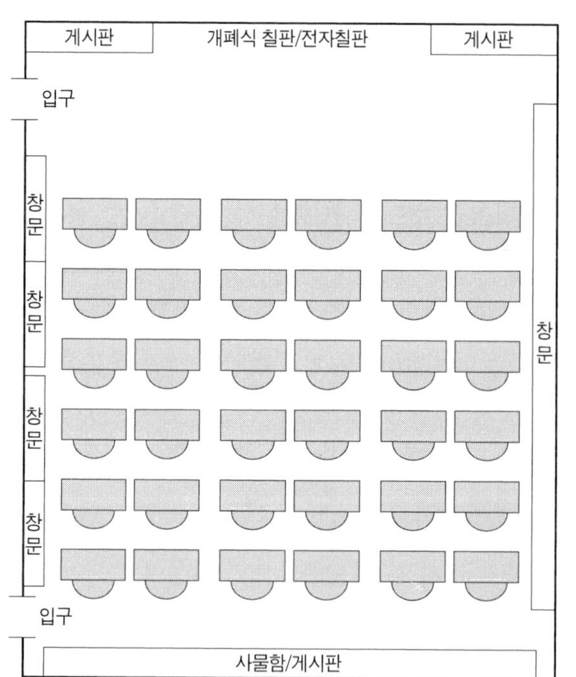

교실의 사회적, 조직적 맥락에 가장 적합한 것을 모두 표시하고 기록하시오.

☑ 모둠활동 과제
☐ 개별과제
☐ 토의 및 토론
☐ 기타

첫 번째 수업목표를 달성하기 위해서 개별적인 고쳐 쓰기 과제를 제시하지 않고 대표 학생이 전자칠판에 고쳐 쓰고 나머지 학생은 선생님의 추가 설명을 듣고 책에 베껴서 고쳐 쓰기를 하고 있음.

두 번째 수업목표를 달성하기 위해서 모둠활동 과제로 협력적 글쓰기를 하였지만 통일성과 응집성이 없는 글쓰기를 한 모둠들이 관찰됨. 모둠을 갑자기 분단별 한 줄씩 교사가 나누고 롤링페이퍼처럼 앞의 학생이 뒤의 학생에게 넘기면서 글쓰기를 실시함.

[종합분석]

- 두 가지 수업목표달성을 위한 학습활동으로 '통일성과 응집성이 있는 글을 고쳐 쓰는 활동'과 '실제 글을 쓰는 활동'이 충분히 이루어질 수 있는 학급배열이 되어 있지 못함.
- 학급배열은 전통적인 배열방식을 따르고 있는데 지식, 규칙이나 개념을 개인적으로 습득하는 데 적합한 배열이므로 첫 번째 수업목표인 개별적으로 글을 고쳐 쓰는 활동에는 적합하지만 두 번째 수업목표를 달성하기 위한 협력적 글쓰기에는 적합한 학급배열이 되지 못함.

(3) 행동관찰 기록(주제노트) 분석하기

앞서 제시한 두 가지 분석은 교사를 중심으로 한 분석이었다면 행동관찰 기록인 주제노트 분석은 수업시간에 발생하는 학습자의 행동을 관찰하여 분석하는 방법이다. 학습자의 행동관찰 기록을 위한 주제노트 분석지를 활용하고(〈부록 2〉의 [9-3] 참조), 이 분석방법은 사전에 분석할 주요 주제를 정하여 미리 계획한 관찰 범주에 따라 개요 형식으로 사실을 기록하게 된다. 이때 관찰 범주는 4가지 이상 되지 않도록 하고 로마숫자(I, II, III, IV), 알파벳(A, B, C)이나 가, 나, 다 등으로 구분하여 관찰할 주요 영역을 표시하고 그 하위 범주로 관찰된 사실적 정보를 기술한다.

분석 시 유의사항은 분석지를 작성할 때 관찰하고자 하는 간결한 주제나 영역을 결정하고 행위가 일어날 때 이러한 영역과 일치하는 주요 사실만을 기록하는 것이다. 이는 일어나는 모든 일화를 기록하지 않고 관심 있는 사건을 중심으로 깊이 있는 분석을 할 수 있다. 그리고 지나치게 많은 관찰 범주를 정하지 않는 것이 좋은데, 너무 많은 관찰 범주를 정하게 되면, 분석자가 한번에 다양한 범주와 영역을 분석 기록하는 데 한계가 있고 몇 가지 영역에서 깊이 있는 분석을 하기 힘들기 때문이다.

이상에서 설명한 분석방법 및 유의사항을 바탕으로 행동관찰 기록을 위한 주제노트 분석의 예시를 제시하면 〈표 9-10〉과 같다.

표 9-10 행동관찰 기록(주제노트) 분석 예시

I. 학급분위기	III. 상호작용
A. 퍼즐맞추기를 이용하여 전시학습 상기와 학습목표 제시가 자연스럽게 이루어질 수 있도록 하였고 도입단계에 학습 분위기를 조성하고 있다. B. 교사는 활기차고 부드러운 목소리로 학생들의 참여를 자연스럽게 이끌어 내고 있으며 학생들의 대답에도 적절한 피드백을 제공하고자 노력하고 있다. C. 교사는 학생들에 대한 호감을 가지고 적극적으로 참여하려고 시도하고 있지만, 학생들은 다소 소극적인 행동으로 대응하고 있다.	A. 수업 초기 학생들은 교사와 인사를 할 때 목소리가 작은 편이다. B. 주로 교사의 질문과 답변, 학생들과의 언어적 상호작용을 촉진하기 위해 교사는 노력하고 있지만 몇몇 학생들에게 발표가 집중되어 있다. C. 전자칠판이 교사와 학생을 이어 주고 있으며, 교사의 직접 고쳐 쓰기 유도 후 대표 학생이 시범 보일 때 주로 상호작용하고, 나머지 학생들은 대표 학생의 고쳐 쓰기를 지켜보거나 따라 적고 있다.
II. 교사 역할	**IV. 학생 참여**
A. 교사의 전자칠판 작동이 원활하게 이루어져 수업이 자연스럽게 흘러가고 있다. B. 학생들의 활동에 대한 명백한 지시 후에 교사는 전 교실을 돌면서 집중하지 않는 학생들의 참여를 독려한다. C. 교사의 질문에 답변을 잘 하였거나, 수행유도에 적극적으로 참여한 학생들에게 보상과 칭찬을 제공하고 있다.	A. 교사와 말할 때 학생들은 많은 관심과 흥미를 보이고 있지만 몇몇 학생에 집중되어 있다. B. 대부분의 학생들은 수업에 참여하고 있지만, 외향적인 성격의 몇몇 학생들의 적극적인 참여, 시범으로 수업이 진행되고 있다. C. 스티커를 활용하여 학생의 참여에 보상을 제공하고 있는데 너무 많이 제공하여 수업의 흐름을 끊을 때도 있다.

3) 언어적 · 비언어적 개입전략 분석 성찰하기

(1) 언어적 개입전략 분석의 의미와 기초지식

효과적인 수업목표 달성을 위한 학생의 부적절한 행동에 대하여 다양한 언어적 개입전략을 사용할 수 있다고 하였다. 여기서는 이러한 언어적 개입전략을 보다 자세하게 다루어 보고 언어적 개입전략 분석 시 필요한 기초지식을 명확하게 이해하고자 한다(박병량, 2003; 주철안 외, 2013). 정확한 언어적 개입전략 분석을 위해서는 구체적인 언어적 개입전략을 이해하고 있어야 한다. 그렇다면 수업시간에 가능한 언어적 개입전략은 무엇이 있고 어떻게 적용하는 것이 올바른 것인가? 일반적으로 수업시간에 발생하는 학생의 문제행동이나 부적절한 행동에 대한 대처 전략으로 '암시→ 질문→ 요구(꾸중)' 순으로 단계적으로 적용해야 한다.

먼저, 학생들의 문제행동을 직접 언급하지 않고 우회적으로 '암시'를 제공하는 것이 좋다. 암시 전략으로 근접(동료)강화, 학생이름 부르기, 유머 등을 사용할 수 있다. 근접강화는 졸고 있거나 장난을 치고 있는 학생 주위에 있는 학생을 공개적 또는 개별적으로 칭찬이나 강화를 제공하여 부적절한 행동을 하는 학생에게 우회적으로 자극을 주는 전략이다. 옆의 친구가 칭찬을 받거나 강화물을 받는 것을 보고 자신도 주의집중을 해야겠다고 느끼도록 만들어 주는 것이다. 다음은 학생 이름 부르기나 학생 이름이 등장하는 수업내용이나 사례를 들 때 문제행동을 하는 학생의 이름을 등장시키거나 불러서 수업에 집중해야 함을 알도록 유도하는 전략이다. 끝으로 유머 전략은 잠이 오거나 지루해질 때 재미있는 이야기나 유머로 교실의 분위기를 전환하고 완화하는 방법인데, 가능하면 수업내용과 관련되거나 지금 상황에 어울리는 이야기, 유머를 구사하는 것이 좋다.

암시로 효과가 없을 때 학생들의 문제행동이 다른 학생에게 미치는 영향을 인식하도록 다음 단계인 '질문'을 하는 것도 좋다. 질문 전략은 학생의 부적절한 행동이 다른 학생에게 어떠한 잘못된 영향을 미치는지에 관해 해당학생에게 질문하는 방법으로 '영향 인식에 대한 질문하기'라고 한다. 자신의 행동이 미치는 긍정적인 영향과 부정적인 영향을 알게 하여 자신의 행동을 조절하고 통제, 판단하는 방법을 배우도록 하는 데 질문의 목적이 있다. 예를 들어, "영철아, 네가 영희에게 말을 걸어서 친구가 공부를 못하고 있는 것 알고 있니?" 등이 있다.

다음으로 질문으로 효과가 없을 때 다음 단계인 문제행동을 그만둘 것을 학생에게 직접적으로 '요구(꾸중)'하는 방법이 있다. 요구 전략은 다양한 세부 전략들이 포함된다. 꾸중이라고 하면 보통 'I(나) 메시지'를 많이 사용한다. I 메시지는 자신의 행동이 남에게 부정적인 영향을 미치고 있음을 전제로 하여 꾸중하는 전략으로 다음과 같은 개입전략을 사용할 수 있다.

I 메시지('나'를 주어-공감하기, 솔직한 감정표현)
문제행동 간단한 표현
문제행동 결과 제시

[수업시간에 잡담하였을 때 꾸중하기]

영철아~ 이야기하고 싶은 마음은 이해하지만, 수업에 방해되어서 내가 수업을 할 수 없구나.
수업시간에 계속해서 잡담을 하면,
영희도 너도 함께 공부를 못하잖아.

그다음 전략으로 '세 가지 질문하기' 전략이 있다. 이 전략은 학생과 개별적으로 충분한 시간이 있거나 상담 중 꾸중을 할 경우에 적합한 전략으로 세 가지 질문을 통해서 자신의 잘못을 깨닫고 스스로 해결방안을 찾도록 하는 꾸중전략이다. 다음과 같은 개입전략을 사용할 수 있다.

I 메시지('나'를 주어-공감하기, 솔직한 감정표현)
문제행동 원인과 이유 질문하기
문제행동 결과 질문하기
해결방안 질문하기

[수업시간에 계속해서 잡담하였을 때 꾸중하기]

영철아~ 지금 이야기하고 싶은 마음을 알겠지만, 수업에 방해가 되는구나.
수업시간에 잡담을 하는 이유가 무엇이지?
계속해서 잡담을 하면 무슨 일이 생기지?
그렇다면, 어떻게 행동하면 좋을까?

단, 질문에 대한 대답이 성실하게 이루어지지 않을 때는 앞서 제시한 I 메시지 전략이나 다른 꾸중 전략을 사용하면 된다. 이외에도 다른 꾸중 전략으로 강도를 점점 높여 갈 수 있는데, 다음 전략으로 '직접적 호소'가 있다. 이 전략은 학생에게 친절한 태도와 자상한 목소리로 부적절한 행동을 그만둘 것을 직접적으로 요청하는 전략이다. 예를 들어, "영철아, 주변 친구들에게 말을 걸지 말고 선생님에게 집중해 주었으면 정말 좋겠구나. 부탁이야."라고 표현하면 된다. 끝으로 '긍정적 어법' 전략이 있다. 꾸중을 할 때 대부분의 표현이 부정적으로 "~ 하지 마". "~ 틀렸어." "~ 그만해." 등과 같이 부정적인 표현이 많은데, 이러한 표현을 긍정적인 표현으로 바꾸어서 꾸중을 듣지만 학생의 기분이 크게 나쁘지 않도록 표현하는 전략이다. "복도에서 뛰지 마."는 "복도에서 바르게 걷자." "욕하는 것은 나빠."는 "바른말을 쓰자." "말 좀 그만해."는 "수업에 집중하자." 라는 표현으로 바꾸어 사용할 수 있다.

그리고 '학급규칙 상기' 전략으로 학년 초나 학기 초에 학생들과 협의를 통해서 지침이나 규칙을 설정하였던 지침이나 규칙을 상기시킴으로써 부적절한 행동을 중단하거나 줄이도록 만드는 전략이다. 규칙 설정은 평소 만들고자 하는 학습 분위기와 일관성이 있어야 하며, 협의를 통해서 학생들이 시행할 수 있어야 하고 필요한 규칙만 설정하는 것이 좋다. 끝으로 '명확한 행동 수정 지시'를 통해 학생이 문제행동을 중단하고 바로 수용할 만한 행동을 하도록 수정을 지시하는 전략이다. 직접적인 꾸중이므로 되도록 공개적이지 않게 개별적으로 이루어지도록 해야 한다.

이처럼 언어적 개입전략 분석은 이상의 언어적 개입전략을 충분하게 이해하고, 자신의 수업에 활용되고 있는지 없는지, 활용되고 있다면 효과적으로 활용되고 있는지, 활용 시 장·단점은 무엇인지 등을 스스로 들여다보기를 통해 자신의 수업을 분석하게 된다.

(2) 비언어적 개입전략 분석의 의미와 기초지식

교사의 언어적 개입전략뿐만 아니라 비언어적 개입전략이 학생들의 학습내용 이해를 높이고 효과적인 수업목표달성을 위한 수업경영 전략으로 중요한 역할을 한다. 이에 언어적 개입전략 분석에서와 동일하게 비언어적 개입전략도 보다 자세하고 구체적으로 다루어 보고 비언어적 개입전략 분석 시 필요한 기초지식을 명확하게 이해하고자 한다(박병량, 2003; 주철안 외, 2013). 그렇다면 수업시간의 비언어적 개입전략은 무엇이 있고 어떻게 적용하는 것이 올바른 것인가? 비언어적 개입전략은 수업 중 부적절한 문제행동에 대한 대처 전략으로 계획된 무시하기→ 신호간섭→ 근접간섭→ 접촉간섭의 순으로 위계화시켜 대처하는 것이 좋다(박병량, 2003; 이상수 외, 2012; 주철안 외, 2013).

먼저, 부적절한 문제행동이 심각하지 않고 가벼운 것이라면 '계획된 무시하기' 전략이 좋다. 교사나 친구들의 관심을 끌기 위한 문제행동인 큰 소리로 답을 하기, 엉뚱한 질문이나 농담하기 등에 대해 계획된 무시나 무관심으로 문제행동이 자연스럽게 사라지도록 하는 전략이다. 단, 문제행동이 감소하지 않으면 다음 개입전략으로 전환해야 한다.

다음으로 계획된 무시하기로 효과가 없을 때 '신호간섭' 전략을 활용하는 것이 좋다. 수업의 흐름을 끊지 않고 문제행동이 수업에 방해가 된다는 사실을 신호로 알려 주는 전략이다. 장난치는 학생에게 눈을 마주치기, 돌아다니는 학생에게 손가락으로 자리에 앉을 것을 지시하기, 소리를 내는 학생에게 손 흔들기 등이 여기에 해당된다. 손가락이나 수신호를 학급규칙으로 정하여 신호를 줄 때 적절한 행동을 할 수 있도록 하는 전략도 있다.

그리고 신호간섭 전략으로 효과가 없을 때 '근접간섭' 전략을 활용한다. 문제행동을 하는 학생에게 다가가서 긴장감을 조성하고 주의를 집중하도록 유도하는 전략이다.

학생 가까이에 자연스럽게 걸어가면서 설명하기, 부적절한 행동을 하는 학습자 뒤나 옆에서 수업하기 등의 전략이 있다. 근접간섭 전략으로 효과가 없을 때 '접촉간섭' 전략을 활용하게 된다. 수업을 하는 중에 해당 학생에게 다가가서 자연스럽게 어깨에 손을 얹거나 목 부위를 만져 주는 행동 등의 전략이다. 주의해야 할 것은 감정이나 관계가 좋지 않을 때, 고학년 학생이고 학생과 성별이 다른 경우에는 자제하는 것이 좋다.

이상의 비언어적 개입전략을 충분하게 이해하고 자신의 수업에 활용되고 있는지 없는지, 활용되고 있다면 효과적으로 활용되고 있는지, 활용 시 장 · 단점은 무엇인지 등을 스스로 들여다보기를 통해서 분석하면 된다. 그런데 언어적 · 비언어적 개입전략을 사용하였지만 문제행동이나 부적절한 행동이 중단되거나 수정되지 않을 경우에는 '결과활용' 전략을 사용해야 한다. 결과활용은 크게 세 가지 전략으로 자연적 결과활용, 논리적 결과활용, 인위적 결과활용이 있다(박병량, 2001).

[언어적 · 비언어적 개입전략으로 힘들 때]

- 자연적 결과활용: 학생이 스스로 자신의 문제행동이 어떠한 부정적인 영향을 미치는지, 그 결과가 어떠한지를 경험할 수 있도록 하는 것이다. 교사가 개입하지 않으므로 학생이 직접 느끼고 경험할 수 있지만 주위 학생들에게 피해가 돌아가므로 고려해 봐야 한다.
- 논리적 결과활용: 학생의 문제행동에 대한 두 가지 선택권을 제공하는 전략으로 학생의 문제행동을 중단시키기 위해서 교사의 지시에 따를 것인지 아니면 행동결과인 책임(처벌)을 질 것인지 둘 중에 하나를 선택하도록 한다. 예를 들어, "네가 선택하라. 선생님의 지시에 따르든지 아니면 학급규칙에 따라 처벌을 받든지."라고 말할 수 있다.
- 인위적 결과활용: 학생의 문제행동에 대해 인위적으로 처벌하는 것으로 방과후에 남기기, 반성문 쓰기, 개인적 권리 박탈하기 등이 있다.

앞서 제시한 언어적 · 비언어적 개입전략과 함께 결과활용 전략도 충분하게 이해하고 자신의 수업에 활용되고 있는지 없는지, 활용되고 있다면 효과적으로 활용되고 있는지, 활용 시 장단점은 무엇인지 등을 스스로 들여다보기를 통해서 분석하면 된다.

4) 언어적 · 비언어적 개입전략 분석을 통한 수업경영 들여다보기

(1) 언어적 개입전략 분석하기

언어적 개입전략 분석을 위한 분석도구로 '질적 분석지'를 활용하면 되는데(〈부록 2〉의 [9-4] 참조), 구체적인 분석방법을 설명하면 다음과 같다. 우선적으로 앞에서 제시한 언어적 개입전략에 대한 의미와 기초지식(분석준거)을 정확하게 이해하고 있어야 한다. 그리고 촬영해 놓은 자신의 수업동영상을 보면서 언어적 개입전략을 관찰하고 장 · 단점을 중심으로 관찰된 사실을 기술한 후, 이에 대한 해석을 기술하면 된다(강정찬, 2017).

다음에 제시된 예시 분석자료 〈표 9-11〉을 참고하면서 다음 설명을 읽어 보면 이해가 더욱 쉬울 것이다. 일단 분석지에 언어적 개입전략의 장 · 단점을 기술할 때에는 사용된 전략이 수업목표를 달성하도록 하는 데 효과적인지와 학생들의 행동에 대한 적절한 반응이었는지를 판단하여 기술하게 된다. 사용된 언어적 개입전략의 효과성 및 적절성은 학생의 반응과 함께 판단해야 한다. 전체적인 언어적 개입전략에 대한 관찰결과를 바탕으로 '종합분석'의 작성방법은 먼저 관찰된 사실을 요약정리하고, 효과적인 언어적 개입전략을 기술한 후에 언어적 개입전략 중 수정보완이 필요한 사항을 근거를 들어 제시하면 된다.

이러한 언어적 개입전략 분석 시 유의사항으로 질적 분석을 해야 하므로 언어적 개입전략을 정확하게 인지하고 있어야 한다. 또한 교사의 언어적 개입전략에 대한 학생의 반응행동을 분석해야 하므로 학생들의 언어적 혹은 비언어적 반응도 함께 주의 깊게 관찰할 필요가 있다. 앞의 절에서 제시한 예시와 동일하게 중학교 국어과 수업으로 통일성과 응집성의 개념을 확인한 후 통일성과 응집성이 부족한 교과서의 글을 제시하고, 학생들과 함께 전자칠판과 교과서를 이용하여 고쳐 쓰는 활동이 이루어졌다고 하자. 그리고 각 분단별 한 줄씩 같은 조가 되어 협력적 글쓰기 활동으로 통일성과 응집성이 있는 글을 써 보는 활동으로 진행되었다. 이에 이 수업에 대한 언어적 개입전략 분석결과를 요약하여 제시하면 다음과 같다.

표 9-11 언어적 개입전략 분석의 예시

영역	세부지침(분석준거)	장점 및 단점
언어적 개입	• 암시 - 근접강화 - 학생 이름 부르기 - 학생 이름 등장시키기 - 유머	• 관찰되지 않음.
	• 질문 - 긍정적인 영향 질문 - 부정적인 영향 질문	• 잡담을 하고 있는 학생들에게 서로 잡담하는 것이 다른 친구들의 학습에 어떤 부정적인 영향을 미치는지를 질문하였으나 학습자의 답변이 이루어지고 있지 않음. 수업이 다시 진행되었고 학생들은 눈치를 보면서 계속해서 잡담을 하고 있음.
	• 요구 - 꾸중-I 메시지 - 세 가지 질문 - 직접적 호소 - 긍정적 어법 - 학급규칙 사전설정 및 전달 - 명백한 행동 수정 지시	• 학습자의 참여가 소극적이거나 학습활동에 참여가 부족할 경우 교사의 설명을 이해하고 있는지 질문하고 무엇을 해야 하는지 명확하게 전달하고 있음. • 집중하지 못하거나 장난치는 학생들에게 먼저 이름을 부르고 반응을 관찰한 후에 요구 전략인 꾸중과 명백한 행동 수정 지시를 제공하고 있음. 이러한 교사 행동에 학습자가 즉각적으로 반응하고 있음.

[종합분석]

- 전체적으로 학생들의 부적절한 행동에 대해 요구전략인 꾸중과 명백한 행동 수정 전략을 중심으로 활용되고 있으며, 사용되고 있는 질문전략보다 효과성은 높아 보임. 하지만, 수업의 흐름이 자주 끊기고 요구 전략의 빈도가 수업 후반부로 갈수록 더욱 많아지는 경향을 보이고 있어 원활하게 수업이 진행되지 못하게 보임.
- 학습자의 소극적인 참여나 부적절한 행동에 대한 언어적 개입이 적절하게 이루어지고 있으나 언어적 개입의 경우 수업의 흐름을 끊지 않고 자연스럽게 수업을 진행하면서 수업참여로 이어질 수 있도록 암시전략 중 근접강화나 유머, 질문 등과 같은 간접적인 전략 활용 비율을 높일 필요가 있음.

(2) 비언어적 개입전략 분석하기

비언어적 개입전략 분석도 '질적 분석지'를 활용하면 되는데(〈부록 2〉의 [9-4] 참조), 구체적인 분석방법을 설명하면 다음과 같다. 정확한 분석을 위해서는 비언어적 개입전략의 4가지 영역에 대한 의미와 기초지식(분석준거)을 분명하게 이해해야 한다. 그리고 4가지 영역별로 교사의 비언어적 개입전략을 관찰하고 장단점을 중심으로 관찰된 사실을 기술한 후, 이에 대한 해석을 기술하면 된다(강정찬, 2017).

언어적 개입전략 분석과 동일하게 아래에 제시된 예시 분석자료 〈표 9-12〉를 참고하면서 다음 설명을 읽어 보면 이해가 더욱 쉬울 것이다. 제시한 분석지에 비언어적 개입전략의 장 · 단점을 기술할 때에는 사용된 전략이 수업목표를 달성하도록 하는 데 효과적인지와 학생들의 행동에 대한 적절한 반응이었는지를 판단하게 된다. 사용된 비언어적 개입전략의 효과성 및 적절성은 학생의 반응과 함께 판단을 해야 한다. 전체적인 비언어적 개입전략에 대한 관찰결과를 바탕으로 한 '종합분석'의 작성방법은 먼저, 관찰된 사실을 요약 · 정리하고, 효과적인 비언어적 개입전략을 기술한 후에 비언어적 개입전략 중 수정 · 보완이 필요한 사항을 근거를 들어 제시하면 된다.

이러한 비언어적 개입전략 분석 시 유의사항으로 질적 분석을 해야 하므로 비언어적 개입전략을 정확하게 인지하고 있어야 한다. 또한 교사의 비언어적 개입전략에 대한 학생의 반응행동을 분석해야 하므로 학생들의 언어적 혹은 비언어적 반응도 함께 주의 깊게 관찰할 필요가 있다.

표 9-12 비언어적 개입전략 분석 예시

영역	세부지침(분석준거)	장점 및 단점
비언어적 개입	계획된 무시하기	계획된 무시하기는 아니고 비언어적 개입전략을 거의 활용하지 않고 있음.
	신호간섭	학습자의 부절한 행동 시 직접적인 언어적 개입을 활용하고, 비언어적 개입전략은 거의 활용하지 않고 있음.
	근접간섭	수업 중에 칠판이나 파워포인트 스크린 옆에 고정되어 있고 학습자 근처에 거의 가지 않음.
	접촉간섭	관찰되지 않음.

[종합분석]

- 학습자의 소극적인 참여나 부적절한 행동에 대한 명백한 지시, 언어적 개입이 적절하게 이루어지고 있음. 하지만 비언어적 개입전략으로 계획된 무시, 신호간섭, 근접간섭 등과 같은 구체적인 전략을 계획하여 활용하고 있지 않음.
- 교실 공간 활용에서 전자칠판 활용으로 교실 앞쪽에 한정되어 있는데 설명을 할 때는 천천히 좌우로 움직이면서 설명하고 중요한 내용을 전달할 때는 중앙에 서서 앞으로 나오면서 설명하는 전략이 필요해 보임. 학습자와의 거리조절이 거의 없는데 개별이나 모둠 학습활동 시에는 학생들에게 다가가서 심리적 거리를 줄여 줄 필요가 있으며, 질문이나 설명 내용에 따라 학습자에게 근접하면서 설명할 필요도 있음.

(3) 행동관찰 기록(일화보고서) 분석하기

앞서 제시한 두 가지 분석은 교사를 중심으로 한 분석이었다면 행동관찰 기록인 일화보고서 분석은 수업시간에 발생하는 학습자의 행동을 관찰하여 분석하는 방법이다. 구체적인 일화보고서 분석방법은 교실수업에서 중요하거나 또는 흔히 일어나지 않는 사건을 중심으로 관찰된 일화를 기술하게 된다. 사건이 발생할 때 누가, 언제, 어떻게, 무엇이 일어났는지를 중심으로 기술한다. 이에 학습자의 행동관찰 기록 도구인 '일화보고서 분석지'를 활용하면 된다(〈부록 2〉의 [9-5] 참조).

일화보고서 분석 시 유의사항은 분석지를 작성할 때 수업현상을 관찰한 사실과 관찰자의 해석을 나누어 기술해야 한다. 일화보고서 분석보다 앞 절에서 다룬 주제노트 분석이 현재 자신의 학생들의 행동을 관찰 기록하는 데 적합하게 보이면 주제노트를 선택하여 활용해도 된다. 일어난 일화(사건)의 기록에서 주관적 견해가 포함되지 않도록 객관적 사실 기술과 자신의 해석을 구분하여 기술한다. 1번 관찰된 일화(사건)를 확대하여 해석해서는 안 되며 타당화를 위해서는 여러 번의 관찰을 통해 동일한 사건이 반복되어 나타나는지를 확인할 필요가 있다. 이에 1회성인 사건과 반복적인 사건을 구분하여 기술한다.

이상에서 설명한 분석방법 및 유의사항을 바탕으로 행동관찰 기록을 위한 일화보고서 분석의 예시를 제시하면 〈표 9-13〉과 같다.

표 9-13 행동관찰 기록(일화보고서) 분석의 예시

교사: ○○○ 선생님	사건
• 학년: 중학교 3학년	사실: 교사는 학생들에게 교과서에 있는 통일성이 부족한 글의 일부분을 읽으라고 했다. 학생들이 다 읽자 교사는 전 학생들을 대상으로 질문을 했다. "이 글을 읽었을 때, 통일성 측면에서 잘못된 부분, 고쳐 써야 할 부분을 말해 볼까요?" 평소에 잡담을 많이 하고 오늘도 친구와 이야기를 하던 영훈이가 갑자기 손을 번쩍 들었다. "그래, 영훈이 옆에 수지가 말해 볼까?" "주제가 황토인데 황토집의 장점은 많고, 단점이 너무 부족한 것 같아요." "그래 맞아요. 그리고 영훈이는 잡담 그만하세요. 다음은 누가 발표해 볼까?" 영훈이는 순간 실망한 표정을 보이며 어깨를 움츠린다.
• 과목: 국어	
• 날짜: ○월 ○일	
• 장소: ○○중학교	
• 목적: 학생 참여 관찰	
• 관찰자: ○○○	

해석: 평소 잡담을 많이 하는 영훈이가 모처럼 수업시간에 손을 들었다. 글을 읽고 자신의 생각과 느낌을 발표하려고 했지만, 교사(나)는 수지에게 발표를 시키고 영훈에게는 꾸중을 한 다음 발표 활동을 계속하였다. 영훈이는 자신이 발표를 하면 선생님이 발표를 시켜 주고 잘했다는 반응과 함께 칭찬을 할 것이라고 기대한 것 같았다. 그러나 교사(나)의 호응이 없고, 꾸중까지 들으니 실망한 표정을 보였다. 영훈이의 오늘 잡담은 학습내용, 교사의 질문내용과 연관이 있는 이야기인지 아닌지 확인할 필요가 있어 보인다. 그리고 다음에는 언어적 개입전략으로 꾸중 전략에 앞서 질문이나 암시 전략이 있는데 순차적인 적용을 고려해 볼 필요가 있다.

5) 수업경영 들여다보기 활동 종합하기

앞 장에서 제시하였던 들여다보기 활동 종합하기와 동일하게 들여다보기 활동이 끝나면 종합정리 활동으로 넘어가 학습자, 수업내용과 매체, 교사, 수업 환경 간 잘못된 결합을 정리하면 된다. 앞에서 예시로 중학교 어느 수업에 대한 수업시간 및 자원관리 분석, 행동관찰기록(주제노트) 분석의 사례를 제시하였으며, 이어서 언어적 · 비언어적 개입전략 분석, 행동관찰기록(일화보고서) 분석의 사례를 제시하였다. 따라서 이상의 수업경영 들여다보기 분석결과를 종합하여 수업적 결합의 오류 그림을 [그림 9-2]와 같이 그릴 수 있다.

이러한 수업적 결합의 오류는 현재 수업경영측면에서 발생하고 있는 잘못된 결합을 말한다. 수업에서 발생하는 수업현상들 중에서 수업경영 측면에서 문제가 발생하고, 그 원인이 수업관련 영역들 간의 잘못된 결합에서 발생하고 있다는 사실을 종합적으로 해석할 수 있다. 수업경영의 문제는 종합적 해석에서 알 수 있듯이 한 가지 원인일 수도 있고 여러 가지 원인일 수도 있다. 예를 들어, 학습자와 교육환경 간의 불일치로 통일성과 응집성을 고려하여 협력적 글쓰기를 실행하고 있는데, 서로 협력적 상호작용이나 의사소통에 적합한 학급배열이 되지 못하고 전통적 배열을 따르고 있어 학습전략(학습활동)과 학급배열(물리적 · 심리적 환경) 수업적 결합의 오류가 발생되고 있다. 또한 학습자와 교사 간의 불일치로 학습자의 학습활동 중에서 수업관례로 개발하여 학습자가 스스로 알아서 할 수 있는 것을 불필요하게 계속해서 교사가 설명하고 있어 학습전략(학습활동)과 수업전략(수업관례) 간의 수업적 결합의 오류가 발생하고 있다. 그 외에도 수업 들여다보기의 수업시간 및 자원 관리 분석을 통해서 불일치를 찾을 수 있었고 잘못된 결합의 요인들을 표시하고 있다.

그리고 학습자를 중심으로 교사와의 불일치로 학생의 미흡하고 부적절한 행동에 대

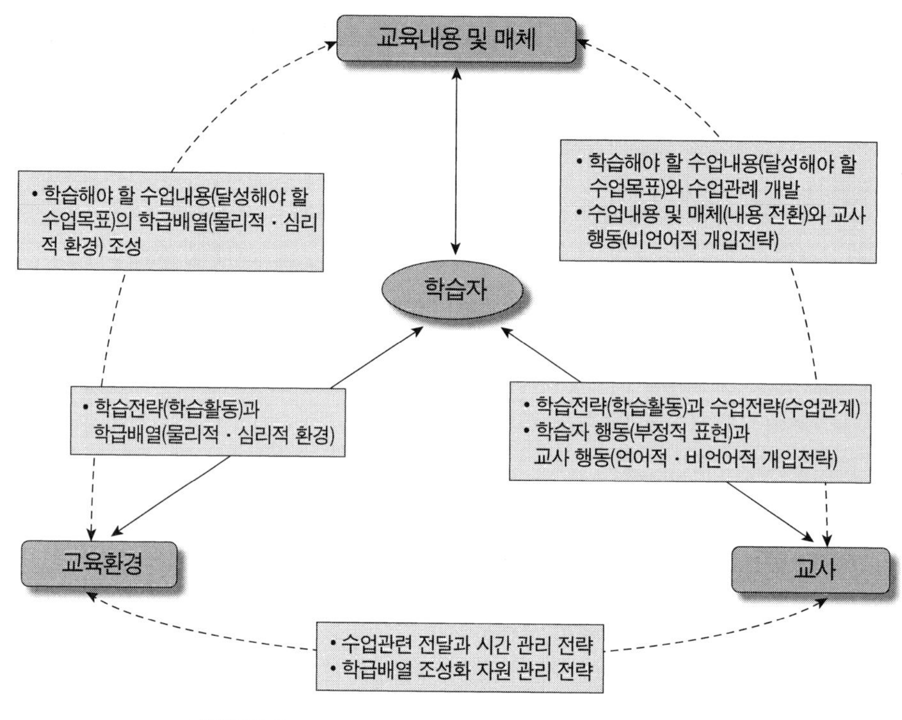

그림 9-2 _ 들여다보기에 기초한 잘못된 결합 요인들

해 교사의 언어적 개입전략으로 꾸중 전략에 편중되어 있고 암시나 질문 전략이 부족한 편이므로 보다 학습자의 입장에서 계획된 무시, 암시, 질문, 꾸중 전략으로 순차적으로 강도를 높여 가는 전략이 필요하여 학습자의 반응 및 결과와 언어적 개입전략 간에 수업적 결합의 오류가 발생하고 있다. 교육내용과 교사 간의 불일치로 다루고 있는 수업내용의 변화나 수업장면 전환에 따른 교사의 수업전략이 고정되어 있거나 변화가 없는 편이어서 학생들이 주의집중이 떨어지게 되는 결과가 발생하고 있고, 이와 함께 비언어적 개입전략의 계획 및 실행이 거의 이루어지지 않고 있다. 이는 교육내용 및 매체의 변화와 교사의 비언어적 개입전략 간의 수업적 결합의 오류로 나타나고 있다.

3. 수업 새롭게 경험하기

지금까지 수업 되돌아보기와 들여다보기 활동을 통해서 수업경영 전략으로 수업시간 및 자원 관리 전략, 언어적 · 비언어적 개입전략에 대해 살펴보았고, 자신의 수업경영 전략에 대한 자기 성찰과 함께 자신의 수업을 분석해 보면서 들여다보기를 해 보았다. 그렇다면 이제 수업경영 향상을 위한 배움 디자인으로 새로운 자신의 수업에 적용해 보기 위한 구체적 수업경영 전략을 새롭게 계획해 보는 활동을 해 볼 것이다. 그리고 수업시간에 발생하는 대표적인 학생들의 부적절한 행동(misbehavior)과 이들 행동을 수정하기 위한 전략들을 찾아보고자 한다.

1) 수업경영 향상을 위한 배움 디자인

(1) 수업시간 및 자원 관리 전략

① 수업시간 관리 향상 전략

수업시간 관리는 한 차시 내에 이루어진 수업의 활동에 대한 시간의 안배를 통해 수업을 관리하는 것으로 이해할 수 있다. 그러나 중요한 것은 교사의 수업활동의 시간에 대한 안배에 대한 관리뿐만 아니라 실제 학생의 학습시간을 고려하여 수업을 관리하는 것을 더욱 중요하게 고려해야 한다. 대부분 시간을 안배할 때, 총 수업시간 40~50분 중 도입 5~10분, 전개 25~35분, 정리 5~10분으로 수업시간을 전체적으로 계획하고 관리하게 된다. 그리고 각각의 단계 내에서도 학습활동에 따라 구체적으로 시간을 나누어 사용한다. 전체적인 시간 관리를 통해 수업시간의 안배는 수업목표 달성의 효율성을 높이기 위해서 중요하다. 하지만 수업에서 더욱 중요하게 고려해야 할 점은 시간적 안배에 따른 수업활동을 실행하기 위한 교사의 관리적 능력을 갖추는 것이다. 이 는 효율적이고 조직적인 시간 관리를 통해 학습자들이 학습목표를 달성하기 위한 유의미한 과업에 집중하는 학습시간을 최대한 확보하는 것이다.

이처럼 교사는 공식적으로 주어진 수업시간을 학생들이 최대한 의미 있게 실제 몰입하고 과업집중할 수 있는 시간으로 만들어 주는 데 노력을 기울여야 한다. 그렇다면 학생들의 과업집중시간을 끌어내기 위해 불필요한 시간인 비수업활동시간, 수업시간에 과업집중하지 못하는 시간을 최소화하고, 학습자가 개인적으로 학습에 의미 있게 몰입하는 시간을 확보해 줄 필요가 있다. 또한, 개인별 학습기회 시간 중에서 과업에 주의 집중할 수 있도록 하는 구체적인 전략이 필요한데, 이러한 전략들 중에 하나가 수업관례를 잘 개발하거나 선정하고 이를 지도하는 것이다.

그리고 시간관리는 수업관례를 효과적으로 계획하여 효율적으로 실행되는 것을 의미한다. 수업목표와 관련된 수업활동시간을 최대한 확보하고 비수업활동시간을 최소화하기 위해서 수업관례를 구성하여 활용할 필요가 있는 것이다. 이에 수업관례를 구체적으로 계획하여 실행하는 전략을 제시하면 다음과 같다.

표 9-14 수업관례별 관련 주제

수업관례	관련 주제	수업관례	관련 주제
수업시작관례	1. 출석부르기, 결석생 확인 2. 지각생 처리 3. 자료 배포하기 등	교실/학교 활용 관례	1. 자료 공유 2. 학생책상 배치/변경 3. 학습센터, 특별실 규칙 4. 운동장 규칙 등
과업요구관례	1. 숙제 제목 기록 2. 펜이나 연필 활용 3. 깔끔하고 명료하게 작성 4. 미완성과업 확인 등	과제(숙제) 관례	1. 수업과제(결과) 제출/반환 2. 과제(숙제) 점검/제출 3. 과제물(수업결과, 숙제) 교환 4. 과제작성 및 성적산출 등
수업활동관례	1. 학생 주의 집중 2. 도움 획득 방법 3. 학생 간 대화 방법 4. 작업이 완성될 때 행동 5. 학생 이동 방법 6. 자료 가져오기 등	성적산출관례	1. 성적기록 2. 성적산출 기준 공지 3. 성적에 대한 학생과의 약정 등
집단활동관례	1. 집단 기대 활동(상호의존성, 집단책무성 등) 2. 집단 구성원 기대활동(개별역할, 책임감 등) 3. 자료의 공유 4. 집단 리더선출 및 역할	피드백 관례	1. 강화와 보상 제공 2. 학생의 성취결과 발송/확인 3. 학부모와의 대화 4. 학생의 성적 기록/보관 5. 과제에 대한 서술평가 등
활동중지관례	1. 학생 간 잡담 2. 과제제출 및 반환 3. 자리이탈 4. 장난치기	수업종료관례	1. 준비물과 설비 치우기 2. 청소 3. 종례 등

수업관례를 교육시키는 데 상당한 시간과 노력이 요구된다. 학년 초나 학기 초에 첫 주는 설정된 관례에 대해 수업시간을 조금씩 할애하여 틈틈이 지도할 필요가 있다. 처음에는 힘들지만 학생에게 조직이나 질서 감각을 형성해 줄 뿐 아니라 수업시간에 목표달성을 위한 학습활동이나 과업수행에 속도와 효율성을 높여 비수업활동을 최소화

시킬 수 있다. 또한 수업관례에 의해 설정된 절차와 과정은 교사에게 가르치는 것에만 집중하게 만들고, 학생들에게 학습과정에 더 많은 시간을 할애할 수 있도록 만들어 준다. 이는 수업목표가 주어지고 학급분위기가 빠르게 조성되도록 하여 교사와 학생들에게 가장 편안한 절차가 되도록 만드는 장치이다(박병량, 2003; 주철안 외, 2013; Borich, 2011).

② 수업자원 관리 향상 전략

수업목표에 따른 수업자원 관리 전략으로 학급배열을 어떻게 하느냐에 달려 있다. 이러한 학급배열의 형태는 크게 전통적 배열, 협동적 배열, 절충적 배열로 나눌 수 있으며 수업목표에 따라 각각 적합한 학급배열 형태를 선택하여 활용하여야 한다(Borich, 2011). 다음 그림은 전통적 배열로서 가장 일반적인 학급이며 다음과 같은 특징이 있다.

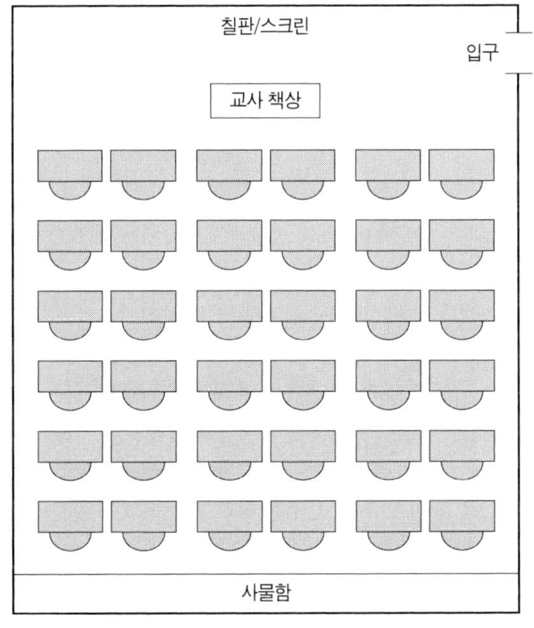

- 지식, 규칙, 개념을 개인적으로 습득하는 데 적합함.
- 개별과제 활동에 적합함.
- 발표나 교사가 중심되어 진행되는 토의형태에 적합함.
- 학기 초에 적용하는 것이 좋으며, 학습자의 부적절한 행동을 최소화하여 학생을 점검하고 주의를 끄는 데 효과적임.
- 강의식수업, 직접교수법을 적용한 학습에 적합함.

그림 9-3 _ 전통적 배열

다음은 협동적 배열로서 다음과 같은 특징이 있다.

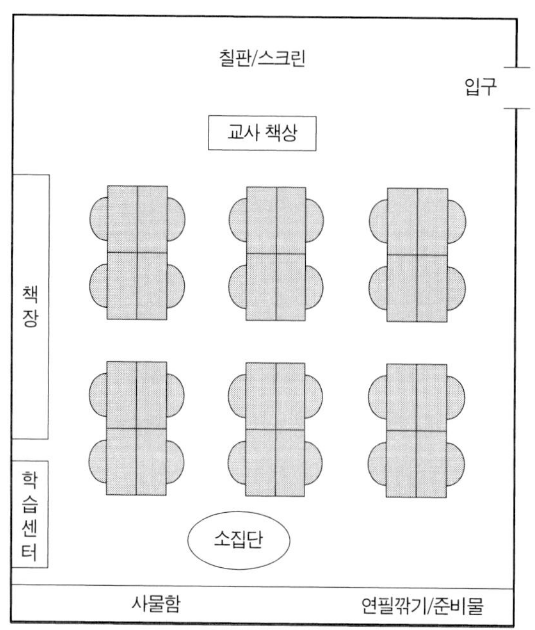

• 학급규칙이나 수업관례에 따라 학급 운영이 가능함.
• 집단과제, 토의 · 토론주제 활동에 적합함.
• 학생과 학생, 학생과 교사와의 상호작용이 활발하여 문제해결학습, 협동학습, 토의토론 학습에 적합함.
• 학생의 의사표현, 담화 및 자발적 반응, 역할 분담이 증가됨.
• 온정적이고 협력적인 학습 분위기를 조성할 수 있음.

그림 9-4 _ 협동적 배열

끝으로 절충적 배열로서 다음과 같은 특징이 있다.

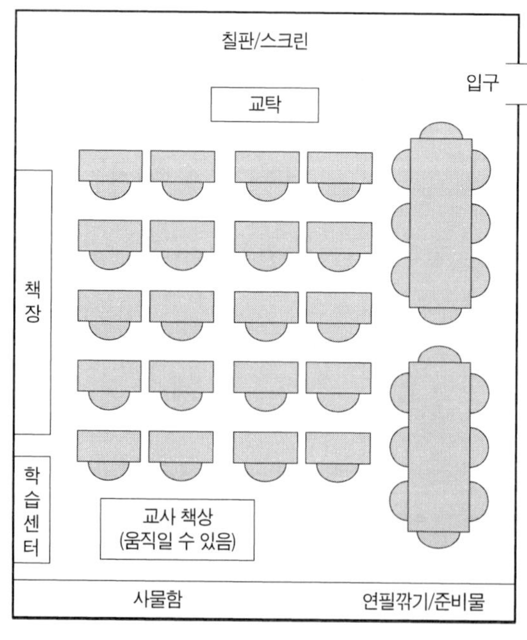

• 개별적인 활동과 함께 협력적인 활동이 함께 빈번하게 일어남.
• 개별 및 집단과제, 토의 · 토론 주제 활동에 적합함.
• 문제중심학습, 프로젝트학습, 액션러닝 등에 적합함.
• 다양한 교과의 수업목표를 가르칠 수 있음.
• 교사와 학생, 학생과 학생 간의 상호작용이 원활함.

그림 9-5 _ 절충적 배열

(2) 언어적 · 비언어적 개입전략

수업을 하다 보면 계획하지 못한 학생들의 부적절한 행동이나 반응, 학습결과 중에 수업에 방해가 되는 문제행동은 쉽게 관찰 가능하다. 이러한 문제행동에 대한 적절한 대처로 수업의 흐름을 자연스럽게 가져가는 것은 무엇보다 중요하다. 사실 수업 중에 발생하는 문제행동에 너무 심각하게 대처하거나 지나치게 부정적으로 바라보기보다는 발달과정상의 정상적인 행동으로 받아들이는 것이 효과적인 대처로 이어질 수 있다. 이에 수업시간에 발생하는 대표적인 문제행동을 제시하면 다음과 같이 나눌 수 있다(박병량, 2001; 주철안 외, 2013; Emmer & Evertson, 2009).

- 교사와 다른 학생에 대한 언어적 방해: 잡담하기, 소곤거리기, 소리 지르기, 혼잣말하기, 엉뚱한 질문하기 등
- 교사와 다른 학생에 대한 신체적 방해: 공책(쪽지) 돌리기, 종이(지우개) 던지기, 자리 이탈, 다른 학생 찾아가기, 손 들기 등
- 자신에 대한 과업집중 방해: 몽상, 잠자기, 낙서하기, 머리 빗기, 거울 보기, 다른 과목 공부하기 등
- 교사에 대한 무례한 행동: 논쟁하기, 말대꾸하기, 예절 없이 행동하기 등

이상과 같은 문제행동에 효과적으로 대처하는 전략으로는 지금까지 다룬 언어적 · 비언어적 개입전략 중 단계적인 언어적, 비언어적 개입에서 찾을 수 있다. 수업 중 발생하는 학생의 대표적인 문제행동에 대한 대처 전략을 종합하여 제시하면 〈표 9-15〉와 같다.

수업 중에 발생하는 부적절한 문제행동은 단순하게 문제행동을 멈추는 것에서 끝나는 것이 아니라 바람직한 행동인 수업과 관련된 적절한 행동으로 변화시켜 주는 데 있다. 잘못된 행동이 반복해서 발생하지 않도록, 무엇보다 습관화되지 않도록 하는 데 초점을 맞추어야 한다. 학생들 스스로 자신의 행동을 조절하고 판단할 수 있으며, 행동에 책임을 질 수 있는 사람으로 자라도록 하는 데 목적이 있음을 잊지 말아야 한다. 이에 다음과 같은 교사의 행동원칙을 지키는 것이 좋다.

- 학생의 문제행동에 대해 스스로 판단할 수 있는 기회를 제공하고 무엇이 잘못되었고 다음에 어떻게 행동해야 하는지를 생각해 볼 수 있도록 한다.

표 9-15 학생의 대표적인 문제행동에 따른 단계적 대처 전략

단계	주요전략	통제정도	대표적 문제행동
단계 I	• 비언어적 개입 - 계획된 무시하기 - 신호간섭: 손짓, 수신호 등 - 근접간섭: 다가가기, 옆에서 수업하기 등 - 접촉간섭: 손잡기, 손 얹기 등	학생통제 ↕ 교사통제	• 엉뚱한 질문하기 • 소곤거리기 • 혼잣말하기 • 몽상 • 잠자기 • 낙서하기 • 머리 빗기 • 거울 보기 • 다른 과목 공부
단계 II	• 언어적 개입 - 암시: 동료강화, 학생 이름 부르기 및 이름 끼워넣기, 유머 - 질문: 영향 인식에 대한 질문하기 - 요구: I 메시지(세 가지 질문법, 긍정적 어법), 직접적 호소, 규칙상기, 명확한 행동수정 지시(고장 난 음반 기법)	학생통제 ↕ 교사통제	• 잡담하기 • 소리 지르기 • 공책(쪽지) 돌리기 • 종이(지우개) 던지기 • 자리이탈 • 다른 학생 찾아가기 • 예절 없이 행동 • 논쟁하기 • 말대꾸하기
단계III	• 결과 활용 - 자연적 결과: 부정적 결과 직접 경험 - 논리적 결과: 네가 선택할 수 있어 - 인위적 결과: 격리시키기, 방과후에 학교에 남기, 개인적 권리 박탈하기 - 고질적 행동문제 대처하기: 관계형성, 낙담의 악순환 끊기, 문제해결을 위한 대화(수신 및 발신기술), 자기관찰(학생기록), 사례기록(교사기록) - 외부지원 요청하기: 학교 내 전문가 지원요청 및 상담, 외부 전문가 및 학부모와 협력하기	학생통제 ↕ 교사통제	• 단계 I의 행동이 반복될 때 • 단계II의 행동이 반복될 때

출처: 주철안 외(2013), p. 111을 수정 및 보완함.

• 학생의 문제행동이 수업에 참여하고 있는 다른 학생과 선생님, 그리고 자신에게 어떠한 영향을 미치게 되는지를 느낄 수 있도록 하며, 조절의 주체가 자신임을 알도록 한다.

• 교사의 지나친 개입이나 감정적 대처로 인해 학생과의 갈등과 대립이 발생하여 더 큰 문제가 되지 않도록 한다.

- 교사의 말과 행동이 학생의 신체적, 정신적 손상이나 상처가 되지 않도록 주의해야 한다.
- 학생 행동의 경중, 특성, 수준 등을 고려하여 언어적 · 비언어적 개입전략의 단계적 대처 원칙을 잊지 않도록 한다.

① 언어적 · 비언어적 개입전략 사례 적용

수업시간에 발생하는 학생들의 부적절한 행동에 대한 언어적 · 비언어적 개입전략을 점검해 보고, 수업경영 전략 향상을 위한 배움 디자인으로 수업에서 새롭게 계획해 보기 위해 앞에서 다룬 수업에서 발생한 실제 사례와 간단한 몇 가지 상황을 제시할 것이다. 이 사례나 상황들을 살펴보고 자신이 만약 이런 경우에 처하게 된다면 어떻게 개입전략을 계획하여 실행할 것인지 고민해 보도록 한다.

- 교사는 열심히 설명하고 수업내용을 전달하고 있는데 몇몇 학생들이 하품을 하거나 졸고 있다.
- 교사의 설명도 듣지 않고 학습활동에 참여하지 않은 채 창밖을 보고 있다.
- 학습활동 시간에 해야 할 과제에 집중하지 않고 물건으로 장난치고 있다.
- 교사의 설명에 집중하지 않고 옆의 친구와 잡담을 하고 있다.

중점적으로 고민해야 할 것은 수업목표를 효과적으로 달성하기 위해서 수업의 흐름이 끊기지 않도록 하면서 학습자의 부적절한 행동을 줄이고, 습관이 되지 않도록 하는 것이며, 무엇보다 교사와 학생 간의 긍정적인 관계, 신뢰로운 관계를 형성하도록 하는 데 있다. 이에 언어적 · 비언어적 개입전략을 새롭게 계획해 본다면 다음과 같은 배움 디자인을 해 볼 수 있을 것이다.

표 9-16 언어적 · 비언어적 개입전략 계획 결과

사례: 학생의 행동	언어적/비언어적 표현전략 계획
• 교사는 열심히 설명하고 수업내용을 전달하고 있는데 몇몇 학생들이 하품을 하거나 졸고 있다.	• 언어적 개입전략: 학생들의 문제행동을 직접 언급하지 않고 우회적으로 암시전략을 사용한다. - 근접(동료)강화 - 학생 이름 부르기, 학생 이름 등장시키기 - 유머 등

<table>
<tr><td>• 교사는 열심히 설명하고 수업내용을 전달하고 있는데 몇몇 학생들이 하품을 하거나 졸고 있다.</td><td>• 비언어적 개입전략: 목소리, 움직임의 변화, 근접간섭이나 접촉간섭 전략을 사용한다.
- 목소리의 음량(어조), 속도, 억양 등을 변화
- 움직임으로 몸짓, 손동작, 자세 등을 변화
- 근접간섭: 가까이 다가가기, 뒤나 옆에서 설명하기
- 접촉간섭: 손을 잡거나 어깨에 손을 얹고, 가볍게 톡톡 치기 등</td></tr>
<tr><td rowspan="2">• 교사의 설명도 듣지 않고 학습활동에 참여하지 않은 채 창밖을 보고 있다.</td><td>• 언어적 개입전략: 암시, 질문 전략을 순차적으로 사용한다.
- 암시: 근접강화, 학생 이름 부르기, 학생 이름 등장시키기, 유머 등
- 질문: 영향에 대한 질문(창밖을 계속 보면 어떻게 될까?)</td></tr>
<tr><td>• 비언어적 개입전략: 근접간섭, 접촉간섭 전략을 순차적으로 사용한다.
- 근접간섭: 가까이 다가가기, 뒤나 옆에서 설명하기
- 접촉간섭: 손을 잡거나 어깨에 손을 얹고, 가볍게 톡톡 치기 등</td></tr>
<tr><td rowspan="2">• 학습활동 시간에 해야 할 과제에 집중하지 않고 물건으로 장난치고 있다.</td><td>• 언어적 개입전략: 암시, 질문, 요구 전략을 순차적으로 사용한다.
- 암시: 근접강화, 학생 이름 부르기, 학생 이름 등장시키기, 유머 등
- 질문: 영향에 대한 질문(창밖을 계속 보면 어떻게 될까?)
- 요구: I 메시지, 직접적 호소, 학급규칙 상기, 명백한 행동수정 지시</td></tr>
<tr><td>• 비언어적 개입전략: 신호간섭, 근접간섭, 접촉간섭 전략을 순차적으로 사용한다.
- 신호간섭: 눈 마주치기, 손 흔들기
- 근접간섭: 가까이 다가가기, 뒤나 옆에서 설명하기
- 접촉간섭: 손을 잡거나 어깨에 손을 얹고, 가볍게 톡톡 치기 등</td></tr>
<tr><td rowspan="2">• 교사의 설명에 집중하지 않고 옆의 친구와 잡담을 하고 있다.</td><td>• 언어적 개입전략: 암시, 질문, 요구 전략을 순차적으로 사용한다.
- 암시: 근접강화, 학생 이름 부르기, 학생 이름 등장시키기, 유머 등
- 질문: 영향에 대한 질문(창밖을 계속 보면 어떻게 될까?)
- 요구: I 메시지, 직접적 호소, 학급규칙 상기, 명백한 행동수정 지시</td></tr>
<tr><td>• 비언어적 개입전략: 신호간섭, 근접간섭, 접촉간섭을 순차적으로 사용한다.
- 신호간섭: 눈 마주치기, 손 흔들기
- 근접간섭: 가까이 다가가기, 뒤나 옆에서 설명하기
- 접촉간섭: 손을 잡거나 어깨에 손을 얹고, 가볍게 톡톡 치기 등
- 결과활용: 논리적 결과활용(선택하기), 인위적 결과활용(격리시키기, 방과후 남기기, 개인적 권리 박탈하기)</td></tr>
</table>

2) 수업경영 향상을 위한 적응적 수업하기

수업경영 적응적 수업하기는 앞서 배움 디자인을 통해 계획한 수업경영 전략을 실제 수업에 적용해 보는 활동을 말한다. 이때 중요한 것은 새로운 수업경영 전략이 실제 자신의 수업문제를 해결할 수 있는지를 확인하고 검증하는 활동이다. 만약 의도한 대로 수업을 하는 것이 쉽지 않고 그 결과도 예상한 대로 이루어지지 않을 수도 있다. 그리고 수업과정에서 필요에 따라 수업을 하는 가운데 자신의 판단에 따라 디자인된 수업경영 전략을 실시간으로 바꾸어 적용하는 등 적응적으로 융통성을 발휘할 수도 있다. 이러한 과정을 반복하다 보면 자연스럽게 더 나은 수업을 할 수 있는 것이다.

이처럼 더 좋은 수업을 하기 위해서는 배움 디자인과 적응적 수업하기 과정을 통한 새롭게 경험하기를 한 차시의 수업으로 끝내는 것이 아니라 몇 차시 수업에서 반복적으로 적용해 볼 수 있다. 수업을 실제 해 본 결과 새로운 수업경영 전략들이 어떤 효과가 있고 문제점이 있는지 그리고 어떻게 개선되어야 하는지 등에 대한 성찰을 기록하고 이를 종합하는 활동이 필요하다. 이에 앞 장에서 활용한 수업에 대한 성찰일지를 활용하여 수업을 마치고 다음과 같은 성찰일지를 작성해 볼 수 있다.

성찰일지

수업일시: 20○○년 ○○월 ○○일, 2교시

□ 새롭게 적용한 수업경영 전략
- 수업시간 관리전략: 집단 활동 관례로 집단기대활동이 발생할 수 있도록 상호의존성, 집단 책무성 있는 과제로 조직하여 제공함.
- 수업자원 관리전략: 협동적 배열로 학급배열을 수정하여 학생과 학생 간의 상호작용이 활발해 질 수 있도록 함.
- 언어적 개입전략: 암시 전략으로 근접강화, 유머 등의 활용빈도를 높임.
- 비언어적 개입전략: 계획된 무시, 신호간섭, 근접간섭, 접촉간섭 순서로 위계화하여 전략을 적용함.

□ 새로운 수업경영 전략의 긍정적/부정적 영향

긍정적 영향	부정적 영향
• 교사와 학생 간의 관계가 긍정적으로 변해감. • 학생들이 더욱 적극적이고 능동적으로 수업에 참여함. • 학생들 간의 협력적, 온정적인 학습분위기가 조성됨.	• 자신의 학습에 대한 조절 및 관리가 잘 이루어지지 않고 있음. • 지나치게 떠들거나 수업에 집중하지 못하는 학생이 몇몇 보임.

□ 개선방향
- 언어적 · 비언어적 개입전략에 대한 더욱 체계적이고 통합적인 계획이 필요함.
- 수업경영 전략이 아직 자신의 수업전략(기술)으로 정착되지 못한 느낌임.

□ 고민 사항
- 어느 수준까지 학생들의 행동에 대해 허용해야 하는지 정확하게 기준이 서지 못함.
- 수업시간 및 자원관리에 대한 이론적 지식 이해가 부족한 것 같음.

성찰과제

- 수업경영 영역 중에서 가장 시급하게 해결해야 할 자기수업컨설팅 과제는 무엇인가?
- 나의 수업경영에서 학습의 효과를 높이기 위한 수업시간 및 자원(환경)을 효율적으로 관리하고 통제하고 있는가?
- 나의 수업경영에서 학생들이 부적절한 행동이나 반응에 언어적 · 비언어적 개입전략을 바르게 설계 · 실행하고 있는가?
- 수업경영 영역에서 자기수업컨설팅 과제의 원인과 해결을 위한 전략은 무엇인가?
- 효과적인 수업경영을 위해 나는 어떤 노력을 해야 하는가?

제10장

수업전략 선정 및 활용 향상을 위한 자기수업컨설팅

수업 에세이

[어느 중학교 교사의 일기]

한 반에서도 내 수업방식에 대해서 엇갈린 반응을 보인다.
어떤 학생들은 내 수업방법이 좋다고 한다.
그런데 어떤 학생들은 내 수업방법이 싫다고 한다.

심지어 반마다 아이들의 반응이 다르다.
어떤 반에 가면 내 수업방식을 참 좋아하는데…….
어떤 반은 똑같은 수업방식인데 왜 그렇게 힘들어하는지…….

모든 아이들이 좋아하는 수업방법은 없을까?

[어느 초등학교 교사의 일기]

요즘에 학생들이 좋아한다는 ○○○ 수업모형을 사용하고 있다.
솔직히 유행처럼 퍼져 가고 있는 수업모형인데…….
그런데 막상 내가 수업에서 사용하는데 아이들은 별로 좋아하지 않는 것 같다.
힘들다는 반응과 재미없다는 반응들을 보인다.
무엇이 잘못된 걸까?

인포맵(InfoMap)

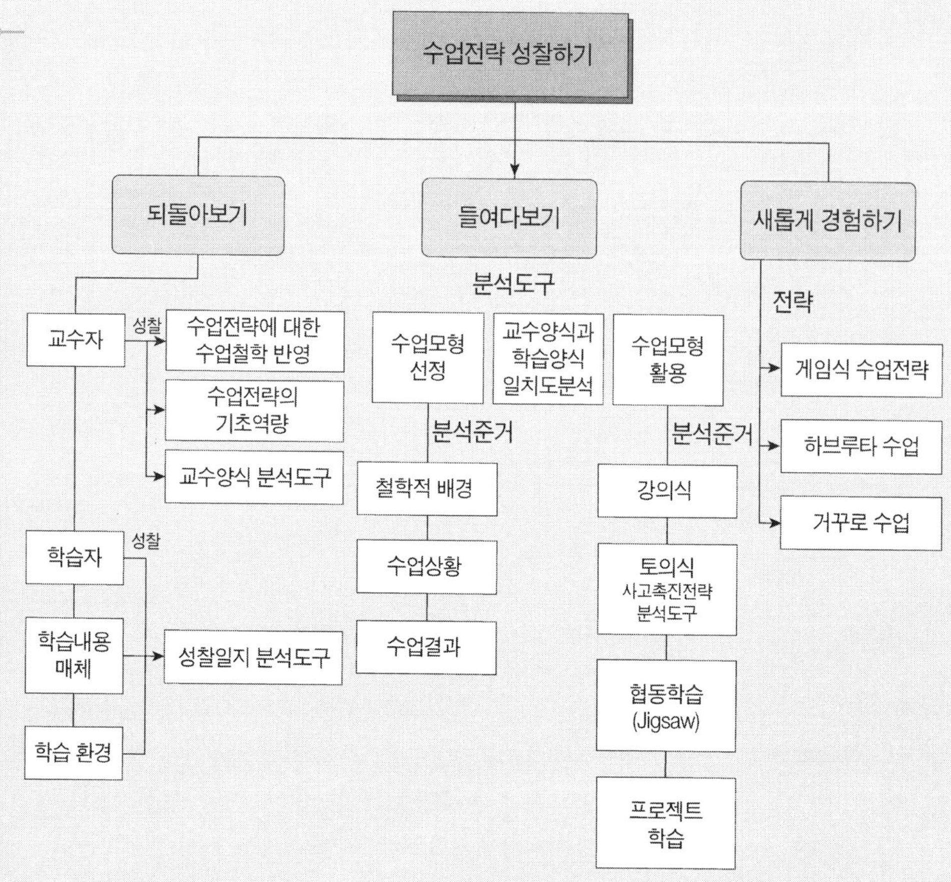

성찰목표

- 수업전략의 선정 및 수업모형의 지식 및 역량에 대해서 되돌아볼 수 있다.
- 자신이 선정하고 활용하고 있는 수업전략에 대해서 분석할 수 있다.
- 효과적 · 효율적 · 매력적인 수업전략 향상을 위한 배움 디자인 및 적응적 수업을 할 수 있다.

1. 수업 되돌아보기

교수자는 학습자의 학습을 촉진시켜 배움이 일어날 수 있도록 효과적 · 효율적 · 매력적인 수업전략을 선정하고 활용해야 한다. 따라서 이 장에서는 수업전략을 이해할 수 있는 기초적인 지식으로서 그 의미와 선정원리, 그리고 수업모형 유형 등을 다루며, 수업전략 선정에 대한 원리와 수업전략에 대한 교수양식 분석도구를 살펴볼 것이다. 이러한 분석도구를 활용하여 스스로 자신의 수업에서 선정한 수업전략과 자신이 어떠한 교수양식을 가지고 수업에 임했는지를 성찰해 보면서 수업전략 영역에서 발생하는 문제를 규정해 보고, 무엇을 개선할 것인지를 되돌아볼 것이다.

1) 수업전략의 의미, 선정 원리와 유형 성찰하기

(1) 수업전략의 의미

자기수업컨설팅을 위해서 우선 수업전략에 대한 의미를 고찰할 필요가 있다. 여기서는 수업전략(instructional strategies)과 수업모형(instructional model), 수업기술(teaching skill)에 대해 성찰해 볼 필요가 있다.

학습목표를 달성하기 위한 수업실천으로서 수업설계를 할 때, 수업방법을 고민하게 된다. 수업방법은 교사가 학습자에게 학습내용을 전달하기 위한 수단으로서 모든 교육활동을 위한 접근이라고 할 수 있다. 이러한 수업방법은 수업이론, 수업전략, 수업모형, 수업기술 등으로 혼용하여 사용하고 있다. 본 절에서는 수업전략을 명확하게 이

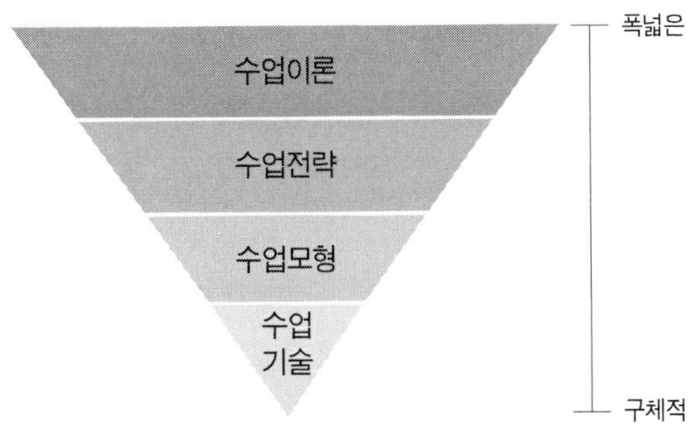

그림 10-1 _ 수업이론, 수업전략, 수업모형, 수업기술의 관계

해하기 위하여 교육방법의 접근에 대한 상호관계성을 성찰해 보고자 한다.

다음은 수업이론, 수업전략, 수업모형, 수업기술 간의 관계와 수준에 대해서 정확한 이해를 돕기 위해 그 개념을 성찰한다(Saskatchewan Education, 1991).

① 수업이론

수업이론은 수업실천 수준에서 가장 거시적 개념으로서 수업의 철학적 배경이라고 이해할 수 있다. 수업이론은 수업전략이나 수업모형, 수업기술을 구조하거나 선정할 때 기초적인 토대가 된다(변영계, 2006). 즉, 예를 들어, 인지주의의 정보처리이론, 행동주의, 사회적 구성주의, 연결주의 등이 이에 속한다.

② 수업전략

앞서 언급했던 각 수업이론 내에서는 수업전략이 존재한다. 수업전략은 교사가 학습목표를 달성시킬 수 있는 접근을 결정해야 한다. 수업전략은 지시적, 비지시적, 상호작용적, 경험적, 또는 독립적 접근 등으로 구분할 수 있다. 지시적 전략은 교사중심 수업을, 비지시적 전략은 발견, 문제해결, 의사결정, 탐구 등으로 학생중심수업을, 상호작용적 전략은 집단탐구, 집단토의, 집단 프로젝트 등으로 2명 또는 3명 이상이 함께 학습과제를 작업한 접근을, 그리고 경험적 학습전략은 귀납적, 학습자 중심, 활동지향적 특징을 가지고 있어 현장실습, 시뮬레이션, 설문활동 등이 있으며, 마지막으로 독립적 연구 접근은 에세이, 리포트, 과제, 학습계약 등이 이에 속한다.

③ 수업모형

수업모형은 실천 위주의 구체적인 방법을 제시하는 것으로, 계획된 수업 조건에서 기대한 수업 결과를 최대한 성취할 수 있도록 수업을 구성하는 다양한 요인들 간의 관계를 보여 준다(변영계, 2006; 변영계, 이상수, 2004; Orlich, Harder, Callahan, Trevisan, & Brown, 2013). 즉, 학습목표를 달성하기 위하여 교사와 학생이 수업 중에 특정한 활동에 참여하면서 학습 환경이 구성되어지는 것을 의미한다. 예를 들면, 강의식, 사례연구, 협동학습, 토론 및 토의학습, 발견 및 탐구학습, 개념학습 등이 이에 속한다.

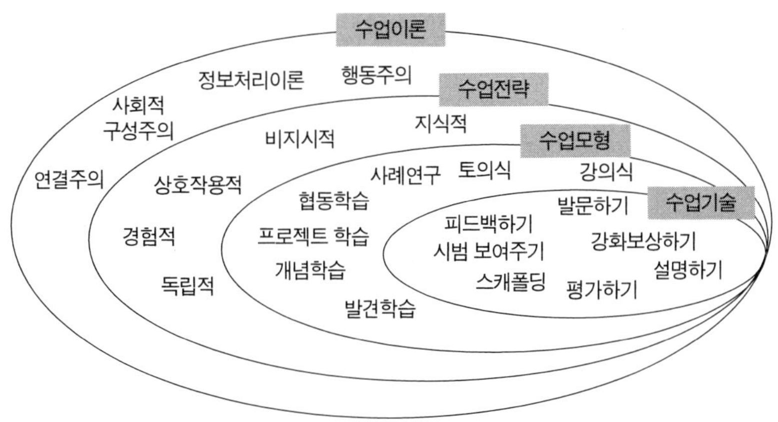

그림 10-2 _ 수업이론, 전략, 모형, 기술의 예시

출처: Saskatchewan Education (1991).

④ 수업기술

수업기술은 가장 구체적인 수업행동이다. 예를 들면, 발문, 설명, 스캐폴딩, 시범 보이기, 계획하기, 구조화하기, 초점화하기, 운영하기, 평가하기 등이 이에 속한다.

이 장에서 다루고자 하는 접근은 수업전략 중 수업모형에 해당된다. 교사 스스로 수업모형과 수업기술에 있어서 효과적으로 실천했는지를 성찰해 보기 위해서 우선적으로, 수업모형의 선정방법을 다루고, 학교에서 가장 최근에 관심을 가지고 활용하고 있는 수업모형(프로젝트 학습, 토의식 수업, 협동학습, 거꾸로 학습, 하브루타)을 중심으로 그 개념과 실천원리를 다루고자 한다. 참고로, 수업기술에 속하는 강화보상, 발문, 피드백 전략은 학습몰입이나 수업경영, 수업평가 등에서 내용을 주로 다루고 있어서 생략하도록 한다.

(2) 수업모형 선정원리 이해하기

학습목표를 달성하기 위하여 수업방법을 고민할 때, 수업설계 차시에서도 이미 언급했듯이 학습목표 및 학습자, 학습 환경 등을 고려해서 결정해야 한다. 하지만 안타깝게도 현실적으로 대부분 실제 수업장면에서는 이미 수업모형을 결정한 상황에서 먼저 분석되어야 할 사항인 학습목표, 학습자, 학습 환경 등을 그다음에 고민하면서 결정된 수업모형과 연계시키려는 작업을 하려고 한다. 그러다 보니 학습목표의 달성이나 경제성, 참여 및 흥미유발 등의 효과성, 효율성, 그리고 매력성이 떨어진 수업이 이루

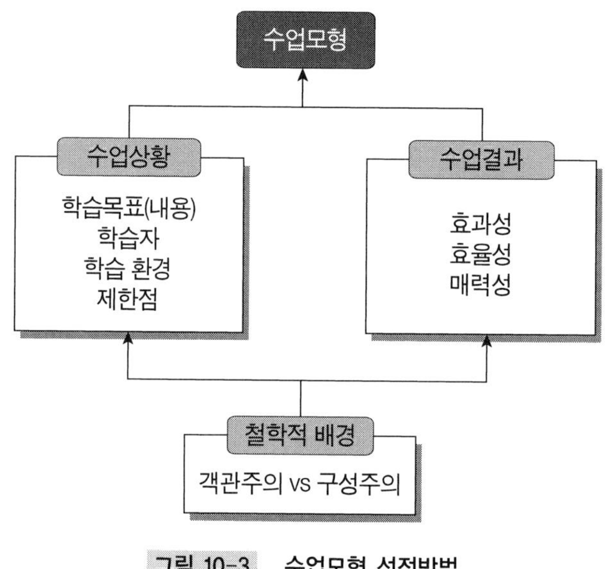

그림 10-3 _ 수업모형 선정방법

어지게 된다.

수업모형을 선정하기 위해서는 [그림 10-3]과 같이 철학적 배경으로서 객관주의와 구성주의를 고려해야 하고, 수업상황인 학습목표, 학습자, 학습 환경, 제한점, 그리고 수업결과로서 효과성, 효율성, 매력성을 고려해야 한다(변영계, 이상수, 2003; Dick, Carey, & Carey, 2009; Smith & Ragan, 2005).

① 철학적 배경의 고려

제시된 [그림 10-3]과 같이 수업모형을 선정할 때, 다양한 요인들을 고려해야 하며 가장 먼저 고려해야 할 사항은 교사가 가지고 있는 수업에 대한 철학적 배경이다(변영계, 이상수, 2003). 현재 교육현장에서 지배하고 있는 교육철학적 배경은 크게 객관주의와 구성주의 두 가지 패러다임이 있으며, 객관주의와 구성주의 접근에서의 교육을 비교해 보면 〈표 10-1〉과 같다.

표 10-1 객관주의와 구성주의 접근에서의 교육 비교

구분	객관주의 접근의 교육	구성주의 접근의 교육
지식	• 절대적 진리(불변)를 수용	• 개인적 의미의 구성 및 사회적 상호작용을 통해서 구성

교육내용	• 객관적, 보편적, 체계화된 지식 • 의도된 교육과정, 교과서 중심	• 현실세계와 동일한 복잡한 문제상황 속에서 지식 제공 - 비판적 사고, 문제해결력 중심 - 수행력 강조
교육방법	• 지식의 전달 • 강의식 수업(암송, 반복)	• 문제중심학습, 인지적 도제제도, 정착수업, 학습공동체 등
교육평가	• 양적 평가	• 질적 평가, 다면적 평가, 동료 평가
교사	• 지식의 전달자/전문가 • 교육과정의 실행자	• 학습의 촉진자, 안내자, 동료학습자 • 교육과정의 재구성자
학습자	• 수동적 수용자	• 능동적인 지식 구성자

객관주의 접근과 달리 구성주의 접근의 수업에서는 교수활동(teaching)보다는 학습(learning)과 수행(performance)을 강조하고 있고 수업목표 달성을 자체를 강조하기보다는 학습 환경의 구축과 촉진을 강조한다.

교사들은 대부분 객관주의 접근의 교육에 익숙하므로 구성주의 접근에 근거한 수업 원리를 다음과 같은 몇 가지로 요약하여 제시한다.

- 지식의 맥락성을 형성하라!
  - 학습과제는 가능한 한 실제적 문제를 중심으로 제공하기
  - 학습활동은 실제적 맥락에서 실시하기
  - 학습의 과정에서 학습자는 능동적으로 지식을 구성하도록 유도하기
- 협력학습을 강조하라!
  - 학습활동은 협력의 과정을 통해 다양한 관점 공유하도록 유도하기
- 비계활동을 강조하라!
  - 교사가 학습자들에게 일방적으로 정보를 전달해 주는 것이 아니라 학습자 스스로 문제를 해결하게 하고 그 과정에서 학습자들이 어려움을 겪게 되면 방향제시, 암시, 단서의 제공, 그리고 대안적 방법을 생각하게 하는 전략을 사용해 학습자 스스로 문제해결방법을 찾도록 도움 주기
  - 교사는 초기 단계에서 많은 도움을 주어야 하지만 점차 도움을 줄여 가며 마지막에는 아무런 도움 없이 학습자 스스로 독립적인 문제 해결자가 되도록 유도하기
- 성찰을 적극 활용하라!

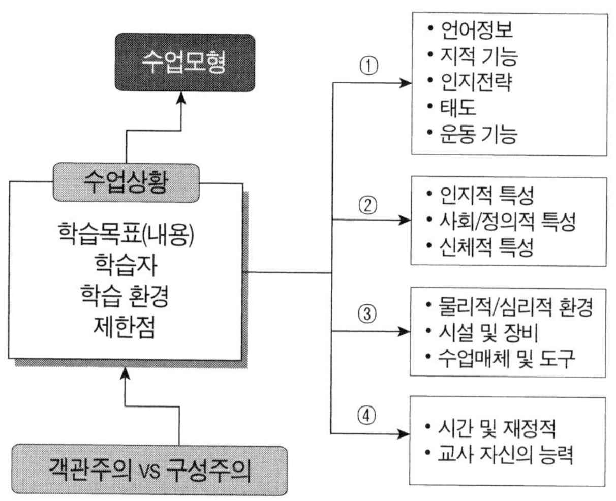

그림 10-4 _ 수업상황에서 고려되어야 할 요소(요인)

- 학습의 과정과 결과에 대해 성찰의 과정을 통해 의미를 형성하도록 도와주기
- 다양한 평가자원을 통한 자가평가 촉진하기

② 수업상황의 고려

두 번째로 고려해야 할 사항은 수업상황이다. 즉, "모든 상황에서 효과적인 하나의 수업모형은 존재하지 않는다."와 같은 수업목표와 내용을 가르친다고 해도 상황에 따라 수업모형이 달라질 수 있을 것이다. Reigeluth(1999a)는 수업모형을 선정하기 위해서 수업상황과 바람직한 수업결과라는 두 가지 중요한 요소가 함께 고려되어야 한다고 지적하면서 수업상황을 구체적으로 [그림 10-4]와 같이 네 가지 요인들로 제안하였다.

학습목표에 적절한 수업모형을 선정하기 위해서는 Gagné, Wager, Goals와 Keller (2005)가 제안한 5가지 학습결과 유형에 적합한 수업방법 선정에 관한 이론을 이해하는 것이 중요하다. 이는 제6장 수업설계 향상을 위한 자기수업컨설팅에서 이미 다루었으므로 참고하도록 한다.

학습자를 고려한 수업모형을 선정하기 위해서는 학습자의 동기, 사전지식, 학습전략, 학습 불안, 나이, 감각 기능 등을 포함한 인지적, 사회 · 심리적, 신체적 특성을 고려해야 한다.

표 10-2 학습자 특성 영역에 따른 수업모형

학습자 특성 영역	세부 특성	수업모형
인지적 특성 (Cognitive characteristic)	• 인지 및 언어발달 • 독해 및 시각정보처리능력 • 인지 혹은 학습양식	• 경험중심 모형 vs 수용중심 모형 • 협동학습 vs 개별학습 • 학습자 주도 vs 교사 주도 • 문제해결 중심 vs 개념/원리 중심
사회 · 심리적 특성 (Psychosocial characteristic)	• 흥미 및 학습동기 • 학습 및 학교에 대한 태도 • 학문적 자아개념 • 학습 불안 • 권위에 대한 감정 • 협동 또는 경쟁 경향성 • 도덕성 발달 정도	
신체적 특성 (Physiological characteristic)	• 시각, 청각과 같은 감각 기능 • 일반적인 건강 • 나이	

표 10-3 학습 환경에 따른 수업모형

학습 환경	수업모형
면대면 학습 환경	• 교실에서의 강의 또는 토의 • 경험중심 학습(예: 현장, 실습, 역할놀이) • 시범 • 하브루타 • 관찰학습(예: 견학) 등
온라인 학습 환경	• 온라인강의 • 온라인 역할극 • 온라인 시뮬레이션 • 온라인 학습공동체 등
블렌디드 학습 환경	• B-토론학습 • B-협동학습 • B-문제해결학습 • B-액션러닝 • 거꾸로 학습 등

학습 환경을 고려한 수업모형을 선정하기 위해서는 소집단, 대집단, 개별학습 환경 등의 물리적 · 심리적 환경, 또는 시설 및 장비, 수업매체 및 도구 등을 점검 및 분석하여 고려해야 한다. 예를 들어, 토론 수업을 하고자 하는데 시간적으로 여유롭지 않을 경우,

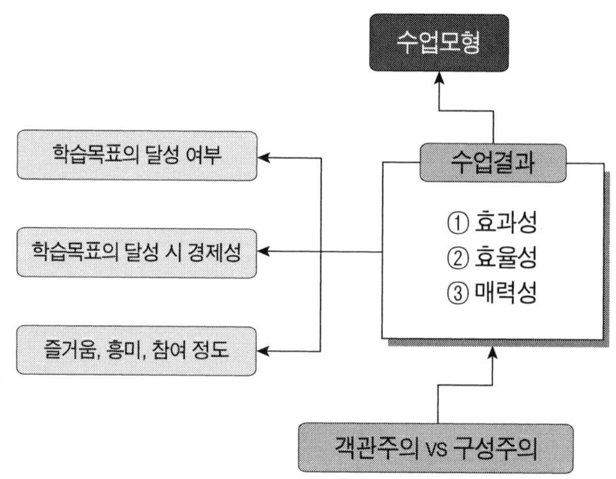

그림 10-5 _ 수업결과에서 고려되어야 할 요소

온라인 카페 등을 개설하여 면대면 학습 환경과 통합적으로 활용한 블렌디드 토론학습으로 선정할 수 있다. 그 외 수업모형을 선정하는 데 고민하고 점검해야 할 사항이 수업모형 활용에 대한 교사 자신의 능력과 하고자 하는 수업모형의 적용 시간이나 필요한 재정 지원 등이다. 예를 들어, 거꾸로 수업을 하고자 할 때 교사는 매체 개발 능력이 다소 필요할 수 있는데 그러한 능력이 미흡할 경우에는 다른 수업모형을 고려할 수 있다.

③ 수업결과의 고려

바람직한 수업결과는 효과성 수준, 효율성 수준, 매력성 수준 등 세 가지로 나누어 생각할 수 있다. 효과성의 수준은 수업목표에서 정한 기준의 달성 정도를 이야기한다. 만일 학습목표가 2차방정식 10문제 중 8문제를 정확히 풀 수 있는 것이었다면 학습자들이 8문제 이상을 풀어야만 100% 효과성을 얻게 된다. 효율성 수준은 수업목표 달성에서의 경제성을 이야기한다. 얼마나 적은 투자로 얼마나 많은 효과를 얻는가를 의미한다. 매력성의 수준은 학습자가 얼마나 수업을 즐겁게 했느냐를 의미한다.

이들 세 가지는 서로 상호보완적이지는 않다. 효과적인 수업을 위해서는 많은 시간과 노력을 필요로 하며 따라서 효율성이 낮아질 수 있으며, 또한 매력적인 수업이 될 수 없을 수도 있다. 바람직한 수업결과의 어떤 측면에 초점을 두느냐에 따라 수업모형이 달라질 수 있다. 만일 효율성에 초점을 둔다면 강의식 수업이 가장 시간을 절약하여 많은 정보를 전달할 수 있지만 매력성에 초점을 둔다면 게임형 수업이 학생들에게 가장 재미가 있을 수 있다.

이렇듯 수업모형을 선정하기 위해서는 다양한 요인들을 동시다발적으로 고려해야 한다. 그렇기 때문에 그러한 요소들을 모두 충족할 수 있는 최고의, 최적의 수업모형을 결정하기는 쉽지가 않다. 하지만 앞서 언급했듯이 교사가 지속적으로 이러한 수업모형의 선정 원리를 활용하고 고민해 나가면서 성찰적 실천가로서의 역할을 수행하다 보면 모든 교육적 상황을 고려한 최선의 수업모형을 선정하는 역량이 길러질 것이다.

(3) 수업모형 유형 이해하기

수업모형 유형은 학자들마다 수업을 보는 관점이 다르며 이에 따라 다양한 기준에 따라 분류될 수 있다(권낙원, 최화숙, 2010; 김민환, 추광재, 2012; Cole & Chan, 1987; Joyce & Weil, 2000; Nuthall & Snock, 1973). 다양한 기준 중 [그림 10-6]은 두 가지 기준, 즉 집단의 규모와 학습과정의 주체에 따라 수업모형을 유형화한 것이다.

첫째, 집단의 규모는 개인과 집단의 지향성을 의미함으로써 특히, 집단학습의 경우는 대집단, 중집단, 그리고 소집단으로 구분지을 수 있다. 둘째, 학습과정의 주체란, 학습을 주도하는 역할로서 수용적 학습을 지향하는 경우는 학습자가 수동적으로 학습하는 과정을, 발견적 학습을 지향하는 경우는 학습자가 능동적으로 학습하는 과정을 의

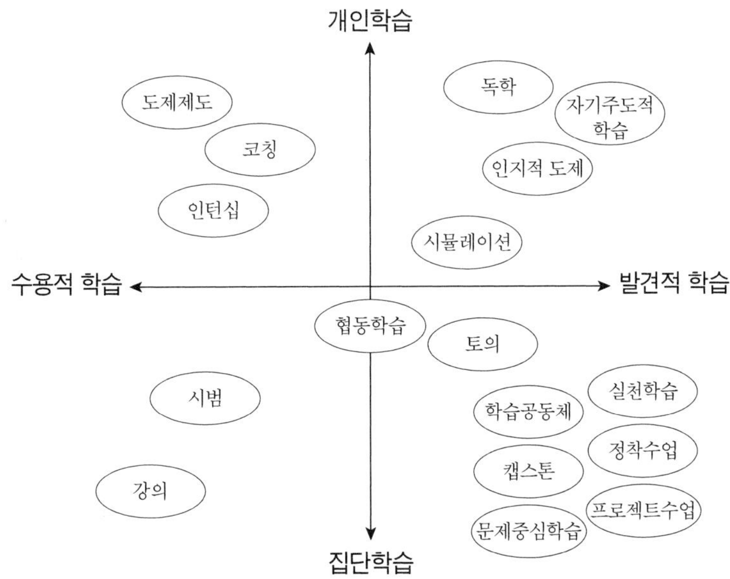

그림 10-6 _ 수업모형 유형

미한다. 이에, 수용적 학습의 대표적인 수업모형으로서 강의식 수업을, 발견적 학습의 대표적인 수업모형으로서 프로젝트 수업을 들 수 있다.

또한 이러한 집단의 규모와 학습과정의 주체에 따른 수업유형의 분류는 교수자의 수업철학과도 연관이 있다고 할 수 있다. 교수자가 객관적주의적 접근의 수업모형을 선호한다면 수용적 학습을, 구성주의적 접근의 수업모형을 선호한다면 발견적 학습을 지향하고 선정할 것이다.

실제 교육현장에서는 주로 강의식, 토의식, 협동학습, 프로젝트 학습 등이 이루어지고 있으며, 최근에는 '학생중심수업 또는 학생참여수업, 그리고 배움중심수업'이 대두되면서 하브루타, 거꾸로 학습 등이 부각되고 있는 상황이다. 각각의 구체적인 수업모형의 의미와 핵심원리, 주요활동 등은 제9장 2절 수업 들여다보기에서 수업 분석도구와 함께 살펴볼 것이다.

표 10-4 되돌아보기 기획하기

영역	구체적인 내용	선정	되돌아보기 전략
교사로서 자기 자신	수업철학		• 수업철학을 반영한 어떤 수업모형이 선정, 활용되었는지를 성찰하기
	교사로서 기초역량		• 기초역량 진단지: 수업전략 선정 및 활용에 필요한 기초역량을 가지고 있는지 성찰 • 교수양식 분석
	교사로서 자기 자신에 대한 종합적 이해		• SWOT 분석: 수업전략 이론 및 실천 역량을 중심으로
학습자	인지적 특성, 사회·정서적 특성, 신체적 특성		• 설문이나 인터뷰 • 다양한 진단도구(학습양식, 학습동기, 자기주도적 학습능력, 학습기술, 선수학습능력, 자기효능감, 학교나 학습에 대한 태도, 소통능력, 협동/경쟁선호성)
학습내용과 매체	교육과정 재해석		• 학습과제 분석을 통한 학습목표 유형 분석
	학습내용으로 재조직화		
	학습내용과 매체와의 연계성		• 매체활용 또는 매체기반학습에 대한 성찰일지
학습 환경	물리적 환경		• 성찰일지(교과교실제, 학교에서의 지원, 교실공간배치 등)
	심리적 환경		• 성찰일지: 학습자 특성 분석에 따른 시사점과 연계, 수업풍토 등

2) 자신의 수업전략 되돌아보기

되돌아보기의 목적은 자신과 자신의 수업에 대해 한 발자국 떨어져서 보다 객관적인 관점에서 큰 그림을 그려 보는 것이다. 수업전략에 대한 되돌아보기는 과거의 수업들을 회상하면서 교사 스스로가 효과적인 수업전략을 선정했는지, 그리고 선정한 전략을 효과적으로 운영할 수 있었는지에 대해서 성찰해 보는 것을 의미한다. 수업전략에 대한 되돌아보기는 다음과 같이 수업의 네 가지 구성요소를 중심으로 학습 촉진적 분위기에서 중요한 내용을 중심으로 되돌아볼 필요가 있는 영역을 선정하여 성찰하면 된다.

(1) 교사로서 자기 자신 되돌아보기

① 수업철학 성찰하기

수업모형은 교사의 수업철학에 의해서 선정되기도 하고, 또는 '수업모형이 좋다'라는 어떠한 교육적 트렌드에 의해서 수업모형이 선정되기도 한다. 당연히, 교육적 트렌드가 아닌 교육자로서의 가치관을 토대로 학습목표를 달성한다는 전제하에 수업모형을 선정하는 것이 바람직하다. 따라서 수업철학 성찰하기에서는 자신의 수업철학이 무엇이며 어떤 수업철학을 기반으로 수업모형이 선정되었는지를 성찰해야 한다.

이를 위한 첫 번째 방법으로 실제 수업에서 자신의 수업철학이 반영된 어떤 수업모형이 적용되었는지를 분석해 본다. 이를 위해서는 일반적으로 자기성찰일지를 활용할 수 있으며 자기성찰일지를 활용하여 수업모형 관점으로 살펴본 사례는 〈표 10-5〉와 같다.

표 10-5 수업철학을 반영한 수업모형 선정 활동에 대한 성찰일지 예시

수업철학 요소	수업활동	성찰
공유, 소통 서로 도움	토의학습을 주로 한다.	토의학습을 하는 데 평소에 적극적으로 임하는 학생들만 참여해서 고민이 됨.
재미, 즐거운 수업	재미를 주기 위해 경쟁을 부추기는 게임활동을 주로 한다.	경쟁 게임으로 인해서 학생들이 즐거워하기는 하는데 학습은 이루어졌는지에 대한 고민이 됨.
창의성 향상	육색사고모자 기법을 활용한다.	창의성 향상이 단순히 이런 기법을 가지고 길러지는지에 대해서 고민이 됨.

일반적인 성찰 이외에도 구성주의적 접근의 수업철학을 가지고 수업활동을 진행할 수 있으므로, 이에 대해서는 간단하게 〈표 10-6〉과 같이 척도 체크리스트를 활용할 수도 있다.

표 10-6 구성주의적 접근의 교육철학에 따른 수업활동

구분	상세 능력	척도
책임감 조성 능력	자신이 학습할 내용을 결정하게 하기	1 2 3 4 5
	자신의 학습활동을 관리하게 하기	1 2 3 4 5
	자신들의 학습에 서로 기여하게 하기	1 2 3 4 5
	학습을 위한 안정적인 환경을 조성하기	1 2 3 4 5
	학생들의 메타인지적 전략을 개발하도록 도와주기	1 2 3 4 5
학습의 의미적 구성 능력	기존 지식을 최대한 활용하게 하기	1 2 3 4 5
	수업을 실제 상황에 기초하기	1 2 3 4 5
	학습내용을 다양한 방법으로 학습하게 하기	1 2 3 4 5
능동적인 지식 구성 촉진 능력	고차원의 사고를 촉진하는 학습활동을 사용하기	1 2 3 4 5
	다양한 관점을 고려하도록 격려하기	1 2 3 4 5
	창조적, 융통성 있는 문제를 해결하도록 격려하기	1 2 3 4 5
	학생들이 자신의 학습결과를 시범 보일 수 있도록 전략을 사용하기	1 2 3 4 5
	주어진 전략에 얽매이지 않고, 상황에 따라 순간순간에 맞는 전략을 활용하기	1 2 3 4 5

앞서 제시한 척도 체크리스트를 활용한 분석결과에 대한 해석은 합계 범위가 13점에서 65점까지 나오는데 39점 이하라면 구성주의적 접근의 교육철학을 추구하는 데 더 많은 노력이 필요하다고 분석할 수 있다.

② 일반적인 기초역량 성찰하기

수업모형을 위한 자기수업컨설팅을 위해서는 일반적으로 수업모형을 선정하는 역량과 선정된 수업모형을 수업상황에 융통성 있게 활용할 수 있는 역량, 그리고 자신이 가지고 있는 평소의 수업양식을 진단, 성찰해 보는 활동이 요구된다. 수업모형에 대한 기초역량으로서 최소한 반드시 가져야 할 역량을 중심으로 〈표 10-7〉의 진단지를 활용해 볼 수 있다.

표 10-7 수업모형에 대한 기초역량 진단도구

구분		내용	척도				
관련지식		수업모형 선정 원리: 철학적 배경 고려, 학습목표/학습자/학습 환경/제한점 고려, 수업결과 고려	①	②	③	④	⑤
수업모형 지식 및 활용	보편적 활용	교사주도수업전략(강의식)	①	②	③	④	⑤
		협력/협동학습	①	②	③	④	⑤
		토의식 수업	①	②	③	④	⑤
		문제중심학습	①	②	③	④	⑤
		프로젝트 학습	①	②	③	④	⑤
		개념학습	①	②	③	④	⑤
		매체기반학습(SNS 활용학습)	①	②	③	④	⑤
		역할극	①	②	③	④	⑤
	그 밖의 내가 알고 실천하는 수업모형?						
매체개발 및 활용		학습지, 동영상, 사진, 그림, 실물, 온라인 자료, SNS 등 개발 및 활용 전략	①	②	③	④	⑤
평가전략		수업모형에 따른 평가전략 예) 프로젝트 학습, 협동학습, 토의식 수업	①	②	③	④	⑤

제시된 진단지는 수업모형의 선정 및 활용하는 데 반드시 가지고 있어야 할 지식 및 기술들을 중심으로 교사 스스로 진단할 수 있게 한 것이다.

첫째, 관련지식 범주는 수업모형을 선정하는 데 필요한 요소들인 철학적 배경, 학습목표, 학습자, 학습 환경, 제한점, 수업결과 등을 알고 있는가를 진단하는 것이다. 둘째, 수업모형 지식 및 활용은 교수주도수업모형부터 최신 교수법까지 다양한 수업모형에 대한 개념, 활용방법 등을 알고 있는가를 진단하는 것이다. 특히 여기서는 보편적으로 활용되고 있는 수업모형 이외에 자신이 실천하고 있는 다른 수업모형도 작성하여 전체적으로 교사 자신으로서 수업모형에 대한 지식과 활용에 대해서 진단해 볼 수 있다. 셋째, 매체개발 및 활용 범주는, 최근 수업모형은 테크놀로지의 개발로 인해서 통합된 수업모형이 활용되므로 이에 대한 능력이 있는지를 진단하는 것이다. 넷째, 평가 전략 범주는 어떤 수업모형을 활용함에 따라 과정적 평가와 결과적 평가 전략 등이 달리 적용되므로 이에 대해서 교사 자신이 그러한 능력이 있는지를 진단해 보는 것이다.

이들 범주별로 1에서 5, 즉 '매우 그렇지 않다'에서 '매우 그렇다'까지의 척도에 따라 자신의 역량을 진단하고 그 결과에 따라 어떤 부분에서 부족하고 어떤 부분에서는 충분한 역량이 있는지 성찰해 본다. 각 범주별로 구체적인 요인들이 있는데 이들 각각을 모두 구체적으로 진단 하기보다는 범주별로 전체적인 진단을 해 보는 것이 도움이 된다.

기초역량과 더불어 '교수양식'을 활용하여 자신이 지금까지 자주 활용하고 지향해 오던 수업방법을 진단해 보고 성찰하여 종합적으로 교수자로서의 자신을 이해할 수 있다.

③ 교수양식을 활용하여 성찰하기

㉠ 교수양식에 대한 이해

교수양식이란 특정 교수학습 상황에서 지속적으로 나타나는 교수자의 개인적인 성향 및 행동을 말하며, 교수학습과정 및 학습자의 학습 성취에 영향을 미치는 중요한 교수 관련 요인이다. Grasha(1996)가 제작한 양식으로 교수양식 분석은 교수자가 자신이 가진 독특한 수업행동 패턴을 인식할 수 있도록 돕고 학생들이 가진 학습양식과의 관계에서 수업개선을 위해서 어떤 노력을 해야 하는지에 대한 정보를 제공해 준다. 학습양식에 대한 분석과 교수양식과 학습양식 간의 관계에 대해서는 제9장 3절인 수업전략의 수업 들여다보기에서 다룬다.

〈표 10-8〉과 같이 교수양식은 크게 다섯 가지 유형으로서, 전문가, 공식적 권위가, 개인적 모델, 촉진자, 위임자로 구분된다. 일반적으로 전문가나 공식적 권위가의 경우 교수자의 전문적 지식에 기초한 강의 중심의 수업이 이루어지는 것을 의미하며, 개인적 모델은 자신의 경험을 바탕으로 모범이나 모범이 되어 직접 보여 주는 수업을 선호하며, 촉진자는 학생들과의 상호작용을 강조하여 다양한 토론이나 문제해결학습 전략을 사용하는 것을 의미하고, 위임자의 경우에는 학습자가 자기주도적으로 학습하도록 프로젝트 형식의 수업전략을 사용한 것을 의미한다.

표 10-8 교수양식 유형 및 특징

유형구분	유형 특징
전문가 (Expert)	• 교수자가 가지고 있는 지식과 전문적인 지식을 바탕으로 학습자를 지도·안내하거나 지시하는 경우가 많음. • 지식 전달을 통해 학습자와의 관계를 형성하므로, 교수자 중심의 질문·강의·프레젠테이션 등의 방법으로 수업함.
공식적 권위가 (Formal Authority)	• 교수자로서의 책임감 및 권위를 중요하다고 생각함. • 교수자가 가진 지식을 학습자에게 전달하는 것을 목표로 자신의 가치관·규칙·기대수준을 명확하게 전달하고, 학습자들이 이를 따라오도록 그 과정을 감독함. • 교수방법은 전문가 유형과 비슷함.
개인적 모델 (Personal Model)	• 자신의 경험 및 사례를 바탕으로 수업을 하는 경우가 많음. • 평소 교수자의 언행을 통해 학습자에게 모범이나 모델을 제시하며, 문제를 해결하는 방법을 직접 보여 주는 것을 선호함. • 역할놀이·시연 등의 교수활동을 선택하게 됨.
촉진자 (Facilitator)	• 교수자와 학습자의 상호작용을 강조함. • 학습자의 학습 스킬을 개발하도록 도와주는 것이 학습내용을 이해시키는 것 못지않게 중요하다고 생각함. • 지식을 전달하는 것보다 학습하는 방법 자체를 가르치는 것에 초점을 두고, 사례 기반 토론·문제 기반 학습·개념도 등의 교수방법을 선택함. • 학습자의 책임감·독립성·진취성을 강조함.
위임자 (Delegator)	• 학습자가 주도적으로 학습을 진행하고 그 과정 및 결과에 대해 스스로 책임질 수 있도록 도와줌. • 교수자는 학습자에게 있어 하나의 학습 자원이라고 생각하기 때문에 학습자에게 직접 지시하기보다는 그들의 질문에 답을 하는 경우가 많음. • 심포지엄·패널 토론·소그룹 토의·독립 연구 등의 교수방법 활용하는 것을 선호함.

㉡ 교수양식 분석방법

Grasha(1996)가 개발한 교수양식을 활용하여 교수자 스스로 자신을 진단해 본다. 단, 교수양식을 작성할 경우의 주의할 점이 있다. 교수양식을 응답할 경우, 교수자가 실제와 달리 당위적 필요성에 의해 반응해서 설문에 답할 경우가 있는데 이는 실제 교수자가 가지고 있는 교수양식과 다른 패턴의 결과가 나올 수 있다. 그러므로 반드시 교수자는 이상적이거나 바람직하다고 생각하는 방향으로 설문에 응하지 않고, 과거에 자주 활용했고, 지금 현재 활용하고 있다고 생각하는 것에 응해야 한다(〈부록 1〉의 [10-3] 참조).

〈부록 1〉의 [10-3]을 살펴보면, 각 영역 당 8개 문항이 연속선상에 있는 것이 아니라 섞여 있으며, 7점 리커트 척도로 평균 최고점수는 7점이고, 평균 최저점수는 1점이 된다.

표 10-9 교수양식의 문항구성(〈부록 1〉의 [10-3] 참조)

유형	문항 수	문항번호	최저 평균	최고 평균
전문가	8	1, 6, 11, 16, 21, 26, 31, 36	1	7
공식적 권위가	8	2, 7, 12, 17, 22, 27, 32, 37	1	7
개인적 모델	8	3, 8, 13, 18, 23, 28, 33, 38	1	7
촉진자	8	4, 9, 14, 19, 24, 29, 34, 39	1	7
위임자	8	5, 10, 15, 20, 25, 30, 35, 40	1	7

교수양식 유형별로 평균값이 도출되면, 〈표 10-10〉의 기준표에 의해서 해당 교수양식 유형의 경향성을 볼 수 있다. 교수양식의 높고 낮은 점수가 교수양식으로서 옳고 그름의 점수가 아닌 교수자가 가지고 있는 특정 형태의 교수방법의 경향성을 의미한다. 또한 그 경향성은 특정 양식에 높은 점수를 보일 수도 있고 그렇지 않을 수도 있다.

표 10-10 교수양식의 분석을 위한 기준표

유형	낮은 점수	중간 점수	높은 점수
전문가	1.0~3.2	3.3~4.8	4.9~7.0
공식적 권위가	1.0~4.0	4.0~5.4	5.5~7.0
개인적 모델	1.0~4.3	4.4~5.7	5.8~7.0
촉진자	1.0~3.7	3.8~5.3	5.4~7.0
위임자	1.0~2.6	2.7~4.2	4.3~7.0

ⓒ 교수양식 결과에 의한 수업전략 성찰하기

교사는 스스로 자신의 수업의 과거와 현재 경험상, 나의 교수양식 분석결과가 다음과 같이 도출되었고 그것에 대해서 진단의 예시를 제시한다.

표 10-11 교수양식 분석결과에 따른 성찰 예시

유형	점수	점수 수준	유형 특징
전문가	4.25	중	• 교수자가 가지고 있는 지식과 전문적인 지식을 바탕으로 학습자를 지도 · 안내하거나 지시하는 경우가 많음. • 지식 전달을 통해 학습자와의 관계를 형성하므로, 교수자 중심의 질문 · 강의 · 프레젠테이션 등의 방법으로 수업함.
공식적 권위가	3.75	하	• 교수자로서의 책임감 및 권위를 중요하다고 생각함. • 교수자가 가진 지식을 학습자에게 전달하는 것을 목표로 자신의 가치관 · 규칙 · 기대수준을 명확하게 전달하고, 학습자들이 이를 따라오도록 그 과정을 감독함. • 교수방법은 전문가 유형과 비슷함.
개인적 모델	5.85	상	• 자신의 경험 및 사례를 바탕으로 수업을 하는 경우가 많음. • 평소 교수자의 언행을 통해 학습자에게 모범이나 모델을 제시하며, 문제를 해결하는 방법을 직접 보여 주는 것을 선호함. • 역할놀이 · 시연 등의 교수활동을 선택하게 됨.
촉진자	5.45	상	• 교수자와 학습자의 상호작용을 강조함. • 학습자의 학습 스킬을 개발하도록 도와주는 것이 학습 내용을 이해시키는 것 못지않게 중요하다고 생각함. • 지식을 전달하는 것보다 학습하는 방법 자체를 가르치는 것에 초점을 두고, 사례 기반 토론 · 문제 기반 학습 · 개념도 등의 교수방법을 선택함. • 학습자의 책임감 · 독립성 · 진취성을 강조함.
위임자	4.13	중	• 학습자가 주도적으로 학습을 진행하고 그 과정 및 결과에 대해 스스로 책임질 수 있도록 도와줌. • 교수자는 학습자에게 있어 하나의 학습 자원이라고 생각하기 때문에 학습자에게 직접 지시하기보다는 그들의 질문에 답을 하는 경우가 많음. • 심포지엄 · 패널 토론 · 소그룹 토의 · 독립 연구 등의 교수방법 활용하는 것을 선호함.
성찰	• 개인적 모델과 촉진자 양식이 대표적으로 도출되었음. • 내 경험을 바탕으로 하여 모델링이 되거나 직접 보여 주는 수업을 선호하는 것으로 나타나며, 학생들과 상호작용은 하되, 학습하는 방법을 안내해 주는 방향을 선호하는 것으로 나타남.		

S	W
• 수업모형 선정원리는 잘 알고 있음. • 학생들이 적극적으로 참여 가능한 토의 학습이나 역할극, 시범 수업전략은 잘 알고 실천하고 있음. • 학습하는 방법을 안내해 주는 전략을 지향함.	• 프로젝트 학습, 문제중심학습이나 거꾸로 학습, 하브루타와 같은 수업전략에 대해서는 정확히 잘 모름. • 매체개발이나 활용능력이 다소 낮은 편임.
• 다양한 수업모형에 대한 사례영상이나 지도안을 자체 학교 연수를 통해서 접할 수 있음. • 하브루타 시범학교로 지정되어 하브루타에 대해서 깊이 있게 알 수 있는 기회가 생김.	• 거꾸로 학습 등의 매체기반 수업을 위해서 지원서비스(인적, 시설, 관련 소프트웨어 등)이 부족함.
O	T

그림 10-7 _ 수업전략에 대한 내 자신의 SWOT 분석 예시

교사로서 수업전략에 대한 자기 자신에 대한 각각의 진단이 끝나면 앞 차시에서 기술한 SWOT 분석도구를 활용하여 전체적으로 자신에게 어떤 장점과 단점이 있는지 그리고 이를 개선하기 위한 방안은 무엇인지를 성찰해 볼 필요가 있다.

여기서 내부 역량 요인 중 강점은 내가 소유하고 있는 장점으로서 수업전략과 관련된 역량이나 경쟁우위 등으로 생각하여 기록하면 되고, 약점은 내게 부족한 점으로 뒤처진 것, 개발이나 노력이 필요한 것을 의미한다. 그리고 기회는 외부환경의 기회로서 수업전략의 효과성, 효율성을 높일 수 있는 요소들 기록하면 되고, 위협은 그 반대로 수업전략에서 효과성, 효율성 등의 악화를 가져오는 나쁜 요소들을 말한다.

(2) 학습자 되돌아보기

수업모형에 대해서 성찰할 때, 학습자 요소의 성찰은 수업모형을 선정하고 활용할 때 학습자들이 어떤 특성을 가지고 있는지를 성찰하는 것을 의미한다. 앞서 수업모형 선정 및 수업모형 유형에 대한 설명에서 학습자 분석에 대한 설명을 하였다. 즉, 학습자의 인지적, 사회·정서적, 신체적 특성의 파악이 필요하다. 특히 수업모형 차원에서는 학습자들이 가지고 있는 학습양식, 자기주도적 능력, 소통능력, 협력 및 경쟁에 대한 선호도 등에 대한 정보가 중요하다. 이를 위해서 이들 요인별로 학습자를 진단하는 도구들이 있다. 예를 들어, 학습양식 검사 도구, 자기주도적 능력 검사 도구, 협력 또는

경쟁 선호도 분석도구 등이 있다. 이를 이용하여 학습자들의 상황을 보다 정확하게 분석할 수 있다. 만일 검사 도구를 통한 분석이 어려울 경우에는 학습자들에 대한 관찰이나 인터뷰를 통해 학습자들이 어떤 수업모형을 선호하는지 어떤 수업활동을 좋아하는지 등을 파악해 볼 수 있다.

표 10-12 수업전략 활용에 대한 학습자 분석 성찰일지 예시

사용한 수업전략	학습자의 의견(반응)	성찰일지
강의식	보다 참여하는 수업이었으면 함.	적극적인 참여를 유도하는 수업전략이 무엇이고, 그것이 어떻게 활용되고 있는지, 그리고 내 수업에서 어떻게 적용될 수 있는지 연구해 보기
협동학습	무임승차하는 학생들이 너무 많음.	과제 상호의존성을 높일 수 있는 전략을 생각해 보기
거꾸로 학습	무엇을 공부해야 할지 잘 모르겠음.	탐구할 질문을 보다 더 구체적으로 안내해 주기

(3) 학습내용과 매체 되돌아보기

학습내용과 매체에 대한 되돌아보기는 수업내용을 전달 또는 경험하게 하는 데 유의미한 수업모형이 선정되었는지 그리고 그러한 수업모형이 적용되는 데 의미 있는 매체가 선정되었는지를 성찰해 보는 것이 목적이다.

첫째, 수업내용을 전달 또는 경험하게 하는 데 유의미한 수업모형이 선정되었는지를 성찰하기 위해서는 교사 스스로 성찰할 수도 있겠지만 학생들에게 학습내용 이해 정도나 학습목표를 달성했는지를 파악하는 것이 가장 효과적일 것이다. 예를 들어, 전체 학생 대상으로 질의하기보다는 개별적으로 차시별 또는 단원별 총괄 또는 형성평가를 통해서 학습내용 습득 및 활용 정도에 대한 평가를 통해서 수업모형의 효과성을 살펴볼 수 있다. 또는 학생들 대상으로 인터뷰나 설문을 통해서 활용된 수업모형을 통해서 얻었던 학습내용이나 경험이 학습목표를 달성하는 데 얼마나 효과적이었는지를 질적으로 파악할 수도 있다. 뿐만 아니라 선정된 수업모형을 적용시키기 위한 학습내용으로 구성되었는지를 성찰해 보아야 한다. 예를 들어, 협동학습이나 프로젝트 학습을 적용시키기 위해서는 기존의 교육과정을 재구성해야 하는데, 이를 효과적으로 재 재구성하였는지를 살펴보아야 한다.

둘째, 매체에 대한 성찰 또한 학습내용과 동일하게 수업모형을 활용하는 데 매체가 얼마나 효과적으로 활용 · 적용되었는지를 파악하기 위해서는 교사 스스로 〈표 10-13〉과 같이 성찰일지를 작성할 수 있다. 예를 들어, 협동학습을 하기 위해 필요한 수업자료나 모둠 학습방이 있는 온라인 학습 환경이 마련했는데 그것이 과연 협동학습을 적용하는 데 얼마나 효과적이었는지를 파악해 볼 수 있다. 또한 학생들을 대상으로 인터뷰나 설문을 통해서 활용된 매체를 통해서 얻었던 학습내용이나 경험이 학습목표를 달성하는 데 얼마나 효과적이었는지를 질적으로 파악할 수도 있다.

표 10-13 수업모형에서 활용한 수업매체 분석에 대한 성찰일지 예시

사용되고 있는 매체	수업모형과의 적절성	학습자에게 효과성
워크시트	강의식 수업	설명한 내용에 대해서 구조화되어 학생들이 이해하는 데 도움은 되나, 개별적으로 작성하기보다는 팀별활동도 포함되어 워크시트도 활용되었으면 함.
온라인 토의게시판	토의수업	토의게시판으로 서로 의견을 나눌 수 있는 공간은 있지만, 토의에 필요한 자료에 대한 공유게시판이 필요로 함.
온라인 모둠학습방	협동학습	모둠학습방으로서 의견을 나눌 수 있는 공간과 자료공유공간이 각각 분리될 필요가 있음.

(4) 학습 환경 되돌아보기

학습 환경이란, 물리적 환경과 심리적 환경, 그리고 제한점으로 볼 수 있는데, 선정된 수업모형이 적용되는 데 최적의 학습 환경으로 구성되었는지를 성찰하는 것이 목적이다.

물리적 환경에 대한 성찰은 선정된 수업모형이 실행될 수 있는 물리적 환경이 구축되어 있는지를 성찰하는 것이다. 예를 들어, 협동학습을 적용하기 위해서는 관련된 수업자료가 있는지, 가용할 수 있는 매체는 어느 정도인지, 그리고 모둠학습방으로 활용될 수 있는 시설 등은 적절한지를 살펴볼 수 있다. 물리적 환경에 대한 성찰은 '자유기술 성찰일지' 등을 사용하여 자유롭게 자신의 생각을 기술하면 된다.

심리적 환경에 대한 성찰은 학습자 분석결과를 토대로 학습자들에게 필요한 심리적 환경을 수업모형 차원에서 제공하고 있는지를 성찰하면 된다. 예를 들어, 학습양식 결과, 반 학생들의 대다수 학생들이 참여형인 학습양식을 가지고 있다면 수업모형 차원에서는 참여할 수 있는 활동이 많은 협동학습이나 프로젝트 학습, 거꾸로 학습 등이 이루어질 필요가 있다. 그렇지 않고 참여적 수업이 아닌 수동적인 수업모형을 경험하게 된다면 학생들은 오히려 흥미를 잃고 지루해하며 수업에서 적극성을 잃어버리게 된다. 심리적 환경의 성찰일지는 〈표 10-14〉와 같이 활용할 수 있다. '학습자 특성'란에는 학습자 분석결과를 기술하면 되고 수업에 대한 시사점은 심리적 환경 차원에서 수업에서 무엇이 필요한지를 기술하면 된다. 그리고 '성찰'란에서는 시사점에 근거하여 원하는 수업모형이 제대로 선정 · 활용되고 있는지를 고민하면서 만일 제대로 실행되지 않았다면 무엇이 문제이고 어떤 개선이 필요한지를 기술하면 된다.

표 10-14 수업모형에 대한 심리적 환경에 대한 성찰일지 예시

학습자 특성	수업에 대한 시사점	성찰
학습양식에서 독립형이 참여형보다 다소 많은 편이었을 때	개별학습이나 혼자서 하는 학습을 선호하는 수업전략이 다소 요구됨.	실제로 수업에서는 협동학습을 지속적으로 활용하여 학생들이 다소 힘들어했었음.

3) 되돌아보기 종합하기: 자기수업컨설팅 과제 규정하기

되돌아보기를 하다 보면 자신의 수업에 대한 전체적인 그림이 그려지고 자기수업컨설팅에서 가장 초점을 두고 해결해야 할 수업문제가 나타나게 된다. 자기수업컨설팅에서는 여러 가지 문제를 함께 해결하려 노력하기보다는 가장 중요한 한 가지 문제만을 선정하여 이를 중심적으로 깊이 있게 성찰하는 활동이 필요하다. 그리고 자기수업컨설팅은 일회적이 아닌 지속적인 과정이기 때문에 다른 문제들은 한 가지 문제가 해결된 후 성찰을 하면 된다.

수업전략 영역에서 수업문제들은 매우 다양할 수 있으며 자신의 수업상황에 따라 다른 수업문제들이 규정되게 될 것이다. 수업전략 영역에서 수업문제 규정의 예를 한 가지 든다면 다음과 같다. 즉, 과제를 수행할 때, 학생들이 서로 상호의존성이 85% 이상 되었으면 하는 것으로 수업목표를 설정하였고, 실제 45% 정도 학습자들만 상호의존하면서 과제를 수행한다면, 40% 정도 학습자들에게 상호의존성을 높일 수 있는 수

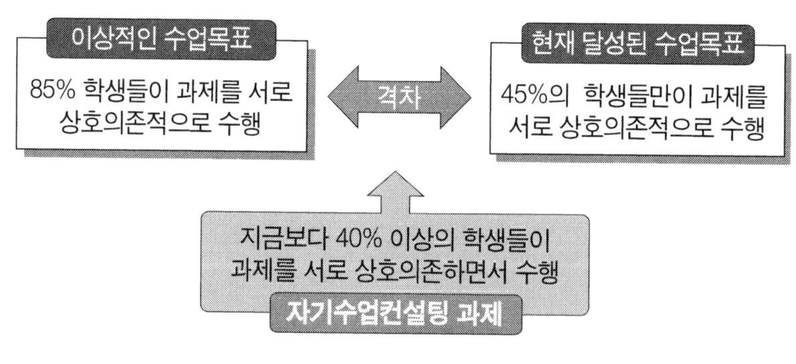

그림 10-8 _ 자기수업컨설팅 과제 규정

업전략으로서 수업모형을 선정 및 활용하는 전략이 개선되어야 한다. 따라서 이를 중심으로 자기수업컨설팅이 진행될 수 있다.

2. 수업 들여다보기

수업전략의 들여다보기에서는 '수업모형의 선정과 활용'이라는 측면에서 현재 자신의 수업을 구체적으로 분석해 보는 활동이 이루어진다. 실제로 교육현장에서는 다양한 수업모형이 적용되고 있고 몇 가지 수업모형을 통합적으로 활용하기도 한다. 따라서 본 절에서는 그 모든 수업모형을 다루기보다는 보편적으로 활용되고 있는 수업모형에 대해서 객관적으로 분석할 수 있도록 구성하였다.

본 절에서는 '수업모형 선정' 분석도구와 '교수양식과 학습양식 간의 일치도 분석', '강의식 수업, 토의식 수업, 협동학습(JigsawII), 프로젝트 학습 수업모형의 분석도구'에 대한 기초적인 지식과 활용방법을 다룬다. 이러한 분석결과가 도출되면 그 결과를 바탕으로 수업전략에 대해서 어떠한 점을 개선해야 할지에 대해서 객관적인 분석이 이루어질 수 있을 것이다.

1) 수업모형 선정 분석 성찰하기

수업전략 되돌아보기 활동에서 수업모형 선정 원리를 자세하게 다루었기에 본 절에서는 개괄적으로 다룬 후에 수업모형 선정 분석도구를 중심으로 다룬다.

수업모형 선정이란 학습목표가 유의미하게 달성되도록 철학적 배경, 수업상황인 수업목표, 수업내용, 학습자, 교사, 시간 및 재정적 지원과 수업결과인 효과성, 효율성, 매력성을 고려하여 최선의 수업모형을 찾아내는 과정이라 할 수 있다.

수업모형 선정 분석 범주와 각 범주별 분석 준거들은 〈표 10-15〉와 같다(〈부록2〉의 [10-1] 참조).

〈표 10-15〉에 제시된 수업모형 선정에 대한 판단 근거를 바탕으로 〈표 10-16〉과 같이 수업모형 선정에 대한 분석은 질적 분석방법을 사용한다. 앞서 수업전략의 수업되돌아보기에서 다루었던 수업모형 선정 원리의 이해와 판단 준거들을 중심으로 질적 분석 내용을 기술하고 종합적인 판단을 하게 된다. 수업모형 선정을 분석하기 위해 두 가지 자료를 사용할 수 있다. 첫째는 교수학습지도안으로, 수업모형 선정에 있어서 기초적 분석 자료로 활용될 수 있다. 교수학습지도안에는 수업목표와 수업내용이 반영된 구체적인 수업의 흐름과 수업활동, 수업활동에 필요한 교재 및 매체, 시설 등이 포함되어 있다. 즉, 철학적 배경이나 수업목표와 수업활동 간의 연계성을 자세하게 살펴볼 수 있어 수업모형 선정에 대한 구체적인 정보를 알아볼 수 있다. 하지만 효과성, 효율성, 매력성과 같은 수업 결과적 측면에서의 수업모형 선정을 분석하기 위해서는 실제 수업을 직접적으로 관찰하는 것이 가장 효과적일 수 있다. 앞서 다른 차시에서도 설명되었듯이 자기수업컨설팅의 경우 자신의 수업을 직접 관찰하는 것이 불가능하므로 수업을 녹화하여 분석할 수 있도록 한다. 교사와 학생의 모든 활동을 살펴볼 수 있도록 녹화해야 한다.

그 외에도 수업모형 선정에 대해서 학습자들의 의견을 들어보는 것도 상당히 도움이 될 것이다. 예를 들어, 학생들과의 인터뷰를 통해서 학습목표를 달성하는 데 의미 있는 전략이었는지, 재미가 있었는지 등을 알아볼 수 있을 것이다.

표 10-15 수업모형 선정 분석 범주와 준거

범주	수업모형 선정에 대한 판단 준거
수업모형과 철학적 배경 간	• 객관주의적 또는 구성주의적 접근을 고려할 때, 교사 자신의 철학과 부합된 수업모형인가?
수업모형과 수업상황 간	• 수업목표에 적합한 수업모형인가? • 학습목표를 달성하는 데 의미 있는 수업모형인가?
	• 학습자에게 적합한 수업모형인가? • 학습자가 실행 가능한 수업모형인가?

수업모형과 수업상황 간	• 학습 환경에 적합한 수업모형인가? • 수업모형이 실행 가능하도록 학습 환경(물리적/심리적)이 구축되어 있는가?
	• 교사 스스로 실행 가능한 수업모형인가? • 교육과정 운영 시간 내에 실행가능한 수업모형인가? • 학교에서 재정적으로 지원 가능한 수업모형인가?
수업모형과 수업결과 간	• 효과성에 초점을 둔 경우, 학습목표를 달성하기 위한 수업모형으로 적합한가?
	• 효율성에 초점을 둔 경우, 학습목표를 경제적으로 달성하기 위한 수업모형으로 적합한가?
	• 매력성에 초점을 둔 경우, 학생들의 참여와 흥미, 재미를 고려한 수업모형으로 적합한가?
수업모형 선정의 종합성	• 철학적 배경, 수업상황, 수업결과를 통합적으로 고려한 최선의 수업모형인가?

〈표 10-15〉를 작성하는 방법은 다음과 같다. 먼저 각 범주별로 구체적인 분석준거를 잘 이해하고 이를 기초로 하여 '일치 여부'란에 ○, △, ×를 표시하면 된다. 만일 준거들과 실제 수업이 일치할 경우 ○를, 일치하지 않을 경우에는 X를 표시하면 된다. 만일 판단이 불가능하거나 판단하기에 불충분한 자료가 있을 경우 또는 일치(○)와 불일치(×) 정도가 반반으로 중간 정도일 때 △로 표시하고 그 근거를 설명하면 된다. '근거 설명'란에는 수업에서 직접 관찰한 사실들을 중심으로 기술하면 된다. 이때 중요한 것은 수업에서 관찰한 사실과 자신의 견해를 구분하여 기술하면서 근거를 기술할 때는 가능한 구체적으로 작성한다.

수업모형 선정분석의 예시를 〈표 10-16〉과 같이 제시한다.

■ 수업모형 선정 분석 예시

- 과목: 국어
- 학교급: 초등학생
- 학습목표: '그리고, 그러나' 접속사를 활용하여 글을 쓸 수 있다.
- 수업모형: 역할극, 게임식(골든벨 퀴즈)
- 매체: 애니메이션 영상 활용

표 10-16 수업모형 선정 분석 예시

범주	수업모형 선정에 대한 판단 준거	일치 여부	근거 설명
수업모형과 철학적 배경 간	• 객관주의적 또는 구성주의적 접근을 고려할 때, 교사 자신의 철학과 부합된 수업모형인가?	△	• 본 수업목표의 경우에는 그리고, 그러나와 같은 접속사를 활용하여 작문할 수 있는 능력을 길러 내기 위한 접근이므로 객관주의적 접근으로서 답을 추구하는 방향으로 수업모형을 선정하는 것이 바람직하다고 판단됨.
수업모형과 수업상황 간	• 수업목표에 적합한 수업모형인가? • 학습목표를 달성하는 데 의미 있는 수업모형인가?	×	• 역할극과 골든벨 퀴즈 등의 게임식 수업전략으로서 글을 작문하기 위한 경험이 없다고 판단됨. • 역할극은 태도와 같은 정의적인 목표에 가장 의미 있는 수업전략인데 본 수업목표는 지적목표로서 문제해결학습에 속하므로 다른 수업모형을 고민해 볼 필요가 있다고 판단됨. • 골든벨 퀴즈와 같은 게임식 활동은 글을 쓸 수 있는 경험이 아닌, 그리고, 그러나를 정확하게 넣었는지를 판단하는 활동으로 활용되었음.
	• 학습자에게 적합한 수업모형인가? • 학습자가 실행 가능한 수업모형인가?	○	• 역할극과 게임식 수업으로 학습자들이 초등학생이므로 충분히 가능하다고 판단됨.
	• 학습 환경에 적합한 수업모형인가? • 수업모형이 실행 가능하도록 학습 환경(물리적/심리적)이 구축되어 있는가?	○	• 역할극을 할 수 있는 자리배치, 골든벨 퀴즈를 할 수 있는 교재 등이 충분히 마련되었음.
	• 교사 스스로 실행 가능한 수업모형인가? • 교육과정 운영 시간 내에 실행 가능한 수업모형인가? • 학교에서 재정적으로 지원 가능한 수업모형인가?	○	• 역할극과 게임식 수업은 이전 수업 때 여러 번 경험이 있었으며, 교육과정 운영 시간 내에 충분히 실행 가능하였음.

수업모형과 수업결과 간	• 효과성에 초점을 둔 경우, 학습목표를 달성하기 위한 수업모형으로 적합한가?	×	• 수업 마무리쯤에 글을 쓸 수 있는지를 묻는 개별평가에 약 30% 정도만 정확하게 글을 쓸 수 있어서 효과성에 있어서 고민을 해 볼 필요가 있음.
	• 효율성에 초점을 둔 경우, 학습목표를 경제적으로 달성하기 위한 수업모형으로 적합한가?	○	• 많은 시간을 할애하는 수업모형이 아니었다고 판단됨.
	• 매력성에 초점을 둔 경우, 학생들의 참여와 흥미, 재미를 고려한 수업모형으로 적합한가?	○	• 학생들이 골든벨 퀴즈에 참여하고, 여러 활동에서 웃으면서 임했던 장면이 관찰되어 상당히 매력적이었다고 판단됨.
수업모형 선정의 종합성	• 철학적 배경, 수업상황, 수업결과를 통합적으로 고려한 최선의 수업모형인가?	△	• 지나치게 학생들의 활동중심으로만 한다는 생각에 참여와 재미만을 고려한 수업모형인 것은 아닌지, 학습목표를 달성하기 위한 더 효과적인 수업모형이 있으리라 판단됨. • 예를 들어, 글을 쓸 수 있는 경험을 제공해 주는 실습과 피드백, 시범과 실습, 피드백 등, 사례학습, 협동학습 등을 생각해 볼 수 있음.

이러한 분석결과를 살펴보면, 상당히 자신의 수업을 제3자가 객관적으로 진술하듯이 작성하였다는 것을 볼 수 있다. 자신의 수업이지만 분석할 때만큼은 자신을 잊고 다른 동료선생님을 분석해 주고 있다고 가정하는 것이 보다 객관성을 잃지 않을 수 있다. 또한 자신의 수업모형 선정에 대한 분석결과에 대한 정확성도 중요하겠지만, 성찰적 실천가로서 선정한 수업모형에 대해서 반성적으로 고민해 본다는 그 자체가 의미 있는 활동이라 할 수 있다.

2) 교수양식과 학습양식 일치도 분석 성찰하기

(1) 학습양식 이해하기

교수양식은 앞서 수업 되돌아보기에서 다루었기에 이 절에서는 학습양식에 대한 분석도구와 학습양식과 교수양식 간의 일치도 분석을 위주로 설명한다.

학습양식은 교수양식과 비슷한 의미로서 학생들이 선호하는 학습형태라고 할 수 있다. 학습자가 학습 환경 및 교수 실행과 상호작용하는 방식으로서, 개인이 선호하는 학습 형태로서, 학습양식은 인지적인 측면의 것에 국한하지 않고 사회적, 정서적 관점에서 학습자들이 수업 환경을 접근하는 방식의 차이를 측정하는 것이다(Hruska-Riechmann & Grasha, 1982; Grasha, 1996). 그러므로 학습자들의 학습양식과 교수자의 교수양식의 일치도가 높을수록 학업성취나 학습동기에 긍정적인 영향을 끼친다고 한다.

학습양식은 독립형, 회피형, 협력형, 의존형, 경쟁형, 참여형 등의 6가지 유형으로 구분된다. 그 유형은 독립형-의존형, 참여형-회피형, 협력형-경쟁형 등의 세 가지 축으로 구분할 수 있으며 각 양식의 특징은 〈표 10-17〉과 같다.

표 10-17 학습양식 유형 및 특징

유형	유형 특징
독립형	• 혼자 힘으로 공부하길 원하는 학생이며 필요한 경우에는 다른 학습자의 아이디어에도 귀를 기울임. • 교사중심보다는 학습자중심 수업방법을 선호함.
회피형	• 교과학습의 수업내용에 별로 흥미가 없는 학습자들로 이들은 교실에서 교사나 동료들과 함께 어울리지 않음. • 교실 내에서 일어나고 있는 일에 흥미가 없거나 질려 있음.
협력형	• 각자가 가지고 있는 지식이나 재능, 그리고 창의성 등을 서로 교환함으로써 가장 많은 것을 배울 수 있다고 느낌. • 개별적인 것보다는 집단으로 함께하는 것을 좋아하며, 교사들과의 상호작용을 잘함.
의존형	• 지적 호기심이 거의 없거나 교사가 요구하는 것만 배우려 함. • 교사나 동료학습자들의 권위 있는 지침을 기대함.
경쟁형	• 학급에서 다른 학습자보다 더 잘하려고 함. • 좋은 성적을 얻거나 혹은 교사의 관심을 받기 위해서 다른 학습자와 경쟁해야 한다고 생각함.
참여형	• 수업에 관련된 활동에는 가능한 많은 참여를 해야 한다고 생각함. • 과제를 논의하는 토론을 좋아함.

(2) 학습양식 분석방법

총 60문항으로 구성되었으며 5점 척도로 학생들이 스스로 인식한 결과를 바탕으로 그 결과가 도출된다(〈부록 2〉의 [10-2] 참조).

표 10-18 학습양식의 문항구성(〈부록 2〉의 [10-2] 참고)

유형	문항 수	문항번호	최저 평균	최고 평균
독립형	10	1, 7, 13, 19, 25, 31, 37, 43, 49, 55	1	5
회피형	10	2, 8, 14, 20, 26, 32, 38, 44, 50, 56	1	5
협력형	10	3, 9, 15, 21, 27, 33, 39, 45, 51, 57	1	5
의존형	10	4, 10, 16, 22, 28, 34, 40, 46, 52, 58	1	5
경쟁형	10	5, 11, 17, 23, 29, 35, 41, 47, 53, 59	1	5
참여형	10	6, 12, 18, 24, 30, 36, 42, 48, 54, 60	1	5

학생 개별, 학습양식 유형별로 각 평균값이 도출되면, 〈표 10-19〉의 기준표에 의해서 해당학습양식 유형의 경향성을 볼 수 있다. 학습양식의 높고 낮은 점수가 학습양식으로서 옳고 그름의 점수가 아닌 학습자 개인이 가지고 있는 특정 형태의 학습경향성을 의미한다. 또한 그 경향성은 특정 양식에 높은 점수를 보일 수도 있고 그렇지 않을 수도 있다.

이때 학습양식은 각 개별로 도출되지만, 학급 전체 차원에서 분석할 때는 전체 학생들이 가진 각 유형의 학습양식 평균값을 가지고 분석하고, 각각의 유형별에 따른 학생들의 인원수를 낮음, 중간, 높음 수준에 따라 기록해야 전체적인 경향성을 파악할 수 있다. 또한 이러한 결과를 토대로 학생들 개별의 특성을 통해서 모둠을 구성할 때의 정보로 활용할 수 있다.

표 10-19 학습양식의 분석을 위한 기준표

구분	낮은 점수	중간 점수	높은 점수
독립형	1.0~2.7	2.8~3.8	3.8~5.0
회피형	1.0~1.8	1.9~3.1	3.2~5.0
협력형	1.0~2.7	2.8~3.4	3.5~5.0
의존형	1.0~2.9	3.0~4.0	4.1~5.0
경쟁형	1.0~1.7	1.8~2.8	2.9~5.0
참여형	1.0~3.0	3.1~4.1	4.2~5.0

(3) 학습양식 결과와 교수양식 결과에 의한 수업전략 성찰하기

학생들의 학습양식 결과는 〈표 10-20〉과 같으며, 그에 따른 일치도 분석은 〈표 10-21〉과 같다.

표 10-20 학생들의 학습양식 결과

유형	평균 점수	점수 수준	인원	유형 특징
독립형	3.3	중간	10 (높음2/ 낮음2)	• 혼자 힘으로 공부하길 원하는 학생이며 필요한 경우에는 다른 학습자의 아이디어에도 귀를 기울임. • 교사중심보다는 학습자중심 수업방법을 선호함.
회피형	2.7	낮음	10 (높음3/ 낮음1)	• 교과학습의 수업내용에 별로 흥미가 없는 학습자들로 이들은 교실에서 교사나 동료들과 함께 어울리지 않음. • 교실 내에서 일어나고 있는 일에 흥미가 없거나 질려 있음.
협력형	3.4	중간	8 (중간5/ 낮음1)	• 각자가 가지고 있는 지식이나 재능, 그리고 창의성 등을 서로 교환함으로써 가장 많은 것을 배울 수 있다고 느낌. • 개별적인 것보다는 집단으로 함께하는 것을 좋아하며, 교사들과의 상호작용을 잘함.
의존형	3.6	중간	11 (높음2/ 낮음1)	• 지적 호기심이 거의 없거나 교사가 요구하는 것만 배우려 함. • 교사나 동료학습자들의 권위 있는 지침을 기대함.
경쟁형	2.8	낮음	9 (중간5)	• 학급에서 다른 학습자보다 더 잘하려고 함. • 좋은 성적을 얻거나 혹은 교사의 관심을 받기 위해서 다른 학습자와 경쟁해야 한다고 생각함.
참여형	3.3	중간	9 (높음1/ 낮음4)	• 수업에 관련된 활동에는 가능한 한 많은 참여를 해야 한다고 생각함. • 과제를 논의하는 토론을 좋아함.

표 10-21 교수양식과 학습양식 간의 일치도 분석

교수양식 패턴	교수양식 결과	학습양식 결과	주요 학습양식
전문가/권위가			의존적, 참여적, 경쟁적
개인모델/전문가/권위가			참여적, 의존적, 협력적
촉진자/개인모델/전문가	✓	✓	협력적, 참여적, 독립적
위임자/촉진자/전문가			독립적, 협력적, 참여적

* 교수양식 결과: 1. 수업 되돌아보기 p. 309 〈표 10-11〉 참조.

[종합분석]: 교수양식과 학습양식 간의 일치도를 중심으로

- 본 반의 학생들의 학습양식에 대한 대표적인 형태보다는 회피형이나 경쟁형을 제외하고는 나머지 유형에서는 중간수준을 보이고 있음.
- 본 수업의 학생들의 학습양식에는 촉진자, 전문가 유형의 교수양식과 일치한 것으로 나타나는데 교수양식도 일치한 것으로 보임. 즉, 본 수업의 경우에는 하나의 수업전략이나 방법을 가지고 지속적으로 진행하기보다는 다양한 형태의 수업전략을 활용하는 것이 효과적일 것임. 예를 들면, 학기 중의 수업방식도 다양해야 하겠지만, 수업 중에도 설명식 수업과 더불어, 학생들과 함께 모둠활동 촉진 또는 시범을, 실습 후 어떤 점들이 어려웠고, 힘들었는지를 서로 이야기할 수 있는 활동 등의 다양한 전략을 활용해 본다면 다양한 학습양식에 적응적으로 대처하므로, 학생들이 수업에 더욱 몰입할 수 있을 것임.
- 무엇보다도, 여기서 회피형이 높게 나온 학생들의 경우에도 관심을 기울여 학습에 대한 의욕이나 동기를 불러일으킬 수 있도록 안내 및 촉진이 필요할 것임. 특히, 회피형이 있는 학생의 경우에는 교수와의 친밀한 관계형성을 토대로, 그들과의 깊이 있는 이해가 필요할 것임.

이와 같이 일치도 분석을 통해서 현재 나의 교수양식 경향성과 학생들의 학습양식 경향성을 파악하여 앞으로 교수자가 어떠한 수업전략을 개선해야 할지에 대해서 모색할 수 있다.

3) 강의식 수업분석을 통한 수업전략 들여다보기

강의식 수업이란, 교사가 정보의 전달자 입장에서 전달하고자 하는 정보의 종류와 수준을 정하고 글과 언어를 통하여 학습자에게 전달하며, 학습자는 정보의 수용자 입장에서 전달되는 정보를 지각하고 이해하는 접근이다. 경제성, 융통성 등은 장점이나, 수동적인 학습자, 학습동기 유지 곤란, 강사능력의존도 등의 한계점이 있다. 이러한 한계점을 극복할 수 있는 전략으로서, 학습자의 이해 정도 및 학습속도를 맞추기 위해서 적응적 수업전략(수신호, 교통신호등, 전략적 발문 등)을 활용할 수도 있고, 수동적이고 비참여적인 학습태도를 극복하기 위해서 게임식 수업전략을 통합적으로 활용할 수도 있다. 한계점 극복을 위한 전략으로 게임식, 하브루타 전략 등은 '수업전략 새롭게 경험하기'에서 구체적으로 다룰 것이다.

일단, 강의식 수업을 효과적으로 적용했는지를 분석하기 위해서 Gagné, Briggs, & Wager(1992)이 제안한 9가지 수업사태를 토대로 이상수, 강정찬, 이유나, 오영범(2012)이 재구성한 수업구성 분석도구를 활용한다(〈부록 2〉의 [10-3] 참조).

표 10-22 강의식 수업분석 준거

구분	수업 사태	수업 세부 전략
준비	주의 집중 획득	• 감각적 주의집중 유발: 오감의 변화 제공 - 교탁 치기 - 침묵 - 멀티미디어 활용 • 인지적 주의집중 - 호기심 유발
	수업 목표 제시	• 언어적 진술: 수업 종료 후 학습자들이 무엇을 할 수 있는가? 형태로 구체적으로 진술 • 시범 보이기 • 수업이 끝났을 때 대답할 수 있어야 하는 질문 • 학습자가 이해할 수 있는 용어 사용
	선수 학습 재생 촉진	• 관련 선수학습에 대한 비형식적 질문 • 현재 수업목표와 관련된 진단평가 • 관련 선수학습에 대한 간단한 review 또는 시범 • 수업 중에 관련 사전 지식에 대한 질문
획득과 수행	학습 내용 제시	• 학습결과 유형(언어정보, 지적 기능, 인지전략, 태도, 운동 기능)에 따른 학습내용 제시 방법의 차별화 • 학습할 개념이나 법칙의 차별화된 특성 제시 • 다이어그램이나 형광펜 등의 다양한 전략을 사용한 학습내용의 본질적 특징 강조 • 문자, 그래픽, 애니메이션, 오디오, 비디오의 통합적 활용 • small chunks(작은 묶음)로 학습 내용 제시
	학습 안내	• 학습결과 유형(언어정보, 지적 기능, 인지전략, 태도, 운동 기능)에 따른 학습안내 방법의 차별화 • 유의미 학습을 통해 장기기억에의 저장 촉진 • 학습자 수준에 따른 차별화된 학습안내 제시(가이드의 양, 제공되는 시간, 가이드 전략 등) • 적절한 비계활동: 안내하는 발문, 힌트, 암시 등 • 기억술 제시 • 비합리적이거나 꼭 기억할 필요가 없는 내용에 대해서는 performance aid 또는 checklist 제공

획득과 수행	수행 유도	• 학습한 내용을 시범할 기회 제공(연습문제) • 절차, 규칙 원리 적용의 적절성 여부 판단하는 기회 제공 • 어떤 규칙, 원리, 정의 등이 적용되는 조건(언제)을 확인하도록 개인 혹은 협력적으로 연습 활동할 수 있는 기회 제공 • 문제풀이 과정에서 규칙이나 절차를 시범하게 함. • 예와 non-examples를 찾아내게 함. • 학습한 내용을 자신의 용어로 진술하게 함.
	피드백 제공	• 정오확인 피드백 • 정보 제시적 피드백 • 교정적 피드백
재생과 전이	수행 평가	• 진위형, 완성형, 연결형, 다지 선택형, essay형, 수행형
	파지 및 전이의 촉진	• 연습문제 풀이 과정에서 틀린 문제를 review하게 함. • 글, 그래픽, 도표 형태로 요약해 주거나, 학습자가 그렇게 하게 함. • 학습한 내용이 적용되는 사례와 그렇지 않은 사례를 학습자들 스스로 찾게 함. • 학습한 내용을 다양한 예에 적용해 보게 함. • 학습한 내용이 차시 학습에 전이됨을 설명함.

강의식 수업을 효과적으로 분석하기 위해서 첫째, 수업단계별로 실행해야 할 세부 수업전략에 대한 전문적인 지식을 습득하고 있어야 한다. 수업사태별 세부촉진전략이 활용되었는지의 여부를 판단하기 위해서는 세부촉진전략에 대한 이해가 선행되는 것은 기본이다.

도입에서 주의를 획득한다는 것은 인지이론에 의거해서 모든 정보는 작동기억에서 선택적으로 지각된 정보만이 학습될 수 있기 때문에 학습의 시작은 주의집중으로부터 시작된다고 할 수 있다. 주의집중을 위해서는 학습자들에게 신비감을 유발, 감각적 변화, 오감 자극, 그리고 인지적 호기심 자극을 사용할 수 있다. 도입의 다음 사태인 수업목표를 제시하는 것은 학습자들이 수행하기를 바라는 지식이나 기술에 대한 성취 기대치를 전달하는 것이다. 즉, 학습자들에게 기대하는 바를 전달해 줌으로써 학습자들에게 수업의 방향을 인지하게 하고 목표 성취를 위한 수업활동에 집중할 수 있도록 하는 효과가 있다. 만일 정확한 수업목표를 학습자들이 인지하지 않으면 어디에 초점을 두고 어느 수준까지 지식이나 기능을 습득할지 방향성을 잃게 할 수 있다. 도입의 마지막 사태인 선수학습을 재생한다는 것은 새로운 학습내용과 관련하여 반드시 알고 있어야 할 기초적인 지식들을 작동기억에 활성화한다는 의미를 가진다. 모든 학습은 기존 정보에 기초하여 이해하고 지식습득이 이루어지기 때문에 학습내용에 위계성이 있을 때에는 매우 중요한 단계라고 할 수 있다.

전개단계에서 학습내용을 제시하는 것은 학습될 내용이 무엇인가에 따라서 다양한 제시전략이 있을 수 있다. 즉, 수업목표를 달성하기 위한 수업내용이 학습자들에게 얼마나 적절하게 제시되느냐가 분석의 중요한 핵심이 된다. 학습안내는 학습한 내용을 학습자의 장기기억으로 저장되도록 촉진해 주는 전략 제공을 의미한다. 즉, 학습내용을 이해한 후 그것을 오랫동안 기억할 수 있도록 기회를 제공해 주는 것이 중요하다. 수행유도는 학습한 내용을 실제 학습자들이 실습해 볼 수 있도록 기회를 줌으로써 체득이 되었는지를 판단하는 것이 목적이다. 전개단계의 마지막 사태인 피드백 제공은 학습자가 수행한 결과에 대해서 성공한 수행에 대해서는 강화를 제공하고 부족한 점은 무엇이 얼마만큼 부족하고 왜 그런 부족현상이 나타났는지에 대한 정보를 제공하는 것이 목적이다.

정리단계에서 수행평가는 실제 학습한 목표의 달성도를 파악하고 그다음 단계의 학습이 가능한지 등을 파악하는 데 그 목적이 있다. 그러므로 수행평가는 수업목표의 달성여부를 파악할 수 있는 적절한 평가 전략이 사용되었는지를 파악할 필요가 있다. 마지막으로 정리의 파지 및 전이를 촉진한다는 것은 학습한 내용을 장기간 기억하게 하고 수업상황이 아닌 다른 상황에서도 적용 가능하도록 하는 능력을 향상시킬 수 있는 전략이 사용되는지를 분석하는 것이다.

강의식 수업분석 도구는 질적으로 분석·성찰하는 것으로서 분석준거에 따른 '예' 또는 '아니요' 체크여부도 중요하나 더욱 중요한 것은 예라고 표시했지만, 그 효과성 측면에서 의미가 있었는지를 성찰해 보아야 한다. 그 이유는 제시된 강의식 수업분석 준거는 그 자체가 강의식 수업의 향상 전략을 포함하고 있기 때문이다. 또한 분석표를 작성한 후에는 '종합분석'을 통해서 강의식 수업에서 가장 개선해야 할 사항에 대해서 고민해 보면서 기술해 본다. 또한 강의식 수업에 대해서 분석하기 위해서도 다른 수업 분석도구와 동일하게 교수학습지도안과 실제 수업영상을 통합적으로 활용해야 한다.

▣ 강의식 수업모형 분석의 예시

- 과목: 수학
- 학습목표: 시그마의 성질을 알 수 있다.

표 10-23 강의식 수업모형 분석 예시

구분	수업 사태	유: ○ 무: ×	효과: 상	효과: 중	효과: 하	관찰된 내용
도입	주의 집중 획득	×				• 관찰되지 않음. 하지만 시그마의 성질을 배우면 학생들의 삶에서 어떤 도움이 되는지를 연결시켜 준다면 보다 동기가 유발되고 지적호기심이 생길 것임.
도입	수업 목표 제시	○			✓	• 간단히 구두적으로 설명함. 하지만 보다 확실하게 수업목표를 인지시키기 위해서 주의집중과 연계지어 학습목표를 제시한다면 보다 효과적일 것임.
도입	선수학습 재생촉진	×				• 전시학습 상기(지난 차시 남겨 둔 문제풀이)를 진행함. 하지만 본 수업목표를 달성하기 위해 반드시 알고 있어야 할 선수학습에 대해서는 다루지 않았던 것으로 파악됨.
전개	학습내용 제시	○		✓		• 왼쪽에 4가지 주요원리를 각각 제시하면서 각 예제문제로 증명하면서 설명함. 4가지 원리를 설명한 후에 종합정리해 줌.
전개	학습안내	×				• 관찰되지 않음. 하지만 시그마 주요원리 4가지를 쉽게 외우는 기억술을 제공해 준다면 보다 효과적으로 학습이 이루어질 것임.
전개	수행유도	○		✓		• 학습지를 활용하여 연습문제를 개별적으로 풀 수 있도록 기회를 제공함. 하지만 개별적인 풀이활동보다는 보다 적극적인 참여와 과업을 집중시키기 위해서 모둠을 구성한 협동학습(예-STAD) 전략과 보상전략(강화물 활용)을 통합적으로 활용한다면 보다 효과적인 수행이 될 것이라 판단됨.
전개	피드백 제공	×				• 교사 위주의 문제풀이는 이루어지지만 학생들이 무엇을 가장 힘들어하고 오류가 나는지 등을 파악한 교정적 피드백이 이루어졌다면 보다 효과적일 것임. • 또한 학생들의 수행유도 활동에 대해서 긍정적인 강화물을 제공한다면 학생들이 보다 적극적으로 참여할 것임.
정리	수행평가	×				• 관찰되지 않음. 하지만 수업 과정 중에 수행유도 활동이 하나의 수행평가 활동으로 이루어질 수 있으나 개별적으로 어느 정도 학습을 달성했는지를 정확하게 파악할 수 있는 평가(총괄평가)가 이루어졌다면 보다 효과적인 수업이 될 것임.
정리	파지 및 전이의 촉진	○		✓		• 시그마의 기본성질을 교사에 의해 요약 정리했으며 과제를 제시하여 학습지를 풀어 오도록 유도함.

[종합분석]

- 도입 부분에서 수업에 대한 학생들의 주의집중을 높이기 위해서 관련성 전략이 요구됨. 예를 들어, 시그마의 성질을 배우면 생활 속에서 어떻게 유용하게 활용하는지, 미래에 가질 직업에서 어떻게 활용되는지 등을 연계지어 줄 수 있음. 이때 동영상 등을 활용한다면 감각적 주의집중까지 확보할 수 있음.
- 학습목표를 달성하기 위한 학습안내, 그리고 수행유도 및 피드백 활동이 보다 효과적으로 재구성되었으면 함. 예를 들어, 학습안내에서 시그마의 성질인 4가지 주요원리를 외우는 기억술을 제공해 줄 수 있음. 수행유도 및 피드백 활동에서 개별적으로 연습문제를 풀기보다는 적극적인 참여를 통해 과업을 집중시킬 수 있는 전 략으로 전환한다면 효과적일 것임. 예를 들어, 협동학습 모형 중 STAD 전략을 활용할 수 있는데, ① 일단 교사가 주요 원리를 개관하고 학생 개별적으로 1차 시험을 보게 한 후에 ② 학생들을 모둠별로 구성해 놓고 1차 학습지에 대해서 다시 각 모둠에서 공부하도록 함. ③ 모둠학습이 끝난 후 ④ 어려워한 문제 위주로 교사가 피드백을 제공한 후에 ⑤ 개별적으로 시험을 친 후 ⑥ 1차 시험 결과와 나중에 본 개별결과에 따라 개인점수와 팀점수를 구분하여 개별보상과 팀보상을 주는 전략임. 이러한 전략을 활용한다면 과업집중도를 보다 높일 수 있을 뿐만 아니라 수행을 유도하는 데 효과적인 학습이 일어날 것임.

4) 토의식 수업분석을 통한 수업전략 들여다보기

(1) 토의식 수업 활용 분석도구 활용하기

토의식 수업모형이 효과적으로 운영되기 위해서 다양한 원리가 있지만 그중 핵심적 원리를 중심으로 다루며(권낙원, 최화숙, 2010; 유승우 외, 2012; 이화여자대학교 교육공학과 2001; 정문성, 2014; Wilen, 1990), 〈표 10-24〉와 같은 분석도구를 제시한다(〈부록 2〉의 [10-4] 참조).

토의식 수업모형 운영에 대한 분석도구를 활용하는 데 필요한 내용을 제시하니 이를 기반으로 분석해 본다.

첫째, 토의식 수업은 집단적 문제해결이나 의견의 통합을 목적으로 수렴적, 비형식적, 결과적 사고를 중시한다. 즉, 주어진 토의주제가 다양한 의견을 공유 · 교환하면서 문제를 합의적으로 해결하는 데 목적이 있다. 이에 '예' 또는 '아니요'와 같은 단순한 답을 요구하는 문제를 토의주제로 지양해야 한다. 예를 들어, '인터넷 언어 사용의 문제점 해결방안은 무엇인가'와 같은 질문형태로 제시될 수 있는 문제와 같은 것이다. 둘째, 토의식 수업은 집단적 문제해결접근으로서 다양한 의견을 필요로 한다. 이에 몇

표 10-24 토의식 수업모형 운영에 대한 분석도구와 그 예시

분석 준거	효과성			근거설명
	상	중	하	
• 주어진 토의주제가 '예' 또는 '아니요' 형태가 아닌 다양한 의견 교환을 통해서 합의적으로 문제를 해결할 수 있는 것인가?	✓			• 비구조화된 문제로서 다양한 의견 교환이 필요한 문제로 판단됨.
• 소수에 의한 참여가 아닌 다수가 참여할 수 있는 기회를 제공하는가?		✓		• 소수에 의한 참여가 다소 나타남. • 교사의 적절한 개입이 필요할 것으로 판단됨.
• 토의주제를 해결할 수 있도록 적절하게 교육과정 운영시간을 적절하게 구성하였는가?			✓	• 토의시간이 총 2차시로 구성되었는데 촉박한 시간으로 학생들이 충분히 의견을 교류하는 데 어려움이 있었다고 판단됨.
• 토의가 효과적으로 이루어질 수 있도록 심리적, 물리적 환경을 구성하였는가? 예) 자리배치, 편안하고 안정적, 자율적 분위기 등		✓		• 브레인스토밍 등이 잘 이루어질 수 있도록 자리배치가 되어 있어 학생들이 의견을 교환하는 데 어려움이 없다고 판단됨. • 물리적 환경과 달리 다소 경직된 분위기로 독점된 소수학생에 의해 감정적 분위기 속에서 이루어짐.
• 토의 진행 과정 중에 학생들은 자신의 역할을 적절하게 수행하고 있는가? - 토의토론의 규칙이나 유의점을 준수하고 있는가?			✓	• 학생들이 인신공격이나 감정에 지나치게 호소하는 경향이 있었음. • 경청하지 않고 무시하는 행위가 나타났음. • 다양한 의견을 개진할 수 있는 준비가 다소 미흡함. • 다양한 의견을 표현하는 방식이 다소 미흡함.
• 토의과정에서 교사는 적절하게 개입 또는 비계활동을 제공하였는가?			✓	• 토의에 소극적으로 참여하는 학생들에 대한 적절한 개입이 필요하며 특히 논리적 오류가 있었을 때 그에 따른 적절한 수정, 피드백이 요구됨. • 토의주제에 대해서 충분한 자료를 제공해 주거나 관련 자료를 찾을 수 있도록 그 방법을 제공할 필요가 있음.
• 학생들의 인지적 흐름에 따라 토의가 진행되었는가?		✓		• 성찰하는 활동이 다소 부족한 것으로 판단됨.

명의 학생에 의해 독점되는 의견교환으로 이루어지기보다는 학급의 모든 학생들이 골고루 참여할 수 있도록 그 기회를 제공해야 한다. 셋째, 토의식 수업의 한계점이나 단점으로 시간 내 운영이라는 점이다. 즉, 다수의 학생들의 참여를 유도하면서 문제를 해결한다는 점에서 다소 수업 진행 속도가 느릴 수 있다. 이에 교사는 교육과정 시간 운영에 대한 충분한 점검을 통해서 시간적으로 융통성 있게 이루어질 수 있도록 조성할 필요가 있다. 넷째, 토의가 효과적으로 이루어지기 위한 하나의 조건으로 의견교류를 촉진할 수 있는 물리적 환경 조성이다. 다섯째, 토의수업은 학생들의 의견교환을 통해서 이루어지며 특히 합의적으로 문제를 해결하는 접근이므로 학생들이 지켜야 할 규칙과 유의점(서로의 의견을 경청하기, 증거에 입각하여 의견을 제시하기, 타인에 대해서 존중하기, 진실된 의견을 제시하기, 구속받지 않고 의사를 개진할 수 있도록 하기 등이 있다. 그 외 토의수업할 때 유의사항으로는 감정으로 호소하지 않기, 인신공격이 아닌 내용을 비판하기, 관계에 호소하지 않고 논리에 의해 호소하기, 틀린 증거를 빌미 삼아서 정당한 주장까지 비판하지 않기)이 있다. 여섯째, 토의식 수업할 때는 교사의 철저한 사전 준비와 더불어 토의과정에서 교사의 적절한 개입이 요구된다. 몇 가지 개입의 원칙을 안내하면, 본론에서 벗어난 토의로 시간이 너무 길어질 때, 교사는 토의에 개입하여 토의의 목적을 다시 확인시킨다. 토의의 중단 시간이 길어질 때, 지금까지의 흐름을 정리해 준다. 토의과정 중에 사실이 잘못 수용될 때, 교사는 이러한 잘못을 수정해 주어야 한다. 한 사람이 토의를 독점하는 경우에 교사가 토의에 개입한다. 그리고 토의과정 중에 논리적 오류가 발견되면 토의에 개입하여 이를 시정해 주되 '질문형식으로 성찰의 기회'를 주고 토론의 흐름을 방해해서는 안 된다.

마지막으로 토의과정은 무엇보다도 학생들의 인지적 과정의 흐름에 따라 이루어져야 한다. ① 먼저 토의학습의 목적을 이해할 수 있는 기회를 반드시 제공한 후에 ② 주어진 토의주제의 쟁점을 찾게 한다. ③ 관련자료 찾기 활동을 한다. ④ 주어진 문제의 해결방안와 그 근거에 대한 논증의 개요를 작성하는 활동을 한다. 예를 들어, 개진한 의견에 대해 '왜?'라는 질문을 통해서 주장과 근거자료 간의 공통점을 찾거나 객관성을 높이기 위한 전문가의 견해, 통계적 자료, 뉴스자료를 활용하기 등이다. ⑤ 실제 토의하는 활동으로서 의견을 제시하고 뒷받침하는 근거로 증명하기, 논증을 반박하는 비판적 과정, 논증을 옹호하는 과정, 주어진 토의주제의 해결방안에 대한 수렴적 과정 등이다. ⑥ 마지막으로 성찰하는 활동으로서 학생들의 토의활동에 대한 효과성, 즉 표현, 전달력, 근거제시, 논리성 등이나 태도, 사고변화, 규칙준수, 각 역할 수행 등이 잘 이루어졌는지에 대한 반성적 활동이 이루어진다.

(2) 고등사고 촉진전략 분석도구 활용하기

토의식 수업모형을 사용하는 목적 중 한 가지는 학생들의 고차원적 사고, 즉 창의적 사고, 비판적 사고, 의사결정능력, 문제해결능력과 같은 고등사고를 향상, 촉진시키기 위한 것이다. 이에 토의식 수업이 진행될 때, 이러한 고등사고가 촉진될 수 있도록 다양한 전략들이 이루어지고 있는지를 분석할 필요가 있다. 〈표 10-24〉는 고등사고 촉진전략 분석도구(Borich, 2011)이며, 효과적으로 분석하기 위해서 필요한 내용을 제시하니 이를 기반으로 분석해 보길 바란다(〈부록 2〉의 [10-5] 참조).

첫째, 왜 협력학습이 고등정신을 촉진하는가? 어떤 수업에서 나무꾼과 선녀에 대한 잘못된 가치관을 찾으라고 할 때, 혼자 찾을 때는 8개를 찾았는데 협력학습을 하니 28개를 찾았다고 한다. 즉, 협력학습은 시너지라는 효과가 있다. 이에 고등사고촉진 전략에서는 협력학습이 이루어질 필요가 있다. 이에 대한 분석 지침으로서 교사와 학생 간의 상호작용이 이루어지고 있는지, 학생들 간의 상호작용은 활발하게 이루어지고 있는지, 주어진 토의주제와 다양한 자료를 활용하고 있는지, 학생에게 배정되는 역할과 책임이 원활하게 이루어지고 있는지 등을 파악한다. 둘째, 왜 인지적 사고를 보이면 고등사고가 촉진되는가? 즉, 고등사고를 촉진시키기 위해서는 교사의 적절한 개입이 필요하고 특히 비계활동이 필요하다. 구체적으로 살펴보면 다음과 같다. 토의주제에 대해서 고민할 때, 먼저 추론하기를 시범 보여 주는 것이다. 즉, 어떤 개념이나 원리가 어떤 방식(구두로, 시각적으로, 신체적)으로 시범 보여 주는가를 파악하는 것이다. 그 다음에 추론하기를 인식시켜 주어야 한다. 즉, 교사가 사용하는 어떤 언어에 대해서 학생들이 추론하는 것에 민감하도록 해야 한다. 교사의 인지적 사고의 전략을 통해 학생 개인의 이해와 내면화를 돕고 토의주제에 대해서 학습할 수 있도록 내용을 제공하고 있는지 구체적으로 모델링해 주어야 한다. 즉, 교사는 정보와 지식을 단순 전달해서는 안 되며 일어나는 모든 의사결정 과정을 보여 주는 활동이 있었는지를 분석해 볼 필요가 있다. 셋째, 왜 전략적 계획이 고등정신을 촉진하는가? 전략적 계획이란 '우선 목적(얻고자 하는 바)을 분명히 할 것, 대응해야 할 상황과 그 특성을 먼저 고려할 것, 한 가지 유일한 답을 찾으려 하지 말고, 융통성을 가지고 자기(조직) 역량을 고려하여 실행 가능한 다수의 대안들을 탐색할 것, 상황에 적합한 최적 안을 선택할 것'이라는 전략적 사고를 바탕으로 계획이 이루어지기 때문에 토의주제에 대한 문제해결방안을 모색하는 데 매우 중요한 활동이라고 할 수 있다. 이에 대해서 분석하기 위해서 토의활동 중에 과제 해결에 필요한 아이디어 생성 활동이 있었는지, 본격적인 문제해결을 위한 아이디어 공유 활동이 있었는지, 과제 수행을 위한 최상의 해결방법 선택하는 활동이 있었는지, 효과적인 과제 수행을 위한 방법 안내 활동이 있었는지를 분석해 본다. 넷째, 왜 학습결과 시범 보이기가 고등정신을 촉진하는가? 학생들이 직접 자신이 조사한 결과에 대해서 표현하는 활동이 무엇보다 중요하다. 이를 분석하기 위해서는 동료 친구들과 교사와 공유하는 활동이 있었는지, 즉 문서나 구두 등으로 표현하였는지, 그 밖에 언어적 및 비언어적 화법, 그리고 논리적 사고의 정확성과 매력성 등도 파악해 볼 수 있다. 다섯째, 왜 실수로부터 배울 기회가 고등정신을 촉진하는가? Edison이 전구를 발명할 때 불을 밝힐 수 있는 필라멘트라는 물질을 발견하기까지 99번의 실수를 반복했다고 한다. 다른 사람들은 99번의 실수가 힘들지 않았냐고 했을 때 에디슨이 말하길 그러한 과정에서 불을 밝힐 수 없는 99개의 물질을 발견할 수 있는 기회였다고 말했다고 한다. 그러한 것처럼 토의수업에서 학생들은 그 과정 자체가 학습이라 할 수 있다. 즉, 무엇인가를 하는 것 자체가 학습이며(learning by doing), 그 과정에서 실수를 반복하기에(trial and error), 반성적 사고와 함께 또 다른 학습(reflective thinking and learning)을 할 수 있는 기회라는 것이다. 이를 분석하기 위해서 교사는 토의활동 과정 중에 실수하는 부분에 대해서 인정해 주면서 또 다른 학습이 일어났음을 인식시켜 주거나 반드시 반성적 사고 활동이 이루어졌는지를 분석해 본다. 여섯째, 왜 학생들에게 분석, 종합, 평가 활동을 제공하는 것이 고등정신을 촉진하는가? Bloom이 제안한 학습목표 분류처럼 창의적 사고와 평가활동은 분석이나 종합과 같은 사고가 전제되어야 한다. 이를 분석하기 위해서는 협력적으로 토의활동이 이루어진다고 하더라도 학생들 스스로 자신이 수행하는 학습과제에 대한 학습과정과 결과에 대해서 분석, 종합, 평가해 보게 하는 활동이 제공되었는지 여부를 분석해 본다. 또는 학습에 대한 수행평가를 실시하였는지 분석할 수도 있다. 일곱째, 왜 고차원적 문제해결 학습이 고등정신을 촉진하는가? 문제라는 것은 잘 구조화된 문제와 비구조화된 문제로 구분된다. 토의주제나 문제는 대부분 명확한 답이 있거나 하나의 답으로 해결할 수 있거나 문제 안에 답을 해결할 수 있는 정보가 포함되어 있지 않은 비구조화된 문제이다. 토의식 수업 자체가 고차원적 문제해결학습이라 할 수 있다. 이에 주어진 토의주제, 즉 문제 자체가 비구조화된 문제인지를 살펴볼 필요가 있다. 마지막으로 어떤 상황(분위기)이 창의적 촉진 학습인가? 그리고 왜 고등정신을 증진시키는가? 토의식 수업을 원활하게 진행하기 위해서는 다양한 의견이 개진되고 그러한 의견이 자유롭게 교환될 수 있도록 분위기를 조성할 필요가 있다. 이를 분석하기 위한 지침으로는 유연한 사고를 촉진할 수 있는 분위기를 조성하였는지를 파악해 보는 것이다. 예를 들어, 불안감을 조장하는 분위기인지, 편안하거나 안정된 분위기인지, 모든 생각과 의견은 비난받지 않고 개방된 마음으로 받아들이기 규칙 등을 준수하고 있는지 등이다. 그 밖에 다양한 창의적 사고를 촉진할 수 있는 전략을 사용하고 있는가를 분석할 수 있다. 예를 들면, 브레인스토밍 기법, 개념도, 육색사고모자 기법 등이 있다.

▣ 고등사고 촉진전략 분석의 예시

• 과목: 국어

• 학습목표: 휴대전화를 수업시간에 어떻게 활용해야 하는가?

표 10-25 고등사고 촉진전략 분석도구와 그 예시

행동	관찰여부		관찰내용
	관찰되지 않음	관찰됨	
1. 공동의 과제를 통해 협력적 집단 활동이 이루어지도록 하는가?		✓	'주장 펼치기' 활동을 위해서 찬성팀과 반대팀이 토론준비를 하였으나 개별활동이 두드러지게 나타난 것으로 파악됨. 학생들 간에 적극적인 상호작용이 일어날 수 있도록 촉진전략이 이루어질 필요가 있음.
2. 교수자의 인지적 사고와 전략을 시범 보이고 있는가?	✓		본 수업의 경우는 토론을 하기 위한 절차나 원리에 대해서 이전에 학습을 통해서 이루어진 것으로 판단되어 이러한 과정이 관찰되지 않는 것으로 판단됨. 그러나 학생들이 토론을 절차를 따르거나 규칙에 맞춰서 활동을 하는 과정 중에 학생들이 부족하거나 미흡한 부분에 있어서 즉각적으로 교정적인 피드백을 해 준다면 더욱 효과적인 수업이 될 것이라 판단됨.
3. 학습 과제 수행을 위한 전략적 계획을 수립하는 활동이 주어지는가?	✓		찬반팀은 각각 상대방의 의견에 '반론하기'를 위한 준비활동이 이루어졌으나 모둠 내 구성원들 간에 반론을 어떻게 하는 것이 효과적인지에 대한 전략을 구성한 것으로 보이지 않음.
4. 학습자 스스로 학습결과를 시범보일 수 있는 기회를 주는가?		✓	'주장 펼치기' 또는 '주장 다지기'라는 활동을 통해서 자신이 입장을 표현할 수 있는 기회를 제공하였음. 단, 몇몇의 주도권이 있는 학생들이 아닌 보다 많은 학생들이 발언을 할 수 있는 기회를 얻도록 안내를 해 준다면 보다 효과적인 학습이 될 것임.

5. 학습자 스스로 실수로부터 학습을 할 수 있는 성찰적 기회를 제공하는가?	✓		본 차시에 이루어지지 않고, 토론에 대한 활동 자체에 대한 반성적 활동은 과제로 제시하였음. 하지만 본 학습목표인 '토론의 절차와 규칙에 따라 토론할 수 있는 능력을 기르기 위해서는 토론을 하는 활동 경험과 더불어 경험에 대한 반성적 활동이 개별 또는 협력적으로 이루어지도록 구성된다면 더욱 효과적일 것이라 판단됨.
6. 학생들 스스로 분석, 종합, 평가를 할 수 있는 학습활동이 주어졌는가?	✓		찬반팀은 '협의시간'을 통해서 각각 토론주제 자체에 대해서 종합적 정리를 할 수 있는 기회를 제공하나, 역시 토론을 할 수 있는 능력으로서 사회자, 판정자, 토론자 각각의 역할이나 토론 규칙 및 절차에 대한 활동에 대한 종합적, 반성적 사고는 없는 것으로 판단됨.
7. 고차원적 문제해결학습을 할 수 있는 기회가 주어졌는가?	✓		본 차시의 토론주제가 아닌 다른 주제에 대해서도 토론의 절차와 규칙에 맞춰서 토론할 수 있는지에 대한 능력을 발휘할 수 있는 전이 활동이 이루어질 필요가 있음.
8. 창의적 사고를 촉진하는 학습활동이 주어지는가?		✓	토론을 하기 위해서 찬반팀은 각각 자신의 의견을 설득시키기 위한 자료를 수집해서 정리할 수 있도록 기회를 제공하였음. 이 결과를 학생들 앞에서 제시하면서 의견을 펼칠 수 있는 활동을 구성함. 단, 학생들에게 보다 창의적으로 자신의 의견을 설득시키기 위해서 다양한 방법으로 근거자료를 제시할 수 있도록 사전에 준비할 수 있도록 안내가 필요할 것으로 판단됨.

토의식 수업 분석도구는 질적으로 분석, 성찰하는 것으로서 분석준거의 체크여부도 중요하나 더욱 중요한 것은 '예'라고 표시했지만, 그 효과성 측면에서 의미가 있었는지를 성찰해 보아야 한다. 토의식 수업에 대해서 분석하기 위해서도 다른 수업 분석도구와 동일하게 교수학습지도안과 실제 수업영상을 통합적으로 활용해야 한다.

5) 협동학습(JigsawII) 분석을 통한 수업전략 들여다보기

협동학습 유형 중 JigsawII 모형은 학습과제가 퍼즐처럼 구분되어 각 한 팀에서 그 학습과제 퍼즐을 담당한 구성원들이 모두 전문가가 되어 전문가 협동학습을 한 뒤에 원래 구성되었던 집단으로 돌아가서 서로 가르치고 배우는 협동학습구조로서 개별보상뿐만 아니라 집단보상 구조도 함께 있다(전성연 외, 2010).

JigsawII 모형의 과정은 다음 [그림 10-9]와 같이 이루어진다(Steinbrink & Stahl, 1994).

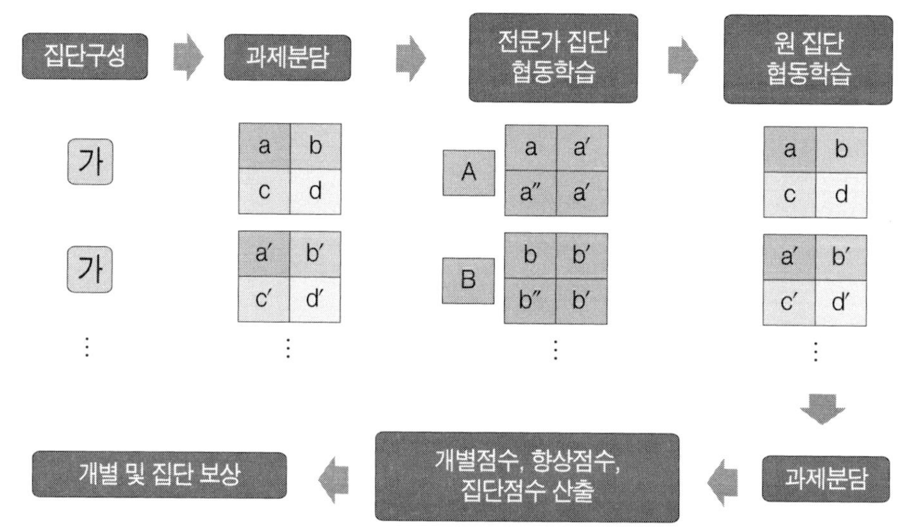

그림 10-9 _ 협동학습 JigsawII 모형의 학습과정 흐름도

첫째, 집단구성으로서, 구성원은 4명(6명 이하)으로 하고 학습능력에 따라 서로 이질적으로 집단을 구성한다. 둘째, 과제분담으로서, 개인별으로 전문 과제를 부과하여 책임을 맡게 된다. 즉, 학생들은 학습과제를 집단 구성원의 수만큼 나누고 몇 가지 소주제가 질문의 형식으로 적혀 있거나 관련 자료 활동지를 배부받게 된다. 셋째, 전문가 집단 협동학습으로서, 전문과제를 하나씩 맡은 학생들은 각자 원집단에서 나와 전문과제의 주제가 같은 다른 집단의 구성원들과 함께 전문가집단을 형성한다. 그리고 학생들은 전문가집단에서 해결해야 할 과제를 위해 협동학습활동을 한다. 넷째, 원집단 협동학습으로서, 전문가집단에서 협동학습이 끝나면 자신의 원집단으로 돌아가 다른 동료들에게 전문가집단에서 학습한 내용을 가르치고 설명한다. 다섯째, 개별평가로서 학생들은 학습과제에 대해 개인별 평가를 받는다. 여섯째, 개인별 점수, 향상점수, 집단점수를 산출하는 과정으로서 협동학습이 끝난 후에 학생들이 얻은 지식은 퀴즈 문제를 통해 개별적으로 평가를 받는다. 교사는 약 20~30분 정도 실시한 간단한 퀴즈 문제나 검사지를 사용한다. 개별 향상점수는 각 학생의 기본점수를 채점하여 학생들이 공부한 것을 퀴즈문제 풀이를 통해 얼마만큼 향상되었냐를 측정·평가하는 것이다. 팀 향상 점수는 팀원의 개별 향상 점수 총합의 평균점수를 말한다. 이때 향상 점수의 계산방법을 학습자들에게 충분히 설명해 주어 학습자 개개인이 팀 점수 향상에 반드시 기여하도록 한다. 또한 협동학습이 모두 마무리되어 평가까지 실시된 후에 즉시

집단점수와 개별점수를 게시하고 우수한 개인이나 집단에 보상을 한다. 보상은 칭찬, 상장, 스티커, 먹거리, 성적점수 방법을 사용하며 가능한 한 많은 집단이 받을 수 있게 하는 것이 의미가 있다.

JigsawII를 보다 효과적으로 운영하기 위한 전략이 필요하다. 첫째, 주제배분이 매우 중요하다. 즉, 팀 구성원 수에 맞는 하위 주제를 분할하여 분할된 소주제의 수에 맞게 정확하게 팀을 구성하는 것을 의미한다. 둘째, 교사는 전문가 집단 협동학습을 촉진시키기 위해 활동지와 같은 학습지와 학습 자료를 개발해야 한다. 그리고 전문가 집단 협동학습을 통해 학습한 결과를 구조적으로 작성할 수 있도록 보고서 등도 마련해 준다면 보다 학생들이 학습결과를 체계적으로 정리할 수 있을 것이다. 셋째, 원집단 협동학습을 통해 서로 가르치고 배움이 일어나는 상황에서는 효율적인 의사소통 능력이 필요할 수 있다. 즉, 자신의 기분과 감정을 드러낼 때 다른 동료들의 기분을 상하지 않도록 하는 효율적인 의사소통 방법인 I-메시지 기법을 서로 연습해 보고 활용할 수 있도록 해야 한다. I-메시지 기법은 학습 촉진적 분위기 전략이나 수업경영에서 자세히 다루고 있으니 꼭 참조해 주길 바란다. 넷째, 학습과제, 즉 하위과제를 나눌 때 학습과제 난이도를 고려할 필요가 있다. 학습능력에 따라 집단을 구성하기 때문에 다소 학습능력이 부족한 학습자들은 자신에게 분담된 과제에 대해 부담감을 가질 수 있다. 즉, 개별책무성에 대한 부담감으로 혼자 공부할 때보다 집단 구성원들에게 자신이 전문가집단에서 학습한 내용을 가르칠 때 실패의 두려움이나 수치심을 느껴 심리적으로 위축이 될 수 있다. 다섯째, JigsawII의 향상점수와 개인보상 및 집단보상을 실시하기 위해서는 반드시 사전에 2~3번 정도의 퀴즈 점수를 확보하여 학생 개인별로 기본점수를 산출해 놓고 이를 토대로 이질적으로 집단을 구성하는 것이 중요하다. 여섯째, JigsawII 모형은 일반적으로 강의식 수업모형보다는 생소할 수 있으므로 반드시 수업하기 전에 수업모형에 대한 구체적인 안내가 필요할 것이다. 일곱째, 학생들이 협동학습 하는 과정에서 다소 어려워하거나 힘들어하는 경우에는 반드시 비계 또는 촉진자 역할을 통해서 격려, 지원 등의 역할을 수행해야 한다. 마지막으로 JigsawII 모형의 경우에는 전문가집단 협동학습과 원집단 협동학습, 개별평가, 보상시스템 등으로 인해서 다소 교육과정 운영 시간이 어느 정도 확보가 되어야 한다. 물론 간단한 과제의 경우에는 1~2차시에 마무리될 수 있으나 적어도 밀도 있는 협동학습으로 운영되려면 빠듯한 시간적 활용보다는 적절하고 여유로운 시간확보가 필요할 것이다.

다음은 협동학습의 5가지 원리인 긍정적 상호의존성, 개별책무성, 대면적 상호작용,

사회적 기술, 집단성찰 등과 더불어 본 차시에서 다루었던 JigsawII 학습과정과 운영전략을 토대로 교수자 자신의 수업을 들여다볼 수 있는 분석도구와 그 예시를 살펴보자 (〈부록 2〉의 [10-6] 참조).

표 10-26 협동학습(JigsawII) 수업 분석도구와 예시

범주	하위내용	예	아니요	근거설명
협동학습의 원리	• 긍정적 상호의존성을 갖게 하기 위한 전략을 사용하는가?	✓		• 집단이름이나 구호 등을 함께 만들어 갈 수 있는 기회를 제공함. • 하지만 보상시스템에 대한 안내가 다소 부족한 것으로 판단됨.
	• 개별책무성을 위한 전략을 사용하는가?		✓	• 보상시스템에 대한 체계적 전략이 필요할 것으로 판단됨.
	• 대면적 상호작용을 원활하게 하기 위한 전략을 사용하는가?	✓		• 협동학습이 원활하게 이루어지도록 전문가집단 학습을 위한 자리배치와 원집단 학습을 위한 자리배치가 효과적이었다고 판단됨.
	• 사회적 기술을 훈련시키는가?		✓	• 원집단 학습 시, 학생들이 서로 배우고 가르치는 데 보다 효율적인 의사소통이 필요할 것으로 판단됨. 다소 격양된 어조로, 약간의 감정기복이 있어 보임.
	• 집단 활동에 대한 반성적 사고가 이루어지는가?		✓	• 모든 협동학습이 종료된 후에 집단활동에 대한 반성적 활동은 관찰되지 않음.
	• 무임승차를 방지하는 전략이 사용되고 있는가? • 봉효과를 방지하는 전략이 사용되고 있는가? • 부익부(빈익빈)를 방지하는 전략이 사용되고 있는가?	✓		• 협동학습이 원활하게 하기 위하여 수업의 가치를 '서로 도와주는 것이 가장 아름답다.'로 정하여 모든 수업에서 외치게 함. • 협동학습 운영상의 규칙을 학생들이 스스로 만들어 보게 할 때, 참여에 대해서 학생들이 반드시 자신의 역할과 책임을 다할 것이라는 다짐을 하기도 함. • 하지만 실제로 수행되는 데는 보다 더 효과적인 전략이 필요할 것으로 판단됨.

JigsawII 운영 전략	• 전문가 집단 협동학습 후에, 원집단 학습할 때, 효과적으로 설명해 주는가?		✓	• 모든 원집단 학습이 원활하게 이루어지지 않는 것으로 판단됨. • 원집단 학습을 관찰해 본 결과, 학생 개별적인 설명 차이로 인해 팀마다 다른 양상을 보이고 있다고 판단됨.
	• Jigsaw에 대해 익숙하도록 오리엔테이션을 실시하였는가?		✓	• 몇몇 학생들이 원집단 학습과 전문가 집단 학습에 대해 혼동하는 경우가 발생한 것으로 관찰됨.
	• 전문가 활동과 원집단 활동을 위한 시간 확보가 적절한가?		✓	• 전반적으로 JigsawII 모형이 시간에 쫓겨 이루어진 것으로 파악됨. 그 이유는 학생들이 항상 시간이 더 필요하다는 요구가 많았음.
	• Jigsaw 실시 전 개별 기본 점수를 확보하였는가?	✓		• 이전의 일반적인 수업에서 간단하게 실시한 쪽지시험을 통해서 학생들의 개인별 기본점수를 확보하여 그에 따라서 집단을 구성하였음.
	• 개별 및 집단보상 전략을 체계화하였는가?		✓	• 개별보상과 집단보상 전략에 있어서 사전에 공지를 해 주지 못하고, 협동학습하는 과정 중에 마련했는데 학생들과 함께 의논해서 학생들이 좋아하는 보상전략을 함께 고민해 보았으면 좋았을 것이라 판단됨.
	• 교사로서 촉진자 역할을 효과적으로 수행하였는가?	✓		• 학생들이 어려움을 호소할 때 언제든지 피드백을 제공하며, 전문가집단 학습 시, 특히 순회지도를 통해서 어려운 부분이 공통적으로 발생하면 일단 모든 활동을 멈추게 한 후에 질문이나 강의를 통해 재설명하여 보충학습을 실시하였음.
	• 학습과제의 난이도를 고려하여 구분하였는가?		✓	• 학생들이 다소 학습과제 자체를 어려워하였다고 판단됨. 특히 학습능력이 다소 낮은 학생들이 힘들어 하여 자주 교사에게 도움을 요청하였음.
	• 전문가 활동을 위한 학습지와 학습자료를 적절하게 개발하였는가?		✓	• 전문가 집단의 협동학습 시, 교사가 개발한 학습자료와 학습지로 공부할 때 학생들이 다소 힘들어했던 부분이 있는 것으로 파악됨 .

JigsawII 모형의 수업 분석도구는 질적으로 분석, 성찰하는 것으로서 분석준거에 따른 '예' 또는 '아니요' 체크여부도 중요하나 더욱 중요한 것은 예라고 표시했지만, 그 효과성 측면에서 의미가 있었는지를 성찰해 보아야 한다. JigsawII 모형에 대해서 분석하기 위해서도 다른 수업 분석도구와 동일하게 교수학습지도안과 실제 수업영상을 통합적으로 활용해야 한다(〈부록 2〉의 [10-6] 참조).

6) 프로젝트 학습 분석을 통한 수업전략 들여다보기

프로젝트 학습은 실제 결과물을 만들기 위한 과제를 중심으로 집중적인 탐구과정을 통해 자기주도적으로 학습해 가는 전략이다(Markan, Larmer, & Ravitz, 2003).

이러한 개념을 토대로, 프로젝트 학습은 대표적으로 학습자 중심의 접근방법으로서, 문제해결 과정에서 학생들은 스스로 학습에 대한 책임감을 지고 학습에 대한 자기관리를 수행하며, 무엇보다도 이론적 지식을 실천함으로써 수행중심의 활동을 통한 실용적이고 행동적 지식을 체득하는 기회를 제공해 주는 수업모형이다. 뿐만 아니라, 프로젝트 학습에서의 프로젝트 문제 자체가 비구조화된 문제로서 통합교과적 접근방법을 통해 학생들의 문제해결력을 향상시키는 데 의미가 있다. 그뿐만 아니라, 학습자들 간의 의사소통과 협력의식을 촉진시키고 체험중심의 수업을 통해 학습동기가 유발되며 다양한 탐구활동과 표현활동 능력을 향상시킨다는 점에서 상당히 매력적인 수업모형이다.

하지만 이러한 매력적인 수업모형이 효과적으로 실천되기 위해서는 교사와 학생에게 각각 최소한의 전제조건이 있다.

학생들의 수행능력으로서, 첫째, 자기주도성이 어느 정도 확보될 필요가 있다. 프로젝트 학습의 개념에도 기술되었듯이 학습에 대한 주도권이 학생 스스로에게 있다. 즉, 학습에 대해서 학생 스스로 계획, 실행, 평가 그리고 전 과정에 대한 책임도 학생들에게 있다는 것이다. 무엇인가를 가르쳐 줄 권위 있는 사람을 필요로 하는 의존적 학습자들이 많은 학급인데도 불구하고 학생들의 참여를 높여 주고, 학생활동중심을 추구한다는 의도로 무리하게 프로젝트 학습을 바로 투입하게 된다면 오히려 학습목표 달성도가 낮아지고 학습에 대한 의욕도 낮아질 수도 있다. 둘째, 자기주도성과 더불어 반드시 높은 학습동기가 필요하다. 즉, 학습동기가 저하될 경우에는 하고자 하는 의욕이 낮은 상황에서 무엇인가를 실천하게끔 한다면 오히려 학습에 대한 부담감 때문에 심리적으로 위축될 수도 있다. 셋째, 프로젝트 학습은 가시적으로 결과물을 산출시키기 위하여 다양한 문제해결과정이 필요하다. 문제를 해결하는 과정에서는 다양한 기초적인 이론적 지식을 필요로 한다. 따라서 학생들은 주어진 과제에 대한 최소한의 지식을 습득한 상황이어야 한다. 이 자체가 학습동기와 자기주도성을 촉진시키는 데 전제조건이 될 것이다.

교사의 경우는, 첫째, 무엇보다도 프로젝트 학습을 할 수 있도록 좋은 학습과제를 창출하는 능력이 필요하다. 즉, 기존 학교 교육에서는 정형화된 학습방법과 평가방식으로 학생들의 창의적인 능력을 촉진시키는 데는 한계가 있었다. 대부분의 학생들은 수학이나 과학의 교과 내용을 이해하고 주어진 문제를 해결하는 데 능숙하겠지만, 생활 속에서 이와 관련된 다양한 결과물들을 스스로 조직하고 독창적인 산출물로 만들어 내기 위해서는 그에 적합한 의미 있는 프로젝트 과제가 요구된다. 비구조화된 문제로서 다양한 해결방안과 다양한 산출물이 도출될 수 있으며 통합교과적인 지식을 활용할 수 있는 과제를 개발하는 것이 중요하다. 둘째, 학생들이 스스로 계획, 실행, 평가하면서 산출물을 도출하는 그 전 과정에 있어서 교사는 어느 정도의 관리 능력이 필요하다. 물론 표준화된 잣대로 학생들의 다양한 학습방법과 결과물을 어떻게 관리할 것인가에 대한 것보다는 학생들이 어떻게 하면 보다 더 학습을 효과적 · 효율적으로 할 수 있도록 지원해 줄 것인가에 대한 학습 관리 능력이 중요하다는 의미이다. 예를 들면, 학생들이 저마다 다른 접근으로 프로젝트를 수행할 것인데 그것을 인정하고 허용하면 수업이 다소 산만해지겠지만 그것을 염려하기보다는 일단 공식적인 교육과정 운영시간 내에 프로젝트가 수행될 수 있도록 지도와 안내가 지속적으로 필요하다. 마지막으로 프로젝트 학습에서의 교사의 역할 중 한 가지는, 학생들 스스로 프로젝트를 실천하는 과정에서 어떻게 학습 환경을 설계하고 그것을 촉진하며, 그 과정에서 어려움에 봉착했을 때 어떤 도움을 줄 수 있을 것인가에 대한 스캐폴딩 능력이라 할 수 있다. 그러므로 교사가 준비되어 있는지도 프로젝트 학습에 대한 효과성 여부를 분석할 때 함께 고려되어야 할 부분이다.

다음으로 프로젝트 학습을 효과적으로 실천하기 위해서 반드시 수행되어야 할 활동이 여섯 가지가 있다.

첫째, 집단토의활동이 반드시 이루어져야 한다. 집단토의의 주요목적은 프로젝트의 전체적인 운영에 대한 관리, 문제해결 과정에서 구성원 간 갈등해소나 의사결정을 위해서, 그리고 무엇보다도 개별적으로 학습한 결과가 의문사항에 대해서 공유하는 활동을 위함이다. 둘째, 프로젝트를 수행하기 위해서는 탈맥락적인 교실 내에서 이루어지는 것이 아니라 생활 속에서 직접 경험하고 살아 있는 실천적 지식을 배울 수 있는 기회이므로 최소 1회 이상의 현장 전문가와의 협의활동을 할 수 있는 현장 활동이 요구된다. 셋째, 프로젝트 수행이란 결국 학습과제인 문제를 해결하기 위한 방안을 탐구하는 활동이므로 조사 또는 탐구하는 활동이 수반되어야 한다. 즉, 학생 스스로 다양한 정보를 탐색하고 직접 관찰하거나 실험한 내용을 실제 생활에 활용할 수 있는 경험의 기회를 마련해 주어야 한다. 넷째, 프로젝트 산출물은 비정형화된 산출물로 유도해야 한다. 즉, 마지막 과제의 완성은 결국 가시적으로 표현하는 활동이 수반되어야 한다. 여기서 산출물은 단순히 보고서 형태보다는 프로젝트 주제에 부합된 독창적인 형태를 지향해야 하며 표현방식 또한 역할극이나 UCC, 리플릿, 동화, 북메이킹 등으로 다양화되어야 한다. 다섯째, 이러한 산출물을 홍보하고 공개하거나 청중들을 대상으로 발표해 보는 시간, 즉 전시라는 활동을 통해서 소집단 활동의 결과를 타집단과 공유하는 시간을 마련해야 한다. 여섯째, 앞서 언급한 이러한 전시를 통해서 타집단과의 비교를 통해 학습을 개선하기 위한 방안을 강구할 수 있는 성찰의 기회를 제공해야 한다.

앞서 언급한 여섯 가지 주요 활동이 포함된 일반적인 프로젝트 학습과정은 다음과 같다(강인애 외, 2011). 첫째, 준비하는 단계로서 프로젝트에 필요한 전체적인 정보를 듣고 활용할 매체 등을 선정, 수업계획을 마련한다. 둘째, 주제 선정의 단계로서 학생들이 수행해야 할 주제를 선정하여 자신의 관심분야와 흥미를 고려하여 주제망을 통해 구체적인 목표를 설정한다. 셋째, 계획하는 단계로서 이 단계에서는 어떠한 방법과 절차로 프로젝트를 진행할 것인지를 결정하고, 동일 주제를 선정한 동료학습자와 함께 팀을 형성하거나 적절한 기간을 정한다. 넷째, 실제 프로젝트를 진행하는 단계로서 이 단계에서는 주제와 관련된 다양한 자료를 수집하고 조사, 탐구하는 과정을 통해 프로젝트의 최종 산출물을 완성한다. 다섯째, 프로젝트 수행을 통해 완성된 최종 산출물의 발표단계로서 전시와 표현, 공유하는 활동이 이에 속한다. 여섯째, 자기평가와 동료평가를 포함한 다면적 평가 단계로서 자기성찰이나 팀원 평가를 통해 진행과정에서의 성실함, 산출물의 완성도, 발표와 논리성 등 다양한 요소를 반성해 보는 활동이다. 특히 이 과정에서는 프로젝트 전 과정에 대한 평가뿐만 아니라 향후 새로운 프로젝트 학습의 진행 과정에 피드백할 수 있는 발전적인 논의들까지 포함된다.

표 10-27 일반적인 프로젝트 학습과정

단계	세부 활동
준비하기	• 프로젝트 학습 오리엔테이션 하기 • 활용할 매체(웹 도구, 학습도구 등) 및 관련 교과 선정하기 • 기간 및 수업모듈(계획) 제작하기
주제 선정하기	• 교사와 학생이 함께 프로젝트 주제 선정하기 • 주제망 설정하기 • 주제 제시하기 • 관련 교과와 연계성 고려하기
계획하기	• 팀 구성하기 • 커뮤니티 활성화 유도 및 역할 분담하기 • 학습스케줄(학생용) 정하기 • 기간 및 산출물 형태 결정하기(기간은 학생에게 선택권을 제공했을 경우) • 구체적인 교육과정 시수 확보하기
진행하기	• 교과 내용 활용하기 • 관련 자료 수집하기 • 토론하기 • 실험, 관찰, 견학, 조사 등 탐구 활동 수행하기 • 관련 자료 공유 및 협의하기
최종 산출물 완성 및 발표하기	• 수집된 자료를 활용하여 최종 산출물 완성하기 • 웹 출판하기, 전시하기, 홍보하기, 실행활에 적용해 보기 • 최종 산출물 발표하기
평가하기	• 제출된 최종 산출물을 점검하고 개인 평가 및 상호평가하기 • 성찰일기 작성하기 • 수행평가에 반영하기 • 최종 산출물 포트폴리오화 하기

앞서 다룬 프로젝트 학습 모형에 대한 기초적인 지식과 더불어 효과적으로 운영되기 위해서 다양한 원리를 토대로, 〈표 10-28〉과 같은 분석도구와 그 예시를 제시한다. 프로젝트 학습 모형 운영에 대한 분석도구를 활용하는 데 필요한 내용은 앞서 다루었으므로 이를 참고하여 분석해 볼 수 있다(〈부록 2〉의 [10-10] 참조).

표 10-28 프로젝트 학습 모형에 대한 분석도구와 그 예시

범주	하위내용	예	아니요	근거설명
프로젝트 학습의 전제와 의미	• 학생들이 자기주도성과 학습동기를 가지고 있는가?		✓	• 학생의 30% 정도만 자기주도성 수준이 높은 것으로 나타났기 때문에 보다 효과적으로 운영되기 위한 교사의 주도적인 개입이 필요할 것으로 판단됨. • 학습동기가 다소 낮은 것으로 파악됨.
	• 프로젝트를 수행할 수 있는 학생들에게 최소한의 지식이 있는가?	✓		• 학생들에게 간단한 쪽지시험을 통해 최소한의 지식을 점검해 보니 반 학생의 90% 이상이 습득한 것으로 파악됨.
	• 수행중심의 활동을 통한 실용적, 행동적 지식을 습득하게 하였는가?	✓		• 관련 자료를 실생활에서도 찾아볼 수 있도록 안내와 기회를 제공해 주었음.
	• 통합교과적인 접근방법을 통해 문제해결력을 향상시키는가?		✓	• 프로젝트 과제가 다소 협소한 문제로 판단됨. 수학과 사회과목에 한해 주제로 선정된 것으로 파악됨. • 미술과 역사, 사회, 과학 등의 다양한 과목이 통합된 과제가 필요할 것으로 판단됨.
	• 체험중심의 활동을 통해 학습동기를 유발시키는가?	✓		• 현장견학활동 등을 독려함(포트폴리오 기록됨).
프로젝트 주요활동	• 집단토의를 통해서 구성원들 간에 갈등해소, 의사결정, 학습공유가 이루어지도록 환경을 조성하였는가?	✓		• 학생들은 수업 이외의 시간에도 이메일 또는 SNS을 통해서 서로 소통하면서 학습한 내용을 공유하고 있음.
	• 최소 1회 이상의 현장 전문가와의 협의활동이 이루어지도록 구성하였는가?	✓		• 모든 팀에서 현장전문가를 1회 이상 협의활동이 이루어졌음. • 뿐만 아니라, 수업시간에 같은 주제로 고민하는 팀 위주로 전문가를 섭외하여 별도로 원격화상회의를 할 수 있도록 환경을 조성해 줌.

프로젝트 주요활동	• 문제 해결을 위한 조사 또는 탐구 활동이 이루어지도록 구성하였는가?	✓		• 학생들은 Youtube 외에 다양한 온라인 사이트, 관련서적 등을 통해서 조사 또는 탐구활동이 이루어졌음(포트폴리오 기록됨).
	• 창의적 표현 활동을 위한 기회가 주어지는가?		✓	• 학생들의 산출물을 살펴보니, 대부분 UCC이며 보고서 형태의 결과물이 도출됨.
	• 결과물을 공유할 수 있는 전시활동이 있는가?		✓	• 전시하지 않고, 수업시간에만 발표하는 것으로 대체함. • 전시하기 위해서는 UCC를 계속 보여 줄 수 있도록 노트북도 필요하며 전시공간이 허락되지 못함.
	• 타집단과의 비교를 통해 학습을 개선할 수 있는 성찰의 기회가 주어지는가?		✓	• 학생들 간에 결과물에 대한 느낀 점을 서로 의견교환 하는 데 그침.
프로젝트 준비와 운영	• 실제적인 문제를 가지고 프로젝트를 수행하였는가?	✓		• 생활 속의 문제를 교과내용과 연계하여 개발하였으나 보다 비구조화된 문제를 개발할 필요가 있음.
	• 학생들이 프로젝트 과정을 수행하는 과정 중에 스캐폴딩이 효과적으로 이루어지고 있는가?		✓	• 수업시간에는 순회지도를 통해 피드백이나 도움, 조언이 이루어졌지만, 수업 이외의 시간에는 지속적으로 도움을 주지 못하였음.
	• 프로젝트 관리가 효과적으로 이루어지고 있는가?		✓	• 프로젝트 학습을 준비할 때, 온라인과 오프라인 수업에서의 활동 간의 연계 관리에 대해서 개선해야 할 것으로 파악됨.
	• 프로젝트 과정과 결과를 평가하기 위한 효과적인 수행평가 전략을 사용하고 있는가?		✓	• 학생들이 프로젝트 학습과정과 결과에 대한 다면적 평가를 실시할 수 있도록 체계적 준비가 필요하다고 판단됨. • 포트폴리오를 통해 학습과정을 누적적으로 기록하게 하였으나 그에 대한 체계적인 평가방법을 모색할 필요가 있음. 루브릭과 같은 평가 전략을 연구할 필요가 있음.

프로젝트 학습 수업 분석도구도 강의식, 토의식, 협동학습과 동일하게 질적으로 분석 · 성찰하는 것으로서 분석준거 체크 여부도 중요하나 더욱 중요한 것은 '예'라고 표시했지만, 그 효과성 측면에서 의미가 있었는지를 성찰해 보아야 한다.

한 가지 더 보완하자면, 프로젝트 학습도 고등사고를 촉진하는 전략에 속하므로 토의식 수업모형 분석도구에서 다루었던 고등사고 촉진전략 분석도구를 활용하여 프로젝트 학습 효과성을 분석해 볼 수도 있다. 프로젝트 학습 모형을 분석하기 위해서도 다른 수업 분석도구와 동일하게 교수학습지도안과 실제 수업영상을 통합적으로 활용해야 한다. 다만, 프로젝트 학습의 경우에는 여러 차시에 걸쳐서 진행되므로 실제 수업영상도 그 진행과정에 따라서 지속적으로 촬영하여 분석 자료로 활용되어야 한다. 하지만 모든 프로젝트 활동이 기록되는 데 한계가 있는 경우에는 학생들의 포트폴리오나 평가자료, 학생 인터뷰 등의 자료도 분석을 하는 데 활용될 수 있다.

7) 수업전략 들여다보기 활동 종합하기

수업전략 들여다보기 과정에서는 수업모형 선정분석, 강의식 수업모형 분석, 토의식 수업모형 분석 등으로 각각 자신의 수업에 대해서 들여다보기 활동이 끝나면 종합정리 활동으로 학습자, 학습내용 및 매체, 학습 환경 간의 잘못된 결합을 정리해야 한다.

앞서 제시한 다양한 수업모형 분석도구 중에 프로젝트 학습 모형 분석결과 예시를 통해 잘못된 결합을 정리해 보면 [그림 10-10]과 같다.

앞서 제시한 프로젝트 수업모형 운영에 있어서 효과적으로 일어날 수 없는 부분에 있어서 불일치되는 부분을 살펴보면, 학습자와 교수자의 불일치로서 교사의 개입전략(비계 설정)과 학생의 참여전략, 교사의 교수양식과 학생의 학습양식(자기주도성), 학습동기와 동기전략, 학습평가 전략 간의 불일치, 학교환경과 추구하는 수업전략(전시활동 어려움), 자기주도적 학습능력(자기주도성)과 내용표상방식(창의적 표현능력 한계) 불일치 등으로 파악할 수 있다.

앞의 종합분석결과들을 정리하여 수업적 결합의 오류 그림을 그리면 다음과 같이 정리할 수 있다. 이들 결합의 오류들을 중심으로 왜 이런 현상이 발생하고 이를 개선하기 위한 전략들은 어떤 것들이 있는지 지속적인 성찰활동이 필요하다.

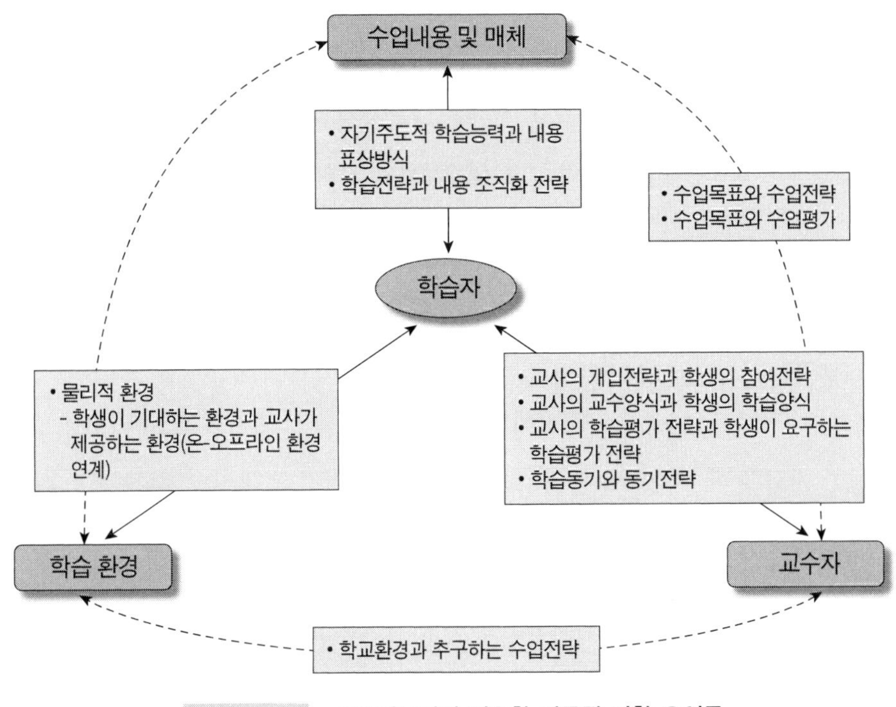

그림 10-10 _ 들여다보기에 기초한 잘못된 결합 요인들

3. 수업 새롭게 경험하기

지금까지 수업 되돌아보기와 들여다보기 활동을 통해서 수업전략에 대한 기초적인 지식과 자기성찰로 과거 자신의 수업과 현재 자신의 수업을 진단 · 분석해 보았다. 그렇다면 이제 실제 수업전략 향상을 위한 배움 디자인으로 새롭게 수업에 적용해 보기 위한 구체적 전략을 알아보고, 수업에 적용하는 과정에서 실시간 적응적으로 적용해 보는 전략도 함께 다루어 본다. 그리고 새롭게 적용한 배움 디자인을 성찰해 보는 과정도 다루면서 지속적 발전 가능한 수업모형도 함께 고민해 본다.

1) 수업전략 증진을 위한 배움 디자인

앞서서 수업 되돌아보기와 수업 들여다보기 활동을 통해서 수업모형의 선정원리, 강의식 수업, 토의식 수업, 협동학습 JigsawII, 프로젝트 학습 모형을 다루면서 교사 자신의 수업에 대해서 객관적인 분석을 통해서 자기성찰의 기회를 제공하였다. 그러한 자기성찰 기회를 통해서 각각의 수업모형에 대한 효과적인 운영전략도 구체적으로 살펴봄으로써 어떤 점에서 지속적으로 개선해 나가야 할지를 파악해 보았다. 이에 본 절에서는 강의식 수업전략을 보다 더 개선하기 위한 전략으로서 요즘 부각되고 있는 배움중심수업에 초점을 둔 게임식 수업과 거꾸로 수업 모형, 하브루타를 중심으로 살펴보고, 이를 새로운 수업에 적용해 보기 위한 구체적인 실천적 전략을 소개한다.

(1) 배움중심전략으로서 게임식 수업

게임활동은 학습자들에게 지금까지 배운 것을 적용하고 시험해 보는 기회를 제공하고 때로는 자료를 체계적으로 수집, 분석, 평가하여 결정을 내리고, 다른 사람과 협력하는 법을 배울 수 있도록 한다(유승우 외, 2012).

게임식 수업은 학습자가 학습내용과 관련된 규칙 내에서 경쟁적인 요소를 첨가하여 학습목적이 달성될 수 있도록 재미있게 구성한 학습방법으로, 경쟁적이고 도전적인 특징을 갖는다. 즉, 게임에는 결과나 피드백이 즉시 주어지며 경쟁적이고 도전적이거나 적대적인 관계 요소가 첨가되어 있으며 학습자의 통제하에 긴밀한 상호작용이 이루어진다. 게임을 통해 학습자는 학습목표를 달성할 뿐 아니라 다른 동료 학습자들과의 커뮤니케이션 기술(다름 사람과 더불어 활동하기, 다름 사람을 활용하기, 집단 의사결정, 팀 리더의 역할)과 협동, 경쟁심, 인내심, 규칙 준수 등을 학습할 수도 있다.

일반적으로 면대면 수업 중에 쉽게 활용할 수 있고, 다양한 매체나 자료 준비를 최소화할 수 있는 게임수업전략으로서 '팀공격방어게임' '야구식 게임' 그리고 '옥션게임' 수업전략을 다룬다. 이러한 세가지 전략은 강의식 수업을 70~80% 적용한 후에 20~30% 정도를 병행한다면 학생들의 집중도가 높아질 것이다.

첫째, 팀공격방어게임이란 4~5명 구성원 중심으로 팀을 구성하여, 팀별로 학습과정 후 팀별 적용 또는 종합적 사고를 요하는 문제를 만든 후에, 상대팀과 팀원 선정 문제를 통한 공격과 방어 활동을 통해 게임이 진행된다. 이때 중요한 것은 보상체제인데, 문제를 잘 만드는 팀과 문제를 잘 해결하는 팀 모두에게 적절한 보상이 제공되어야 한다. 특히 팀공격방어게임은 학생들이 주도가 되는 활동으로서 주로 단원이 끝날 무렵에 활용하는 것이 효과적일 수 있다.

팀공격방어게임 수업전략은 다음과 같다.

① 모둠 내 구성원이 문제를 출제한다.(수업 이전 또는 수업시간에 출제)
② 문제를 종이에 작성하여 종이공을 만들어 다른 모둠의 구성원 누군가에게 던진다.
③ 공을 맞은 학생이 답을 했을 때, 정답일 경우에는 그 팀에게 방어점수를, 그리고 종이공의 문제가 좋은 질문일 경우에는 질문을 만든 팀에게 교사가 점수를 부여한다. 이때 답을 하지 못할 경우에는 해당 모둠의 다른 구성원이 답을 말할 수 있는 기회를 제공하고, 그럼에도 불구하고 답을 못할 경우에는 다른 모둠에게 답할 수 있는 기회를 제공한다.
④ 점수부여: 예) 답을 잘한 모둠(스티커3), 질문을 잘 만든 팀(스티커2), 개별보상(스티커 1~2개 정도)

둘째, '야구게임식 수업'은 야구의 법칙을 그대로 사용하여 학습자 주도의 학습이 이루어지도록 하는 수업전략으로 다음과 같은 활동이 이루어진다.

① 학생들을 적당한 숫자에 맞게 팀을 구성하고 팀별로 팀명을 정하도록 하면서 팀 내 응집성을 높이는 활동을 실시한다. 그리고 팀에서 감독을 반드시 선임하도록 한다. 이때 학생들을 팀으로 구성할 때, 5명 이상이 되지 않도록 구성한다. 지나치게 많은 학생들이 팀으로 구성되면 문제를 만드는 과정에서 무임승차를 하는 경우가 발생하게 된다.
② 팀이 정해지면 팀별로 문제의 난이도에 따라 1루타, 2루타, 3루타, 홈런 문제를 만들어 오도록 요구하되 반드시 개별적으로 학생 스스로 문제를 만들어 오도록 요구해야 한다. 이때, 유형별로 10문제 이내로 만들어 오게 하고, 팀 간 문제에 대한 정확도를 서로 판단한 후에 문제를 확정짓는다.
③ 수업시간에 교실공간이나 야외 공간을 이용하여 홈, 1루, 2루, 3루를 만들어 게임을 위한 환경을 조성한다.
④ 공격팀과 방어팀을 만들어서 공격팀의 경우 타순을 정하여 홈 플레이트에 서서 자신이 문제의 난이도에 따른 1루 문제에서 홈런 문제까지 선택하도록 한다. 방어팀은 모든 구성원들이 돌아가며 공격팀이 제시한 문제 난이도에 따라 팀별로 준비한 또는 자신이 준비한 문제를 제시한다. 즉, 타자역할은 공격으로서 문제선정과 풀이를, 투수역할은 방어로써 문제를 제공하는 역할을 하게 된다.
⑤ 만일 문제를 맞히면 문제 난이도에 따라 루상으로 진출하고 틀리면 아웃 처리되어 쓰리아웃 될 때까지 공격을 실시한다.
⑥ 게임진행은 시간에 따라 몇 회가 결정되겠지만, 수업 중에는 3회 이내의 공격과 방어가 이루어지는 것이 지루하지 않게 진행할 수 있다. 또한 토너먼트 방식에 따라 게임이 진행되도록 한다.
⑦ 무엇보다 중요한 것은 쓰리아웃이 되기 전에 관중을 대타로 활용하여 집중도를 높일 수 있는 전략을 활용할 수 있도록 한다. 또한 쓰리아웃이 된 문제들의 경우에는 관중들에게 그 문제를 맞힐 수 있는 기회를 제공해 주어 함께 참여할 수 있도록 유도한다.
⑧ 교사는 게임 진행 중에 심판으로서 역할을 수행하며 특히 문제정확성에 있어서 검토해 주

도록 한다. 또한 교사는 우승팀에 대한 적절한 보상과 더불어, 대타관중에게도 개별보상을, 마지막으로 문제를 가장 잘 만드는 팀에게도 보상을 제공할 수 있도록 한다. 이때 보상물은 게임에 몰입할 수 있도록 학생들과 상의해서 결정하는 것이 효과적이다.

셋째, 옥션게임은 교수자와 함께 하는 게임활동으로서 개념이나 원리 등을 정확하게 익혀야 할 때 활용할 수 있다. 그 전략은 다음과 같다.

① 교수자가 개념이나 원리에 대한 문제를 제시한다.
② 어떤 한 모둠이 답을 말할 때, 그 답보다 더 나은 답이 있을 경우에는 다른 모둠에서 계속 도전한다. 이때 교수자는 경매처럼 1, 2, 3을 외쳐 준다.
③ 낙찰이 된 답이 (그럼에도 불구하고) 미흡하거나 부족할 경우, 반드시 교사가 보충설명을 제공한다.
④ 점수부여: 예) 낙찰된 답의 개수를 통해서 우승모둠(스티커3), 준우승모둠(스티커2), 도전노력모둠(스티커1) 등

수업시간에 이해하기 힘들거나 어렵고 지루한 내용을 참아 내기보다는 게임식 수업을 통해서 재미를 추구하면서 배움이 자연스럽게 일어날 수 있는 하나의 방안으로 간주될 수 있다. 특히 강의식 수업에 조금의 변화를 원하는 교사라면 강의식 수업 이후에 학습주제나 단원이 마무리될 시점에 야구식 게임이나 팀공격방어 게임을 활용하여 학생들이 학습한 내용을 복습할 수 있는 기회를 제공한다면 또 다른 경험으로서 재미를 느끼면서 배움이 일어날 수 있는 대안이 될 것이다.

(2) 배움중심전략으로서 하브루타 수업

하브루타는 유대인의 교육방식으로서, 최근에 초·중등 교육현장에서 부각되고 있는 하나의 수업모형으로 활용되고 있다. 하브루타 방식은 토론을 통해 얻은 결과가 아닌 '과정' 자체가 중요하며, 바람직한 논의 방식을 체득할 수 있고, 특히 비판적이고, 논리적 분석 및 사고하는 능력이 함양된다고 한다. 뿐만 아니라, 자신의 아이디어와 경험이 다른 사람의 생각과 합쳐서 두뇌가 역동적으로 작용하여 창의적 문제해결방법도 도출할 수 있다는 점에서 상당히 의미 있는 수업전략으로 활용되고 있다.

하브루타는 동료학습자들과 함께 공부하기 위한 하나의 접근으로서, 특히 질문으로 시작해서 서로 가르치고 배우는 과정을 통해서 말하면서 하는 수업방식이다. 이때, 하

브루타는 둘에서 넷으로, 넷에서 여섯, 여섯이 열이 되어 가면서 점진적으로 학급 전체가 서로 동료교수가 되는 모습을 지향하고 있다. 기본적으로 하브루타는 기존 수업방식 30~40분 하고, 친구에게 가르치기 10분 활용하다가 점진적으로 친구가르치기 활동이 기존 수업방식보다는 확대되어 가는 접근으로 진행할 수 있다. 이러한 수업전략은 다양한 형태로 적용되지만, 가장 대중적이고 보편적으로 적용가능한 수업모형으로서 '질문 만들기' 하브루타와 '문제 만들기' 하브루타가 있다(하브루타수업연구회, 2015a, 2015b; DR하브루타교육연구회, 2016; 심대현 외, 2016).

첫째, 질문 만들기 하브루타는 수업 중에, 어떤 개념이나 원리를 학습해야 할 경우 교수자의 주도적인 설명보다는 학생들이 교재나 인쇄물, 또는 개념이나 원리가 반영된 그림 등을 읽거나 보고 직접 질문을 만들어 보는 활동으로 수업을 이끌어 나가는 것이 핵심이다.

이때, 교수자는 학생들이 만든 질문의 수준을 판단하지 말고, 어떤 질문도 수용할 수 있어야 한다는 점을 먼저 주의해야 한다. 다만, 학생들이 만든 질문에 혹시, 교수가 의도한 학습내용이 없다면 반드시 보충, 심화설명이 필요하다. 또한 최고의 질문에 대한 외적보상을 반드시 제공해야 한다.

그리고 반드시 그 과정의 마지막에는 교수자의 피드백으로서 쉬우르가 활용되어야 한다. 쉬우르란, 학생들끼리 질문, 대화, 토론, 논쟁을 한 후에 교사가 전체 학생과 질문, 대화, 토론을 하면서 학생들이 빠트린 내용에 대해 질문을 던지며 좀 더 심화된 생각을 이끌어 내는 과정이다.

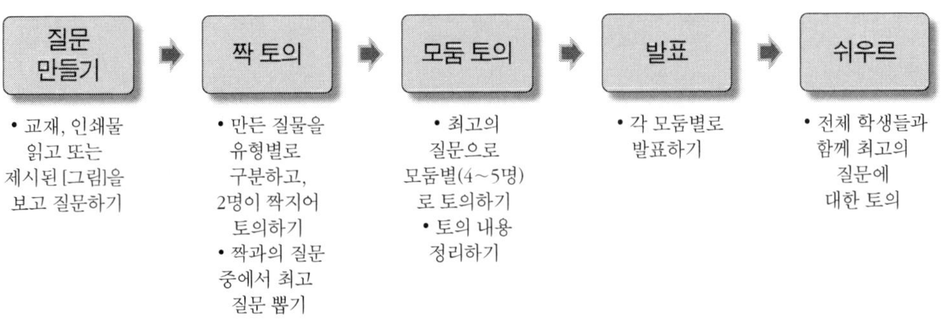

둘째, 문제만들기 하브루타는 단원이 마무리되어 교수자가 학생들의 이해도를 분석하고자 할 때, 또는 학생들이 스스로 정리하는 활동을 하도록 원할 경우 효과적으로 활

용 가능하다.

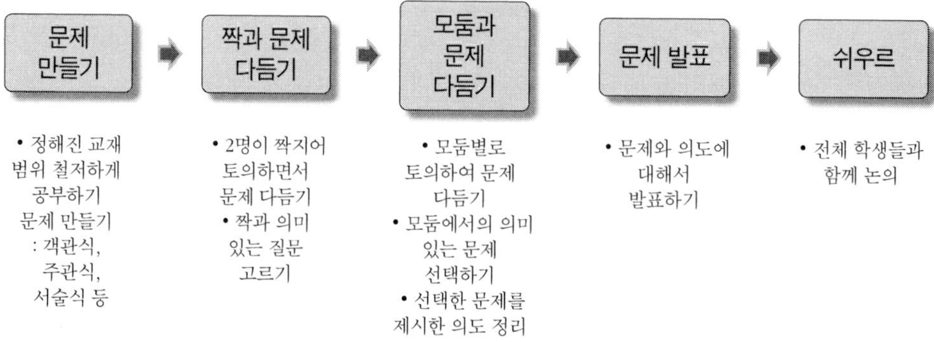

(3) 배움중심전략으로서 거꾸로 수업

거꾸로 학습은 영어로도 flip teaching, flipped classroom, backwards classroom, flipped classroom, reverse teaching과 같은 다양한 용어로 사용되고 있으며 한국에서도 거꾸로 수업 또는 역진행 수업 혹은 학습 등으로 번역되어 다양한 용어로도 사용되고 있다. 거꾸로 학습은 전통적인 수업을 보다 학습자 중심의 능동적인 학습으로 바꾸는 대표적인 전략으로 집과 학급에서 이루어지는 활동이 서로 바뀌어 일어난다고 해서 거꾸로(flip)라는 의미를 사용한다. 거꾸로 학습은 2007년에 미국 한 고등학교 화학 교사인 Bergmann과 Sams가 운동부 학생들의 수업을 보충하기 위해 강의 비디오를 만든 아이디어에서 출발한 것으로 알려져 있다(Bergmann & Sams, 2012). 하지만 거꾸로 교실은 정해진 하나의 모형이 있는 것이 아니라 사전에, 즉 집에서 학습을 미리하고 교실에서는 학습한 내용을 실습해 보는 수업형태를 지칭하는 매우 광범위한 용어로 사용된다.

거꾸로 수업은 혼합형 학습(blended learning) 형태로 수행되며 학습자들이 새로운 내용을 집에서 비디오 형태의 강의를 통해 온라인으로 수강하고 학급에서는 학습과제를 교사의 보다 개인화된 도움과 다른 학생들과의 역동적인 상호작용을 통해 수행하면서 학습이 이루어지는 것을 의미한다(Wikipedia, 2014). 따라서 거꾸로 학습이란 테크놀로지의 도움을 받아 전통적인 교실과 집에서 이루어지던 활동을 역전시킨 것으로 일종의 교육혁신이라고 말할 수 있다. 이때 주목해야 할 것은 테크놀로지의 도움이다. 테크놀로지는 단지 기존 수업에서 테크놀로지를 전달의 도구로 사용한 것이 아니라 교사중심의 수업을 학습자 중심의 수업으로 바꾸는 수업을 혁신하는 도구로 사용되었다는 점이다.

기존 수업과 거꾸로 수업을 비교하면 〈표 10-29〉와 같다.

표 10-29 기존 수업과 거꾸로 수업의 비교

	기존 수업	거꾸로 수업
수업 전	• 학생들에게 읽을 과제 부여 • 교사는 수업준비	• 학생들 사고촉진 질문과 학생들의 질문꺼리를 모으는 학습모듈에 의해 학생들 안내 • 교사는 학습경험을 설계
수업 초기	• 학생들은 무엇을 해야 하는지에 대한 제한된 정보를 가짐. • 교사는 무엇이 도움이 되는지에 대한 일반적인 가정을 가지고 있음.	• 학생들은 그들의 학습을 안내할 구체적인 질문들을 가지고 있음. • 교사는 학생들이 가장 도움을 필요로 하는 곳을 예상할 수 있음.
수업 중	• 학생들은 수업을 따라감. • 교사는 모든 수업자료를 커버하려고 노력함.	• 학생들은 자신들이 학습해야 할 기술들을 연습함. • 교사는 학습과정을 피드백과 소규모 강의를 통해 안내
수업 후	• 학생들은 과제를 하고 지연된 피드백이 주어짐. • 교사는 지나간 과제를 평가함.	• 학생들은 명확한 설명과 피드백에 기초하여 지속적으로 자신들의 지식과 기술을 적용 • 교사는 추가적인 설명과 필요한 자원을 온라인에 올리고 높은 질의 과제를 채점
일과 시간	• 학생들은 무엇을 공부해야 하는지에 대한 정보를 원함. • 교사는 강의 때 했던 내용을 반복함.	• 학생들은 어디서 자신들이 필요한 도움을 얻을 수 있는 능력 습득 • 교사는 지속적으로 학생들의 보다 깊은 이해를 안내

출처: Center for Teaching and Learning, University of Texas Austin flipped learning.

거꾸로 학습을 효과적으로 설계하고 실행하기 위해서 Kim, Kim, Khera, & Getman(2014)은 몇 가지 지켜져야 할 설계 원리를 제공하고 있는데 이를 수정한 것이 〈표 10-30〉이다.

표 10-30 거꾸로 학습 설계 원리

범주	설계원리
교사 맥락	• 학생들에게 수업준비를 위한 인센티브를 제공하라. • 학생들의 이해도를 진단할 수 있는 방법을 제공하라. • 개인 또는 집단과제에 대한 즉각적이고 적절한 피드백을 제공하라.
학생 맥락	• 학생들에게 과제 수행을 위한 충분한 시간을 제공하라.
사회적 맥락	• 학습공동체를 구성하라. • 친근하고 쉽게 접속할 수 있는 테크놀로지를 제공하라.
인지적 맥락	• 학생들에게 수업 전에 수업내용을 처음 접할 수 있는 기회를 제공하라. • 교실 내와 교실 밖 활동 간 분명한 연결을 제공하라. • 명확히 정의되고 잘 구조화된 안내를 제공하라. • 수업활동에서는 고차원적 사고 촉진에 초점을 두라.

거꾸로 학습은 특별히 정해진 모형을 의미하기 보다는 매우 광범위한 원칙을 제공하는 수준이다. 가장 많이 알려진 모형 중 하나가 Queensland 대학교(Aronson, Intern, Kari, & Arfstrom, 2013)에서 사용하는 모형으로 개념탐구, 의미형성, 시범과 적용의 3단계가 있다.

① 개념탐구 단계

첫번째 단계인 개념탐구 활동은 주로 가정에서 이루어지며 때에 따라서는 학교 미디어실에서 이루어질 수 있다. 일반적으로 거꾸로 학습에서는 학습할 주요 내용들을 비디오 형태로 제작하여 학습자들이 언제 어디서든 접근하여 학습이 이루어질 수 있게 한다. 하지만 비디오로만 제한하기보다는 다양한 웹사이트, 오디오 파일, 시뮬레이션, 또한 읽을 거리 등 다양한 형태로 제공할 수 있다. 중요한 것은 길지 않고 핵심적인 내용을 중심으로 간결하고 명료한 설명이 이루어져야 한다. 비디오의 경우 1차시 수업은 10분을 넘지 않는 것이 좋다. 이때 중요한 것은 앞에서 기술된 원칙에 따라 학생들이 미리 학습을 하도록 인센티브를 제공하는 것이 중요하다. 그렇지 않으면 집에서의 사전학습이 전혀 이루어지지 않아 교실에서의 수업도 이루어지지 않을 수 있기 때문이다.

② 의미형성 단계

두 번째 단계는 의미형성 단계이다. 이 단계에서는 학습자 스스로 개념탐구 과정에서 학습한 내용을 스스로 정리할 수 있는 활동을 제공하는 것이다. 학습자 스스로 배운 내용을 가지고 퀴즈를 치거나, 마인드맵 만들기, 성찰일지 작성, 블로그 작성, 온라인 토론, UCC 만들기 등 다양한 형태로 학습한 내용을 정리할 수 있다. 이들 다양한 미디어를 활용한 학습의 경우 다양한 성찰적 질문을 통해 학습자 스스로 자율적인 학습이 이루어지도록 도움을 주어야 한다. 이것은 앞에서 기술한 잘 구조화된 안내를 제시해야 하는 설계 원리를 따르는 것이다. 만일 학생들의 연령이 낮을수록 성찰적 질문과 같은 안내 활동이 잘 구조화되어 있어야 한다. 대표적인 성찰적 질문은 다음과 같다.

- 학습과정에서 어떤 내용이 중요하고 중요하지 않는지 어떻게 결정하는가?
- 미디어 학습에서 무엇을 학습하였는가?
- 미디어 학습에서 배운 내용과 자신의 삶과 어떤 연관성을 찾게 되는가?
- 미디어 학습내용 중 어떤 부분을 동의하거나 동의하지 않는가?
- 미디어 학습내용 중 이해가 가지 않는 부분이 있다면 어떤 부분인가?
- 미디어 학습내용 중 자신의 사전 지식과 상충되는 부분이 있는가?

* 미디어: 교사가 제공한 학습자료를 의미함.

이때 중요한 것은 사전 활동에 대한 학생들의 이해도를 평가하기 위한 진단도구를 사용하면 좋다. 사전 이해도 진단의 목적은 학생들이 어떤 내용을 잘 준비하여 수업에 참여하고 어떤 부분에서는 미흡한지 그리고 몇 퍼센트의 학생들이 어떤 영역에서 준비가 부족한지 등에 대한 정보를 얻을 수 있기 때문에 교실에서의 수업활동 설계에 많은 정보를 줄 수 있다. 만일 성찰적 질문의 내용들이 온라인 시스템에서 자동화되어 있다면 교사들은 학생들이 이해하지 못한 부분들을 쉽게 찾아내어 이들에 초점을 둔 수업활동을 할 수 있고, 또한 특히 특정 영역에서 뒤떨어지는 학생들에 초점을 둔 수업활동이 가능해질 수 있다.

③ 시범과 적용 단계

이 단계는 주로 교실 수업에서 이루어지게 된다. 교실 수업에서는 사전에 학생들이 학습해 온 내용을 확인하고 이를 시범 보이거나 실제 문제를 중심으로 적용해 보는 활동을 하게 된다. 수업활동은 수업내용과 학생들의 수준 그리고 주어진 시간 등의 여건에 따라 개인화된 프로젝트, 문제중심학습(PBL), 역할극, 실험, 프레젠테이션, 협동학습, 토론, 동료교수 등 다양한 형태로 활동을 할 수 있다.

이때 중요한 것은 교사는 반드시 학생 혹은 집단 활동의 결과에 대해 즉각적이고 적절한 피드백을 주어야 한다. 그리고 학생들이 충분한 시간을 가지고 과제를 수행할 수 있도록 하여야 하며 학습자들 간에 학습 공동체를 구축하여 서로의 학습을 위해 협력적 관계를 형성할 수 있도록 도와주어야 한다. 또한 교실 내 활동과 교실 밖 활동 간에 분명한 연결이 이루어질 수 있도록 수업설계와 촉진 활동이 이루어져야 한다. 즉, 교실 밖에서 학습한 내용을 중심으로 교실 수업에서는 시범과 적용활동이 이루어질 수 있도록 해야 한다. 마지막으로 교실 수업에서 중심이 되는 활동은 고차원적 사고를 촉진하는 데 초점이 있어야 한다.

여기에서 주로 다루고 있는 수업모형을 모든 수업에서 무조건 활용하자는 것이 목적이 아니라, 수업상황에 유용하게 적용하기 위해서 게임식 수업, 하브루타, 거꾸로 수업모형에 대한 지식과 그 활용원리를 안내한 것이다. 이미 앞서 강조했듯이, 반드시 모든 수업모형이 효과적으로 적용되려면 전제는 수업모형 선정 원리에 제시한 것처럼, 수업목표, 학습자, 학습 환경에 부합되면서 효과성, 효율성, 매력성을 고려해야 함을 반드시 기억해야 할 것이다.

2) 수업전략 증진을 위한 적응적 수업하기

수업전략 증진을 위한 적응적 수업하기는 크게 두 가지 의미가 있다. 첫째, 어떠한 수업모형을 적용하더라도 학습자들의 사고의 수준을 고려해서 실시간적으로 수업을 전략적으로 변화하려는 접근이다. 즉, 수업모형과 연계하여 변화를 추구하는 것이다. 둘째, 선정된 수업모형을 수업에 적용하는 과정에서 지속적으로 모니터링하고 이들 변화에 따라 수업을 적응적으로 변화시킨다는 관점이다. 하지만 수업모형은 사전에 어느 정도 설계가 되어 그 과정이나 단계에 따라 실천이 되므로 갑작스럽게 수업모형을 다르게 적용하는 것이 쉽지는 않다. 따라서 선정된 수업모형이 실제 나의 수업 문제를 해결할 수 있는지를 확인하고 검증하는 활동을 수행하는 접근이다. 즉, 수업을 실제 해 본 결과, 선정된 수업모형이 어떤 효과가 있고, 문제점이나 한계점이 있는지, 그리고 어떻게 개선되어야 할지에 대해서 기록하고 이를 종합하는 하는 성찰적 활동을 수행하는 것이다. 이러한 과정이 누적적으로 이루어진다면 최선의 수업모형이 선정될 뿐만 아니라, 효과적으로 수업모형이 적용될 수 있는 역량이 길러질 것이다.

(1) 사고의 수준을 고려한 수업전략으로 적응적 수업하기

수업은 매우 역동적 특성이 있기 때문에 수업을 실행하는 과정에서도 수업환경과 학습자 상태의 변화에 따라 수업은 변화해야 한다. 수업전략 증진을 위한 적응적 수업을 위해 가장 중요하게 고려해야 할 요인이 바로 학습자들의 사고의 수준이다. 여기서 의미하는 학습자들의 사고의 수준이란 어떠한 학습과제나 활동이 사고의 정교화를 요구하는지, 사고의 탐색을 요구하는지, 사고의 공유를 의미한다. 이러한 사고의 수준에 따라서 수업전략이 개인별, 모둠별, 전체 학급차원으로 구분지을 수 있다.

[그림 10-11]에 제시된 것과 같이, 사고의 정교화에서 요구하는 활동은 학생 개인별로 자신의 학습속도에 맞춰서 자신이 알고 있는 내용을 최대한 끄집어 내어 이해하는 활동을 의미하고, 사고의 탐색을 요구하는 활동은 개인별로 사고했던 내용을 다른 동료들과 검증해 보거나 또는 심도 있는 논의 또는 합의된 사고를 도출한다거나 의사결정을 필요로 할 때 일어나는 활동이며, 마지막으로 사고의 공유에서 요구하는 활동은 학생 전체를 대상으로 생각을 열어 주거나 전체 학생들의 호기심을 자극할 때, 무엇보다도 모둠활동이 끝난 후에 모둠 간의 모든 생각들을 통해 공유된 사고를 개발한다거나 수업에서 다루었던 내용을 종합정리할 때이다. 어떠한 수업모형을 사용하더라도,

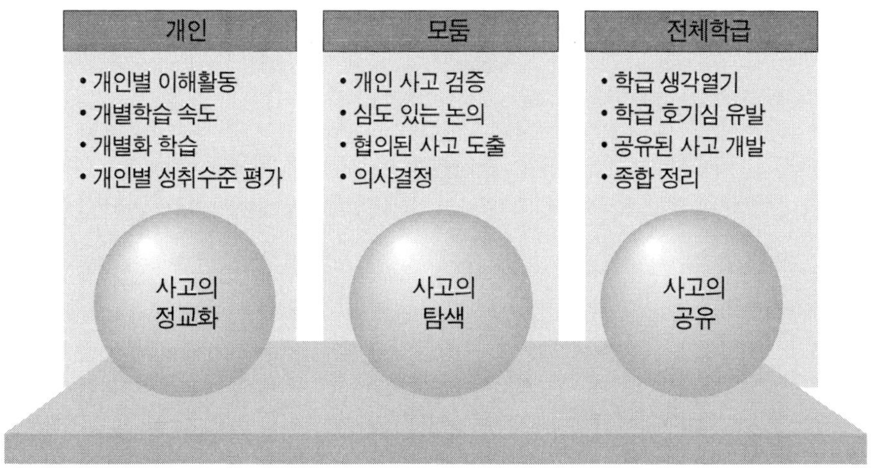

그림 10-11 _ 개인, 모둠, 전체학급 수준에서 수업전략을 고민하기

학습자의 사고의 수준을 요구하는 활동에 따라 개인, 또는 모둠, 그리고 전체 학급차원에서 이루어져야 한다는 것을 명심해야 한다.

어떤 과제를 해결해야 한다고 가정하자. 무조건 협동학습이나 프로젝트 학습을, 거꾸로 학습을 실시하기보다는 전체 학생들의 호기심을 유발시킨 후에 학생들이 어느 정도 알고 있던 바를 끄집어 낸 다음에 주어진 과제에 대해서 스스로 혼자 먼저 생각할 수 있는 시간을 충분히 준 후, 그 생각을 함께 동료들과 검증해 보고, 그것을 다시 전체 학생들과 공유하는 시간을 갖게 한다면 학생들의 사고의 수준을 고려하면서 이해도까지 증진시킬 수 있는 접근이 될 것이다. 다시 말하면, 수업모형 자체만으로 학습목표를 달성하기 위한 충분한 학습경험을 제공할 수 있을 수 있겠지만, 그러한 수업모형이 학생들의 사고의 수준을 고려하면서 진행이 된다면 보다 효과적인 수업이 될 것이다. 특히, 협동학습, 프로젝트 학습과 같이 모둠활동만을 강조하거나 강의식 수업과 같이 전체 학급 차원이나 개별학습만을 강조하기보다는 학습자의 사고의 수준에 입각하여 그 접근을 조금 달리할 수 있도록 한다.

(2) 새로운 수업모형 적용에 의한 적응적 수업하기

수업전략 증진을 위한 적응적 수업하기에서 교사는 지속적인 성찰이 필요하다. 즉, 앞서 언급했듯이 수업을 실제 해 본 결과, 선정된 수업모형이 어떤 효과가 있고, 어떤 문제점이나 한계점이 있는지, 그리고 어떻게 개선되어야 할지에 대해서 기록하고 이를 종합하는 성찰적 활동이 필요하다. 이에 앞 장에서 활용한 수업에 대한 성찰일지를 활용하여 수업을 마치고 다음과 같은 성찰일지를 작성해 볼 수 있다.

성찰일지

수업일시: 20○○년 ○○월 ○○일, 2교시

□ 새롭게 적용한 수업모형 전략
- 게임식 수업 중, 팀공격방어게임

□ 새로운 게임식 수업의 팀공격방어게임 전략의 긍정적/ 부정적 영향

긍정적 영향	부정적 영향
• 학생들이 문제를 낼 때 상당히 신중하게 내려고 고민을 많이 하다 보니 소극적인 학생들도 적극적으로 참여함.	• 다소 산만했던 분위기 • 가끔 지나치게 경쟁적인 분위기로 학생들 간에 갈등이 일어나기도 함.

□ 개선방향
- 경쟁적인 분위기가 지나치지 않도록 학생들 간에 서로 지켜야 할 규칙 만들어 보기

□ 고민 사항
- 산만한 분위기라고 해야 할지, 아니면 역동적인 분위기로 이해해야 할지에 대한 고민

성찰과제

- 수업모형 영역에서 가장 시급하게 해결해야 할 자기수업컨설팅 과제는 무엇인가?
- 수업모형을 선정하기 위해서 내가 알아야 할 내용은 무엇인가?
- 수업모형 중 내가 부족하게 알고 있는 수업모형은 무엇인가?
- 내가 활용한 수업모형에 대해서 정확하게 그 활용원리를 적용했는가?
- 다소 미흡하게 활용했던 수업모형이 있다면, 어떤 전략으로 보완할 수 있을까?

제11장

수업매체 활용 향상을 위한 자기수업컨설팅

수업 에세이

[수업일지]

오늘 학교 연구실에서 양 선생님과의 대화를 통해 많은 것을 느꼈다. 평소 자신이 담당하고 있는 학급의 학생들과 소통과 협력을 위해 SNS를 사용한다는 것이었다. 그리고 의도적으로 학습과 관련된 과제를 제시하거나 호기심을 자극하는 문제를 게시하여 학습도 한다는 것이었다. 그러면서 SNS가 학생들의 학습을 촉진하는 유용한 매체가 될 수 있다는 말도 덧붙였다. 학습을 촉진하는 효과 외에도 SNS를 통해 학생들과 정서적으로 교감함으로써 더욱 친밀감을 느끼고 건강한 학교공동체를 구축하는 데 도움이 된다고도 하였다.

나를 돌아본다. 변화 없는 단조로운 나의 수업이 떠올랐다. 그동안 나는 교과서가 최고의 수업자료라고 생각하고 강의식의 수업을 고집해 왔다. 공개수업이 있을 때면 파워포인트를 활용하여 수업을 진행하는 정도였다. 그런데 양 교사는 최근에 부각되고 있는 매체들을 교육적으로 활용하기 위해 다양한 노력들을 하고 있었다. SNS를 통해 학생들과 정서적으로 교감도 하고 있었다. 나는 인터넷 검색을 통해 매체의 교육적 효과가 어떠한 것들이 있는지 알아보았다. 그 결과는 정말 놀라울 정도였다.

매체의 교육적 효과는 학생들의 동기를 유발하는 데 효과적이라는 것이었다. 또한, 어떤 내용을 전달할 때 어떤 매체에 담는지에 따라 전달되는 파급 효과나 교육적 영향도 달라질 수 있다는 언급도 있었다. 어떤 교사들은 인터넷을 하다가 눈에 띄는 사진, 동영상, 애니메이션 등이 보이면 교육적으로 어떻게 활용할지에 대한 고민을 한다는 사례도 있었다. 더불어, 그러한 자료들을 수집하는 도구로 블로그나 페이스북을 사용하고 있다는 것도 알 수 있었다.

나는 그동안 매체에 민감하지 못하였다는 것을 인식하였다. 수업에서 매체만을 맹목적으로 활용하는 것도 문제가 있지만, 이러한 매체들의 효과를 살리지 못한 수업도 시대적 변화와 학생들의 요구를 반영하지 못한 것이라는 성찰을 하게 되었다.

인포맵(InfoMap)

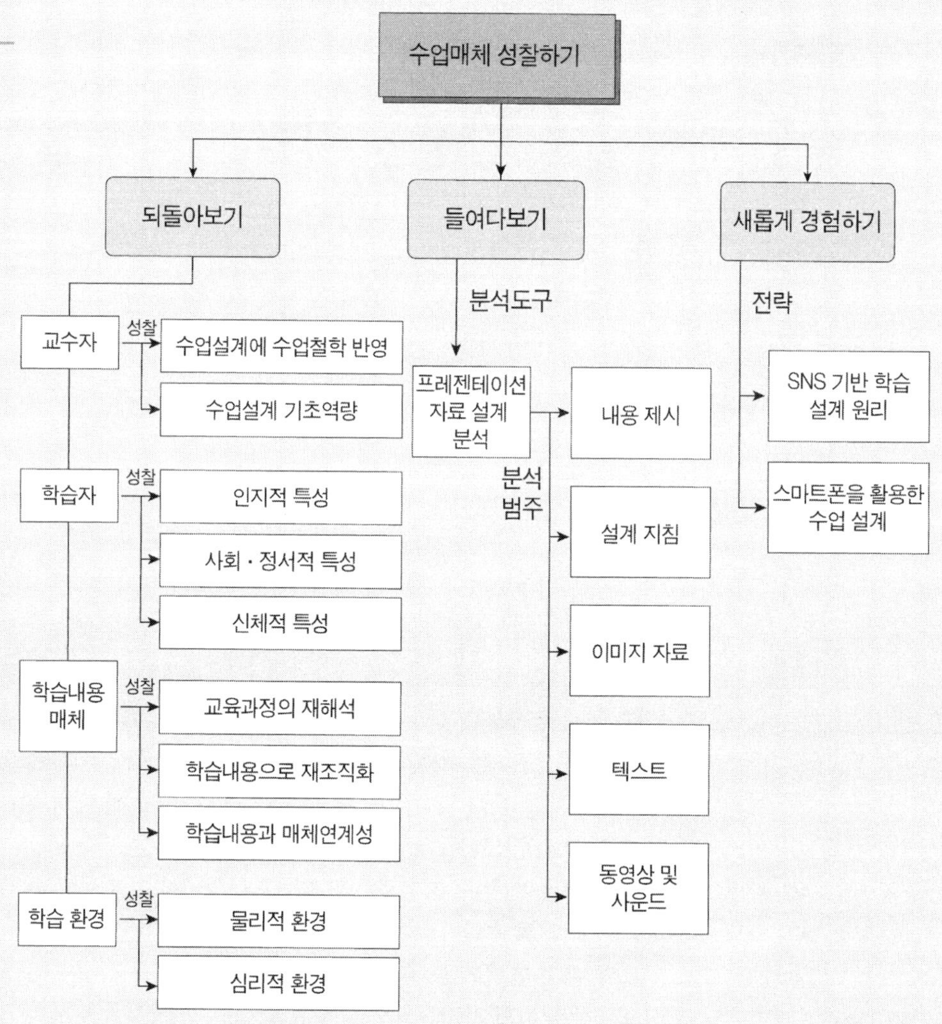

성찰목표

- 자신의 수업매체 활용 전략에 대해 되돌아볼 수 있다.
- 자신의 수업매체 설계 전략을 분석할 수 있다.
- 수업매체 적용을 위한 배움 디자인 및 적응적 수업을 할 수 있다.

1. 수업 되돌아보기

수업에서 활용되는 매체는 중요한 역할을 담당한다. 수업매체는 단순히 주요 학습 내용을 담는 기능을 뛰어넘어 학습자들의 학습과정과 결과에 영향을 미치는 교육적 역할을 담당한다. 수업매체는 수업의 효과성을 향상시키는 데 기여할 뿐만 아니라 효율성, 매력성에도 영향을 미치는 중요한 요소이다. 즉, 교수자는 수업목표를 달성하는 데 필요한 적절한 매체를 선정하여 효과적으로 활용할 수 있는 능력을 함양할 필요가 있다. 따라서 자기 수업에서의 매체 활용 실태를 성찰하고 수업매체를 효과적으로 선정하고 활용할 수 있는 자기컨설팅 활동이 필요하다.

1) 수업매체에 대한 이해

지금부터 수업시간에 수업매체 활용이 어떠한 의미를 가지는지 그리고 왜 중요한지를 살펴보기 위해 수업매체의 기본적인 개념, 종류, 그리고 특징 등에 대해 살펴볼 것이다.

(1) 수업매체의 개념과 속성

매체(media)는 medium의 복수형으로 의사소통의 채널을 말한다. medium은 라틴어 medius에서 나온 말로 무엇과 무엇의 사이(between)를 의미한다. 따라서 매체는 의사소통에 있어서 송신자(sender)와 수신자(receiver) 사이를 연결하는 매개체 혹은 전달체로서 필름, TV, 도표, 인쇄 자료, 컴퓨터 등이 이에 속한다. 이러한 일반적인 매체들이 수업내용을 전달하는 데 사용될 때 수업매체 혹은 교수매체라고 말한다. 매체 활용의 기본적인 목적은 필요한 정보를 보다 효과적이고 효율적으로 전달할 수 있도록 의사소통을 촉진시키는 것이다. 따라서 수업매체란 교육목표가 효과적이고 효율적인 방법으로 달성되도록 하기 위해 교수자와 학습자, 학습자와 학습자 사이에 필요한 의사소통을 도와주는 다양한 형태의 매개 수단이라고 정의할 수 있다.

권성호(1990)는 수업매체가 기술적 속성, 내용적 속성, 상황적 속성, 상징적 속성의 네 가지 속성을 가지고 있음을 언급하였다. 이러한 속성들은 서로 밀접한 관계를 맺고 있으며, 매체를 이용한 교수 · 학습의 상황에 영향을 미친다. 수업매체의 네 가지 속성에 대해 자세히 살펴보면 다음과 같다.

첫째, 기술적인 속성은 매체를 구성하는 재료 및 기기의 속성으로 정보의 전달 방법에 영향을 준다. 예를 들면, 라디오, TV 등은 전파를 통해 전달이 되며, 영사기, 녹음기, 투사기 등은 기계를 통해 전달된다. 이러한 기술적 속성은 기술의 발달과 함께 새로운 매체가 등장하게 되는 원인이 되며, 상황과 장소에 따른 매체의 선택과 효과에 영향을 미친다. 예를 들면, TV를 사용하는지 혹은 영사기를 사용하는지에 따라 메시지 전달의 범위와 학습자들의 참여도가 달라진다. 또한 컴퓨터를 이용할 때와 TV를 이용할 때는 공간의 활용과 상호작용의 가능성이 달라진다. 따라서 매체의 기술적인 속성은 새로운 전달 방법과 전달 내용을 포함하게 되며, 수업에의 활용 방법에도 영향을 미치게 된다.

둘째, 매체의 효과는 단순히 매체 자체의 기술적인 속성보다는 그 매체가 어떤 내용을 전달하느냐에 따라 달라질 수 있다. 예를 들면, TV나 컴퓨터가 어떤 내용을 전달하느냐에 따라 유용한 수업매체가 될 수도 있고, 청소년의 생활에 유해한 매체가 될 수도 있다. 또한 아무리 최신의 좋은 매체라 할지라도 전달하는 내용이 잘 설계되어 있지 않으면 그 효과는 기대에 미치지 못할 것이다. 그러나 동일한 내용을 전달할지라도 어떠한 매체를 통해 전달하느냐에 따라 그 효과는 달라진다. 따라서 효과적인 의사소통을 위해서는 전달 내용의 설계와 매체의 특성에 따른 전달 효과의 차이점을 고려해야 한다.

셋째, 상황적 속성은 메시지가 전달되는 사회적 환경이 매체의 효과에 영향을 미친다는 것이다. 동일한 매체가 전달되는 동일한 내용일지라도 그 매체를 활용하는 상황에 따라 의사소통의 효과가 달라진다. 예컨대, TV를 통한 학습 효과에 대한 연구에 따르면, 엄마가 아이와 함께 TV를 시청할 때 아이들이 더 많이 학습하는 경향이 있다. 교실에서도 교사가 학생과 함께 TV시청을 하면서 설명을 할 때 학생들은 학습을 더 잘하게 된다. 수업 장면에서 매체의 사용은 교사의 의도성과 계획성이 부여될 때, 더욱 큰 효과성을 발휘할 수 있음을 시사한다.

넷째, 상징적 속성은 매체에 따라 내용을 전달하기 위해 문자, 음성, 기호 및 언어 등의 특정한 상징체계를 사용한다는 것이다. 상징체계의 차이는 매체를 특징짓는 가장 중요한 속성으로 동일한 내용도 다양한 상징체계를 사용하여 전달할 수 있다. 상징체계는 실물을 그대로 나타내는 실물계와 그림의 형태로 나타내는 영상적 체계, 무용이나 동작으로 표상되는 활동적 체계로 구분될 수 있으며, 어떤 상징체계를 사용하느냐에 따라 메시지의 전달 효과가 달라진다. 예를 들면, 흡연이 건강에 좋지 않다는 내용을 음성으로만 설명하는 것과 실제 흡연이 신체에 미치는 영향을 생생한 영상을 통해 전달하는 것은 비록 동일한 내용이라 하더라도 심리적으로 미치는 영향이 달라지게 된다.

Bates(1993)는 매체마다 특성을 가지고 있어 학습상황에서 독특한 역할을 한다고 주장하고 있다. 그리고 이러한 주장의 근거로 효과적인 학습을 위한 매체의 역할을 아래의 네 가지 가정을 들어 제시하고 있다.

첫째, 개념에 대한 완벽한 이해를 위해서는 같은 개념을 다양한 방법으로 경험할 필요가 있으며, 같은 개념을 다른 매체를 통한 다양한 형태로 표현해 주는 것이 보다 심오한 개념학습에 필요하다. 예를 들어, 열에 대한 학습을 할 때 열을 언어적, 물리적, 숫자적, 개념적, 부호적으로 경험할 수 있다. 학습자들이 열의 개념을 학습할 때 '뜨겁다'와 같은 단어로 표현할 수 있고, 직접 뜨거운 물체를 만져 봄으로써 학습을 할 수 있다. 물론 온도계를 통한 숫자로 표현해 줄 수도 있고 개념 정의를 통해 가르칠 수도 있을 것이다. 이처럼 열을 학습하는 방법은 다양하다. 매체에 대하여 같은 개념을 다양한 표상과 경험을 통해 학습할 수 있는 도구를 정의할 수 있다는 측면에서 다양한 매체의 사용은 효과적인 학습의 수단이 된다.

둘째, 다른 학습기술을 개발하기 위해서는 다른 매체를 사용해야 한다. 이 가정은 Gagné, Briggs, & Wager(1992)이 주장하는 다섯 가지 다른 학습결과를 위해서는 각각 다른 학습조건이 필요하다는 이론과 맥락을 같이하고 있다. Salomon(1979) 같은 경우 지식의 습득과 기술의 습득을 구분하여 설명하면서 지식의 습득은 사용되는 매체와는 독립적이지만, 기술의 습득은 사용되는 매체에 의해 영향을 받는다고 한다. 예를 들어, TV와 활자화된 문서는 기술의 습득 과정에 각각 다른 영향을 미칠 수 있다. TV 같은 경우는 학습한 내용을 적용해 볼 수 있는 새로운 환경을 표상하는 데 효과적인 매체의 역할을 할 수 있다. 따라서 TV는 분석 기술, 지식을 새로운 사건에 적용해 보는 기술, 어떤 이론이 실제 상황에 얼마나 잘 적용되는지 평가하는 기술들을 학습하는 데 효과적이다. 하지만 문서의 경우 깊은 사고를 요하는 추상적인 지식과 기술의 습득에 유리할 수 있다.

셋째, 매체는 학습자가 특정 주제를 학습하는 과정에서 사용하는 사고의 유형과 부합될 수 있다. 즉, 특정 주제를 학습하는 데 학습자가 사용하는 사고의 유형을 어떤 매체가 다른 매체에 비해 더 잘 표상해 줌으로써 학습자들이 가질 수 있는 문제를 해결해 줄 수 있다. 예를 들어, 활자화된 문서는 추상적인 아이디어를 다루는 데에는 매우 효과적인 매체이다. 하지만 TV나 컴퓨터 같은 경우 학습자 스스로 만들어 낼 수 없는 시공간적 이미지를 제공해 줄 수 있다. 따라서 추상적이고 철학적인 내용은 활자화된 문서를 통해서 그리고 시·공간적 학습자료나 시간의 흐름에 따른 역사적 사실은 이들을 잘 표상해 줄 수 있는 TV를 통해서 학습하는 것이 효과적이다.

넷째, 학습을 효과적으로 이끌기 위해서는 학습자와 학습자 간, 학습자와 교사 간 그리고 학습자와 학습자료 간의 상호작용이 매우 중요하다. 그런데 매체마다 이러한 상호작용을 제공해 줄 수 있는 능력이 다르다. TV나 프린트물 등은 대표적인 한 방향 의사소통 매체이다. 그래서 한 방향 의사소통 매체를 사용할 때에는 다른 매체를 사용하여 피드백이나 반응을 제공해 주어야 한다. 특히 원격교육에서는 즉각적인 피드백이나 학습의 진도 그리고 학습과정상의 문제점과 효과적인 측면에 대한 정보를 제공해 주어야 한다. 학습자 간 상호작용을 높여 주거나 학습자와 학습자료 간의 상호작용을 극대화할 수 있는 대표적인 매체는 컴퓨터이다. 네트워크를 통하여 학습자 간 의사소통을 도울 수 있으며, 학습자의 사용 통제권과 프로그램화된 기능을 통하여 학습자 스스로 학습의 과정, 속도, 난이도 등을 조절할 수 있으며 학습자의 반응에 대한 즉각적인 피드백을 제공해 줄 수 있다.

(2) 수업매체의 역할

수업매체는 정확하고 효율적인 교육적 의사소통을 위한 매개체의 역할을 한다. 교수 행위와 학습행위도 하나의 나눔의 과정으로 볼 수 있기 때문에 수업매체는 이러한 나눔의 과정을 도와주는 전달 수단이 된다. Schannon과 Schramm(1964)의 의사소통 모형은 이러한 과정을 잘 나타내 주고 있다. 의사소통은 메시지를 만들어 보내는 송신자와 메시지를 받아들이는 수신자 간에 일어나는 현상이다. 의사소통 과정에서 송신자가 자신이 전달하고자 하는 지식이나 기술, 가치를 언어적·비언어적 또는 시청각적 형태로 제시하면 수신자는 그 기호를 해독하여 의미를 산출하고 이해한다. 이때 메시지는 의사소통의 채널을 통해 전달되는데 이 채널의 역할을 하는 것이 바로 매체이다. 매체는 시각, 청각, 시청각 등 여러 가지 상징체계를 이용해 메시지를 전달하게 되고, 어떤 상징을 사용하느냐에 따라 정보의 의미와 정확도가 달라질 수 있다. 이때 메시지의 정확성에 영향을 주는 요소가 잡음이다. 잡음은 교실 환경과 집단의 크기, 물

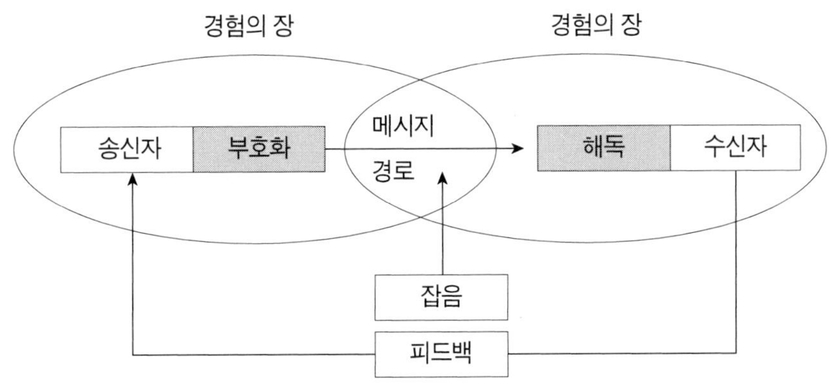

그림 11-1 _ Shannnon과 Schramm의 통신과정 모형

리적인 잡음뿐만 아니라 메시지나 매체의 정확성과 적절성 등 심리적인 소음도 포함한다. 따라서 잡음을 최소화시켜 주는 것은 결국 커뮤니케이션이 잘 이루어지도록 하는 것이며, 학습효과를 극대화하는 것을 의미한다. 수신자로서의 학습자는 감각을 통해 메시지를 받아들이고 메시지에 주의를 기울인 다음, 메시지를 해석하고, 평가하며, 메시지 내용을 보존하고 재생시켜 발신자, 채널, 환경, 잡음 및 메시지에 대해 반응하고 이에 대한 피드백을 제공하게 된다. 그런 피드백이 있어야만 교사는 학생의 반응에 따라서 투입을 조정하고 해독의 오류나 그 체제 안의 소음에 해당하는 제반 요소들을 줄이거나 제거할 수 있다.

실제 수업장면에서 수업매체가 어떠한 역할을 수행하는지 구체적으로 살펴보면 다음과 같다.

첫째, 수업매체는 학습자의 동기를 유발하는 데 효과적이다. 학습자들은 청각적인 자극보다 시각적인 자극에 더 민감하며, 시청각적 자극이 같이 주어질 때 학습의 효과가 더 높아진다(박성익, 임철일, 이재경, 최정임, 2015). 즉, 특정 감각만을 자극하기보다는 학습자들의 다감각을 자극하는 매체 사용으로 학습 효과를 더욱 증진시킬 수 있다. 예를 들어, 도덕 수업에서 '배려'에 대한 덕목을 가르칠 때, 교과서를 중심으로 배려의 개념, 다른 사람을 배려해야 하는 이유, 배려하는 사회의 필요성 등에 대한 내용을 직접적으로 설명하기보다는 배려와 관련된 동영상을 제공함으로써 학습자들의 주의를 집중시킨 후, 접근한다면 더욱 효과적일 것이다.

둘째, 수업매체는 학습 효과성을 향상시키는 데 효과적이다. Bruner에 따르면, 교수는 직접적인 경험에서부터 그림이나 영화 등과 같은 영상적인 표현, 언어와 같은 상징적인 표현의 순서로 제시되어야 한다고 언급하였다(박성익 외, 2015). 학습자들의 이해와 내면화를 촉진하기 위해서는 추상성이 강한 언어적 자극보다는 직접적인 경험이나 영상적 표현을 통해 접근할 필요가 있음을 의미한다. 따라서 추상적인 개념을 이해하기 어려운 학습자들에게 적합한 수업매체를 활용함으로써 직접 체험의 기회를 제공하거나 영상적 표현을 통해 간접 경험을 제공하는 활동이 필요하다.

셋째, 수업매체는 학습 효율성을 증진시킬 수 있다. 학습 효율성은 학습자가 배워야 할 주요 내용을 이해하는 데 필요한 시간과 노력의 양이 최소화되는 것을 의미한다. 예를 들어, 학습자들이 수학 시간에 이차방정식 문제 푸는 방법을 이해하는 것이 학습 목표라고 가정해 보자. A교사는 전통적인 방식으로 판서를 해 가며 모든 학생들을 이해시키는 데 20분이 걸렸고, B교사는 매체를 동원하는 모든 학생들을 이해시키는 데 10분이 걸렸다면, B교사가 A교사보다 효율적인 수업을 진행했다고 볼 수 있다. 따라서 수업매체는 학습 효율성을 증진시키는 데 효과적일 수 있다.

넷째, 수업매체는 학습자들로 하여금 경험의 세계를 확장해 준다. 수업매체는 현실적으로 경험이 불가능하거나 경험은 할 수 있지만 비용이 많이 들고 위험이 수반되는 것에서 간접 경험의 기회를 제공해 준다. 우주 공간이나 심해(深海), 그리고 화산 폭발 장면은 학습자들이 경험하기 거의 불가능한 곳이다. 이러한 공간의 모습을 담은 사진이나 동영상을 통해 학습자들은 학습 영역을 확장할 수 있다.

(3) 수업매체의 분류

Dale(1969)은 수업매체를 정의함에 있어서 추상성과 구체성이라는 관점에서 경험의 원추(the cone of experience)라는 모형을 제시하고 있다. 이 원추의 맨 아래에는 가장 구체적인 '직접적이고 의도적인 경험'을 두고, 위로 올라갈수록 보다 추상적인 '고안된 모의경험' '극을 통한 경험' '실험' '현장연구' '전시회' '교육TV' '동화' '사진' '녹음테이프' 그리고 가장 추상적인 것으로 '시각적 기호'와 '언어'를 들고 있다.

경험의 원추는 학습자의 경험이 실제적인 참여에서부터 시작해서 실제적인 사건을 관찰하고, 어떤 매체에 의해 매개된 사건을 관찰하고, 최종적으로 그 사건을 표현하는 상징을 관찰하는 순서로 이루어져 있다. 이러한 Dale의 모형은 경험의 양식을 행동적, 영상적, 상징적 단계로 구분한 인지심리학자 Bruner의 분류와도 일치된다.

Bruner가 제시한 세 가지 유형의 표상 양식은 〈표 11-1〉과 같다.

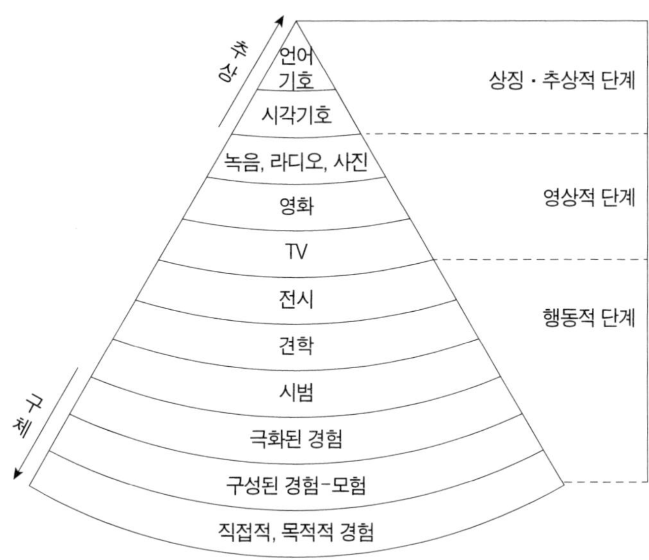

그림 11-2 _ Dale의 경험의 원추

표 11-1 Bruner의 표상 양식

표상 양식	특징
행동적 표상	• 어린 학습자가 자신과 환경과의 직접적인 접촉 행위를 통해 세상에 대한 지식을 획득하여 가는 것과 유사함.
영상적 표상	• 세상을 알아 가기 위해 사용하는 표상으로 대상에 대한 정신적 상(image)을 표상하는 전략
상징적 표상	• 대상이나 경험을 단순히 영상화하는 데서 벗어나서 언어와 같은 가장 효율적인 상징적 체계가 이용되어 사고 속에 무한한 조작이 가능한 수준

Dale이 '경험의 원추'에서 언급하고 있는 구체성과 추상성의 계열에 따른 내용과 특징을 제시하면 〈표 11-2〉와 같다.

표 11-2 경험의 원추형의 계열

계열	내용	특징
구체	직접적이고 목적적인 경험	• 구체적이고 직접적이며 감각적인 경험 • 생활의 실제 경험을 통해 의미 있는 정보와 개념 축적

구체	구성된 경험	• 실물의 복잡성을 단순화시켜 기본적인 요소만 제시
	극화된 경험	• 연극을 보거나 직접 출연함으로써 직접 접할 수 없는 사진이나 개념을 경험
	시범	• 사실, 생각, 과정의 시각적 설명으로 사진, 그림 또는 실제 시범을 통해 학습
	견학	• 일이 실제 일어나는 곳, 있는 현장을 직접 가서 보고 경험하는 것
	전시	• 사진, 그림, 책 등의 전시를 통해 학습자가 관찰하며 배울 수 있는 기회 제공
	TV	• 현재 진행되고 있는 사건이나 일어나고 있는 현상을 담아서 제공 • 중요한 요점만을 편집, 수록할 수 있는 동시성 • 직접 경험의 감각을 제공
	필름(영화)	• 보고 듣는 경험을 제공하며 경험하지 않은 사건을 상상으로 간접 경험 • 현실감을 느낄 수 있는 기회
	녹음, 라디오, 사진	• 간접적이며, 동기 유발에 효과적
	시각 기호	• 추상적인 표현 • 칠판, 지도, 도표, 차트 등을 이용해 실제 물체 표현
추상	언어 기호	• 문자, 음향, 기호 등 사물이나 내용이 의미하는 것과 시각적으로 연관을 갖지 못하는 것 • 시각 기호의 의미를 이해하고 있어야 사용 가능

출처: 신재한(2015).

(4) 수업매체의 선정 원리

수업목표와 학습내용을 전달하기에 적절한 교수매체의 선택은 효과적인 수업을 위해서 필수적인 활동이다. 수업매체의 선택은 교수설계의 모든 과정에서 이루어져야 하며, 여러 가지 상황을 고려하여 이루어져야 한다. 매체 선택에 영향을 주는 요인들을 살펴보면 다음과 같다.

① 학습자 특성

일반적으로 학습자의 독서 능력이 부족하다면 교과서나 책을 읽는 것보다 설명이나 남의 대화를 듣는 것이 더 효과적이다. 어린 학습자라면 보고 듣고 조작하는 실제적이고 직접적인 활동을 함으로써 더 좋은 학습을 하게 될 것이며, 성인은 언어적 방법에 의하여 보다 잘 학습할 가능성이 높다. 또한 학습자의 연령이 낮을수록 또 지능이 낮을수록 추상적인 기호나 언어를 수단으로 하는 수업매체보다는, 구체적이고 감각적인 매체로 학습하는 것이 보다 효과적이다.

② 학습목표와 내용

학습목표와 내용에 따라 매체 선정이 달라질 수 있다. 달리 표현하면 학습과제에 따라 수업매체가 달라질 수 있음을 의미하는데, 이를 위해 학습과제의 특성과 어떤 형태의 학습활동이 필요한지를 분석해야 한다. 세분화된 학습목표는 Gagné의 다섯 가지 학습결과 유형(언어정보, 지적 기능, 인지 전략, 태도, 운동 기능)으로 분류할 수 있다. 예를 들어, 지적 기능 중 절차적 법칙의 경우는 시범과 이를 직접 따라 해 보는 수업이 필요하며 학습자들의 수행 정도에 따라 즉각적인 피드백을 통한 교정이 필요하다. 이러한 경우 매체는 가능한 한 매우 상호작용적인 특성을 가지고 있어야 한다. 언어정보의 학습은 주로 암기 위주의 학습활동이 필요하며 이를 위해서는 매체가 꼭 상호작용적일 필요는 없다. 이처럼 주어진 학습과제의 특성에 따라 매체의 선정이 달라질 수 있다. Allen(2003)이 제시하고 있는 수업목표의 종류에 따른 수업매체의 상관관계를 살펴보면 다음과 같다. 음영은 높은 상관관계, 빗금은 보통 상관관계, 흰색은 낮은 상관관계를 의미한다.

		수업목표					
		사실적 정보학습	변별 학습	원리/개념 규칙 학습	절차나 요평 학습	기능과 직업기술	태도학습
수업매체	사진						
	영화						
	텔레비전						
	입체자료						
	녹음						
	프로그램학습						
	시범						
	교재						
	강의						

그림 11-3 _ Allen의 수업목표 종류에 따른 수업매체와의 상관관계

③ 매체의 물리적 속성과 기능

매체가 어떤 상징 매체를 통해 메시지를 전달하느냐는 매체의 선택에 영향을 미친다. 수업 상황과 내용에 적절한 매체를 선택하기 위해서는 매체의 속성인 시각, 청각, 동작, 크기, 색채 등을 고려하여야 한다. 즉, 내용과 음향과 영상으로 제시할 것인가? 아니면 영상만으로 제시할 것인가? 흑백 혹은 컬러로 제시할 것인가? 투사 매체를 사용할 것인가? 등이 적절하게 고려되어야 한다.

④ 수업장소의 시설

매체를 효율적으로 활용할 수 있는 시설의 여부가 매체의 선택에 큰 영향을 미친다. 매체를 사용하는 데 적절한 시설이 갖추어져 있지 않다면 좋은 매체도 그 기능을 충분히 발휘할 수 없다. 예를 들면, 교사용 컴퓨터를 통해 전체 학습자들에게 투사해 줄 수 있는 프로젝터가 없다면 아무리 효과적인 매체가 준비되어 있더라도 활용할 수 없다.

⑤ 실용적 요인

현실적으로 매체 사용에 가장 큰 영향을 미치는 요소는 해당 매체의 실용성이다. 즉, 그 매체를 사용하기 편리하거나 사용할 여건이 갖추어져 있느냐에 따라 매체의 이용 여부는 결정되게 된다. 이러한 실용성에 영향을 미치는 요인들로는 이용가능성, 시간, 난이도, 비용 등을 들 수 있다. 매체를 사용하고 싶어도 그 매체가 학교나 교실에 갖추어져 있지 않거나, 매체를 구입하거나 만드는 데 많은 비용이 든다면 사용하기 어려울 것이다.

수업에서 매체를 선정하여 활용하기 위해 사용되는 모형으로 ASSURE 모형이 있다. ASSURE 모형은 Heinich, Molenda, Russell, & Smaldino(2000)이 수업 상황에서 효과적인 매체 활용을 위해 고안한 모형이다. ASSURE 모형은 여섯 단계로 이루어져 있는데, 학습자 분석(analyze learners), 목표 진술(state objectives), 매체와 자료 선정(select media and materials), 매체와 자료 활용(utilize media and materials), 학습자의 참여 유도(require learner participation), 평가와 수정(evaluate and revise materials)의 이니셜을 따서 ASSURE 모형이라고 명명하고 있는데, 각 단계에 대해 살펴보면 다음과 같다.

• 학습자 분석: 교수매체를 사용한 수업의 첫 번째 단계는 학습자를 분석하는 것이

다. 학습자 분석에서는 학습자들의 일반적 특성, 출발점 행동, 학습양식을 고려해야 한다. 일반적 특성은 학습자가 가진 수준, 흥미, 관심, 동기 등과 같은 인지적, 정의적, 심동적 영역을 고려하는 것을 말한다. 출발점 능력은 학습자가 현재 습득하고 있는 지식과 기술은 무엇인지 혹은 부족한 것은 무엇인지를 확인하는 것이다. 학습양식은 학습자가 선호하는 학습방법은 무엇인지, 이를 고려하여 어떻게 수업에 투입할 것인지를 판단하는 심리적인 요소를 고려하는 것이다.

- 목표 진술: 두 번째 단계는 수업목표를 가능한 한 구체적으로 진술하는 것으로, 학습자가 수업을 받은 후에 무엇을 할 수 있는가라는 형태의 행동 용어로 진술되어야 한다. 예를 들어, '시의 특징을 설명할 수 있다.'라는 수업목표는 수업이 종료된 후에 학습자들이 이해한 방법으로 시의 특징을 어떠한 형태로든지 설명할 수 있어야 함을 의미한다.
- 매체와 자료 선정: 수업목표가 진술되었다면 목표를 달성하기 위해 필요한 매체와 자료는 무엇인지를 선정하는 것이다. 이때 모든 자료를 교사가 직접 개발할 필요는 없다. 자료를 결정하는 과정은 1) 이용 가능한 자료를 선정하기 2) 기존의 자료 수정하기 3) 새로운 자료를 설계 및 개발하기의 세 가지 방식 중에서 선택할 수 있다.
- 매체와 자료 활용: 수업매체와 자료가 선정된 다음에는 그것들을 어떻게 활용할 것인지에 대한 계획을 세워야 한다. 매체와 자료를 활용하는 과정은 사전검토, 자료 준비하기, 환경 준비하기, 학습자 준비시키기, 학습경험 제공하기의 다섯 단계로 정리될 수 있다.
- 학습자의 참여 유도: 매체를 활용한 수업 준비가 끝나면 본격적인 수업을 진행하게 된다. 이때 매체는 학습자들의 왕성한 참여를 유도하는 상호작용의 효과적인 도구로 기능하게 된다. 따라서 교수자는 학습자들과의 상호작용을 이끌어 내기 위해 매체를 효과적이고 효율적으로 사용할 필요가 있다.
- 평가와 수정: 수업이 끝난 후 수업의 효과와 영향에 대한 평가를 실시하게 된다. 주요 평가 내용은 학습자들의 목표 달성 정도 및 학업성취 정도, 수업방법의 적절성, 매체의 목표 달성 기여도, 학습자들의 매체 활용의 적절성 등과 같은 평가가 이루어져야 한다. 이러한 평가 결과는 다음 수업을 위한 기초 자료로 활용된다.

2) 나의 수업매체 되돌아보기

되돌아보기의 목적은 자신과 자신의 수업에 대해 한 발자국 떨어져서 보다 객관적인 관점에서 큰 그림을 그려 보는 것이다. 나의 수업매체에 대한 되돌아보기는 내가 수업에서 매체를 효과적으로 활용하기 위한 충분한 역량이 있는지 그리고 실제 매체를 효과적으로 활용하고 있는지를 성찰해 보는 것을 의미한다. 수업매체에 대한 되돌아보기는 아래 표와 같이 수업의 네 가지 구성요소를 중심으로 수업매체에서 중요한 내용들을 중심으로 되돌아볼 필요가 있는 영역을 선정하여 성찰하면 된다.

표 11-3 되돌아보기 기획하기

영역	구체적인 내용	되돌아보기 전략
교사로서 자기 자신	수업철학	• 자기성찰일지: 수업철학이 수업매체에 잘 반영되고 있는지 성찰
	교사로서 기초역량	• 자기성찰일지: 수업에서 매체를 효과적으로 활용할 수 있는 나의 역량은 무엇인지 성찰
	교사로서 자기 자신에 대한 종합적 이해	• SWOT 분석: 수업매체 역량
학습자	인지적 특성	• 설문이나 인터뷰 • 다양한 진단도구(학습양식, 학습동기, 자기주도적 학습능력, 학습기술, 선수학습능력, 자기효능감, 긍정적 자아개념, 학교나 학습에 대한 태도, 귀인속성, 소통능력, 열정, 회복탄력성)
	사회 · 정서적 특성	
	신체적 특성	
학습내용과 매체	교육과정 재해석	
	학습내용으로 재조직화	• 학습내용을 학습자의 수준, 흥미, 관심 등을 반영하여 매체에 잘 담아내고 있는지에 대한 성찰
	학습내용과 매체와의 연계성	• 특정 내용을 효과적으로 전달하기 위해 적절한 형태의 매체를 활용하고 있는지에 대한 성찰
학습 환경	물리적 환경	• 성찰일지: 수업매체를 활용할 수 있는 물리적 환경에 대한 성찰
	심리적 환경	• 성찰일지: 수업매체 활용에서 학습자들의 심리적 특성을 고려하고 있는지에 대한 성찰

(1) 교사로서 자기 자신 돌아보기

① 교사로서 기초역량

교사로서 기초역량 성찰하기는 자신이 수업에서 매체를 효과적으로 활용하는 능력이나 태도에 대한 것을 성찰해야 한다. 수업에서 필요한 매체를 활용하는 방법은 크게 세 가지 형태로 구분할 수 있다. 첫째, 수업에서 필요한 매체를 인터넷이나 전문 도서 혹은 주변의 동료 교사들의 도움을 통해 찾아서 그대로 활용해 본 경험이 있는지의 여부이다. 둘째, 나의 수업에서 필요한 수업매체를 찾아 나의 의도와 목적에 맞게 재가공하여 사용해 본 경험에 대한 성찰이다. 셋째, 내가 의도한 수업의 목적에 맞게 수업매체를 직접 만들어서 사용해 본 경험에 대한 성찰이다. 이런 경우에는 매체를 만들 수 있는 자신의 역량이 포함되기 때문에 매체를 다룰 수 있는 소양 능력뿐만 아니라 매체를 활용할 수 있는 능력도 함께 부각된다. 이를 바탕으로 아래의 표에서 제시하고 있는 성찰 양식을 활용하여 자신의 수업 상황에서의 매체 활용 경험에 대해 성찰할 수 있다. 경험 여부에서는 자신의 경험을 토대로 실제 실행 여부를 체크하고 '성찰'란에는 실제 수업장면에서의 교육적 효과성 및 특징과 단점 등을 구체적으로 기록하도록 한다.

표 11-4 수업에서 매체를 활용한 경험에 대한 성찰

구분	경험 여부 (○, ×)	성찰(교육적 효과성, 단점 등)
유용한 수업매체를 찾아 그대로 사용	○	• 교사들 간 수업자료를 공유하는 사이트에 탑재된 것을 활용하여 학습자들의 학습동기를 유발하고 목표 달성에 효과적인 자료였음. • 학습자 수준에 다소 적합하지 않은 자료였음.
유용한 수업매체를 찾아 재가공하여 사용	×	
필요한 수업매체를 직접 만들어 사용한 경험	○	• 현재 가르치고 있는 아이들을 중심으로 동기유발 영상을 만들어 학습동기 유발 및 유지에 효과적이었음. • 다소 시간이 많이 걸림.

② 학습내용과 매체에 대한 성찰

위의 되돌아보기 계획에서 '학습내용과 매체-교육과정 재해석, 학습내용으로 재조직화'를 선택하고 되돌아보기 전략으로 '수업매체 활용 전략 성찰일지'를 활용하여 구체적인 수업매체 활용의 모습과 함께 자신의 수업을 되돌아볼 수 있다.

구체적인 기록 및 분석방법은 다음과 같이 세 단계로 구분할 수 있다.

- 나의 수업매체 활용 전략을 크게 2가지 범주에 따라 4가지 영역으로 나누어 기록한다.
- 4가지 영역에 해당하는 수업매체 활용 전략의 실행여부를 ○, ×로 표시한다.
- 실행하였다면 수업매체 활용 전략의 장·단점을 성찰하여 기술한다.
  - 장단점을 기술할 때는 나의 수업에서 매체를 적용하였을 때 어떤 효과가 나타나는지, 학생들의 반응행동은 어떠한지를 되돌아보고 기술하면 된다.

분석 시 유의사항을 살펴보면 다음과 같다.

- 성찰일지를 기록할 때에는 비교적 자세하고 구체적으로 기술하고 교사의 수업매체 활용 전략과 학생의 반응결과를 함께 기술하도록 한다.
- 수업매체 활용 전략이 제대로 실행되지 않는 경우에는 구체적인 이유를 기록해도 좋다.

표 11-5 수업매체 활용 전략 성찰일지 양식

수업매체 활용 전략		실행 여부 (○, ×)	성찰 내용(장단점)
교육과정 재해석	교육과정에서 추구하는 내용을 효과적으로 담는 수단으로서의 수업매체 활용	○	• 교육과정과 직접적인 관련성이 있는 매체를 활용하기보다는 단순히 학습자들의 주의집중을 유도하고 흥미를 높이기 위한 의도로 매체를 활용한 경향이 많음.
	도입-전개-정리로 이어지는 수업설계에 반영된 수업매체 활용 전략	○	• 수업의 전체적인 흐름을 고려하여 다양한 매체를 활용하면 보다 역동적인 수업을 진행할 수 있다는 것은 알고 있음. • 그러나 교사가 선호하는 매체만을 활용함으로써 학습자들이 선호하는 매체 반영을 고려하지 못함.

학습내용으로 재조직화	학습내용의 이해를 촉진하는 수업매체 사용	○	• 같은 내용을 전달하더라도 어떠한 매체에 담는지에 따라 학습자들의 이해 수준 및 효과가 달라짐을 알게 됨. • 학습목표, 주요 학습내용, 평가방법 등을 고려하여 적절한 매체를 선택하고 활용할 필요가 있음.
	학습내용을 효과적으로 표현할 수 있는 방법으로서의 수업매체 사용	○	• 디지털 리터러시가 필요한 상황에서 학습자들이 자신들이 공부한 것 혹은 자신의 생각과 의견을 다양한 매체를 활용하여 표현할 수 있는 능력을 부여할 필요가 있음. • 이를 위해 교사도 다양한 차원의 매체 활용능력이 필요함.

3) 되돌아보기 종합하기: 자기수업컨설팅 과제 규정하기

되돌아보기를 하다 보면 자신의 수업에 대한 전체적인 그림이 그려지고 자기수업컨설팅에서 가장 초점을 두고 해결해야 할 수업문제가 나타나게 된다. 자기수업컨설팅에서는 여러 가지 문제를 함께 해결하려 노력하기보다는 가장 중요한 한 가지 문제만을 선정하여 이를 중심적으로 깊이 있게 성찰하는 활동이 필요하다. 그리고 자기수업컨설팅은 일회적이 아닌 지속적인 과정이기 때문에 다른 문제들은 한 가지 문제가 해결된 후 성찰을 하면 된다.

수업매체 영역과 관련된 문제들은 매우 다양할 수 있으며, 자신의 수업상황에 따라 다른 수업문제들이 나타난다. 동일한 내용을 전달하더라도 그 내용을 담을 수 있는 매체를 어떻게 선택하는지에 따라 달라질 수 있다. 또한 매체를 수용하는 학습자들의 특징도 고려해야 한다. 이 중에서 매체 선택 측면에 집중하여 좀 더 상술하고자 한다. 부모님께 감사한 마음을 전달하기 위해 다양한 방법으로 매체를 활용할 수 있다. 감사함을 부모님과 얼굴을 직접 맞대고 구두로 전달할 수도 있고, 편지를 통해 전달할 수도 있다. 또한 감사함을 표현하기 위해 나만의 영상 편지를 만들어서 전달할 수도 있다. 이때 부모님께 감사함을 전달한다는 내용은 같지만, 이를 담는 그릇이 무엇이냐에 따라 그 감동과 효과는 다를 수 있다. 이처럼, 수업에서도 동일한 내용을 전달하더라도 그 내용을 담는 그릇에 해당하는 매체가 무엇이냐에 따라 그 효과성과 학생들의 의미 파악에 영향을 미칠 수 있다.

수업에서 매체를 활용하는 가장 큰 이유는 학습의 효과성, 효율성, 매력성을 추구하기 위함이다. 예를 들어, 삼각형의 넓이를 구하는 방법에 대한 설명을 판서와 함께 교사의 설명으로 하였을 때는 50%의 학생들만이 이해를 하였고, 애니메이션과 동영상과 같은 매체를 활용하여 접근하였더니 90%의 학생들이 이해를 하였다면, 매체를 활용한 수업이 보다 효과적이라고 할 수 있다. 또한, 이해하는 속도도 매체를 사용하지 않았을 때는 10분이 걸렸던 것이 매체를 활용하였을 때 5분으로 단축되었다면 효율성이 있다고 할 수 있다. 여기서 적절한 매체 선택과 관련한 수업문제 규정의 한 가지 예를 든다면 다음과 같다. 즉, 한 교사의 현재 매체 활용 실태 분석결과, 단 50%의 학습자들만이 내용을 이해할 수 있다면 교사의 매체 선정 및 활용이 적절하지 못함을 암시한다. 따라서 학습내용을 담을 수 있는 적절한 매체를 활용함으로써 모든 학생들이 이해할 수 있는 수준으로 개선되어야 한다. 이를 중심으로 자기수업컨설팅이 진행될 수 있다.

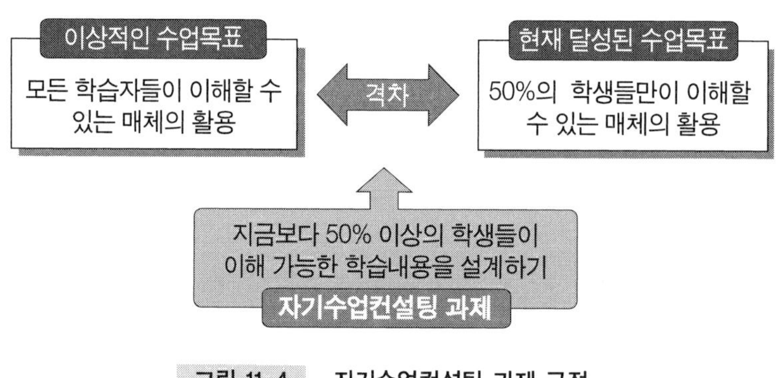

그림 11-4 _ 자기수업컨설팅 과제 규정

2. 수업 들여다보기

McLuhan(1964)은 '미디어는 메시지이다(Media is message).'라고 언급하면서 같은 내용일지라도 이것을 담고 있는 매체가 무엇인지에 따라 의미 전달의 효과가 달라질 수 있음을 강조하였다. 즉, 수업에서 사용하는 주요 매체가 무엇인지에 따라 학습자의 학습에 영향을 미칠 수 있음을 의미한다. 따라서 최근 수업시간에 자주 사용하는 매체들을 중심으로 효과적인 설계 방법에 대해 알아보고자 한다.

1) 텍스트 설계 분석을 통한 수업매체 들여다보기

텍스트는 전통적으로 인쇄매체의 가장 기본이 되는 것이다. 최근에는 컴퓨터 기반 정보 통신기술의 발달과 함께 프레젠테이션 자료, 웹사이트 등 텍스트를 활용하는 모든 자료의 제작에 활용된다. 교수 · 학습에서 활용되는 텍스트는 단순히 정보전달을 넘어서 학습자의 이해를 돕고, 학습을 촉진하며, 동기를 유발할 수 있어야 한다(박성익 외, 2015).

타이포그래피란 활자를 인쇄하기 위한 여러 가지 기술적 선택이나 활자를 이용한 시각적 디자인을 말한다. 타이포그래피를 구성하는 요소로는 글자체, 글자 크기, 자간, 줄간격, 띄어쓰기, 행간, 정렬 등이 해당된다(주영주, 최성희, 1999). 수업 상황에서 텍스트는 학습자들의 학습을 촉진하는 가장 기본적인 매체이기 때문에, 단순히 제시하기보다는 학습을 더욱 촉진할 수 있는 의도적인 제시 전략과 방법이 필요하다.

텍스트를 활용한 수업을 설계하고자 한다면 다음과 같은 점을 고려할 필요가 있다.

첫째, 학습자들의 판독성과 가독성을 증진하기 위해 글자체와 자간을 고려해야 한다. 판독성(legibility)은 글자의 모양을 보고 어떻게 생긴 것인지 알아볼 수 있는 정도를 말하고, 가독성(readability)은 문자를 얼마나 효과적으로 읽을 수 있느냐의 정도를 말한다. 한 교사가 수업 장면에서 멀리 있는 학습자들에게도 정확하게 알아볼 수 있도록 배려하였다면 판독성을 고려한 것이다. 또한, 교사가 학습자들에게 텍스트 기반 학습자료를 만드는 데 학생들의 피로감을 해소하고 효율적 읽기를 위해 설계하였다면 가독성을 고려한 것이다.

둘째, 줄 길이와 줄 간격도 고려해야 한다. 줄 길이란 글 한 줄의 길이를 말하는 것으로 지면의 크기, 문자의 크기, 단어의 수에 의해 결정된다. 줄 간격은 글줄과 다음 글줄 사이의 공간으로, 글줄의 길이와 함께 글을 읽는 눈의 이동에 영향을 주는 요소이다.

셋째, 제목은 문장의 핵심적인 내용을 파악하고, 이해할 수 있도록 짧고 간결하게 제공해야 한다. 제목은 포함되어 있는 내용을 파악하는 데 도움을 줄 뿐만 아니라 자신이 원하는 정보와 불필요한 정보를 선별하는 데 도움이 된다.

넷째, 레이아웃(layout)을 효과적으로 활용하여 텍스트와 여백을 조화롭게 구성할 필요가 있다. 즉, 충분한 여백을 제공하여 학습자들로 하여금 쉽게 이해하고, 필요한 정보를 다시 찾을 수 있게 만드는 것이 좋다. 특히, 노트 필기를 위한 유인물에서는 줄 간격을 늘려 주는 것이 효과적이다.

다섯째, 강조 전략을 통해 문장에서 핵심적이고 중요한 아이디어를 강조함으로써 이해를 돕고, 필요한 정보를 빨리 찾을 수 있도록 도와줄 수 있다.

앞서 제시한 설계 원리를 바탕으로 텍스트 설계 분석 범주와 준거 및 분석의 예를 제시하면 〈표 11-6〉과 같다.

표 11-6 텍스트 설계 분석의 범주와 준거 및 분석의 예

범주	텍스트 설계 분석 준거	분석의 예
줄 길이 및 붙이기	• 학습자들이 알아볼 수 있는 판독성을 고려하여 줄 길이와 줄 간격을 적용하고 있는가? • 학습자들의 피로감을 줄이고 효율적 읽기를 위한 가독성을 고려한 줄 길이와 줄 간격을 적용하고 있는가? • 학습자들의 발단 단계에 따른 이해 수준에 따라 텍스트의 양을 고려하고 있는가?	• 학습자들의 발달 단계에 따른 이해 수준에 비해 텍스트의 분량이 다소 많은 편임. • 이로 인해 학생들이 주요 학습 내용을 효과적으로 이해하는 데 어려움이 유발되고 있음.
제목	• 학습 내용을 포괄할 수 있도록 간결하고 명확하게 제시되었는가? • 제시된 제목으로 학습자들이 배울 주요 학습 내용을 추측할 수 있는가?	• 제목이 학습자들이 배우게 될 주요 학습 내용을 포함하고 있지 않고, 다소 길게 제시되어 있음. • 제목을 더욱 간단하고 명료하게 제시함으로써 학습자들이 배우게 될 주요 내용을 예측할 수 있도록 할 필요가 있음. 나아가 지적 호기심을 유발할 수 있는 동기유발 기능을 부가함으로써 텍스트와 학생들 간의 상호작용을 더욱 높일 필요가 있음.
레이아웃	• 여백을 충분히 제시하여 학습자들의 자기주도적 메모를 유도하고 있는가? • 텍스트와 여백의 조화로 학습자들의 판독성과 가독성을 높이고 있는가?	• 주요 학습 내용이 요약된 유인물에 여백이 충분하게 제공되지 않아 다소 답답한 느낌이 듦. 여백을 충분히 활용함으로써 학습자의 자기주도적 학습 촉진을 위한 여지를 제공할 필요가 있음.
강조 전략	• 진하게, 두드러진 색깔, 글자 크기 등을 활용하여 다양한 강조 전략을 사용하고 있는가?	• 글자 크기, 색깔 등에 변화가 없어 학습자들에게 다소 지루하게 느껴질 수 있음.

강조 전략	• 강조 전략을 통해 중요한 내용과 정보를 빠르게 찾을 수 있도록 학습자를 배려하고 있는가?	• 다양한 형태의 강조 전략을 활용하여 중요한 내용은 무엇인지 혹은 중요한 내용을 쉽게 찾을 수 있도록 배려할 필요가 있음.

2) 시각자료 설계 분석을 통한 수업매체 들여다보기

수업 상황에서 매체를 활용할 때, 단순히 텍스트만을 제공하기보다는 시각자료를 효과적으로 활용함으로써 정보전달에 용이할 뿐만 아니라 학습자들의 주의집중을 유도하고 수업의 매력도를 높일 수 있다. 시각자료는 인쇄물뿐만 아니라 사진, 그림, 도표, 그래프, 슬라이드, 컴퓨터 등 매우 광범위하게 적용된다. 시각자료가 학습자들의 학습 촉진에 미치는 영향을 네 가지로 제시할 수 있다(Heinich, Molenda, Russell, & Smaldino, 2000).

- 시각자료는 아이디어에 대한 구체적인 참조물을 제공함으로써 학습자들의 이해를 돕는다.
- 시각자료는 이해하기 어려운 정보를 더 쉽게 기억하고 회상할 수 있게 한다.
- 시각자료는 학습자의 주의를 집중하고 감정적인 반응을 유도함으로써 학습동기 유발에 효과적이다.
- 시각자료는 풍부한 의사소통 채널을 제공함으로써 이해를 촉진한다.

교수자는 시각자료를 설계하기 전, 그 정보를 사용하는 구체적인 이유는 무엇인지, 어떻게 사용할 것인지를 결정하는 것이 아주 중요하다. 시각자료는 학습에 긍정적인 효과를 불러일으키기도 하지만, 학습을 방해하거나 정보를 왜곡시키기도 하기 때문에 교수자의 효과적인 설계 능력이 필요하다. 먼저, 교수자는 시각자료의 관련성을 고려할 필요가 있다. 시각자료는 반드시 전달하고자 하는 정보를 포함하고 있어야 하고, 학습내용이나 상황과 관련성이 있어야 한다. 또한 모든 시각자료는 어느 정도 사실성을 가지고 있으나 그 정도는 다르기 때문에 교수자는 수업목표, 학습자의 수준과 관심, 흥미, 학습 효과 등을 고려하여 접근할 필요가 있다. 사실성의 정도가 낮거나 과하면 학습의 단서를 구별하는 데 어려움을 겪을 수 있다. 더불어 적절한 색상의 선택으로 학습자의 주의를 집중시키고 흥미를 유발할 필요가 있다. 대부분의 학습자들은 혹백 자료보다 색깔이 있는 자료를 선호한다. 그러나 색깔을 이용할 경우에는 다음과 같은 점에 주의하면서 접근할 필요가 있다.

- 일반적으로 색상은 중요한 요소나 정보를 강조할 때 사용하는 것이 좋다.
- 색상의 선택은 학습자의 특성에 맞게 사용해야 한다.
- 사용된 색상은 일관성이 있는 것이 좋다.

앞서 제시한 설계 원리를 바탕으로 시각자료 설계 분석 범주와 준거 및 분석의 예를 제시하면 〈표 11-7〉과 같다. 즉, 시각자료가 학습자들의 이해를 촉진하고 있는지, 내용과의 관련성은 어느 정도인지, 학습동기의 유발 정도는 어떠한지, 그리고 다양한 형태의 상호작용을 촉진하고 있는지에 대한 범주를 바탕으로 구체적인 분석 준거와 함께 분석의 예를 제시하였다. 시각자료 설계 분석은 수업에서 시각자료가 활용될 때, 관련 범주를 바탕으로 관찰된 장면의 효과성이나 문제점을 기록함으로써 수업에서의 시각자료 사용에서 드러난 효과성, 문제점 등의 분석이 가능하다.

표 11-7 시각자료 설계 분석의 범주와 준거 및 분석의 예

범주	시각자료 설계 분석 준거	분석의 예
이해 촉진	• 제시되고 있는 시각자료는 학습자의 발달 단계를 고려하고 있는가? • 제시되고 있는 시각자료는 학습자들의 이해를 이끌어 내고 있는가? • 학습자가 잘 이해하지 못했던 내용이 시각자료의 제시를 통해 이해가 촉진되고 있는가?	• 많은 학생들이 텍스트 중심의 학습 자료를 이해하지 못하다가 그래프와 함께 관련 이미지가 제시되니 이해가 더욱 촉진되는 효과가 있었음.
내용 관련성	• 시각자료는 학습목표 달성에 필요한 지식과 정보를 담고 있는가? • 시각자료는 학습자의 실제 맥락을 고려한 지식의 활용 가능성을 촉진하고 있는가?	• 수업의 도입부에서 교사가 걸그룹 동영상을 보여 주자 학생들이 순간 몰입하는 주의집중을 보였으나, 실제 학습 내용과는 관련성이 떨어지는 시각자료를 활용하였음.
학습동기 유발	• 시각자료는 학습자의 주의집중을 이끌어 내고 있는가? • 시각자료는 단순히 학습동기를 유발하는 차원이 아닌 지속적으로 유지하	• 교사가 사용하는 시각자료는 대체로 학생들의 순간적인 주의집중을 유발하는 효과를 가져왔으나, 지속적으로 유발하지는 못하고 있음.

학습동기 유발	는 데 유용한 매체로 활용되고 있는가?	• 지적 호기심 혹은 탐구심을 유발할 수 있는 시각자료를 활용할 필요가 있음.
상호작용 촉진	• 시각자료가 학습자들의 수업 참여도를 높이는 데 기여하고 있는가? • 시각자료가 교수자와 학습자 간, 학습자와 학습자 간의 상호작용을 촉진하고 있는가?	• 시각자료를 보자 이제야 알겠다는 듯이 고개를 끄덕이는 몇 명의 학생들이 보였음. • 어떤 학생들은 궁금증을 해소하기 위해 교사에게 질문을 하고, 교사는 질문에 대한 적절한 피드백을 제공함. • 대체로 시각자료가 교수자와 학습자들 간의 상호작용을 촉진하는 유용한 매체로 활용되고 있음.

3) 동영상 설계 분석을 통한 수업매체 들여다보기

최근에는 인터넷 기반 정보통신기술이 발달하면서 수많은 동영상 자료를 접할 수 있다. 특히 스마트폰 기반 무선통신은 이동성과 휴대성을 용이하게 하면서 언제 어디서나 원하는 동영상 자료를 쉽게 접할 수 있다. 그러나 수업에 동영상을 활용하게 될 경우, 주제 선정, 촬영 및 편집 기법, 화질, 배경음악, 재생 길이, 자막 등을 고려하여 학습의 효과성 및 효율성, 매력성을 높일 필요가 있다. 수업에서 동영상 매체를 활용하고자 할 때는 다음과 같은 점에 주의하면서 접근할 필요가 있다.

첫째, 교수자가 동영상 자료를 제작하거나 선정할 때, 가장 적절한 주제를 선정하는 것이 좋다. 동영상 자료는 움직임이 중요한 주제, 정의적 영역의 효과 증진에 필요한 주제, 직접 관찰 및 간접 경험이 필요한 주제 등에 효과적이다. 둘째, 동영상에서 가능한 화려한 촬영 및 편집 기법은 세련미를 더해 줄 수는 있지만 학습자의 주의집중을 방해하여 산만해지는 부정적인 결과를 초래할 수도 있다. 따라서 교수자는 학습목표를 달성하는 데 필요한 내용을 어떻게 설계하는지에 중점을 둘 필요가 있다. 셋째, 동영상의 화질은 정확한 정보 전달과 몰입에 중요한 요소이기 때문에 선명한 화질의 동영상을 사용하는 것이 바람직하다. 넷째, 동영상의 중요한 특징 중의 하나는 시각 정보와 청각 정보를 통합하여 전달할 수 있다는 것이다. 배경음악을 적절히 사용함으로써 정보 전달, 화면의 분위기, 그리고 감정적인 요소의 효과를 구현할 수 있다. 이때 학습자의 내용 집중에 방해가 되는 배경음악을 사용하지 않도록 한다. 다섯째, 재생 시간이 너무 긴 동영상은 학습자의 주의 분산을 유발할 수 있기 때문에 학습 효과를 고려하여 효율적으로 제작해야 한다. 만약 재생 시간이 다소 긴 원본 동영상을 사용할 경우에는 수업의 의도와 목적에 맞는 내용과 관련된 부분을 편집하여 사용하면 효과적이다. 여섯째, 동영상에 자막을 제공함으로써 학습 내용과 관련된 정보를 효과적으로 전달할 수 있다. 일곱째, 동영상은 시간 압축 및 확장 기능을 적절하게 활용하면 효과적이다. 꽃이 피는 장면을 동영상으로 담기 위해서는 너무 많은 시간이 걸린다. 이때 꽃이 피는 장면을 빠르게 재생함으로써 학습자의 이해를 촉진할 수 있는데, 이것이 바로 동영상이 가진 시간 압축 기능이다. 또한, 속도가 너무 빨라 천천히 재생해야 할 필요성이 있는 것도 있다. 투수가 공을 던지는 동작은 순식간에 이루어지기 때문에 정확한 동작을 보고 따라 하기 위해서는 천천히 재생할 필요가 있다. 우리가 흔히 슬로모션이라고 부르는 기능이 바로 시간 확장 기능이다. 여덟째, 동영상은 공간을 확장해 주기도 한다. 가 보지 못한 먼 나라, 우주 공간, 깊은 바닷속 등과 같은 곳은 우리가 직접 가 보기 어려운 곳이다. 동영상에 이러한 공간들을 담아 학습자에게 제공하면 간접 체험의 효과를 창출할 수 있다.

앞서 제시한 설계 원리를 바탕으로 동영상 설계 분석 범주와 준거 및 분석의 예를 제시하면 〈표 11-8〉과 같다. 동영상 설계 분석은 수업에서 동영상이 활용될 때, 관련 범주를 바탕으로 관찰된 장면의 효과성이나 문제점 위주로 기록할 수 있다.

표 11-8 동영상 설계 분석의 범주와 준거 및 분석의 예

범주	동영상 설계 분석 준거	분석의 예
이해 촉진	• 제시되고 있는 동영상은 학습자의 발달 단계를 고려하고 있는가? • 제시되고 있는 동영상은 학습자들의 이해를 이끌어 내고 있는가? • 학습자가 잘 이해하지 못했던 내용이 동영상 자료의 제시를 통해 이해가 촉진되고 있는가? • 학습 경험의 영역을 더욱 확장하는 데 유용하게 활용되고 있는가? • 선명한 화질, 명료한 사운드의 통합으로 자연스럽게 내용전달이 이루어지고 있는가?	• 가족의 소중함을 일깨워 주기 위한 동영상이 제시되었는데, 화질이 다소 떨어져 학생들이 내용을 명확하게 이해하는 데 장애 요인이 되었음.
학습동기 유발	• 동영상은 학습자의 주의집중을 이끌어 내고 있는가? • 동영상은 단순히 학습동기를 유발하	• 가족애를 다룬 단편영화를 한 편 보고 나서 학생들이 평소 생각하지 못했던 가족들에 대한 이야기를 나눔으로써

학습동기 유발	는 차원이 아닌 지속적으로 유지하는 데 유용한 매체로 활용되고 있는가? • 지식이나 정보의 습득뿐만 아니라 감정, 정서, 태도 등과 같은 정의적 영역을 포함하여 통합적으로 접근하고 있는가?	매체를 통한 주요 학습 내용을 효과적으로 연결짓고 있음.
상호작용 촉진	• 동영상은 학습자들의 수업 참여도를 높이는 데 기여하고 있는가? • 동영상은 교수자와 학습자 간, 학습자와 학습자 간의 상호작용을 촉진하고 있는가?	• '가족애'를 담고 있는 동영상을 바탕으로 교사가 던지는 질문에 학생들은 적극적으로 참여하고 대답하면서 왕성한 수업담화가 이루어짐.
윤리성	• 학습자들의 감정과 정서에 유해를 가하는 부정적인 내용은 없는가? • 특정 계층, 종교, 성에 치우친 경향으로 편협된 사고를 형성하는 데 부정적인 내용은 없는가?	• 학생들에게 부정적인 영향을 미칠 수 있는 특별한 윤리적인 문제는 발견되지 않음.

4) 프레젠테이션 설계 분석을 통한 수업매체 들여다보기

최근 현장의 많은 교사들이 파워포인트와 같은 프레젠테이션 도구를 활용하여 수업을 진행하는 장면을 목격할 수 있다(오영범, 2016). 프레젠테이션 도구는 텍스트뿐만 아니라 그림, 사진, 사운드, 동영상, 애니메이션 등과 같은 매체들을 통합하여 구현할 수 있는 장점이 있다. 학습자의 다감각을 자극함으로써 학습의 효과성 및 효율성을 구현할 수 있는 여러 가지 설계 원리에 대해 알아보고자 한다.

첫째, 슬라이드는 가급적 간결하게 구성할 필요가 있다. 말 그대로 프레젠테이션은 교수자의 수업을 도와줄 수 있는 보조 도구로서의 성격이 강하다. 너무 많은 텍스트를 삽입하거나 복잡한 이미지 구성은 오히려 학습자들에게 혼란만 가중할 수 있다. 따라서 KISS(Keep It Simple Short) 원리와 KILL(Keep It Large and Legible) 원리를 준수할 필요가 있다.

둘째, 적당한 크기의 텍스트를 사용해야 한다. 왜냐하면 가독성이 높은 적당한 크기의 텍스트를 사용함으로써 원거리의 학습자들을 위한 배려가 필요하기 때문이다. 더불어 현란한 색상을 사용하지 않고 눈에 부담이 없는 편안한 색상을 사용하여 안정성을 도모할 필요도 있다.

셋째, 화면전환 효과의 일관성을 유지해야 한다. 간혹 교실에서 프레젠테이션을 활용하여 수업을 하는 교사들이 학습자들의 주의집중을 위해 다양한 방법의 화면전환 효과를 사용하는 경우가 있는데, 이는 오히려 주의 분산을 야기할 수 있기 때문에 주의해야 한다.

넷째, 반드시 요약해야 한다. 프레젠테이션 도구에는 수업에서 중요하고 핵심적인 용어 위주로 요약된 내용이 삽입되어야 한다. 간혹 교재에 있는 내용을 그대로 가지고 와서 읽는 경우가 있다. 프레젠테이션이라는 용어가 가지는 의미처럼, 교수자는 수업을 진행하면서 학습자들의 이해를 촉진하고 수업 효과성 및 효율성을 높이는 유용한 매체로 활용해야 한다.

다섯째, 멀티미디어 효과를 극대화해야 한다. 텍스트뿐만 아니라 그림과 사진 같은 이미지, 동영상, 애니메이션 등을 활용한 멀티미디어 효과는 학습자들의 다감각을 자극하여 주의집중에도 효과적일 뿐만 아니라 호기심을 불러일으키는 데도 유용하다.

여섯째, 가독성 · 가시성 · 가청성을 높일 필요가 있다. 교실 공간에는 다양한 신체적 및 심리적 특성을 가진 학습자들이 존재한다. 다양한 학습자들의 개인적 요구를 충족하기 위해 가독성 · 가시성 · 가청성을 촉진할 필요가 있다.

일곱째, 핵심 내용에 초점을 두어야 한다. 학습자들에게 중요하고 반드시 알아야 할 필수적이고 핵심적인 내용을 요약하여 제공하되, 중요한 어휘나 문구에 대해서는 차별화된 제시 전략을 통해 접근할 필요가 있다.

여덟째, 기획된 애니메이션을 활용해야 한다. 단순히 학습자들의 흥미와 호기심을 불러일으키는 학습목표 달성과 관련 없는 내용보다는 학습목표 달성과 직접적인 관련성이 있으며 교사의 의도와 목적이 스며들고 녹아 있는 애니메이션을 활용하도록 한다.

많은 교사들이 수업을 진행할 때, 프레젠테이션을 중심으로 필요한 내용을 체계적으로 조직하여 활용한다. 이러한 점에 착안하여 여기서는 프레젠테이션을 활용한 수업매체 설계 분석방법에 대해 살펴보고자 한다. 특히 프레젠테이션을 활용하여 매체를 설계할 경우 수업목표 달성에 필요한 학습내용을 효과적으로 전달될 수 있도록 체계적으로 구조화할 필요가 있다. 수업매체 설계 분석으로서 프레젠테이션을 분석하기 위한 도구는 한정선(2004)이 제시한 파워포인트 설계 원리와 Clark과 Mayer(2008)가 제시한 멀티미디어 설계 원리를 바탕으로 개발하였다.

PPT를 중심으로 한 수업매체 설계는 수업내용을 제시하는 데 얼마만큼 효과적으로 매체(내용제시원리, ppt 설계 원리, 텍스트 · 이미지 및 동영상 등의 멀티미디어 자료)가 설계되었는지를 분석하기 위한 것이다. 즉, PPT를 활용할 경우에는 텍스트, 이미지, 동영상 등의 통합적 멀티미디어 자료뿐만 아니라 웹 자료의 링크를 통해 다양한 자료의 제공이 가능하다. 이러한 것들을 체계적으로 구조화하게 된다면 가독성을 증가시키거나 학생이 내용의 해석에 들이는 노력을 감소시킬 수 있거나 학생들의 몰입을 증가시키거나 내용 중 중요한 부분에 초점을 둘 수 있게 된다.

PPT를 효과적으로 설계했는가를 분석하기 위해서는 다음과 같은 기본 원칙을 숙지하고 있어야 한다.

첫째, 짧고 간단하며 읽기 쉽게 작성하기 위해서 슬라이드를 간결하게 구성하고 특히 한 슬라이드에는 7(±2)줄, 한 줄에는 7(±2)단어로 작성해야 한다. 따라서 요약하여 제시해야 한다.

둘째, 가독성과 가시성을 높이기 위해서는 글자, 글자체 크기 및 색깔, 강조 등에 일관성을 유지할 뿐만 아니라 제목, 부제목, 내용을 쉽게 구별하도록 일관성을 유지하도록 한다(〈표 11-10〉 참조). 특히, 강조를 할 때 한글 프로그램은 글자체를 기울이거나 밑줄을 긋거나 윤곽 체를 활용하지만 PPT를 제작할 때 크기를 조절하거나 글자체를 굵게 하거나 또는 색깔의 차이를 두어야 한다. 또한 화면전환을 할 때는 일관성을 유지해야 한다.

셋째, PPT 활용에 있어서 분석해야 할 핵심 중 하나는 멀티미디어 효과를 극대화할 수 있도록 제작을 했냐는 점이다. 예를 들어, 언어정보와 이미지 정보를 통합적으로 활용하는 것, 언어정보와 이미지 정보를 근접하게 설계하는 것, 그리고 목적과 필요

표 11-10 가독성을 높이기 위한 글꼴 및 글자크기

좋음	나쁨
Sans-Serif	Serif
Arial **Arial Black** Arial Narrow	Abcdefg ABCDEFG abcdefg
돋움체 굴림체 **고딕체**	Garamond 바탕체 궁서체

〈가독성 높은 글자체〉

구분 글꼴	
표지 제목	36~44 pt
목차 및 간지	36~40 pt
슬라이드 제목	28~33 pt
슬라이드 소제목	24~28 pt
슬라이드 내용	18~24 pt (한글: 20 pt 이상/ 영어 18 pt 이상)

〈가독성 높은 글자크기〉

성에 적합한 애니메이션 활용을 통한 교사와 학생 간, 학생들 간에 상호작용을 돕는 것 등이 있다. 그 밖에 학습내용과 관련된 클립아트나 이미지 등을 활용하기, 학습내용을 설명하는 데 가장 적합한 이미지 선정하기, 한 슬라이드 내에 지나치게 많은 이미지 자료 제시하지 않도록 하기 등이 있다. 이를 숙지하여 PPT 설계의 적절성을 분석해야 한다.

- 프레젠테이션을 활용한 수업매체 설계 전략은 각각 분석 준거에 따라 5점 척도로 체크한다. 다만, 활용되지 않았거나 판단이 불가능할 경우에는 체크하지 않는다. 분석 척도에는 리커트 5점 평정 척도를 활용하여 수치로도 결과를 산출할 수 있기 때문에 양적 및 질적으로 모두 평가할 수 있다는 장점이 있다.
- 분석표를 완성한 후에 '요약' '장점' '개선점'을 질적으로 기술한다. 기술할 때, '요약'은 각 준거별로 나타난 사실만을 기록하고, '장점'은 준거 중 높은 점수로 체크되면서 효과적이었던 설계전략을 중심으로 기술하고, '개선점'은 불일치되었거나 수정보완이 필요한 준거를 중심으로 기술한다.

표 11-11 프레젠테이션 자료 설계 분석의 예

상위 항목	포함되어야 할 항목	분석 준거	분석 척도				
			매우 그렇지 않다	그렇지 않다	보통이다	그렇다	매우 그렇다
내용 제시	• 주요 학습내용 • 명확한 어휘 • 저작권 • 내용강조	• 학습내용을 간결하고 분명하게 제시하였는가?				✓	
		• 중요한 내용을 정확히 제시하였는가?		✓			
		• 학생 수준에 맞는 어휘가 사용되고 있는가?			✓		
		• 저작권을 침해하는 경우는 없는가? 즉 참고문헌을 제시하였는가?			✓		
		• 중요한 내용을 강조하는 기법을 사용하고 있는가?		✓			

설계 지침	• PPT 설계 원리 - 이중매체 - 근접성 - 상호작용 - 주제 일치성 • 화면 디자인 - 레이아웃 - 템플릿 배경 - 색상	• 두 가지 이상의 정보채널(언어적+시각적)을 사용하고 있는가?				✓	
		• 시공간적으로 언어적 정보와 이미지 정보가 근접하여 제시하였는가?		✓			
		• 애니메이션 효과를 적절히 사용하였는가?(목적/필요성)					
		• 레이아웃은 간결하게 구성되어 있는가?			✓		
		• 사용되는 시청각 자료(클립아트 등)가 수업내용과 연관되어 있는가?				✓	
		• 레이아웃이 일관적인가?		✓			
		• 템플릿 배경이 학습주제나 맥락에 적합한 것인가?			✓		
		• PPT에 사용되는 색상이 학습내용 전체에 포함될 만큼 일관성을 유지하는가?			✓		
		• 한 화면에 색상을 최대 5개 이하만 사용하였는가?				✓	
이미지 자료		• 다이어그램, 차트, 그래픽을 사용하여 효과적으로 제시하였는가?		✓			
		• 이미지에 대한 부가 설명이 제시되어 있는가?			✓		
		• 이미지 크기가 화면에 적합한가?			✓		
		• 이미지가 설명하고자 하는 학습내용과 적합한 것인가?				✓	
		• 이미지 자료를 지나치게 사용하였는가?		✓			
텍스트	• 근접성 • 반복 • 정렬	• 텍스트 작성 시, 관련된 항목끼리 물리적으로 가깝게 묶어 관계를 나타내었는가?		✓			
		• 텍스트 작성 시, 반복을 사용하여 일관성 있게 강조하였는가?		✓			
		• 텍스트 작성 시, 한 페이지 안에 요소들을 읽기 쉽게 질서 정연하게 제시하였는가?		✓			

텍스트	• 대조 • 텍스트 크기 및 글꼴	• 두 가지 항목이 서로 완전 다르다면 다르게 나타냈는가?		✓			
		• 글자체, 글자크기, 색상과 단락구분 등에 일관성이 있는가?		✓			
		• 가독성이 높은 글자체를 사용하였는가?			✓		
		• 전체 텍스트에서 3~4개 이내의 글자체를 사용하였는가?		✓			
		• 불릿 등의 기호를 활용하여 정보를 제시할 때 이해하기 쉬웠는가?		✓			
동영상 및 사운드 자료		• 동영상 길이가 학습시간에 따라서 적합하게 구성되어 있는가?		✓			
		• 동영상 또는 사운드 자료가 꼭 필요하여 사용하였는가?			✓		
		• 동영상 자료가 가시성이 높은가?		✓			
		• 동영상 자료가 가청성이 높은가?	✓				
		• 사운드 자료가 가청성이 높은가?		✓			

[종합분석]

- 학습내용을 제시하는 데 대부분 적절하게 설계되었으나, 텍스트 정보와 이미지 정보를 근접하게 제시하는 등의 설계 원리를 적용하여 전체적으로 재구조화할 필요가 있음. 실물사진, 삽화, 구체적인 이미지 정보 등을 다양하게 활용하여 학생들의 이해를 촉진하는 데 도움이 되었다고 판단됨.
- 보다 매력적인 수업매체가 되기 위해서 다음과 같이 개선점을 제안함. 첫째, '설계지침'에서 전체적으로 레이아웃, 글자크기 등이 일관적으로 통일감 있게 제시되어야 함. 예를 들면, 내용의 양에 따라 제목 위치가 슬라이드마다 달라지고 있는데 제목과 내용 위치는 항상 제 위치에 고정하고 글자크기 조절을 하는 것이 바람직함. 또한 어떤 특정 개념을 설명하기 위한 이미지가 크게 두 가지가 있는데 각각의 이미지를 각각의 슬라이드에 배치하기보다는 설명의 흐름상 연결되기 때문에 한 슬라이드에 함께 배치하는 것이 적절한 것으로 판단됨. 한 슬라이드에 너무 많은 내용을 보여 주기보다는 적당한 내용으로 구분지어 제시해 주는 것이 효과적일 경우도 있음. 예를 들면, 조립을 하는 장면의 슬라이드를 보면, 이미지와 언어정보가 다량으로 일관성 없이 한꺼번에 제시되었는데, 이 부분은 2~3개의 슬라이드로 구분지어 언어정보와 이미지 정보를 근접하게 제시하는 것이 효과적일 것임. 둘째, '이미지 정보 설계' 측면에서 다양한 요소나 유형을 제시할 경우에는 다이어그램이나 표 등으로 시각화하여 제공하는 것이 기억하는 데 효과

적일 수 있으며, 특히 다이어그램 자체가 가시성이 낮기 때문에 명확한 화살표(보다 굵게) 및 컬러 글씨로 선명도를 높여 강조를 극대화하는 설계도 매력적임. 또한 차트를 제시한 것을 보면, 목적에 따라 차트의 유형이 달라지겠지만 본 수업에서는 3차원 기둥보다는 단면적 기둥이 훨씬 가독성이 높아 학생들이 한눈에 읽고 이해하는 데 용이하다고 판단됨. 셋째, '텍스트 정보 설계' 측면에서 텍스트 정보를 작성할 때, 정렬이 슬라이드마다 다르게 작성되어 있는데 제목은 가운데 위치로, 내용은 왼쪽 정렬이 학생들에게 정확하게 인지되므로 이를 전체 슬라이드에 일관성 있게 적용하는 것이 바람직함.

5) 수업매체 선정 분석을 통한 수업매체 들여다보기

여기서는 수업매체를 선정하는 실천적 지침에 대해 살펴보고자 한다. 교사는 수업에 필요한 매체를 선정하는 실천적 지침을 참고하여 목표 달성에 필요한 최상의 매체를 선정하여 활용하는 데 참고할 수 있을 것이다.

Patsula(2002)는 수업 설계를 준비하는 교수자들을 위해 수업의 질을 향상시킬 수 있도록 수업 매체를 설정하는 기준을 'CASCOIME'로 제시하였다. 이것은 비용(Cost), 접근성(Accessibility), 사회-정치적 적합성(Social-political suitability), 문화적 친밀도(Cultural friendliness), 개방성/융통성(Openness/Flexibility), 상호작용성(Interactivity), 동기적 가치(Motivational value), 효과성(Effectiveness)을 의미한다. 각각에 대한 구체적인 설명은 다음과 같다.

- 비용(Cost): 사용하고자 하는 매체가 비용 효과성을 가지고 있는가? 즉, 현실적인 상황에서 충분히 이용 가능한 것인지를 생각해 볼 필요가 있다.
- 접근성(Accessibility): 사용하고자 하는 매체가 접근 가능한 것인가? 즉, 사용하기에 편리하면서 매체의 혜택을 받는 학습자들에게 친숙한 것인지를 고려할 필요가 있다.
- 사회-정치적 적합성(Social-political suitability): 사용하고자 하는 매체가 사회 및 정치적으로 사용 가능한 것인가? 즉, 교육이 이루어지는 사회 · 정치적 체제 안에서 사용할 만한 타당성과 합리성을 가지고 있는지를 고려할 필요가 있다.
- 문화적 친밀도(Cultural friendliness): 사용하고자 하는 매체가 문화적으로 적절성을 갖추고 있는가? 즉, 매체가 기존의 학습 문화 안에서 충분히 수용될 수 있는지를 고려할 필요가 있다.

- 개방성/융통성(Openness/Flexibility): 사용하고자 하는 매체가 융통성이 있는가? 즉, 다양한 형태의 협력을 촉진하고 다양한 수업방법을 만들어 낼 수 있는지를 고려할 필요가 있다.
- 상호작용성(Interactivity): 사용하고자 하는 매체가 다양한 형태의 상호작용을 촉진하는가? 즉, 학습자와 학습자, 교수자와 학습자 간의 상호작용을 통해 교수자의 시기적절하고 질 높은 피드백을 촉진하고 있는지를 고려할 필요가 있다.
- 동기적 가치(Motivational value): 사용하고자 하는 매체가 학습자의 동기유발에 긍정적인 영향을 미치고 있는가? 즉, 학습자가 자기 주도성을 가지고 더 열심히, 더 오랫동안 공부할 수 있도록 유도할 수 있는지를 고려할 필요가 있다.
- 효과성(Effectiveness): 사용하고자 하는 매체가 학습에 효과적인가? 즉, 학습자로 하여금 주요 학습내용을 더 빨리 이해할 수 있도록 도움을 주는지 혹은 더 효과적인 방식으로 이해할 수 있는지를 고려할 필요가 있다.

위에서 언급한 매체를 선정하는 기준을 활용하여 매체 선정 분석도구를 제시하면 다음과 같다. 여기서 제시하는 매체 선정 도구는 Patsula(2002)의 'CASCOIME'을 참고하여 우리의 교실 수업 장면에서 효과적으로 이용할 수 있도록 수정 · 보완하였다.

표 11-12 수업매체 선정 분석도구의 예시

구분	애니메이션					이유
	1	2	3	4	5	
비용					✓	웹을 통해 손쉽게 구할 수 있는 무료 콘텐츠
접근성					✓	웹에 연결된 인터넷을 통해 쉽게 접근 가능
사회-정치적 적합성				✓		
문화적 친밀도		✓				미국의 도시 생활을 배경으로 하고 있어 우리의 현실에 최적화된 상황은 아님.
개방성/융통성					✓	애니메이션의 내용이 가치 갈등 상황을 유발하고 있어 새로운 형태의 수업방법으로 이어짐.

상호작용성				✓		애니메이션 내용을 바탕으로 교수자와 학습자, 학습자와 학습자 간의 상호작용을 촉진하고 있음.
동기적 가치				✓		애니메이션 내용이 학습자의 지적 호기심을 유발하고 있음.
효과성				✓		학습목표 달성에 중요한 내용을 포함하고 있어 효과적임.
소계	0	2	0	16	15	
합계	33/40					

6) 수업매체 들여다보기 활동 종합하기

수업매체 측면에서 들여다보기 활동을 종합하는 것이 필요하다. 왜냐하면 학습자와 교사, 학습자와 교육내용 및 매체, 학습자와 학습 환경 등 각 관계성들이 모두 독립적인 것이 아니라 서로 연결되어 하나의 수업현상을 만들어 내기 때문이다. 수업에 영향을 미치는 네 가지 영역인 학습자, 교사, 교육내용 및 매체, 학습 환경 간의 수업매체 측면에서 잘못된 결합을 정리하면 [그림 11-5]와 같다.

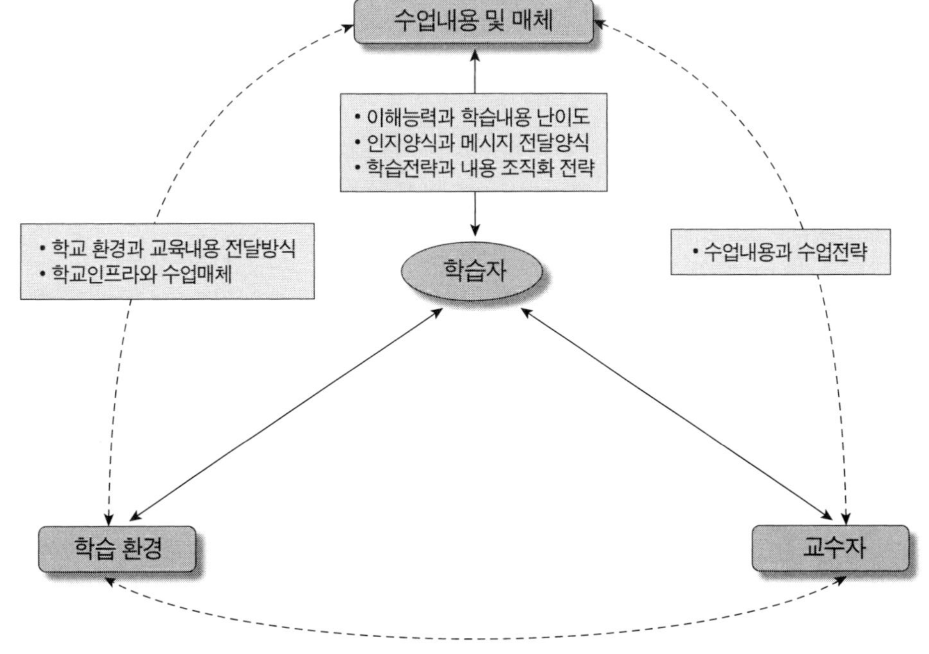

그림 11-5 _ 들여다보기에 기초한 잘못된 결합 요인들

들여다보기의 분석결과를 종합하여 위의 그림에서 현재 나의 수업의 매체활용 측면에서 발생하고 있는 잘못된 결합을 살펴볼 수 있다. 나의 수업에서 발생하는 수업현상들 중에서 수업매체 측면에서 문제가 발생하고, 그 원인이 수업관련 영역들 간의 잘 못된 결합에서 발생하고 있다는 사실을 종합적 해석에서 찾으면 된다. 수업매체의 문제는 종합적 해석에서 알 수 있듯이 한 가지 원인일 수도 있고 여러 가지 원인일 수도 있다.

3. 수업 새롭게 경험하기

디지털 기술에 기반한 첨단 매체들이 진화를 거듭하며 끊임없이 개발·보급되고 있다. 교육 현장에서는 이러한 매체들을 교육적으로 활용하는 방안을 연구하고 적용하고 있는 상황이다. 또한, 최근에는 스마트폰의 빠른 보급으로 페이스북, 카카오톡, 밴드, 트위터 등과 같은 SNS로 다른 사람들과 소통하고 협력하며 집단 지성을 창출하고 있다. 따라서 이러한 매체를 활용하여 수업의 효과를 증진시킬 수 있는 다양한 방법을 제시함으로써 이를 바탕으로 보다 창의적인 매체활용 수업이 창출되길 기대한다.

1) 수업매체 활용 전략 배움 디자인

지금까지 수업 되돌아보기와 들여다보기 활동을 통해서 수업매체 활용 전략으로 프레젠테이션 설계 분석방법에 대해 살펴보았고, 나의 수업매체 활용 전략에 대한 자기성찰과 함께 분석해 보았다. 그렇다면 이제 교실 수업에서 매체 활용 능력과 역량을 함양할 수 있는 방법에 대해 안내할 것이다. 먼저, 수업에서 가장 많이 활용되고 있는 프레젠테이션 설계 원리를 살펴볼 것이다. 그런 다음, 최근에 부각되고 있는 SNS를 활용한 교육 원리와 스마트폰이라는 최신의 매체를 어떻게 수업의 유용한 매체로 활용할 수 있는지 살펴보고자 한다. 이를 활용하여 새로운 수업에 적용해 보기 위한 구체적 전략을 계획해 볼 수 있다.

(1) 멀티미디어 기반 프레젠테이션 설계 원리

첫째, 언어적 정보와 이미지 정보를 통합하여 제시할 필요가 있다. 텍스트 위주의 단조로운 제시보다는 텍스트와 이미지의 적절한 조화를 통해 학습자의 이해를 촉진할 수

Bad Example

눈의 구조

1. 각막(cornea)
눈의 가장 바깥쪽에 있는 투명한 조직. 흔히 검은 동자라고 함.
기능 · 안구를 보호하는 방어막의 역할과 광선을 굴절시켜 망막으로 도달시키는 창의 역할

2. 홍채(iris)
각막과 수정체 사이에 위치, 색은 인종별, 개인적으로 차이가 있음.
기능 · 빛의 양을 조절하는 조리개 역할

3. 동공(pupil)
특별히 있는 조직은 아니고 홍채의 중앙에 구멍이 나 있는 부위를 말함.

Good Example

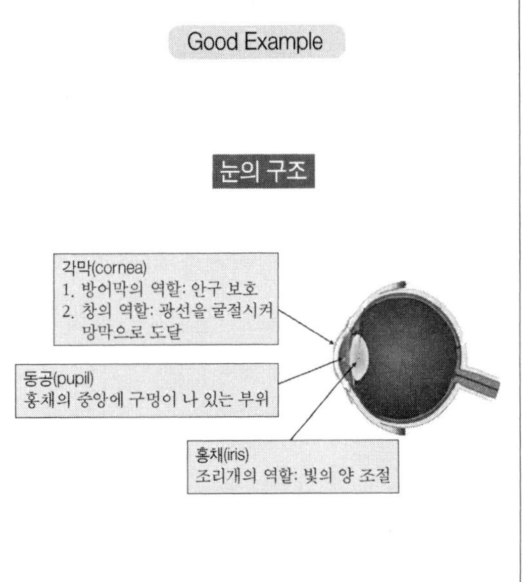

있다. 특히 아래의 그림처럼 눈의 구조를 파악하는 학습내용을 위해 전체 눈의 구조를 이미지 형태로 제시하고 각 세부 구조의 명칭과 역할에 대해 간략하게 제시함으로써 학습자는 눈의 전체 구조를 한번에 파악할 수 있다. 이와 유사하게 우주의 태양계 구조를 파악하는 학습, 과일의 모습과 이름을 배우는 수업, 우리나라 지도에서의 주요 도시를 찾는 수업 등에서도 이와 같이 텍스트와 이미지를 구조화함으로써 접근할 수 있을 것이다.

둘째, 시공간적으로 언어적 정보와 이미지 정보를 근접시킬 필요가 있다. 순서와 절차가 명확히 따라야 하는 수업의 경우 첫 번째 단계에서 마지막 단계로 이어지는 전체

Bad Example

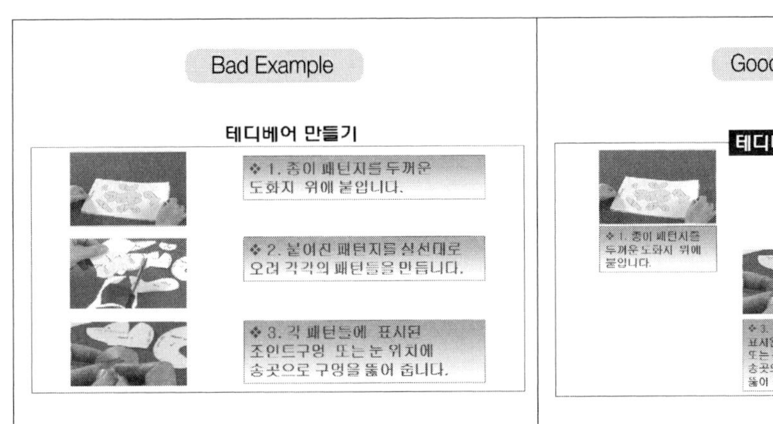

Good Example

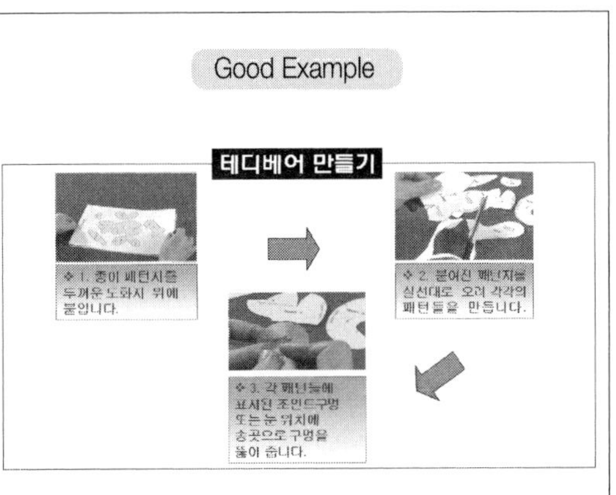

과정이 분명하게 제시될 수 있도록 구조화할 필요가 있다. 각 단계에서 수행해야 할 모습을 이미지로 제시하면서 무엇을 어떻게 해야 하는지에 대한 부연 설명을 이미지와 텍스트를 결합한 근접성의 원리를 부각시킴으로써 학습자 이해를 촉진할 수 있다.

셋째, 적절한 애니메이션 효과로 청중의 참여를 유도할 수 있도록 정보를 설계해야 한다. 전체 내용을 일괄적으로 한 번에 제시하는 것보다, 학습자 참여를 유도하기 위해 애니메이션 효과를 적절하게 가미하는 것이 효과적이다. 이처럼 교사의 의도적인 내용 제시 전략을 구현함으로써 적절한 발문과 함께 학습자들의 유의미한 반응들을 이끌어 낼 수 있다. 또한 교사는 이 과정에서 효과적인 피드백을 제공함으로써 원활한 상호작용을 이끌어 낼 수 있다는 장점이 있다. 따라서 프레젠테이션 자체가 제공하는 기능을 효과적으로 활용함으로써 교사 위주의 일방적인 강의나 설명에서 벗어나 학습자들의 참여를 유도할 수 있는 다양한 전략을 구현할 수 있다.

넷째, 내용과 무관한 말, 그림, 사운드를 가능한 한 배제시킬 필요가 있다. 다음의 그림처럼 우측 하단에 움직이는 이미지를 삽입함으로써 오히려 학습자들의 주의를 분산시키는 역효과를 불러올 수 있다. 최초 매체 설계자의 입장에서는 허전한 여백에 적절한 이미지를 배치시킴으로써 미적 효과를 기대하겠지만 실제 수업 상황에서는 수업 내용과 직접적인 관련이 없는 이미지의 삽입으로 학습자들의 주의 분산을 초래한다. 따라서 굳이 삽입하고자 한다면 학습목표에 도달할 수 있도록 직접적인 관련이 있는 이미지를 삽입하거나 적절한 이미지가 없다면 그냥 여백으로 남겨 두어야 할 것이다.

Bad Example

- 산만하게 하는 사운드를 제거시켜라
- 산만하게 하는 그림을 제거시켜라
- 산만하게 하는 말을 제거시켜라

다섯째, 친숙한 문장을 사용하여 특별하게 느끼도록 해야 한다. 동일한 내용을 제시하더라도 학습자들의 수준, 요구, 흥미, 관심 등을 반영하게 되면 그 효과는 확연히 달라질 수 있다. 이처럼 지루할 수 있는 내용적 진술을 학습자들의 친밀도를 높일 수 있

는 전략을 투입함으로써 학습자들의 적극적인 참여를 유도하는 효과를 창출할 수 있다. 이러한 강한 동기와 높은 수준의 참여는 긍정적인 학습 결과로 이어지게 하는 중요한 요인이 된다.

Bad Example

사막의 식물

이 프레젠이션은 사막에 사는 식물의 종류에 관한 것입니다...

Good Example

사막의 식물

여러분, 이제 사막에 사는 식물을 관찰하기 위하여 사하라로 여행을 떠나봅시다...

(2) SNS기반 학습 설계 원리

이상수 등(2011)은 소셜 네트워크 사이트 참여 동기 분석에 기초한 소셜 네트워크 기반 학습 설계 원리에 대한 연구를 통해 SNS를 활용한 학습 원리로 소통의 확대와 다변화, 교육수요에 대한 롱테일적 접근, 정서와 인지의 통합 접근, 집단지성화, 개인학습

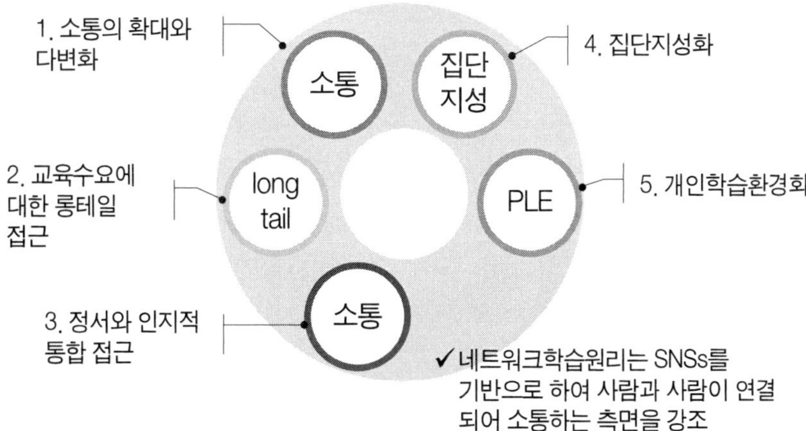

그림 11-6 _ SNS기반 학습 설계 원리

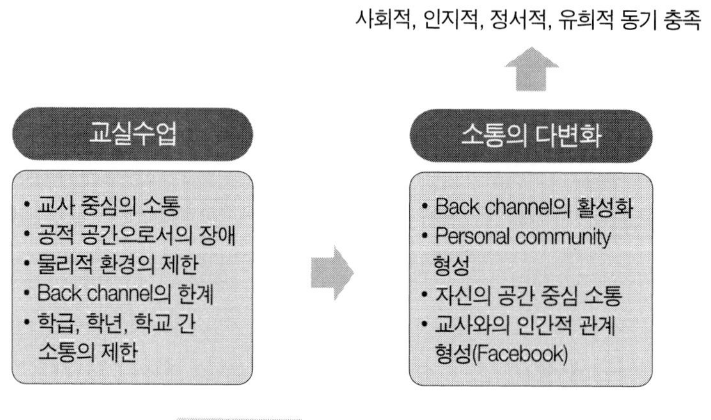

그림 11-7 _ 소통의 확대와 다변화

환경화의 다섯 가지 원리를 제안한 바 있다.

① 소통의 확대와 다변화

많은 SNSs의 사용자들은 사회적 동기, 즉 소통 자체가 목적이자 동기가 되는 경우가 많다. 또한 SNSs를 통해 정보를 공유하고 지식을 강화하려는 인지적 동기 요소들을 가지고 있다. 이러한 사회적 및 인지적 동기요소를 충족시킬 수 있는 SNSs를 적용하여 학습을 위한 환경이나 활동 등을 설계할 때 고려해야 할 원리로 소통의 확대와 다변화가 필요하다. 예를 들어, 트위터는 구성원들 간의 소통을 활성화함으로써 학습 공동체 형성에 도움을 줄 수 있다. 트위터는 교실 내의 대화보다는 트위터라는 공간이 자신을 표현하는 데 보다 더 편안함으로 느끼게 함으로써 학습자들은 서로 간에 대화를 하려는 의지와 더불어 서로를 존중하려는 분위기를 조성할 수 있다.

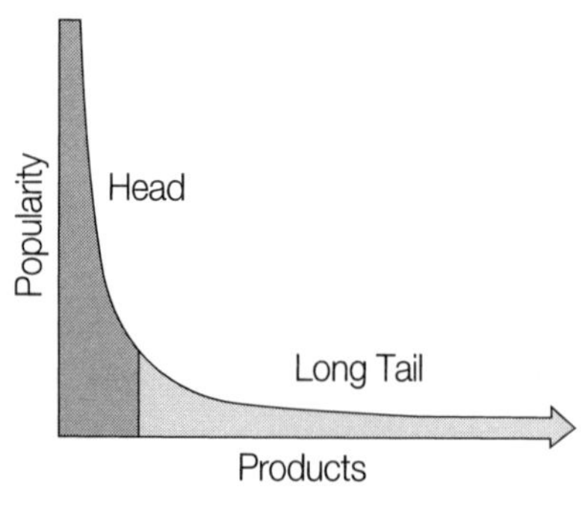

그림 11-8 _ 롱테일적 접근

② 교육수요에 대한 롱테일적 접근

롱 테일(long-tail) 법칙에 따르면 웹 2.0 시대의 환경은 다양한 유형의 소통을 가능하게 함으로써 독특한 요구를 가진 개인이나 소규모 집단의 요구까지 이를 충족해 줄 수 있는 공급자를 만날 수 있게 한다고 한다. SNSs는 개인의 특성을 살릴 수 있는 개인 프로파일을 작성하고 그에 맞는 친구를 찾거나 자신만의 일기를 작성하고 준 공적 공간에 올리고 서로 피드백을 주고받으며 개인적이면서도 사적인 요구를 충족할 수 있다.

SNSs는 관심사가 유사한 사람들뿐만 아니라 다른 분야 사람들의 안내와 도움을 받을 수 있도록 하며, 필요한 정보나 지식이나 지원도구들을 스스로 검색하여 자기보다 우수한 타인과의 사회적 상호작용인 타인조절 스캐폴딩과 자기 스스로 정보나 지식을 찾거나 지원도구를 검색하여 스스로 안내나 도움을 받게 되는 자기조절 스캐폴딩을 가능하게 해 줄 수 있다. 예를 들어, 블로그를 통해 자신의 문제해결방안을 올리면 자신의 수준에 적합한 안내와 도움을 제공받고, 다양한 자원과 하이퍼링크를 통해서 자기 조절을 통해 학습과제를 해결할 수 있다.

③ 정서 · 인지의 통합적 접근

블로그나 트위터는 자신을 표현하고, 개인적 경험을 타인과 공유하며 평판이나 피드백을 통해 감정적 지원을 받는 목적으로 사용되기도 한다. 뿐만 아니라 블로그와 위키 등은 단순히 개인적인 관심사나 정보, 자료의 수집 및 관리, 공유와 더불어 다양한 사회적 상호작용을 통해서 보다 의미 있는 학습을 가능하게 하며, 여러 참여자들이 새로운 지식을 습득하고 구성해 나가기 위해 서로 협력하게 만들어 줄 수 있다. 학습을 위한 지원에서 인지적 측면과 함께 지금까지는 무시되고 있던 정서적 측면에서 통합된 접근이 이루어진다면 학습자들은 보다 적극적인 참여와 안정감을 제공해 줌으로써 성취도의 상승을 가져올 수 있을 것이다.

정서와 인지의 통합적 접근 원리는 특히 학습부진 학생들에게 효과적으로 적용할 수 있다. 학습부진 학생들은 일반적으로 부정적 자아개념, 학습동기의 부족, 사회적 관계 형성 능력 부족의 특징을 나타낸다. 학습부진 학생들의 이러한 특성은 SNSs를 적용함으로써 보완할 수 있다. 예를 들어, 페이스북을 선생님, 학급 친구들과의 긍정적인 관계를 형성할 수 있는 수단으로 활용하여 자신감을 형성할 수 있다.

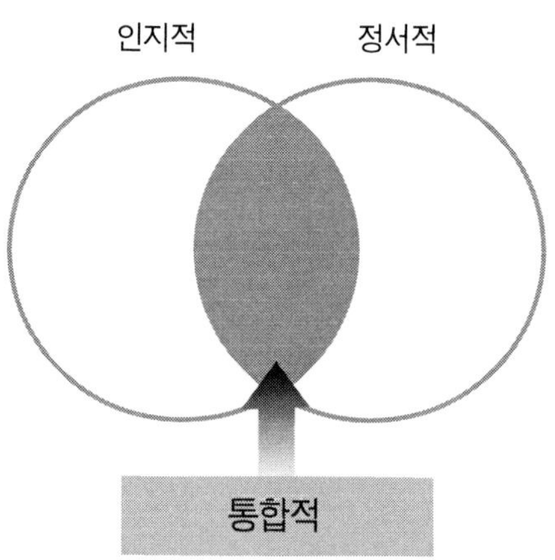

그림 11-9 _ 정서 · 인지의 통합적 접근

④ 집단지성화

다양한 지식과 경험이 있는 많은 사람들이 모여서 협력을 한다면 시너지 효과에 의해 나 혼자 할 수 없는 일들을 해낼 수 있게 된다는 의미이다. 따라서 사용자들이 SNSs에 참여하는 동기들 중에 유용한 정보의 습득, 타인을 위한 기여, 타인의 생각에 영향 미치기, 실질적인 지식과 기술을 타인과 공유하기 등은 집단지성화를 이끌어 낼 수 있는 토대가 된다. SNSs에서 집단지성을 이루기 위한 활동들은 여러 가지 형태로 나타나고 있다. 예를 들어, 온라인 자료에 대해 서로 해석을 붙이기, 태그 달기, 순위 매기기, 선호도 매기기, 분류와 집단화하기, 클릭한 횟수 분석하기, 구입 빈도 분석, 최근의 방문 횟수, 투표 등 다양한 형태의 집단 행위를 통해 주어진 자료에 대한 집단 가치 부여와 의사결정의 공유, 협력적 필터링, 참여적 재창출 등의 활동을 한다. 이러한 활동들이 자료 검색의 속도, 정확성, 질적 개선을 가져오기도 하고 이를 통해 효과적인 지식 축적 공동체를 형성하기도 한다.

⑤ 개인학습환경화

개인학습환경(personal learning environment: PLE)이란 학습자가 스스로 자신의 학습에 대한 통제와 경영을 하는 것으로 스스로 학습목표를 설정하고 학습과정과 내용을 경영함으로써 학습목표를 달성하려는 것을 의미한다. 개인학습 환경을 특징짓는 것들은 비공식적 학습, 평생학습, 개인 학습 공간, 자기통제, 사회적 맥락에서의 학습, 타인의 학습공간과의 연결을 통한 협력적 학습 등이 있다. 이를 위해서는 테크놀로지의 지원이 필수적이다. 예를 들어, 학습자의 요구에 따라 실시간으로 정보를 제공해 줄 수 있는 RSS, 필요한 학습자원을 한 공간에서 접근 가능하도록 하는 aggregator, 타인과의 연결을 통한 학습이 가능하도록 하는 SNSs, 이러한 모든 테크놀로지를 통합하는 인공지능체계 등이 필요로 한다.

(3) Blended Learning을 통한 상호작용 설계원리

Blended Learning은 e-learning이 직면한 한계를 극복하기 위해 부각되었다. e-learning은 시간과 공간의 한계를 극복하면서 학습의 효과성과 효율성의 가져다 주었으나, 체험학습의 어려움, 암묵적 지식 전달의 어려움, 비언어적 의사전달의 어려움 등 다양한 문제도 야기하였다. 따라서 학교 현장에서 온라인 수업매체를 효과적으로 활용할 수 있는 Blended Learning을 통한 상호작용 설계원리를 이상수(2007)의 연구를 중심으로 살펴보고자 한다.

Blended Learning의 개념은 학자들에 따라 조금씩 다른 의미를 가지고 있다. 초기에는 Blended Learning의 개념이 hybrid learning이라는 말과 함께 사용하기도 하였다. 그러나 hybrid란 용어는 동물이나 식물의 두 가지 종을 접종하여 새로운 종을 만드는 개념을 의미하기 때문에 일반적인 혼합교육을 의미하는 개념으로는 부적절하다. Blended Learning에 대한 개념정의는 네 가지로 구분할 수 있다.

- 수업전달매체의 혼합: 수업전달매체의 혼합이란 수업을 위해 사용되는 다양한 매체의 혼합을 의미한다. 이들 매체 혼합에 대한 실례들은 교육현장에서 많이 찾아볼 수 있다. 실물 자료와 인터넷 자료의 혼합, 채팅이나 화상회의와 같은 실시간 의사소통 매체와 토론방이나 자료방 같은 비실시간 매체의 혼합 등 다양한 사례를 찾아볼 수 있다.
- 수업방법의 혼합: 수업방법의 혼합이란 다양한 수업전략을 혼합하여 사용하는 것을 의미한다. 예를 들어, 강의를 통해 기초적인 개념을 설명하고 토의식 수업이나 협동학습을 실시할 수 있다. 또한 집단적 협동학습과 개인적 학습을 혼합하여 사용할 수도 있다. 이러한 수업방법의 혼합은 교육현장에서 많이 활용되고 있다.
- e-learning과 오프라인 수업의 혼합: 이것은 오프라인 학습이나 온라인 학습방법이 본질적으로 각각의 장점을 가지고 있다고 생각하고 이들 간의 조화로운 균형

을 찾고자 하는 입장이다. 예를 들어, 기본적 개념학습은 온라인 학습시스템의 동영상 강의를 통해 접근하고 오프라인에서는 심도 깊은 논의를 통해 복잡한 원리의 현장 적용에 대해 실습할 수 있다.

- 앞서 언급한 모든 것의 혼합: 이 입장은 위의 세 가지 중 하나의 입장을 지지하기보다는 이들 중 한 가지의 혼합이 이루어지거나 모든 요소의 혼합이 이루어지는 모든 것을 Blended Learning으로 보는 것이다. 예를 들어, 온라인 학습에서는 동영상 강의나 시뮬레이션을 통한 개별 학습을 실시하고 오프라인에서는 개인 간 협력학습이나 토론 학습을 할 수 있다. 이 경우 온라인과 오프라인의 혼합, 강의식 수업과 협력 혹은 토론학습의 혼합, 동영상 매체와 인간매체의 혼합 등 모든 유형의 혼합을 동시에 실시할 수 있다.

이상수(2007)는 Blended Learning을 활용한 상호작용 설계원리로 상호작용 확대 원리, 상호작용 정교화 원리, 상호작용 평등화 원리, 상호작용 공유의 원리, 상호작용 비용효과성의 원리의 다섯 가지를 제시하였다.

① 상호작용 확대 원리

- 교수자 구성원의 확장: 오프라인 교수자를 돕기 위해 온라인 외부 전문가를 활용하라.
- 학습자 구성원의 확장: 오프라인 수업에서 타 지역/조직의 학습자들과 온라인 상호작용을 촉진하라.
- 학습시간 확장: 오프라인 학습에서 심화와 보충학습을 위해 온라인 학습을 확장하라.
- 학습공간 확장: 오프라인 학습에서 직접 방문이 불가능한 곳은 온라인 현장학습을 활용하라.
- 학습전략 확장: 학습자들의 다양한 요구를 충족하기 위하여 오프라인 및 온라인상의 다양한 전략을 혼합하여 사용하라.
- 학습 편리성/접근성 확장: 장소와 시간에 구애받지 않고 학습할 수 있도록 필요시에는 중복된 학습내용을 두 가지 환경에서 모두 제공하라.
- 학습자원 확장: 오프라인 학습 환경에서 온라인의 풍부한 학습자원들을 최대한 활용하라.

② 상호작용 정교화 원리

- 의사결정의 정교화: 온라인 학습에서 전체 집단의 합의를 통한 의사결정이 필요할 때는 오프라인 집중회의 시간을 활용하라.
- 의미 공유의 정교화: 온라인 학습에서 초기 조직의 형성단계에서 집단의 공유된 의미형성이 필요할 때는 오프라인 의미공유 활동을 활용하라.
- 대화의 응집성의 정교화: 온라인 학습에서 대화의 응집성을 필요로 하는 정확한 의사소통을 필요로 할 때는 오프라인 집중논의 시간을 활용하라(어려운 의미, 복잡한 내용, 처음 접하는 내용 등).
- 체험학습의 정교화: 오프라인 교실 수업의 시간단축을 위해 단순 지식의 경우 온라인 사전학습을 하고 오프라인 수업활동은 실제 체험학습이나 학습한 내용의 적용학습 시간을 갖게 하라.

③ 상호작용 평등화 원리

- 참여의 평등화: 오프라인 학습 환경에서 몇몇의 사람에 의해 논의가 독점이 될 경우 모든 학습자들의 동등한 참여를 촉진하기 위하여 온라인 학습활동을 활용하라.
- 익명성: 모든 참여자들이 사회경제적 지위에 영향을 받지 않고 과제 중심의 자유로운 의사개진을 하기 위해 온라인 활동을 활용하라.

④ 상호작용 공유의 원리

- 학습내용의 공유: 오프라인 학습을 통해 각 개인들이 학습한 결과를 온라인 공간을 통해 공유함으로써 지식구축 공동체가 형성되도록 하라.
- 학습자원의 공유: 개개인이 가지고 있는 다양한 학습자원들을 온라인에서 공유할 수 있는 공간을 제공하여 서로의 학습에 도움이 되게 하라.
- 학습공간의 공유: 오프라인 학습 환경에서 학습자들이 공간적으로 분산되어 있는 경우 가능한 한 온라인 공간을 통해 공유된 학습활동이 이루어지게 하라.
- 조직 간 학습의 공유: 여러 조직이 같은 분야의 영역에 대한 학습을 할 경우 각 조직 내의 학습과정과 결과를 조직 간 공유하기 위하여 온라인 공간을 활용하라.

⑤ 상호작용 비용효과성의 원리

- 이동비용 감소: 학습자들이 분산되어 있는 경우 이동비용을 최소화하기 위하여 가능한 한 단순학습내용은 온라인을 활용하고 집중적인 의사소통이 필요한 경우 오프라인 학습활동을 활용하라.
- 시설 및 장비 비용 감소: 학습자들의 숫자가 많은 경우 오프라인 학습을 위한 시설 및 장비의 비용을 줄이기 위하여 온라인 학습을 활용하고 오프라인 학습활동은 적은 시설을 시간대를 달리한 순회적 교육형태로 활용하라.
- 기회비용의 감소: 학습자들이 작업현장에서 작업을 해야 할 경우, 온라인 학습활동을 통해 on-the-job 교육을 실시하고 필요시 소규모의 집합교육이나 코칭활동을 활용하라.

(4) 스마트폰을 활용한 수업 설계

오늘날 많은 학생들이 스마트폰을 소지하고 있다. 이러한 현실을 반영하듯 국내의 스마트폰 보급률은 4,000만 명에 해당하는 80%에 육박할 정도로 1인 미디어 시대를 알리고 있다. 더불어 학생들의 스마트폰 보유율은 초등학생 49%, 중학생 85%, 고등학생 84%로 보고하고 있다(조규복, 2013). 특히, 스마트폰은 인터넷 네트워크로 연결되면서 다양한 형태의 상호작용을 지원해 주기 때문에 효과적인 수업매체로 거듭날 무한한 가능성을 가지고 있다. 페이스북, 트위터, 밴드, 카카오스토리 등과 같은 SNS뿐만 아니라 다양한 애플리케이션을 통해 학습할 수 있는 구체적인 방법에 대해 알아보고자 한다(오영범, 2016, 2017). 스마트폰을 활용한 교육적 효과는 다음과 같다.

표 11-13 스마트폰을 활용한 교육적 효과 및 예시

스마트폰의 교육적 활용 효과	활용 예시
[유용한 학습 보조 도구] • 에듀테인먼트 기능 강화 • 자기주도적 학습 촉진 • 학습동기 유발 및 유지	[수학] 단계별로 해결할 수 있는 교육용 게임을 활용하여 게임의 속성에서 찾을 수 있는 도전감과 성취감을 활용하여 자기주도적 학습 촉진
[집단지성 기반 고등사고 능력 촉진] • 사회적 협력학습 촉진 • 비판적 사고 능력 촉진 • 문제해결 학습 촉진	[사회와 실과 통합] 실과 학습과 연계하여 모둠별 만원을 가지고 전통시장에 가서 계란과 감자 사 오기 미션 해결하는 가운데 우리 고장의 모습 관찰하고 공유하기

[형식적 학습과 비형식적 학습의 통합] • 실생활 기반 맥락 학습 촉진 • 실생활과 연계한 학습 촉진 • 실생활을 반영한 학습 촉진	[국어] 거리의 간판을 사진으로 찍어 SNS에 공유하여 무슨 가게인지 추측하고 단어들을 활용하여 이야기 상상하기
[정의적 학습의 촉진] • 사회적 실재감 강화 • 반성적 성찰 도구 • 생활지도의 수단	[도덕] 가정의 일상적인 모습을 동영상으로 촬영해 보고 더욱 화목한 가정이 되기 위해서 스스로 노력해야 할 점 기록하기

① 교육과정 운영에 유용한 학습 보조 도구

영어 시간에는 학생들에게 인기 있는 K-POP 뮤직비디오와 학생들의 스마트폰을 활용하여 다양한 학습을 전개할 수 있다. 먼저, 수업의 도입부에 학생들이 선호하는 뮤직비디오를 제시함으로써 학습동기를 유발하는 효과를 불러일으킬 수 있다. 이때, 가사 속에 등장하는 영어 단어를 모둠별로 찾게 하고 찾은 것을 SNS에 공유할 수 있다. 새롭게 익힌 어휘를 수차례 반복하여 듣고 말한 다음에는 정확한 발음으로 읽는지 확인하기 위해 스마트폰의 녹음 기능을 활용하여 직접 자신의 음성으로 녹음할 수 있다. 자신의 발음과 친구, 선생님의 발음을 비교하면서 듣는 가운데 스스로 오류를 찾고 수정하면서 자기주도적 학습 능력을 신장하는 데 기여하게 된다.

이러한 영어 수업은 다른 교과와 통합하여 운영할 수도 있다. 영어 시간을 통해 새롭게 습득한 어휘 중에서 하나를 골라 그 스펠링을 미술 교과와 연계하여 창의적인 문자 그림으로 표현할 수 있다. 그림 그리기 애플리케이션으로 학생들의 문자 그림을 완성하고, 스마트폰을 활용하여 페이스북, 클라스팅, 밴드 등과 같은 SNS에서 제공하는 사진첩에 탑재함으로써 '사이버 전시관' 같은 효과를 누릴 수 있다. 학생들은 게시된 모든 작품을 보고 댓글로 감상평을 간단하게 기록함으로써 감상하는 능력과 함께 평가 기능의 수행까지 기를 수 있다.

국어과의 다양한 수업과도 통합하여 교육과정을 재구성할 수 있다. 새로운 영어 단어의 우리말 뜻을 파악하고 그 한글 단어를 활용하여 다양한 비유적 표현을 만드는 수업과 연계할 수 있다. 예를 들어, 영어 시간에 'apple'이라는 단어를 배웠다면 그 뜻인 '사과'를 활용하여 국어과의 비유적 표현 수업과 연계함으로써 '사과 같은 동생 얼굴' '발표할 때 내 얼굴은 붉은 사과' 등의 창의적인 표현을 만들어 낼 수 있다. 이러한 일련의 과정을 한 장의 학습지로 표현하고 스마트폰 사진으로 찍어 다른 친구들과 공유할 수 있다.

영어 단어와 표현이 많이 삽입된 K-POP 가사는 국어과 토론 수업용으로 적절하다. 'K-POP 가사에 영어 표현을 사용하는 것은 적절한가?'라는 토론 주제를 설정하고 사회자, 찬성 및 반대 토론자, 판정인의 역할을 정한 다음, 스마트폰을 활용하여 실시간 토론을 전개할 수 있다. 그렇게 함으로써 친구들의 다양한 생각과 의견을 확인하는 가운데 자신의 주장을 효과적으로 설득할 수 있는 방법도 터득하게 된다.

학생들의 기초 · 기본 교과 학습을 위해 교육용 게임 애플리케이션을 활용하는 것도 학습동기를 강화하여 자기주도적 학습을 촉진할 수 있는 유용한 방법 중의 하나이다. 교육용 게임은 교육적인 내용 요소와 게임의 재미 요소가 적절하게 결합되어 학생들이 재미있게 학습할 수 있는 방법이다. 특히 교육용 게임은 시행착오를 통한 반복 연습의 효과를 부여하기 때문에 기초 · 기본 학습 및 특정 내용을 내면화하는 데 아주 효과적이다. 따라서 단순 오락성 게임이나 상업용 게임 중독의 위험에서 벗어날 수 있는 방안으로 교육용 게임을 제공함으로써 학습동기를 이끌어 내고 학습의 효과도 창출할 수 있다.

② 집단지성 기반 고등사고 능력 촉진

스마트폰을 활용하면 간편하게 인터넷에 접속할 수 있다. 수많은 정보의 보고인 인터넷은 교육적으로 활용할 수 있는 무한한 가능성을 열어 준다. 심지어 간단하면서도 유용한 지식과 정보를 즉각적으로 제공함으로써 생활의 편의를 도모해 주기도 한다. 인터넷상에는 보편타당한 불변의 진리로 인정받고 있는 객관적인 지식과 정보도 존재하지만, 검증되지 않아 신뢰롭지 못한 정보도 더불어 존재한다. 비판적 사고 능력이 형성되지 않은 학생들의 경우 인터넷상의 지식과 정보를 무비판적으로 받아들일 가능성이 있다. 따라서 교육과정 운영을 통해 학생들의 비판적 사고 능력을 함양시킬 수 있는 방법과 전략이 필요하다.

국어 시간을 통해 배우는 사실과 의견을 구분하는 방법에 대한 학습에서 선생님의 도움으로 정확하게 구분하는 방법을 습득한 후, 학생들의 수준에 적합한 신문기사, 게시글 등을 활용하여 사실과 의견을 구분하는 실제적인 연습의 장으로 활용할 수 있다. 나아가 하루가 다르게 변화하는 세상의 모습에 대한 뉴스, 사건과 사고, 정책, 문화 등과 관련된 토론 주제를 선정하여 자신의 입장을 선정하고 자신의 의견을 뒷받침할 만한 설득력 있는 근거를 마련하여 모의 토론해 보는 활동을 통해 비판적 사고 능력을 함양하는 데 기여할 수 있다.

스마트폰을 활용한 협력학습은 사회적 구성주의를 구현해 주는 효과적인 방법이다(강인애 외, 2012). 스마트폰을 활용한 다중 참여는 팀별 문제해결학습이나 프로젝트 학습을 구현하기에 적합하다. 이처럼 스마트폰은 탐구할 공동 주제를 선정하여 목적을 공유하고 그 목적을 해결하기 위해 자료를 지속적으로 축척해 가는 가운데 팀원들 간의 공동사고에 기반한 문제해결 방법을 모색하고 합리적 의사결정을 이끌어 내는 학습을 가능하게 한다.

교육과정의 통합 운영을 위해 4인 1팀 소집단별로 '봄과 여름'을 주제로 프로젝트 학습을 계획한다면 자연의 변화, 우리 옷의 변화, 우리가 먹는 음식의 변화, 가정생활의 변화별로 역할을 나누어 장시간 자료를 수집하면서 상호 의견을 나누어 가는 과정을 통해 봄과 여름에 따른 여러 변화와 그 차이점에 대해 인식하고 관련 지식을 습득하는 데 유용하다. 이 과정에서 밴드, 페이스북, 카카오스토리 같은 SNS 도구를 자료 수집과 의견을 공유하는 공간으로 활용할 수 있다.

SNS에 축척된 자료는 포트폴리오와 같은 기능을 하기 때문에 학습자들의 입장에서는 자신들의 학습과정을 되돌아보는 성찰적 기회를 제공함으로써 학습하는 방법에 대한 학습의 기회를 제공한다. 또한 교수자 입장에서는 학습자들이 지나온 흔적인 학습과정을 검토함으로써 질적 개선을 위한 피드백을 제공하거나 그 과정을 평가에 반영함으로써 신뢰도 높은 평가를 수행할 수 있다. 즉, 수행평가의 유용한 방법으로 활용할 수 있다.

③ 형식적 학습과 비형식적 학습의 통합

스마트폰을 활용한 수업에서 실생활을 반영한 학습은 그 방법과 정도에 따라 차별적인 성격을 가지기 때문에 실생활 기반 맥락 학습, 실생활과 연계한 학습, 그리고 실생활을 반영한 학습의 세 가지로 구분할 수 있으며 더불어 그 의미를 명확히 해 둘 필요가 있다.

실생활 기반 맥락 학습은 학습자들이 학교가 아닌 자신들의 실제 삶의 공간에서 학습하게 되는 비형식적인 성격이 강한 학습으로 실제 생활 장면에서 자연스럽게 이루어지는 학습을 말한다. 실생활과 연계한 학습은 학교의 형식적 학습과 실제 생활 장면에서 일어나는 비형식적 학습을 대등한 입장에서 상호 연계한 방법을 말한다. 실생활을 반영한 학습은 학교라는 형식적 교육 기관에서 실생활에 적용할 수 있는 다양한 상황을 제공함으로써 학교에서 습득한 지식이 실생활에 효과적으로 전이될 수 있는 학습을 말한다. 결국, 이 세 가지 방법의 공통점은 실생활과 학교교육은 결코 상호 분리될 수 없다는 속성을 가지고 있기 때문에, 학교교육은 실제 삶에 유용하고 실용적인 지식의 습득을 추구해야 하고, 동시에 실생활의 유용한 가치는 학교교육에 지속적으로 반영될 필요가 있다. 이러한 맥락에서 교육과정 개발자 혹은 학교 교사들은 형식적 학습과 비형식적 학습을 통합하는 수단으로 스마트폰을 활용할 필요가 있다. 학교교육과정과 수업 설계에 적용할 수 있는 다양한 예시를 살펴보면 다음과 같다.

만약 한 교사가 사회과에서 여러 가지 경제 활동의 모습에 대한 교육과정을 계획한다면, 스마트폰을 활용하여 실제 삶 속에서 관찰할 수 있는 다양한 경제 활동을 수집함으로써 실제적인 맥락성을 극대화할 수 있다. 먼저, 교사는 학생들에게 우리 주변의 다양한 경제 활동의 모습을 사진으로 담아 공유할 수 있는데, 이러한 모습은 시장에서 물건을 사고파는 모습, 은행에서 한 고객이 저축을 하는 모습, 커피전문점에서 아이스크림을 먹는 모습, 버스 기사가 운전하는 모습 등 다양하다. 이를 바탕으로 학생들이 수업 시간에는 각자 찍어 온 사진 속 장면이 구체적으로 어떠한 경제 활동을 하고 있는지에 대한 조사를 수행할 수 있다.

예를 들어, 시장에서 한 아주머니가 상인으로부터 생선을 구입하는 사진이 있다면 생선이 어떠한 과정을 통해 우리의 식탁으로 오게 되는지에 대한 유통 경로에 대해 조사하거나 비싼 생선과 싼 생선의 가격이 결정되는 방법 등에 대한 조사를 수행할 수 있다. 이러한 조사 과정도 다양할 수 있지만, 실제적 맥락성을 고려한다면 학생들이 직접 상인을 만나 인터뷰를 하고 그 장면을 동영상으로 남기는 것도 유용한 방법이 될 수 있다.

나아가 국어 시간과 연계하여 거리의 재미있는 간판을 사진으로 찍어 SNS에 공유하여 무슨 가게인지 추측하는 게임을 하거나, 내가 장차 가게를 운영하게 된다면 간판 이름을 무엇으로 할지에 대한 창의적인 표현을 생각해 보고 더불어 나의 가게를 홍보할 수 있는 다양한 전략들을 구체화하여 공유할 수도 있다. 그리고 창의적 체험활동의 진로 활동과 연계함으로써 자신이 관심 있는 직업에 대해 탐색해 보고, 대규모 진로 박람회에서 제공하는 애플리케이션의 도움으로 진로 체험을 할 수도 있다.

④ 정의적 학습의 촉진

스마트폰이 가진 실시간 상호작용성과 즉각적인 피드백은 사회적 실재감을 높여 준다. 사회적 실재감이란 몸은 각자의 공간에 분리되어 있지만, 면대면 공간에서 실제로 만나는 것처럼 무언가를 함께 공유하고 지속적으로 소통하고 있는 느낌을 가지는 것을 말한다. 스마트폰이 가진 사회적 실재감을 활용하여 학교나 학급에서 소외된 학생들이나 주변에서 머무르는 학생들의 관심을 이끌어 내는 수단으로 활용할 수 있다. 주변으로 밀려난 학생들의 공통적인 특징은 낮은 학습동기, 낮은 학업성취도, 학교 부적응, 원만하지 못한 또래 관계, 교사의 무관심 등 그 원인이 다양하고 복합적이다. 이러한 학생들에게 교사가 먼저 관심을 보이거나 다른 또래들이 관심을 기울일 수 있는 전략을 활용함으로써 학교생활의 변화와 함께 활기를 불어넣을 수 있다.

스마트폰 소통을 통한 교사의 지속적인 관심으로 상호 라포를 형성하게 되고, 교사의 심리적 지지를 인식한 학습자는 향후 진행될 교사의 다양한 지원 활동에 적극적으로 따르게 될 가능성이 높아진다. 특별한 관심이 요구되는 학생들뿐만 아니라 학교나 학급의 모든 학생들의 학급 경영 및 생활 지도의 수단으로 스마트폰을 활용할 수 있다. 담임교사는 밴드나 클라스팅 같은 SNS 도구를 활용하여 일상적인 내용뿐만 아니라 학교생활을 공유함으로써 학생들과의 거리를 좁히고 학부모들과 유대를 강화함으로써 유의미한 학교 및 학급 공동체를 형성할 수 있다.

스마트폰을 활용하여 학습자들의 반성적 성찰 활동을 촉진할 수 있다. 블로그, 페이스북, 트위터 같은 SNS 도구들은 학습자들의 반성적 성찰을 이끌어 내는 데 효과적인 도구로 인식되고 있다. 도덕과 학습과 블로그 활동을 연계함으로써 매 단원 및 차시에서 배우게 되는 도덕적 덕목과 관련된 주제일기 쓰기를 권장할 수 있다. 블로그는 기본적으로 개인 차원의 성찰을 이끌어 내는 개인 저널로서의 기능성이 강하지만 이웃 맺기와 같은 기능을 활용함으로써 집단 성찰의 효과도 이끌어 내는 장점을 가지고 있다. 즉, 블로그 활동을 지속해 온 학생이 누적된 자기 성찰 활동의 결과물을 일정 시간이 지난 시점에서 다시 보게 되었을 때, 자기 성장의 과정을 인식하게 되고 이것이 촉매제가 되어 성찰에 대한 성찰이 일어나 새로운 성장의 기회를 얻게 된다. 또한 자신과 이웃이 된 사람들의 블로그 구독으로 자신이 인식하지 못한 새로운 차원의 성찰 기회가 주어지기도 하고 사회적 영향력이 큰 사람들의 공명성 있는 감동적인 글을 통해 집단 성찰을 촉진하기도 한다.

더불어 스마트폰을 활용한 아동들의 상호작용은 잠재적 교육과정을 형성하는 토대가 된다. 문서로서의 교육과정에 명시적으로 의도하거나 계획하지는 않았지만, 공식적인 학교 교육과정을 통해 산출하게 되는 경험인 잠재적 교육과정은 학생들이 스마트폰을 통해 상호 감정을 공유하고 지지하거나 격려하는 가운데 촉진될 수 있으며 또한 갈등이나 상호 마찰이 생겼을 경우에도 이를 해소하는 수단으로 활용하면서 활성화될 수 있다.

2) 수업매체 활용 증진을 위한 적응적 수업하기

수업매체 적응적 수업하기는 앞서 배움 디자인을 통해 계획한 수업매체 설계 전략을 실제 수업에 적용해 보는 활동을 말한다. 이때 중요한 것은 새로운 수업매체 설계 전략이 실제 나의 수업문제를 해결할 수 있는지를 확인하고 검증하는 활동이다. 만약 의도한 대로 수업을 하는 것이 쉽지 않고 그 결과도 예상한 대로 이루어지지 않을 수도 있다. 그리고 수업과정에서 필요에 따라 수업을 하는 가운데 나의 판단에 따라 디자인된 수업매체 설계 전략을 실시간으로 바꾸어 적용하는 등 적응적으로 융통성을 발휘할 수도 있다. 이러한 과정을 반복하다 보면 자연스럽게 더 나은 수업을 할 수 있는 것이다.

이처럼 더 좋은 수업을 하기 위해서는 배움 디자인과 적응적 수업하기 과정을 통한 새롭게 경험하기를 한 차시의 수업으로 끝내는 것이 아니라 몇 차시 수업에서 반복적으로 적용해 볼 수 있다. 수업을 실제 해 본 결과 새로운 수업매체 설계 전략들이 어떤 효과가 있고 문제점이 있는지 그리고 어떻게 개선되어야 하는지 등에 대한 성찰을 기록하고 이를 종합하는 활동이 필요하다. 이에 아래에 제시한 수업에 대한 성찰일지를 활용하여 수업을 마치고 다음과 같은 성찰일지를 작성해 볼 수 있다.

성찰과제

- 수업매체 설계 전략에서 가장 시급하게 해결해야 할 자기수업컨설팅 과제는 무엇인가?
- 나의 수업매체 선정 및 활용에 가장 우선적으로 고려해야 할 점은 무엇인가?
- 수업매체 설계 영역의 자기수업컨설팅 과제의 원인과 해결을 위한 전략은 무엇인가?
- 수업에서 매체 활용을 통해 학습 효과성, 효율성, 매력성을 높이기 위해 나는 어떤 노력을 해야 하는가?

제12장

수업평가 효과 향상을 위한 자기수업컨설팅

수업 에세이

[수업일지]

나의 수업을 개선하기 위해서 용기를 내어서 설문을 해 보았다. 그런데 여러 명의 학생들이 설문의 '자유 기술란'에 이런 글을 쓰고 있다.

'선생님께서 혼자서 열심히 설명한 후에 "여러분, 알겠죠?"라고 말한 뒤 바로 다음 설명으로 넘어가 버리시고 혼자서 일방적으로 수업을 진행할 때가 많다.'

몇몇 학생들은 '제발 "알겠죠?"라고 반복적으로 물어보시는 것 좀 안 했으면 좋겠다.' 라고 적은 학생도 있다.

'나는 모르겠는데 혼자서 수업하신다.'라고 하면서 '수업속도 조절이 안 되는 것 같다.' 등등 이와 비슷한 내용의 글들이 꽤 된다.

내가 일방적으로 수업내용을 전달하고 설명하는 수업을 하고 있는 것일까? 나름대로 수업을 구조화시켜 자세히 설명해 주고 있다고 생각했는데, 나의 수업에 문제가 있는 것이다. 학생들의 학습속도에 맞게 수업속도가 조절되지 못하고 빠른 것 같기도 하고, 학생들의 반응이나 학습결과에 적응적으로 수업을 진행하고 있지 못한 것 같기도 하다. 무엇보다 나는 중간중간에 학생들에게 '알겠죠?'라고 질문을 하고 있지만, 실제 정확하게 학생들이 수업목표 성취 여부를 진단하거나 평가하지 않고 있는 것이다. 어떻게 해야 할까? 고민이다.

인포맵(InfoMap)

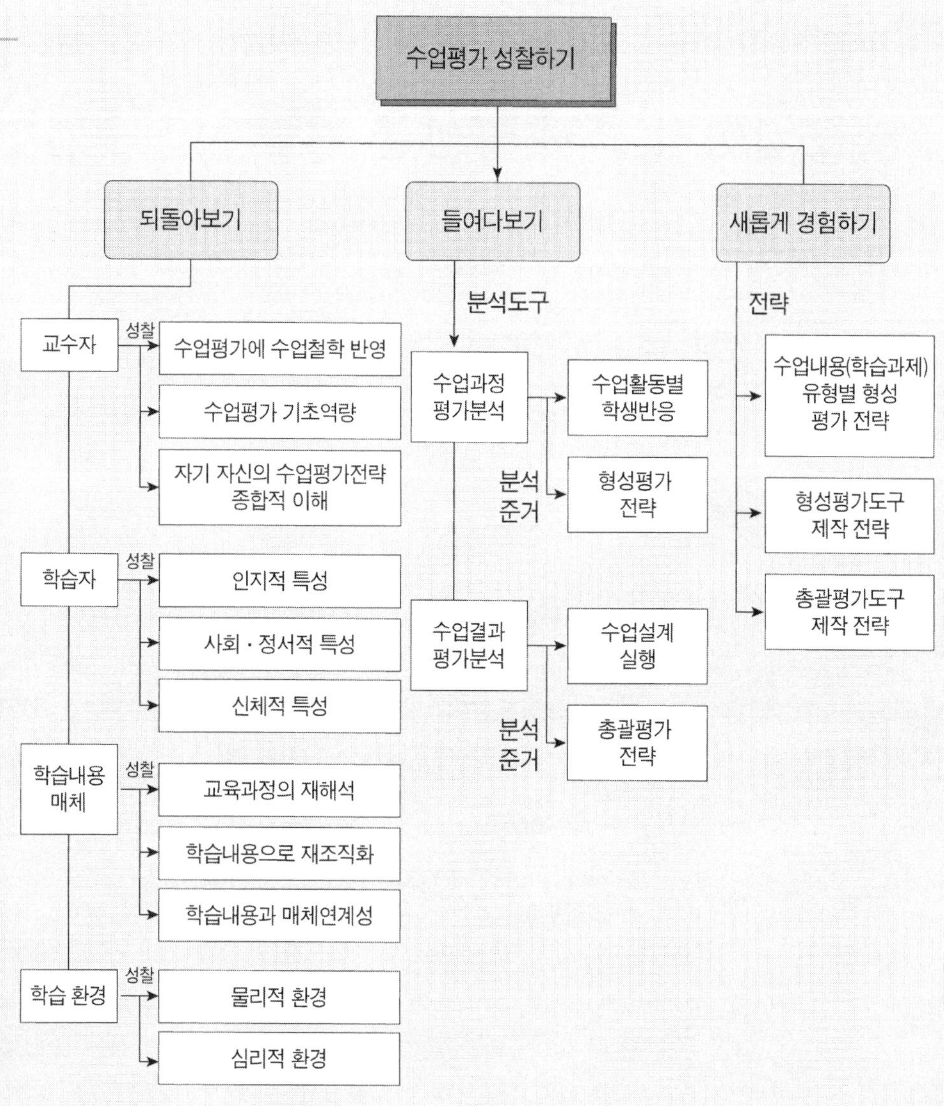

성찰목표

- 자신의 수업평가 전략에 대해 되돌아볼 수 있다.
- 자신의 수업과정 평가 전략을 분석할 수 있다.
- 자신의 수업결과 평가 전략을 분석할 수 있다.
- 수업평가 효과 향상을 위한 배움 디자인 및 적응적 수업을 할 수 있다.

1. 수업 되돌아보기

수업평가(instructional assessment)란 학습자가 학습목표를 달성(숙달)하였는지를 평가하고, 이를 위해 수업이 얼마나 효과적으로 진행되었는지 판단하여 의사결정을 하기 위한 목적으로 수업과정 및 결과에 대해 체계적으로 정보를 수집하여 분석하는 활동이다. 수업평가는 크게 5가지 영역 정도가 포함되는데, ① 수업활동 및 자료의 평가, ② 수업설계 및 실행의 질적 검토, ③ 수업에 대한 학습자의 반응 평가, ④ 학습목표에 대한 학습자 성취도 평가, ⑤ 학습의 전이 및 결과 평가이다. 이 5가지 영역에서 평가가 이루어지고, 의사결정을 내리기 위한 평가로 형성평가(formative evaluation)와 총괄평가(summative evaluation)가 함께 서로 관련성을 갖고 이루어진다(Gagné, Wager, Golas, & Keller, 2005).

이 장에서는 5가지 영역과 2가지 평가유형을 크게 두 부분으로 수업과정 평가와 수업결과 평가로 나누어서 살펴볼 것이다(김석우, 2009, 백순근, 2003. 이상수, 강정찬, 이유나, 오영범, 2012; Borich, 2011; Gagné et al., 2005). 수업과정 평가는 수업시간에 교사의 수업활동과 학생의 학습 반응이 수업(학습)목표를 달성하기 위해서 효과적으로 이루어지고 있는지, 교사와 학생의 상호작용이 어떻게 이루어지고 있는지에 대해 평가하게 된다. 평가영역 중 ①과 ③, ④에 해당되면서 주로 형성평가의 특징을 가지고 있다.

다음으로 수업결과 평가는 교사는 수업목표달성을 위해서 수업을 효과적으로 설계하고 실행하였는지, 학생은 학습목표를 어느 정도 달성하였는지 학업성취도에 대한 결과를 평가한다. 평가영역 중 ②와 ④, ⑤에 해당되면서 주로 총괄평가의 특징을 가지고 있다.

1) 효과적인 수업평가의 개념 및 전략

(1) 수업평가의 개념 및 목적 성찰하기

① 수업과정 평가의 개념

수업과정 평가는 수업과정의 마지막 단계에서 이루어지는 평가이기보다는 수업의 시작단계에서부터 계획되어서 수업 전체 과정에서 지속적이고 반복적으로 이루어지는 평가이다. 그 주된 목적은 학습자의 효과적인 학습목표 달성을 위해 수업을 개선하는 데 목적이 있다(이상수 외, 2012; 김석우, 2009; Borich, 2011). 이는 요즘 들어 부각되고 있는 과정중심 평가와 동일한 의미를 지니고 있다. 과정중심 평가는 학생의 학업 성장과 발달을 평가목적으로 학습을 돕기 위해서 이루어지는 학습을 위한 평가, 학습으로서 평가이다. 수업과 연계하여 교수-학습과정에서 평가가 이루어지며 핵심역량 중심, 활동중심평가를 통해 학습자의 학업수준과 특성에 대한 진단 및 학습향상 방안에 대한 피드백을 제공하고 교사는 수업개선을 위해 평가결과를 활용하게 된다(교육부, 2017; 박종임 외, 2016; 최숙기, 2017). 이와 같이 과정중심 평가와 동일하게 수업과정 평가도 평가 주체가 교사와 학생 모두로서 수업과정에서 수시로 형식적 · 비형식적 평가가 이루어지고 학생에게 학업성취와 교사에게 수업개선을 통해 궁극적으로 학생의 학업측면에서 성장과 발달을 이루는 데 그 목적이 있다.

먼저, 교사 측면에서 수업과정 평가는 학생들의 학업성취도 향상(학습목표 달성)을 위한 교사의 수업활동이나 구체적인 수업전략의 효과적으로 이루어졌는지 평가하게 된다. 가장 효과적인 수업과정 평가는 도입, 전개, 정리 단계로 나누고, 각 단계별로 이루어져야 할 수업전략의 실행과 그 효과성을 평가하면 된다. 이러한 교사의 수업전략 평가는 교사와 학생간의 상호작용 측면에서 교사의 수업활동에 따른 학생의 학습활동이 서로 통합되어 상호작용하여 목표하는 바를 효과적으로 달성하고 있는지를 평가하게 되며, 교사가 계획한 수업전략에 따라 수업을 진행하는 과정에서 학생들의 반응을 평가하게 되는 것이다. 예를 들어, 교사는 질문전략의 계획에 따라 질문을 하고, 학생들은 적절한 답변이 이루어진다. 그리고 교사는 이에 대한 긍정적인 반응(칭찬)과 추가 설명이나 피드백이 제공되어서 서로 간의 의사소통, 상호작용이 원활하게 이루어져야 한다. 이처럼 교사의 수업전략, 학생의 반응, 교사의 반응 및 피드백 등과 같은 상호작용의 적절성을 평가하게 된다.

또한, 학생측면에서 수업과정 평가는 학생들의 학습과정이나 활동을 평가하는 것으로 평가의 시기에 따라 형성평가와 총괄평가로 구분이 가능하다. 하지만 상관성이 높고 주로 이루어져야 할 평가는 형성평가이다. 형성평가는 수업이나 교육프로그램이 진행되고 있는 과정에서 수업활동이 설계한 대로 바르게 진행되어 학습목표를 달성하고 있는지 확인하기 위해 평가하는 것으로 학생들이 얼마나 이해하고 있는지를 점검하고, 학생의 태도, 학습방법 등을 평가하여 지금 적용하고 있는 수업내용(교육과정),

수업방법 및 매체(자료)의 적절성 등을 확인하기 위한 평가이다.

② 수업결과 평가의 개념

수업결과 평가의 주된 목적은 수업(학습)목표의 달성 여부를 평가하는 것이다. 수업과 관련된 여러 체제적인 변인이 잘 고려되어 수업이 설계되고, 이를 바탕으로 바르게 실행되어 학습자의 학습목표 달성이 이루어졌는지, 그 결과를 평가하게 된다. 구체적으로 교사 측면에서 학생이 학습목표를 달성하는 긍정적인 수업결과를 산출하기 위해서는 적합한 수업내용이나 활동이 선정되고 충분하게 제공되었는지, 학습자의 특성, 수준 등을 고려하여 수업내용의 분량, 난이도, 속도 등이 조절되었는지, 그리고 수업내용을 효과적으로 전달하고 수업목표와 부합되는 수업활동이 충분하게 이루어질 수 있는 수업방법(수업전략)이 설계 또는 선정되어 적용되고 있는지, 수업내용과 방법, 학습자에 적합한 수업매체가 활용되어 학습내용이 효과적으로 전달되고, 학습자와의 상호작용(의사소통), 참여유도, 흥미와 관심 등이 더욱 자극될 수 있도록 활용되고 있는지, 끝으로 수업목표(평가목표)의 달성 여부를 판단할 수 있는 적합한 평가방법 및 도구가 선정되어 평가되는지 등으로 나누어 수업결과를 전체적으로 확인하고 평가하게 된다. 따라서 효과적인 수업목표 달성이 이루어지도록 수업을 설계하고 실행을 하고 있는지 여부를 평가하게 된다.

그리고 학생 측면에서 수업결과 평가는 학생이 수업이나 단원이 끝난 다음 학습목표의 달성, 성취도를 종합적으로 판정하는 총괄평가를 의미한다. 이 총괄평가는 한 과목이나 학기, 교육프로그램이 끝나는 시기에 실시하게 되는 평가로서 교육목표의 달성여부인 성취나 숙달 여부를 결정하는 활동이다.

③ 수업평가의 목적

수업과정 평가나 수업결과 평가를 하는 공통되는 목적은 바로 수업목표를 학습자가 성공적으로 달성할 수 있도록 하여 학습 성공률을 높이는 데 있다. 결국 학습자가 수업시간에 수업목표 달성이라는 학습 성공의 빈도를 높이기 위해서 수업평가가 이루어지고, 그 결과에 따라 적절한 교수 · 학습방법을 개선하며, 학습의 부족한 점을 찾아 보충, 피드백하고, 잘한 점은 더욱 심화시킬 수 있도록 한다. 이는 학습자의 수업목표 달성을 위해 효과적인 교사가 되어야 함을 의미한다. 구체적으로 말해 학습자의 학습 성공률을 높이기 위한 효과적인 교사의 특성을 갖도록 노력해야 하며, 학습 성공률을 높이는 적절한 교사 수행이 이루어져야 한다. 이에 효과적인 교사의 수행을 비효과적인 교사의 수행과 함께 비교하면서 학습 성공률에 대한 평가지표를 제시하면 다음과 같다(Borich, 2011).

표 12-1 효과적인 교사의 교사수행지표(학습 성공률에 대한 평가지표)

학습 성공률을 높이는 교사수행 (효과적인 교사)	학습 성공률을 낮추는 교사수행 (비효과적인 교사)
• 수업내용(과제) 분석을 통해 학습자의 선수학습을 반영하여 단원이나 수업내용을 계획한다.(수업 전개 순서 계획).	• 수업내용에 대한 과제분석이 제대로 이루어지지 않아서 수업의 위계가 지켜지지 않고, 학습자의 사전지식이 활용되지 못하고 있다.
• 학습자의 학습이 향상되고 더 나은 학습으로 확장되도록 하기 위한 적절한 중재인 피드백을 제공한다.	• 새로운 내용이 제시된 이후 학습에 대한 연습 및 응용과 함께 바로 피드백이 제공되지 않고 학습자를 내버려 두거나 지연한다.
• 학습자의 현재 이해 수준보다 약간 높은 수준의 수업내용을 계획하거나 도전적 과제를 제시하여 학습 성공경험을 여러 차례 경험시킨다.	• 수업의 범위를 너무 작게 또는 크게 잡거나 난이도를 너무 쉽게 또는 어렵게 잡아서 수업이 복잡해지거나 이르게 끝나 버리는 경우, 수업이 너무 지루해지는 경우가 발생한다.
• 새로운 내용을 작은 단위로 쉽게 이해되도록 전환시켜서 새로운 수업이 이전 수업의 확장으로 느껴지도록 한다.	• 주제나 상호 관련성이 부족하여 이 수업에서 저 수업으로 수업주제가 갑작스럽게 전환된다.
• 수업의 속도를 다양하게 하고 학습자의 학습속도에 적절하게 맞춘다.	• 수업의 속도가 변함없이 단순하고 정적인 수준에서 끊임없이 제공된다.

출처: Borich (2011).

(2) 수업과정 평가의 전략 성찰하기

① 교사의 수업과정 평가: 수업활동별 학생반응 분석

수업시간에 학습자의 목표달성을 효과적으로 도와주는 교사의 수행을 평가하기 위해서 먼저 수업의 과정을 도입, 전개, 정리 단계로 나누고, 각 단계별 교사의 수업활동인 수업전략과 그에 따른 학생반응을 분석하여 평가한다. 일반적으로 수업을 구성하는 공통 수업활동은 9가지로 구성된다(Gagné, Briggs, & Wager, 1992). 이러한 9가지 수업활동은 주의집중, 수업(학습)목표제시, 선수학습재생촉진, 학습내용제시, 학습안내, 수행유도, 피드백 제공, 수행평가, 파지 및 전이촉진이다. 그런데 이 수업활동은 강의식 수업모형, 토의식 수업모형, 협동학습, 프로젝트 학습 등 수업모형에 따라 각각 강조되는 수업활동별로 세부수업전략이 달라질 수 있다. 예를 들어, 강의식 수업의 경우에는 학습내용 제시와 학습안내와 관련된 세부수업전략이 강조되고, 협동학습의 경우에는 수행유도나 피드백 제공과 관련된 세부수업전략을 더욱 강조하여 활용하게 된다.

그렇다면, 수업활동별 학생 반응분석은 도입, 전개, 정리 단계의 9가지 수업활동에 따른 수업전략의 실행 여부 및 횟수를 관찰하여 판단하고, 각 활동에 따라 각각 교사와 학생 간의 상호작용이 어떻게 이루어지는지를 평가하는 것이 중요하다. 왜냐하면 교사가 수업활동별로 세부수업전략을 바르게 적용하고 있지만 학습자의 반응이나 결과가 좋지 못하다면 효과성이 떨어지는 것이고 잘 적용되고 있지 못하는 것이기 때문이다.

이상의 수업활동별 학생반응에 대한 분석은 '제10장 수업전략 선정 및 활용 향상을 위한 자기수업컨설팅'의 '2. 수업 들여다보기'에서 제시되어 있는 각각의 수업전략별 분석도구(강의식 수업모형 분석, 토의식 수업모형 분석 등)를 그대로 활용하여 평가될 수 있다. 이렇게 평가된 결과를 바탕으로 자신의 수업과정상에 발생하는 세부수업전략의 문제점과 개선점을 찾아서 수정 · 보완하여 수업개선으로 이어지도록 해야 한다.

② 학생의 수업과정 평가: 형성평가 전략 분석

학생의 수업과정에서 어떻게 학습활동이 이루어지는지를 평가하기 위해서 형성평가가 이루어져야 한다. 형성평가는 교수 · 학습이 진행되고 있는 도중에 학업 성취여부나 상황에 관한 정보를 수집하고 분석하여 교사에게 실시간으로 수업개선이 이루어지고 학생에게는 학습이 개선될 수 있도록 이루어지는 평가이다. 이러한 형성평가의 방법, 목적과 그 기능은 다음과 같다.

형성평가는 수업 중이나 단원을 학습하는 과정에서 수시로 실시할 수 있다. 주로 이용되는 방법 및 도구는 교사가 직접 제작한 자작검사나 제작된 검사를 바로 사용하기도 한다. 또한 수행평가 방법으로 질문법, 관찰법, 토의 · 토론법 등을 활용할 수 있다(김석우, 2009; Scriven, 1967). 학습자의 학습과정이나 결과를 형성평가하여 교사는 자신이 사용하고 있는 교수 · 학습방법에 문제가 없는지 진단하여 보고 단점을 찾아 보완함으로써 수업개선으로 이어지도록 해야 한다.

그리고 형성평가는 학습자의 학습속도와 교사의 수업속도를 서로 맞추게 해 준다. 형성평가 결과를 바탕으로 수업속도가 너무 빨라서 학습자가 이해하지 못하고 넘어가고 있다거나 너무 느려서 지루해하고 있다면 적절한 횟수로 평가를 실시하여 수업 진행 속도를 조절할 필요가 있다. 또한 학습자의 학습에 대한 강화 및 보상의 기능을 하게 된다. 형성평가를 통해서 설정된 학습목표를 달성하게 되었다면 적절한 강화나 보상을 계획하여 제공함으로 학습에 대한 만족감을 갖게 하고 다음 학습의 동기로 이어지고 유지될 수 있도록 해야 한다. 반대로 학습자의 학습곤란을 진단하여 교정하는 기능을 하게 되는데, 형성평가를 통해서 설정된 학습목표를 달성하지 못하고 있다면 어떠한 부분에서 학습에 어려움이 있는지를 진단하여 적절한 피드백을 제공하여 부족한 점을 보충하거나 교정할 수 있도록 해야 한다.

(3) 수업결과 평가의 전략 성찰하기

① 교사의 수업결과 평가: 수업설계 실행 분석

교사에게 수업결과 평가는 수업목표 달성을 위해 수업이 제대로 설계되어 실행되고 있는지를 평가하는 것이다. 이러한 수업설계 실행에 대한 분석은 '제6장 수업설계 향상을 위한 자기수업컨설팅'의 '2. 수업 들여다보기'에서 '수업일관성분석'을 그대로 활용하여 평가될 수 있다. 수업설계 실행에 초점을 맞추어서 수업과 관련된 다양한 체제적인 변인들이 체계적인 과정 및 절차를 통해 유기적으로 잘 통합되어 설계되어 무엇보다 수업목표 달성을 위해 효과적으로 실행되고 있는지를 평가할 수 있다. 수업설계 실행에 관련된 주요 요소들인 '수업목표, 수업내용, 학습자, 수업방법, 수업매체, 평가방법 간의 유기적 통합 설계'가 잘 이루어지고 있는지, 수업목표 달성을 위해서 효과적으로 수업이 실행되고 있는지를 분석한다(변영계, 이상수, 2003; 이상수 외, 2012). 이 수업설계 실행 측면에서 제시된 구체적인 수업설계 실행 지침이 제대로 지켜지고 있는지를 스스로 성찰, 또는 평가해 보고 크게는 6가지 영역 중에서 어떤 영역에서 부족한지, 구체적으로 어떤 수업설계 실행에서 어려움을 겪고 있는지를 살펴보고 부족한 부분을 찾아 보완하여 일관성이 높은 수업설계 실행 개선이 될 수 있도록 해야 한다.

② 학생의 수업결과 평가: 총괄평가 전략 분석

학생의 수업결과 평가는 현장에서 총괄평가의 의미로 크게 두 부분으로 나누어서 실시하고 있는데, 그것은 지필평가와 수행평가이다. 먼저 총괄평가의 의미와 기능을 살펴보면, 총괄평가는 수업이 끝난 다음 수업목표의 달성, 학업성취도를 종합적으로 판단하기 위해서 이루어지는 평가이다. 한 과목이나 학기, 교육프로그램이 끝난 후에 실시되는 평가로서 학습자가 의도한 수업목표를 어느 정도 성취하였는지가 주된 평가의 관심이다(김석우, 2009; 백순근, 2003). 이러한 총괄평가를 하는 방법, 목적과 그 기능은 다음과 같다.

총괄평가에 사용되는 평가방법 및 도구는 평가목표의 성격에 따라 적절하게 선정되어 활용되는데, 지필평가에는 서답형과 선택형으로 구분하여 서답형에는 단답형, 완성형, 논술형(서술형)이 있고 선택형에는 진위형, 연결형, 선다형 문항을 직접 교사가 작성하여 실시하는 자작검사, 기존에 개발된 표준화 검사 등을 활용할 수 있다. 그리고 주로 수행평가에서 많이 활용하고 있는 실제상황에서 평가, 실기시험, 실험 · 실습법, 관찰법, 구술시험, 면접법, 토의 · 토론법, 창작품(자기 및 동료평가 보고서), 포트폴리오(연구보고서, 프로젝트법), 논술형(서술형) 검사 등이 선택적으로 활용 가능하다.

총괄평가는 교사에게 수업목표 달성을 위해 사용한 교수 · 학습방법의 효과에 대한 판단과 다음 학습을 위한 교수 · 학습방법에 대한 개선에 도움을 제공한다. 전체과목이나 중요한 수업내용에 대한 교사의 구체적인 수업방법(수업전략, 수업모형, 수업기술 등)이 어느 정도 효과를 보여 주고 있는지를 판단하고 그 결과에 의해 다음 수업방법을 개선하고 선정하는 데 판단근거로 활용하게 된다. 그리고 학습자의 성적과 미래 학업성적을 예측하는 데 도움을 제공한다. 학습자에게 의도한 수업목표에 대한 성취 및 달성 여부를 평가하여 성적을 내고 평점을 부여하여 서열을 결정하게 된다. 학습자의 현재 성적을 평가함으로써 개인의 미래 성적을 예측할 수 있게 하는데, 현재의 학업성적과 미래의 학업성적의 상관관계가 높기 때문이다. 또한, 총합평가는 집단 간의 성적을 비교하고 학습자의 자격을 인정하고 판단하는 역할을 하게 된다. 학습자 집단 간의 성적비교는 단순히 서열을 내기 위함이 아니라 특정 수업방법의 유형이나 학습자료 등을 사용하고 있는지에 따라 학업성취에 미치는 영향을 비교 · 분석하여 다음 학습의 성과를 높이기 위한 근거자료로 활용할 수 있다. 여기에 학습자 개인에게는 요구하는 자격의 기준에 부합되는지 아닌지를 판단할 수 있도록 지식, 기능, 능력 등을 종합적으로 평가할 자료를 제공해 준다.

2) 나의 수업평가를 되돌아보기

지금까지 제시한 수업평가 전략을 수업과정 평가와 수업결과 평가로 나누어 개요 수준에서 살펴보았다. 이렇게 나의 수업평가에 대한 되돌아보기는 평소 수업시간에 어떠한 수업평가 전략을 사용하고, 실제 어느 정도 효과가 있는지, 수업평가 전략의 장 · 단점은 무엇인지 등 스스로 자신의 전략들을 성찰해 보는 것을 의미한다. 이에 아래 표와 같이 수업의 네 가지 구성요소를 중심으로 수업평가에서 중요하게 되돌아볼 필요가 있는 영역을 선정하여 성찰하면 된다.

표 12-2 되돌아보기 계획하기

영역	구체적인 내용	되돌아보기 전략
교사로서 자기 자신	수업철학	• 자기성찰일지: 수업철학이 수업평가에 잘 반영되고 있는지 성찰 • 수업관찰
	교사로서 기초역량	• 수업평가전략(수업과정 평가전략, 수업결과 평가전략) 진단지
	교사로서 자기 자신에 대한 종합적 이해	• 어골도 분석: 수업평가 역량에 대한 문제점 정리
학습자	인지적 특성	• 설문, 인터뷰 • 다양한 진단도구(학습양식, 학습동기, 자기 주도적 학습능력, 선수학습능력, 학습기술 등) • 학습자의 특성 이해를 도와주는 도서, 보고서 읽기
	사회 · 정서적 특성	
	신체적 특성	
학습내용과 매체	교육과정 재해석	• 학습과제 분석
	학습내용으로 재조직화	• 형성평가/총괄평가 자료 성찰 • 수업에서의 담화나 관찰
	학습내용과 매체와의 연계성	• 매체선정 분석
학습 환경	물리적 환경	-
	심리적 환경	-

(1) 교사로서 자기 자신에 대한 성찰

① 수업철학 성찰하기

수업철학 성찰하기는 '수업철학' 관점에서 자신의 수업철학이 잘 반영된 수업과정 평가로 수업시간에 교사의 수업활동과 학생의 학습활동이 수업(학습)목표를 달성하기 위해서 효과적으로 이루어지고 있는지, 교사와 학생의 상호작용이 어떻게 이루어지고 있는지, 학습과정 및 결과에 대해 형성평가하고 있는지를 성찰하게 된다. 수업결과 평가로 교사는 수업목표 달성을 위해서 수업설계에 따라 효과적으로 실행하였는지, 학생은 학습목표를 어느 정도 달성하였는지, 학업성취도에 대한 결과를 총괄평가하고 있는지에 대해 성찰하게 된다.

이를 위해 자기성찰일지를 사용할 수 있는데 자기성찰일지를 작성하는 방법은 앞의 장들에서 이루어진 '수업 되돌아보기' 활동과 동일하게 첫째, '수업철학 요소'란에 수업철학에 포함된 요소들을 나누어 기술하면 된다. 예를 들어, 상대방의 말에 존중하는 자세로 경청하기, 학습활동에서 협력하여 과업 달성하기 등과 같은 자신의 수업철학 요소를 기록하면 된다. 그리고 '수업평가 전략'란에는 각 수업철학 요소들이 수업평가 전략인 수업과정 평가전략(수업활동별 학생반응, 형성평가 전략), 수업결과 평가전략(수업

표 12-3 수업철학 반영 수업평가 전략에 대한 성찰일지

수업철학 요소	수업평가 전략	성찰
상대방의 말에 존중하는 자세로 경청하기	'수질오염'이라는 문제를 두고 토의·토론활동을 하고 해결방안을 찾도록 수업이 계획되어 진행되어 있음. 그런데 정리단계에서 형성평가로 학습지를 나눠지고 간단한 지필평가(문제)를 실시하고 제출하도록 하였음.	본시의 학습목표 달성 여부를 평가하면서 상대방의 말에 존중하는 자세로 경청하는 태도를 평가하기 위해서는 지필평가가 아니라 관찰이나 자기평가(성찰), 또는 토의 토론의 과정 및 결과가 기록된 결과물(보고서) 제출하도록 하여 평가하는 것이 바람직해 보임.
학습활동에서 협력하여 과업 달성하기	환경신문을 만드는데 모둠에서 서로 협동하여 제작하도록 하였음. 그런데 잘하는 학생들 위주로 활동하고 부진한 학생은 무임승차하는 경향을 보임. 일부 모둠에서는 서로 의견이 충돌하여 싸움 직전까지 가는 학생들도 보임. 갈등이 있는 모둠에게 벌점을 부여하고 있음.	협동학습에서 발생할 수 있는 문제를 미연에 방지하기 하기 위해 수업설계의 과정에서 협동기술에 대한 계획 및 실행이 필요하였음. 예를 들어, 발언막대기를 활용하여 구성원이 골고루 발표할 기회를 부여하거나 모둠 구성원 간의 역할 부여를 분명히 하고 규칙 설정 및 준수를 강조할 필요가 있음.

설계 실행, 총괄평가 전략)으로 어떻게 실행되었는지를 기술하게 된다. 이때는 가능한 한 수업현상 그대로 사실을 비교적 자세하고 구체적으로 기술하고 해석을 기록하지 않는다. '성찰'란에는 수업평가 전략이 수업철학 요소를 잘 반영했는지 또는 그렇지 않은지에 대한 해석을 쓰고 개선하기 위한 전략에 대해 기술하면 된다.

② 기초역량 성찰하기

'수업평가 전략' 관점에서 세부 전략별(수업과정 평가전략-수업활동별 학생반응, 형성평가 전략, 수업결과 평가전략-수업설계 실행, 총괄평가 전략)로 나누어서 교사 자신의 기초역량을 어느 정도 갖추고 있는지, 이러한 역량을 어떻게 활용하고 있는지를 스스로 진단하여 '수업평가 전략 진단지'를 작성해 볼 수 있다. 다음 '수업평가 전략 진단지'는 앞서 제시한 Borich(2011)가 제안한 '학습 성공률을 높이기 위한 효과적인 교사의 교사수행지표'를 바탕으로 개발한 것으로 이 진단도구를 활용하여 구체적인 수업평가와 관련된 기초역량에 대해 되돌아보게 된다.

표 12-4 수업평가 전략 진단도구

구분	내용	척도				
수업과정 평가전략	도입단계에서 주의획득, 수업(학습)목표제시, 선수학습재생의 수업전략을 실행하여 학습자의 흥미 및 관심 유도, 동기유발 등이 효과적으로 이루어진다.	①	②	③	④	⑤
	전개단계에서 학습내용 제시, 학습안내, 수행유도, 피드백 제공의 수업전략을 실행하여 학습자의 학습내용 이해 및 파지, 과업 집중 등이 효과적으로 이루어진다.	①	②	③	④	⑤
	정리단계에서 수행평가, 파지 및 전이 촉진의 수업전략을 실행하여 학습자의 수업목표 달성이 효과적으로 이루어진다.	①	②	③	④	⑤
	학습자의 한 차시 수업목표 달성 여부를 평가하기 위한 형성평가를 실시하여 실시간으로 수업개선과 학습자의 학습개선에 활용한다.	①	②	③	④	⑤
수업결과 평가전략	수업목표는 구체적이고 학습자가 달성 가능한 수업목표로 설정하여 진술하되 수업내용에 따라 적절한 방법으로 제시(언어적 진술, 시범, 모범작품 제시, 멀티미디어 활용 등)하고, 수	①	②	③	④	⑤

	업목표 달성을 위한 방법도 안내한다.					
	수업내용은 수업목표 달성에 필요한 내용(정보나 지식) 제시, 상관있는 활동이나 연습기회 제공, 학습자 수행 요구로 구성하되 선수학습 요소에 대한 확인 및 보충, 올바른 순서로 계열화하여 학습하도록 한다.	①	②	③	④	⑤
	학습자 분석을 바탕으로 학습자의 요구를 반영하고, 학습자의 이해수준, 학습속도, 학습능력에 따른 수업난이도, 수업속도, 수업분량을 조절하여 학습자의 학습결과 및 반응에 따른 적응적인 수업이 되도록 한다.	①	②	③	④	⑤
수업결과 평가전략	수업목표 달성에 효과적인 수업모형의 선정, 충분한 학습경험을 제공해 주는 수업전략으로 언어적(설명, 질문, 피드백 전략 등)/비언어적(목소리, 시선, 몸짓, 공간활용 등) 수업전략을 계획하여 활용한다.	①	②	③	④	⑤
	효과적인 수업내용의 전달 및 이해, 학습자의 참여(상호작용, 의사소통) 유도, 사고 자극 및 확장, 흥미 및 관심유도 및 유지 등이 가능한 수업매체를 선정 또는 설계하여 활용한다.	①	②	③	④	⑤
	총괄평가로 수업목표 달성을 실제 평가할 수 있는 평가방법을 선정하여 효과적으로 평가하며, 평가결과가 수업개선을 위해 실시간으로 활용된다.	①	②	③	④	⑤

위의 진단도구는 교사가 갖추고 있어야 수업평가 전략들과 그 실행을 진단할 수 있게 한다. 나의 수업평가 전략을 크게 2가지 영역, 10개 항목으로 나누어 되돌아보고, 각각의 수업평가 전략에 대해 5점 척도로 표시한다. 진단 근거로 나의 수업평가 전략을 이해하고 적용할 수 있는 역량을 갖추고 있는지, 그리고 수업평가 전략을 적용하였을 때 어떤 효과가 나타나는지, 학생들의 반응행동은 어떠한지를 되돌아보고 그 결과를 바탕으로 표시하면 된다.

③ 종합적 이해

교사로서 자신의 수업평가 전략에 대한 각각의 진단이 끝나면 어골도 분석도구를 활용하여 전체적으로 수업평가 영역에서 자신의 수업과정 평가전략, 수업결과 평가전략의 계획 및 실행에서 발생하는 문제들과 그 근본원인들을 성찰하고 종합정리해 볼 수 있다. 이 어골도 분석은 고기 어, 뼈 골, 그림 도로 말 그대로 의미를 해석하면 고기의 뼈 모양 그림이라는 의미로 고기의 뼈 모양을 닮은 그림에 분석내용을 시각적으로 조직화하여 문제와 원인을 나타내는 분석도구이다. 보다 구체적으로 말하면, 자신의 수업평가 전략을 실행할 때 발생하는 수행문제에서 잠재적 원인을 규정하거나 조직하는데 사용되는 종합분석방법으로, 문제와 문제가 발생하게 된 원인들을 서로 연결하여 시각적으로 잘 조직할 수 있도록 한다.

예를 들어, 수업의 정리단계에서 형성평가를 계획하여 실행하지만 제대로 이루어지지 않는 것이 문제라면 뼈 중앙의 '주요문제기록'란에 '형성평가 계획 및 실행 미흡'이라고 기록한다. 다음으로 각각 큰 뼈(1차 가지) '핵심원인기록'란에 형성평가에 대한 기초역량 부족, 수업시간 안배 미흡 등을 기록하고 작은 잔뼈(2차 가시) '세부원인기록'란 기초역량 부족에 대한 세부원인으로 형성평가 개념 이해 미흡, 형성평가 전략의 종류 모름, 형성평가 도구 개발 부족 등을 각각 기록하면 된다.

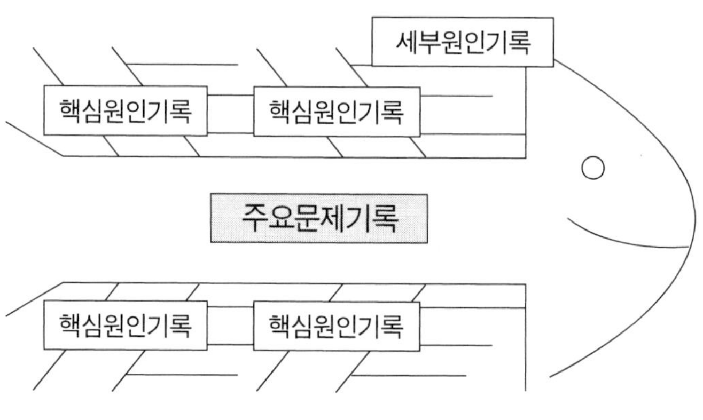

그림 12-1 _ 어골도 분석

(2) 학습자에 대한 성찰

학습자에 대한 성찰을 위해서 학습자의 인지적, 사회·정서적, 신체적 특성의 파악이 필요하다. 특히 수업결과 평가 차원에서는 수업목표와 관련하여 학습자들의 학습동기, 자기주도적 학습능력, 의사소통능력, 학습기술, 자기효능감 등에 대한 정보를 성찰할 수 있다. 이를 위해 요인별 학습자를 성찰하는 분석도구들로 표준화 검사도구인 학습동기분석도구, 자기주도적 학습능력 검사 도구, 학습기술 검사 도구, 자기효능감 검사 도구 등이 있으며, 이를 이용하여 학습자들의 학습결과, 능력 향상 정도 등을 보다 정확하게 분석할 수 있다. 만일 검사 도구를 통한 분석이 어려울 경우에는 학습자들에 대한 관찰이나 인터뷰를 통해 학습자들에 대한 일반적인 특성을 분석해 볼 수 있다.

수업평가를 위해 자신이 가르치는 학생들의 학습과 관련된 일반적 특성 등을 더 알아보고, 보다 더 깊이 있는 이해를 위해 관련 서적이나 연구보고서 등을 읽어 보면서 성찰할 수 있다. 예를 들어, 학습자의 각종 학습능력, 학습동기, 발달특성 등과 관련된 책이나 보고서 등을 찾아서 읽어 볼 수 있다. 이와 같은 학습자에 대한 더 깊은 이해를 바탕으로 학습자와 관련된 수업결과 및 과정 평가로 수업활동별 학생반응 분석, 형성평가 및 총괄평가가 더욱 정확하게 이루어질 수 있도록 한다.

(3) 학습내용과 매체에 대한 성찰

수업평가 관점에서 학습내용과 매체에 대한 되돌아보기는 수업목표에 맞는 학습내용이 선정되어 가르쳐졌는지, 학습내용을 효과적으로 전달하기 위한 매체가 선정되어 활용되었는지를 성찰해 보는 것이 목적이다. 첫째, 수업목표에 맞는 학습내용이 선정되었는지를 성찰하기 위해서는 학습과제분석이 정확하게 되었는지를 성찰하면 된다. 교육과정상의 내용을 학습과제분석을 통해 학습에 필요한 내용들이 무엇인지 정확히 도출되어 올바른 순서로 가르쳐졌는지 성찰할 필요가 있다. 둘째, 도출된 학습내용들이 학습자가 이해 가능한 형태로 설계되어 실행되었는가를 성찰하는 것이다. 이를 성찰하기 위해서는 총괄평가를 통해 학습자들의 학업성취도를 평가하여 몇 % 정도 학습자들이 학습목표를 달성하였는지를 평가하면 된다. 하지만 보다 정확한 성찰을 위해서 학습내용에 대한 난이도나 이해 가능 정도는 수업과정에서 학습자들과의 대화나 관찰, 발문을 통해 성찰하면 된다.

3) 되돌아보기 종합하기: 자기수업컨설팅 과제 규정하기

앞의 장들에서와 동일하게 수업평가 측면에서도 되돌아보기 종합하기에서 나의 수업문제를 규정하게 된다. 수업평가 영역에서 발생하는 수업문제들도 매우 다양할 수 있으며 자신의 수업상황에 따라 수업평가의 다른 수업문제들이 규정될 수 있다. 수업평가 영역에서 수업문제 규정의 한 가지 예를 들면, 학습자의 학습목표 달성을 80% 정도로 대부분의 학습자들이 한 차시 목표, 단원 목표를 달성할 수 있도록 수업과정 평가를 위해 수업활동별 학습반응 분석과 형성평가 전략을 설계하여 실행하고, 수업결과 평가를 위해 수업설계 실행 분석과 총괄평가 전략을 설계하여 실행하였지만, 실제는 학급 65% 정도 학습자들만 목표를 달성하고 있다면 15% 정도의 학습자들의 학습 성공률을 높이기 위해 적합한 수업활동별 학생반응 분석 및 형성평가 전략, 수업설계 실행분석 및 총괄평가 전략을 세워 실행하도록 해야 한다. 따라서 학습목표 미도달이라는 수업문제를 중심으로 자기수업컨설팅을 진행하게 된다.

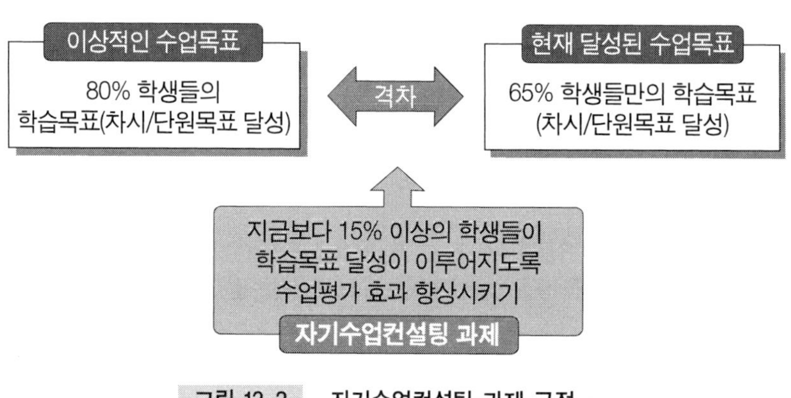

그림 12-2 _ 자기수업컨설팅 과제 규정

2. 수업 들여다보기

수업평가 영역에서 들여다보기는 크게 두 영역으로 수업과정 평가 분석과 수업결과 평가 분석으로 나눌 수 있다. 먼저 수업과정 평가는 수업과정 평가의 의미와 기초지식, 형성평가 전략의 의미와 기초지식으로 나누어 구체적인 설명과 함께 분석 전략에 대해 살펴볼 것이다. 그리고 현재 내가 수업시간에 교사의 수업활동과 학생의 학습 반응이 수업(학습)목표를 달성하기 위해서 효과적으로 이루어지고 있는지, 교사와 학생의 상호작용이 어떻게 이루어지고 있는지에 대해 분석해 볼 것이며, 형성평가 전략의 효과도 분석해 볼 것이다.

다음으로 수업결과 평가는 수업결과 평가의 의미와 기초지식, 총괄평가 전략의 의미와 기초지식으로 나누어 구체적인 설명과 함께 분석 전략에 대해 살펴볼 것이다. 수업시간에 수업목표 달성을 위해서 수업을 효과적으로 설계하고 실행하였는지, 학생은 학습목표를 어느 정도 달성하였는지, 학업성취도에 대한 결과인 총괄평가 전략의 효과를 분석해 볼 것이다.

1) 수업과정 평가 분석 성찰하기

(1) 수업활동별 학생반응 분석의 의미 및 기초지식

① 수업활동별 세부수업전략

앞 장에서 살펴본 것처럼 일반적으로 대부분의 수업은 도입, 전개, 정리 단계로 나누어지고, 9가지 수업활동으로 이루어진다고 하였다(Gagné et al., 1992). 이 9가지 수업활동에 따른 세부수업전략을 간략하게 다시 제시하면 다음과 같다.

- 학생을 주의집중 시키기: 예측된 학습상황에 초점, 감각적 · 인지적 주의집중 등
- 학생에게 학습목표 알리기: 목표와 관련되는 기대 행동 수준 진술, 모범작품 보여주기 등
- 선수학습요소 재생 자극하기: 목표와 관련된 선행지식 복습을 위해 질문(문제)에 답변하기, 설명 듣기 등
- 새로운 학습내용 제시하기: 다양한 설명전략, 자극적인 요소 투입과 모델링 등
- 학습안내하기: 인지전략(기억술, 정교화, 구조화 등) 안내 및 제공, 발문 전략, 스캐폴딩 제공 등
- 수행유도하기: 안내된 연습 및 응용 기회 제공 등
- 피드백 제공하기: 이해 정도 점검하고 구체적 피드백 제공, 정오형, 정보형, 교정형 피드백 제공 등
- 수행평가하기: 개별적인 연습, 형성평가 실시 후 피드백, 보상 제공 등
- 파지 및 전이시키기: 학습된 내용의 일반화, 차시예고 등

수업과정 평가는 도입, 전개, 정리의 수업과정에 따라 교사의 9가지 수업활동이 학습자의 학습을 촉진시키고 목표를 달성하는 데 효과적으로 이루어지고 있는지를 분석하여 평가하게 된다. 이러한 9가지 수업활동을 효과적으로 실행하기 위해서는 수업활동별로 세부수업전략이 적절하게 설계되어 실행될 때 가능하다. 결국 수업활동별 세

부수업전략은 수업과정 평가를 위한 구체적인 평가준거로서의 기능을 하게 되며, 이 평가준거를 바탕으로 수업과정의 적절성이나 효과성 등을 판단하고 평가하게 된다. 그런데 앞서 언급한 것처럼 강의식 수업, 토의식 수업, 협동학습, 프로젝트 학습 등 수업모형에 따라 각각 강조되는 세부수업전략이 달라질 수 있다. 예를 들어, 강의식 수업의 경우에는 학습내용 제시를 위한 설명전략이 강조되고, 학습안내 제시 전략으로 발문전략이나 인지전략으로 정교화, 구조화, 기억술 등이 강조된다. 협동학습의 경우에는 수행유도를 위한 연습 및 응용기회 제공 전략이 중요하며, 피드백 활동으로 정오형, 정보형, 교정형 피드백 전략을 통합적으로 적절하게 활용할 필요가 있다.

② 수업활동별 학생반응 분석

수업활동별 학생반응 분석은 '제10장 수업전략 선정 및 활용 향상을 위한 자기수업컨설팅'의 '2. 수업 들여다보기'에서 제시되고 있는 각 '수업전략별 분석도구'를 그대로 활용하여 분석, 평가하면 되므로 제10장의 내용을 확인하기 바란다. 여기서는 교사의 수업활동별 세부수업전략을 평가하기 위해서 학생의 반응을 함께 평가하는 것이 필수적이므로 수업과정에서 교사의 수업활동에 대한 학생반응을 어떻게 분석할지를 살펴보도록 한다.

수업활동별 세부수업전략에 따라 학생들의 반응은 크게 4가지로 나눌 수 있다. 정답이 되는 목표하는 행동이나 학습결과를 보이는 경우, 부분정답으로 일부분만 또는 불완전한 것으로 행동 및 학습결과를 보이는 경우, 오답으로 정확하지 않은 것으로 행동하거나 학습결과를 보이는 경우, 끝으로 무응답으로 아예 반응을 보여 주지 않거나 모른다는 행동 및 학습결과를 보이는 경우이다. 이러한 4가지 학생의 반응에 따라 적절하게 교사의 반응이나 피드백을 제공하느냐가 중요하다. 왜냐하면 부분정답이나 오답, 무응답의 경우는 부정적인 반응 및 학습결과이며, 학습목표를 달성하지 못한 학습결과를 보여 주고 있기 때문에 교사가 적절하게 대처해야 한다. 이 경우에 적절한 반응이나 피드백을 어떻게 제공하느냐에 따라 학습자의 학습 성공률을 높일 수 있기 때문이다. 학습자의 학습 성공률을 높이기 위한 구체적인 교사의 반응이나 피드백을 제시하면 다음과 같다(Borich, 2011).

표 12-5 학습 성공률을 높이기 위한 교사의 반응전략

구분	구체적인 개입전략
칭찬	• '좋아, 대단해. 잘하고 있어. 좋은 생각이야.' 등과 같은 짧은 칭찬부터 'You메시지' 등과 같이 길게 칭찬함. • 온정적이고 즐겁고 쾌활하게 언어적으로 인정을 표현함.
인정함	• '그래, 오케이.' 등과 같이 단순히 학생의 반응이 맞았음을 인정함. • 고개를 끄덕이거나 긍정적인 표정으로 반응함.
무반응	• 학생의 반응에 대응하지 않고 교사는 의도적으로 무시함. • 학생의 반응에 관계없이 다른 일을 계속함.
부인(무효화)	• '아니야, 그게 아니야. 흐음.' 등과 같은 학생의 반응이 부정확함을 표현함. • 고개를 가로젓거나 부정적인 표정을 지어서 표현함.
비판	• '너는 그것보다 잘해야 해. 그건 말이 안 돼. 더 주의 집중해야 해.' 등과 같은 표현을 사용함. • 불만, 화, 불쾌한 방식으로 언짢음을 표현함.

표 12-6 학습 성공률을 높이기 위한 교사의 피드백 전략

구분	구체적인 개입전략
정답제시	(정보형 피드백) 직접적으로 학생에게 정답을 제시하여 줌.
설명	(교정형 피드백) 직접적으로 학생에게 답이 왜 맞았고 틀렸는지 설명함.
다른 학생에게 질문	(정오형 피드백) 다른 학생이 대답할 수 있도록 다시 질문을 시도함.
다른 학생을 호명	(정오형 피드백) 처음에 하였던 질문에 다른 학생이 정답을 말하도록 호명을 하고 교사가 정답인지를 알려 줌.
반복	(정오형 피드백) 처음에 하였던 질문을 계속해서 반복하는데 똑같이 원형대로 질문을 하거나 유도하는 질문인 '알겠니?, 답이 뭐지?' 등과 같은 질문을 함.
단서	(정보형 피드백) 학생이 답을 할 수 있도록 다른 말로 바꿔서 표현하거나 단서를 줘서 답을 찾을 수 있도록 유도하여 쉽게 만들어 줌.
새로운 질문	(정보형 피드백) 처음과 다른 새로운 질문을 하는 것으로 원래하였던 질문의 답과 다른 답을 얻기 위해서 질문하거나 유도함.

수업과정에서 발생하는 학생의 반응이나 학습결과에 대한 효과적인 교사의 반응 및 피드백을 정리하여 제시하면 다음과 같다.

표 12-7 학생의 반응 및 학습결과에 따른 교사의 반응 및 피드백

학생의 반응/학습결과	교사의 반응	교사의 피드백
목표달성 (정답)	• 칭찬 • 인정함	-
부분달성 (부분정답)	• 인정함 • 무반응	• 반복, 단서, 새로운 질문 • 다른 학생에게 질문 • 다른 학생을 호명
미달성 (오답)	• 무반응 • 부인(무효과)	• 정답제시 • 설명
반응 없음 (무응답)	• 부인(무효과) • 비판	• 정답제시 • 설명 • 반복, 단서, 새로운 질문 • 다른 학생에게 질문 • 다른 학생을 호명

이상의 교사반응과 피드백이 학생의 학습목표 달성이나 학업성취를 높이는 데 적절한지를 보면서 수업과정을 평가하게 된다. 도입단계, 전개단계, 정리단계로 세 부분으로 나누어서 학생의 4가지 반응이나 학습결과에 대응하는 교사의 반응 및 피드백 결과를 분석할 수도 있고, 여러 수업모형별 세부수업전략에 따른 4가지 반응이나 학습결과에 대응하는 교사의 반응 및 피드백 결과를 분석할 수 있다.

(2) 형성평가 전략 분석의 의미 및 기초지식

① 형성평가의 개념 및 특징

형성평가는 Scriven(1967)에 의해 제안된 평가이다. 하지만 수업평가에서 형성평가는 수업이나 프로그램(단원)을 실행하는 과정에서 학습목표를 달성하도록 학생을 준비시키는 관점으로 수업활동이나 자료가 효과적이었는지의 여부를 평가하기 위해서 활용된다(Gagné et al., 1992). 만약에 학생들이 특정한 학습목표를 달성하지 못하였다면 그 이유가 무엇이며, 더 효과적으로 학습할 수 있도록 하기 위해서는 교육과정이나 수업내용, 수업방법, 수업매체 및 자료 등을 어떻게 수정해야 하는지를 의사결정하고 판단하기 위해서 실시된다.

형성평가의 대상을 학생으로 할 경우 학습자의 학습목표 달성에 어려움이 생기는 원인을 진단하여 해결하고자 평가를 하게 되고, 추가적인 학습으로 부족한 것을 보충하거나 심화하는 학습이 이루어지게 된다. 이때 수업과정 평가 측면에서 형성평가의 결과를 활용하여 학습의 어려움이 생긴 원인이 수업내용(교육과정)의 선정 및 구성, 수업방법 및 매체 등의 설계나 적용에서 어떤 문제의 발생과 관련이 있는지를 찾아내고, 이를 개선하기 위해 수정 · 보완하는 활동으로 이어지게 된다. 구체적으로 수업이 진행되고 있는 과정에서 형성평가로 쪽지시험이나 질문, 퀴즈 등과 같이 따로 평가시간을 계획하여 실시해도 되고, 수업과정의 실제 학습상황에서 직접 행동관찰하거나 활동 후 산출물이나 학습결과물을 평가할 수 있다. 이러한 평가결과를 바탕으로 교수 · 학습활동 과정이나 방법에서 학생들의 학습목표 달성을 방해하거나 효과적이지 못하게 만들고 있다면 교육과정이나 수업내용을 수정 또는 재구성하고 수업방법 및 매체나 자료 등에 대한 개선이 이루어져야 한다.

그런데 형성평가의 실시 때문에 학생과 교사가 과잉행동을 하거나 평가 결과가 학생에게 부정적인 영향을 미치지 않도록 해야 한다. 여기서 부정적인 영향이라고 하면 형성평가를 통해 구체적인 점수를 매겨 순위를 부여하고 성적 판정을 하거나 교사의 능력을 평가하는 것이 주된 목적이 되어서는 안 된다는 의미이다. 주된 목적은 학생의 학습을 증진시키기 위해 무엇을 개선해야 할 것인가를 찾으려는 평가임을 잊지 말아야 한다. 이는 평가의 방법 및 도구가 지금 진행 중인 수업이나 교육프로그램에 관한 문제나 어려움의 원인과 관련된 어떤 정보를 얻으려는 것이기 때문에 교사에 의해 개발되는 자작검사가 가장 적합할 수 있다.

수업목표를 기초로 평가를 한다는 것이 형성평가의 중요한 특징의 하나이므로 준거지향평가(criterion-referred evaluation), 절대평가의 개념 및 특징을 갖고 있다. 즉, 발달적 교육관에 바탕을 두고 학습자의 개인차에 관심을 갖고 그 다양성을 존중한다. 가능한 한 모든 학습자가 의도하는 수업목표를 달성할 수 있도록 적절한 수업방법을 제공하고 적용하고 있는지를 평가한다. 무엇을 알고 무엇을 모르는지의 정보를 구체적으로 평가할 수 있으므로 무엇을 어떻게 가르쳐야 할 것인지에 대한 명확한 제한점을 시사받을 수 있으며, 상대평가가 아니라 절대평가에 치중하게 되므로 이해, 비교, 분석, 종합 등의 고등정신 능력을 향상시키는 도구로서의 평가기능으로 활용가능하다.

② 형성평가 전략 분석

형성평가 전략 분석을 위해 먼저 평가목표와 검사의 일치 여부를 분석하여 형성평가 전략의 타당성 확보 여부를 분석해야 한다. 형성평가는 검사의 타당도를 강조하여 수업목표를 얼마나 충실하게 측정하고 있느냐에 중점을 두고 있다. 따라서 수업목표가 평가목표가 되고 평가목표의 달성 여부를 적합하게 평가할 수 있는 평가방법 및 도구(평가문항의 유형)를 선정하여 활용하게 된다(Gagné et al., 1992). 즉, 평가목표가 어떤 학습결과 유형인지에 따라 적합한 평가문항의 유형(서술형, 단답형, 완성형, 선다형, 연결형, 창작품, 행동관찰 등)을 선정하여 활용하는 것이다. 이는 Dick 등(2009)이 제시한 행동의 유형에 따른 관련된 평가문항의 유형을 토대로 분석하는 것인데, '제6장 수업설계 향상을 위한 자기수업컨설팅'의 '2. 수업 들여다보기'에서 '수업일관성분석' 부분을 살펴보면 자세히 할 수 있다. 예를 들어, 언어정보(국어, 사회과 등)에 대한 수업의 경우는 학습자의 언어정보에 대한 기억이 궁극적인 목적이다. 따라서 평가문항 역시 기억능력과 관련된 단답형이나 선택형 같은 유형이 주로 사용되어야 한다. 만일 축구에서 패스하는 방법을 가르치는 운동 기능이 주된 수업목표일 경우에는 학습자들에게 패스하는 유형의 절차를 묻는 서술형이나 선택형보다는 학습자들에게 패스하는 유형을 직접 하게 하고 이를 행동 관찰하는 평가방법이 최선일 것이다. 이러한 평가문항의 유형이 수업목표의 달성 여부를 판단하는 데 적절하다면 학습자들 또한 그 평가방법에 대해서 신뢰성을 갖게 되므로 수업전체에 신뢰성을 높일 수 있을 것이다. 이 밖에도 수업목표 달성 여부를 평가하기 위한 적절한 문항 수였는지, 수업목표들 중 어떤 내용이 평가에 포함될지, 포함될 때는 어떤 비율로 포함되어야 하는지, 어떤 시점에서 어떤 평가가 시기적절하게 실시되고 있는지 등을 판단할 수 있다.

다음으로 평가(검사) 상황의 설계가 어떻게 이루어졌는지를 분석해야 한다. 수업목표 진술은 곧 평가 상황에 대해 기술하는 정보가 된다. 앞서 언급한 것처럼 수업목표가 평가의 주된 평가내용이 되고 평가목표가 되기 때문이다. 예를 들어, 수업목표가 '겪은 일의 원인과 결과가 드러나게 글을 쓸 수 있다.'였다면 실제 평가 상황은 주어진 주제에 대해 자신의 겪은 일을 자유롭게 머릿속에 떠올려 보고, 원인과 결과로 구분하여 개별 글쓰기를 실시한 후 그 결과물을 제출하여 수업 중에 학생들 간에 동료평가나 제시된 평가항목대로 자기평가를 할 수 있다. 만약 수업 후에 평가를 한다면 교사가 학생들이 개별적으로 쓴 글을 읽어 보고 평가할 수 있다. 즉, 학습자가 달성해야 할 학습목표를 몇 가지 간단한 변화를 통해서 학습 상황을 평가 상황으로 전환하여 설계할 수 있다. 하지만 다음과 같은 주의사항을 지켜서 평가 상황 설계가 이루어졌는지를 분석한다(김석우, 2009).

- **학습목표에 기술된 능력이나 행동의 의미를 변화시키는 동사로 바꾸지 말아야 한다.**
  혹시 학습목표를 평가 상황으로 전환을 할 때 동의어로 바꾸거나 설명을 추가할 때는 수업목표가 달성되기를 바라는 학습자의 수행과 의도에 일치하는지를 점검해야 한다. 아니면 평가를 생각하여 처음부터 수업목표 진술을 명료하고 구체적으로 해야 한다. 수업시간의 학습 상황과 유사한 평가 상황을 설계하여 제시해야 한다.
- **학습목표에 해당하는 학습된 결과를 평가할 수 있도록 하고 다른 결과로 변환시키는 것은 피해야 한다.**
  학습목표가 특정 '태도'를 위한 것이거나 '사실 정보'에 해당하여 수업을 설계하여 실행하였다면 태도와 관련된 평가, 사실 정보와 관련된 학습된 결과를 평가할 수 있도록 평가문항을 제작하여 평가해야 한다. 그런데 학습자에게 사실정보의 학습 결과를 통합하여 찾을 수 있는 '개념'이나 '규칙' 활용 등과 같은 다른 결과로 변환하여 평가하면 안 된다는 것이다. 수업시간에 학습한 것을 그대로 평가 상황으로 설계해야 한다.
- **평가는 학습목표보다 쉽거나 어렵지 않아야 한다.**
  평가의 목적은 목표를 달성하였는지를 정확하게 판단하여 효과적인 학습을 위해 수업을 개선하는 데 있다.
- **평가는 점수분포를 정상분포에 넣거나 넓게 이루어지도록 만들지 말아야 한다.**
  준거지향평가의 성격을 갖고 있기 때문에 상대적으로 높은 점수나 낮은 점수를 얻게 하여 구별해서는 안 된다.

2) 수업과정 평가 분석을 통한 수업평가 들여다보기

수업과정 평가 분석을 실시하기 위해서 두 가지 분석방법 및 도구가 필요하다. 먼저, 수업활동별 학생반응을 분석하기 위한 분석방법 및 도구는 '제10장 수업전략 선정 및 활용 향상을 위한 자기수업컨설팅'의 '2. 수업 들여다보기'에서 제시되고 있는 각 수업전략별 분석방법 및 도구를 그대로 활용할 수 있다. 그리고 형성평가 전략 분석은 학생들이 수업목표 성취 여부, (학습목표) 달성 여부를 판단하기 위한 형성평가 전략으로 어떤 평가방법 및 도구를 선정하거나 설계하였는지 기록하고, 적절성, 효과성, 실행 여부 등을 판단하고 분석하게 된다. 구체적인 분석방법, 종합분석 작성방법에 따라 실제 분석결과를 예시로 제시하면 〈표 12-8〉과 같다.

형성평가 전략 분석방법은 교수 · 학습과정안에 포함된 평가계획을 검토한 후 실제 수업을 관찰하여 통합적으로 분석하는 것이 효과적인데, 직접 수업을 관찰하면서 기록하기가 힘들기 때문에 삼각대를 이용하여 미리 수업을 촬영하고 촬영된 동영상을 멈추기 및 되돌려보기 기능을 이용하여 반복적으로 관찰하여 기록한다. 형성평가 전략의 적절성을 판단하기 위해 목표와 검사의 일치(타당도 확보) 측면에서 일치 여부를 ○, × 중에서 선택하여 체크한다. 그리고 형성평가 전략의 효과성을 판단하기 위해 평가(검사) 상황의 설계, 평가 준거의 설정이 각각 잘됨, 보통, 못됨에 체크한다. 또한 형성평가의 전략대로 바르게 실행되고 있는지를 판단하기 위해 실행 여부를 실행, 부분실행, 미실행에서 체크한다. 끝으로 형성평가 전략에 대해 관찰한 결과를 기술하여 네 가지 영역의 판단근거로 제시한다.

이상과 같이 세부 형성평가 전략을 분석한 후, 그 결과를 바탕으로 '종합분석'을 작성하는 방법은 다음과 같다. 먼저, 단원의 차시별 수업목표에 따라 세부적으로 형성평가 전략을 각각 종합 분석하여 기록하고, 단원의 전체 수업목표에 대한 전체적인 형성평가 전략을 종합하여 기술하면 된다. 그리고 형성평가 전략의 적절성, 효과성, 실행여부에 대해 요약하고, 장 · 단점을 기술하게 되는데, 단점을 개선점으로 구체적으로 진술하고 적합한 형성평가 전략을 제안하면 된다.

형성평가 전략 분석 시 유의해야 할 사항은 자신의 수업을 삼각대를 이용하여 비디오 촬영을 하면 촬영한 수업동영상을 반복해서 보면서 분석할 수 있다. 또한 종합분석에서는 부정적 진술이 아닌 긍정적 진술로 작성해야 하며, 형성평가가 학생의 성적처리나 교사의 우열을 가리기 위한 목적이 아니라 효과적인 학업성취를 위한 교수 · 학습과정 및 방법, 매체 등의 개선에 있음을 잊지 않도록 해야 한다.

이에 형성평가 전략 분석결과 예시를 제시하면 다음과 같다.

- 단원명: 4. 생각을 키우는 글　　　　소단원: (3) 통일성과 응집성
- 소단원목표: 비슷한 뜻을 가진 낱말을 골라 보고, 이야기를 연결하기에 적절한 말을 고른다.
  다양한 글과 담화를 살펴보면서 통일성과 응집성을 판단할 수 있다.
  통일성과 응집성을 고려하여 담화를 고쳐 쓸 수 있다.
  통일성과 응집성에 대해 배운 내용을 점검한다.

표 12-8 형성평가 전략 분석 예시

학습목표(차시별)	평가방법 및 도구	목표와 검사의 일치도		평가 상황의 설계			평가 준거의 설정			평가의 실행			판단근거
		○	×	잘됨	보통	못됨	잘됨	보통	못됨	실행	부분 실행	미 실행	
통일성과 응집성을 판단하여 글을 고쳐 쓸 수 있다.	자율과제		✓			✓		✓			✓		통일성을 고려하여 교과서에 주어진 글을 고쳐 쓰는 것을 자율과제로 제시하고 제출한 학생에 한하여 형성평가를 실시하도록 되어 있음. 응집성을 고려한 고쳐 쓰기는 대표학생들만 실시하였고 구체적인 평가계획이 없음.
통일성과 응집성을 고려하여 글을 쓸 수 있다.	교사자작 검사 (학습지)		✓		✓				✓	✓			통일성과 응집성과 관련된 학습지를 제시하였으나 학습지에 포함되어 있는 내용이 통일성과 응집성의 개념을 묻는 질문, 고쳐 쓰는 방법에 대한 질문, 괄호 넣기(완성형) 문항으로 구성되어 있음. 작성이 완료된 학습지는 공책에 부착하여 제출하고 교사가 검사(평가)하도록 계획함.
협력적인 글쓰기를 통하여 주변상황을 판단하고 그것을 맞출 수 있다.	실제상황 (학습상황)	✓		✓				✓		✓			갑자기 임의로 편성된 분단별 조안에서 협력적 글쓰기를 실시하였고, 통일성과 응집성을 고려하여 글을 작성한 조가 6조 중 2조 정도밖에 되지 않음.
황토의 좋은 점을 알고 일상생활에서 활용할 수 있다.	-												평가계획이 없음.

[종합분석]

- ‘통일성과 응집성을 판단하여 글을 고쳐 쓸 수 있다.’의 학습목표에 대한 평가방법 및 도구로 통일성 고쳐 쓰기는 자율과제이고 응집성 고쳐 쓰기는 평가계획이 없는데 설정된 목표와 도구의 선정이 일치되지 않아서 타당성이 확보되지 못하고 있음. 이에 통일성과 응집성 글쓰기와 관련된 형성평가 전략은 목표와 도구의 일치를 통한 타당성 확보를 위해 개별로 직접 글쓰기 활동시간, 경험기회를 충분히 제공하고 최종 학습결과물을 교사가 직접평가하거나 동료 및 자기평가 방법 및 도구 활용이 필요함.
- ‘통일성과 응집성을 고려하여 글을 쓸 수 있다.’의 학습목표도 실제 개별학습자가 수업상황이나 유사한 상황에서 직접 작성한 글의 결과물을 평가해야 하지만 교사 자작검사 학습지를 제시하였음. 제시된 학습지의 내용도 적절한 문항이 아니라 개념을 묻는 완성형 문항이라 목표와 일치되지 못함. 따라서 통일성과 응집성 고쳐 쓰기와 관련된 형성평가 전략은 정리단계에 활용한 학습지를 활용하여 실제 학습상황과 유사한 평가 상황의 설계, 평가준거를 설정하여 실행하면 효과적일 것으로 판단됨.
- 협력적 글쓰기는 결과물을 평가하도록 되어 있는데 목표와 도구의 일치, 평가 상황의 설계, 실행으로 이루어지고 있지만 실제 협력적 글쓰기 내용을 보면 통일성과 응집성 있는 글을 거의 쓰지 못하고 있음. 이에 협력적 글쓰기보다 개별 글쓰기 시간을 제공하고, 고쳐 쓰기에서는 통일성과 응집성이 없는 글을 제공하고 협력적으로 고쳐 써 보고 상호 피드백을 주고받을 수 있도록 하는 것이 필요해 보임.
- 글의 내용이해와 생활 적용과 관련해서는 평가계획이 세워지지 않았음. 글의 내용이해와 생활 적용에 대한 형성평가는 자율과제로 제시하여 심화 및 보충의 기회를 제공해 주어야 함.

3) 수업과정 평가 들여다보기 활동 종합하기

이상의 들여다보기 분석결과를 종합하여 수업적 결합의 오류 그림을 [그림 12-3]과 같이 그릴 수 있다. 현재 나의 수업에서 수업과정 평가 측면에서 발생하고 있는 잘못된 결합을 살펴볼 수 있다. 나의 수업에서 발생하는 수업현상들 중에서 수업과정 평가 측면에서 문제가 발생하고, 그 원인이 수업관련 영역들 간의 잘못된 결합에서 발생하고 있다는 사실을 종합적인 해석에서 찾으면 된다. 수업과정 평가의 문제는 종합적 해석에서 알 수 있듯이 한 가지 원인일 수도 있고 여러 가지 원인일 수도 있다.

구체적으로 살펴보면, 학습자와 교사 간의 불일치로 학습자의 학습활동 중에서 선수학습 내용이 상기되고 학습동기가 유발되도록 하기 위해 교사에 의해 퍼즐 맞추기 활동을 실시하였으나 질문 후에 학생들의 반응을 다양하게 듣지 않고 교사에 의해 계속되는 설명으로 채워지고 학습목표에 대한 구체적인 제시가 없어 학습전략(학습활동)과 수업전략(도입단계 전략) 간의 수업적 결합의 오류가 있다. 또한, 교육내용 및 매체와 교수자 간의 불일치로 통일성과 응집성을 고려하여 고쳐쓰기와 글쓰기를 실행하고 있는데, 이에 대한 형성평가로 통일성과 응집성에 대한 개념을 다시 물어보았고, 학

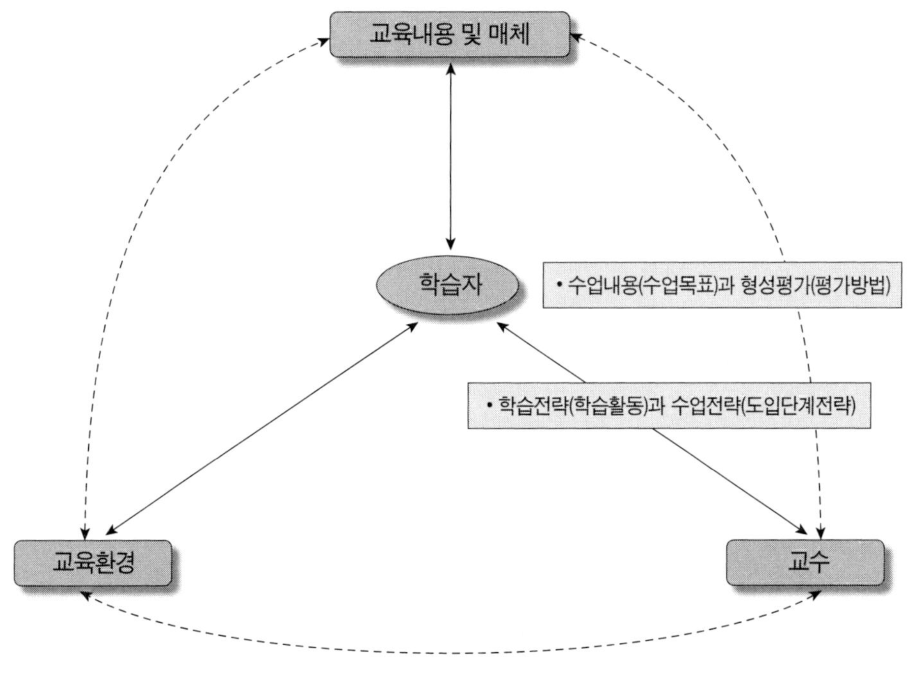

그림 12-3 _ 자기수업컨설팅 과제 규정

습지를 이용하여 완성형 문항을 풀도록 하여 수업내용(수업목표)과 형성평가(평가방법) 간 수업적 결합의 오류가 발생되고 있다. 이에 잘못된 결합의 요인들을 표시하면 [그림 12-3]과 같다.

4) 수업결과 평가 분석 성찰하기

(1) 수업설계 실행 분석의 의미 및 기초지식

① 수업설계 실행의 의미

수업결과 평가는 교사가 수업목표 달성을 위해서 수업을 효과적으로 설계하고 실행하였는지, 학생이 학습목표를 어느 정도 달성하였는지 학업성취도에 대한 결과를 평가하는 것이라 하였다. 여기서 교사의 수업설계 실행은 수업설계와 관련된 주요 요소들인 수업목표, 수업내용, 학습자, 수업방법, 수업매체, 평가방법들이 유기적으로 잘 통합 · 설계되어 학습자의 학습목표를 효과적으로 달성하도록 실행하여 긍정적인 수업결과를 얻게 되는 것이다. 따라서 수업설계 차원에서 지켜야 할 지침과 고려사항을 잘 지켜 수업이 설계되고 제대로 실행될 때 효과적인 수업의 결과를 만들 수 있다(권낙원, 최화숙, 2008; 이상수 외, 2012).

구체적으로 수업설계에 따라 효과적으로 수업을 실행하기 위해서는 학습자에게 맞는 수업목표를 규정하고, 수업목표를 달성하기 위해서 적절한 수업내용이 선정되어 전달되어야 하며, 수업목표를 달성하는 데 효과적인 수업방법이 설계되고 적용된다. 그리고 수업내용을 전달하는 데 효과적인 수업매체가 선정되어 활용되며, 수업목표를 달성하는 정도를 정확하게 파악할 수 있는 평가가 이루어져야 한다.

② 수업설계 실행 분석

이러한 수업설계 실행을 분석하기 위해서 구체적인 분석 준거들이 필요하며, '제6장 수업설계 향상을 위한 자기수업컨설팅'에서 다룬 '2. 수업 들여다보기'의 '수업일관성분석'에 제시되어 있는 일관성 여부를 판단하기 위한 준거를 활용하여 평가할 수 있다. 여기서는 수업설계 실행과 관련된 수업일관성 여부를 판단하기 위한 구체적인 분석(평가)준거들을 정리하여 다시 한 번 더 제시하면 다음과 같다(강정찬, 오영범, 이유나, 이상수, 2013; 이상수 외, 2012).

표 12-9 수업설계 실행 분석 준거(수업일관성 분석)

분석 영역	일관성 여부 판단을 위한 준거	세부 분석준거
수업목표와 수업내용 구성 간	• 수업내용이 수업목표 달성을 위해 필요한 정보나 지식을 제공하고 있는가? • 수업내용이 수업목표를 달성하는 데 충분히 유의미한 학습경험을 제공하고 있는가? • 수업내용이 적절한 위계성과 계열성을 가지고 있는가?	• 필요한 내용(정보나 지식) 제공 • 상관있는 활동이나 연습기회 제공 • 학습자의 수행요구 • 선수학습요소(능력) 확인 및 보충 • 올바른 순서(계열화)로 학습
수업목표와 학습자 간	• 수업목표가 학생들의 요구를 반영하고 있는가? • 수업이 학생들에게 이해 가능한 것인가? • 수업목표의 분량이 학생들의 학습능력에 부합하는가? • 학생들의 이해발달 과정에 따라 적응적인 수업이 이루어지는가?	• 학습자의 요구반영(학습내용 선택 기회 부여 등) • 학습자의 이해수준에 따른 수업난이도 조절 • 학습자의 학습속도에 따른 수업속도 조절 • 학습자의 학습능력에 따른 수업분량 조절
수업목표와 수업방법 간	• 수업목표가 달성 가능한 수업방법을 사용하고 있는가? • 수업방법이 수업목표 달성을 위한 효과적인 전략인가?	• 적절한 수업모형 선정 및 사용 • 충분한 학습경험 제공해 주는 수업전략 사용 • 효과적인 언어적/비언어적 수업전략 사용
수업목표와 수업매체 간	• 수업목표 달성을 위한 효과적인 매체가 사용되고 있는가? • 수업매체가 수업내용을 효과적으로 표상하고 있는가?	• 효과적인 내용 전달 및 이해 • 학습자의 참여(상호작용, 의사소통) 유도 • 학습자의 사고 자극 및 확장 • 학습자의 흥미 및 관심유도 유지
수업목표와 수업평가 간	• 수업평가가 수업목표 달성 정도를 평가하고 있는가? • 수업평가가 수업목표 달성을 효과적으로 평가하고 있는가?	• 목표달성을 실제 평가할 수 있는 방법 선정 • 목표달성을 효과적으로 평가 • 평가결과가 수업개선을 위해 실시간 피드백

일관성 여부를 판단하기 위한 준거와 세부 분석준거를 정확하게 이해하고 분석하게 되면, 어떤 측면에서 수업설계 실행에 오류가 발생하고 있는지, 이러한 오류로 인해 발생하는 부정적인 수업결과와 그 원인을 평가할 수 있게 된다.

(2) 총괄평가 전략 분석의 의미 및 기초지식

① 총괄평가의 개념 및 특징

총괄평가는 학습자의 성취행동이나 수준을 집단이나 집단 점수에 의해 설정된 규준과 비교하여 그가 속해 있는 집단(학급, 학교 등)에서 상대적 위치(서열)를 해석하는 목적에서 이루어진다. 이러한 총괄평가를 수업개선의 주된 목적으로 활용할 경우에는 수업목표 달성을 위해 사용한 교수·학습방법의 효과에 대한 판단과 함께 다음 학습을 위한 교수·학습방법에 대한 개선에 도움을 제공한다. 전체과목이나 중요한 수업내용에 대한 교사의 구체적인 교수·학습방법, 수업매체나 자료 등이 학습자의 종합적인 학업성취, 각종 학습능력(자기주도적 학습능력, 문제해결능력, 의사소통능력, 창의력 등) 향상에 어느 정도 효과를 보여 주고 있는지를 판단하고, 그 결과에 의해 다음 교수·학습방법에 대한 개선과 선정의 판단근거로 활용하게 된다.

총괄평가는 주제나 대단원, 과목 등과 같은 비교적 많은 수업내용에 대한 학습자의 학업성취도를 평가하기 위해서 활용되기 때문에 한 과목이나 학기, 교육프로그램을 끝낸 다음에 실시한다. 주로 한 차시나 소수의 수업목표를 평가하는 형성평가와 달리 일반적으로 많은 수의 수업목표에 대한 누적적 지식이나 종합된 지식을 평가하게 된다. 종합적인 특징은 사정이나 평가의 총괄적인 유형에 해당되며, 학기 중이나 학기말에 실시되는 중간고사, 기말고사, 수행평가 등이 여기에 해당된다. 예를 들어, '통일신라의 삼국통일의 과정 및 그 의의는 무엇인가?' '학생은 해당 문법을 얼마나 능숙하게 이용하여 자신의 생각을 글로 표현할 수 있는가?' 등과 같이 학습자의 포괄적인 능력을 평가하게 된다. 학생의 종합적 학업성취를 평가하기 위한 총괄평가를 할 경우에는 총괄평가의 점수를 이용한 성적 산출, 상대적 위치 비교 등의 개별적으로 이용된다. 이와 다르게 수업개선에 중점을 둔 총괄평가는 학습자들의 집단 점수 산출을 통한 집단 비교에 더욱 많이 이용된다. 특정 수업방법이나 수업매체 활용, 수업내용이 학습자의 학업성취, 각종 학습능력 향상에 얼마나 효과적인지 평가하기 위해 집단 점수 비교를 통해서 효과 검증이 이루어진다. 특정 수업방법이나 매체를 적용한 집단의 학업성취 점수와 적용하지 않은 집단이 학업성취 점수를 비교하여 수업방법의 효과를 검증할 수 있는 것이다. 이렇게 집단 간 학업성취에 미치는 영향을 비교 분석하여 다음 학습 성과(학습 성공률)를 높이기 위한 근거자료로 활용할 수 있다.

② 총괄평가 전략 분석

- 교사 자작검사에 대한 분석: 교사 자작검사는 교사가 직접 수업목표와 관련된 평가문항을 제작하여 검사하는 것을 말하는데 형성평가와 총괄평가 모두에서 활용 가능하다. 교사 자작검사는 형성평가에 더욱 적합한 평가 도구이지만 총괄평가에서는 학습자들의 학업성취와 관련해서 집단 내, 집단 간에 평가결과(점수) 비교가 가능하다. 그리고 단원학습이나 한 학기를 마치고, 전체 프로그램이나 코스, 과목의 전체적인 효과를 평가하는 것이 목적이 될 때 사용하면 효과적이다.
  따라서 교사 자작검사는 가장 변별적인 문항들을 선정하기 위한 문항분석방법을 활용하여 여러 차례 정교화시켜 제작하며 점차적으로 변별적이지 못한 문항들은 삭제하여 제작한다. 이러한 교사 자작검사의 적합성이나 타당성 등에 대한 분석은 형성평가 전략 분석처럼 목표와 검사의 일치(타당도 확보) 여부 분석, 평가 상황의 설계 등에 관해 분석을 실시하면 된다.
- 표준화 검사에 대한 분석: 표준화 검사는 교사가 직접 임의로 만든 평가도구가 아니라 누가 사용하더라도 평가의 실시, 채점과 결과 해석을 동일하게 할 수 있도록 하기 위해 평가방법 및 절차를 일정하게 표준화시켜 만든 평가도구이다. 교사 이외에 교과 전문가, 교육측정 검사이론 전문가 등에 의해 제작되어지며, 규준이 되는 집단의 검사결과를 제시하고 있는데 여기서 규준 집단이란 한 명의 학습자의 검사결과 점수를 의미 있게 해석하기 위해 검사를 이미 받은 일정한 특성을 가진 피검사 집단 속에서 상대적 위치, 서열 등을 평가받게 되는데, 이때 규준이 되는 집단을 의미한다. 이에 표준화 검사 제작 과정을 제시하면 다음과 같다(김석우, 2009).

표 12-10 표준화 검사의 제작과정

단계	단계별 제작 내용
제작계획 수립	• 기존의 검사도구와 문헌자료를 수집하고 분석하기 • 문항 형식과 유형, 하위 검사의 수와 문항수를 계획 - 문항형식: 언어검사, 비언어검사, 수행검사 - 측정방법: 속도검사, 역량검사, - 실시방법: 개인검사, 집단검사 - 검사내용: 지능검사, 적성검사, 학력검사, 성격검사, 흥미검사, 창의성 검사 등

문항 작성	• 앞서 선택된 문항 형식에 따라 문항을 제시한다. • 문항 수는 실제 검사에 사용할 문항 수의 두배 이상이 되도록 한다.
예비 조사	• 활용하려는 대상을 대표할 수 있는 표본을 대상으로 실시한다. • 실시 후 문항을 수정하고 여러 문제점에 대하여 사전에 검토한다.
문항 분석	• 각 문항에 대하여 난이도, 변별도, 선택지별 오답률을 검토한다.
표준화검사제작	• 최종적인 형태의 표준화 검사로 제작하고 실시방법과 채점방법을 결정한다.
검사의 양호도 검증과 규준 작성	• 검사의 양호도 검증을 위해 신뢰도, 타당도를 검증 • 평가대상인 모집단을 가장 잘 대표할 수 있는 집단을 표집하여 검사를 실시하고 그 결과에 의해 규준을 작성한다.
검사요강의 완성	• 검사의 실행, 관리, 해석의 지침서를 검사 전반에 걸쳐 상세한 내용이 수록되어 있는 검사요강을 만든다.

따라서 표준화 검사는 교사가 직접 제작하여 사용하기보다는 수업결과 평가를 통한 수업개선의 필요에 따라 기존에 개발되어 사용하고 있는 도구를 선정하여 활용할 수 있다. 이러한 표준화검사에 대한 적절성이나 타당성에 대한 분석은 표준화된 조건하에서 평가가 실행되어야 하므로 평가 상황의 설계, 평가준거의 설정보다 평가의 실행 위주로 분석하면 된다. 즉, 일정한 시간과 지시 등의 평가 실시 환경을 지켜서 실시하고 있는지, 채점과정 및 해석도 표준화시켜 실행되고 있는지에 관해 분석해야 한다.

5) 수업결과 평가 분석을 통한 수업평가 들여다보기

수업결과 평가 분석도 수업과정 평가 분석과 같이 두 가지 분석방법 및 도구가 필요하다. 먼저, 수업설계 실행을 위한 분석방법 및 도구는 '제6장 수업설계 향상을 위한 자기수업컨설팅'의 '2. 수업 들여다보기'에서 제시되어 있는 '수업일관성 분석방법 및 도구'를 그대로 활용하면 된다. 그리고 총괄평가 전략 분석 실시를 위한 분석방법 및 도구가 필요한데, 구체적인 분석방법, 종합분석방법, 유의사항을 제시하면 다음과 같으며, 활용되는 분석도구는 〈표 12-11〉과 같다.

총괄평가 전략 분석은 교육과정에 포함된 평가계획을 검토한 후 학기 중이나 학기말, 과목이나 교육프로그램 실행 후에 평가하였던 중간고사, 기말고사, 수행평가, 표준화 검사 결과 등을 분석한다. 먼저, 총괄평가 전략의 적절성을 판단하기 위해 목표와 검사의 일치(타당도 확보) 측면에서 일치 여부를 ○, × 중에서 선택하여 체크한다. 그리고 총괄평가 전략의 효과성을 판단하기 위해 평가(검사)상황의 설계, 평가 준거의 설정이 각각 잘됨, 보통, 못됨에 체크한다. 또한 총괄평가의 전략대로 바르게 실행되고 있는지를 판단하기 위해 실행 여부를 실행, 부분실행, 미실행으로 체크한다. 끝으로 총괄평가 전략을 관찰한 결과를 기술하여 네 가지 영역의 판단근거로 제시한다.

이상의 분석결과를 바탕으로 '종합분석' 작성방법은 전체 수업목표에 대한 총괄평가 전략을 종합 · 분석한 후에 총괄평가 전략의 적절성, 효과성, 실행 여부에 대해 요약하고, 장단점을 기술한다. 이때 단점은 개선점으로 구체적으로 진술하고 적합한 총괄평가 전략을 제안한다.

총괄평가 전략 분석 시 유의사항으로 종합분석을 기술할 때는 부정적 진술이 아닌 긍정적 진술로 작성해야 하며, 총괄평가가 학생의 성적처리나 교사의 우열을 가리기 위한 목적도 있지만 특정 수업방법이나 수업매체 활용, 수업내용이 학습자의 종합적인 학업성취, 각종 학습능력 등의 향상에 얼마나 효과적인지를 평가하여 수업개선에 활용하는 것도 중요함을 잊지 않도록 한다. 이처럼 총괄평가 전략 분석은 학생들의 주제나 대단원, 과목 등과 같은 비교적 많은 수업내용에 대한 학습자의 학업성취도를 평가하기 위한 총괄평가 전략으로 어떤 평가방법 및 도구를 선정하거나 설계하였는지 기록하고, 적절성, 효과성, 실행 여부 등을 판단하고 분석하게 된다.

이에 총괄평가 전략 분석결과 예시를 제시하면 다음과 같다.

표 12-11 총괄 평가 전략 분석 예시

단원명: 4. 생각을 키우는 글 소단원: (1) 문학과 비평 (2) 서평쓰기 (3) 통일성과 응집성

단원목표 (최종 목표)	평가방법 및 도구	목표와 검사의 일치도		평가 상황의 설계			평가 준거의 설정			평가의 실행			판단근거
		○	×	잘됨	보통	못됨	잘됨	보통	못됨	실행	부분 실행	미 실행	
• 문학 작품 해석의 근거에 유의하여 책이나 글을 평가하는 글을 읽을 수 있다.	지필평가 (선다형, 단답형 서술형)	✓		✓			✓			✓			• 작품해석의 전제와 근거, 타당성, 다양성 등에 대해 실제 문학 작품의 지문을 읽고 선택형, 단답형, 서술형 평가를 실시하였음. • 책이나 글을 평가하는 글을 읽고 작품해석의 근거를 바르게 고려하고 있는지를 판단해 볼 수 있도록 비평하는 글을 제공하고 서술형 문항을 적용하여 평가하고 있음.
• 인용과 해설의 방법을 사용하여 책이나 글을 평가하는 글을 쓸 수 있다.	지필평가 (선다형, 단답형, 서술형)		✓		✓		✓			✓			• 인용 및 해설의 방법을 평가하는 단답형, 선택형 문항은 적합한 평가문항이지만 서평을 읽고 친구들이 쓴 댓글을 참고하여 서평을 쓰는 일이 읽는 사람에게 어떠한 도움을 주는지 서술하도록 함.
• 통일성과 응집성을 판단하여 글을 고쳐 쓸 수 있다.	수행평가 (논술형)		✓		✓			✓		✓			• 소단원의 차시별 학습목표가 통일성과 응집성의 개념 이해, 판단하는 방법 이해, 이를 바탕으로 고쳐 쓰기 등을 하였는데 실제 평가는 통일성과 응집성을 고려하여 글을 쓰도록 평가하였음.

[종합분석]

- 인용 및 해설의 방법에 대한 이해 여부를 평가하기 위한 단답형, 선택형 문항은 적합한 평가문항이지만 서평을 읽고 친구들이 쓴 댓글을 참고하여 서평을 쓰는 일이 읽는 사람에게 어떠한 도움을 주는지 서술하도록 한 것은 소단원목표인 '인용과 해설의 방법을 사용하여 책이나 글을 평가하는 글을 읽을 수 있다.'의 달성 여부를 평가하는 데 적합하지 못함.
- 소단원의 차시별 학습목표가 통일성과 응집성의 개념 이해, 판단하는 방법 이해, 이를 바탕으로 고쳐 쓰기 등인데 이러한 차시별 학습목표를 종합적으로 평가하기 위해 실시한 실제 평가는 통일성과 응집성을 고려하여 글을 쓰도록 평가하였음. 하지만 소단원 목표인 '통일성과 응집성을 판단하여 글을 고쳐 쓸 수 있다.'보다 높은 능력을 요구하고 평가하고 있음.

6) 수업결과 평가 들여다보기 활동 종합하기

이상의 들여다보기 분석결과를 종합하여 수업적 결합의 오류 그림을 [그림 12-4]와 같이 그릴 수 있다. 이를 통해 현재 나의 수업에서 수업결과 평가 측면에서 발생하고 있는 잘못된 결합을 살펴볼 수 있다. 나의 수업에서 발생하는 수업현상들 중에서 수업결과 평가 측면에서 문제가 발생하고, 그 원인이 수업관련 영역들 간의 잘못된 결합에서 발생하고 있다는 사실을 종합적으로 해석에서 찾으면 된다. 수업결과 평가의 문제는 종합적 해석에서 알 수 있듯이 한 가지 원인일 수도 있고 여러 가지 원인일 수도 있다.

구체적인 예를 통해 살펴보면, 교육내용 및 매체와 교사 간의 불일치로 수업목표와 관련하여 개개 학습자들이 충분한 고쳐 쓰기와 글쓰기 활동을 할 수 있는 학습활동이 제공되지 못하고 있으며, 대부분의 수업이 교사의 설명과 몇몇 학생들이 대표로 나와 문제를 풀이(고쳐 쓰기)하는 형식으로 진행되어 수업내용과 수업전략 간의 수업적 결합의 오류가 있다. 또한 학습자와 교수자 간의 불일치로 개개 학습자의 적극적인 참여를 유도할 수 있는 활동으로 다양한 실례를 포함한 연습문제를 제공하고 모둠활동 형

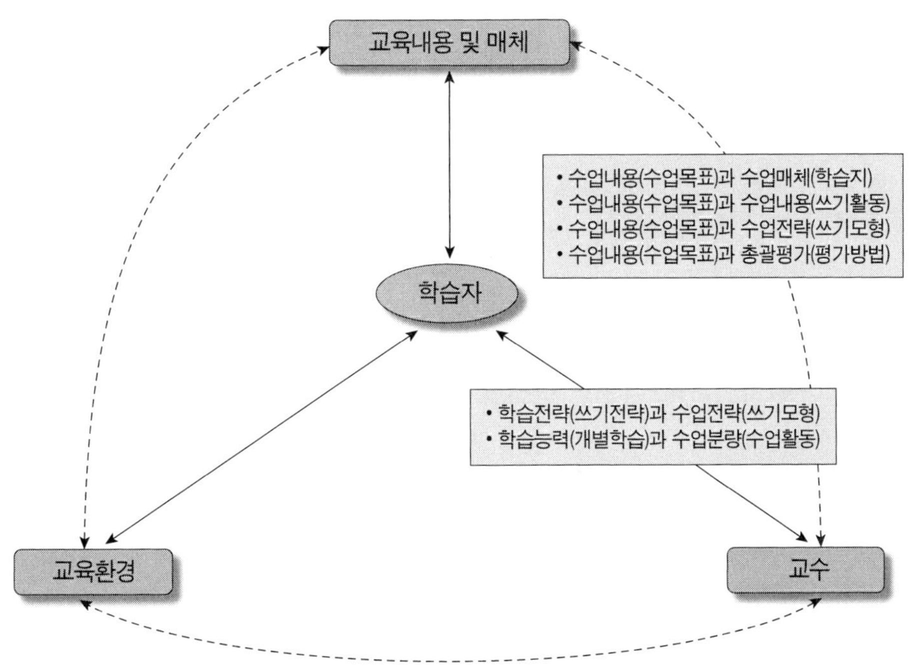

그림 12-4 _ 들여다보기에 기초한 잘못된 결합 요인들

태로 문제를 해결하는 활동을 한 후 이를 공유하고 피드백을 제공하는 활동이 필요하며, 학습전략과 수업전략 간 수업적 결합의 오류가 발생되고 있다. 그 외에도 잘못된 결합의 요인들을 표시하면 [그림 12-4]와 같다.

3. 수업 새롭게 경험하기

지금까지 수업 되돌아보기와 들여다보기 활동을 통해서 수업평가로 수업과정 평가와 수업결과 평가에 대해 살펴보았고, 나의 수업평가 전략에 대한 자기성찰과 함께 분석해 보았다. 이제 본 절에서는 몇 가지 사례를 바탕으로 수업평가 전략을 다시 점검해 보고, 새로운 수업에 적용해 보기 위한 구체적 전략을 계획해 보는 활동을 해 볼 것이다.

1) 수업평가 효과 향상을 위한 배움 디자인

(1) 수업과정 평가 효과 향상방안

수업과정 평가의 효과 향상은 수업활동별 학생반응과 형성평가 전략에 대한 분석을 통해 수업에서 발생하는 문제점이나 개선점을 찾아 적합한 해결방안을 적용할 때 이루어질 수 있다. 이에 각각의 분석결과를 바탕으로 수업활동별 바람직한 학생반응을 향상시키기 위한 수업전략들은 '제10장 수업전략 선정 및 활용 향상을 위한 자기수업컨설팅'에서 충분하게 다루었으므로 여기서는 형성평가 전략 효과 향상을 위한 방안 중심으로 살펴보고자 한다.

① 수업내용(학습과제) 유형별 형성평가 전략

수업내용을 Gagné는 학습과제라고 표현하고, 언어정보, 지적 기능, 인지전략, 운동기능, 태도의 5가지로 구분하였다. 학교에서 다루는 교과들은 대부분이 이 5가지 학습과제들이 섞인 수업내용을 다루고 있지만, 교과들에 따라 특정 학습과제가 더욱 강조되고 많이 다루어지고 있다. 언어정보는 국어, 사회과에, 지적 기능은 수학, 과학과에, 인지전략을 학습기술로서 모든 교과 학습에 관련되어지고, 운동 기능은 체육, 음악, 미술과에, 태도는 도덕, 윤리과에 많이 포함되어 있다. 그런데 이러한 수업내용 유형에 따라 적합한 효과적인 형성평가 전략을 적용해야 수업과정 평가 결과를 바탕으로 학습자의 효과적인 학습목표 달성과 교사의 수업개선으로 활용될 수 있다. 구체적인 수업내용 유형별 형성평가 전략을 제시하면 다음과 같다.

표 12-12 수업내용(학습과제)유형별 형성평가 전략

구분		평가전략	대표적 평가도구
언어정보		• 사실, 아이디어 등을 얼마나 정확하게 진술할 수 있는지 • 얼마나 많이 알고 있는지를 직접 말하게 하거나 쓸 수 있는지	• 지필평가: 선택형(진위형, 연결형, 선다형 문항), 서답형(단답형, 완성형 문항) • 수행평가: 구술시험
지적 기능	문제 해결	• 정답표를 가지고 점수화시켜서는 안 되며, 목표와 관련된 수행을 평가하기 위해서 평가준거를 자세하게 상, 중, 하로 구분하여 진술한 루브릭(객관적인 학생의 수행을 기술한 지침)을 활용하여 평가한다.	• 지필평가: 서답형(논술형-서술형) • 수행평가: 루브릭을 활용한 실기시험, 관찰(점검표)
	규칙 학습	• 평가문항을 자세하게 진술하여 주고 학습과 규칙과 관련된 문항 수를 충분하게 출제하여 학습자의 숙달정도를 평가한다.	• 지필평가: 선택형(선다형 문항), 서답형(완성형, 서술형 문항) • 수행평가: 루브릭을 활용한 실기시험, 관찰(점검표)
	정의적 개념	• 언어적 진술을 통한 면담이나 문답법으로 평가하는 것보다 서술형으로 기술하도록 하여 평가한다.	• 지필평가: 선택형(선다형 문항), 서답형(완성형, 서술형 문항) • 수행평가: 구술시험
	구체적 개념	• 학습한 개념 용어를 실제 학습상황에서 활용해 보도록 하거나 개념과 관련 사례(예시)를 찾도록 하여 평가한다.	• 지필평가: 선택형(선다형 문항), 서답형(단답형, 완성형, 서술형 문항) • 수행평가: 구술시험
	변별	• '같다'와 '다르다'와 같은 차이를 지각하느냐를 평가할 수 있는 문항을 제시하여 말로 하거나 찾도록 하여 평가한다.	• 지필평가: 선택형(진위형, 연결형, 선다형 문항) • 수행평가: 구술시험
인지전략		• 학습자가 사용하고 있는 기억술이나 정교화, 조직화 등의 전략을 실제 학습상황에서 활용해 보도록 하고 얼마나 좋은지, 효과적인지를 판단하지 합격, 불합격 여부를 평가하지 않는다.	• 수행평가: 루브릭을 활용한 실기시험, 관찰(점검표), 면접법, 토의 · 토론법 등
운동 기능		• 학습된 운동 기능과 관련된 수행을 직접 해 보도록 하고 관찰을 통해서 수행의 정확성과 속도, 즉 연습을 통한 숙달여부를 평가해야 하며 학습의 유무를 확인하는 평가는 의미가 없고 정확하게 수락기준(통과기준)에 따라 평가가 이루어져야 한다.	• 수행평가: 루브릭을 활용한 실기시험, 실험 · 실습법, 관찰(점검표), 면접법, 자기 및 동료평가 보고서, 포트폴리오 등

태도	• 학습한 태도와 관련된 유사한 실제상황이나 상황을 나타내는 글을 읽고 나서 태도의 강도, 경향, 선택 여부 등을 말로 표현하거나 글로 기술하도록 하여 평가하고, 평소의 행동을 직접관찰하여 평가할 수 있는데 학습내용에 대한 이해나 숙달, 합격이나 불합격 여부를 평가하지는 않는다.	• 수행평가: 관찰(점검표), 면접법, 논술형(서술형) 등

〈표 12-12〉에 제시된 형성평가 전략에 따른 평가도구는 수업 중이나 단원을 학습하는 과정에서 수시로 실시할 수 있다. 주로 이용되는 방법 및 도구는 교사가 직접 제작한 자작검사나 제작된 검사를 바로 사용할 수 있다(김석우, 2009; Scriven, 1967).

② 형성평가 평가도구 제작 전략

형성평가를 위해서 주로 교사 자작검사로 지필평가와 수행평가 모두가 가능하지만, 형성평가의 의미와 특징에 더욱 가까운 평가는 수행평가이다. 이에 수행평가의 평가도구 제작 및 실행지침과 함께 수행평가의 정확성, 공정성, 타당성을 높이기 위한 루브릭 제작지침에 대하여 자세히 살펴보면 다음과 같다(김석우, 2009; 박성익, 임철일, 이재경, 최정임, 2015; 성태제, 2002).

㉠ 수행평가의 평가도구 제작 및 실행 지침

• 논술형(서술형) 문항 제작 지침
  - 지필평가의 논술형(서술형) 문항 제작의 지침과 거의 동일하다.
  - 특별히 정하여 놓은 정답이 없는 상태에서 학생의 생각이나 주장을 창의적, 논리적으로 조직하여 작성하는 것을 강조한다.
  - 서술된 내용의 폭과 깊이뿐만 아니라 글을 조직하고 구성하는 능력을 동시에 평가한다.
  - 학습자의 고등사고 능력인 창의력, 문제해결력, 비판력 등을 평가하도록 한다.

• 구술시험 실행지침
  - 특정 주제나 교육내용에 대하여 학생의 생각과 의견을 발표하도록 한다.
  - 학생의 이해능력, 표현능력, 의사소통능력, 판단능력 등을 직접 평가하게 된다.

- 주제나 질문에 관해 사전에 공지하여 발표 준비를 미리 할 수 있도록 한다.
- 또는 평가자가 바로 평가내용과 관련하여 주제나 질문을 바로 제시하고 학생의 답변을 들을 수도 있다.

• 토의 · 토론법 실행지침
- 특정 주제에 대하여 학생들 간의 토의 · 토론하는 과정에서 학생들을 평가한다.
- 교수 · 학습활동과 평가활동을 통하여 진행할 수 있으며, 찬반토론을 많이 활용한다.
- 토의 · 토론 주제에 대하여 준비한 자료의 다양성, 충실성과 토의 · 토론 내용의 충실성과 논리성, 토의 · 토론에 임하는 태도나 토론 진행 및 참여 방법에 대한 총체적인 평가가 이루어진다.
- 토의 · 토론하는 과정을 통해서 지도력, 의사소통능력, 표현능력, 판단능력 등을 평가하게 된다.

• 실기시험 실행지침
- 수행평가의 실기시험은 자연스러운 학습이나 평가 상황에서 실제로 학생의 수행을 여러 번 관찰하여 그 수행능력을 평가한다.
- 체육과의 경우 실제 경기하는 과정에서, 음악과의 경우 악기 연주나 노래하는 과정에서, 그 외 미술, 실과, 언어교과에서 자연스럽게 학생의 수행능력을 평가한다.
- 교수 · 학습활동과 평가활동이 분리되지 않고 자연스럽게 통합되도록 한다.
- 학생들의 내용 이해와 더불어 실제 알고 있는 것을 행동으로 보여 줄 수 있는지를 통합적으로 평가한다.

• 실험 · 실습 실행지침
- 주로 자연과학분야의 특정 과제에 대하여 학생들의 직접적인 실험과 실습을 관찰하여 평가한다.
- 실험 · 실습 이후에 결과보고서를 작성하여 제출하게 하고, 그 결과보고서를 평가한다.
- 실험 · 실습기구나 기자재의 조작능력에 대한 평가와 함께 지식을 적용하는 능

력, 문제해결 능력 등 종합적 사고능력을 평가하게 된다.

• 면접 실행지침

- 교사와 학생 간의 면접을 통한 대화과정에서 평가하고자 하는 자료와 정보를 수집하여 평가한다.
- 교사가 질문하고 학생이 답변하는 과정에서 심도 있는 정보, 예상할 수 없었던 정보나 자료 등을 획득한다.
- 정의적 영역, 심동적 영역과 관련된 학생의 정보 획득을 통한 평가에 적합하다.

• 관찰 실행지침

- 계획성 있게 관찰하되 객관적, 즉시적으로 관찰한다.
- 학생이 처해 있는 교실상황, 상황조건 등을 충분히 고려하여 관찰 기록한다.
- 학생의 행동변화 추이와 관련하여 지속적으로 관찰하고 행동표본이 전체를 대표할 수 있어야 한다.
- 적절한 기록방법, 정리방법을 미리 계획해야 한다.
- 대표적인 방법인 일화기록법으로 구체적인 행동사례를 상세하게 기록하는 방법이 있고, 체크리스트로 관찰하고자 하는 행동을 분류한 후에 그 행동이 관찰될 때마다 기록하여 빈도를 표시한다.
- 상황에 따라 오디오 녹음, 비디오 카메라 녹화 등을 통해 기록 후 관찰할 수 있다.

• 자기평가 실행지침

- 특정 주제나 학습내용에 대하여 자기 스스로 학습과정 및 결과에 대해 평가한다.
- 평가를 위해서 간단하게 체크리스트, 성찰일지 등을 작성할 수 있다.
- 자기평가보고서를 작성하여 제출하도록 하여 학습에 대한 준비도, 학습동기, 성실성, 만족도, 동료학습자와의 관계, 성취 수준 등을 종합적으로 스스로 반성하고 성찰할 수 있는 기회를 제공한다.
- 교사의 학습자에 대한 형성평가나 관찰평가 결과와 자기평가보고서의 내용과 서로 비교 · 분석할 수 있다.

• 동료평가 실행지침
 - 특정 주제나 학습내용에 대하여 동료 학생들과 학습하는 과정 및 결과에 대해 서로를 평가하도록 한다.
 - 평가를 위해서 간단하게 체크리스트, 성찰일지 등을 작성할 수 있다.
 - 동료평가 보고서를 작성하여 제출하도록 하여 동료 학생에 대한 준비도, 학습동기, 성실성, 참여도(기여도), 동료 학습자와의 관계, 성취수준 등을 종합적으로 스스로 반성하고 성찰할 수 있는 기회를 제공한다.
 - 한 명의 교사가 다수의 학습자의 학습과정이나 문제해결과정에서 구체적으로 알 수 없는 활동상황이나 학습과정 등을 평가한다.
 - 교사의 평가에 대한 주관성을 배제할 수 있으며 결과 처리에 있어 학생들의 입장에서 공정성, 타당성을 확보한다.

• 연구보고서(프로젝트법) 작성 실행지침
 - 여러 교과나 한 교과 안에서 여러 주제를 통합하여 연구주제를 선정하고 이들 주제들 중에서 학생의 능력이나 관심 등에 적합한 주제를 선정한다.
 - 선정된 주제를 바탕으로 세부 과제로 나누어 개별 또는 집단별로 자료를 수집하고 개별학습의 과정을 거친다.
 - 개별학습의 과정에서 자료에 대한 분석 · 종합이 이루어지고, 이를 바탕으로 집단별로 해결방안을 찾는다.
 - 이러한 과정을 종합적으로 정리하여 연구보고서를 작성 · 제출하도록 하여 제출된 연구보고서를 평가하게 된다.
 - 연구보고서 평가를 통해서 학습자의 문제해결능력, 이해력 및 사고력, 정보처리능력, 의사소통능력 등의 종합적인 능력을 평가한다.
 - 프로젝트법은 거의 연구보고서 작성과 동일하나 연구과정별로 평가를 중요시하여 학생들에게 연구과정별로 반성적인 성찰이 이루어질 수 있도록 성찰일지를 작성하고, 교사는 수시로 관찰 · 평가하게 된다.
 - 최종 결과물과 함께 연구보고서를 제출하게 하고, 이를 평가한다.

• 포트폴리오 실행지침
 - 학생들이 학습과정 및 결과를 통해서 자신이 쓰거나 제작한 것을 지속적이고 체

계적으로 모아서 만든 개별 작품집 또는 서류철을 이용하여 평가한다.

- 학생 개인의 변화, 발달과정을 지속적으로 평가하고 학습결과를 최종적으로 종합평가한다.
- 평가과정에서 교사뿐 아니라 학생의 역할을 중요시하고, 결과뿐 아니라 과정도 함께 중요하게 평가한다.
- 자연스러운 교수 · 학습과정에서 평가활동이 통합되어 실행되며, 교사의 다양한 관점에서의 관찰과 평가, 학생의 반성적 성찰에 따른 스스로의 장 · 단점을 파악하게 한다.
- 학생에 대한 평가뿐 아니라 교사의 교실 수업개선의 자료로도 활용한다.
- 포트폴리오에 포함시킬 수 있는 것으로 학습목표 진술지, 평가목표 및 준거, 차시별 학습결과물인 작품(시, 글짓기, 독서기록, 그림), 각종 보고서와 학습지 등이 포함된다.
- 이외에도 교사에게 있는 학생 및 학부모 면담기록지, 학습활동 기록 오디오 · 비디오자료, 도표 및 차트, 자기평가 및 동료평가 보고서, 수업일지 등이 포함된다.

ⓛ 루브릭 제작 및 활용 지침

• 루브릭 제작 지침

- 루브릭은 직접 제작 사용, 기존의 것을 그대로 사용, 수정하여 사용의 3가지 방법이 있다. 직접 제작 사용을 위해서는 다음과 같은 제작 단계가 필요하다.

✓교육과정 학습요소 추출: 수업목표에 따른 수행요소의 추출
✓행동 및 결과들의 목록 수정
✓수집된 특성의 영역 분류: 수행요소의 범주화
✓각 특성들의 객관적인 정의 기술
✓각 특성들의 수준(상, 중, 하)을 나타내는 수행기준 서술: 평가척도 개발
✓적용 및 수정
✓루브릭 완성

- 루브릭을 수행평가 계획표에 포함시킨다.
- 루브릭 예시

[예시1 D 중학교 영어과 수행평가 계획]

평가영역	평가척도				배점
	최하	하	중	상	
눈맞춤	5	10	15	20	/20
억양	5	10	15	20	/20
발음	5	10	15	20	/20
문법	5	10	15	20	/20
유창성	5	10	15	20	/20
총점					/100

평가영역	평가척도	평가기준
눈맞춤	5 (최하)	대화 시 아래를 쳐다보거나, 바른 자세를 취하지 않거나, 5+ 초 이상 제스처를 취하지 않고 손이 가만히 있는 경우, 그리고 한국식 인사를 하는 경우
	10 (하)	바른 자세를 취하지 않으나 학생 스스로 고치는 경우, 4+ 초 정도 제스처를 취하지 않고 손이 가만히 있는 경우, 그리고 제스처가 매우 미약하거나 너무 경직된 움직임을 보이는 경우
	15 (중)	바른 자세를 취하고, 손이 3초 이하로 가만히 있을 때, 그리고 제스처가 약간 미약하거나 약간 경직된 움직임을 보이나 눈맞춤이 좋은 경우
	20 (상)	바른 자세를 취하고, 손이 3초 이하로 가만히 있을 때, 적절한 제스처와 눈맞춤을 취하는 경우

평가영역	평가척도	평가기준
억양	5 (최하)	억양이 없는 기계 같은 말하기 방식으로 말하는 경우, Yes/No questions: 가장 중요한 핵심 단어에 강세를 주고, 질문의 끝을 올린다. WH questions: 핵심 단어에 강세를 주고, 질문의 끝을 내린다.
	10 (하)	억양의 변화가 매우 적고, 단어의 강세가 잘못된 경우, Yes/No questions: 가장 중요한 핵심 단어에 강세를 주고, 질문의 끝을 올린다. WH questions: 핵심 단어에 강세를 주고, 질문의 끝을 내린다.
	15 (중)	억양의 변화가 좋고, 단어에 적절한 강세를 주어 말하는 경우,Yes/No questions: 가장 중요한 핵심 단어에 강세를 주고, 질문의 끝을 올린다. WH questions: 핵심 단어에 강세를 주고, 질문의 끝을 내린다.
	20 (상)	억양의 변화가 완벽하고, 단어에 적절한 강세를 주어 말하는 경우, Yes/No questions: 가장 중요한 핵심 단어에 강세를 주고, 질문의 끝을 올린다. WH questions: 핵심 단어에 강세를 주고, 질문의 끝을 내린다.

(이하 생략)

• 루브릭의 활용 지침

- 루브릭은 평가자가 학생들이 과제를 수행하면서 보이는 반응이나 학습결과를 관 찰하고, 수준을 판단할 때 활용 가능한 수행기준(최우수, 우수, 보통, 미흡, 매우 미흡 등)이다. 또한 일반적으로 과제의 각 수준마다 적용할 수 있는 평가척도(평정척도, rating scale)가 되므로 수행평가 과정에서 학생들의 과제나 학습결과물을 평가하는 데 필요한 일련의 평가안내서, 채점도구로 활용된다.
- 루브릭은 수행과정과 함께 과제를 해결한 후에 얻은 결과를 평가하는 데 사용되면서 미리 학습자에게 제공되거나 안내(가이드라인)되어 평가목표와 관련된 반응의 방법과 수준 등을 구체적으로 제시하여 목표하는 바와 그 목표를 달성하기 위해서 해야 할 것이 무엇인지를 알게 되어 학생들의 성취수준 향상, 자기주도

[예시 2 K 초등학교 통합교과 수행평가 계획]

<table>
<tr><th colspan="2">학년군</th><td colspan="2">초등학교 1~2학년군</td><th>대주제</th><td>5. 이웃</td><th>소주제</th><td>5.20 직업</td></tr>
<tr><th colspan="2">성취 기준</th><td colspan="6">통즐2541. 주변에서 볼 수 있는 여러 일터와 그에 맞는 직업을 알아보고 다양한 직업 놀이를 할 수 있다.</td></tr>
<tr><th rowspan="3">성취수준</th><th>상</th><td colspan="6">마을의 여러 일터를 알고, 그 직업의 특징을 이해하며, 다양한 직업 놀이에 적극적으로 참여하여 즐길 수 있다.</td></tr>
<tr><th>중</th><td colspan="6">마을의 여러 일터를 알고, 다양한 직업 놀이를 할 수 있다.</td></tr>
<tr><th>하</th><td colspan="6">다양한 직업 관련 놀이에 참여할 수 있다.</td></tr>
<tr><th colspan="2">문항번호</th><td colspan="2">통즐2541(1)</td><th>문항유형</th><td colspan="3">서답형, 수행형, 체크리스트(자기평가)</td></tr>
<tr><th colspan="2">출제 의도</th><td colspan="6">이 문항은 주변에서 볼 수 있는 여러 일터와 직업을 알고, 다양한 직업 놀이에 적극적으로 참여하며 즐길 수 있는지를 평가하고자 한다.</td></tr>
<tr><th colspan="2" rowspan="4">채점 기준</th><th></th><th>평가 요소</th><th>상</th><th>중</th><th colspan="2">하</th></tr>
<tr><td>1</td><td>여러 일터와 직업 알기</td><td rowspan="3">주변에서 볼 수 있는 여러 일터와 직업을 잘 알고, 직업의 특징을 다양하게 신체로 표현하며, 직업 놀이에 즐겁게 참여할 수 있다.</td><td rowspan="3">여러 일터와 직업을 알고, 직업 놀이에 참여할 수 있다.</td><td colspan="2" rowspan="3">다양한 직업 놀이에 참여할 수 있으나, 여러 일터와 직업의 특징에 대해 잘 알지 못한다.</td></tr>
<tr><td>2</td><td>직업의 특징 표현하기</td></tr>
<tr><td>3</td><td>즐겁게 놀이에 참여하기</td></tr>
<tr><th colspan="2">준비물 및 유의사항</th><td colspan="6">☆ 교사 : 여러 가지 직업 카드(모둠별 또는 전체)
★ 미리 주변의 직업과 특징에 대해 조사해 와서 좀 더 다양한 직업을 알고 활동할 수 있도록 한다.</td></tr>
</table>

적인 학습을 할 수 있도록 한다.

- 루브릭을 학생뿐 아니라 학부모에게 미리 제공하여 자녀들의 수행과 학습결과물을 산출하는 데 긍정적인 영향을 미칠 수 있도록 하며, 특정 과제에 대한 교사의 기대를 학생들이 이해하고 부합하는 수행을 하는 데 학부모가 도와줄 수 있도록 만들어 준다.

이외에도 요즘 스마트 기기, 테크놀로지를 활용한 새로운 평가방법이나 도구 개발이 이루어지고 있는데, 교육용 앱으로 핑퐁(ping-pong), 카훗(Kahoot-it) 등을 활용하여 평가할 수 있다.

㉢ 핑퐁 앱을 활용한 평가

- 핑퐁 앱은 수업시간 중에 학생들이 수업내용을 바르게 이해하고 있으며, 학습목표에 도달하였는지를 형성평가 하는 데 활용할 수 있는 앱이다.
- 실제 한 명의 교사가 여러 명의 개별 학습자의 목표달성 여부나 학습내용 이해 여부를 평가하고 판단하는 데 현실적으로 어려움이 있으며, 수업의 각 단계별로 실시간으로 수업의 흐름에 단절 없이 자연스럽게 전체 학습자의 이해를 빠르게 파악하기가 더욱 힘들다. 이러한 어려움을 효과적으로 해결할 수 있는 평가도구가 핑퐁 앱이다.

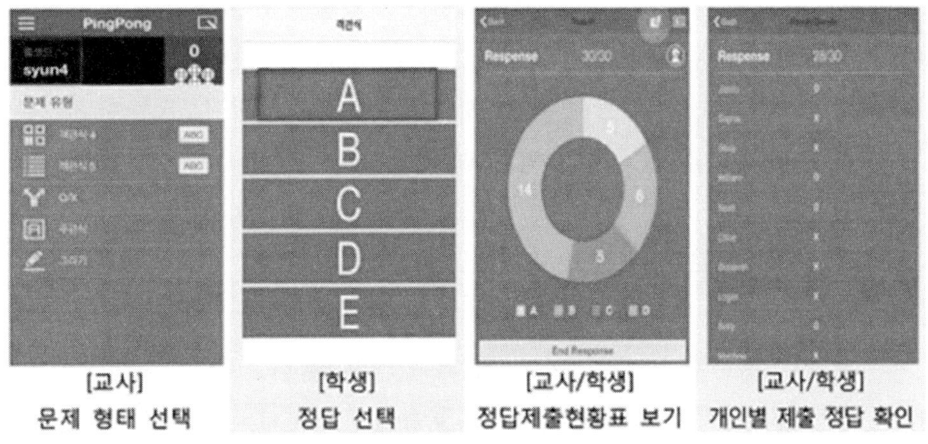

그림 12-5 _ 핑퐁 앱 화면 예시

출처: http://social.ktcu.or.kr/story/educationView.do?boardIndex=67484.

• 교사는 수업과정 중에 교수학습활동으로 스마트기기를 이용하여 간단한 퀴즈문제를 핑퐁 앱에서 제출하고 학생들은 자신의 스마트기기를 활용하여 문항별로 정답을 제출하면 교사의 스마트기기에 문항별로 학생들의 평가결과를 종합정리, 분석하여 제공하여 준다.
• 학생들에게는 형성평가 결과, 수업이해 정도가 바로 표시되어 자신을 스스로 자기평가하고 성찰 수 있는 기회가 제공된다.
• 핑퐁 앱을 통해 제작하여 실행할 수 있는 문항유형은 진위형, 선다형, 완성형, 단답형 등 다양하게 활용가능하며, 평가참여 및 평가결과에 대한 저장은 스마트폰, 태블릿 PC, 컴퓨터, 노트북 등 다양한 도구를 활용할 수 있다.

(2) 수업결과 평가 효과 향상방안

수업결과 평가의 효과 향상은 수업설계 실행과 총괄평가 전략에 대한 분석을 통해 수업에서 발생하는 문제점이나 개선점을 찾아 적합한 해결방안을 적용할 때 이루어질 수 있다. 이에 각각의 분석결과를 바탕으로 수업일관성이 높은 수업을 설계하여 실행하기 위한 수업설계 실행 전략들은 '제6장 수업설계 향상을 위한 자기수업컨설팅'에서 충분하게 다루었으므로 여기서는 총괄평가 전략 효과 향상을 위한 방안 중심으로 살펴보고자 한다.

① 총괄평가 평가도구 제작 전략

총괄평가를 위해서 교사 자작검사나 표준화 검사로 지필평가와 수행평가 모두가 가능하지만, 총괄평가의 의미와 특징에 더욱 가까운 평가는 지필평가이다. 이에 지필평가의 평가도구별 제작지침과 좋은 평가문항의 조건에 대하여 살펴보도록 한다(김석우, 2009; 박성익, 임철일, 이재경, 최정임, 2015; 성태제, 2002).

㉠ 지필평가의 평가도구 제작 지침

• 진위형 문항 제작 지침
  - 질문인 진술문에 중요한 내용이 포함되어 있어야 한다.
  - 한 개 문항에 두 가지 이상의 내용을 포함하지 말고 하나의 내용만이 포함되도록 한다.
  - 일반화되지 않은 주장이나 이론들에 대한 맞고 틀림을 묻지 않도록 한다.

- 부정문을 사용하지 않도록 하며, 이중 부정은 더욱 사용하지 않는다.
- 가능한 한 간단 명료하고 단순한 문장으로 질문한다.
- 답의 단서가 되는 부사어인 절대적 어구(절대, 항상 등), 일반적 어구(흔히, 때때로 등)를 사용하지 않는다.
- 교과서에 있는 똑같은 문장을 되도록 질문하지 않는다.

〈예시 문항〉
1. 프랑스의 가요를 샹송이라 한다. (○)
2. 낮에 바다는 육지보다 기온이 높다. (×)

• 선다형 문항 제작 지침
  - 문항마다 하나의 사실을 묻고 단순하고 명쾌하게 구조화한다.
  - 문항의 질문형태는 가능하면 긍정문으로 한다.
  - 문항의 질문에 답을 암시하는 내용이 포함되지 않도록 한다.
  - 답지 중 정답은 분명하게, 오답은 그럴듯하게 만들어야 한다.
  - 답지들의 내용이 상호 독립적이고 단어들이 반복되는 것을 피한다.
  - 답지들 중에 정답이 두 개 이상일 경우에 최선의 답을 선택하게 환기시킨다.
  - 답지만을 분석하여 문항의 답을 맞히게 하지 말아야 한다.
  - 답지에 어떤 논리적 순서가 있다면 그에 따라 배열하도록 한다.
  - 답지들의 형태를 유사하게 한다.
  - 답지 사이에 숫자, 연대, 양 등의 중복을 피해야 한다.
  - 답지의 길이를 비슷하게 하고 다소 다를 경우에는 짧은 길이의 답지부터 배열한다.
  - 답지에 '모든 것이 정답' '정답 없음'과 같은 답지는 사용하지 않는다.

〈예시 문항〉
3. 도시와 촌락을 나누는 가장 일반적인 기준은 무엇인가? (②)
① 면적 ② 인구 수 ③ 도로 수 ④ 건물의 높이 ⑤ 발전 가능성

• 연결형 문항 제작 지침
  - 문제군과 답지군은 동질성을 가진 것끼리 제시하도록 한다.

- 문제군의 문제 수보다 답지군의 답지 수가 많도록 한다.
- 문제군의 문제들은 왼쪽, 답지군의 답지들은 오른쪽으로 배열하고 각각 번호를 부여한다.
- 문제와 답지의 수가 10개를 넘지 않도록 하고 문제는 5개, 답지는 7~8개가 적절하다.
- 문제와 답지는 가능한 한 짧아야 하며 지시문으로 명확해야 한다.

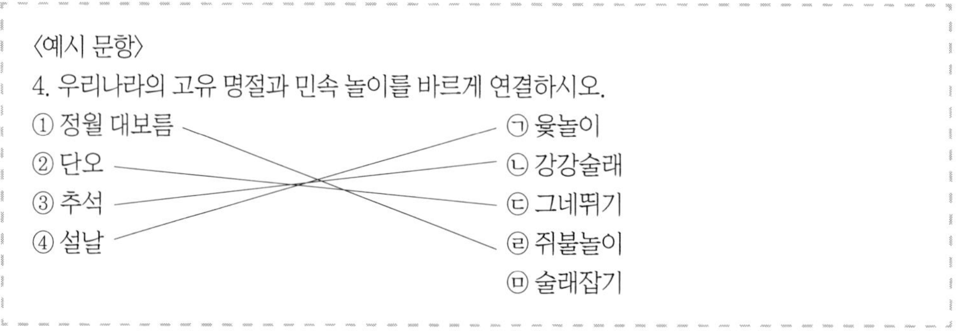

〈예시 문항〉
4. 우리나라의 고유 명절과 민속 놀이를 바르게 연결하시오.
① 정월 대보름
② 단오
③ 추석
④ 설날
㉠ 윷놀이
㉡ 강강술래
㉢ 그네뛰기
㉣ 쥐불놀이
㉤ 술래잡기

• 완성형(괄호형) 문항 제작 지침
- 문장 중 의미 있고 중요한 부분을 공백으로 만들도록 한다.
- 정답은 단어나 기호로 간단하게 답이 가능한 것을 질문한다.
- 공백란의 수를 너무 많지 않게 적절하게 조절한다.
- 문장 속에 정답의 단서가 포함되지 않도록 한다.
- 채점 시 공백 하나를 하나의 채점단위로 하여 채점한다.
- 문장은 교과서에 있는 그대로 사용하지 않도록 한다.

〈예시 문항〉
5. 1935년에 발표된 심훈의 대표적인 단편소설은 (상록수)이다.

• 단답형 문항 제작 지침
- 간단하고 명료한 형태로 답이 나올 수 있도록 문항을 제작한다.
- 정답의 수는 되도록 1개 또는 2~3개 되도록 하되 정답의 수를 표기한다.
- 정답이 수로 표기될 때는 단위를 표기하도록 한다.

- 수치나 계산문제의 경우에는 기대하는 정확성의 정도, 계산절차의 수준 등을 명시하도록 한다.
- 직접 화법으로 질문한다.

〈예시 문항〉
6. 최근 우리나라의 유가가 상승하게 된 주된 원인 중 중요성의 차례로 세 가지만 들어 보시오.

• 논술형(서술형) 문항 제작 지침
  - 피험자 집단의 특성을 고려하여 작성해야 한다.
  - 질문의 요지가 분명하고 구조화되어야 한다.
  - 문항은 난이도 순으로 쉬운 문항에서 어려운 문항으로 배열한다.
  - 문항점수를 제시하고 문항의 점수를 고려하여 응답하도록 한다.
  - 제한된 논술문항의 경우 응답의 길이를 제한하여 준다.
  - 질문의 내용은 광범위한 소수의 문항보다 범위가 좁더라도 다수의 문항으로 질문한다.
  - 가능하면 미리 채점기준을 마련해야 한다.

〈예시 문항〉
7. 정약용의 실학사상을 설명하고, 우리나라의 근대화에 미친 영향을 논하시오(250자 이내, 10점).

② 좋은 평가문항의 조건

주로 총괄평가를 위한 지필평가의 평가도구 제작 지침을 살펴보았다. 이렇게 제작 지침을 잘 지켜서 평가 문항을 제작하게 되면 좋은 평가문항으로 개발될 가능성이 높아진다. 그렇다면 좋은 평가문항이 되기 위해서 갖추어야 할 조건이 무엇인지 살펴보면 다음과 같다(김석우, 2009).

• 문항내용의 적절성: 문항내용이 측정하고자 하는 내용을 얼마나 잘 측정하고 있는가로서, 이는 타당성이라고 하는데 수업목표와 관련된 학습내용을 측정할 수 있는

문항내용이 될 때 좋은 평가문항이 된다.

- 문항내용의 복합성: 문항에서 질문하는 내용이 단순하게 기억에 관한 사실도 포함되지만, 분석, 종합, 평가 등의 고차적 정신능력을 측정할 수 있는 복합적인 문항이 좋은 문항이다.
- 문항내용의 추상성: 문항에서 질문하는 내용이 단편적인 지식을 평가할 수 있지만, 구체적으로 열거된 사실들을 요약하거나 일반화 및 추상화시킬 수 있는 내용을 포함해야 좋은 문항이다.
- 문항의 참신성: 문항의 질문이 학습자에게 얼마나 새로운 경험을 제공하여 주느냐에 관련된 것으로 이미 존재하는 질문형태가 아니라 새로운 형태로 문항을 제작하도록 노력해야 한다는 것이다. 이러한 참신한 문항은 새로운 학습자의 능력을 측정하고 평가할 가능성이 높아진다.
- 문항의 구조성: 문항의 체계성이라고 할 수 있는데 문항의 질문이 모호하지 않고 구체적이어야 한다는 것으로 문항의 의미가 피험자에게 일반적인 의미인지, 모호한 의미인지를 구분하는 정도이다.
- 문항의 난이도: 피험자의 집단 능력에 비추어 지나치게 어렵거나 지나치게 쉬운 문항은 수업목표를 평가하는 데 적절하지 않으므로 적절한 난이도로 문제가 제작될 때 좋은 문항이 된다.
- 문항의 학습동기 유발: 평가문항에 대한 피험자의 반응결과인 성공과 실패가 학습동기, 흥미, 태도, 자아개념 등 정의적 행동 형성에 중요한 영향을 미칠 수 있어야 한다.
- 문항의 제작 지침, 유의사항, 문항편집 요령 등에 충실하게 개발되어야 한다.

2) 수업평가 전략 향상을 위한 적응적 수업하기

수업평가 적응적 수업하기는 앞서 배움 디자인을 통해 계획한 수업평가 전략을 실제 수업에 적용해 보는 활동을 말한다. 이때 중요한 것은 새로운 수업평가 전략이 실제 나의 수업문제를 해결할 수 있는지를 확인하고 검증하는 활동이다. 만약 의도한 대로 수업평가를 하는 것이 쉽지 않고 그 결과도 예상한 대로 이루어지지 않을 수도 있다. 그리고 수업과정에서 필요에 따라 수업을 하는 가운데 나의 판단에 따라 디자인된 수업평가 전략을 실시간으로 바꾸어 적용하는 등 적응적으로 융통성을 발휘할 수도 있다. 이러한 과정을 반복하다 보면 자연스럽게 더 나은 수업을 할 수 있는 것이다.

이처럼 더 좋은 수업을 하기 위해서는 배움 디자인과 적응적 수업하기 과정을 통한 새롭게 경험하기를 한 차시의 수업으로 끝내는 것이 아니라 몇 차시 수업에서 반복적으로 적용해 볼 수 있다. 수업을 실제 해 본 결과 새로운 수업평가 전략들이 어떤 효과가 있고 문제점이 있는지 그리고 어떻게 개선되어야 하는지 등에 대한 성찰을 기록하고 이를 종합하는 활동이 필요하다. 이에 '제4장 자기수업컨설팅의 모형'에서 제시한 수업에 대한 '성찰일지'를 활용하여 수업을 마치고 다음과 같은 성찰일지를 작성할 수 있다.

성찰일지

수업일시: 20○○년 ○○월 ○○일, 2교시

□ 새롭게 적용한 수업평가 전략

- 수업활동별 학생반응: 전개과정에서는 다양한 사례를 중심으로 한 통일성과 응집성에 기반한 글쓰기 활동이 제공된다면 더욱 효과적일 것임. 모둠별로 주제를 주고 글을 쓰도록 하고 그 글을 서로 바꾸어 통일성과 응집성을 평가하고 그에 따라 고쳐 쓰기 활동을 한 후 발표와 피드백을 제공하는 활동이 가능함.
- 형성평가 전략: 목표와 도구의 일치를 통한 타당성 확보를 위해 개별로 직접 글쓰기 활동시간, 경험기회를 충분히 제공하고 최종 학습결과물을 교사가 직접평가하거나 동료 및 자기평가방법 및 도구 활용이 필요함.
- 수업설계 실행: 학습자, 수업매체 측면에서 개개 학습자의 적극적인 참여를 유도할 수 있는 활동이 필요함. 이를 위하여 다양한 실례를 포함한 연습문제를 제공하고 모둠활동 형태로 문제를 해결하는 활동을 한 후 이를 공유하고 피드백을 제공하는 활동이 필요함.
- 총괄평가 전략: 소단원 목표의 달성 여부를 평가하기 위해서 실제 유사한 상황을 만들어 주고 수행평가를 실시하고 고쳐 쓴 글을 평가하도록 해야 함. 또는 수업시간의 학습활동 중에 작성한 최종 결과물을 제출하여 평가할 수 있도록 해야 함.

□ 새로운 수업평가 전략의 긍정적/부정적 영향

긍정적 영향	부정적 영향
• 교사와 학생 간의 관계, 학생들 간의 관계가 모둠활동 및 상호 피드백 제공으로 인해 상호 의존적인 관계로 변함. • 학습자의 학습목표 달성 여부를 정확하게 평가하고 그 결과를 바탕으로 적절한 피드백이나 보상을 제공할 수 있음.	• 모둠활동 시 특정 학습자에 학습 및 발언 권한이 집중되어 학습기술 훈련이 필요함. • 학습자들 간의 상호평가나 피드백에 대한 구체적인 전략을 학생들이 알고 있지 못하여 형식적으로 이루어짐.

• 학습목표와 관련성 높은 연습활동과 적극적인 참여유도를 통해 학습자의 과업집중도를 높임. • 학습결과물을 평가하여 평가의 타당성을 높이고 학습자의 평가부담을 줄여 주고 있음.	• 다양한 연습활동 및 학습결과물 작성으로 인해 수업시간 안배의 어려움.

□ 개선방향
- 모둠활동에 대한 학습자의 효과적인 반응을 높이기 위한 별도의 협동기술 훈련이 필요함.
- 상호평가 및 피드백 전략에 대해 학습자에게 자세하게 안내할 필요가 있으며, 평소 수업시간에 적극적으로 활용할 필요가 있음.
- 수업목표와 관련된 학습활동을 중심으로 적절한 시간관리 전략이 필요해 보임.

□ 고민 사항
- 수업활동별 학생들의 반응에 대한 분석보다 나(교사)의 수업전략 계획을 중심으로 분석됨.
- 수업목표에 대한 학습자의 달성 여부를 타당하게 평가할 수 있는 평가방법 및 도구 선정이 어렵고 지필평가 위주로 편중되며 정리단계에서 시간 부족으로 형성평가를 하지 않고 넘어가기도 함.

성찰과제

- 수업평가 영역 중에서 가장 시급하게 해결해야 할 자기수업컨설팅 과제는 무엇인가?
- 나의 수업평가에서 수업과정 평가로 수업활동별 학생반응 분석과 형성평가 전략 분석이 효과적으로 설계, 실행하고 있는가?
- 나의 수업평가에서 수업결과 평가로 수업설계 실행 분석과 총괄평가 전략 분석이 효과적으로 설계 · 실행하고 있는가?
- 수업평가 영역의 자기수업컨설팅 과제의 원인과 해결을 위한 전략은 무엇인가?
- 효과적인 수업평가를 위해 나는 어떤 노력을 해야 하는가?

부록

부록 1 자기수업컨설팅 수업 '되돌아보기' 성찰도구 서식

[1장] 수업과 수업하기의 본질

[1-1] 나의 '수업하기' 진단표

구분	내용
수업내용	
내용 난이도	
소통	
수업 속도	
수업 양	
수업 진단	
수업의 적응성	

[1-2] 배움 중심 수업 진단 준거

범주	구체적 준거	매우 그렇지 않다	그렇지 않다	보통이다	그렇다	매우 그렇다
수업철학과 결과	학생들에게 배움(의도된/의도하지 않은)이 일어났는가?	1	2	3	4	5
	배움을 통해 사고력 향상이 있었는가?	1	2	3	4	5
	배움에 대한 기쁨이 있었는가?	1	2	3	4	5
	모든 학생들에게 배움이 있었는가?	1	2	3	4	5
	학생들이 배움을 통해 자신의 삶에 대한 성찰이 있었는가?	1	2	3	4	5
수업활동	개인화된 배움이 있었는가?	1	2	3	4	5
	학생 스스로 학습문제 해결을 위한 탐구활동이 있었는가?	1	2	3	4	5
	배움의 결과를 자기언어와 자기생각으로 검증해 보일 수 있는 기회가 있었는가?	1	2	3	4	5
	학생과 학생, 학생과 교수자 간에 협력적 배움이 일어나는가?	1	2	3	4	5
	수업에서 교수자와 모든 학생들 간 담화를 통한 수업이 이루어졌는가?	1	2	3	4	5

[2장] 수업생태계의 이해

[2-1] 나의 수업생태계 건강성 진단해 보기

영역	구성요인	지표	건강성 진단				
			매우 나쁨	나쁨	보통	좋음	매우 좋음
탄력성	사회정서역량	사회적 역량	1	2	3	4	5
		정서역량	1	2	3	4	5
		스트레스 관리역량	1	2	3	4	5
	문제해결역량	비전수립	1	2	3	4	5
		창의적 문제해결	1	2	3	4	5
	긍정적 자아개념	자기효능감	1	2	3	4	5
		자기존중감	1	2	3	4	5
		개방성	1	2	3	4	5
조직	소통	학습자와 학습자 간	1	2	3	4	5
		학습자와 교수자 간	1	2	3	4	5
		교수자와 교수자 간	1	2	3	4	5
		교수자와 학부모 간	1	2	3	4	5
	관계	학습자와 학습자 간	1	2	3	4	5
		학습자와 교수자 간	1	2	3	4	5
		교수자와 교수자 간	1	2	3	4	5
		교수자와 학부모 간	1	2	3	4	5
활기	활동성	학교생활열정	1	2	3	4	5
		자기계발 열정	1	2	3	4	5
	1차 생산품	수업 만족도	1	2	3	4	5
		성취감	1	2	3	4	5
		신뢰	1	2	3	4	5
		안전감	1	2	3	4	5
		협력의식	1	2	3	4	5

[4장] 자기수업컨설팅의 모형

[4-1] 되돌아보기 계획하기

영역	하위영역	선정	되돌아보기 전략
교수자로서 자기 자신	수업철학		
	교수자로서 기초역량		
	교수자로서 자기 자신에 대한 종합적 이해		
학습자	인지적 특성		
	사회 · 정서적 특성		
	신체적 특성		
학습내용과 매체	교육과정 재해석		
	학습내용으로 재조직화		
	학습내용과 매체와의 연계성		
학습 환경	물리적 환경		
	심리적 환경		

[4-2] 성찰일지

성찰일지

수업일시:

□ 새롭게 적용한 수업전략:

□ 새로운 학습 촉진적 분위기 전략의 긍정적/부정적 영향

긍정적 영향	부정적 영향

□ 개선방향

□ 고민 사항

[5장] 교수자로서 자기 자신을 되돌아보기

[5-1] 교수자의 인지적 기초역량

기초역량	척도
① 교수자는 가르치는 학문에 대한 핵심적 개념, 탐구도구, 학문적 구조 등을 이해하고 학생들이 의미 있는 학습을 할 수 있는 학습경험을 만들어 낼 수 있어야 함.	1 2 3 4 5
② 교수자는 학생들이 어떻게 발달하고 학습하는지에 대한 이해를 기초로 학생들의 지적, 사회적, 그리고 인격적 발달을 위한 학습기회를 제공할 수 있어야 함.	1 2 3 4 5
③ 교수자는 학생들이 학습에서 어떻게 다른 접근을 하는지 이해하고 이에 기초하여 다양한 학습자에게 적응적인 수업기회를 제공할 수 있어야 함.	1 2 3 4 5
④ 교수자는 다양한 수업전략을 이해하고 학생들의 비판적 사고와 문제해결 능력을 길러 주기 위해 이를 사용할 수 있어야 함.	1 2 3 4 5
⑤ 교수자는 개인과 집단의 동기를 이해하고 긍정적인 사회적 상호작용을 촉진하고 능동적인 참여를 유도하는 학습 환경을 만들 수 있어야 함.	1 2 3 4 5
⑥ 효과적인 언어적, 비언어적, 매체적 소통 기술을 가지고 학급에서의 능동적인 탐구를 촉진할 수 있어야 함.	1 2 3 4 5
⑦ 교수자는 교과내용, 학생, 교육과정 목표 등의 지식에 기초하여 효과적인 수업설계를 할 수 있어야 함.	1 2 3 4 5
⑧ 학습자의 성장을 평가하기 위한 형식적 또는 비형식적 평가 전략을 사용할 수 있어야 함.	1 2 3 4 5
⑨ 자신의 수업활동에 대해 끊임없이 평가하고 전문적 성장을 위해 성찰적 실천가의 역할을 할 수 있어야 함.	1 2 3 4 5
⑩ 동료교사, 학부모, 학습공동체의 관계자들과 함께 학생들의 학습과 복지를 위해 노력할 수 있는 관계를 촉진할 수 있어야 함.	1 2 3 4 5

[5-2] 교수자의 사회 · 정서 역량

구분	구체적 내용	수준				
자기감정 인식 능력	자신의 감정을 정확히 규정할 수 있다.	1	2	3	4	5
	자신의 감정의 원인을 규정할 수 있다.	1	2	3	4	5
타인감정 공감 능력	타인의 감정을 정확히 규정할 수 있다.	1	2	3	4	5
	타인의 감정에 민감하게 반응할 수 있다.	1	2	3	4	5
	타인의 감정을 공감할 수 있다.	1	2	3	4	5
	타인의 감정의 원인을 규정할 수 있다.	1	2	3	4	5
자기감정 통제 능력	충동적 감정을 통제할 수 있다.	1	2	3	4	5
	부정적 감정을 통제하고 긍정적 감정을 강화할 수 있다.	1	2	3	4	5
	부정적 감정을 극복할 수 있는 전략을 가지고 있다.	1	2	3	4	5
타인과 좋은 관계 유지 기술	경청할 수 있는 능력을 가지고 있다.	1	2	3	4	5
	자신과 타인의 감정 간 조화를 만들어 낼 수 있다.	1	2	3	4	5
	자신의 감정을 효과적으로 표현할 수 있다.	1	2	3	4	5
	타인을 존중하고 이해할 수 있다.	1	2	3	4	5
타인과 협력을 통한 문제해결 기술	팀의 일원으로 일할 수 있다.	1	2	3	4	5
	효과적으로 타인과 협력할 수 있다.	1	2	3	4	5
	사회적 단서에 민감하다.	1	2	3	4	5
	합의된 의사결정을 이끌어 낼 수 있다.	1	2	3	4	5

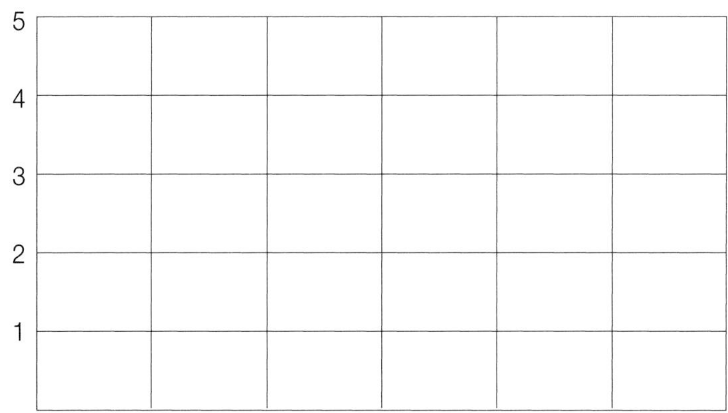

사회 · 정서 역량 꺾은선 그래프

[5-3] 교수자 자신에 대한 SWOT 분석표

	강점 (Strength)	약점 (Weakness)
내부 역량		
	기회 (Opportunity)	위협 (Threat)
외부 환경		

[6장] 수업설계 향상을 위한 자기수업컨설팅

[6-1] 수업설계역량 진단도구

구분	내용	척도				
윤리적 태도	• 학습자 중심 접근 • 수업 윤리성 준수 • 사명감	①	②	③	④	⑤
관련지식	• 학습이론, 수업이론, 동기이론, 체제이론, 수행공학, 의사소통이론, 교육평가이론 등	①	②	③	④	⑤
분석능력	• 요구분석 • 학습자분석 • 학습과제분석 • 학습 환경분석	①	②	③	④	⑤
창의적 문제해결 능력	• 문제규정, 원인분석, 창의적 사고전략, 해결안 개발, 실행, 성찰을 통한 개선	①	②	③	④	⑤
거시적 수업전략	• 교수자 주도수업전략 • 개별화수업전략 • 발견학습 전략 • 문제기반학습 전략 • 매체기반학습 전략 • 협력/협동 학습 전략	①	②	③	④	⑤
미시적 수업전략	• 강화전략 • 스캐폴딩전략 • 피드백전략 • 발문전략 • 동기유발전략 • 행동수정전략 • 소통전략	①	②	③	④	⑤
매체개발 및 활용전략	• 학습지, 동영상, 사진, 그림, 실물, 온라인 자료, SNS 등 개발 및 활용 전략	①	②	③	④	⑤
평가전략	• 평가전략(총괄, 형성, 진단 평가) • 평가도구 개발 및 활용	①	②	③	④	⑤

[6-2] 수업일관성 향상을 위한 성찰일지

분석범주	일관성 여부 판단을 위한 준거	성찰
수업목표와 수업내용 구성 간	• 수업내용이 수업목표 달성을 위해 필요한 정보나 지식을 제공하고 있는가? • 수업내용이 수업목표를 달성하는 데 충분히 유의미한 학습경험을 제공하고 있는가? • 수업내용이 적절한 위계성과 계열성을 가지고 있는가?	
수업목표와 학습자 간	• 수업목표가 학생들의 요구를 반영하고 있는가? • 수업이 학생들에게 이해 가능한 것인가? • 수업목표의 분량이 학생들의 학습능력에 부합하는가? • 학생들의 이해발달 과정에 따라 적응적인 수업이 이루어지는가?	
수업목표와 수업방법 간	• 수업목표가 달성 가능한 수업방법을 사용하고 있는가? • 수업방법이 수업목표 달성을 위한 효과적인 전략인가?	
수업목표와 수업매체 간	• 수업목표 달성을 위한 효과적인 매체가 사용되고 있는가? • 수업매체가 수업내용을 효과적으로 표상하고 있는가?	
수업목표와 수업평가 간	• 수업평가가 수업목표 달성 정도를 평가하고 있는가? • 수업평가가 수업목표 달성을 효과적으로 평가하고 있는가?	

[6-3] 수업철학 반영 수업설계 활동에 대한 성찰일지

수업철학 요소	수업전략	성찰

[6-4] 수업매체 성찰일지

사용되고 있는 매체	내용표상의 효과성	학습자에게 효과성

[6-5] 심리적 환경에 대한 성찰일지

학습자 특성	수업에 대한 시사점	실제 수업에서의 심리적 환경에 대한 성찰

[7장] 학습 촉진적 분위기 조성을 위한 자기수업컨설팅

[7-1] 학습 촉진적 분위기 조성 역량 진단도구

기초역량	하위 내용	척도				
		매우 낮음	◀	―	▶	매우 높음
윤리적 태도	학생들에 대한 존중, 공정성, 배려	①	②	③	④	⑤
관련지식	폭력예방방법	①	②	③	④	⑤
	비폭력대화이론	①	②	③	④	⑤
	사회정서학습이론	①	②	③	④	⑤
	학습심리이론	①	②	③	④	⑤
	의사소통이론	①	②	③	④	⑤
사회정서역량	공감능력	①	②	③	④	⑤
	스트레스 관리능력	①	②	③	④	⑤
거시적 수업전략	협력/협동학습 전략	①	②	③	④	⑤
	감성수업(정서활용수업) 전략	①	②	③	④	⑤
	학생관리 전략	①	②	③	④	⑤
	수업경영 전략	①	②	③	④	⑤
	공동체 조성 전략	①	②	③	④	⑤
	개별화수업전략	①	②	③	④	⑤
미시적 수업전략	소통전략(유머 등)	①	②	③	④	⑤
	강화전략	①	②	③	④	⑤
	감정코칭 전략	①	②	③	④	⑤
	스캐폴딩 전략	①	②	③	④	⑤

[7-2] 교사관심도 분석

요즘 선생님께서 관심을 가지고 다음 사항들에 대해서 고민하는 정도를 표시하여 주세요.
(※ 선생님께서 얼마나 잘하고 계시는지에 대한 질문이 아닙니다.)

번호	상세내용	전혀 관심 없다	약간 관심 있다	보통	관심 많은 편	매우 관심 있다
1	교사를 위한 불충분한 행정적 지원	①	②	③	④	⑤
2	학생들의 존중을 얻는 것	①	②	③	④	⑤
3	지나치게 많은 의무와 책임감에 대처하는 것(수업과 관련 없는 많은 학교 업무)	①	②	③	④	⑤
4	나 스스로 판단할 때 잘해 내고 있는 것	①	②	③	④	⑤
5	학생들에게 배움의 가치를 깨닫도록 도와주는 것	①	②	③	④	⑤
6	휴식시간이나 수업준비 시간이 부족한 것	①	②	③	④	⑤
7	동료교사들로부터 도움을 거의 받지 못한 것	①	②	③	④	⑤
8	효율적으로 내 시간을 관리하는 것	①	②	③	④	⑤
9	동료교사들의 존경을 잃는 것	①	②	③	④	⑤
10	시험이나 성적 처리 등의 평가를 위한 충분한 시간이 없는 것	①	②	③	④	⑤
11	유연하지 못한 교육과정에 대처하는 것	①	②	③	④	⑤
12	교사들에 대한 지나치게 많은 규정과 규제가 있는 것	①	②	③	④	⑤
13	적절한 수업계획을 준비하는 나의 능력에 대한 걱정	①	②	③	④	⑤
14	다른 교사들에게 나의 무능력함이 알려지는 것	①	②	③	④	⑤
15	학생들의 성취감을 향상시키는 것	①	②	③	④	⑤
16	틀에 박힌(일상적인) 수업을 하는 것	①	②	③	④	⑤
17	학생들의 학습문제를 진단하는 것	①	②	③	④	⑤
18	학교장이 내 수업이 소란하다고 생각하는 것에 대한 걱정	①	②	③	④	⑤
19	학생들의 잠재력 개발을 위해 도움을 주는 것	①	②	③	④	⑤
20	내 수업에 대한 긍정적인 평가를 얻는 것	①	②	③	④	⑤
21	내 수업에 지나치게 많은 학생들이 있는 것	①	②	③	④	⑤
22	학생들의 사회적, 정서적 요구에 인지하는 것	①	②	③	④	⑤
23	동기가 부족한 학생들에게 공부하도록 촉진해 주는 것	①	②	③	④	⑤
24	학생들이 나에 대한 존경을 잃는 것	①	②	③	④	⑤

25	교사로서 전문성 향상을 위해 기회와 행정적 지원을 해 주는 것	①	②	③	④	⑤
26	적절하게 수업을 통제하는 것	①	②	③	④	⑤
27	계획하는 데 불충분한 시간	①	②	③	④	⑤
28	학생들이 예의 바르게 행동하는 것	①	②	③	④	⑤
29	학습 향상 속도가 느린 학생들의 문제를 이해하는 것	①	②	③	④	⑤
30	교사로서 책임져야 할 당황스러운 일이 우리 반에서 일어나는 것	①	②	③	④	⑤
31	수업을 방해하는 학생들을 다루는 것	①	②	③	④	⑤
32	동료교사로부터 나의 수행에 대해서 부정적 평가를 받는 것	①	②	③	④	⑤
33	산만한 학생들을 관리하고 잘 다루는 능력	①	②	③	④	⑤
34	학생들의 건강과 영양 상태에 따라 필요한 것을 찾아내는 것	①	②	③	④	⑤
35	학부모들에게 능숙하게 보이는 것	①	②	③	④	⑤
36	학생들의 다양한 요구를 충족시키는 것	①	②	③	④	⑤
37	학생들이 교과내용을 학습할 수 있도록 다양한 방법을 찾아 주는 것	①	②	③	④	⑤
38	학생들의 행동에 영향을 미칠 수 있는 다양한 문화적 · 심리적 차이를 이해하는 것	①	②	③	④	⑤
39	다양한 학생들의 요구에 나를 맞추는 것	①	②	③	④	⑤
40	많은 행정적 방해에 대처하는 것	①	②	③	④	⑤
41	학생들의 지적 · 정서적 성장을 유도하는 것	①	②	③	④	⑤
42	매일 너무 많은 수의 학생들을 가르치는 것	①	②	③	④	⑤
43	학생들이 배운 것을 적용할 수 있는지에 대한 것	①	②	③	④	⑤
44	다른 교사들에게 내가 효과적으로 잘 가르치게 보이는 것	①	②	③	④	⑤
45	학생들이 학습을 할 수 있도록 동기를 주는 것	①	②	③	④	⑤

[7-3] 사회적 환경 분석

번호	내용	전혀 동의하지 않음	동의하지 않음	동의함	매우 동의함	판단하기 어려움
1	우리 수업에서는 모든 학생들이 서로 간에 알 수 있는 기회를 제공한다.	①	②	③	④	
2	수업에서는 학생들마다 다양한 흥미를 고려한다.	①	②	③	④	
3	학생들이 반드시 지켜야 할 일련의 규칙들이 존재한다.	①	②	③	④	
4	수업 대부분에서 주어진 과제를 해 나가기가 어렵다.	①	②	③	④	
5	학생들이 필요로 할 때 언제든지 쉽게 교실에서 교재, 교구들을 얻을 수 있다.	①	②	③	④	
6	수업활동 시, 방해하려는 학생들 사이에 갈등이 있다.	①	②	③	④	
7	대부분 학생들은 수업에서 성취하고자 하는 것을 거의 알지 못한다.	①	②	③	④	
8	더 나은 학생들의 질문은 평균적인 학생들 질문보다 훨씬 더 동조하면서 대답한다.	①	②	③	④	
9	어떤 학생들은 수업에서 나머지 다른 학생들과 어울리는데 어려움을 가진다.	①	②	③	④	
10	학생들은 수업에서의 모든 활동을 즐기는 것처럼 보인다.	①	②	③	④	
11	수업에서 아무것도 하지 않는 시간이 상당히 있는 편이다.	①	②	③	④	
12	어떤 학생들은 활동들이 상당히 어렵다고 느낀다.	①	②	③	④	
13	대부분 학생들은 수업의 진전에 대해서 관심을 보인다.	①	②	③	④	
14	집단 토의가 이루어질 때, 모든 학생들은 기여하려고 한다.	①	②	③	④	
15	대부분 학생들은 수업에서 다른 친구들과 경쟁하기보다는 협동하려고 한다.	①	②	③	④	
16	수업에서는 다른 학생들이 좋아하는 것과 싫어하는 것이 무엇인지 알아볼 수 있도록 충분히 가깝지 않다.	①	②	③	④	
17	수업에서는 많고 다양한 목적을 향해 활동한다.	①	②	③	④	
18	규칙을 어긴 학생들은 벌을 받는다.	①	②	③	④	
19	수업에서는 해야 할 과제를 충분히 할 수 있도록 시간이 적절하다.	①	②	③	④	
20	교실에서는 수업 때 필요한 다양한 재료가 구비되어 있어 활용할 수 있다.	①	②	③	④	
21	몇몇 학생들은 다른 학생들을 존중하지 않으려 한다.	①	②	③	④	

22	우리 수업에서의 목적이 정확하게 인지되지 않는다.	①	②	③	④	
23	수업에서의 모든 친구들이 같은 권리를 가지고 있다.	①	②	③	④	
24	몇몇 학생들은 오로지 가까운 친구들하고만 수업활동을 한다.	①	②	③	④	
25	수업활동에 불만족스러워하는 학생들을 고려해 주려고 한다.	①	②	③	④	
26	수업활동은 자주 아무것도 하지 않으려는 학생들에 의해 방해를 받는다.	①	②	③	④	
27	대부분 학생들이 지속적으로 도전을 받고 있다.	①	②	③	④	
28	어떤 학생들은 수업에서 하는 것들에 전혀 관심을 가지고 있지 않다.	①	②	③	④	
29	몇몇 학생들이 다른 학생들보다 수업에서 더 많은 영향을 끼친다.	①	②	③	④	
30	대부분 학생들은 자신이 친구들과 활동을 하기보다는 더 다양한 학생들과 활동하길 바란다.	①	②	③	④	
31	이 수업은 서로 간에 잘 알지 못한 개개인들로 구성되어 있다.	①	②	③	④	
32	다양한 학생들이 수업의 다양한 관점에 흥미를 가진다.	①	②	③	④	
33	수업활동을 행할 때 올바른 접근과 잘못된 접근에 대한 지침이 있다.	①	②	③	④	
34	공상에 잠길 시간은 거의 없다.	①	②	③	④	
35	교실에 대한 다양한 정보가 게시판에 안내되어 있다.	①	②	③	④	
36	몇몇 학생들은 협동하지 않으려 한다.	①	②	③	④	
37	수업에서는 정확하게 어느 정도의 활동을 요구하는지 인식할 수 있다.	①	②	③	④	
38	몇몇 학생들이 다른 학생들을 유독 좋아한다.	①	②	③	④	
39	대부분 학생들이 다른 학생들 모두하고 함께 동등하게 협동한다.	①	②	③	④	
40	과제 제출 후에, 대부분 학생들은 만족함을 가진다.	①	②	③	④	
41	수업은 상당히 조직화되어 있고 효율적이다.	①	②	③	④	
42	대부분 학생들은 (교과목) 과제물을 걱정한다.	①	②	③	④	
43	학생들은 수업에서 성공할 수 있는 공동의 관심사에 집중한다.	①	②	③	④	
44	수업에서 각 학생들은 나머지 다른 학생들에게 상당히 많은 영향을 끼친다.	①	②	③	④	
45	학생들은 잘하는 친구와 경쟁하려 한다.	①	②	③	④	

* 7, 13, 15, 19, 27, 33, 35, 36, 39, 40, 41, 42, 43, 44번 문항은 역 코딩 필요.

[7-4] 사회적 환경 분석을 위한 설문내용

영역	설문내용
응집성	우리 수업에서는 모든 학생들이 서로 간에 알 수 있는 기회가 있다.
	수업에서는 다른 학생들이 좋아하는 것과 싫어하는 것이 무엇인지 알아볼 수 있도록 충분히 가깝지 않다.
	이 수업은 서로 간에 잘 알지 못한 개개인들로 구성되어 있다.
다양성	수업에서는 학생들마다 다양한 흥미를 고려한다.
	수업에서는 많고 다양한 목적을 향해 활동한다.
	다양한 학생들이 수업의 다양한 관점에 흥미를 가진다.
형식성	학생들이 반드시 지켜야 할 일련의 규칙들이 존재한다.
	규칙을 어긴 학생들은 벌을 받는다.
	수업활동을 행할 때 올바른 접근과 잘못된 접근에 대한 지침이 있다.
속도	수업 대부분에서 주어진 과제를 해 나가기가 어렵다.
	수업에서는 해야 할 과제를 충분히 할 수 있도록 시간이 적절하다.
	수업활동을 행할 때 올바른 접근과 잘못된 접근에 대한 지침이 있다.
물리적 환경	학생들이 필요로 할 때 언제든지 쉽게 교실에서 교재, 교구들을 얻을 수 있다.
	교실에서는 수업 때 필요한 다양한 재료가 구비되어 있어 활용할 수 있다.
	교실에 대한 다양한 정보가 게시판에 안내되어 있다.
마찰	수업활동 시, 방해하려는 학생들 사이에 갈등이 있다.
	몇몇 학생들은 다른 학생들을 존중하지 않으려 한다.
	몇몇 학생들은 협동하지 않으려 한다.
목적 지향	대부분 학생들은 수업에서 성취하고자 하는 것을 거의 알지 못한다.
	우리 수업에서의 목적이 정확하게 인지되지 않는다.
	수업에서는 정확하게 어느 정도의 활동을 요구하는지 인식할 수 있다.
편애	더 나은 학생들의 질문은 평균적인 학생들 질문보다 훨씬 더 동조하면서 대답한다.
	수업에서의 모든 친구들이 같은 권리를 가지고 있다.
	몇몇 학생들이 다른 학생들을 유독 좋아한다.
파벌	어떤 학생들은 수업에서 나머지 다른 학생들과 어울리는 데 어려움을 가진다.
	몇몇 학생들은 오로지 가까운 친구들하고만 수업활동을 한다.
	대부분 학생들이 다른 학생들 모두하고 함께 동등하게 협동한다.
만족도	학생들은 수업에서의 모든 활동을 즐기는 것처럼 보인다.
	수업활동에 불만족스러워하는 학생들을 고려해 주려고 한다.
	과제 제출 후에, 대부분 학생들은 만족함을 가진다.

혼란	수업에서 아무것도 하지 않는 시간이 상당히 있는 편이다.
	수업활동은 자주 아무것도 하지 않으려는 학생들에 의해 방해를 받는다.
	수업은 상당히 조직화되어 있고 효율적이다.
난이도	어떤 학생들은 활동들이 상당히 어렵다고 느낀다.
	대부분 학생들이 지속적으로 도전을 받고 있다.
	대부분 학생들은 (교과목) 과제물을 걱정한다.
무관심	대부분 학생들은 수업의 진전에 대해서 관심을 보인다.
	어떤 학생들은 수업에서 하는 것들에 전혀 관심을 가지고 있지 않다.
	학생들은 수업에서 성공할 수 있는 공동의 관심사에 집중한다.
민주성	집단 토의가 이루어질 때, 모든 학생들은 기여하려고 한다.
	몇몇 학생들이 다른 학생들보다 수업에서 더 많은 영향을 끼친다.
	수업에서 각 학생들은 나머지 다른 학생들에게 상당히 많은 영향을 끼친다.
경쟁	대부분 학생들은 수업에서 다른 친구들과 경쟁하기보다는 협동하려고 한다.
	대부분 학생들이 자신들이 친구들과 활동을 하기보다는 더 다양한 학생들과 활동하길 바란다.
	학생들은 잘하는 친구와 경쟁하려 한다.

[8장] 학습몰입 향상을 위한 자기수업컨설팅

[8-1] 학습몰입 촉진 경험에 대한 성찰일지

<table>
<tr><th>구분</th><th>방법명</th><th>성찰(교육적 효과성, 단점 등)</th></tr>
<tr><td rowspan="3">학습몰입을
촉진하기 위한
방법</td><td></td><td></td></tr>
<tr><td></td><td></td></tr>
<tr><td></td><td></td></tr>
<tr><td rowspan="3">학습몰입 촉진을
위한 환경 설계
방법</td><td></td><td></td></tr>
<tr><td></td><td></td></tr>
<tr><td></td><td></td></tr>
</table>

[9장] 수업경영 향상을 위한 자기 수업컨설팅

[9-1] 수업철학 반영 수업경영 전략에 대한 성찰일지

수업철학 요소	수업경영 전략	성찰

[9-2] 수업경영 전략 진단도구

구분	내용	척도				
시간 관리 전략	• 수업관례(수업 시작, 집단 활동, 과제, 수업활동 등 일상적으로 일어나는 수업일과에 대한 규칙)가 사전에 개발되어 있고 전달하며 수시로 확인한다.	①	②	③	④	⑤
	• 학급규칙(자리이탈, 잡담, 과제 미제출, 지각 등)의 설정 및 위반 시에 결과에 대한 분명한 협의와 전달이 이루어지고 있다.	①	②	③	④	⑤
자원 관리 전략	• 수업목표 달성을 촉진시키는 학급배열인 적절한 학급조직(책상배치, 학습자료, 준비물 배치 등)을 편성하여 활용한다.	①	②	③	④	⑤
언어적 개입 전략	• 부적절한 행동에 따르는 결과로 언어적 개입전략[암시, 질문, 요구(꾸중), 결과 활용(처벌)]의 계획과 실행이 이루어지고 있다.	①	②	③	④	⑤
비언어적 개입 전략	• 수업순간을 유지하기 위하여 비언어적 개입전략(계획된 무시, 신호간섭, 근접간섭, 접촉간섭)의 계획과 실행이 이루어지고 있다.	①	②	③	④	⑤

[9-3] 학습 환경(물리적, 심리적 환경)에 대한 성찰일지

학습 환경	수업에 대한 시사점	성찰
물리적 환경		
심리적 환경		

[10장] 수업전략 선정 및 활용 향상을 위한 자기수업컨설팅

[10-1] 구성주의 접근의 교육철학에 따른 수업활동 진단

구분	상세 능력	척도
책임감 조성 능력	자신이 학습할 내용을 결정하게 하기	1 2 3 4 5
	자신의 학습활동을 관리하게 하기	1 2 3 4 5
	자신들의 학습에 서로 기여하게 하기	1 2 3 4 5
	학습을 위한 안정적인 환경을 조성하기	1 2 3 4 5
	학생들의 메타인지적 전략을 개발하도록 도와주기	1 2 3 4 5
학습의 의미적 구성 능력	기존 지식을 최대한 활용하게 하기	1 2 3 4 5
	수업을 실제 상황에 기초하기	1 2 3 4 5
	학습내용을 다양한 방법으로 학습하게 하기	1 2 3 4 5
능동적인 지식 구성 촉진 능력	고차원의 사고를 촉진하는 학습활동을 사용하기	1 2 3 4 5
	다양한 관점을 고려하도록 격려하기	1 2 3 4 5
	창조적, 융통성 있는 문제를 해결하도록 격려하기	1 2 3 4 5
	학생들이 자신의 학습결과를 시범 보일 수 있도록 전략을 사용하기	1 2 3 4 5
	주어진 전략에 얽매이지 않고, 상황에 따라 순가 순간에 맞는 전략을 활용하기	1 2 3 4 5

[10-2] 수업모형에 대한 기초역량 진단도구

<table>
<tr><th colspan="2">구분</th><th>내용</th><th colspan="5">척도</th></tr>
<tr><td colspan="2">관련지식</td><td>• 수업모형 선정 원리: 철학적 배경 고려/학습목표, 학습자, 학습 환경, 제한점 고려/수업결과 고려</td><td>①</td><td>②</td><td>③</td><td>④</td><td>⑤</td></tr>
<tr><td rowspan="9">수업모형 지식 및 활용</td><td rowspan="8">보편적 활용</td><td>• 교사주도수업전략(강의식)</td><td>①</td><td>②</td><td>③</td><td>④</td><td>⑤</td></tr>
<tr><td>• 협력/협동학습</td><td>①</td><td>②</td><td>③</td><td>④</td><td>⑤</td></tr>
<tr><td>• 토의식 수업</td><td>①</td><td>②</td><td>③</td><td>④</td><td>⑤</td></tr>
<tr><td>• 문제중심학습</td><td>①</td><td>②</td><td>③</td><td>④</td><td>⑤</td></tr>
<tr><td>• 프로젝트 학습</td><td>①</td><td>②</td><td>③</td><td>④</td><td>⑤</td></tr>
<tr><td>• 개념학습</td><td>①</td><td>②</td><td>③</td><td>④</td><td>⑤</td></tr>
<tr><td>• 매체기반학습(SNS활용학습)</td><td>①</td><td>②</td><td>③</td><td>④</td><td>⑤</td></tr>
<tr><td>• 역할극</td><td>①</td><td>②</td><td>③</td><td>④</td><td>⑤</td></tr>
<tr><td colspan="2">그 밖의 내가 알고 실천하는 수업모형?</td><td colspan="5"></td></tr>
<tr><td colspan="2">매체개발 및 활용</td><td>• 학습지, 동영상, 사진, 그림, 실물, 온라인 자료, SNS 등 개발 및 활용 전략</td><td>①</td><td>②</td><td>③</td><td>④</td><td>⑤</td></tr>
<tr><td colspan="2">평가전략</td><td>• 수업모형에 따른 평가전략
• 예) 프로젝트 학습, 협동학습, 토의식 수업</td><td>①</td><td>②</td><td>③</td><td>④</td><td>⑤</td></tr>
</table>

[10-3] 교수양식 서식

항목	설문 문항	평정						
		1	2	3	4	5	6	7
1	사실, 개념, 그리고 원리 등은 학생들이 꼭 습득해야 하는 가장 중요한 것이라고 생각한다.							
2	나는 수업에서 학생들이 성취해야 하는 기준을 높게 설정하는 편이다.							
3	내가 설명하고, 시범을 보여 주는 것이 학생들에게 학습할 내용에 대해서 깊이 생각하도록 하는 데 적합한 방법이라고 생각한다.							
4	나는 학생들의 다양한 학습 스타일을 고려해서 교수(teaching) 목적과 방법을 정한다.							
5	학생들은 대체로 나의 지도 없이도 혼자 힘으로 과제를 해결할 수 있다.							
6	내가 가지고 있는 지식과 전문적 기술을 학생들과 함께 공유한다는 것은 나에게 매우 중요한 일이다.							
7	나는 학생들의 수행(학습결과)이 만족스럽지 못할 때 부정적인 피드백을 준다.							
8	나는 학생들이 내가 제공한 예들을 열심히 따라 하도록 한다.							
9	나는 학생들이 개별/집단으로 과제를 수행할 때, 어떻게 하면 학생들과 함께 더 잘할 수 있을지에 대한 컨설팅 시간을 갖는다.							
10	수업에서 이루어지는 모든 활동들은 학생들이 수업내용에 대한 자신만의 아이디어를 발전시켜 갈 수 있도록 도와주는 것이다.							
11	내가 학습 주제에 대해 설명하는 내용은 학생들이 더 넓은 관점으로, 전반적으로 내용을 이해하는 데 중요한 것이다.							
12	학생들은 나의 기준과 기대가 다소 엄격하고 융통성 없다고 말하곤 한다.							
13	나는 대체로 학생들이 학습내용을 완전히 이해하기 위해서 무엇을, 어떻게 해야 하는지를 보여 준다.							
14	소집단 토의는 비판적으로 생각할 수 있는 학생들의 능력을 개발시키는 데 도움을 준다고 생각한다.							
15	학생들은 다양한 자기주도적인 학습 방법 중 하나를 스스로 설계하여 사용한다.							

16	나는 학생들이 이 분야에서 더 많은 일을 할 수 있도록 충분히 준비하여 과정을 마치기를 원한다.							
17	학생들이 무엇을 배워야 하고, 그것을 어떻게 배워야 하는지에 대한 정의를 내려 주는 것은 나의 책임이다.							
18	나의 경험으로부터 나온 예들은 학습내용의 핵심을 설명해 주는 데 매우 유용하다.							
19	나는 학생들이 과제를 해결할 수 있도록 질문을 하거나, 다양한 관점을 탐색해 보거나, 또는 대안을 제시해 주는 방법을 통해 지도한다.							
20	학생들이 독립적으로 생각하고 이를 스스로 행동할 수 있는 능력을 길러 주는 것이 가장 중요하다.							
21	'강의법'은 나의 수업 방식 중에 많은 부분을 차지한다.							
22	나는 학생들에게 수업 중에 과제를 어느 정도로 완성해야 하는지에 대한 명확한 가이드라인을 제공한다.							
23	나는 학생들에게 다양한 원리나 개념들이 어떻게 활용될 수 있는지를 자주 보여 준다.							
24	수업 중의 학습활동은 학생들이 자신의 학습에 대해서 책임을 지도록 격려해 준다.							
25	학생들은 교수(teaching)활동의 일부분에 대해 책임이 있다.							
26	나는 나의 전문성(expertise)을 학습내용 중 학생들이 동의하지 않는 부분들을 이해시키는 데 이용하기도 한다.							
27	수업은 달성되어야 할 매우 구체적인 학습목표와 목적을 갖고 진행된다.							
28	학생들은 자신의 수행(학습결과)에 대해서 구두 혹은 문서화된 피드백을 자주 받는다.							
29	나는 학생들에게 내가 이 과목에서 무엇을 가르치고 어떻게 가르치는 것이 좋을지에 대한 조언을 해 달라고 부탁한다.							
30	학생들은 개별/집단으로 과제를 할 때 자신들만의 속도에 맞추어 진행한다.							
31	학생들은 학생들이 필요로 하는 사실, 개념, 원리를 전달해 주고 있는 나를 '지식 창고'로 묘사하곤 한다.							
32	나는 이 수업에서 학생들에게 원하는 것이 무엇인지에 대해서 교수계획표에 명확하게 정의한다.							

33	결국 많은 학생들은 학습내용에 대해서 내가 생각하는 것처럼 생각하기 시작한다.							
34	학생들은 이 수업에서 요구되는 것들을 완성하기 위해 다양한 학습활동 중 몇 가지를 선택할 수 있다.							
35	내가 가르치는 방식은 과제를 위임하고 하급자에게 책임을 지우는 직장의 매니저와 비슷하다.							
36	수업시간에 비해 가르쳐야 할 내용들이 더 많다.							
37	나의 기준과 기대는 학생들이 배워야 할 이론을 학습하는 데 도움을 준다.							
38	학생들은 나를 자신의 생각하는 방식이나 행동하는 방식에 대한 문제를 가까이에서 바로잡아 주는 '코치'로 묘사하곤 한다.							
39	나는 학생들에게 이 수업에서 잘 학습해 나갈 수 있도록 개인적 지원과 격려를 아끼지 않는다.							
40	나는 나의 역할이 학생들이 도움을 원한다면 언제든지 학생들에게 활용될 수 있는 자원(resource)의 역할이라고 생각한다.							

[11장] 수업매체 활용 향상을 위한 자기수업컨설팅

[11-1] 수업에서 매체를 활용한 경험에 대한 성찰일지

구분	경험 여부 (O, X)	성찰(교육적 효과성, 단점 등)
유용한 수업매체를 찾아 그대로 사용		
유용한 수업매체를 찾아 재가공하여 사용		
필요한 수업매체를 직접 만들어 사용한 경험		

[12장] 수업평가 효과 향상을 위한 자기수업컨설팅

[12-1] 수업철학 반영 수업평가 전략에 대한 성찰일지

수업철학 요소	수업평가 전략	성찰

[12-2] 수업평가 전략 진단도구

구분	내용	척도				
수업 과정 평가 전략	• 도입단계에서 주의획득, 수업목표제시, 선수학습재생의 수업 전략을 실행하여 학습자의 흥미 및 관심 유도, 동기유발 등이 효과적으로 이루어진다.	①	②	③	④	⑤
	• 전개단계에서 학습내용 제시, 학습안내, 수행유도, 피드백 제공의 수업전략을 실행하여 학습자의 학습내용 이해 및 파지, 과업 집중 등이 효과적으로 이루어진다.	①	②	③	④	⑤
	• 정리단계에서 수행평가, 파지 및 전이 촉진의 수업전략을 실행하여 수업목표 달성이 효과적으로 이루어진다.	①	②	③	④	⑤
	• 학습자의 한 차시 수업목표 달성 여부를 평가하기 위한 형성평가를 실시하여 실시간으로 수업개선과 학습자의 학습개선에 활용한다.	①	②	③	④	⑤
수업 결과 평가 전략	• 수업목표는 구체적이고 학습자가 달성 가능한 수업목표로 설정하여 진술하되 수업내용에 따라 적절한 방법으로 제시(언어적 진술, 시범, 모범작품 제시, 멀티미디어 활용 등)하고, 수업목표 달성을 위한 방법도 안내한다.	①	②	③	④	⑤
	• 수업내용은 수업목표 달성에 필요한 내용(정보나 지식) 제시, 상관있는 활동이나 연습기회 제공, 학습자 수행 요구로 구성하되 선수학습요소에 대한 확인 및 보충, 올바른 순서로 계열화하여 학습하도록 한다.	①	②	③	④	⑤
	• 학습자 분석을 바탕으로 학습자의 요구를 반영하고, 학습자의 이해수준, 학습속도, 학습능력에 따른 수업난이도, 수업속도, 수업분량을 조절하여 학습자의 학습결과 및 반응에 따른 적응적인 수업이 되도록 한다.	①	②	③	④	⑤
	• 수업목표 달성에 효과적인 수업모형의 선정, 충분한 학습경험 제공해 주는 수업전략으로 언어적(설명, 질문, 피드백 전략 등)/비언어적(목소리, 시선, 몸짓, 공간활용 등) 수업전략을 계획하여 활용한다.	①	②	③	④	⑤
	• 효과적인 수업내용의 전달 및 이해, 학습자의 참여(상호작용, 의사소통) 유도, 사고 자극 및 확장, 흥미 및 관심유도 및 유지 등이 가능한 수업매체를 선정 또는 설계하여 활용한다.	①	②	③	④	⑤
	• 총괄평가로 수업목표 달성을 실제 평가할 수 있는 평가방법을 선정하여 효과적으로 평가하며, 평가결과가 수업개선을 위해 실시간으로 활용된다.	①	②	③	④	⑤

부록 2 자기수업컨설팅 수업 '들여다보기' 성찰도구 서식

[6장] 수업설계 향상을 위한 자기수업컨설팅

[6-1] 수업일관성 분석도구

분석범주	일관성 여부 판단을 위한 준거	일치 여부	근거 설명
수업목표와 수업내용 구성 간	• 수업내용이 수업목표 달성을 위해 필요한 정보나 지식을 제공하고 있는가? • 수업내용이 수업목표를 달성하는데 충분한 유의미한 학습경험을 제공하고 있는가? • 수업내용이 적절한 위계성과 계열성을 가지고 있는가?		
수업목표와 학습자 간	• 수업목표가 학생들의 요구를 반영하고 있는가? • 수업이 학생들에게 이해 가능한 것인가? • 수업목표의 분량이 학생들의 학습능력에 부합하는가? • 학생들의 이해발달 과정에 따라 적응적인 수업이 이루어지는가?		
수업목표와 수업방법 간	• 수업목표가 달성 가능한 수업방법을 사용하고 있는가? • 수업방법이 수업목표 달성을 위한 효과적인 전략인가?		
수업목표와 수업매체 간	• 수업목표 달성을 위한 효과적인 매체가 사용되고 있는가? • 수업매체가 수업내용을 효과적으로 표상하고 있는가?		
수업목표와 수업평가 간	• 수업평가가 수업목표 달성 정도를 평가하고 있는가? • 수업평가가 수업목표 달성을 효과적으로 평가하고 있는가?		

[종합분석]

[7장] 학습 촉진적 분위기 조성을 위한 자기수업컨설팅

[7-1] 학생을 대상으로 한 수업분위기 분석도구

• 교실 온화함 진단 척도

칭찬과 보상의 사용								
높음	⑦	⑥	⑤	④	③	②	①	낮음
비판, 꾸짖음, 질책의 양								
높음	①	②	③	④	⑤	⑥	⑦	낮음
학생들의 아이디어 사용								
높음	⑦	⑥	⑤	④	③	②	①	낮음
공식적 규칙과 절차								
높음	①	②	③	④	⑤	⑥	⑦	낮음
학생들의 요청에 대한 반응도								
높음	⑦	⑥	⑤	④	③	②	①	낮음
벌의 사용								
높음	①	②	③	④	⑤	⑥	⑦	낮음

• 교실 통제 진단 척도

학생들의 자발성								
높음	①	②	③	④	⑤	⑥	⑦	낮음
교사 발언의 양								
높음	⑦	⑥	⑤	④	③	②	①	낮음
학생들의 방해 행동								
높음	①	②	③	④	⑤	⑥	⑦	낮음
과제 지향								
높음	⑦	⑥	⑤	④	③	②	①	낮음
학생주도 반응								
높음	①	②	③	④	⑤	⑥	⑦	낮음
교사 권위성								
높음	⑦	⑥	⑤	④	③	②	①	낮음

[7-2] 교사를 대상으로 한 수업분위기 분석도구

10분 간격					수업분위기를 관리하는 교사의 행동
1	2	3	4	5	높은 온화함
					1. 학습자의 행동에 대하여 칭찬이나 보상을 준다.
					2. 수업 중 학습자의 아이디어를 활용한다.
					3. 학습자의 욕구 표현에 대해 응답한다.
					4. 긍정을 표현하는 제스처를 취한다.
					5. 학습자가 정확한 답을 찾도록 힌트를 제공한다.
					6. 학습자가 틀린 답을 한 경우에도 격려를 아끼지 않는다.
					7. 학습자의 응답을 긍정적으로 받아들이는 편이다.
1	2	3	4	5	낮은 온화함
					8. 비판하고, 책망하고, 꾸짖는다.
					9. 학습자의 응답을 방해하거나 말을 끊는다.
					10. 학습자가 잘못을 하면 전체적으로 학습자 모두에게 주의를 준다.
					11. 학습자의 말하고자 하는 욕구를 무시한다.
					12. 학습자를 향해 인상을 찌푸리거나 노려본다.
					13. 학습자에게 명령을 내리는 편이다.
					14. 학습자의 잘못된 응답에 대해서 틀렸다고 비판한다.
1	2	3	4	5	높은 통제
					15. 오직 하나의 답만을 정답으로 인정한다.
					16. 교수자 자신에게만 집중하도록 한다.
					17. 학습자에게 교수자가 생각하는 답만을 말할 것으로 기대한다.
					18. 학습자의 추측을 통한 답이 아닌 정답을 알기를 기대한다.
					19. 전체 학습범위를 모두 학습해야 답할 수 있는 내용을 질문한다.
					20. 학습자의 학습결과는 교수자가 규정한 기준에 의해서만 평가한다.
					21. 학습내용에 밀접하게 관련된 답만을 인정한다.
1	2	3	4	5	낮은 통제
					22. 학습자에게 문제가 되는 내용/질문을 중심으로 학습하도록 한다.
					23. 학습자 스스로 학습내용을 선정하고 분석하도록 한다.
					24. 학습자 스스로 관심 있는 내용을 개별적으로 공부하도록 한다.
					25. 유용한 정보를 광범위하게 제공한다.
					26. 학습자의 관심이나 흥미가 되는 내용을 중심으로 수업한다.
					27. 교수자는 학습자와 함께 평가내용이나 방법에 대해 서로 논의한다.
					28. 학습자를 적극적으로 학습활동에 참여시키려고 한다.

[수업분위기 분석 좌표]

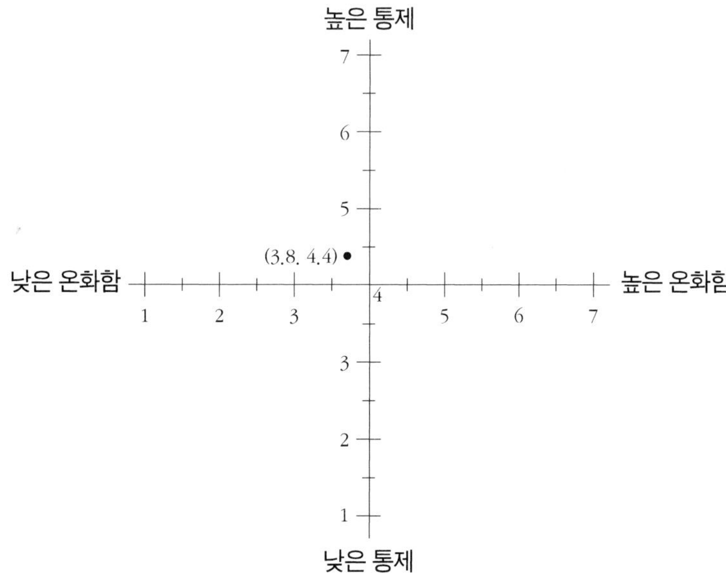

[8장] 학습몰입 향상을 위한 자기수업컨설팅

[8-1] 과업집중도 분석도구

[교실좌석 분석표] ※ 시간은 시작시간부터 5분 간격으로 체크함

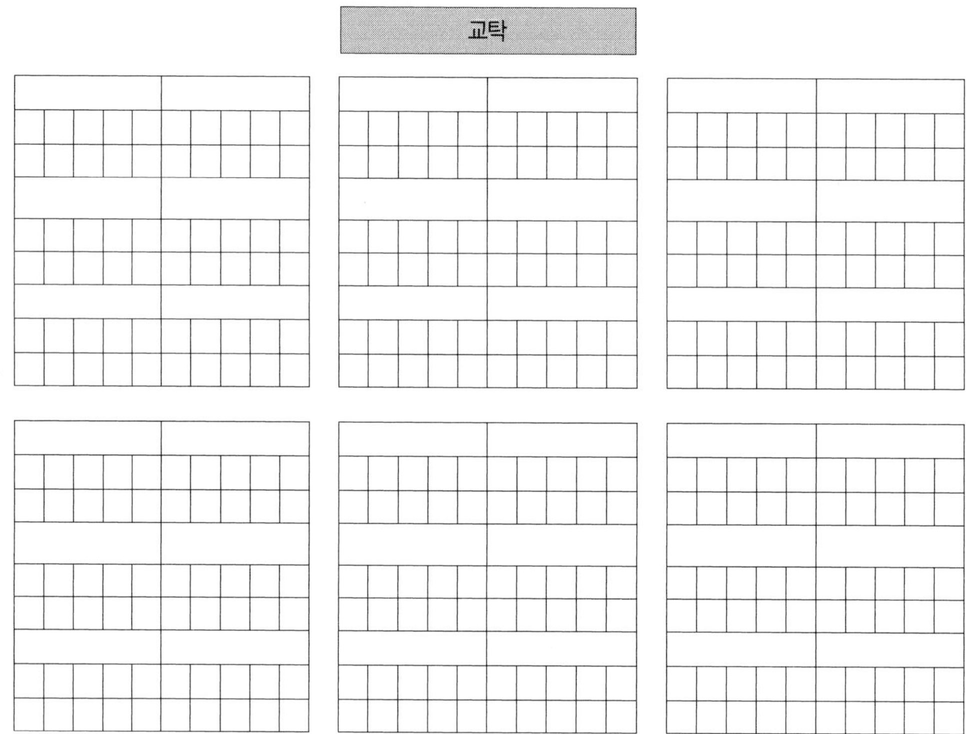

[과업집중 비율분석표]

학습목표													
범주 \ 시각												합계	%
과업집중	A												
	B												
과업분산	C												
	D												
	E												
	F												
	합												100*

* 여기서 의미한 100은 과업집중비율과 과업분산비율을 합한 비율임
과업집중영역 - A: 과업 중(개별학습활동/모둠활동), B: 과업 중(교사와),
과업분산영역 - C: 자리 이탈, D: 잡담, E: 공상, F: 장난

[8-2] 교사몰입 분석도구

문항	척도					
	전혀 아니다	아니다	약간 아니다	약간 그렇다	그렇다	매우 그렇다
1. 나는 학생들이 지루하거나 딱딱하다고 느끼는 내용도 재미있는 방법을 사용하여 가르친다.	①	②	③	④	⑤	⑥
2. 학생들이 이해하기 어려워하는 내용을 다양한 교수법을 적용해서 이해시킨다.	①	②	③	④	⑤	⑥
3. 학생들에게 새로운 내용을 가르친다는 것은 어려운 일이지만, 내 실력이라면 충분히 잘할 수 있다.	①	②	③	④	⑤	⑥
4. 나는 학생들에게 교과 내용을 효과적으로 가르치는 나만의 기술을 가지고 있다.	①	②	③	④	⑤	⑥
5. 나는 학생들을 가르칠 때 막힘이 없다.	①	②	③	④	⑤	⑥
6. 수업 시간에 특별히 노력하지 않아도 나의 수업은 순조롭게 진행된다.	①	②	③	④	⑤	⑥
7. 나의 수업 과정은 물 흐르는 것같이 자연스럽다.	①	②	③	④	⑤	⑥
8. 나는 긴장을 느끼지 않고 자연스럽게 수업을 이끌어 나간다.	①	②	③	④	⑤	⑥
9. 나는 수업을 시작할 때마다 이번 수업에 대한 목표를 세우고 수업에 임한다.	①	②	③	④	⑤	⑥
10. 나는 학생들에게 강조할 부분이 어디인지 미리 계획해 놓는다.	①	②	③	④	⑤	⑥
11. 수업에 들어가기 전에 해야 할 일이 무엇인지 꼼꼼히 파악한다.	①	②	③	④	⑤	⑥
12. 나는 미리 계획한대로 수업을 이끌어 나간다.	①	②	③	④	⑤	⑥
13. 나는 수업시간 동안 내가 얼마나 잘 설명하고 있는지를 중간중간 확인한다.	①	②	③	④	⑤	⑥
14. 나는 학생들에게 적절한 방식으로 설명하고 있는지 그렇지 않는지를 점검하며 가르친다.	①	②	③	④	⑤	⑥
15. 내가 가르치는 내용 중 학생들이 이해하지 못한 개념이 있는지 파악한다.	①	②	③	④	⑤	⑥
16. 중요한 내용을 학생들이 잘 이해하였는지 확인한 뒤, 이해하지 못한 부분이 있을 경우에는 한 번 더 설명한다.	①	②	③	④	⑤	⑥
17. 나는 완전히 몰두해서 가르친다.	①	②	③	④	⑤	⑥

18. 수업을 시작하면 나는 수업에 완전히 몰입하게 된다.	①	②	③	④	⑤	⑥
19. 별다른 노력을 기울이지 않아도 수업 시간에는 수업에 전적으로 집중하게 된다.	①	②	③	④	⑤	⑥
20. 걱정거리가 있어도 수업 중에는 수업에 몰입하여 그 걱정거리가 잊혀진다.	①	②	③	④	⑤	⑥
21. 일단 수업이 시작되면 교실은 내 손안에 있다는 느낌을 갖는다.	①	②	③	④	⑤	⑥
22. 다른 시간에 수업을 방해하는 학생이라도 내 수업에서만큼은 통제할 수 있다.	①	②	③	④	⑤	⑥
23. 아이들의 수업태도가 나쁠 때에도 목표한 진도를 마치도록 수업을 통제할 수 있다.	①	②	③	④	⑤	⑥
24. 나는 수업을 시작하면 아이들의 시선을 휘어잡고 교과 내용을 가르친다.	①	②	③	④	⑤	⑥
25. 학생들을 가르치다 보면 내가 누구인지를 잊어버릴 정도로 수업에 몰입한다.	①	②	③	④	⑤	⑥
26. 수업 시간에 나는 교사 이외의 나는 잊게 된다.	①	②	③	④	⑤	⑥
27. 수업 시간에는 수업에 집중해서 학생들이 나를 어떻게 생각하고 있는지에 대해 생각할 겨를이 없다.	①	②	③	④	⑤	⑥
28. 나는 무언가에 홀린 듯이 수업을 하고 있는 나 자신을 발견하곤 한다.	①	②	③	④	⑤	⑥
29. 나는 수업에 너무 열중해서 수업 시간에는 시간이 흐르는 속도가 평소와 다른 것 같다.	①	②	③	④	⑤	⑥
30. 수업에 너무 몰두하다 보면 시간 감각이 없어진다.	①	②	③	④	⑤	⑥
31. 나는 수업시간이 끝난 줄도 모르고 계속해서 하는 때가 많다.	①	②	③	④	⑤	⑥
32. 수업을 하다 보면 마치 시간이 정지된 것처럼 느껴질 때가 있다.	①	②	③	④	⑤	⑥
33. 나는 수업 시간이 즐겁다.	①	②	③	④	⑤	⑥
34. 나는 학생들을 가르치는 동안 행복하다고 느낀다.	①	②	③	④	⑤	⑥
35. 나는 학생들을 가르치는 과정 자체가 재미있다.	①	②	③	④	⑤	⑥
36. 나는 수업 시간을 통해 만족감을 느낀다.	①	②	③	④	⑤	⑥

[8-3] 학습몰입 분석도구

문항	척도					
	전혀 아니다	아니다	약간 아니다	약간 그렇다	그렇다	매우 그렇다
1. 나의 능력은 새로운 내용을 완전히 이해하기에 충분하다.	①	②	③	④	⑤	⑥
2. 새로운 내용을 공부하는 것이 어렵지만 내 실력이라면 충분히 해낼 수 있다고 믿는다.	①	②	③	④	⑤	⑥
3. 나는 새로운 학습 내용에 도전할 만한 능력을 가지고 있다.	①	②	③	④	⑤	⑥
4. 나는 공부할 때 특별히 생각하지 않아도 저절로 진행된다.	①	②	③	④	⑤	⑥
5. 공부하는 과정이 물 흐르는 것같이 자연스럽다.	①	②	③	④	⑤	⑥
6. 나는 공부하는 과정이 자동적으로 일어나는 것처럼 느껴진다.	①	②	③	④	⑤	⑥
7. 공부를 시작하기 전에 공부할 양을 미리 정한다.	①	②	③	④	⑤	⑥
8. 나는 공부할 때 목표를 분명히 세워 둔다.	①	②	③	④	⑤	⑥
9. 나는 공부할 때 내가 해야 할 일이 무엇인지 정확히 알고 있다.	①	②	③	④	⑤	⑥
10. 나는 내가 제대로 공부하고 있다고 느낀다.	①	②	③	④	⑤	⑥
11. 공부하는 동안 내가 얼마나 잘하고 있는지 알고 있다.	①	②	③	④	⑤	⑥
12. 나는 공부하는 동안 얼마나 잘하고 있는지 정확하게 안다.	①	②	③	④	⑤	⑥
13. 나는 내가 공부하고 있는 것을 보면 얼마나 잘하고 있는지 말할 수 있다.	①	②	③	④	⑤	⑥
14. 나는 공부할 때 완전히 빠져들곤 한다.	①	②	③	④	⑤	⑥
15. 공부를 할 때는 다른 생각을 전혀 하지 않는다.	①	②	③	④	⑤	⑥
16. 나는 공부할 때 완전히 집중한다.	①	②	③	④	⑤	⑥
17. 나는 공부할 때 나 자신을 완전히 장악하고 있다는 느낌이 든다.	①	②	③	④	⑤	⑥
18. 나는 공부할 때 내가 하고자 하는 대로 할 수 있다.	①	②	③	④	⑤	⑥
19. 나는 공부를 할 때 모든 절차가 내 자신의 휘하에 있다고 느낀다.	①	②	③	④	⑤	⑥

20. 나 자신을 잊어버릴 정도로 공부에 몰두하곤 한다.	①	②	③	④	⑤	⑥
21. 공부할 때 너무 집중해서 다른 사람이 말을 해도 못 알아듣곤 한다.	①	②	③	④	⑤	⑥
22. 나는 공부할 때 내 주변에서 무슨 일이 일어나는지 잘 모른다.	①	②	③	④	⑤	⑥
23. 공부에 집중할 때는 시간이 흐르는 속도가 평소와 다르게 느껴진다.	①	②	③	④	⑤	⑥
24. 공부하는 동안에는 시간 가는 줄 모른다.	①	②	③	④	⑤	⑥
25. 공부하는 동안은 시간이 매우 빠르게 흐른다.	①	②	③	④	⑤	⑥
26. 나는 결과에 상관없이 공부하는 것 자체를 즐긴다.	①	②	③	④	⑤	⑥
27. 나는 공부를 하는 동안 행복하다고 느낀다.	①	②	③	④	⑤	⑥
28. 공부를 하는 과정 자체가 재미있다.	①	②	③	④	⑤	⑥
29. 나는 공부하는 시간이 즐겁다.	①	②	③	④	⑤	⑥
30. 공부는 나에게 신나는 일이다.	①	②	③	④	⑤	⑥

[9장] 수업경영 향상을 위한 자기수업컨설팅

[9-1] 수업시간 관리 분석도구

시간		수업		교수학습활동(수업/수업 관례/비수업활동)	활용시간 (비율)
		내용	전략		
	1				
	2				
5	3				
	4				
	5				
	6				
	7				
10	8				
	9				
	10				
	11				
	12				
15	13				
	14				
	15				
	16				
	17				
20	18				
	19				
	20				
	21				
	22				
25	23				
	24				
	25				
30	26				
	27				

30	28				
	29				
	30				
35	31				
	32				
	33				
	34				
	35				
40	36				
	37				
	38				
	39				
	40				
45	41				
	42				
	43				
	44				
	45				
50	46				
	47				
	48				
	49				
	50				

[종합분석]

[9-2] 수업자원 관리 분석도구

✓ 학습대상:
✓ 교과목:
✓ 학습목표:

입구

배치해야 할 항목들
- 교사의 책상
- 학생의 책상/의자
- 칠판/스크린/전자칠판
- 영상매체(OHP, 빔프로젝트)
- 참고도서/책꽂이
- 학습센터(학습준비물)
- 작업책상
- 게시판
- 칸막이 등

교실의 사회적, 조직적 맥락에 가장 적합한 것을 모두 표시하고 기록하시오.

☐ 모둠활동 과제
☐ 개별과제
☐ 토의 및 토론
☐ 기타

[종합분석]

[9-3] 행동관찰(주제노트) 기록 분석도구

I.	III.
II.	IV.

[9-4] 언어적 · 비언어적 개입전략 분석도구

영역	세부지침(분석준거)	장점 및 단점
언어적 개입	• 암시 - 근접강화 - 학생 이름 부르기 - 학생 이름 등장시키기 - 유머	
	• 질문 - 긍정적인 영향 질문 - 부정적인 영향 질문	
	• 요구 - 꾸중-I메시지 - 세 가지 질문 - 직접적 호소 - 긍정적 어법 - 학급규칙 사전설정 및 전달 - 명백한 행동 수정 지시	
비언어적 개입	• 계획된 무시하기	
	• 신호간섭	
	• 근접간섭	
	• 접촉간섭	

[종합분석]

[9-5] 행동관찰(일화보고서) 기록 분석도구

교사: 선생님	사건
학년: 학년	사실:
과목:	
날짜: 월 일	
장소: 학교	
목적:	
관찰자:	

해석 :

[10장] 수업전략 선정 및 활용 향상을 위한 자기수업컨설팅

[10-1] 수업모형 선정원리 분석

범주	수업모형 선정에 대한 판단 준거	일치 여부	근거 설명
수업모형과 철학적 배경 간	객관주의적 또는 구성주의적 접근을 고려할 때, 교사 자신의 철학과 부합된 수업모형인가?		
수업모형과 수업상황 간	수업목표에 적합한 수업모형인가? 학습목표를 달성하는 데 의미 있는 수업모형인가?		
	학습자에게 적합한 수업모형인가? 학습자가 실행 가능한 수업모형인가?		
	학습 환경에 적합한 수업모형인가? 수업모형이 실행 가능하도록 학습 환경(물리적/심리적)이 구축되어 있는가?		
	교사 스스로 실행 가능한 수업모형인가? 교육과정 운영 시간 내에 실행 가능한 수업모형인가? 학교에서 재정적으로 지원 가능한 수업모형인가?		
수업모형과 수업결과 간	효과성에 초점을 둔 경우, 학습목표를 달성하기 위한 수업모형으로 적합한가?		
	효율성에 초점을 둔 경우, 학습목표를 경제적으로 달성하기 위한 수업모형으로 적합한가?		
	매력성에 초점을 둔 경우, 학생들의 참여와 흥미, 재미를 고려한 수업모형으로 적합한가?		
수업모형 선정의 종합성	철학적 배경, 수업상황, 수업결과를 통합적으로 고려한 최선의 수업모형인가?		

[10-2] 학습양식 분석

항목	설문 문항	평정				
		1	2	3	4	5
1	나는 학습할 때 혼자 하는 것을 좋아한다.					
2	나는 자주 수업시간에 공상에 잠기곤 한다.					
3	수업시간에 친구들과 협력하는 것은 즐거운 일이다.					
4	나는 항상 교사가 목표와 기대를 명확히 말해 주는 것이 좋다.					
5	교사의 관심을 끌기 위해서는 다른 학생들과 경쟁하는 것이 필요하다.					
6	나는 수업에서 학습에 요구되는 것은 무엇이든지 한다.					
7	어떤 내용에 대한 내 아이디어는 교과서에 있는 것만큼이나 좋다.					
8	수업활동은 대체적으로 지루하다.					
9	나는 다른 학생들과 토의하기를 좋아한다.					
10	나는 교사가 학습하는 데 무엇이 중요한지 말해 주기를 기대한다.					
11	좋은 성적을 얻기 위해서 다른 학생들과 경쟁하는 것은 필요하다.					
12	수업은 대개 참여할 만한 가치가 있다.					
13	나는 교사가 중요하다고 말하는 것보다 내가 중요하다고 여기는 공부를 하는 편이다.					
14	나는 수업에서 하는 학습 자료에 거의 흥미를 느끼지 못한다.					
15	수업 중 어떤 주제에 대해 다른 친구들의 생각을 듣는 것이 좋다.					
16	나는 오직 수업시간에 하도록 요구되는 것만 한다.					
17	수업시간에 내 생각을 관철시키기 다른 학생들과 경쟁해야만 한다.					
18	나는 수업에 참여하는 것이 집에서 보내는 시간보다 좋다.					
19	나는 수업에서 스스로 많은 내용을 학습한다.					
20	나는 대부분의 수업에 참여하고 싶지 않다.					
21	학생들은 서로의 생각의 공유하기 위해 더욱 동기 부여되어야 한다.					
22	나는 교사가 학생들에게 지시한 대로만 과제를 완성한다.					
23	학생들이 수업에서 좀 더 잘하기 위해서는 다소 공격적일 수 있다.					
24	수업과 관련된 모든 내용을 학습하는 것은 나의 책임이다.					
25	내 스스로의 학습할 수 있는 능력에 대해 매우 자신감이 있다.					
26	나는 수업시간에 집중하는 것이 어렵다.					
27	나는 친구들과 함께 시험공부를 하는 것이 좋다.					
28	나는 어떤 공부를 할지, 어떤 과제 방법을 선택할지 결정하는 것을 좋아하지 않는다.					
29	나는 다른 누군가가 답하기 전에 문제를 풀고 질문에 답을 하는 것을 좋아한다.					
30	나는 교실에서 이루어진 수업활동들이 재미있다.					

31	수업내용에 대해 내 생각을 발전시키는 것을 좋아한다.					
32	나는 수업에서 배우기를 포기했다.					
33	수업활동은 학생들이 서로 학습을 도와가는 과정에서 내가 하나의 팀의 구성원으로 느끼게 해 준다.					
34	학생들은 수업과제에 대하여 교사에게 더욱 긴밀하게 지도받아야 한다.					
35	수업에서 앞서려면 다른 친구를 이기는 것이 필요하다.					
36	나는 수업의 모든 부분에서 내가 할 수 있는 한 많이 참여하려고 노력한다.					
37	나는 수업이 어떻게 운영되어야 하는지에 대한 내 생각을 가지고 있다.					
38	나는 졸업하는 데 이상이 없을 정도로만 학습한다.					
39	학습의 중요한 부분은 다른 사람들과 잘 지내는 것을 배우는 것이다.					
40	나는 교사가 수업시간에 말한 거의 모든 것을 필기한다.					
41	수업시간에 최고의 학생이 되는 것은 나에게 매우 중요하다.					
42	나는 주어진 과제가 재미가 있든지 없든지 간에 열심히 한다.					
43	만약 내가 좋아하는 주제라면 스스로 더 많은 정보를 찾아본다.					
44	나는 보통 시험에 벼락치기 한다.					
45	학습은 교사와 학생의 협력적인 노력의 산물이다.					
46	나는 매우 구조화된 과제를 더 선호한다.					
47	수업에서 뛰어나려면 다른 학생들보다 더 잘해야 한다.					
48	나는 보통 제출마감기한 전에 과제를 완성한다.					
49	나는 내 학습 속도에 맞춰서 하는 수업이 좋다.					
50	나는 수업에서 나를 지적하지(신경쓰지) 않는 선생님이 좋다.					
51	나는 친구들이 뭔가 이해되지 않을 때 기꺼이 다른 친구를 도와준다.					
52	교사는 시험에 나오는 내용에 대해 정확하게 짚어 주어야 한다.					
53	나는 다른 친구들이 시험과 과제에서 얼마나 잘 수행했는지 알고 싶다.					
54	나는 주어진 과제뿐만 아니라 다른 과제도 완성하려 한다.					
55	과제가 어려울지라도 우선 내 스스로 이해해 보려고 노력한다.					
56	나는 수업시간에 다른 친구들과 상호작용하려고 노력한다.					
57	나는 수업시간에 소그룹 활동에 참여하는 것을 좋아한다.					
58	나는 교사가 수업에서 잘 조직화해 주는 것이 좋다.					
59	나는 교사가 내가 잘하는 일에 더 많은 인정을 해 주기를 원한다.					
60	나는 수업에서 교실 앞쪽에 앉으려고 한다.					

[10-3] 강의식 수업분석

구분	수업 사태	유: ○ 무: X	효과			관찰된 내용
			상	중	하	
도입	주의 집중 획득					
	수업 목표 제시					
	선수학습 재생촉진					
전개	학습내용 제시					
	학습 안내					
	수행 유도					
	피드백 제공					
정리	수행 평가					
	파지 및 전이의 촉진					

[10-4] 토의식 수업분석

분석 준거	효과성			근거설명
	상	중	하	
주어진 토의주제가 '예 또는 아니요' 형태가 아닌 다양한 의견 교환을 통해서 합의적으로 문제를 해결할 수 있는 것인가?				
소수에 의한 참여가 아닌 다수가 참여할 수 있는 기회를 제공하는가?				
토의주제를 해결할 수 있도록 적절하게 교육과정 운영시간을 적절하게 구성하였는가?				
토의가 효과적으로 이루어질 수 있도록 심리적 · 물리적 환경을 구성하였는가? 예) 자리배치, 편안하고 안정적, 자율적 분위기 등				
토의 진행 과정 중에 학생들은 자신의 역할을 적절하게 수행하고 있는가? - 토의토론의 규칙이나 유의점을 준수하고 있는가?				
토의과정에서 교사는 적절하게 개입 또는 비계활동을 제공하였는가?				
학생들의 인지적 흐름에 따라 토의가 진행되었는가?				

-5] 고등사고 촉진전략 분석

행동	관찰여부		관찰내용
	관찰되지 않음	관찰됨	
공동의 과제를 통해 협력적 집단 활동이 이루어지도록 하는가?			
교수자의 인지적 사고와 전략을 시범 보이고 있는가?			
학습 과제 수행을 위한 전략적 계획을 수립하는 활동이 주어지는가?			
학습자 스스로 학습결과를 시범 보일 수 있는 기회를 주는가?			
학습자 스스로 실수로부터 학습을 할 수 있는 성찰적 기회를 제공하는가?			
학생들 스스로 분석, 종합, 평가를 할 수 있는 학습활동이 주어졌는가?			
고차원적 문제해결학습을 할 수 있는 기회가 주어졌는가?			
창의적 사고를 촉진하는 학습활동이 주어지는가?			

[10-6] 협동학습(JigsawII) 분석

범주	하위내용	예	아니오	근거설명
협동학습의 원리	긍정적 상호의존성을 갖게 하기 위한 전략을 사용하는가?			
	개별책무성을 위한 전략을 사용하는가?			
	대면적 상호작용을 원활하게 하기 위한 전략을 사용하는가?			
	사회적 기술을 훈련시키는가?			
	집단 활동에 대한 반성적 사고가 이루어지는가?			
	무임승차를 방지하는 전략이 사용되고 있는가?			
	봉효과를 방지하는 전략이 사용되고 있는가?			
	부익부(빈익빈)를 방지하는 전략이 사용되고 있는가?			
JigsawII 운영 전략	전문가 집단 협동학습 후에, 원집단 학습할 때, 효과적으로 설명해 주는가?			
	Jigsaw에 대해 익숙하도록 오리엔테이션을 실시하였는가?			
	전문가 활동과 원집단 활동을 위한 시간 확보가 적절한가?			
	Jigsaw 실시 전 개별 기본점수를 확보하였는가?			
	개별 및 집단보상 전략을 체계화하였는가?			
	교사로서 촉진자 역할을 효과적으로 수행하였는가?			
	학습과제의 난이도를 고려하여 구분하였는가?			
	전문가 활동을 위한 학습지와 학습자료를 적절하게 개발하였는가?			

[10-7] 학습자용: 자기주도성 분석

하위내용	척도				
	전혀 그렇지 않다	그렇지 않다	보통 이다	그렇다	매우 그렇다
1. 나는 내가 살아 있는 한 배우고자 한다.	①	②	③	④	⑤
2. 나는 내가 무엇을 배우고자 하는지를 알고 있다.	①	②	③	④	⑤
3. 나는 내가 잘 모르는 것에 대해서는 그것을 이해하려고 노력한다.	①	②	③	④	⑤
4. 나는 내가 배우고 싶은 것은 배우려고 애쓴다.	①	②	③	④	⑤
5. 나는 무언가 배우는 것을 좋아한다.	①	②	③	④	⑤
6. 나는 무언가 새로운 일을 시작하는 것을 좋아한다.	①	②	③	④	⑤
7. 나는 수업시간에 교수자가 구체적으로 일일이 어떻게 하도록 지시해야 한다고 생각한다.	①	②	③	④	⑤
8. 나는 자기 자신이 어떤 인간이고 어떤 위치에 있고, 또 어떻게 될 것인가를 생각하게 하는 것이 교육의 핵심이라 생각된다.	①	②	③	④	⑤
9. 나는 스스로 일을 잘한다.	①	②	③	④	⑤
10. 나는 내가 필요한 정보가 있을 때, 그 정보를 어디서 얻을 수 있는지 알고 있다.	①	②	③	④	⑤
11. 나는 다른 사람들에 비해 내 스스로 일을 잘 배울 수 있다.	①	②	③	④	⑤
12. 나는 좋은 생각이 있을 때 일이 성사되도록 계획을 잘 세운다.	①	②	③	④	⑤
13. 나는 내가 무엇을 어떻게 학습할 것인지 결정하는 데 참여하기를 좋아한다.	①	②	③	④	⑤
14. 나는 내게 관심 있는 일이면, 내용의 난이도에 관계없이 잘 배울 수 있다.	①	②	③	④	⑤
15. 나는 잘 배우고 못 배우고는 전적으로 나 자신에게 달려 있다고 생각한다.	①	②	③	④	⑤
16. 나는 내가 제대로 배우고 있는 것인지 구별할 수 있다.	①	②	③	④	⑤
17. 나는 배우고 싶은 것이 많아서 하루가 24시간도 짧게 느껴진다.	①	②	③	④	⑤
18. 나는 내가 배우겠다고 결심한 것이면 아무리 바쁘더라도 시간을 낼 수 있다.	①	②	③	④	⑤
19. 나는 내가 읽은 것에 대해 이해하려 한다.	①	②	③	④	⑤
20. 나는 내가 배우지 않는 것은 내 책임이라 생각한다.	①	②	③	④	⑤
21. 나는 내가 언제 무엇을 더 배워야 할지를 안다.	①	②	③	④	⑤

22. 나는 어떤 일을 수행하는 데 필요한 만큼 알고 있다면, 더 알려고 한다.	①	②	③	④	⑤
23. 나는 도서관은 재미있는 공간이라고 생각한다.	①	②	③	④	⑤
24. 나는 항상 새로운 것을 배우는 사람을 가장 존경한다.	①	②	③	④	⑤
25. 나는 새로운 것을 배워야 할 때, 여러 가지 방법을 생각해 낼 수 있다.	①	②	③	④	⑤
26. 나는 내가 지금 배우고 있는 것을 나의 장기적인 목표와 연관시키고자 노력한다.	①	②	③	④	⑤
27. 나는 내가 꼭 배워야겠다고 생각하는 것은 무엇이든지 나 스스로 배울 수 있다.	①	②	③	④	⑤
28. 나는 어떤 질문에 대한 답을 찾아내는 일을 즐긴다.	①	②	③	④	⑤
29. 나는 여러 가지 답이 있을 수 있는 문제를 푸는 것을 좋아한다.	①	②	③	④	⑤
30. 나는 모든 것에 대해 많은 호기심을 가지고 있다.	①	②	③	④	⑤
31. 나는 배우는 것이 싫어서, 그것이 끝나면 해방감을 느낀다.	①	②	③	④	⑤
32. 나는 다른 사람들에 비하여 무언가 배우는 일에 많은 관심을 갖고 있다.	①	②	③	④	⑤
33. 나는 공부하는 기초능력 면에서 별 문제가 없다.	①	②	③	④	⑤
34. 나는 그 결과가 어떨지는 모르지만, 새로운 일을 벌이기를 좋아한다.	①	②	③	④	⑤
35. 나는 일을 잘 아는 사람들이 내 잘못을 지적해 주는 것을 감사하게 생각한다.	①	②	③	④	⑤
36. 나는 어떤 일을 해내는 독특한 방법을 잘 생각해 낸다.	①	②	③	④	⑤
37. 나는 장래 일을 생각하는 것을 좋아한다.	①	②	③	④	⑤
38. 나는 내가 알고자 하는 일을 찾아내는 것을 다른 누구보다 잘한다.	①	②	③	④	⑤
39. 내게 어려운 문제가 닥쳐올 경우 좌절하지 않고 도전적으로 헤쳐 나가려 한다.	①	②	③	④	⑤
40. 나는 내가 꼭 해야겠다고 생각하는 것을 스스로 할 수 있다.	①	②	③	④	⑤
41. 나는 문제를 내 방식대로 해결하는 것을 좋아한다.	①	②	③	④	⑤
42. 나는 집단적 학습상황에서 주도적 역할을 한다.	①	②	③	④	⑤
43. 나는 각자의 의견에 대하여 토론하기를 좋아한다.	①	②	③	④	⑤
44. 나는 내 방식대로 문제에 접근하기를 좋아한다.	①	②	③	④	⑤
45. 나는 새로운 것을 배우고자 하는 강한 욕망을 갖고 있다.	①	②	③	④	⑤
46. 나는 배우면 배울수록 세상이 더욱 흥미진진하다.	①	②	③	④	⑤

47. 배우는 일은 재미있다.	①	②	③	④	⑤
48. 항상 새로운 학습방법을 시도하기보다는 이제까지 사용해 왔던 확실한 방법을 쓰는 것이 좋다고 생각한다.	①	②	③	④	⑤
49. 나는 한 인간으로서 계속 발전할 수 있도록 더 배우고 싶다.	①	②	③	④	⑤
50. 내가 배우는 일은 나에게 전적으로 책임이 있는 것이지 다른 사람에게 있는 것이 아니다.	①	②	③	④	⑤
51. 나의 배움에 있어서 가장 중요한 것은 학습하는 방법을 배우는 것이다.	①	②	③	④	⑤
52. 나는 새로운 것을 배우기에 나이가 많다고는 결코 생각하지 않는다.	①	②	③	④	⑤
53. 계속 배운다는 것은 따분한 일이다.	①	②	③	④	⑤
54. 배움은 살아가는 데 하나의 방편이다.	①	②	③	④	⑤
55. 나는 매년 몇 가지 새로운 것을 스스로 배운다.	①	②	③	④	⑤
56. 새롭게 배우면 내 삶이 달라진다.	①	②	③	④	⑤
57. 나는 강의실에서 공부하든, 혼자서 공부하든 간에 잘할 수 있다.	①	②	③	④	⑤
58. 남을 이끌어 나가는 삶들은 항상 학습하는 사람들이다.	①	②	③	④	⑤

[10-8] 자기주도성 결과: 나는 어디에 속하는가? (자신에게 해당된 유형에 체크하세요.)

자기주도성 유형	유형 특징	학생이름 기입
의존적 학습자	무엇인가를 가르쳐 줄 권위 있는 사람을 필요로 하는 낮은 자기주도성의 학습자	
흥미 있는 학습자	학습에 대해 동기화되어 있고 확신은 있지만 무엇을 학습해야 하는가에 대해서는 모르는 보통 수준의 자기주도적 학습자	
참여적 학습자	기술과 기초지식을 가지고 있으면서 자기 스스로를 잘 안내하여 특정한 내용을 탐구할 준비와 능력을 가진 중간 수준의 자기주도적 학습자	
자기주도적 학습자	자신의 학습을 스스로 계획, 실행, 평가할 수 있는 의지와 능력을 가진 고도의 자기주도적 학습자	

[10-9] 프로젝트 학습: 나는 어떤 교사인가?

나는 어떤 교사인가?	아니다	그렇다
수업은 지식을 효과적으로 전달하는 교수학습활동이어야 한다.		
수업에서 다루는 지식은 잘 구조화되어야 하고, 위계적이어야 한다.		
수업시간에 학생은 질서를 지키며 정숙해야 한다.		
학습에 가장 큰 역할을 하는 것은 교사이며, 교사가 잘 가르쳐야 학습자가 잘 배운다고 생각한다.		
시험 성적이 우수한 학생들은 대체로 수업에서 배운 지식들이 그들의 실생활에 자주 적용되고 있다고 생각한다.		
학생들이 열광하는 새로운 테크놀로지보다는 자신에게 익숙한 수업도구를 활용하는 것이 효과적이다.		
수업에서 학습자의 상황성(맥락성)보다는 교사의 내용에 대한 전문성이 우선되어야 한다.		

[10-10] 프로젝트 학습 분석

범주	하위내용	예	아니요	근거설명
프로젝트 학습의 전제와 의미	학생들이 자기주도성과 학습동기를 가지고 있는가?			
	프로젝트를 수행할 수 있는 학생들에게 최소한의 지식이 있는가?			
	수행중심의 활동을 통한 실용적, 행동적 지식을 습득하게 하였는가?			
	통합교과적인 접근방법을 통해 문제해결력을 향상시키는가?			
	체험중심의 활동을 통해 학습동기를 유발시키는가?			
프로젝트 주요활동	집단토의를 통해서 구성원들 간에 갈등해소, 의사결정, 학습공유가 이루어지도록 환경을 조성하였는가?			
	최소 1회 이상의 현장 전문가와의 협의활동이 이루어지도록 구성하였는가?			
	문제 해결을 위한 조사 또는 탐구 활동이 이루어지도록 구성하였는가?			
	창의적 표현 활동을 위한 기회가 주어지는가?			
	결과물을 공유할 수 있는 전시활동이 있는가?			
	타집단과의 비교를 통해 학습을 개선할 수 있는 성찰의 기회가 주어지는가?			
프로젝트 준비와 운영	실제적인 문제를 가지고 프로젝트를 수행하였는가?			
	학생들이 프로젝트 과정을 수행하는 과정 중에 스캐폴딩이 효과적으로 이루어지고 있는가?			
	프로젝트 관리가 효과적으로 이루어지고 있는가?			
	프로젝트 과정과 결과를 평가하기 위한 효과적인 수행평가 전략을 사용하고 있는가?			

[11장] 수업매체 활용 향상을 위한 자기수업컨설팅

[11-1] 텍스트 설계 분석도구

범주	텍스트 설계 분석
줄 길이 및 줄 간격	
제목	
레이아웃	
강조 전략	

[11-2] 시각자료 설계 분석도구

범주	시각자료 설계 분석
이해 촉진	
내용 관련성	
학습동기 유발	
상호작용 촉진	

[11-3] 동영상 설계 분석도구

범주	동영상 설계 분석
이해 촉진	
학습동기 유발	
상호작용 촉진	
윤리성	

[11-4] 프레젠테이션 분석도구

상위 항목	포함되어야 할 항목	분석 준거	분석 척도				
			매우 그렇지 않다	그렇지 않다	보통이다	그렇다	매우 그렇다
내용제시	• 주요 학습 내용 • 명확한 어휘 • 저작권 • 내용강조 • 주요 학습 내용	학습내용을 간결하고 분명하게 제시하였는가?					
		중요한 내용을 정확히 제시하였는가?					
		학생 수준에 맞는 어휘가 사용되고 있는가?					
		저작권을 침해하는 경우는 없는가? 즉, 참고문헌을 제시하였는가?					
		중요한 내용을 강조하는 기법을 사용하고 있는가?					
설계지침	• PPT 설계 원리 - 이중매체 - 근접성 - 상호작용 - 주제 일치성 • 화면 디자인 - 레이아웃 - 템플릿 배경 - 색상	두 가지 이상의 정보채널(언어적+시각적)을 사용하고 있는가?					
		시공간적으로 언어적 정보와 이미지 정보가 근접하여 제시하였는가?					
		애니메이션 효과를 적절히 사용하였는가?(목적/필요성)					
		레이아웃은 간결하게 구성되어 있는가?					
		사용되는 시청각 자료(클립아트 등)가 수업내용과 연관되어 있는가?					
		레이아웃이 일관적인가?					
		템플릿 배경이 학습주제나 맥락에 적합한 것인가?					
		PPT에 사용되는 색상이 학습내용 전체에 포함될 만큼 일관성을 유지하는가?					
		한 화면에 색상을 최대 5개 이하만 사용하였는가?					
이미지 자료		다이어그램, 차트, 그래픽을 사용하여 효과적으로 제시하였는가?					
		이미지에 대한 부가 설명이 제시되어 있는가?					
		이미지 크기가 화면에 적합한가?					
		이미지가 설명하고자 하는 학습내용과 적합한 것인가?					
		이미지 자료를 지나치게 사용하였는가?					

<table>
<tr><td rowspan="8">텍스트</td><td rowspan="8">• 근정섭
• 반복
• 정렬
• 대조
• 텍스트 크기 및 글꼴</td><td>텍스트 작성 시, 관련된 항목끼리 물리적으로 가깝게 묶어 관계를 나타내었는가?</td><td></td><td></td><td></td><td></td><td></td></tr>
<tr><td>텍스트 작성 시, 반복을 사용하여 일관성 있게 강조하였는가?</td><td></td><td></td><td></td><td></td><td></td></tr>
<tr><td>텍스트 작성 시, 한 페이지 안에 요소들을 읽기 쉽게 질서 정연하게 제시하였는가?</td><td></td><td></td><td></td><td></td><td></td></tr>
<tr><td>두 가지 항목이 서로 완전 다르다면 다르게 나타냈는가?</td><td></td><td></td><td></td><td></td><td></td></tr>
<tr><td>글자체, 글자크기, 색상과 단락구분 등에 일관성이 있는가?</td><td></td><td></td><td></td><td></td><td></td></tr>
<tr><td>가독성이 높은 글자체를 사용하였는가?</td><td></td><td></td><td></td><td></td><td></td></tr>
<tr><td>전체 텍스트에서 3~4개 이내의 글자체를 사용하였는가?</td><td></td><td></td><td></td><td></td><td></td></tr>
<tr><td>불릿 등의 기호를 활용하여 정보를 제시할 때 이해하기 쉬웠는가?</td><td></td><td></td><td></td><td></td><td></td></tr>
<tr><td colspan="2" rowspan="5">동영상 및 사운드 자료</td><td>동영상 길이가 학습시간에 따라서 적합하게 구성되어 있는가?</td><td></td><td></td><td></td><td></td><td></td></tr>
<tr><td>동영상 또는 사운드 자료가 꼭 필요하여 사용하였는가?</td><td></td><td></td><td></td><td></td><td></td></tr>
<tr><td>동영상 자료가 가시성이 높은가?</td><td></td><td></td><td></td><td></td><td></td></tr>
<tr><td>동영상 자료가 가청성이 높은가?</td><td></td><td></td><td></td><td></td><td></td></tr>
<tr><td>사운드 자료가 가청성이 높은가?</td><td></td><td></td><td></td><td></td><td></td></tr>
</table>

[11-5] 수업매체 선정 분석도구

<table>
<tr><th rowspan="2">구분</th><th colspan="5">애니메이션</th><th rowspan="2">이유</th></tr>
<tr><th>1</th><th>2</th><th>3</th><th>4</th><th>5</th></tr>
<tr><td>비용</td><td></td><td></td><td></td><td></td><td></td><td></td></tr>
<tr><td>접근성</td><td></td><td></td><td></td><td></td><td></td><td></td></tr>
<tr><td>사회-정치적 적합성</td><td></td><td></td><td></td><td></td><td></td><td></td></tr>
<tr><td>문화적 친밀성</td><td></td><td></td><td></td><td></td><td></td><td></td></tr>
<tr><td>개방성/융통성</td><td></td><td></td><td></td><td></td><td></td><td></td></tr>
<tr><td>상호작용성</td><td></td><td></td><td></td><td></td><td></td><td></td></tr>
<tr><td>동기적 가치</td><td></td><td></td><td></td><td></td><td></td><td></td></tr>
<tr><td>효과성</td><td></td><td></td><td></td><td></td><td></td><td></td></tr>
<tr><td>소계</td><td></td><td></td><td></td><td></td><td></td><td></td></tr>
<tr><td>합계</td><td colspan="5"></td><td></td></tr>
</table>

[12장] 수업평가 효과 향상을 위한 자기수업컨설팅

[12-1] 형성평가 전략 진단도구

단원명:
단원목표:

학습목표 (차시별)	평가방법 및 도구	목표와 검사의 일치도		평가 상황의 설계			평가 준거의 설정			평가의 실행			판단근거
		○	×	잘됨	보통	못됨	잘됨	보통	못됨	실행	부분 실행	미 실행	

[12-2] 총괄평가 전략 진단도구

단원명:

단원목표 (최종목표)	평가방법 및 도구	목표와 검사의 일치도		평가 상황의 설계			평가 준거의 설정			평가의 실행			판단근거
		○	×	잘됨	보통	못됨	잘됨	보통	못됨	실행	부분 실행	미 실행	

[참고문헌]

DR하브루타교육연구회(2016). 하브루타 질문 수업. 서울: 경향 BP.

EBS〈학교란 무엇인가〉 제작팀(2011). 학교란 무엇인가. 서울: 중앙 books.

강인애 외(2011). 교실 속 즐거운 변화를 꿈꾸는 프로젝트 학습 : 자기주도 학습을 키워 주는 핵심 수업 방식. 서울: 상상채널.

강인애, 임병노, 박정영(2012). '스마트 러닝'의 개념화와 교수학습전략 탐색: 대학에서의 활용을 중심으로. 교육방법연구, 24(2), 283-303.

강정찬(2017). 체계적 수업분석을 통한 수업 경영 향상 방안 탐색. 교육혁신연구, 27(2), 221-250.

강정찬, 오영범, 이상수(2015). 사회정서역량 향상을 위한 교과통합 설계원리. 교육공학연구, 31(1), 129-157.

강정찬, 오영범, 이유나, 이상 (2013). 초 · 중등 수업컨설팅 사례로 본 수업일관성 비교 연구. 교육공학연구, 29(4), 815-848.

경기도교육청(2014). 나누면 함께하는 배움중심수업 II. 장학자료 2014-3호.

교육부(2017). 과정을 중시하는 수행평가 어떻게 할까요?(초등). 서울: 한국교육과정평가원.

권낙원, 최화숙(2010). 현장 교사를 위한 수업모형. 서울: 동문사.

권성호(1990). 교육공학원론. 서울: 양서원.

김민환, 추광재(2012). 예비, 현직 교사를 위한 수업모형의 실제. 서울: 원미사.

김석우(2009). 교육평가의 이해. 서울: 학지사.

김아영, 이채희, 최기연(2008). 교수몰입 척도 개발 및 타당화. 교육심리연구, 22(4), 647-670.

김영천(2005). 네 학교 이야기: 한국초등학교의 교실생활과 수업. 서울: 문음사.

김은주(2004). 명강의 핵심전략. 서울: 연세대학교 출판부.

민혜리, 심미자, 윤희정(2013). 한국형 수업컨설팅. 서울 학이시습.

박병량(2001). 훈육. 서울: 학지사.

박경량(2003). 학급경영. 서울: 학지사.

박성익, 김연경(2006). 온라인 학습에서 학습몰입요인, 몰입수준, 학업성취 간의 관련성 탐구. 열린교육연구, 14(1), 93-115.

박성익, 임철일, 이재경, 최정임(2015). 교육방법의 교육공학적 이해. 경기: 교육과학사.

박종임 외(2016). 수업과 연계한 수행평가 이렇게 하세요. 서울: 한국교육과정평가원.

백순근(2003). 수행평가의 원리. 서울: 교육과학사.

변영계(2006). 교수학습이론의 이해. 서울: 학지사.

변영계, 김경현(2005). 수업분석과 수업장학. 서울: 학지사.

변영계, 김영환, 손미(2007). 교육방법 및 교육공학. 서울: 학지사.

변영계, 이상수(2003). 수업설계. 서울: 학지사.

사토마나부(2014). 수업이 바뀌면 학교가 바뀐다(손우정 역). 서울: 에듀니티.

서봉현(2008). 초등 영재교육을 위한 전자교육 시스템 설계 및 구현. 아주대학교 일반대학원 석사학위논문.

석임복(2008). 학습 몰입의 성격 분석 연구: 학습 동기, 학업성취도 및 Csikszentmihalyi의 몰입 모델 중심으로. 교육공학연구, 24(1), 187-212.

석임복, 강이철(2007). Csikszentmihalyi의 몰입 요소에 근거한 학습 몰입 척도 개발 및 타당화 연구. 교육공학연구, 23(1), 121-154.

성태제(2002). 현대교육평가. 서울: 학지사.

신재한(2015). 교육매체 개발 및 활용의 이해. 경기: 교육과학사.

심대현, 강양희, 최선순, 이홍배, 백금자, 한창호, 강이욱, 이형빈, 유동걸(2016). 질문이 있는 교실(실천편). 서울: 한결하늘.

오영범(2016). 학습동기를 위한 초등학교 교사들의 수업방법에 대한 사례연구. 초등교육연구, 29(1), 71-97.

오영범(2017). 교사 전문성과 수업: 질적 연구를 통한 실천적 접근. 경기: 교육과학사.

오영범, 이동성(2010). 전통적인 좌석배치에 따른 초등학생들의 과업집중도 분석. 초등교육연구, 23(1), 1-21.

유승우 외(2012). 교육방법 및 교육공학. 경기: 양서원.

유은주(2010). 청소년이 지각한 학급풍토, 가정의 도전과 지원, 학습동기, 자기 주도적 학습능력과 학습몰입과의 관계. 계명대학교 대학원 박사학위논문.

유지원(2011). 학습자의 몰입에 영향을 주는 동기적 요인, 심리적 중재요인, 사회적 요인간의 구조적 관계모형. 이화여자대학교 대학원 박사학위논문.

이상수(2007). Blended learning의 의미와 상호작용 설계원리에 대한 고찰. 교육정보미디어연구, 13(2), 225-250.

이상수(2016). 지속적 수업개선을 위한 자기수업컨설팅 모형 탐색, 교육혁신연구, 26(3), 17-42.

이상수, 강정찬, 오영범, 이유나(2011). 소셜네트워크 사이트 참여 동기 분석에 기초한 소셜 네트워크 기반 학습 설계 원리. 교육방법연구, 23(4), 729-754.

이상수, 강정찬, 이유나, 오영범(2012) 체계적 수업분석을 통한 수업컨설팅, 서울: 학지사.

이용숙(2007). 수업구조분석법과 실제학습시간분석법 재개발 연구, 열린교육연구, 15(2), 21-49.

이용숙(2009). 서술적 수업 관찰과 수업 중 실제 학습시간 분석. 열린교육실행연구, 157-181.

이은주(2001). 몰입에 대한 학습동기와 인지전략의 관계. 교육심리연구, 15(3), 199-216.

이재덕(2008). 수업컨설팅을 위한 코칭 기법의 특징과 활용 방안, 초등교육연구, 21(2), 307-332.

이하얀(2010). 성인용 학습몰입 척도 및 개발 타당화. 이화여자대학교 석사학위논문.

이혁규(2010). 수업비평의 개념과 위상, 교육인류학연구, 13(1), 69-94.

이화여자대학교 교육공학과(2001). 21세기 교육방법 및 교육공학. 서울: 교육과학사.

전성연 외(2010). 협동학습 모형탐색(2판). 서울: 학지사.

정문성(2014). 토의 · 토론 수업방법 56. 경기: 교육과학사.

조벽(2002). 새 시대 교수법 상담 가이드 북. 서울: 한단북스.

조은미, 한안나(2010). 온라인 학습공동체에서 사회적 실재감이 학습몰입과 학습효과에 미치는 영향. 교육정보미디어연구, 16(1), 23-43.

존 가트맨 , 최성애, 조벽(2011). 내 아이를 위한 감정코칭. 서울: 한국경제신문사.

주영주, 최성희(1999). 교수매체의 제작과 활용. 서울: 남두도서.

주철안, 오경희, 이상철, 이용철, 이지영, 한대동, 홍창남(2013). 교실실무. 서울: 학지사.

최숙기(2017). 2017년 수석교사 수업컨설팅 역량강화과정 연수교재: 과정중심평가의 이해와 운영. 중앙교육연수원.

하브루타수업연구회(2015a). 질문이 있는 교실-중등편. 서울: 경향BP.

하브루타수업연구회(2015b). 질문이 있는 교실-초등편. 서울: 경향BP.

한국교육심리학회(2000). 교육심리학용어사전. 서울: 학지사.

한정선(2004). 프리젠테이션, 하나의 예술. 서울: 김영사.

Acheson, K. A., & Gall, M. D. (1987). *Techniques in the clinical supervision of teacher.* New York: Longman Inc.

Adams, R. S., & Biddle, B. J. (1970). *Realities of teaching: Explorations with video tape.* New York: Holt, Rinehart & Winston.

Apter, S. J., & Conoley, J. C. (1984). *Childhood behavior disorders and emotional disturbance: An introduction to teaching troubled children.* Englewood Cliffs, NJ: Prentice-Hall.

Aronson, N., Intern, Kari M., & Arfstrom, K. M. (2013). *Flipped Learning Network & Kenneth Tam, Person. Flipped Classroom Case Study.* University of Queensland, Australia. n.d. Retrieved on January 2, 2013 from https://flippedlearning.org/wp-content/uploads/2016/07/HigherEdWhitePaper-FINAL.pdf.

Banathy, B. H. (1991). *Systems design of education.* Englewood Cliffs: Educational Technology Publications.

Banathy, B. H. (1996). *Designing social systems in a changing world.* New York: Plenum Press.

Bandura, A. (1997). *Self-efficacy: The exercise of control.* New York: Freeman.

Bates, T. (1993). Theory and practice in the use of technology in distance education. In Keegan, D. (Ed.). *Theoretical principles of distance education.* New York: Routledge.

Bergmann, J., & Sams, A. (2012). *Flip your classroom: Reach every student in every calss every day.* Oregon: ISTE.

Berk, L. E., & Winsler, A. (1995). *Scaffolding children's learning: Vygotsky and early childhood education.* Washington, DC: The National Association for the Education of Young Children.

Blase, J. & Blase, J. (2004). *Handbook of instructional leadership: How successful principles promote teaching and learning* (2nd ed.). Thounsand Oaks, CA: Corwin Press.

Bluestein, J. (2003). *Secrets of successful mentorship.* Albuquerque, NM: Instructional Support Services.

Borich, G. D. (2011). *Observation skills for effective teaching*(6th ed.). Boston, MA: Pearson Education Inc.

Borich, G. D. (2008). *Observation skills for effective teaching*(5th ed.). New Jersey, MA: Pearson.

Boyd, E., & Fales, A. (1983). Reflective learning. *Journal of Humanistic Psychology, 23*(2), 99-117.

Bradberry, T., & Greeves, J. (2009). 김태규 역. 감정지능 코칭법 [Emotional Intelligence 2.0] 서울: ㈜넥서스.

Bronfenbrenner, U. (1977). Toward an experimental ecology of human development. *American Psychologist, 32*, 513-531.

Brookfield, S. D. (1995). *Becoming a critically reflective teacher*. San Francisco, CA: Jossey-Bass.

Brookfield, S. D. (2006). *The skillful teacher*. San Francisco: Jossey-Bass.

Bruner, J. S. (1960). *The Process of Education. Cambridge*. MA: Harvard University Press.

Buber, M. (1964). *Reden uber erziehung* (8th ed.). 우정길 역(2010). 교육강연집. 서울: 지식을 만드는 지식.

Burden, P. R. (1982). *Developmental supervision: reducing teacher stress at different career stages*. ERIC Document. No ED 218 267.

Burke, P. J., Christensen, J. C., & Fessler, R. (1984). *Teacher career stages: Implications for staff development*. Bloomington, IN: Phi Delta Kappa Education Foundation.

Burns, M. (2011). School psychology research: combining ecological theory and prevention science. *School Psychology Review, 40*(1), 132-139.

Calderhead, J., & Gates, P. (1993). *Conceptualizing reflection in teacher development*. London: Falmer press.

Chism, N. (1998). *Developing a philosophy of teaching statement. Essays on Teaching Excellence 9* (3), 1-2. Professional and Organizational Development Network in Higher Education.

Clark, R. C., & Mayer, R. E. (2008). *e-Learning and the science of instruction: Proven guidelines for consumers and designers of multimedia learning* (2nd ed.). San Francisco, CA: Pfeiffer.

Cole, P. G., & Chan, L. K. (1987). *Teaching principles and practice*. NY: Prentice-Hall.

Costanza, R. (2012). Ecosystem health and ecological engineering. *Ecological Engineering, 45*, 24-29.

Csikszentmihalyi, M. (1975). *Beyond boredom and anxiety*. San Francisco: Jossey Bass.

Csikszentmihalyi, M. (1990). *Flow: The psychology of optimal experience*. New York: Harper & Row.

Csikszentmihalyi, M. (1997). Finding flow. 이희재 역(1999). 몰입의 즐거움. 서울: 해냄.

Csikszentmihalyi, M., & LeFevre, J. (1989). Optimal experience in work and leisure. *Journal of Personality and Social Psychology, 56*(5), 815-822.

Csikszentmihalyi, M., & Rathunde, K. (1993). The measurement of flow in everyday life toward a theory of emergent motivation. *Developmental Perspectives on Motivation*, 40, 57-97.

Dale, E. (1969). *Audiovisual methods in teaching*(3rd ed). New York: Holt, Rinehart and Winston.

Darwin, B., Nelson, Gary, R. L. (2011). 안종상, 이용철, 김성욱 역. 감성지능: 학업과 커리에서 탁월성을 이루는 법 [Emotional Intelligence Acheeving academics and Career Excellence (2nd ed.). 서울: 시그마프레스.

Deci, E. (1975). *Intrinsic motivation*. New York: Plenum.

Dewey, J. (1933). *How we think: A restatement of the relation of reflective thinking to the educative process*. Boston: D.C. Health.

Dick, W., Carey, L., & Carey, J. O. (2009). *The Systematic Design of Instruction* (7th ed.). New Jersey: Pearson Education.

Driscoll, M. P. (2005). *Psychology of learning for instruction* (3rd ed.), Boston. MA: Pearson Education, Inc.

Duffy, T., & Cunningham, D. (1996). Constructivism: Implications for the design and delivery of instruction. In Jonassen, D. H. (Ed.), *Handbook of Research for Educational Communications and Technology*. New York: Simon and Schuster, 170-198.

Duncan, M. J., & Biddle, B. J. (1974). *The study of teaching*. New York: Holt, Rhinehart and Winston.

Edwards, A. D., & Furlong, V. J. (1978). *The language of teaching*. London: Heinemann.

Elias, M. J., Zins, J. E., Weissberg, R. P., Frey, K. S., Greenberg, M. T., & Haynes, N. M. et al. (1997). *Promoting social and emotional learning: Guidelines for educators*. Alexandria, VA: Association for Supervision and Curriculum Development.

Emmer, E. T., & Evertson, C. M. (2009). *Classroom management for middle and high school teacher* (6th ed.). Upper Saddle River, NJ: Pearson.

Finkel, D. (2000). *Teaching with your mouth shut*. 문희경 역. 침묵으로 가르치기. 서울: 다산초당.

Finley, S., Marble, S., Copeland, G., Ferguson, C., & Alderete, K. (2000). *Professional development and teachers" construction of coherent instructional practices: A synthesis of experiences in five sites. Austin,* TX: Southwest Educational Development Laboratory.

Fisher, D. (2009). The use of instructional time in the typical high school classroom. *The Educational Forum, 73*, 168-176.

Fraser, B. J. & Walberg, H. J. (Eds.). (1991). *Educational environments: evaluation, antecedents and consequences.* London: Pergamon.

Fuller, F. F., & Brown, O. H. (1975). Becoming a teacher. in K. Ryan(Ed). *Teacher Education. Seventy-fourth Yearbook of the National Society for the Study of Education.* Chicago: University of Chicago Press.

Gagné, R. M., Briggs, L. J., & Wager, W. W. (1992). *Principles of instructional design*(4th ed.). Englewood Cliffs, NJ: Prentice-Hall.

Gagné, R. M., Wager, W. W., Golas, K. G., & Keller, J. M. (2005). *Principles of instructional design.* Toronto, ON: Thomson Wadsworth.

Grasha, A. F. (1996). *Teaching with Style: A practical guide to enhancing learning by understanding teaching and learning styles.* San Bernadino: Allicance Publishers

Guglielmino, L. M. (1978). *Development of the Self-Directed Learning Readiness Scale.* (Doctoral dissertation, University of Georgia, 1977). Dissertation Abstracts International, 38, 6467A.

Harter, S., Whiteshell, N. R., & Kowalski, P. (1992). Individual differences in the effects of educational transitions on young adolescents' perceptions of competence and motivational orientation. *American Educational Research Journal, 29*(4), 777-807.

Heinich, Molenda, Russell, & Smaldino(2000). *Instructional medial and technologies for learning*(6th ed.). Englewood Cliff, NY: Prentice Hall.

Hong, J. S., & Eamon, M. K. (2012). Students' perceptions of unsafe schools: an ecological systems analysis. *Journal of Child and Family Studies, 21*, 428-438.

Hong, J. S., & Espelage, D. L. (2012). A review of research on bullying and peer victimization in school: an ecological system analysis. *Aggression and Violent Behavior, 17*, 311-322.

Hruska-Riechmann, S., & Grasha, A.F. (1982). The Grasha-Riechmann Student Learning Style Scales: Research Findings and Applications. In: J. Keefe [Ed.], *Student Learning Styles and Brain Behavior.* Reston, VA: NASSP.

Hug, T. (2005). *Micro Learning and Narration. Exploring possibilities of utilization of narrations and storytelling for the designing of "micro units" and didactical micro-learning arrangements*. Paper presented at the fourth Media in Transition conference, May 6-8, 2005, MIT, Cambridge (MA), USA.

Jonassen, D. (1991). Objectivism vs constructivism: Do we need a new philosophical paradigm? Educational Technology, *Research and Development, 39*(3), 5-13.

Joyce, B. R., & Weil, M. (2000). *Model of Teaching*. Boston: Allyn and Bacon.

Keller, J. M. (1993). *Motivation in instructional design*. Tallahassee, FL: John Keller Associates.

Keller, J. M. (2010). *Motivation design for learning and performance*. Tallahassee, FL: Springer.

Keller, J. M., & Kopp, T. W. (1987). An application the ARCS model of motivational design. In Reigeluth, C. N (Ed.), *Instructional theories in action*(298-320). Hillsdale, NJ: Lawrence Erlbaum Associates

Keller, J. M., & 송상호(1999). 매력적인 수업설계. 서울: 교육과학사.

Kim, M. K., Kim, S. M., Khera, O., & Getman, J. (2014). The experience of three flipped classrooms in an urban university: An exploration of design principles. *The Internet and Higher Education, 22*, 37-50. doi: 10.1016/j.iheduc.2014.04.003.

Levin, J., & Nolan, J. F. (2008). 학급경영의 원리 [Principles of classroom management: Ap professional decision-making model (5th ed.).(한유경, 박상완 공역). 서울: 아카데미프레스.

Mager, R. F. (1997). *Preparing instructional objectives: A critical tool in the development of effective instruction* (3rd ed.). Atlanta, GA: The Center for Effective Performance Inc.

Markan, T., Larmer, J., & Ravitz, J. (2003). 노선숙 외 역(2007). 프로젝트기반학습 입문서 : 중등교사를 위한 기준중심 프로젝트기반학습 안내서. 경기: 교육과학사.

Marzano, R. J. (2000). *A new area of school reform: Going where the research takes us*. Aurora, CO: Mid-continent Research for Education and Learning.

McLuhan, M. (1964). *Understanding media: The extensions of man*. New York: McGraw-Hill.

McMillan, J. H.(2007). *Classroom assessment: Principles and practice for effective standards-based instruction*(4th ed.). Boston, MA: Pearson Education, Inc.

Merrell, K. M., & Gueldner, B. A. (2011). 사회정서학습: 정신건강과 학업적 성공의 촉진 [Social and emotional learning in the classroom; Promoting mental health and academic success]. (신

현숙 역). 경기: 교육과학사.

Meyer, H. (2004). Was ist guter unterricht?. 손승남, 정창호 공역. 좋은 수업이란 무엇인가? 서울: 삼우반.

Meyers, A. B., Meyers, J. E., Graybill, E. C., Proctor, S. L., & Huddleston, L. (2012). Ecological approaches to organizational consultation and systems change in educational settings. *Journal of Educational and Psychological Consultation, 22*, 106-124.

Miller, M. J. (1992). *Model standards for beginning teacher licensing and development: A resources for state dialogue*, Retrieved on October 24, 2006, from http://www.ccsso.org.

Mueller, C. M., & Dweck, C. S. (1998). Praise for intelligence can undermine children's motivation and performance. *Journal of Personality and Social Psychology*, *75*(1), 33-52.

Nuthall, G., & Snock, I. (1973). *Contemporary models of teaching: Travers* (2nd ed.). In Handbook of Research on Teaching (2nd ed.). NY: MacMillan.

Orlich, D. C., Harder, R. J., Callahan, R. C., Trevisan, M. S., & Brown, A. J. (2013). Teaching Strategies Belmont, CA: Wadsworth Cengage Learning.

Patsula, P. (2002). *Practical guidelines for selecting media: An international perspective*. Retrieved from http://http://www.patsulamedia.com/usefo/usableword/report20020201_mediaselection_criteria.shtml

Piaget, J. (1990). *The child's conception of the world*. New York: Littlefield Adams. relating lessons to pupils" interpretations. *The Journal of Learning Sciences, 2,* 333-365.

Pollard, A. (2002). *Reflective teaching: Effective and evidence-informed professional practice*. New York: Continuum.

Prater, M. A. (1992). Increasing time-on-task in the classroom: Suggestions for improving the amount of time learners spend in on-task behaviors. *Intervention in School and Clinic, 28*(1), 22-27.

Privette, G., & Bundrick, C. (1991). Peak experience, peak performance, and flow: Correspondence of personal descriptions and theoretical constructs. *Journal of Social Behavior and Personality*, *6*(5), 169-188.

Quinn, F. M. (2000). Reflection and reflective practice. In C. Davies, L. Finlay and A. Bullman (eds.) *Changing practice in health and social care*. London: Sage.

Reigeluth, C. M. (1999a). What is instructional-design theory and how is it changing? In C.

M. Reigeluth (Ed.), *Instructional-design theories and models: A new paradigm of instructional theory* (Vol. II, pp. 5-29). Mahwah, NJ: Lawrence Erlbaum Associates.

Reynold, D. (1995). The effective school: An inaugural lecture. *Evaluation Research in Education, 9*(2), 55-73.

Richey, R., Klein, J., & Tracey, M. (2011). The instructional design knowledge base. New York, NY: Routledge.

Salomon, G. (1979). *The interaction of media, cognition and learning*. London: Jossey-Bass.

Saskatchewan Education (1991). *Instructional approaches: A framework for professional practice*. Retrieved on February 10, 1991 from http://www.education.gov.sk.ca/instructional-approaches.

Schannon, C. E., & Schramm, W. (1964). *The mathematical theory of communication*. Urbana: The University of Illinois Press.

Schön, D. (1987). Educating the reflective practitioner: *Toward a new design for teaching and learning in the professions*. San Francisco, CA: Jossey Bass.

Smith, P. L., & Ragan, T. J. (2005). *Instructional design*(3rd Ed). Denvers: Wiley.

Soar, R. S. & Soar, R. M. (1983). Context effects in the teaching-learning process. In. Smith, D. C. (Ed.), *Essential knowledge for beginning educators*. Washington DC: American Association of Colleges for Teacher Education.

Stebbins, R. A. (1973). Physical context influences on behavior: The case of classroom disorderliness. *Environment and Behavior 5*.

Steinbrink, J. E., & Stahl, R. J. (1994). JigsawIII= JigsawII+cooperative test review: Applications to the social studies classroom. *In Cooperative learning in social studies: A handbook for teachers*, edited by R. J. Stahl, New York: Addison-Wesley Publishing Company, 133-153.

Wang, M. C., Haertel, G. D., & Walberg, H. J. (1993). Toward a knowledge base for school learning. *Review of Educational Research, 63*(3), 249-294.

Weinstein, C. S., & Mignaro, A. J. (1993). *Elementary classroom management*. New York: Mc Graw Hill.

Wikipedia (2014). Flipped classroom. Retrieved on January 13, 2014 from https://en.wikipedia.org/wiki/Flipped_classroom.

Wilen, W. (1990). *Teaching and learning through discussion: the theory, The Research and Practice of the Discussion Method*. Springfield: Charles C Thomas Pub.

Woods, P.(1983). *Sociology and the school: An interactionist viewpoint*. London: Routledge & Kegan Paul.

York-Barr, J., Sommers, W., Ghere, G., & Montie, J. (2006). *Reflective Practice to improve schools: An action guide for educators*. Thousand Oaks, California: Corwin Press.

[찾아보기]

[인명]

[내용]

저자 소개

이상수(Lee, Sangsoo / 1~6장)

부산대학교 교육학과 졸업
부산대학교 대학원 교육학석사
미국 플로리다 주립대학교 교육공학박사
현 한국교육정보미디어학회 부회장
부산대학교 교육학과 교수
부산대학교 교수·학습지원센터장
수업컨설팅연구회 회장

〈저서 및 역서〉
수업설계(공저, 학지사, 2003)
체계적 수업분석을 통한 수업컨설팅(공저, 학지사, 2012)
교수모형(7판, 공역, 아카데미프레스, 2005)
교수설계이론과 모형(공역, 아카데미프레스, 2005)
수업설계의 원리(5판, 공역, 아카데미프레스, 2007)

강정찬(Kang, Jungchan / 9장, 12장)

부산교육대학교 실과교육과 졸업
부산대학교 대학원 교육학석사
부산대학교 대학원 교육학박사
현 신라대학교 교육학과 조교수
신라대학교 교수·학습개발센터 부장교수
한국교육공학회 1급 수업컨설턴트

〈저서〉
교육학 특강(공저, 부산대학교 출판부, 2006)
교사를 위한 현장연구의 이론과 실제(공저, 학지사, 2007)
체계적 수업분석을 통한 수업컨설팅(공저, 학지사, 2012)
초등실과교육학(공저, 부산대학교 출판부, 2014)

이유나(Lee, Yuna / 7장, 10장)

전남대학교 불어교육과(교육학 부전공) 졸업
부산대학교 대학원 교육학석사
부산대학교 대학원 교육학박사
현 창신대학교 유아교육과 교수
한국교육공학회 수업컨설팅연구위원
창신대학교 교수 · 학습지원센터장

〈저서〉
체계적 수업분석을 통한 수업컨설팅(공저, 학지사, 2012)

오영범(Oh, Youngbeom / 8장, 11장)

진주교육대학교 졸업
한국교원대학교 대학원 교육학석사
부산대학교 대학원 교육학박사
현 신등초등학교 교사
부산대학교 강사

〈저서〉
체계적 수업분석을 통한 수업컨설팅(공저, 학지사, 2012)
좌충우돌 '행복학교' 이야기(공저, 아카데미프레스, 2016)
질적자료분석: 파랑새 2.0 소프트웨어(공저, 아카데미프레스, 2016)
교사전문성과 수업: 질적 연구를 통한 실천적 접근(교육과학사, 2017)

자기수업컨설팅
- 성찰적 실천가가 되기 위한 전략 -
Self- Instructional Consulting
-Strategies to Become Reflective Practitioners-

2018년 4월 25일 1판 1쇄 발행
2023년 6월 20일 1판 4쇄 발행

지은이 • 이상수 · 강정찬 · 이유나 · 오영범
펴낸이 • 김 진 환
펴낸곳 • (주) 학지사
04031 서울특별시 마포구 양화로 15길 20 마인드월드빌딩 5층
대표전화 • 02) 330-5114 팩스 • 02) 324-2345
등록번호 • 제313-2006-000265호
홈페이지 • http://www.hakjisa.co.kr
페이스북 • https://www.facebook.com/hakjisabook

ISBN 978-89-997-1541-9 93370

정가 **22,000원**